BRAUNSCHWEIGISCHES
LANDESMUSEUM

EVANGELISCHE AKADEMIE
ABT JERUSALEM

Theologisches Zentrum
Braunschweig

Im Auf

bruch

REFORMATION 1517–1617

Herausgegeben
von Heike Pöppelmann und Dieter Rammler
Braunschweigisches Landesmuseum
und Evangelische Akademie Abt Jerusalem

Veröffentlichungen des Braunschweigischen
Landesmuseums 117

SANDSTEIN

Inhalt

Impressum

Im Aufbruch
Reformation 1517–1617

In Kooperation mit der Evangelisch-lutherischen Landeskirche in Braunschweig und der Evangelisch-lutherischen Landeskirche Hannovers realisiert das Braunschweigische Landesmuseum gemeinsam mit der Evangelischen Akademie Abt Jerusalem in Braunschweig ein großes Ausstellungsprojekt an drei Standorten anlässlich des 500-jährigen Jubiläums der Reformation 2017.

7. Mai – 19. November 2017

AUSSTELLUNG

Idee und Gesamtleitung
Heike Pöppelmann
Dieter Rammler

Projektleitung
Hans-Jürgen Derda

Konzept
BLM Vieweghaus:
Gaby Kuper, Ulrike Wendt-Sellin
Philipp Sulzer (archäologische Recherche und Konzeption)
Torsten Poschmann (Kindermuseum)
BLM Hinter Aegidien:
Hans-Jürgen Derda
St. Ulrici-Brüdern:
Julia M. Hartgen, Thorsten Henke

Ausstellungsbüro
Hans-Jürgen Derda
Gaby Kuper
Philipp Sulzer
Ulrike Wendt-Sellin
unter Mitarbeit von Markus Ebert

Wissenschaftlicher Beirat
Leitung: Prof. Dr. Arnd Reitemeier, Georg-August-Universität Göttingen, Institut für historische Landesforschung

Prof. Dr. Thorsten Albrecht, Ev.-luth. Landeskirche Hannovers, Kunstreferat

Dr. Brage Bei der Wieden, Niedersächsisches Landesarchiv, Standort Wolfenbüttel

Dr. Arne Butt, Georg-August-Universität Göttingen, Institut für historische Landesforschung

Pröpstin Uta Hirschler, Ev.-luth. Landeskirche in Braunschweig, Propstei Braunschweig

Oberlandeskirchenrat Thomas Hofer, Ev.-luth. Landeskirche in Braunschweig

Birgit Hoffmann, Ev.-luth. Landeskirche in Braunschweig, Landeskirchliches Archiv

Pfarrer Wolfgang Jünke, Ev.-luth. Landeskirche in Braunschweig, Propstei Braunschweig

Prof. Dr. Thomas Kaufmann, Georg-August-Universität Göttingen, Theologische Fakultät

Oberkirchenrätin Dr. Heike Köhler, Ev.-luth. Landeskirche Hannovers

Dr. Stefan Krabath, Niedersächsisches Institut für historische Küstenforschung, Wilhelmshaven

Prof. Dr. Jochen Luckhardt, Herzog Anton Ulrich-Museum, Braunschweig

Prof. Dr. Hans Otte, Gesellschaft für Niedersächsische Kirchengeschichte, Hannover

Dr. Mareike Rake, Ev.-luth. Landeskirche Hannovers, Landeskirchenarchiv

Dr. Henning Steinführer, Stadt Braunschweig, Stadtarchiv

Prof. Dr. Andreas Waczkat, Georg-August-Universität Göttingen, Musikwissenschaftliches Seminar

Leihverkehr, Transporte
Gaby Kuper
Ulrike Wendt-Sellin
Schenker Deutschland AG

Restauratorische Betreuung
Sven Spantikow (Leitung)
Eva Jordan-Fahrbach
Lioba Joost
Thekla Krebs
Eleonore Lang
Sandra Sauerstein
Olaf Wilde
Atelier Liedtke & Rothe, Braunschweig: Kristina Liedtke, Nora Velensek
Die Restauratorinnen, Berlin: Anais Thomas
Bernd-Michael Weisheit, Berlin

Sammlungsverwaltung
Holger Heinke

Ausstellungstexte

BLM Vieweghaus:
Gaby Kuper, Ulrike Wendt-Sellin
Torsten Poschmann unter Mitarbeit von Lennart Ehlbeck (Kindermuseum)
BLM Hinter Aegidien:
Hans-Jürgen Derda
St. Ulrici-Brüdern:
Thorsten Henke, Julia M. Hartgen
Lektorat der Ausstellungstexte:
Heinz Kattner, Schriftsteller und Lektor, Dahlenburg

Übersetzungen

Britta Edelmann, Königslutter
Krister G. E. Johnson, Magdeburg
Elena Osik, Adelebsen
Vanja Sisek, Berlin

Gestaltungskonzeption

tecton GmbH, Berlin:
Madine Delhommeau, Reinhard Meerwein, Julia Nitsche, Giulia Pietraccini

Grafikgestaltung

GRAFISCH, Berlin: André Lang, Katrin Lang, Vivien Palloks

Mediengestaltung

böing gestaltung, Berlin: Dirk Böing

Ausstellungsarchitektur

Blank GmbH, Düsseldorf: René Blank

Zeichnungen

ART STUDIO ZEUCH, Seesen:
Gert Peter Zeuch

Gestaltung Werbe- und Drucksachen

Die Kirstings, Braunschweig

Museumspädagogik

Torsten Poschmann
Wiebke Siemsglüß

Audioführung

Acoustiguide GmbH, Berlin:
Elena Mlinzk (Projektmanagement),
Elke Scheler (Autorin)

Bibliotheken

Michaela Rabe
Kai Anne Kröger

Fotografie

Anja Pröhle
Uwe Brodmann, Braunschweig

Öffentlichkeitsarbeit, Marketing

Karoline Adsay
Mareike Goldschmied
Sarah Müller
Silke Röhling (Leitung)

Verwaltung

Sigrid Eißfeller (bis Januar 2017)
Burkhart Nolte (ab Januar 2017)
Tanja Rumstedt
Gina Schliewe
Frauke Siemann
Evangelische Akademie Abt Jerusalem:
Martina Doeltz
Anja Gerstung
Heike Schrapel

Haustechnik

Espen Bruns
Thomas Grabowsky

Kurzführer

Studio Anne Hasselbach, Kamenz

Praktikanten

Mia Abbas
Sophie Baumann
Christian Behnke
Lennart Ehlbeck
Paul Hanel
Merle Müller-Struck
Frieda Westermeyer

KATALOG

Herausgeber

Heike Pöppelmann und Dieter Rammler
Braunschweigisches Landesmuseum
und Evangelische Akademie Abt Jerusalem

Redaktion

Philipp Sulzer, Hans-Jürgen Derda
unter Mitarbeit von Frank Both, Markus Ebert und Sophie Baumann

Lektorat

Sina Volk, Sandstein Verlag

Satz und Reprografie

Katharina Stark, Jana Neumann,
Christian Werner, Sandstein Verlag

Gestaltung

Michaela Klaus, Sandstein Verlag

Druck

FINIDR, s.r.o., Český Těšín

Die Deutsche Nationalbibliothek verzeichnet diese Publikation in der Deutschen Nationalbibliografie; detaillierte bibliografische Daten sind im Internet über http://dnb.ddb.de abrufbar.

www.sandstein-verlag.de
ISBN 978-3-95498-290-5

Leihgeber

Wir danken herzlich allen Leihgebern und Museumsmitarbeitern für ihre Hilfe, Beratung und Unterstützung.

Alfeld
- Kirchenkreis Hildesheimer Land-Alfeld, Amtsbereich Alfeld

Aurich
- Ostfriesische Landschaft

Bad Bevensen
- Kloster Medingen

Bad Gandersheim
- Ev.-luth. Stiftskirchengemeinde Bad Gandersheim / Portal zur Geschichte – Sammlung Frauenstift Gandersheim

Bautzen
- Museum Bautzen

Berlin
- Stiftung Deutsches Historisches Museum

Bonn
- Universität Bonn, Leihgabe an die Bonner Altamerika-Sammlung aus Privatsammlung

Braunschweig
- Braunschweigisches Landesmuseum
- Ev.-luth. Domkirche St. Blasii zu Braunschweig
- Ev.-luth. Kirchengemeinde St. Martini, am Altstadtmarkt
- Ev.-luth. Kirchengemeinde St. Ulrici-Brüdern
- Herzog Anton Ulrich-Museum
- Münzforschungssammlung der Braunschweigischen Landessparkasse in der Braunschweigischen Sparkassenstiftung
- Stadtarchiv Braunschweig
- Stadtbibliothek Braunschweig
- Theologisches Zentrum / Bibliothek

Cuxhaven
- Ev.-luth. Gemeinde St. Abundus, Cuxhaven-Groden
- Kirchengemeinde St. Nicolai Altenbruch

Dresden
- Landesamt für Archäologie Sachsen
- Sächsisches Staatsarchiv – Hauptstaatsarchiv Dresden

Einbeck
- Ev.-luth. Kirchengemeinde Einbeck, Münsterkirche St. Alexandri
- Stadt Einbeck, Untere Denkmalschutzbehörde – Archäologische Denkmalpflege

Gifhorn
- Historisches Museum Schloss Gifhorn

Göttingen
- Ev.-luth. Kirchengemeinde St. Jacobi
- Ev.-luth. Kirchenkreisarchiv Göttingen
- Fachdienst Bauordnung, Denkmalschutz und Archäologie – Stadtarchäologie
- Niedersächsische Staats- und Universitätsbibliothek Göttingen
- Stadtarchiv Göttingen
- Städtisches Museum Göttingen

Goslar
- Ev.-luth. Kirchengemeinde St. Cosmas und Damian zum Markte
- Goslarer Museum
- Helmut Liersch
- Stadtarchiv Goslar

Groß Twülpstedt
- Ev.-luth. Kirchengemeinde St. Maria St. Cyriakus und Papenrode Groß Twülpstedt

Halle (Saale)
- Landesamt für Denkmalpflege und Archäologie – Landesmuseum für Vorgeschichte – Sachsen-Anhalt
- Martin-Luther-Universität Halle-Wittenberg, Universitätsbibliothek Sachsen-Anhalt

Hamburg
- Museum für Kunst und Gewerbe Hamburg
- Stiftung Historische Museen Hamburg – Museum für Hamburgische Geschichte

Hannover
- Allgemeiner Hannoverscher Klosterfonds, vertreten durch die Klosterkammer Hannover
- Bibliothek des Landeskirchenamts, Depositum der Kirchengemeinde Bissendorf
- Ev.-luth. Kirchengemeinde im Stadtkirchenverband Hannover
- Ev.-luth. Marktkirchengemeinde Hannover
- Gottfried Wilhelm Leibniz Bibliothek – Niedersächsische Landesbibliothek
- Historisches Museum Am Hohen Ufer Hannover
- Museum August Kestner Hannover
- Niedersächsisches Landesarchiv Hannover
- Niedersächsisches Landesmuseum Hannover
- Stadtarchiv Hannover

Helmstedt
- Kloster St. Marienberg – Eigentümerin: Stiftung Braunschweigischer Kulturbesitz

Hildesheim
- Dommuseum Hildesheim
- Roemer- und Pelizaeus-Museum Hildesheim GmbH

Höxter
- Kath. Kirchengemeinde Corvey, St. Stephanus und Vitus

Holtgaste
- Ev.-luth. Liudgerigemeinde Holtgaste

Holzminden
- Kirchenkreis Holzminden-Bodenwerder

Hoorn
- Westfries Museum Hoorn

Karlsruhe
- Badische Landesbibliothek in Karlsruhe

Kassel
- Universitätsbibliothek Kassel – Landesbibliothek und Murhardsche Bibliothek der Stadt Kassel

Langerwehe
- Töpfereimuseum Langerwehe

Loccum
- Familie Hockemeyer

Lutherstadt Wittenberg
- Stiftung Luthergedenkstätten in Sachsen-Anhalt

Magdeburg
- Kulturhistorisches Museum Magdeburg
- Landesarchiv Sachsen-Anhalt, Abteilung Magdeburg

Münster
- LWL-Museum für Kunst und Kultur, Westfälisches Landesmuseum Münster

Nienhagen bei Celle
- Ev.-luth. Kirchengemeinde St. Laurentius Nienhagen

Nürnberg
- Germanisches Nationalmuseum Nürnberg

Oberursel
- Vortaunusmuseum

Oldenburg
- Landesmuseum Natur und Mensch

Osnabrück
- Ev.-luth. Kirchengemeinde St. Katharinen

Osterode
- Ev.-luth. St. Jacobi-Schloßkirche Osterode

Prenzlau
- Dominikanerkloster Prenzlau, Kulturhistorisches Museum

Rostock
- Universitätsbibliothek Rostock

Sevenoaks/Kent
- The National Trust, Knole House

Soest
- Burghofmuseum Soest

Stade
- Ev.-luth. Kirchengemeinde St. Cosmae-Nicolai

Uelzen
- Ev.-luth. Kirchengemeinde St. Marien zu Uelzen

Warendorf
- Dezentrales Stadtmuseum Warendorf

Wien
- Der Orden vom Goldenen Vlies
- Kunsthistorisches Museum Wien, KHM-Museumsverband, Hofjagd- und Rüstkammer

Wolfenbüttel
- Herzog August Bibliothek Wolfenbüttel
- Landeskirchliches Archiv Wolfenbüttel
- Niedersächsische Landesarchiv – Standort Wolfenbüttel

Wremen
- Ev.-luth. St. Willehadi Kirchengemeinde Wremen

sowie weitere Privatpersonen und kirchliche Einrichtungen, die ungenannt bleiben möchten.

UNTER DER SCHIRMHERRSCHAFT
DES NIEDERSÄCHSISCHEN MINISTER-
PRÄSIDENTEN STEPHAN WEIL

KOOPERATIONSPARTNER

Evangelisch-lutherische Landeskirche in Braunschweig

EVANGELISCH-LUTHERISCHE LANDESKIRCHE HANNOVERS

FÖRDERER

SBK Stiftung Braunschweigischer Kulturbesitz

Die Beauftragte der Bundesregierung für Kultur und Medien

Niedersächsisches Ministerium für Wissenschaft und Kultur

30 Jahre Stiftung Niedersachsen

KULTURSTIFTUNG DER LÄNDER

Niedersächsische Sparkassenstiftung

Die Braunschweigische Stiftung

Grußwort

STEPHAN WEIL
NIEDERSÄCHSISCHER MINISTERPRÄSIDENT

In einem 1983 zum Lutherjahr anlässlich des 500. Geburtstages des Reformators erschienenen Begleitheft stellte ein Redakteur mit Blick auf dessen Bedeutung für Niedersachsen fest: »Das kirchliche und kulturelle Leben in unserem Land ist [...] in ganz besonderem Maße mit der lutherischen Tradition verbunden. So wurde das offenbar weit über die Erwartungen der Kirchenleitungen hinausgehende Interesse der niedersächsischen Bevölkerung an diesem Thema bald in der spontanen Planung und Vorbereitung zahlreicher Veranstaltungen deutlich.«

Das Reformationsjubiläum 2017 steht unter ganz anderen Vorzeichen: Bereits 2008 begann mit der Eröffnung der Lutherdekade eine Veranstaltungsreihe, die schließlich in diesem Jahr ihren Höhepunkt finden soll.

Luther selbst wirkte zwar nicht im Gebiet des heutigen Niedersachsen, doch hielten seine Ideen auch hierzulande rasch Einzug und bewirkten tiefgreifende Veränderungen. Weggefährten Luthers wie Johannes Bugenhagen trugen die reformatorischen Ideen in die hiesigen Fürstentümer. Die konfessionelle Landschaft in Niedersachsen ist bis heute von diesen Entwicklungen geprägt.

Das Betrachten der historischen Ereignisse kann dabei Perspektiven für die Gegenwart eröffnen. Zu Zeiten der Reformation wähnten sich die Menschen in »geschwinden Zeiten«, wie es in einer Schrift von 1546 heißt. Sie erlebten enorme gesellschaftliche Umbrüche, technische Innovationen begannen, den Alltag zu verändern und ganze Weltbilder wurden infrage gestellt.

Im Zuge des (inter-)nationalen Jubiläums den Blick auf die Auswirkungen der Reformation in Niedersachsen zu richten, dafür besteht im Rahmen der Ausstellung beste Gelegenheit, zumal sie neben mehreren Museumsstandorten viele Kirchengemeinden in der Region einbindet und durch ein reichhaltiges kulturelles Angebot ergänzt wird. Gern habe ich daher die Schirmherrschaft für die Ausstellung übernommen.

Mein Dank gilt allen an der Konzeption der Ausstellung Beteiligten. Allen Besucherinnen und Besuchern wünsche ich interessante Einsichten.

Hannover, im März 2017

Stephan Weil

Grußwort

CHRISTOPH MEYNS
LANDESBISCHOF DER EVANGELISCH-LUTHERISCHEN
LANDESKIRCHE IN BRAUNSCHWEIG

Viele erleben unsere Gegenwart als Zeit großer Umbrüche. In Sekundenschnelle werden Informationen weltweit ausgetauscht, vertraute politische Gewissheiten sind plötzlich erschüttert, religiöse Sicherheiten geraten ins Wanken. Unser Lebensgefühl ähnelt damit durchaus dem der Menschen im 16. Jahrhundert. Ob aus dem Umbruch auch ein Aufbruch mit neuen Visionen und Ideen vom Leben und Zusammenleben wird?

Der Rückblick auf das Jahrhundert der Reformation, wie ihn die Ausstellung »Im Aufbruch. Reformation 1517–1617« vermittelt, bringt uns mit Fragen in Berührung, die damals wie heute von großer Bedeutung sind: Wovon lassen wir uns leiten? Welche Überzeugungen und Werte haben für uns Bestand in Kirche und Gesellschaft, im Miteinander der Völker und Religionsgemeinschaften? Insofern führt uns die große Sonderausstellung zu den historischen Quellen und regt zugleich an, über zeitgeschichtliche Prozesse und unser Selbstverständnis in Gegenwart und Zukunft nachzudenken.

Dieser umfangreiche Katalog dokumentiert zum ersten Mal in umfassender Weise die Einführung und Durchführung der Reformation in unserer Landeskirche. Das macht ihn zu einem besonderen Beitrag unserer Landes- und Kirchengeschichte.

Mein Dank gilt dem Braunschweigischen Landesmuseum und der Evangelischen Akademie Abt Jerusalem als den Veranstaltern des Ausstellungsprojekts und Herausgebern des Katalogs. Über die hervorragende Zusammenarbeit bei der Vorbereitung dieser Ausstellung mit unserer Nachbarkirche, der Ev.-luth. Landeskirche Hannovers, freue ich mich ebenso wie über das mit der Ausstellung verbundene Netzwerk von Kirchengemeinden, Propsteien, Kirchenkreisen und Museen. Sie und etliche nationale und internationale Leihgeber waren bereit, ihre Schätze in Braunschweig zu zeigen. Dank sage ich auch allen Stiftungen, die mit uns als Landeskirche die Finanzierung einer solchen Ausstellung ermöglicht haben.

Grußwort

RALF MEISTER
LANDESBISCHOF DER EVANGELISCH-LUTHERISCHEN
LANDESKIRCHE HANNOVERS

Selbst denken, selbst urteilen – das sind reformatorische Errungenschaften. In der mittelalterlichen Welt, in der Fürsten und Bischöfe bestimmten, was ihre Untertanen zu denken und zu glauben hatten, entdeckten Martin Luther und die Reformatoren seiner Zeit den Gedanken der Freiheit des einzelnen Menschen in seiner Verantwortung vor Gott.

Das Jubiläumsjahr 2017 erinnert an den Beginn dieser Bewegung. Wir feiern aber nicht Martin Luther als Person, sondern die theologische Entdeckung der Reformatoren wie Martin Luther, Philipp Melanchthon, Huldrych Zwingli oder Johannes Calvin. Für sie wurde entscheidend, dass die Menschen die Freiheit des christlichen Glaubens neu wahrnahmen. »Der Gerechte wird aus Glauben leben«, heißt es im Römerbrief (Röm 1,17). Kein Mensch muss Gott gütig stimmen, sondern Gottes Güte geht uns voran.

Und weil diese Reformation nicht vor 500 Jahren war, sondern seit 500 Jahren ist, blicken wir 2017 nicht nur historisch zurück, sondern fragen, was diese Entdeckung damals, heute und in Zukunft bedeutet. Reformation heißt, die Welt zu hinterfragen. Das nahm damals wie heute Themen in den Blick, die Kirche, Gesellschaft und Politik umtreiben.

Diese Geschichte der Reformation in Niedersachsen ist eng mit der Geschichte und Kultur unserer Dörfer, Städte und Regionen verbunden. Sie spiegelt sich in der Entwicklung der Klöster, in Baukultur und Musik und im regionalen Erbe in unserem unmittelbaren Lebensumfeld. Die Exponate der Ausstellung »Im Aufbruch. Reformation 1517–1617« erzählen davon. Sie fordern unsere Aufmerksamkeit, zu welchem Zeugnis, zu welchen Worten und Taten uns die ersten 100 Jahre der reformatorischen Geschichte noch heute berufen. Denn in der Freiheit des Glaubens, die seit dem 16. Jahrhundert in Niedersachsen verkündigt wird und ihre Spuren hinterlassen hat, stehen wir bis heute. Die mutige Überzeugung, dass sich mit dem Glauben an Jesus Christus nicht nur das eigene Leben verändert, sondern diese Welt ein anderes Gesicht erhalten kann, verbindet uns, vor Ort in Niedersachsen und weltweit. Die Reformation ist »Weltbürgerin« und die niedersächsischen evangelischen Christinnen und Christen sind ein Teil der Weltchristenheit.

Ich freue mich über die Kooperation der beiden Landeskirchen mit dem Braunschweigischen Landesmuseum und der Evangelischen Akademie Abt Jerusalem in Braunschweig. Allen Besucherinnen und Besuchern der Ausstellung wünsche ich eindrucksvolle Stunden, die zum Aufbruch motivieren.

Zum Geleit

HEIKE PÖPPELMANN | DIETER RAMMLER

Rund 25 Generationen trennen uns von der Veröffentlichung der 95 Thesen. Vieles hat sich seit 1517 verändert – gesellschaftlich, politisch, kulturell und technisch. So liegt das 16. Jahrhundert für uns nicht nur zeitlich sehr fern. Das Lebensgefühl, die Weltbilder und die alles beherrschende Religiosität der Zeitgenossen erscheinen uns fremd. Dennoch handelt es sich um eine Zeitenschwelle, in der in Umrissen die Grundlagen der Moderne gelegt werden. Der zentralistische Fürstenstaat setzt sich durch, die Bürokratie wird erfunden, eine frühe Form der »Globalisierung« stellt Handel und Wandel auf den Kopf und führt zu ersten Krisen. Die durch den Buchdruck eingeleitete Medienrevolution beschleunigt den Aufbruch zu einem neuen Denken und zu einer veränderten Perspektive über das Verhältnis zwischen Gott und den Menschen.

Wir laden Sie ein, sich mit uns auf eine Zeitreise zu begeben in jene Umbruchphase, als der Ruf nach einer Reform der Kirche 1517 zwar nichts Neues mehr war, aber Martin Luther diesen Wunsch nach Erneuerung um eine Sichtweise erweiterte, die den Nerv der Zeit traf – mit weitreichenden Folgen für große Teile Europas und auch hierzulande. So erfahren Sie, wie in Göttingen radikale Anhänger der neuen Lehre ihren Forderungen Nachdruck verliehen, indem sie Gottesdienste störten und Heiligenbilder schändeten. Oder wie in Hannover der konservative Rat gezwungen wurde, die Stadt zu verlassen und in Braunschweig sich geistliche Würdenträger gefallen lassen mussten, von Laien über die Bibel belehrt zu werden, obendrein auch noch auf Deutsch. Gebildete Bürger und weltgewandte Kaufleute forderten Mitsprache und ein Ende der kirchlichen Sonderrechte. Politische Lösungen waren gefragt.

1517 gab es natürlich keinen Masterplan zur Einführung der Reformation. Die Idee von einer »Reform der Christenheit an Haupt und Gliedern« fand zwar vielerorts begeisterte Anhänger, aber sie polarisierte auch. Wenn es um die Umsetzung ging, war vieles Verhandlungssache. Dementsprechend entwickelte man individuelle Lösungen für Städte und Territorien. Die Reformation gibt es also nur im Plural! Prozesshaftigkeit und Multiperspektivität kennzeichnen ihre Einführung. Was passiert, wenn eine neue Idee oder eine Sichtweise sich ihren Weg bahnt? Wie lassen sich Konflikte lösen, wenn altes und neues Denken aufeinanderprallen? Welche Optionen habe ich? Wie gehe ich mit den Herausforderungen um? Fragen von heute, die an die Menschen des 16. Jahrhunderts gestellt werden, und es gab damals wie heute nicht die eine Lösung.

Auf 1000 Quadratmetern wird in der Hauptausstellung des Braunschweigischen Landesmuseums in sechs Kapiteln über Menschen und ihr Handeln in der Phase einer Aufbruchzeit erzählt. Erleben Sie darüber hinaus konstruktive Störenfriede wie Gottschalk Kruse und engagierte Mediatoren wie Johannes Bugenhagen an zwei authentischen Braunschweiger Orten der Reformation, den einen im ehemaligen Benediktiner-Kloster St. Aegidien als Wiege der Reformation, den anderen in St. Ulrici-Brüdern, wo er die erste lutherische Kirchenordnung aushandelte und sich die Franziskaner-Klosterkirche infolgedessen zur lutherischen Pfarrkirche wandelte.

Ein so großes Projekt mit Ausstellungen an drei Standorten kann nur als Gemeinschaftswerk entstehen. Dazu gehört vor allem die Zusammenarbeit unserer Häuser, dem Braunschweigischen Landesmuseum und der Evangelischen Akademie Abt Jerusalem. In einem fast dreijährigen Entstehungsprozess hat uns der Wissenschaftliche Beirat unter Vorsitz des Göttinger Landeshistorikers, Prof. Dr. Arnd Reitemeier, fachlich begleitet. Für die enthusiastischen Diskussionen und Ratschläge danken wir herzlich. Dieser umfangreiche Katalog, der mit Gemälden, Grafiken, Drucken, Büchern, Kirchenausstattungen, Alltagsgegenständen, archäologischen Funden und vielem mehr die Ereignisse und Prozesse des 16. Jahrhunderts dokumentiert, steht für die gute Zusammenarbeit. In dieser Fülle handelt es sich um die erste historische Gesamtschau jener Aufbruchzeit in den Gebieten der ehemaligen welfischen Herzogtümer. Allen Leihgebern, unter denen sich neben Museen, Bibliotheken und Archiven

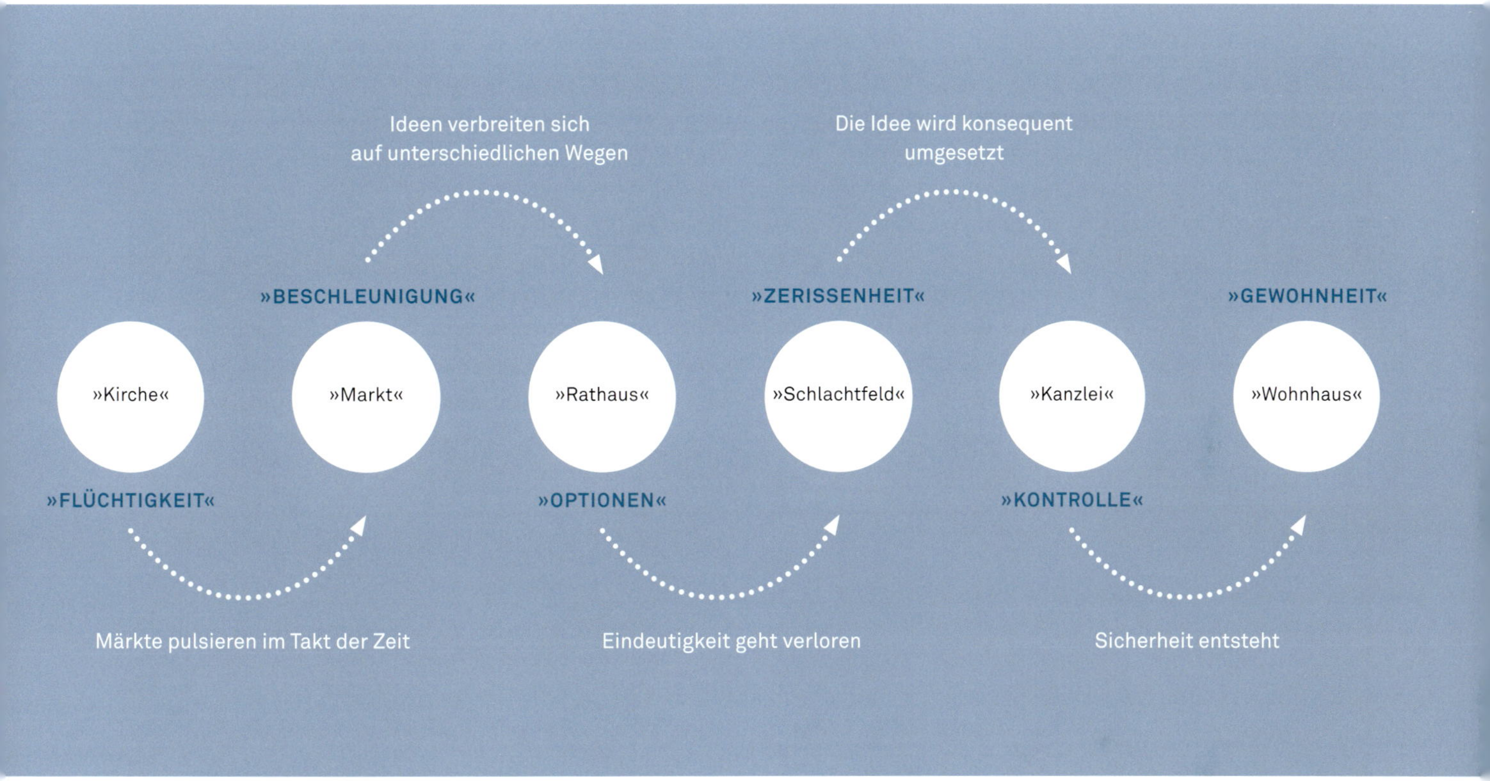

viele Kirchengemeinden befinden, danken wir für ihre großzügige Unterstützung. Der Sandstein Verlag hat ein Layout entwickelt, das der Objektvielfalt und dem Konzept gerecht wird. Herzlichen Dank!

Die Szenografie und gestalterische Umsetzung lag in den bewährten Händen des Büros tecton in Berlin, dem wir für die zahlreichen Gespräche, Ideen und Lösungen zu großem Dank verpflichtet sind. Dem Ausstellungsteam danken wir sehr für sein leidenschaftliches und kompetentes Engagement. Allen Mitarbeiterinnen und Mitarbeitern des Braunschweigischen Landesmuseums und der Evangelischen Akademie danken wir für ihren großartigen Einsatz, ohne den ein solches Projekt nicht zu realisieren wäre.

Grafik: Ausstellungserzählung im Überblick
»Kapitel«
»Inszenierung«

Zahlreiche Stiftungen und Förderer in Stadt, Land und Bund ermöglichten mit ihrer Finanzierung das Projekt in diesem Umfang. Wir danken ihnen für das in uns und unser Projekt gesetzte Vertrauen und nicht zuletzt für ihre ermutigende Begeisterung für unser Konzept. Hervorzuheben ist die Kooperation mit der Ev.-luth. Landeskirche in Braunschweig ebenso wie mit der Ev.-luth. Landeskirche Hannovers. Herzlichen Dank für die große Unterstützung. Sie alle gehen mit uns auf Entdeckungsreise in ein fernes Zeitalter, das unsere Kultur wie selten ein Ereignis in der jüngeren Geschichte und bis heute prägt.

Perspektiven

UWE BRODMANN

Einen Fotoessay über 500 Jahre Reformation erstellen – hört sich reizvoll an. Also fange ich an zu lesen, zu recherchieren und fast zwangsläufig tauche ich ein in 500 Jahre Geschichte, die unsere Region geprägt haben. Ich erfahre Neues von den eigentlichen Protagonisten Luther, Calvin, Zwingli, Bugenhagen und ihrem Vorläufer Jan Hus, von Thomas Müntzer,

der über fünf Jahre in Braunschweig verbrachte und von merkwürdigen Herrschern, frommen, jüngeren und mit anderen Adjektiven bedachten. Schaudernd stehe ich auf den Schlachtfeldern, Sievershausen, Lutter am Barenberge, ja sogar Ölper. Und genauso schaudernd lese ich von aufgeklärten Herrschern, die sich nicht scheuten, Frauen als Hexen zu verbrennen.

Aber ich lerne auch die Dörfer und kleinen Städte kennen, mit ihren Klöstern und Kirchen, deren unvergleichliche Architektur mir in dieser Fülle und Qualität bisher nicht aufgefallen war. Und ich sehe unsere Region mit anderen Augen: geschichtsträchtig, von außerordentlichem kunsthistorischen Reichtum und von großer Bedeutung für die Reformation.

◄ Königslutter – Kaiserdom

Goslar – Martkirche St. Cosmas und Damian ►

Wolfenbüttel – Hauptkirche Beatae Mariae Virginis

n Gottes gnade Carl Victor Hertzog
Von Gottes gnaden Philip Magnus

Evessen – Kirche St. Johannes Baptista

Helmstedt – Academia Julia

MBA
BBA
OTTO-VON-GUERICKE
BUSINESS SCHOOL MAGDEBURG
CAMPUS HELMSTEDT
Ziehen
Ziehen

ACHTUNG
Benutzung
auf eigene Gefahr!
Der Weg wird bei
Glätte und Eis
nicht gestreut !
Der Kirchenvorstand

ARND REITEMEIER

Reformation in Norddeutschland

Abb. 1
Grabplatte des Bürgermeisters Barthold Lafferde und seiner Familie, St. Martini, Braunschweig, 1552

»ANNO 1552 D(EN) [...] MARTIVS / IST DER ERNVESTE ER]BAR VND [WOLWE]ISER HERR BARTOLD[T LAF]FERS BVR[GE]MIESTE[R / IN GOTT SELICHLEICHEN ENTSLAFF/EN DER SELE GOTT G]NEDICH SEI VND [IST ALHIR DER LAFFERDE ERBGRABSTIDE]. ICH WILL NICH DEN DOTH DES SVNDERS, SPRICHT DER HERE, SVNDER DAS EHR SICH BEKERE VND LEBE [EZECHIE 33]« (Abb. 1)

Diese Grabinschrift für den Braunschweiger Bürgermeister steht für die Kontinuität der Religiosität ebenso wie für deren Wandel infolge der Reformation: Viele Grabplatten und Epitaphien des beginnenden 16. Jahrhunderts lassen sich ikonografisch kaum von denen des späten 16. und frühen 17. Jahrhunderts unterscheiden. Doch Luther sah im Sterben ein Entschlafen, sodass es nicht mehr darum ging, dass die Seele von Gott aufgenommen würde, sondern dass der Verstorbene dem Urteil Gottes ebenso wie dem Überlebenden unterworfen war. Die Betonung der Vorsorge infolge der Flüchtigkeit des menschlichen Daseins wandelte sich zur Sorge um die Erinnerung und zur Ermahnung der Lebenden. Entsprechend wurde der Erinnerung an Luther und seinem Eintreten für den wahren Glauben bereits beim ersten Reformationsjubiläum 1617 viel Raum gewährt.

Die Einführung des lutherischen, später auch des reformierten Glaubens erfolgte keineswegs plötzlich und umfassend, sondern war ein sich über Generationen hinziehender Prozess, der auf Entwicklungen und Phänomenen des späten Mittelalters aufbaute und der zugleich vielfältige Transformationen nach sich zog. Bezogen auf das erste Reformationsjahrhundert gab es solche Wandlungsprozesse in ganz Norddeutschland, aber keineswegs überall zur selben Zeit. Tatsächlich gilt es, vier Phasen zu unterscheiden.

Abb. 2
Eine Jagd auf Mönche und Pfaffen: Das Münich vnd pfaffen gaid / Nyemand zů lieb noch zu laid […], Erhard Schön, um 1525, Kat.-Nr. 142

Erste Rezeptionen lutherischer Lehre

In Norddeutschland wurde der sogenannte Thesenanschlag Luthers erst viel später rezipiert. Doch das religiöse Wissen begann sich wenige Jahre nach 1517 zu verändern, denn in rasch wachsendem Umfang fanden die Schriften Luthers und weiterer Reformatoren unter den Gelehrten und Gebildeten der Städte Verbreitung. Die Publikation in deutscher Sprache steigerte die Absatzchancen. Luthers Schriften trafen den Nerv der Zeit, denn die Menschen suchten nach Sicherheit für ihr Seelenheil und hatten Mühe, in dem überaus vielfältigen Angebot der Kirche Orientierung zu finden. Gleichzeitig meinten viele, dass Klerus und Papsttum den theologisch fundierten Ansprüchen nur bedingt genügten. Anfangs wurden die Schriften Luthers als Teil inneruniversitärer und innerklerikaler Auseinandersetzungen wahrgenommen und stießen besonders in den Klöstern auf offene Ohren. Mönche wie Gottschalk Kruse ließen sich von Luther begeistern und traten aus ihrem Orden aus. Um die Mitte der 1520er Jahre begannen in Norddeutschland einzelne Kleriker, entlaufene Mönche, vereinzelt auch Studenten der Universität Wittenberg, Luthers Lehre zu predigen. Sie wandten sich zugleich gegen die Orden und Klöster und griffen die weitverbreitete Kritik am Klerus auf. Indem sie sich konsequent auf die Bibel bezogen und auf komplexe kirchenhistorische Herleitungen wenig Rücksicht nahmen, vermittelten sie teilweise holzschnittartig religiöses Wissen, das jedoch überaus fundiert wirkte. Hinzu kamen Zuspitzungen und nachfolgend Schmähungen. Alle Aspekte einschließlich der rasch wachsenden Anzahl gedruckter Schriften erregten große Aufmerksamkeit. Immer mehr Menschen in den Städten wollten nun lutherische Predigten auch in den Pfarrkirchen hören, und viele sahen die Notwendigkeit, sich für oder gegen die alte Kirche entscheiden zu müssen. Hinzu kamen in allen norddeutschen Städten soziale wie politische Spannungen, sodass besonders Handwerker und Knechte Luthers Lehre von der Gleichheit der Menschen vor Gott als eine soziale Vision begriffen, die zu erreichen nun möglich schien. In den späten 1520er Jahren suchten nur einzelne Gemeindemitglieder die Konfrontation mit den altgläubigen Klerikern, doch das Unterbrechen der Messe oder das Singen von ins Deutsche übersetzten Psalmen wirkte wie ein Schock, galten Klerus und Messe doch bis dahin als unantastbar. Solche Störungen blieben weitgehend ungeahndet, auch weil die Bischöfe ihrer Aufgabe als geistliche Richter allenfalls bruchstückhaft nachkamen. Kaum einer der Bischöfe, von Erzbischof Christoph von Bremen einmal abgesehen, trat den lutherischen Predigern vehement entgegen. So entstand eine Phase der allgemeinen Unsicherheit, was durch Nachrichten über die Vorstöße türkischer Heere, die Erhebungen der Bauern im Südwesten des Reiches und die Plünderungen von Burgen und Klöstern noch verstärkt wurde. Nicht nur wurden Geistliche verfolgt, sondern zunehmend sprachen die Menschen von »geschwinden« oder »gefährlichen« Zeiten (Abb. 2).

Die Annahme der lutherischen Lehre in den Städten Norddeutschlands

Die Niederschlagung des Bauernkriegs und die Hinwendung einzelner Fürsten wie Johann von Sachsen und Philipp von Hessen zum lutherischen Glauben führten nach 1525 zu einer Festigung der Position Luthers, der sich schon zuvor hinter die Obrigkeit gestellt hatte. In den Städten Norddeutschlands begann eine Phase der Annahme des lutherischen Glaubens einschließlich der formalrechtlichen Formulierung zentraler Inhalte, die sich bis in die 40er Jahre des 16. Jahrhunderts hinzog. Zunächst aber eskalierten die Konflikte in fast allen norddeutschen Städten, so beispielsweise in Göttingen, Hannover, Lübeck, Bremen, Gandersheim und Emden. In den Kirchen wurden Ausstattungsgegenstände zerstört, denn die Bilder und Plastiken sollten ihrer Würde und Heilskraft beraubt werden. Dies aber verstärkte die Befürchtungen, dass die städtische Rechtsordnung in Gefahr wäre. Dem versuchte man in manchen Städ-

Abb. 3

Beschwerdeschrift der lutherisch Gesinnten in der Stadt Hannover an ihren Rat, 15./16. August 1532, Kat.-Nr. 99

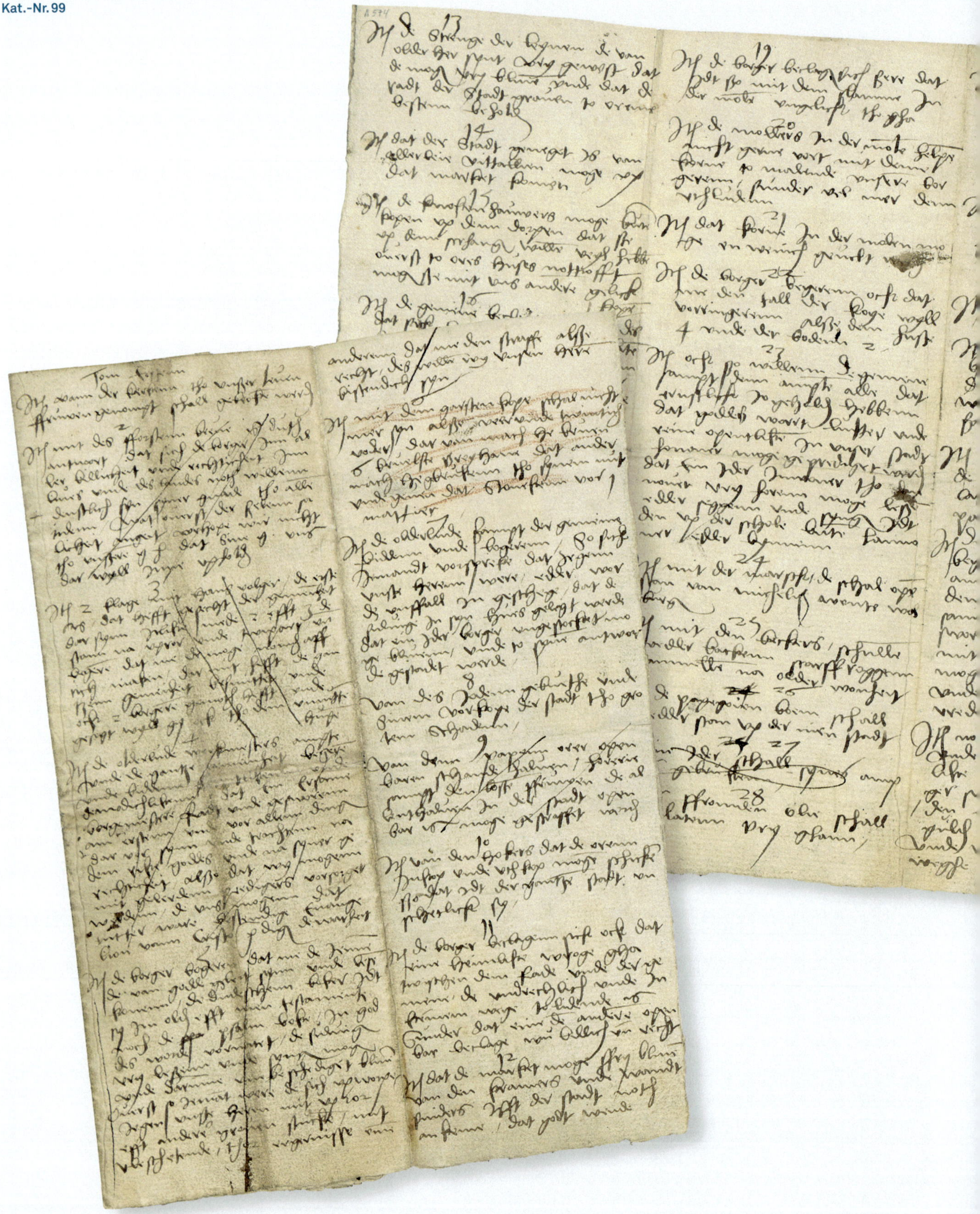

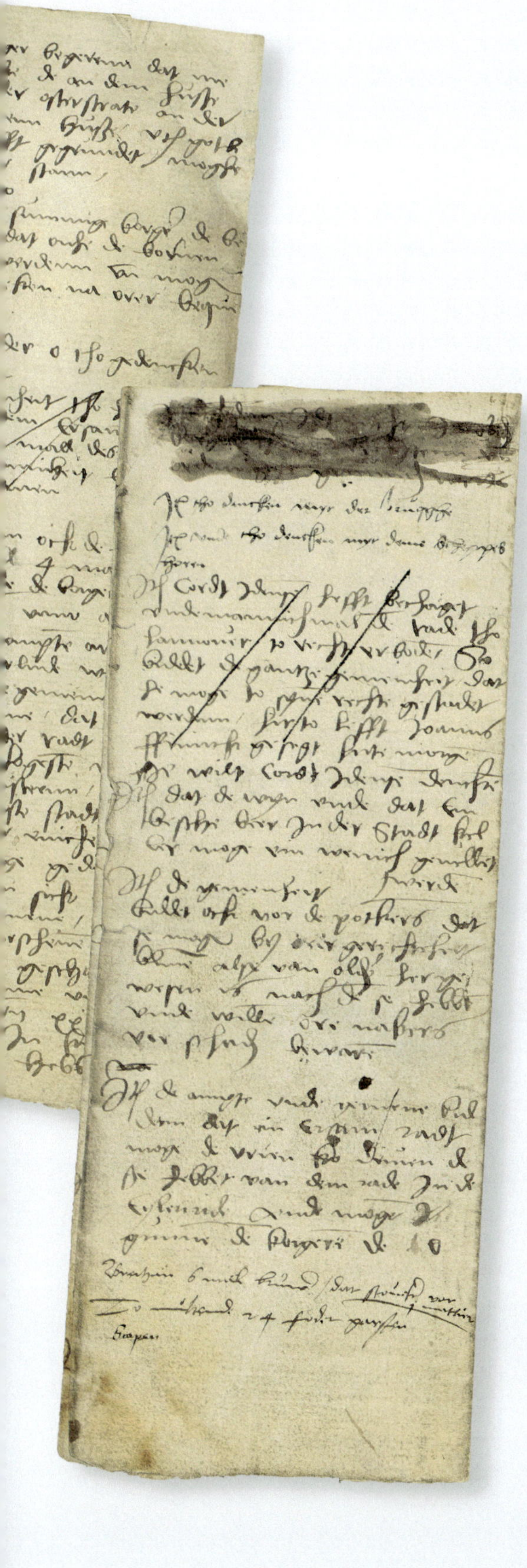

Abb. 4
Heinrich d.J. zugeschrieben: Ein Pferdeharnisch in Prunkausführung, 1542, Kat.-Nr. 109

ten mit Disputationen entgegenzuwirken – akademische Auseinandersetzungen, die nun gleichsam in Form eines öffentlichen Tribunals eine Entscheidung zwischen alter und neuer Lehre in der Stadt herbeiführen sollten. Doch längst nicht überall war das Ergebnis eindeutig – und hinzu kam, dass häufig der Rat gleichsam als Schiedsrichter fungieren sollte, dessen Mitglieder sich jedoch alles andere als einig waren. Schwieriger noch war, dass sich nicht nur die Bischöfe, sondern auch die meisten Pfarrer und Vikare den Konflikten weitgehend entzogen. Immer häufiger forderten einzelne Gruppen die offizielle Zulassung lutherischer Prediger auch in den städtischen Kirchen – und ebenso wollte man auf Deutsch singen, auf Deutsch getauft werden sowie das Abendmahl in beiderlei Gestalt erhalten dürfen.

In diversen Städten wie Göttingen oder Hannover wurde dies mit politischen und ökonomischen Wünschen verbunden, bei denen es um Fragen der Verschuldung der Stadt, der Erhebung von Steuern oder der Partizipation weiterer Gruppen am städtischen Regiment ging (Abb. 3). Vergleichbare Forderungen hatten im 15. und frühen 16. Jahrhundert zu Aufständen geführt. Wenn nun der jeweilige Rat die Ordnung zu bewahren und einen Aufstand zu vermeiden versuchte, so rückte er unversehens in das Zentrum der Kritik und Wut der Bürger. Dabei verfügten die Stadträte über sehr

Abb. 5

Der Erbarn Stadt Braunschweig Christliche Orde=nung [...]: Die Braunschweiger Kirchenordnung von Johannes Bugenhagen, 1531, Kat.-Nr. 100 d

Der Erbarn Stadt
Braunschweig Christliche Orde-
nung / zu dienst dem heiligen Euangelio / Christ-
licher lieb / zucht / friede vnd einigkeit /
Auch darunter viel Christli-
cher lehre für die
Bürger.

Durch Johan. Bugenhagen
Pomer beschrieben.

M. D. XXXI.

begrenzte militärische Möglichkeiten und standen zunehmend einer lutherischen Mehrheit gegenüber. Weil aber die meisten norddeutschen Landesherren am alten Glauben festhielten, mussten die Verantwortlichen der Städte Interventionen der Fürsten befürchten – Herzog Heinrich d. J. von Braunschweig-Wolfenbüttel war für seine Kaisertreue bekannt (Abb. 4).

Eingedenk vorangegangener Aufstände suchte der Braunschweiger Rat 1526 eine Zuspitzung zu vermeiden. In Abwesenheit des Kaisers hatte der Reichstag zu Speyer 1526 beschlossen, dass jeder Reichsstand bis zum Abhalten eines Konzils religionspolitisch so handeln dürfe, wie er meine, es gegenüber Kaiser und Gott verantworten zu können. Dies wurde als Möglichkeit einer legalen Entscheidung zwischen der alten Kirche und dem neuen Glauben interpretiert. Lutherische Fürsten schlossen sich politisch wie militärisch zusammen. Als dann Herzog Heinrich von Braunschweig-Wolfenbüttel dem Kaiser in Italien zu Hilfe kam, gewann der Rat dank Luther einen lutherischen Prediger für die Stadt. Nun aber ergab sich eine schier unendliche Vielzahl theologischer, rechtlicher und ökonomischer Fragen, musste doch letztlich die Kirche als Hierarchie und System neu konstituiert werden. Erneut mit Unterstützung Luthers bat der Rat den Wittenberger Stadtgeistlichen Johannes Bugenhagen in die Stadt, der ab Mai 1528 eine Reihe thematisch ausgerichteter Predigten zu einer Kirchenordnung umarbeitete. In sieben Kapiteln wurden Fragen der christlichen Lehre, der Liturgie, der Kompetenzen der lutherischen Prediger und der neu eingesetzten Superintendenten als Aufseher über die Geistlichen und das geistliche Leben in der Stadt, des Schulwesens sowie der Finanzierung der Armenfürsorge wie der Geistlichen geregelt. Die hier festgelegten Kompromisse, Normen und Definitionen schufen eine langfristig tragfähige und überzeugende Rechtsgrundlage (Abb. 5).

Bugenhagens Ordnung wurde zum Muster, das beispielsweise Hamburg, Lübeck und Hildesheim übernahmen und das auch von anderen Reformatoren wie Corvinus, Rhegius oder Chemnitz herangezogen wurde. Solche Kirchenordnungen, die sich gedruckt rasch verbreiteten, erließen nun auch alle weiteren Städte in Norddeutschland. Ebenfalls beförderten die studierten Juristen und Theologen den Austausch über ihre weitgespannten Kontakte.

Keineswegs aber war die Phase der Spannungen und Zerrissenheiten überwunden. Vielmehr blieben viele Geistliche im Amt, wurden in zahlreichen Kirchen noch über lange Zeit katholische Messen und lutherische bzw. reformierte Predigtgottesdienste zugleich gehalten und die medialen Auseinandersetzungen fortgeführt. Mancherorts wurden wie in Hildesheim die Altäre zur Seite gerückt, um Platz für die Gemeinde zu schaffen, doch viele Stiftungen der wohlhabenden Familien blieben zunächst bestehen. Die Konflikte entzweiten selbst Familien. Die meisten Franziskaner und Dominikaner verließen nach und nach ihre Konvente, die geschlossen und nachfolgend beispielsweise als Schulen weiter genutzt wurden. In der Abgrenzung von der alten Kirche und von anderen protestantischen Strömungen lag der Grundstein für die Bekenntnishaftigkeit des Luthertums, das bald durch distinkte kulturelle Praktiken geprägt wurde. Wie einleitend gezeigt, galt dies beispielsweise für Beerdigungen und für die zunehmende Ausstattung der Kirchen mit Epitaphien. Hierzu gehörte auch die Kleidung der Kleriker, denn lutherische Geistliche durften zwar hin-

Abb. 6
Hausinschrift in Göttingen: Längsbalken an der Barfüßerstraße 12

Abb. 7 (unten)
DOCTER MARTIN LUTTER: grün glasierte Ofenkachel mit Porträt des Reformators, 16. Jahrhundert, gefunden bei Ausgrabungen auf dem Grundstück Turnierstraße 1 in Braunschweig, Kat.-Nr. 227 c

fort die überkommenen Chormäntel tragen, doch galt der Talar als angemessenes Kleidungsstück. Identitätsstiftende Bedeutung erlangten zum Beispiel deutsche Kirchenlieder oder auch das Motto des Schmalkaldischen Bundes *Verbum domini manet in eternum* oder auf Deutsch: »Godes wort blift Ewich« (Abb. 6). Hierzu gehörten auch alle Formen der Visualisierung Luthers und anderer Reformatoren wie Melanchthon in Gestalt von Bildern, Kacheln und sonstigen Devotionalien (Abb. 7). Ebenso definierte sich die städtische Elite zunehmend durch materiellen Reichtum wie durch Gelehrsamkeit und den Besitz von Büchern.

Annahme und Implementation der lutherischen Lehre in den norddeutschen Territorien

In der dritten Phase erließen auch die Fürsten Kirchenordnungen und implementierten nachfolgend den lutherischen Glauben in ihren Territorien. In Norddeutschland bildete 1527 Herzog Ernst (der Bekenner) von Braunschweig-Lüneburg (Celle) den Anfang, während die 1569 erlassene Kirchenordnung von Herzog Julius von Braunschweig-Wolfenbüttel den Endpunkt markierte. Ausnahmen waren die geistlichen Territorien, denn auch wenn viele Mitglieder der Domkapitel den lutherischen Glauben annahmen, so blieben die meisten ehemaligen Bistümer doch nominell altgläubig, weil sie nur auf diesem Weg ihre Selbstständigkeit bewahren konnten.

All diese Ordnungen beendeten transitorische Zustände, denn nicht nur die Städte hatten eigene Kirchenordnungen erlassen, sondern diverse Adlige hatten mithilfe ihrer Patronatsrechte lutherische Geistliche gefördert. Solches untergrub die konfessionelle Homogenität der Territorien und erzeugte einen Regelungsbedarf, für den 1555 mit den Beschlüssen des Augsburger Reichstages auch eine Rechtsgrundlage geschaffen wurde. Nicht von ungefähr hatte sich

Abb. 8
Martin Luther:
An den Christlichenn Adel deutscher Nation: von des Christlichen standes besserung, 1520, Kat.-Nr. 67

Luther 1520 an den Adel gewandt – und die Adelsfamilien ergriffen die Chance, zum Wohl ihrer Untertanen zu agieren, und beanspruchten nun entsprechende Rechte auch im Hinblick auf die geistliche Herrschaft (Abb. 8).

Die von den norddeutschen Landesherren erlassenen Ordnungen waren weiterentwickelte städtische Kirchenordnungen, die sich vorwiegend an den sächsischen Mustern orientierten und mit denen die Kirchenorganisation säkularisiert wurde. Sie umfassten alle mindestens vier Aspekte: 1. Eine allgemeine Herleitung und auf der Bibel fußende Begründung der Notwendigkeit für den Erlass einer Kirchenordnung, 2. Bestimmungen für die Geistlichen, ihre Tätigkeit und teilweise ihre Qualifikation, 3. Festlegungen zur Liturgie und zur Textualität der Gottesdienste sowie 4. Anweisungen zur Bildung der Bevölkerung und damit zu den Schulen. Häufig wurden zudem 5. Angelegenheiten der Klöster geregelt.

Zentrale Motive der Fürsten waren die Sorge um die gute Ordnung und um das Seelenheil ihrer Untertanen, denn sie versuchten, gute Predigten und eine gute geistliche Versorgung sicherzustellen. Eben weil die Bischöfe ihren Pflichten nicht mehr nachkamen, griffen die Fürsten die von Luther vorgeschlagene Argumentation auf, wonach sie als Notbischöfe in der Pflicht standen. Der Erlass einer Kirchenordnung war daher eine gottgegebene Notwendigkeit. Dieses galt umso mehr, als Luther und seine Mitstreiter eine latente Endzeiterwartung vertraten und hiermit die Furcht vor dem allgegenwärtigen Wirken des Teufels verbanden, vor dem man sich nur mittels des wahren Glaubens schützen könne. Ökonomische Vorzüge nahmen die Fürsten billigend in Kauf, denn die Einführung der neuen Lehre erleichterte ihnen den Zugriff auf die Klöster und deren Vermögen.

In Weiterentwicklung der städtischen Kirchenordnungen achteten die Verantwortlichen immer stärker auf die Implementation der Normen und Vorschriften. Das nun schrittweise entwickelte sogenannte landesherrliche Kirchenregiment umfasste eine dem Fürsten untergeordnete Struktur, die Personaladministration, geistliches Gericht und Finanzverwaltung beinhaltete und weitgehend analog zur weltlichen Verwaltung aufgebaut oder gar in diese integriert war. Der Hofprediger bzw. der an der bedeutendsten Kirche des Landes wirkende Geistliche bestimmte den theologischen Diskurs und hielt den Fürsten bei Bedarf zur guten Herrschaft an. Als oberste Behörde fungierte in den meisten norddeutschen Territorien ein Konsistorium zur Auswahl der Kleriker und als Gerichtshof in allen geistlichen Angelegenheiten. Jeweils einer Gruppe von Pfarreien als den kleinsten administrativen Einheiten stand ein Superintendent vor, der die Disziplinar- und Fachaufsicht ausübte. Doch auch hierbei bildeten die geistlichen Fürstentümer eine Besonderheit, denn die Führung der Geistlichkeit lag eigentlich in den Händen der Bischöfe, die sich tatsächlich auf die weltliche Herrschaft beschränkten.

Zur vollständigen Implementation der erlassenen Normen mussten die Pfarrer und Gemeinden fortlaufend kontrolliert werden, wie die Theologen und Räte in Sachsen bereits Mitte der 1520er Jahre erkannt hatten. So wurde das bereits im Mittelalter vereinzelt praktizierte Verfahren der Visitationen nun flächendeckend eingeführt, indem zu-

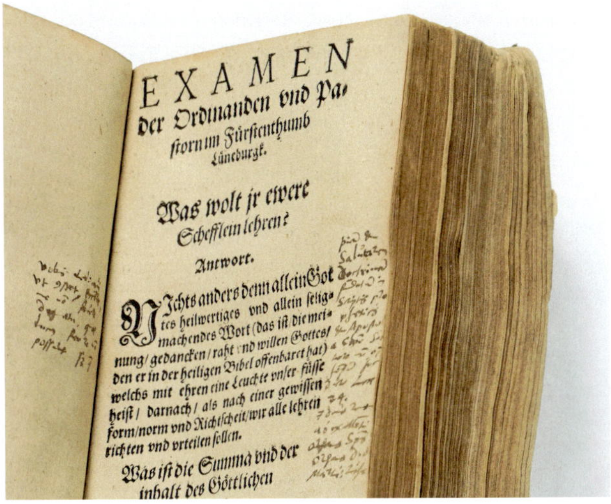

Abb. 9
Christoph Fischer: Einfeltige Form, wie […] man im Fürstenthumb Lüneburg […] alle Pastores […] in den fürnemsten Heubtstücken der Christlichen Lehre zu examinieren pfleget, 1575, Kat.-Nr. 170

nächst der Erlass einer Kirchenordnung mit einer landesweiten Visitation verknüpft wurde. Solche wurden dann unregelmäßig wiederholt, bis Ende des 17. Jahrhunderts vielerorts regelmäßig visitiert wurde. Anfangs lag das Hauptaugenmerk auf der ökonomischen Absicherung der Pfarrer sowie auf ihrer Qualifikation, doch bald rückten die Qualität der Lehre und nachfolgend das Vorleben der geistlichen Normen durch die Kleriker sowie ihre Einhaltung durch die Gemeinden ins Zentrum. Bücher – nicht nur die Bibel, sondern auch die Kirchenordnung sowie einschlägige reformatorische Traktate – definierten die Glaubensinhalte.

Im Verlauf des 16. Jahrhunderts wurden die Vorstellungen einer guten Ordnung immer weiter entwickelt und durch weitere normative Vorgaben beispielsweise in Polizeiordnungen gestützt. Die tatsächliche Umsetzung der Normen zog jedoch überaus langwierige und umfangreiche Aushandlungsprozesse nach sich, die keineswegs nur von den Räten oder vom Fürsten bestimmt wurden. Die Untertanen wehrten sich gegen ihrer Meinung nach ungerechte Entscheidungen und appellierten an den Fürsten. So war die Implementation des lutherischen Glaubens ein Prozess über Generationen. Er verlief parallel zur administrativen Durchdringung der Territorien, sodass die Fürsten immer intensivere Kontrolle über ihre Untertanen gewannen.

Hatte Luther anfangs für eine Trennung von weltlicher und geistlicher Gewalt plädiert, so geriet de facto die Geistlichkeit unter den Einfluss der weltlichen Herrschaft. Die Hauptaufgabe der Geistlichen umfasste die Predigt der wahren Lehre, sodann das Erteilen der Sakramente und die Umsetzung der biblisch fundierten geistlichen Normen. Es entwickelte sich ein säkularer geistlicher Stand, der über erhebliche Privilegien verfügte und sich sozial stärker von der nichtadligen Bevölkerung abhob als zuvor. Das Einkommen der Geistlichen basierte auf den althergebrachten Pfründen, doch nach Möglichkeit sollten die Pfarrer ihre Ländereien verpachten, um sich ganz ihren religiösen Aufgaben zu widmen. Immer wichtiger wurde die Qualifikation der Pfarrer: Mitte des 16. Jahrhunderts hatten die meisten Pfarrer städtische Schulen besucht. Viele von ihnen hatten vor der Übernahme einer Pfarrei als Lehrer gearbeitet. Ab dem letzten Drittel des 16. Jahrhunderts hatten immer mehr Geistliche sogar einen Universitätsbesuch absolviert. Die Entscheidung über die Auswahl eines Geistlichen lag beim Konsistorium, doch nicht immer gab die Qualifikation den Ausschlag (Abb. 9). Auch soziale Verbindungen waren wichtig, während die räumliche Mobilität – anders als in der Anfangsphase der Verbreitung des lutherischen Glaubens – nur noch für die Elite von Bedeutung war. In manchen Orten stellte im 16. Jahrhundert eine Familie über Generationen hinweg den Pfarrer. Einen fundamentalen Wandel verursachte das Heiratsrecht der Pfarrer. Die Pfarrersfamilie, in der der Ehefrau des Geistlichen zentrale Funktion für die Caritas in der Gemeinde zufiel, wurde zum sozialen Leitbild stilisiert. Für die ländlichen Gemeinden war dies gewöhnungsbedürftig, erst recht als ein Teil der Pfarrhäuser erweitert oder neu gebaut werden musste. Teilweise musste der Nachfolger im Amt eines Pfarrers die Witwe seines Vorgängers heiraten, bis dann zum Ende des 16. Jahrhunderts Pfarrwitwenhäuser eine alternative Versorgungsmöglichkeit boten.

Abb. 10
Modell der Universität Helmstedt Ende des 16. Jahrhunderts, Kat.-Nr. 178

Auch die Herausbildung einer protestantischen Geistlichkeit zog sich über diverse Generationen hin. Sie scheiterte lange Zeit an der zu geringen Anzahl qualifizierter Universitätsabsolventen. Ein probater Ausweg war die Vergabe von Stipendien zur Förderung begabter Schüler, und vielfach mussten Klöster solche Optionen finanzieren. Hinzu trat die Gründung von Universitäten wie in Helmstedt (Abb. 10). Ihre Bedeutung wuchs drastisch infolge der Reformation, erst recht als die Theologieprofessoren maßgeblich die theologischen Diskurse beeinflussten und die Fürsten bei komplizierten Fragen theologische Gutachten von den Fakultäten erbaten.

Regional höchst unterschiedlich entwickelte sich das Klosterwesen: In manchen Regionen wie in Ostfriesland wurden alle Klöster geschlossen, während anderswo zumindest wenige Männerklöster fortbestanden. Hingegen wurden unter maßgeblichem Einfluss des Adels in den welfischen Territorien nahezu alle Frauenkonvente als evangelische Damenstifte fortgeführt. Hieran waren auch die Fürsten interessiert, die nach der ökonomischen Kontrolle strebten, um von den erwirtschafteten Überschüssen zu profitieren. Auch sorgten sie dafür, dass die Klöster zum Schulwesen ebenso wie durch Abgaben oder Spanndienste zur Verwaltung des Landes beitrugen.

Zu den wichtigsten Neuerungen infolge der Reformation gehörte die flächendeckende Schaffung von Schulen. Hiermit ging die Etablierung eines strukturierten Schulsystems mit einer Universität an der Spitze einher. Diese war weit mehr als nur eine theologische Lehranstalt, sie bildete auch den Nachwuchs für Administration und Hof aus. Auf der untersten Ebene mussten die Gemeinden eine Schule errichten und für ihren Betrieb aufkommen. Die Ortsgeistlichen hatten den Katechismus zu lehren, doch die Schulen vermittelten Lese- und Schreibkenntnisse, was die Relevanz der Volkssprache deutlich verstärkte (Abb. 11). Als maßgeblich erwiesen sich die in den Kirchen- bzw. Schulordnungen enthaltenen und im Wesentlichen auf Melanchthon zurückgehenden Vorgaben und Lernziele, deren Erreichen bald in den Visitationen überprüft wurde.

Die Rezeption protestantischer Weiterentwicklungen und die Reformbestrebungen katholischer Reichsstände nach dem Konzil von Trient

Die vierte Phase umfasste die Ausdifferenzierung der protestantischen Glaubensrichtungen, die Reformbemühungen der katholischen Kirche und damit die Entwicklung der Konfessionen als identitätsstiftende Glaubensbekenntnisse samt hiermit verknüpften Lehrgebäuden und Hierarchien. Diese Abgrenzungsprozesse begannen bereits früh und wurden zunehmend wirkmächtig. Sie prägten – und dies

Abb. 11
Martin Luther: Eine Pre=digt / das man kin=der zur Schu=len halten solle, 1530, Kat.-Nr. 174

kennzeichnet die Phase – wesentliche Bereiche der Hoch- wie der Volkskultur und dienten der Selbstdefinition und Selbstvergewisserung ebenso wie der Abgrenzung gegenüber anderen Konfessionen.

Von Anfang an bestanden zahlreiche Differenzen zwischen den Reformatoren, die sich über Fragen nach dem Abendmahl, also ob in diesem eine reale oder symbolische Präsenz Christi gegeben sei, oder über das Verbot von Bildern in den Kirchen stritten. Die sich hieraus ergebenden innerprotestantischen Differenzen ließen sich nicht überwinden, doch aus übergeordneten politischen Gründen stimmten die Fürsten zunächst der »Confessio Augustana« von 1530 sowie nachfolgend dem Augsburger Religionsfrieden von 1555 zu, denn sie konnten hiermit durchsetzen, dass die Gruppe der protestantischen Herrscher wesentlichen Einfluss auf die Reichspolitik erhielt. Es änderte sich folglich die Struktur des Reiches, da nun nicht mehr nur König und Stände, sondern eben auch konfessionelle Gruppen politische Akteure waren. Der Preis dieser Einigung war die Ausgrenzung der reformierten Fürsten. Dennoch hatte die Entscheidung von 1555 über gut zwei Generationen hinweg Bestand mit der Folge, dass die Anzahl der militärischen Auseinandersetzungen im Inneren des Reiches in der zweiten Hälfte des 16. Jahrhunderts deutlich zurückging.

Nicht erst seit dem Tod Luthers wuchsen Umfang und Intensität der theologischen Auseinandersetzungen an den Universitäten wie in den Medien. Dabei standen nicht Protestanten und Katholiken einander gegenüber, sondern die Wittenberger Theologen lagen im Streit mit den Täufern, Calvinisten, Zwinglianern etc., und schließlich stritten diverse Fraktionen um die Deutungshoheit von Luthers Erbe (Abb. 12). Mit der Konkordienformel von 1577 sollten die Reihen der lutherischen Protestanten geschlossen und reformierte Gruppierungen ausgeschlossen werden, was allerdings Verwerfungen innerhalb der Städte und Territorien zur Konsequenz hatte. Nachdem Kurfürst Friedrich III. von der Kurpfalz im Jahr 1563 den Heidelberger Katechismus erlassen hatte, sich bald darauf zahlreiche Städte in den Niederlanden zur Lehre Calvins bekannten und die spanische Herrschaft abzuschütteln versuchten, begann eine Phase kriegerischer Auseinandersetzungen zwischen den Konfessionen, die sich bis 1648 hinzog und am Ende zur Anerkennung der Reformierten als dritte Konfession führte. Dies hatte auch Folgen für Norddeutschland, wo sich Ende des 16. Jahrhunderts einzelne Städte und Territorien vom Luthertum ab- und dem Calvinismus zuwandten. So schloss sich beispielsweise die Stadt Bremen im Jahr 1581 dem auf Melanchthon zurückgehenden Philippismus an, verwies die lutherischen Prediger der Stadt und führte um 1600 den Heidelberger Katechismus ein. In Emden hatten sich infolge der Auseinandersetzungen mit den vergleichsweise schwa-

Abb. 12
Martin Luther: Wes sich D. Martin Luther mit Huldrichen Zwinglin der strittigen Artikel halb vereint und verglichen, Die mit Zwingli strittigen Artikel, 1529, Kat.-Nr. 135

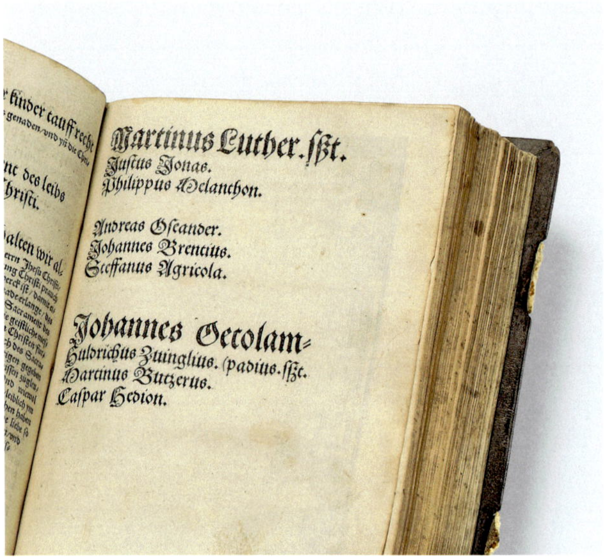

chen Landesfürsten bereits früh genossenschaftliche Tendenzen in der Kirche gebildet. Im Jahr 1554 schuf sodann Johannes A. Lasco mit dem Emder Katechismus eine theologische Grundlage abseits des Luthertums Wittenberger Prägung. Hinzu traten Migrationsbewegungen mit der Folge, dass sich Emden dem reformierten Glauben zuwandte. Allerdings hielten die Fürsten streng am Luthertum fest. Schließlich vereinbarten 1599 Graf Enno III. und die Landstände ein Konkordat, wonach das Kirchenregiment zwar dem Landesherrn oblag, tatsächlich aber jede Gemeinde selbst über Prediger und Ausrichtung entschied, was letztlich das seit 1555 geltende Prinzip »cuius regio – eius religio« auf die Ebene der Gemeinden übertrug. Solches kam in Anbetracht der von den Reformierten favorisierten presbyterialen Kirchenstruktur nicht von ungefähr, stellte damit aber lokal die Geltung der geistlichen Herrschaft des Landesherrn infrage.

Nahezu zeitgleich zur langsamen Verbreitung reformierten Gedankenguts betrieb die katholische Kirche eine Reform und strebte nach einem politischen wie theologischen Wiedererstarken der Bischöfe als Fürsten und als Geistliche. In Norddeutschland begann dieser Wandel in den 1540er Jahren, als Franz von Waldeck, Bischof von Münster, Osnabrück und Minden, von seinen Bestrebungen zur Einführung des lutherischen Glaubens Abstand nehmen musste. In Osnabrück konnten sich nachfolgend allerdings weder die Lutheraner noch die Altgläubigen durchsetzen, sondern es blieb bei der Überlagerung von Konfessionsräumen, was gelegentlich auch hieß, dass dieselbe Kirche durch Geistliche beider Konfessionen genutzt wurde. Nachdem 1563 das Konzil von Trient beendet worden war, verfolgten die Päpste wie die altgläubigen Fürsten eine zunehmend offensive Politik, die von den Bischöfen aufgegriffen wurde und zu einer Rekatholisierung führte, indem gezielt altgläubige Seelsorger bei denjenigen Pfarrkirchen eingesetzt wurden, die den Bischöfen unterstanden. Auch wurde durch Förderung katholischer Schulen eine optimale Ausbildung der Geistlichen angestrebt. Die Mechanismen der Intensivierung der Herrschaft und der Implementation geistlicher Normen waren somit dieselben wie bei den protestantischen Fürsten. Während sich diese wesentlich auf die Universitäten stützten, fiel in den altgläubigen Herrschaftsräumen dem neu gegründeten Jesuitenorden wesentliche Bedeutung zu.

Der Erlass von Kirchenordnungen mit allen hiermit verknüpften Mechanismen der Herrschaft ebenso wie die Abgrenzungen gegenüber anderen Konfessionen führten allerdings nur in manchen Kerngebieten der Territorien zu religiöser Homogenität. Gemischt konfessionelle Zonen in Norddeutschland – beispielsweise entlang der Weser – grenzten an die Bistümer Münster und Osnabrück, doch fanden sie sich auch entlang der Niederweser, in Teilen Ostfrieslands wie in Südniedersachsen, wo die zum Eichsfeld gehörenden Gemeinden mehrheitlich katholisch waren. Dahingegen führten die hessischen Landgrafen in der Herrschaft Plesse, die als Enklave in den lutherischen Fürstentümern Braunschweig-Calenberg bzw. Grubenhagen lag, den reformierten Glauben ein.

Abb. 13
Johann Arndt:
Von wahrem Christen=thumb [...], 1605,
Kat.-Nr. 236

Von wahrem Christen=
thumb/ heilsamer Busse/ wah=
rem Glauben/ heyligem Leben
vnd Wandel der rechten wah=
ren Christen.
Das erste Buch.

Fazit

Auf den ersten Blick hatte sich damit Norddeutschland bis zum Ende des 16. Jahrhunderts zu einem flächenmäßig nahezu geschlossenen lutherischen Raum entwickelt. Tatsächlich prägten zahlreiche religiöse Inhomogenitäten die weltlichen wie geistlichen Fürstentümer. Vor dem Hintergrund der übergreifenden Herausbildung von Rechts- und Verwaltungsstrukturen waren die mit Luthers Argumentation verknüpften Umbrüche in den verschiedenen Territorien infolge individueller Entscheidungen der Adligen und Fürsten sowie kollektiver Prozesse in den Städten zu religiösen Normen entwickelt worden. Die Implementation dieser Normen wurde sodann durch Rechte, neu geschaffene Strukturen und sich ausbildende Hierarchien bestimmt. Dabei wirkten die Erneuerungs- und Umgestaltungsprozesse wie ein Katalysator diverser politischer, gesellschaftlicher und kultureller Entwicklungen, die weit in die Zeit vor 1517 zurückreichten. Sie bildeten zugleich übergreifende Bindungs- und Identifikationskräfte. So wirkte die sich zunehmend herausbildende Staatlichkeit als größte treibende Kraft der Wandlungsprozesse, die von der Zuweisung von Verantwortungsbereichen samt den damit einhergehenden Aushandlungsprozessen, von komplexen Kommunikations- und Kontrollmechanismen und von einer rasch wachsenden Schriftlichkeit geprägt wurde. Prozesshafte und sich über große Zeiträume erstreckende Wandlungsvorgänge gestalteten also die »Reformationen«, bei denen immer stärker die Ordnung des Gemeinwesens im Zentrum stand. Die fehlenden Homogenitäten waren sodann Ursache für Forderungen wie von Johann Arndt nach einer Reform der Kirche zu Beginn des 17. Jahrhunderts (Abb. 13). Im Unterschied beispielsweise zum Herzogtum Sachsen ermöglichte die späte Einführung eines neuen Glaubens in Norddeutschland eine geplante und strukturierte Umsetzung, die häufig politisch motiviert war. Diese brachte neue Eliten hervor und schuf Muster und Elemente konfessioneller und kultureller Abgrenzungen. Nicht von ungefähr gehörte Norddeutschland zu den bedeutendsten Schauplätzen des Dreißigjährigen Krieges.

Literatur (Auswahl)
Blickle 1985, Böhme 2000, von Boetticher 1998, Brüdermann 2000, Dürr 2006, Gauger/Weichert 2014, Hoheisel 1998, Jannasch 1958, Jürgens 2010, Jürgens 2003, Klingebiel 1992, Krumwiede 1995, Krumwiede 1967, Moeller 1962, Mörke 1983, Müller 1987, Nistal 2008, Postel 1986, Reitemeier 2013, Reitemeier 2009, Reitemeier 2005 a, Reitemeier 2005 b, Reller 1959, Wittram 1983

THOMAS KAUFMANN

Zur geistes- und theologiegeschichtlichen Einordnung der Reformation

Abb. 1
Eyn deutsch Theologia. das ist Eyn edles Buchlein [...], Titelblatt der Taulerausgabe von 1518

Die theologiegeschichtliche Einordnung der Reformation in die Geistesgeschichte Lateineuropas stellt eine komplexe Herausforderung dar; in der wissenschaftlichen Diskussion ist sie durchaus umstritten. Dies hängt zum einen damit zusammen, dass sich die Reformatoren in einen expliziten Gegensatz zur zeitgenössischen akademischen Theologie, der sogenannten Scholastik, setzten und den Anspruch erhoben, ihr gegenüber die »alte« und »ursprüngliche« Theologie der Bibel und der Kirchenväter wiederzubeleben. Zum anderen aber besteht Grund zu der Annahme, dass die Theologen der Reformation in stärkerem Maße aus mittelalterlichen Quellen schöpften, als sie selbst zugestanden. Für Luther etwa ist die Bedeutung der Mystik, insbesondere der Schriften Johannes Taulers, Johannes Gersons, Bernhard von Clairvaux' oder der von ihm selbst 1516 und 1518 edierten »Eyn deutsch Theologia«, akzentuiert worden. In Bezug auf Huldrych Zwingli wird neben der starken Prägung durch Erasmus von Rotterdam und andere humanistische Theologen – etwa Giovanni Pico della Mirandola – eine eher subkutane, gleichwohl vitale Nachwirkung der scholastischen Tradition des Scotismus, also der auf Johannes Duns Scotus zurückgehenden Schulrichtung, diskutiert. Bei Repräsentanten der sogenannten »radikalen Reformation« wie Andreas Bodenstein, genannt Karlstadt, Thomas Müntzer, Hans Denck oder Ludwig Hätzer gilt ein mystischer Bildungsimpuls ebenfalls als prägend, wird aber gleichwohl als entscheidende Differenzmarkierung gegenüber der lutherischen Theologie interpretiert. Schließlich steht infrage, inwiefern die Wittenberger Gnadentheologie, die jeder Mitwirkung des Menschen bei seiner Erlösung eine Absage erteilte, die völlige Angewiesenheit des Sünders auf die geschenkte Gnade propagierte und das durch die Bibel vermittelte Heil in Christus konzentrierte – formelhaft also: das *sola-gratia-* (allein die Gnade), *solus-Christus-* (Christus allein) und *sola-scriptura-* (allein die Schrift) Prinzip vertrat –, genuin reformatorische Erkenntnisse repräsentierte oder Vorstellungen aufnahm und weiterführte, die bereits in der spätmittelalterlichen »Frömmigkeitstheologie« insbesondere der Augustinereremiten – etwa bei Gregor von Rimini – zu belegen sind. Die Frage nach den geistes- und theologiegeschichtlichen Ursprüngen der Reformation ist insofern untrennbar mit der nach der Kontinuität zum Spätmittelalter verbunden. Diejenigen Kirchenhistoriker, die einen geistes- und theologiegeschichtlichen Zugang zur Reformation favorisieren, betonen deren tiefe Verwurzelung in den produktiven und vielfältigen geistigen Traditionen insbesondere des 15. Jahrhunderts stärker als jene, die die Reformation primär von ihren kulturellen, sozialen und politischen Kontexten her interpretieren.

Abb. 2
Reformatorisches Flugblatt: Himmelswagen und Höllenwagen des Andreas Bodenstein, genannt Karlstadt, 1519

Versteht man die Reformation – so der hier verfolgte Ansatz – vorrangig als ein Ereignissyndrom, das sich, ausgehend vom Ablassstreit der Jahre 1517/18, in bestimmten rechtlich-politischen Entscheidungsakten (Bann Luthers und seiner Anhänger; Reichstagsverhör in Worms; Reichsacht und Verbot der »lutherischen Ketzerei« durch das Wormser Edikt vom Mai 1521; Bruch mit der Kirche Roms durch die Verbrennung des kanonischen Rechts im Dezember 1520; Aufbau reformatorischer Kirchenwesen in der Verantwortung städtischer und territorialer Obrigkeiten) konkretisierte und primär vermittels der Publizistik breite gesellschaftliche Kreise erreichte, wird man die Frage nach den geistes- und theologiegeschichtlichen Wurzeln reformatorischer Theologie mit dem Fokus darauf behandeln, in welchen Kontexten die Reformatoren in welcher Absicht von vorreformatorischen Traditionsbeständen Gebrauch machten. In dieser Perspektive geht es also nicht darum, gleichsam »gedankenarchäologisch« den »eigentlichen Ursprung« etwa des lutherischen Denkens bei Augustin oder Tauler »freizulegen«, sondern die Funktionen des Traditionsrekurses in den konkreten Auseinandersetzungen der Zeit zu analysieren. Dieser Ansatz versteht die jeweilige theologische Bildungstradition eines Reformators mithin als eine Ressource, die je und je in spezifischer Weise aktiviert werden konnte, jenseits dieser Inanspruchnahmen aber nur untergeordnetes Interesse verdient.

In Bezug auf Luther ist evident, dass er seinen in den Jahren 1516/17 öffentlich vollzogenen Bruch mit der scholastischen Theologie und ihrer aristotelischen Methodologie vor allem mit der maßgeblichen theologischen Autorität des Westens, dem Kirchenvater Augustin, seinem Ordenspatron, begründete. Überdies legitimierte er sein Verständnis von Theologie mit dem von ihm zunächst in einem unvollständigen Fragment herausgegebenen Traktat »Eyn deutsch Theologia« (Abb. 1). Unter dem Einfluss Luthers folgte sein Wittenberger Fakultätskollege Karlstadt einer ähnlichen Agenda: Er rechtfertigte die Wittenberger Gnadentheologie,

en.kurtzlich gedruckt auß gen. Auß welcher.yeglicher wol ermessen mag.was yedem Christglaubigen zu wissen.not ist.Dan an zweyfel.welche dieße wagen.
Ersten wagen.Christlicher zucht erschießlich. vnd widderumb. wortlin des vndersten. vndienlich vnd schedlich. eynen außgezogen.Das ich alles.durch hey
fechten.der kum fruschlich.mit Christlichem swerd das ist gottis wort.sonst mugte ich auch schelden. vnnutzen wie wol mir der weeg widder vñ nicht helen.
Israhel merck wol du bist vluft vol dein vorderbẽ ist auß dir vñ dei hulff von mir.
Mein fleisch streit gegem geist zu dẽ ergstẽ mich reist. Scheust mit mir zum zil.2c.
Got i vns schaft. Alles dz er gut acht er pflätzt gutẽ willẽ mit fruchtẽ vñ wurtzeln.
durch dei Creutz
Mach mich selig
Auß mer furent mich So ich mich ansehe erschreckich.Wie gern wer ich mir frem Wã mich recht erken Aug. Bern:
Dein wil d geschech.
Giß vor got dein hertz.glaub im er hilft an schertz.
Christus ist vnser selickeit
Gots schrifft ist gut vñ heilig. Vnd macht die sund krefftig. Vindt vbertretũg.zorn vñ tot. Bschlust all mẽschen in not. Gemert begerũg. furet yn schand. Dz Christ einiger heyler werd bkãt Paul. et Aug.
Mei gerechtigkeit acht ich mist.dz mich got entheb arger list.
Keiner ist gotlicher gabẽ.an glaubẽ. begreiflich.
Vnguttig narren. so i freuelheit harrẽ. gebẽ got ei tail.gutter werck hayl.
Du hast mei gewissen bwegt vñ i hart bdreg gelegt. dẽ biß gnedig. Den du gemacht hast rewhig.
Gotsei folck nit vacht.weil gerechtickeit im vite yl wacht.ps 93
ch vnß dan warm. darumb o vatter Christi zyhe vnß wol.vbergeuß deyn gnad vol.sprich
ind. Szo kumen wir mit lobesangck. vnnd grossem danck 2c. Andreas Carolostadius.
Etzlicher lerer disputatiõ spricht.vnser wil mit guttẽ werckẽ außbricht.vñ sie durch sich selber macht.Ist aber ymants der nit gesteet.das vnßer wil furgeet.der sal vor vnßer schrifft.so ym Aristoteles nit hilfft.als butter gegẽ fewr smeltzen.vñ sich mit Credere wol peltzen. ¶Jeremias. kerent euch zu gott schreyt.Szo keret gott zu euch allezeyt.Dauid Geent zu dẽ licht vñ werdet erleucht.Jacob mit wercken in gewissẽ beruff.ig fleucht.Paul sagt.lauffent dz ir ergreyft.Darwidd einer peyfft.Got zuker macht vñ erleucht.aber wir kunnẽ distig wirẽ vns durch knodẽ furẽ.Exm. Sñ me nihil potestis facere, das ist volkũlich. ma ichoatie lassa mi fare.
Las faren boser helde. wir habẽ dẽ hymel erwelt. Vmb reichen lon. aus eigen kreften wol gethon
Got hat vns nit vor plicht dz lieblas thũ sein gebot vbricht.
Der hat ein sichern muth.der so vil thut. als er selbst kã wirckẽ. dã got muß hulf gebẽ
Regir dich nach deinẽ hoch stẽ.so kũpstu zũ bestẽ.
keinẽ ketzer magstu vber kũen wã Arist: nit wer in die schrift genumen.
Der todt sund. kan an wũd.wol wirck en vñ an spot.zitlich en lon erlãgen von got.
Do ich lebet noch mir.vil ich i dz dir
Noch got solten wir leben.vnd ym allein ere gebẽ.
behagt das sein.
eiß ich auch das mein.
Wil gie vnße compann nicht weßen.
So muthe gie desse twe wagen met fliethe leeßen.

Abb. 3
Lucas Cranach d. Ä.: Luther und Hus erteilen das Abendmahl, um 1550

Abb. 4
Hans Holbein d.J.:
Bildnis des schreibenden Erasmus von Rotterdam, 1523

die er seit Herbst 1517 als eine Art Markenzeichen der neu gegründeten, traditionslosen kursächsischen Universität propagierte, mit Augustins antipelagianischer Schrift »De spiritu et littera« (Vom Geist und vom Buchstaben). Ihrem Anspruch nach traten die Wittenberger Theologen, die sich anfangs durchaus als enges Interessenskonsortium verstanden, als Interpreten der Bibel auf. Sie behaupteten, ihre Erkenntnis, dass das Heil allein auf der göttlichen Gnade basiere und der Mensch dieses nur im Glauben erlangen könne, aus den Schriften des Apostels Paulus gewonnen und bei Augustin bestätigt gefunden zu haben. Sofern die Frage, ob eine bestimmte, »genuine« Lesart des Paulus oder eine bereits durch die Augustin- oder die Taulerlektüre konditionierte Perspektive auf ihn am Anfang eines reformatorischen Erkenntnisprozesses gestanden hat, überhaupt beantwortet werden kann, dürfte sie historisch einigermaßen irrelevant sein. Denn sobald die radikale Gnadentheologie seitens ihrer frühen Wittenberger Protagonisten öffentlich propagiert wurde, trat sie mit dem Anspruch auf, mit Augustin und gegen die Scholastik den ursprünglichen Sinn der zentralen paulinischen Texte zu reformulieren. In dem ersten illustrierten Flugblatt der Reformation, Karlstadts bei Lucas Cranach d.Ä. in Auftrag gegebenem »Fuhrwagen«, wurde diese Programmatik ins Bild gesetzt (Abb. 2).

In den theologischen Kontroversen seit dem Beginn des Ablassstreites im Herbst 1517, insbesondere in Luthers und Karlstadts in der Leipziger Disputation (Sommer 1519) kulminierender Auseinandersetzung mit ihrem Ingolstädter Kollegen Johannes Eck, wurde eine ähnliche Argumentations- und Defensionsstrategie wirksam: Man stemmte sich gegen eine dominante scholastische Tradition und berief sich für die eigene Position auf selektiv herangezogene Zeugen insbesondere unter den lateinischen Kirchenvätern. Freilich bemühte sich Karlstadt ungleich intensiver darum, die Übereinstimmung der Wittenberger mit den Kirchenvätern zu erweisen; als gelehrtem Kanonisten lag ihm daran, hinsichtlich der Autoritäten und normativen Instanzen, die man für die eigene Position anführen konnte, nichts unversucht zu lassen. Luther hingegen nahm das Schriftprinzip zum Anlass, um die Irrtumsfähigkeit nicht nur des Papstes, sondern auch der Konzile zu erklären. Überdies ließ er sich, seiner eigenen, in der Schrift gegründeten theologischen Wahrheit gewiss, von Eck dazu verleiten, sich mit der 1415 auf dem Konstanzer Konzil verurteilten Lehre des böhmischen Theologen Jan Hus zu identifizieren. Auch wenn der Augustinereremit zum Zeitpunkt der Leipziger Disputation von Hus kaum mehr als die Verwerfungskanones des Konstanzer Konzils kannte, wurde die Auseinandersetzung um ihn für Luther doch zum Anlass, sich ausgiebig mit seinem Werk zu befassen und bald starke Gemeinsamkeiten festzustellen. Ex post konstruierte er Hus dann als seinen »Vorläufer« und sich selbst als Vollender der Anliegen des inkriminierten Ketzers (Abb. 3). In ähnlicher Weise verfuhr Luther mit einer Reihe anderer durch Rom inkriminierter theologischer Lehrer: John Wiclif, William von Ockham, Giovanni Pico della Mirandola, Girolamo

Abb. 5
Albrecht Dürer:
Philipp Melanchthon, 1526

Savonarola, Johannes Wesel, Wessel Gansfort oder die Zeitgenossen Jacques Lefèvre d'Etaples, Johannes Reuchlin, den Juristen Petrus von Ravenna und Erasmus von Rotterdam führte er an, um die ihm widerfahrenden Anklagen zu parallelisieren und die Humanisten, die auf antischolastische Parolen leicht ansprangen, auf seine Seite zu ziehen. Später arbeiteten die Wittenberger intensiv daran, durch die Herausgabe von Schriften einiger der genannten Autoren eine auf sie zuführende Traditionslinie zu konstruieren.

Dass sich die »neue« Wittenberger Theologie schon bald des förderlichen Interesses der Humanisten gewiss sein konnte, ergab sich nicht von ungefähr. Auf die Quellen der Heiligen Schrift und der Väter zurückzugehen, entsprach einem vorrangigen Anliegen des Erasmus von Rotterdam (Abb. 4) und all derer, die ihm folgten. Alle helleren Geister der Zeit huldigten dem gelehrten Niederländer; im Kreise der späteren Reformatoren gab es niemanden, der nicht für ihn entflammt gewesen wäre, ehe er sich für Luther begeisterte. Der spätere Züricher Reformator Huldrych Zwingli »pilgerte« zu ihm, verschrieb sich seinem Programm einer »Wiedergeburt des Christentums« und lernte autodidaktisch Griechisch, um das 1516 von Erasmus in der Originalsprache – mit einer eigenen lateinischen Übersetzung – herausgegebene Neue Testament studieren zu können. Karlstadt räumte dem brillanten Stilisten einen Rang gleich nach Augustin, Hieronymus und Ambrosius ein und Martin Bucer, ein damals in Heidelberg studierender Dominikaner und nachmaliger Reformator Straßburgs, meinte, Luther stimme in allem mit dem Humanistenfürsten überein – trete allerdings offener und unmissverständlicher für seine Überzeugungen ein als dieser.

Die Zustimmung der Humanisten zu Luther und seinen Anliegen war auch gewissen inhaltlichen Übereinstimmungen geschuldet. Seine Kritik am Ablass, am römischen Primat, auch am Heiligenkult und anderen Momenten einer veräußerlichten Frömmigkeit korrespondierte mit Internalisierungsstrategien humanistischer Theologie und ihrer Konzentration auf den sittlichen Lehrer Christus und seine Philosophie, wie sie Erasmus in seinem Buch »Enchiridion militis christiani« (Handbüchlein des christlichen Streiters) mit großem Erfolg propagierte. Luthers Polemik gegen »römische Praktiken« der zeitgenössischen Kirche wies unübersehbare Parallelen zu protonationalistischen Motiven auf, wie sie auch von einigen Humanisten – etwa Jakob Wimpfeling oder, ungleich schärfer, Ulrich von Hutten – verwendet wurden. Wichtig war sicher ebenfalls, dass Luther selbst sich den Humanisten seit Beginn der Ablasskontroverse gleichsam als einer der ihren präsentiert hatte; ihre antischolastischen, gegen akademisches Establishment und kirchliches Ancien Régime gerichteten Affekte wusste er zu bedienen. Eine bei den Humanisten verbreitete freimütige Umgangsweise mit dem Printmedium, die vieles in die Öffentlichkeit zog, was bis dato in abgeschlossenen Gelehrtenkreisen kommuniziert worden war, prägte auch

Abb. 6
Philipp Melanchthon:
Loci communes […], 1521

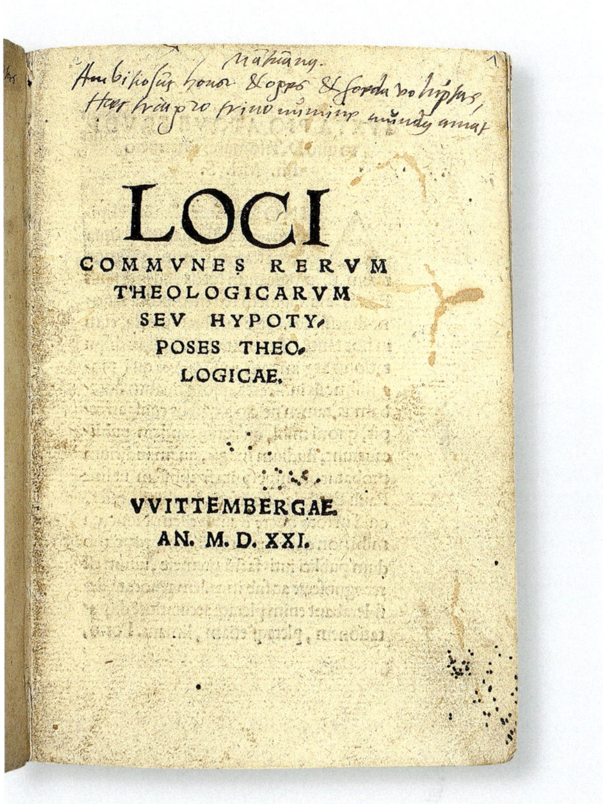

Luther. Ihrer gelehrten Hilfsmittel und Ausgaben – der hebräischen Grammatik nebst Lexikon, die Reuchlin herausgab, des diverse Textvarianten berücksichtigenden Psalters Lefèvres, des Neuen Testaments des Erasmus – bediente sich der Wittenberger Theologe zügig und aus eigenem Antrieb. Auch sein Namenswechsel von Luder zu Luther, mit dem er zu Beginn des Ablassstreites zum Ausdruck brachte, dass er seine neugewonnene Freiheit in Christo in dem griechischen Wort für Freiheit (*eleutheria*) »entdeckt« hatte, folgte humanistischen Usancen, erinnerte aber auch an ein wohl von Hutten im Kontext der Publizistik um Reuchlin verwendetes Pseudonym (Eleutherius Bizen). Gleichfalls bestand universitätsgeschichtlich ein enger Zusammenhang zwischen den Anfängen der Reformation und dem Humanismus: An keiner europäischen Universität sind früher Lehrstühle für Griechisch und Hebräisch eingerichtet worden als in Wittenberg; eine seit 1518 durchgeführte Studienreform machte aus der Neugründung (1502) eine humanistische Reformuniversität. Die Humanisten waren die ersten, die Luthers und der anderen Wittenberger Schriften lasen, europaweit verbreiteten und nachdrucken ließen.

Eine die Theologie im Kern betreffende Gemeinsamkeit, die Luther und seine Parteigänger mit den Humanisten einerseits, den mystischen Autoren andererseits verband, betraf ihre literarisch-rhetorische Form. Die reformatorische Absage an die Scholastik und ihre an der rationalen Argumentation mittels aristotelischer Kategorien orientierten sprachlichen Gestalt ging damit einher, dass man die traditionellen Gattungen der theologischen Schulliteratur (Kommentare zu den »Libri quattuor sententiarum« des Petrus Lombardus; Quaetionen) preisgab. Der seit der Übernahme einer Griechischprofessur an der Wittenberger Universität mit Luther eng verbundene Humanist Philipp Melanchthon (Abb. 5) knüpfte an die in der antiken Rhetorik verbreitete Lokal-(*Loci*-)Methode an, um eine neue, dem auf das Heil des Einzelnen bezogenen Charakter reformatorischer Theologie entsprechende Darstellungsweise des theologischen Stoffes zu finden. Anknüpfend an den Römerbrief des Apostels Paulus rückte er die theologischen »Gemeinplätze« (»Loci communes«, 1521) (Abb. 6) Sünde und Gnade, Evangelium und Gesetz, also die aus der Verlorenheit ins Heil führenden Aspekte des christlichen Glaubens, organisierend ins Zentrum eines theologischen Lehrbuchs. Nicht dem dogmatischen Stoff als solchem, sondern dem, was der Vergegenwärtigung der Wohltaten Christi (*beneficia Christi*) diente, kam die entscheidende Bedeutung zu.

Ein eminent traditionskritischer, mit dem Humanismus, aber auch mit der mystischen Literatur vergleichbarer Reduktionismus war die Folge. Gegen die kompendiöse Vollständigkeit scholastischer Lehrwerke wurden nur mehr diejenigen Themen- und Traditionsbestände für wert und wichtig erachtet, die *mein* Heil, *meinen* Glauben, *meinen* Erlöser, *mein* Gottes- und Weltverhältnis betrafen. Diese

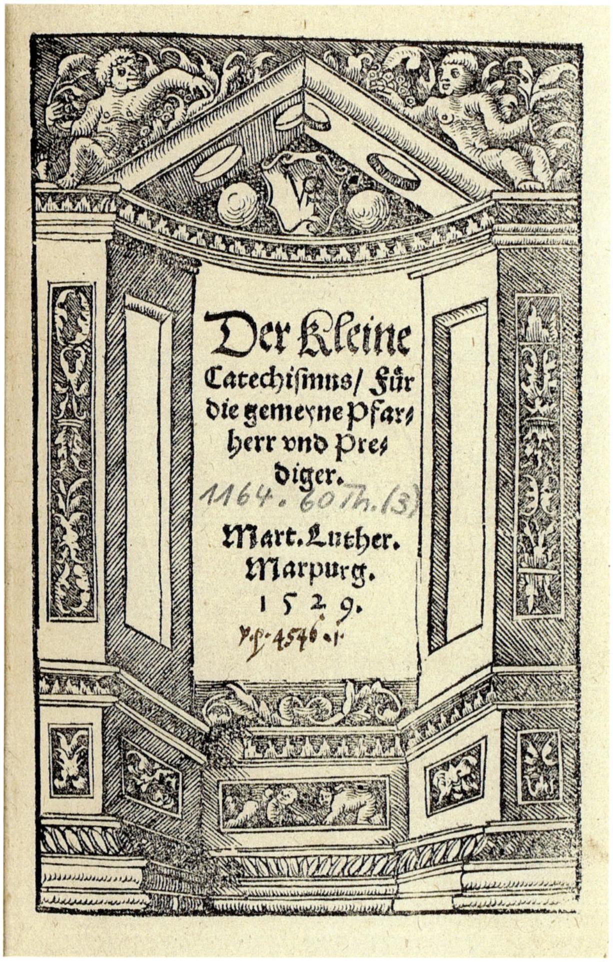

Abb. 7
Martin Luther: Der Kleine Catechismus [...], 1529

Personalisierung bzw. Existenzialisierung der christlichen Theologie führte nach einer zeitweiligen Krise des akademischen Lehrbetriebs in den Jahren 1521/22 zu seiner grundlegenden Umformung. Ins Zentrum der Theologie rückte die Auslegung der Heiligen Schrift: Sie sollte so erfolgen, dass das Evangelium der Gnade Gottes, der dem Menschen geschenkte Glaube und Christus als sein einziger Heiland dominierten. Auch in der eher »volkstümlichen« literarischen Gattung des Katechismus, derer sich Luther mit analogielosem Erfolg bediente (Abb. 7), wurden die Kernaussagen und Herzstücke des christlichen Glaubens so formuliert, dass der Glaubende im Modus der persönlichen Aneignung ausdrücken sollte, was es bedeutete, dass Gott *sein* Schöpfer, Christus *sein* Herr, das Abendmahl ein Vergewisserungszeichen *seines* Glaubens sei. Ebenso fanden Christen aller Bildungsstufen und sozialen Stände in den seit den frühen 1520er Jahren aufkommenden volkssprachlichen Gemeindeliedern, denen eine kaum zu überschätzende Bedeutung bei der Popularisierung und breitenwirksamen Implementierung der reformatorischen Botschaft zuzuerkennen ist, Möglichkeiten der Artikulation und Kommunikation ihres Glaubens.

Eines der theologischen Zentralthemen der frühen Reformation, das sie mit gewissen egalitären Zügen der Mystik und des Humanismus verband, ist in der die Differenz von Klerus und Laien aufhebenden Konzeption des Allgemeinen Priestertums zu sehen. Demnach sind alle Christen aufgrund ihres Glaubens und ihrer Taufe innerhalb der Gemeinde grundsätzlich gleichberechtigt. Die Übertragung der kirchlichen Amtsaufgaben der Wortverkündigung und der Sakramentsverwaltung sollte gemäß der von Luther 1520 in seiner Schrift »An den christlichen Adel deutscher Nation von des christlichen Standes Besserung« dargelegten Vorstellungen durch die Gemeinde selbst erfolgen und lediglich eine bestimmte Funktion vermitteln, aber keinen besonderen Stand mit einem unverlierbaren Prägemal (*character indelebilis*), wie ihn die Priesterweihe nach römischer Lehre vermittelte, begründen. Als zentrales Motiv reformatorischer Ekklesiologie, also der Lehre von der Kirche, implizierte das Allgemeine Priestertum, dass jeder Christ prinzipiell dazu berechtigt sei, an der Reform der Kirche mitzuwirken. Dies schloss ein, dass jeder Christ in die Auslegung der Heiligen Schrift involviert sein konnte. Denn die Bibel galt nicht nur als ursprünglichstes Zeugnis des Christentums; sie war zugleich lebendiges Gotteswort, dessen sich der Heilige Geist hier und heute bediente, um Glauben zu wecken und das Heil zu vergegenwärtigen. Die Übertragung der Bibel in ein gut verständliches Deutsch, der sich Luther seit 1521 permanent widmete (Neues Testament 1522; erste sogenannte Vollbibel 1534; Revisionen bis zur Ausgabe letzter Hand 1545), entsprach einer konsequenten Umsetzung des Allgemeinen Priestertums – mit unabsehbaren kulturellen Folgen für ganz Lateineuropa.

Die Beziehung eines lateinischen Christen des Mittelalters zur Kirche war entscheidend durch die Sakramente vermittelt, die das Leben von der Taufe bis zur Letzten Ölung begleiteten und strukturierten – regelmäßig (Beichtbuße, Abendmahl), einmal (Firmung, Priesterweihe) oder in einigen Fällen auch mehrmals im Leben (Ehe). Nach Maßgabe des geltenden Kirchenrechts hatte jeder religionsmündige Christenmensch mindestens einmal im Jahr die Beichte abzulegen und die Eucharistie zu empfangen (IV. Laterankonzil, 1215). In der grundlegenden Auseinandersetzung mit der römischen Sakramentenlehre, die Luther in seiner Schrift »De captivitate Babylonica ecclesiae praeludium« (Von der babylonischen Gefangenschaft der Kirche, Vorspiel, 1520) unmittelbar nach seiner römischen Verurteilung (Bannandrohungsbulle »Exsurge Domine«, Juni 1520) führte, interpretierte er die Sakramente konsequent von der Einsetzung Christi und dem in ihnen vermittelten Verheißungswort her. Demnach verdienten lediglich Taufe und Abendmahl als Sakramente bezeichnet und bewertet zu werden; Christus habe allein die Elemente des Wassers und des Brotes und Weines mit einer Heilszusage verbunden. Alle übrigen Sakramente der römischen Tradition wurden deshalb in den sich der Reformation zuwendenden Kirchentümern zügig abgeschafft. Das Abendmahl feierte man, der Einsetzung Christi entsprechend, unter beiderlei Gestalt (*sub utraque specie*, also Brot und Wein). Die Verheißungsworte Christi, die sich auf den Glauben bezogen und diesen stärken sollten, wurden fortan in der für alle Sakramentsempfänger verständlichen Volkssprache gesprochen. Die Relation von Wort und Glauben, die für die reformatorische Frömmigkeit konstitutiv war, strukturierte die Sakramente grundlegend um und veränderte die von geweihten »Kultmagiern« gespendeten, aus ihrem bloßen Vollzug heraus wirksamen (*ex opere operato*) heiligen Handlungen in Verkündigungs- und Bekenntnisakte der glaubenden Teilnehmer. Der innerreformatorische Abendmahlsstreit führte eine dauerhafte Spaltung der reformatorischen Gruppierungen in lutherische und reformierte herauf.

Die im reformatorischen Lager seit 1524 auftretenden Differenzen im Verständnis der Elemente des Abendmahls berührten den skizzierten antirömischen Grundkonsens in der Sakramentstheologie nicht. Während Luther darauf bestand, dass Brot und Wein mit dem Leib und Blut Christi identisch seien und eine einheitliche Wirklichkeit bildeten, Christus also in seiner ungeteilten, gottmenschlichen Person zum Heil der Glaubenden in den Elementen gegenwärtig sei, vertraten Karlstadt, Zwingli und andere die Auffassung, dass Brot und Wein lediglich äußerliche Zeichen seien, der auferstandene Christus selbst hingegen leiblich zur Rechten Gottes throne.

Im Verhältnis zu dem sich seit der Mitte der 1520er Jahre formierenden Täufertum, das in der Taufe einen Bekenntnisakt mündiger Gläubiger sah und die Säuglingstaufe ablehnte, vertrat Luther die Auffassung, dass der Glaube, da er kein menschliches »Werk«, sondern göttliche Gabe sei, auch Neugeborenen nicht abgesprochen werden könne. Weil die Kleinkinder noch nicht dazu imstande seien, ihren Glauben zu bekennen, würden sie auf den stellvertretenden Glauben der Eltern oder Paten hin (*fides aliena*) getauft. Mit durchaus anderen theologischen Argumenten behielt auch Zwingli die Säuglingstaufe bei; sie blieb ein charakteristisches Moment der sich im Unterschied zu den täuferischen Freiwilligkeitsgemeinschaften (Sekten) anstaltlich organisierenden reformierten und lutherischen Großkirchen.

Christus bildete das Zentrum reformatorischer Frömmigkeit; er galt als der alleinige Erlöser. Den Heiligen und seiner Mutter Maria kam die Funktion der Zeugenschaft, auch der sittlichen Vorbildlichkeit – aber keine unmittelbare Heilswirkung – zu. Die alleinige Heilsbedeutung Christi bildete den Inhalt der frohen Botschaft, des *Evangeliums*, das den Glauben durch das gepredigte oder gelesene Wort begründete und stärkte. Die insbesondere durch den Apostel Paulus vertretene Vorstellung, dass der gekreuzigte Christus zur Sühne für die sündige Welt geopfert worden sei, wurde nicht von allen reformatorischen Gruppen geteilt. Thomas

Abb. 8
Die Übergabe der Augsburger Konfession im Jahr 1530 – Gemälde des 17. Jahrhunderts aus der Kirchengemeinde St. Jacobi in Osterode, Kat.-Nr. 108

Müntzer und andere »Radikale« fürchteten eine »billige« Gnade, die die Christen vom Ernst der Nachfolge abhalten könne. Sie formulierten daher Gnadenkonzeptionen, die die menschliche Sittlichkeit konstitutiv in die Rechtfertigung vor Gott einbezog. Luther bewertete das Heiligungsstreben vieler Vertreter des »linken Flügels« hingegen als eine neue Form der Werkgerechtigkeit und Gesetzlichkeit. In seinem Verhältnis zu Gott verfüge der zutiefst der Sünde verfallene, von sich aus zu nichts Gutem fähige Mensch nicht über einen freien Willen; den humanistischen Theologen Erasmus, die innerreformatorischen »Radikalen« und die Vertreter der römischen Kirche sah der Wittenberger deshalb unter dem Gesichtspunkt der Willensfreiheit als »Brüder im Geiste« an.

Aufgrund der sich polarisierenden Auseinandersetzungen und politischen Konfrontationen zwischen den unterschiedlichen religiös-theologischen Lagern häuften sich gegen Ende der 1520er Jahre die Ursachen und Motive dafür, komprimierte Zusammenfassungen reformatorischer Lehre zu formulieren. Luther etwa schloss seine wichtigste Publikation im Abendmahlsstreit mit seinen innerreformatorischen Gegnern (»Vom Abendmahl Christi. Bekenntnis«, 1528) mit einem kompakten Bekenntnis ab, in dem er seine definitive Lehre, auf die hin er sterben wolle, darlegte. Auch die Beratungen der evangelischen Stände, die sich angesichts politischer Herausforderungen über ihre theologischen Gemeinsamkeiten verständigten (»Schwabacher Artikel«) und der im Ergebnis gescheiterte Vermittlungsversuch zwischen den Parteien im Abendmahlsstreit (Marburger Religionsgespräch, 1529) endeten jeweils mit entsprechenden Lehrdokumenten (»Marburger Artikel«). Das prominenteste von ihnen wurde schließlich die »Confessio Augustana« (CA), das maßgeblich von Philipp Melanchthon verfasste Bekenntnis, das die evangelischen Reichsstände auf dem Augsburger Reichstag von 1530 Kaiser Karl V. übergaben (Abb. 8). Es definierte fortan – und seit dem Augsburger Religionsfrieden von 1555 auf Dauer – diejenige Lehrgestalt reformatorischen Christentums, die neben dem Katholizismus reichsrechtlich anerkannt war. Sie zeichnete sich durch folgende Merkmale aus: In ausdrücklicher Rezeption der altkirchlichen Dogmen von Nizäa (325), Konstantinopel (381) und Chalcedon bekannten sich die der CA verpflichteten evangelischen Kirchen zur Lehre von der Trinität Gottes und der Existenz der Person Christi in einer göttlichen und einer menschlichen Natur. In Bezug auf die Lehre von der Erbsünde folgte die CA dem Kirchenvater Augustin; auch sonst stellte sie sich in die Tradition der alten Kirche und reduzierte die Differenzen zur römischen Tradition auf einige unabweisbar gegebene Lehrunterschiede (Pflichtbeichte; Opfermesse; Pflichtzölibat; weltlich-politische Funktionen der Bischöfe; Abendmahl unter einer Gestalt etc.). Gegenüber dem Täufertum und den reformatorischen »Schwärmern«, die eine von Wortverkündigung und Sakramentsverwaltung unabhängige, rein geistliche Heilsvermittlung vertraten, wurden eindeutige Abgrenzungen formuliert. Für das in der CA explizierte Verständnis der Kirche war zentral, dass sie dem Wort Gottes untergeordnet sei; die Kirche basiere nicht auf autoritativen oder ehrwürdigen historischen Beständen, sondern verdanke sich der je aktuellen Verkündigung des Evangeliums. Ansonsten rückten der auf das Wort bezogene Glaube und das durch das Predigtamt verkündigte und durch die Sakramente in sinnlich wahrnehmbarer Weise ausgeteilte Evangelium als Heilsweg ins Zentrum. Die in der CA formulierte Version reformatorischer Theologie wurde die weltweit einflussreichste Lehr- und Bekenntnisformulierung des Protestantismus.

Literatur
Bollinger 2003, Dill/Schierl 2016, Grane 1994,
Hamm 2016, Kaufmann 2016 a, Kaufmann 2012, Leppin 2016,
Lohse 1995, Moeller 2011 a, Williams 2000

ANDREAS WACZKAT

Medien und Medialitäten der Reformation

Wohl kein zweites Bild ist so eng mit der Reformation und ihrer Geschichte verknüpft wie jenes von Martin Luther, der am 31. Oktober 1517 seine 95 Thesen an die Tür der Wittenberger Schlosskirche nagelt. Doch ist dieses Bild Teil einer auf Philipp Melanchthon zurückgehenden Konstruktion, mit der die Ereignishaftigkeit der Reformation herausgestellt werden sollte: Mit hoher Wahrscheinlichkeit hat dieser Thesenanschlag gar nicht stattgefunden. Gesichert ist allerdings, dass Luther an eben diesem Tag einen Brief an seinen kirchlichen Vorgesetzten, den Erzbischof von Mainz und Magdeburg, Albrecht von Brandenburg verfasste, in dem er die Praxis des Ablasshandels anprangerte und auf eine Behebung der Missstände drang. Diesem Brief legte Luther ein Blatt mit 95 Thesen bei, die als Grundlage für eine akademische Disputation über das Thema dienen sollten: Der lateinische Titel lautet entsprechend »Disputatio pro declaratione virtutis indulgentiarum« – Untersuchung zur Erklärung der Ehrenhaftigkeit von Ablasshändlern.

Auf eine Antwort des Erzbischofs wartete Luther vergeblich. Er verteilte die nunmehr gedruckten Thesen jedoch auch an andere kirchliche Würdenträger und sorgte damit für eine lebhafte Diskussion, die bald eine eigene Dynamik annehmen sollte – erschienen doch im selben Jahr noch weitere Drucke der Thesen in Nürnberg, Leipzig und Basel sowie vermutlich auch noch vor dem Weihnachtsfest 1517 eine deutsche Übersetzung dieser Thesen in Nürnberg. Nachweisbar ist diese Übersetzung mit dem Titel »Propositiones wider das Ablas« zwar erst im Jahr 1557,[1] doch wird die Existenz dieser ersten Übersetzung, die der Nürnberger Ratsherr Kaspar Nützel angefertigt hatte, kaum bezweifelt. Ohnehin hatte sich der Kern der 95 Thesen im folgenden Jahr in deutscher Sprache den Weg gebahnt: Luthers vielfach und vielerorts nachgedruckter »Sermon von dem Ablas«[2] verbreitete seine Gedanken wohl im gesamten deutschsprachigen Raum.

Unabhängig davon, ob der Thesenanschlag nun tatsächlich stattgefunden hat oder nicht, verdeutlicht dieser Überblick, dass die Geschichte der Reformation in ihrem wesentlichen und ureigenen Kern medial grundiert ist: in Briefen, vor allem aber in Drucken unterschiedlichster Art, die als Medium fungieren, um die reformatorische Botschaft zu verbreiten. Freilich beruht diese Einschätzung auf einem ebenso weiten wie eingeschränkten Medienbegriff, der unter »Medium« wörtlich zunächst all das versteht, was in der Mitte eines Kommunikationsweges steht – mithin die Kommunikation vermittelt –, dieses jedoch lediglich auf materiell greifbare Dinge konzentriert. Tatsächlich kann aber beispielshalber eine im Gottesdienst gehaltene Predigt ebenso als Medium verstanden werden, mit dem die reformatorische Erkenntnis vermittelt wird. In der Formulierung des Theologen Eilert Herms sind Medien in diesem weiten Sinn »alle materialen Bedingungen, die es koexistierenden Individuen [...] überhaupt ermöglichen, füreinander wirksam präsent zu werden und darauf wirksam zu reagieren«.[3] Dabei haben die verschiedenen Medien ihre je eigenen Voraussetzungen und Möglichkeiten, die unter anderem auch von ihrer jeweiligen Materialität bestimmt sind.[4] Ein Brief eröffnet eine andere Art von Kommunikation als ein Buch und wiederum eine andere als eine Predigt. Die Verfasserin oder der Verfasser eines Briefes wird für die Adressatin oder den Adressaten in einer anderen Weise wirksam präsent als der Prediger im Gottesdienst. Auch folgt aus der Lektüre eines Briefes eine andere Reaktion als aus dem Hören einer Predigt. Diese unterschiedlichen Dispositionen verschiedener Medien lassen sich mit dem Begriff der »Medialität« erfassen:[5] Medialität ist in diesem Sinn die Summe aller Qualitäten, die ein Medium und den von ihm begründeten Kommunikationsraum ausmachen.

Reformation und Buchdruck

Im Hinblick auf das Zeitalter der Reformation gilt dabei die Erfindung des Buchdrucks mit beweglichen Lettern durch Johannes Gutenberg als jenes Ereignis, das den Medienwandel im Übergang vom Mittelalter zur Frühen Neuzeit auslöste,[6] ein Wandel von so grundsätzlicher Bedeutung, dass er häufig auch als »Medienrevolution«[7] bezeichnet wird. Tatsächlich lässt sich hier leicht polarisieren, indem

Abb. 1
Martin Luther: Eyn Sermon von dem gutten hyr=ten, 1523

Abb. 2
Hans Sachs: Der Schafstall Christi, 1524

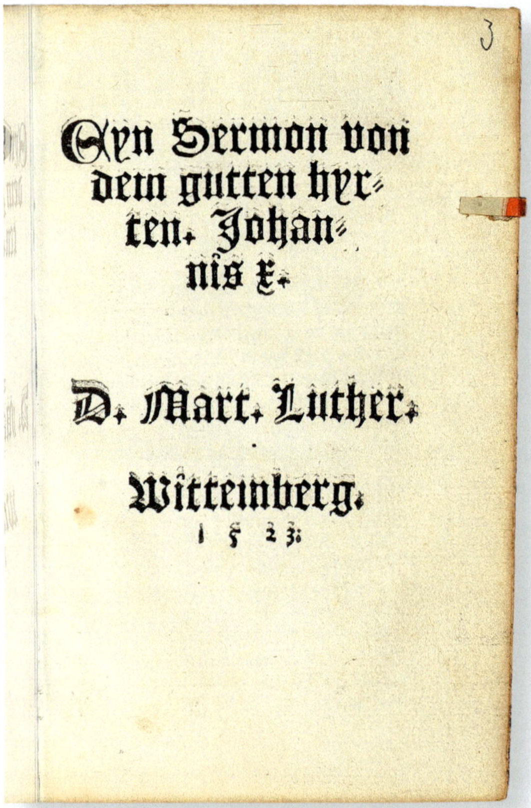

man das Mittelalter als eine Epoche der Mündlichkeit, die Frühe Neuzeit aber als eine Epoche der Schriftlichkeit beschreibt. Das jedoch greift zu kurz, umso mehr, da eine solche Konstruktion Gegensätze dramatisiert, wo tatsächlich eher längerfristige Übergangsprozesse anzunehmen sind.[8] Und verändert haben sich zudem vielmehr die Medialitäten von gesprochenem und geschriebenem Wort. Ableiten lässt sich daraus eine einfache Typologie von Präsenzmedialität im gesprochenen und Distanzmedialität im geschriebenen Wort,[9] wobei deutlich wird, dass beide Medialitäten einem Wandel unterworfen sind, welcher der Materialität des Medienwandels mindestens ebenbürtig ist.

Die Erfindung des Buchdrucks hat die wirksame Präsenz einer Autorin oder eines Autors nicht erst ermöglicht, wohl aber potenziert, indem nicht eine häufig singuläre Handschrift die Distanz überbrückt, sondern ein Druck dies mit vielfachen Distanzen gleichzeitig tut. Während bei Handschriften außerdem damit zu rechnen ist, dass die Schreiberin bzw. der Schreiber und die Leserin bzw. der Leser einander kennen, geht man beim Druck davon aus, dass die Leserin oder der Leser gegenüber der Autorin oder dem Autor anonym bleibt.[10] Schließlich ist auch zu berücksichtigen, dass der Alphabetisierungsgrad der Gesellschaft in der Frühen Neuzeit ein ungleich höherer war als im Mittelalter – der Buchdruck forderte und förderte die Lesefähigkeit gleichermaßen. Mit alldem aber änderte sich notwendigerweise auch die Präsenzmedialität des gesprochenen Wortes, das aufgrund seiner personalen Bindung, seiner Einmaligkeit und seiner Unwiederholbarkeit gegenüber dem Druck eine andere Bedeutung erlangte. Gerade die Einführung der Reformation in vielen nord- und mitteldeutschen Städten belegt das sehr gut; so gab beispielsweise in Magdeburg eine öffentliche Predigt Luthers in der St.-Johannis-Kirche den Ausschlag dafür, dass sich die Stadt 1524 der neuen Konfession anschloss (Abb. 1). Zwar waren Predigten Luthers wie der »Sermon von dem gutten hyrten« auch als Druck verbreitet und somit potenziell ebenfalls in der Distanz wirksam, doch die Unmittelbarkeit der Präsenz Luthers in der Predigt zog eine weit größere Wirksamkeit nach sich.

Flugschriften und Flugblätter

Dennoch war die enge Allianz der Reformation mit den zeitgenössischen Druckmedien ein entscheidender Faktor für ihren Erfolg. Gerade in der frühen Reformationszeit wurden Flugschriften und illustrierte Flugblätter zu einem prägenden Massenmedium: Sie dienten in der publizistischen Kontroverse der Förderung oder auch der Ablehnung der Reformation.[11] In ihrer Medialität unterscheiden sich Flugschriften und Flugblätter ungeachtet ihres vergleichbaren Verbreitungsweges aber erheblich. Während in Flugschrif-

Christus spricht.	Der Engel spricht:	Der Gotloß hauff spricht
Kumpther zů mir jr Christenleüt	O blindt gotloser hauff sagt an	O Engel schweyg sag vns nit mer
All die jr schwach műselig seyt	Was hat euch der frum̃ Christus than	Von dyser newen ketzer leer
Wañ ich will euch erquicken all	Das jr nit glawbet seynem wort	Die vnser gűtte werck veracht
Jch bin die thűr in den Schawff stal	Sonder steygt eyn an frembdem ort	Sam hab vns Christus selig gemacht
Vnd bin von ewernt wegen kummen	Sűcht ewer hayl/hilff/trost/vñ stercke	Vnnd sey vns gar kayn werck mer not
Han ewer sünd auff mich genommen	Jn den erdichten menschen wercke	Zur säligkayt das ist ain spot
Bin vor euch an dem Creütz gestorben	Die doch vergebens seyndt vor gott	Vnd spricht das Euangeli weyß
Euch bey dem vatter huld erworben	Weyl jr volgt menschen leer vnd pott	Das sey allayn der seelen speyß
Darumb wer nun durch mich eynge et	Die all mit lügen seynd vergyfft	Darinn sy hab jr gaystlich leben
Der wirt selig on wider ret	Darumb durch sűcht die haylig schrifft	Veracht all menschen leer darneben
Wer aber anderst wo steygt eyn	Die zayget euch allain Christum	Vnd vernichtet vnsern Gotßdienst
Derműß ain dieb vnd mörder seyn	Durch den jr werdt gerecht vnd frum̃	Der doch gestanden ist auffs minst
Wañ all ewer werck die seind entwicht	Dem Christo last allayn die Eer	Bey drey oder vier hundert jaren
Jch han allain es außgericht	Er sey das hayl sonst nyemant mer	Vil haylig leüt die vor vns waren
Jch bin der weynstock/jr die reben	Zů dem kertet th wider genglich	Die sölche werck vns hand geleert
Bin ewer weg/warhayt/vnd leben	Er nympt euch auff gnedigklich	Die wir täglichen hand gemeert
Vnd ewer aynige hoffnung	Vnd lest euch durch sich selb eyngan	Das hayst die new leer gleyßnerey
Gerechtigkayt vnnd seligung	Wenn er ist der genaden tran	Wie haylig schon vnd gűt das sey
Alle die da glawben in mich	Gűttig vnd sänfftműttig von hertzen	Sam vermög wir nichts gűts auff erdñ
Werden nit sterben ewigklich	Volgt jr jm nit/jr kumpt mit schmertzen	Dardurch wir ewig sälig werden
Sonder hand den Todt übersprungen	Wie frum̃ vnnd haylig jr yetzt gleyßt	Wir lassen euch schreyben vnnd sagen
Seynd hyndurch in das leben drungen	Wie hoch die welt euch lobt vnnd preyßt	Auff vnsere werck da wöln wirs wagen
Darinn sy leben ewigkleych	So werdt jr doch endtlich verderben	Vnd darinn auch verharren gantz
Bey mir in meynes vattersreych	Mit sampt den wercken ewig sterben	Vñ den schopff lassen bey dē Schwantz

Hans Sachß Schűster:
M. D. XXiiij.

Abb. 3
Hieronymus Emser: enkomion in diuum Bennonem, 1524

ten bestimmte Themen argumentativ entfaltet werden konnten, waren Flugblätter auf Prägnanz und Kürze ausgerichtet, dabei jedoch auf keine bestimmte Textsorte beschränkt. Hier wurde weniger diskutiert oder abgewogen als vielmehr agitiert. Gerade die illustrierten Flugblätter konnten dabei mit ihrer – nicht immer leicht zu entschlüsselnden – Bildsprache auch die des Lesens nicht Kundigen ansprechen.[12] Das illustrierte Flugblatt »Der Schafstall Christi« aus dem Jahr 1524 (Abb. 2) ist hierfür ein gutes Beispiel. Der dreiteilige Text stammt von dem Nürnberger Schuster und Meistersinger Hans Sachs, der sich schon früh auf die Seite der lutherischen Reformation gestellt hatte und 1523 mit dem Gedicht »Die Wittenbergisch Nachtigall« eine Art volkstümlicher Darstellung der lutherischen Lehre vorlegte. Dieses mit 700 Zeilen bemerkenswert lange Gedicht erschien annähernd gleichzeitig an mindestens sechs verschiedenen Druckorten[13] und erreichte damit eine Verbreitung und folglich auch mediale Wirksamkeit wie kaum eine zweite Schrift der frühen Reformationszeit. Das Werk endet mit dem Aufruf

»Drumb ir Christen wo ir seyt
Kert wider auß des Bapsts wiste [= Wüste]
Zu unserm hirten Jesu Christe
Der selbig ist ein guter Hirt
Hat sein lieb mit dem todt probirt [= bewiesen]«.[14]

Dieses Bild vom guten Hirten wird nun in prägnanter Kürze in dem illustrierten Flugblatt wieder aufgenommen und in den Kontext der reformatorischen Lehre gestellt. Jesus Christus selbst lädt als guter Hirte in den Schafstall ein, während der Engel den gottlosen Haufen fragt:

»O blindt gotloser hauff sage an
Was hat euch der fromm Christus than
Das ir nit glawbet seynem wort
Sonder steygt eyn an frembdem ort«.

Der gottlose Haufen indes lehnt die neue Lehre des Engels rundheraus ab, womit implizit Luther als der Engel zu identifizieren ist.

Das in diesem Fall recht einfach zu interpretierende Bildprogramm geht auf Sebald Beham zurück, einen Maler und Kupferstecher, der vermutlich in der Werkstatt von Albrecht Dürer ausgebildet worden war. Beham zeigt den Schafstall, an dessen Tür Christus mit einladender Geste steht, und dem zur Rechten der Engel mit einem Buch in Händen predigt. Man mag bei dem Engel Luthers Gesichtszüge erkennen; in jedem Fall ist das Buch ebenso ein Ausweis der Autorität wie des reformatorischen Grundsatzes *sola scriptura*: Allein die Schrift – gemeint ist natürlich die Bibel – enthält die Heilsbotschaft. Sie bedarf keiner Ergänzung durch kirchliche Überlieferungen. Der Erfolg der Einladung wie der Predigt bleiben jedoch eher mäßig, der größte Teil der abgebildeten Menschen zählt zum gottlosen Haufen, der den Einstieg »an frembdem ort«, nämlich über das Dach des Schafstalls sucht. Anhand der Kleidung schließlich ist erkennbar, dass es überwiegend, wenn nicht gar ausschließlich Geistliche sind, die zu diesem gottlosen Haufen zählen. Im Späten Mittelalter und in der Frühen Neuzeit hatte dieses »Aufs-Dach-Steigen« eine juristische Bedeutung: Selbst den Strafverfolgungsbehörden war es untersagt, ein ordentlich bedachtes Haus ohne Erlaubnis des Besitzers zu betreten. Um einen Verbrecher zu verhaften, musste man ihm daher auf das Dach steigen, um es abzudecken. Dann nämlich war das Haus nicht mehr ordentlich bedacht und der Besitzer somit nicht mehr beschützt vor unerlaubtem Zutritt.

Über die Auflagenhöhe derartiger Flugblätter gibt es kaum belastbare Erkenntnisse, ebenso wenig über ihre Verbreitungswege und ihre Preise. Als Medium der prägnanten, auch polemischen Kommunikation waren sie, anders als etwa gedruckte Bücher, nicht in erster Linie zum Sammeln und Aufbewahren gedacht, sodass der heute noch erhaltene Bestand mit einer gewissen Zufälligkeit behaftet sein könnte. An der medialen Wirksamkeit besteht indes kein Zweifel, was im Kontext der reformatorischen Flugblätter

ενκωμιον in diuum Bennonem.

Ach Benno du vil heilger man / durch dich hat Got vil wunder than / bey manchem mensch auff erde / den du ghen ym verbetten hast / das er entledigt ist von last / von trübsal vnd geferde.

Dann Got seyn heilgen do mit ehrt / das er sie gnediglich erhört / was sie von im begeren / das vnns nur dint zur selikeit / sint sie zu bitten gantz bereit / Got will sie des gewerẽ.

Denn sie an Gottes angesicht / erkennen woll was vnns gebricht / an seel vnd ouch an leybe / erwirb vns Benno heilger man / das vns der gloub auff rechter ban / vnd vngefelschet bleybe.

αντιφρασισ in Bennomasticem.

Ach Luter du vil böszer man / Was hat dir Bischoff Benn gethan / das du yn szo magst schenden / vnd thust im wie den andern mher / wilt yn berouben seyner ehr / furwar du wirdsts nit enden.

Er bleybt wol heilig vnde frumb / solstu dich ouch zerreyssen drumb / du vnnd all deyn gesellen / du meynst fulleycht sey wol gethon / wirdst aber nhemen deynen lon / vom teufel in der hellen.

Wie gar hat dich der neyd verblent / das ouch im hymel vngeschent / keyn heilg vor dir mag bleyben / Gros wunder ist das Got nit richt / deynr Luterey so lang zu sicht / du wirdsts nit ewig treyben.

Emszer.

M. D. XXiiij.

Abb. 4
Ein Christenlichs lyed Doctoris Martini Luthers [...]: Etlich Cristliche lyeder Lobgesang und Psalm, 1524

insbesondere auch die Gegenpropaganda der katholischen Seite zeigt. Aktion und Reaktion folgten hier oftmals dicht aufeinander, wobei die Medialität der eingesetzten Propagandamittel durchaus wechseln konnte (Abb. 3). Deutliches Beispiel dafür ist die Auseinandersetzung um die Heiligsprechung des Meißner Bischofs Benno, die seit der Wende zum 15. Jahrhundert vom Meißner Domkapitel betrieben und am 31. Mai 1523 durch Papst Hadrian VI. verkündet wurde. Diese Heiligsprechung löste eine heftige Polemik zwischen Luther und den Vertretern der katholischen Kirche aus, da Luther hierin einen Versuch sah, der Ausbreitung der Reformation in Sachsen entgegenzuwirken. Luther suchte dazu mit seiner 24 Druckseiten umfassenden Schrift »Widder den newen Abgott vnd allten Teuffel der zu Meyssen sol erhaben werden«[15] als Erster die mediale Öffentlichkeit; schon bald jedoch folgte ein Flugblatt der Gegenseite, das eine Liedmelodie mit einem doppelten Text enthält. Der Autor dieser Texte ist Hieronymus Emser, der schon seit 1519 einen leidenschaftlichen Streit mit Luther über dessen Bibelübersetzung geführt hatte. Der erste der beiden Texte auf dem Flugblatt ist griechisch als »enkomion in divum Bennonem« – ein Lobgedicht auf den heiligen Benno – überschrieben, der zweite aber als »antiphrasis in Bennomasticem« – in etwa zu übersetzen als Widerspruch gegen den Benno-Hasser, wobei *antiphrasis* in der Rhetorik eine Redefigur kennzeichnet, die mit Ironie verbunden ist. Beide Texte sind komplementär zueinander und lassen das Schmähgedicht damit zu einer Kontrafaktur werden, die den Tonfall des Lobgedichts aufnimmt, den Inhalt aber umkehrt. Aus »Ach Benno du vil heilger man« wird so »Ach Luther du vil böser man«. Tatsächlich ist aber auch schon das Lobgedicht eine Kontrafaktur, denn die mitgeteilte Liedmelodie gehört zu dem spätmittelalterlichen Volkslied »Die Welt hat einen dummen Mut«. Dessen Melodie erscheint in der ersten Hälfte des 16. Jahrhunderts mehrfach mehr oder weniger stark verändert in geistlichem Kontext. Die mediale Wirksamkeit dieser doppelten Kontrafaktur profitierte somit nicht zuletzt von der Bekanntheit dieser Melodie.

Im Medium der Musik

Dass Musik ganz allgemein ein sehr wirkungsmächtiges Medium der reformatorischen Botschaft ist, hatte Luther früh erkannt. Und wie bei der Bibelübersetzung in deutscher Sprache ging es ihm auch beim Kirchenlied darum, die Texte in der eigenen Muttersprache verständlich zu machen. 1523 gab Luther dazu zwei Schriften in Druck, die deutsche »Von ordenung gottes diensts ynn der gemeine« und die lateinische »Formula Missae et Communionis«, wobei Letztere ausdrücklich auf den Gottesdienst in der Wittenberger Schlosskirche gerichtet ist. Geht Luther hier auch nur am Rande darauf ein, dass die Gemeinde aktiv in die gottesdienstliche Musik einbezogen werden soll, differenziert er das umso genauer in der 1526 gedruckten »Deudsche[n] Messe und Ordnung Gottes diensts«, in der es beispielsweise heißt: »Nach dem Evangelio singt die gantze kirche den glauben zu teutsch, Wir glauben all an aynen Got.«[16]

Das dazu benötigte Liedgut hatte Luther in der Zwischenzeit überwiegend selbst gedichtet (Abb. 4). Die Lieder hatten, nachdem einige schon zuvor als Einzeldrucke herausgekommen waren, Eingang in verschiedene 1524 erschienene Gesangbücher gefunden. Als erstes davon gilt das sogenannte Achtliederbuch »Etlich Cristlich lider, Lobgesang und Psalm«, das wohl eher eine Zusammenfassung von Einzeldrucken als ein planmäßig angelegtes Gesangbuch gewesen ist. Es enthält vier Lieder Luthers, darunter an erster und entsprechend prominenter Stelle »Nun frewt euch, lieben Christen gmein«, jenes Lied also, das den Kern der reformatorischen Botschaft transportiert. Die Melodie ist weltlichen Ursprungs, sie ist dem Volkslied »Nun weiß ich eins, das mich erfreut« entnommen, womit auch hier eine besondere Medialität verbunden ist. Dieses Lied war nicht in erster Linie für den gottesdienstlichen Gebrauch gedacht, sondern sollte als Volkslied allenthalben gesungen werden und so bei der Verbreitung des reformatorischen Gedankens helfen.

Ein Christenlichs lyed Doctoris Martini
Luthers/die vnaußsprechliche gnad Gottes vnd
rechttenn glauwbens begreyffenndt.
Nun frewdt euch lieben Christenn gemayn.
Nun frewdt euch lieben Christen gemayn/ Vnd laßt vns frö-
lich spryngen/ Das wir getröst vnnd all in eyn/ Mit lust vñ lyebe
singen/ Was gott an vnns gewendet hatt/ Vnd seyn süesse wun-
der thatt/ Gar theüwr hatt ers erworben/
Etlich Cristliche
lyeder Lobgesang/ vnd Psalm/
dem rainen wort gotes gemeß/ auß
der hailigen gschrifft/ durch manch
erlay Hochgelerter gemacht/
in der Kirchen zůsingen/
wie es dañ zům tail
berayt zů Wit
temberg in
yebung
ist.
Wittemberg.
M. D. XXiiij.
MONACENSIS.

Abb. 5

Protestantisches Flugblatt aus der Zeit des Interims: Ein Liedt / Erhalt vns Herr […], 1549

Drei weitere Gesangbücher des Jahres 1524 waren an der Verbreitung von Luthers Liedern ebenso entscheidend beteiligt: die zwei Fassungen des sogenannten Erfurter Enchiridions,[17] die die Drucker Johannes Loersfeld und Matthes Maler herausgegeben haben, sowie das von dem Torgauer Kantor Johann Walter angelegte »Geystliche gesangk Buchleyn«[18]. Dieses enthält nebst einem Vorwort Luthers nicht nur die größte Zahl seiner Lieddichtungen zu diesem Zeitpunkt, sondern auch das von ihm selbst erwähnte Credo-Lied »Wir glauben all an aynen Got«.

Dass auch in der späteren Reformationszeit Lieder immer wieder als Flugblätter und Einzeldrucke erschienen, ist nicht allein ihrer besonderen Medialität verpflichtet, sondern häufig auch anlassbezogen (Abb. 5). Einen dieser Anlässe gaben die Türkenkriege, die Luther 1542 das Lied »Erhalt vns Herr bey deynem Wort« dichten ließen. Die ursprüngliche zweite Zeile der ersten Strophe ist heute nicht mehr allgemein bekannt: »und steur des Pabsts und Türcken Mord.« Diese Nebeneinanderstellung geht auf ein damals kursierendes Gerücht zurück, der Papst habe sich mit den Türken gegen Deutschland verbündet; die besondere Medialität dieses Liedes ergibt sich freilich daraus, dass es gleich nach seiner Entstehung in Wittenberg als Kinderlied gesungen wurde.[19]

1550, als eine unmittelbare Bedrohung durch das Osmanische Reich nicht erkennbar war, erschien nun ein Flugblatt dieses Liedes, dessen Illustration wohl auf die Cranach-Schule zurückgeht. Es zeigt die heilige Trinität im Himmel, unter deren mit Blitzen dargestellter Herrschaft die Vertreter der katholischen Kirche in die Hölle gestoßen werden; am rechten Rand dieser Gruppe ist auch ein Türke anhand seiner Kleidung zu identifizieren. Unbehelligt bleiben die Personengruppen auf der linken und der rechten Seite des Bildes. Jene sind, angeführt von Luther, die Vertreter der Reformation. Die drastische Polemik dieser Darstellung ist Teil der damit beabsichtigten Medialität des Druckes: Er sollte nicht für die Reformation werben, sondern polarisieren und agitieren. 1548 hatte Kaiser Karl V. eine Verordnung erlassen, die als »Augsburger Interim« die konfessionellen Verhältnisse im Reich ordnen sollte. Ziel war die Wiedereingliederung der Protestanten in die katholische Kirche, nachdem Karl V. die protestantischen Fürsten im Schmalkaldischen Krieg vernichtend besiegt hatte. Dass diese Verordnung auf protestantischer Seite – und nicht nur hier – auf vehementen Widerstand stieß, ist leicht nachzuvollziehen. Das eigentlich einem anderen Anlass verpflichtete Lied konnte hier auch noch nach Luthers Tod in den Dienst eines Propagandamediums gestellt werden.

Anmerkungen

1 Luther 1557.
2 Luther 1518.
3 Herms 2002, Sp. 956.
4 Kempe 2004, S. 412 f.
5 Mersch 2006, S. 222 f.
6 Müller 2004, S. 51.
7 Wolf 2011, S. 3.
8 Ebd., S. 55.
9 Bauer 2011, S. 591.
10 Müller 2004, S. 56.
11 Schilling 2000, Sp. 169.
12 Müller 2004, S. 62 f.
13 Sachs 1523/24.
14 Ebd., S. [23]. Zitiert nach der Ausgabe Eilenburg 1523.
15 Luther 1524.
16 Luther 1526, S. [30].
17 Enchiridion 1524.
18 [Walter] 1524.
19 Oelke 2008.

Literatur

Bauer 2011, Enchiridion 1524, Herms 2002, Keller 2008, Kempe 2004, Luther 1557, Luther 1526, Luther 1524, Luther 1518, Mersch 2006, Müller 2004, Oelke 2008, Sandl 2011, Sachs 1523/24, Schilling 2000, [Walter] 1524, Wolf 2011

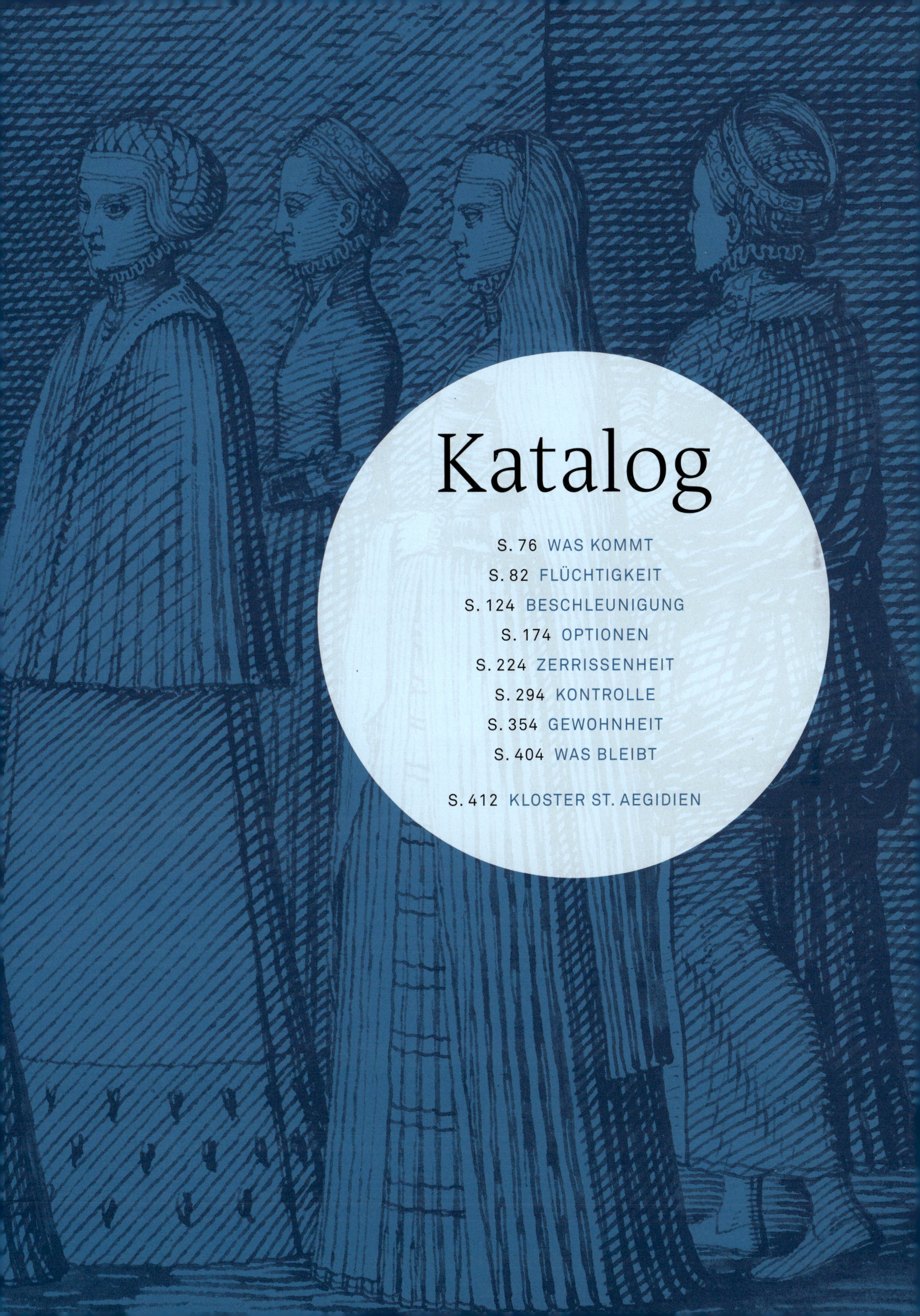

Katalog

Was kommt

Kaum 25 Generationen liegen zwischen uns und Luthers Zeitgenossen. Das klingt eigentlich gar nicht so viel. Theoretisch könnte jeder von uns eine direkte Linie zu seinen Verwandten ziehen, die damals gelebt haben. Unsere genetischen Codes sind immer noch die gleichen – ebenso wie die Fragen, die wir an unsere Gegenwart und Zukunft stellen. Was uns unterscheidet, sind vielmehr die Antworten, die wir uns selbst darauf geben. Unsere Methoden und Herangehensweisen. Immerhin liegt dazwischen ein halbes Jahrtausend an historischer Erfahrung.

Vor 500 Jahren befindet sich die Alte Welt mitten im Aufbruch: Die Erfindung des Buchdrucks mit beweglichen Lettern durch Johannes Gutenberg um 1450 sorgt für eine bisher nie gekannte Verbreitung von Schriften. Neue Ideen greifen europaweit um sich. Von Italien aus entwickelt sich im Rückblick auf die Antike mit der Renaissance ein neues Bild vom Menschsein. Auf dem westlichen Seeweg nach Indien entdeckt Christoph Kolumbus 1492 einen neuen Kontinent und leitet dadurch die Ära des weltweiten Handels ein. Nikolaus Kopernikus schließlich stellt 1543 fest, dass sich die Erde um die Sonne dreht. Und mittendrin Martin Luther. Der verknüpft das Alte mit den Gedanken und Sichtweisen des Neuen. In 100 Jahren wird die Welt eine andere sein: vielfältiger, komplizierter, offener.

Die Menschen um 1500 konnten ebenso wenig in die Zukunft blicken wie wir heute. Sie vertrauten auf Gottes Plan für die Welt. Und manche wollten diesen Plan verstehen, im Kleinen wie im Großen. Sie wagten es, Dinge neu zu betrachten und althergebrachte Standpunkte zu verlassen. Und sie stellten auch das Weltbild des Mittelalters infrage. Den Prozess, den dieser Aufbruch auslöste, die Wege und Wandlungen, die ihm folgten, konnte niemand voraussehen. Heute kennen wir höchstens das Ergebnis. Sind wir also klüger? Das wird am Ende jeder selbst entscheiden müssen.

Ulrike Wendt-Sellin | Gaby Kuper

1

Erdglobus

Joan Blaeu, Amsterdam (?), 1645–1648
Papiermaché, kolorierter Kupferstich,
Holz, Messing, H 104,5 cm, Dm (Kugel) 68 cm
Museum Bautzen, Sammlungen der Gersdorff-Weichaischen Stiftung, Sammelstiftungen des Bezirkes Dresden, L 80

Ein Globus verbildlicht die Vorstellung des Menschen von der Welt. Sowohl die Erde als auch der Himmel wurden als Globen dargestellt. Die in der Antike entwickelte Erkenntnis, dass die Welt eine Kugel sein muss, war im Mittelalter nicht in Vergessenheit geraten. Der früheste erhaltene Erdglobus stammt erst vom Ende des 15. Jahrhunderts. Er wurde von Martin Behaim in Nürnberg gefertigt und zeigt die Entdeckung Amerikas durch Christoph Kolumbus 1492 noch nicht. In der Folge wurden Erdgloben im 16. und 17. Jahrhundert nach dem aktuellen Erkenntnisstand der Seefahrer und Entdeckungsreisenden erweitert. Während etwa Johannes Schöner in der Handelsmetropole Nürnberg Anfang des 16. Jahrhunderts Globen entwickelte, die noch von den biblischen Vorstellungen geprägt waren, entstanden spätere kartografische Werke in enger Zusammenarbeit mit der Seefahrt und den großen Handelsnationen. Im ausgehenden 16. und beginnenden 17. Jahrhundert war hier die Handelsflotte der Niederländer führend. Angetrieben von der Suche nach neuen See- und Handelswegen brachten die niederländischen Kaufleute verschiedene Expeditionen auf den Weg. Die bedeutendsten Globenhersteller des 17. Jahrhunderts waren Wilhelm Janszoon Blaeu und sein Sohn Joan. Ihre Werke wurden von den europäischen Fürsten und reichen Kaufleuten für ihre Genauigkeit geschätzt. Wilhelm, der auch als Astronom tätig war, wurde 1633 Chefkartograf der Niederländischen Ostindien-Kompanie. Sein Sohn Joan entwickelte die Globen des Vaters weiter. So ergänzte er etwa in diesem heute noch mehrfach überlieferten Erdglobus die Entdeckungen von Australien, Neuseeland und Tasmanien durch den niederländischen Seefahrer Abel Janzsoon Tasman 1642/43. Der Globus zeigt damit das Wissen um die Welt in den Jahren 1645 bis 1648.

Thorsten Henke

Lit.: Dolz 1994; van der Krogt 1993; Puhle 2002, Kat.-Nr. 315, S. 391 (Wolfgang Dolz)

2

Compendiosa totius Anatomie delineatio

Andreas Vesalius, London, 1545
Stich: Thomas Lambrit, Druck: John Herford
Kupferstich, 40 × 26,8 cm
Wolfenbüttel, Herzog August Bibliothek,
3.3 Phys. 2° (37)

Die Vorstellung von der menschlichen Anatomie wurde im 16. Jahrhundert durch die Arbeit von Andreas Vesalius revolutioniert. Bis dahin folgte man der Idee des antiken Mediziners Galenos, die menschliche Anatomie könne auf der Grundlage der Tieranatomie erklärt werden. An der Universität in Löwen konnte Vesalius seine Zweifel an dieser These in von ihm selbst durchgeführten Sektionen überprüfen. Öffentliche Sektionen im Rahmen von medizinischem Unterricht waren zwar bereits seit Langem an den Universitäten eingeführt. Dabei sezierte man die Leichen von hingerichteten Verbrechern. Vesalius widmete sich jedoch als erster genauer der Beschreibung der einzelnen Bestandteile des menschlichen Körpers. Er begründete damit die neuzeitliche Anatomie. Seine Ergebnisse brachte er in seinem Lebenswerk »De humani corporis fabrica libri septem« 1543 in Basel heraus. Er ließ dazu während seiner Sektionen Zeichnungen anfertigen, die für die Publikation in Holzschnitte umgesetzt wurden. Das Lehrbuch wurde mit gut 200, zum Teil ganzseitigen Abbildungen ausgestattet. Sein bahnbrechendes Werk wurde in der Folge häufig kopiert oder als Vorlage verwendet. Während spätere Nachschöpfungen der Darstellungen aufgrund der mangelnden Kenntnis der Grafiker ungenauer waren, zeichnet sich die Londoner Ausgabe von 1545 durch die exakte Wiedergabe des Vesalius aus. Thomas Lambrit, genannt Geminus, kopierte die Holzschnitte als Kupferstiche und brachte zum Teil mehrere Darstellungen auf einem Blatt zusammen.

Thorsten Henke

Lit.: Bowen/Imhof 2010, S. 69–77;
O'Malley 1964

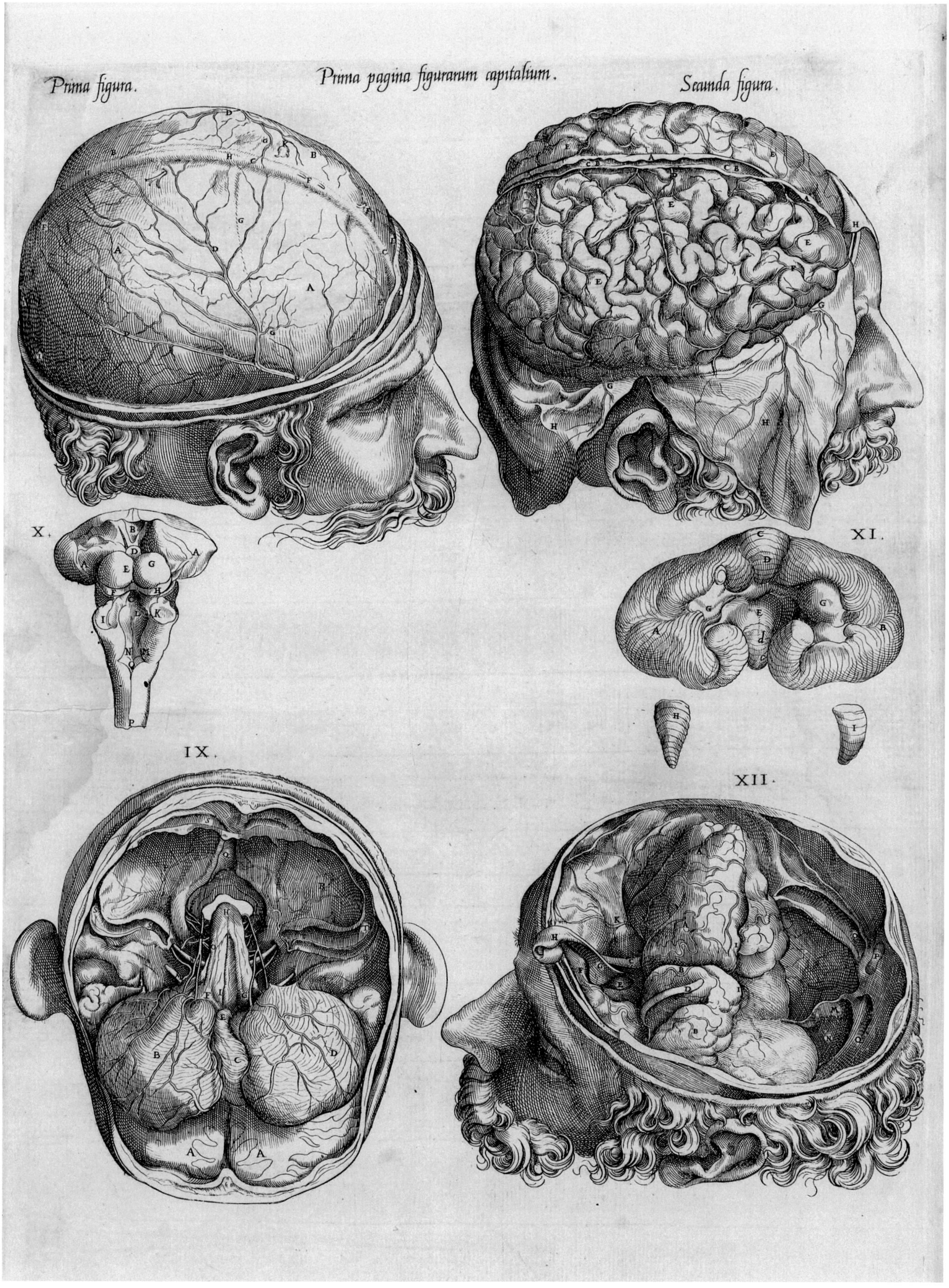
Prima figura.
Prima pagina figurarum capitalium.
Secunda figura.
X.
XI.
IX.
XII.

FLÜCHTIGKEIT

Verfall oder Blüte, Krise oder Konjunktur?
Kirchliche Frömmigkeit vor der Reformation

Die Jahrzehnte vor dem Beginn der Reformation wurden lange als Krisenzeit, als Periode eines tiefen kirchlichen Verfalls begriffen. Auch wenn dieses Bild noch immer im populären Vorurteil gepflegt wird, ist die historische Forschung schon ein halbes Jahrhundert von dieser Einschätzung abgerückt. Die negativen Stereotypen sind letztlich die Nachwirkungen einer protestantischen Interpretation des reformatorischen Ereignisses: Am Ende der Zeiten, kurz vor dem Jüngsten Gericht, habe Gott mit Martin Luther einen Propheten erweckt, um dem »Antichristen« auf dem Stuhl Petri die Maske vom Gesicht zu reißen und so dem reinen Evangelium wieder zum Durchbruch zu verhelfen. Auch wenn die Überzeugungskraft dieser endzeitlichen Konzeption seit dem 18. Jahrhundert zu bröckeln begann, hat sich die daraus resultierende Einschätzung, der Zustand der Kirche sei vor der Reformation auf einen Tiefststand gesunken, bis heute gehalten.

Im Gegensatz zu diesem Urteil steht für die Forschung inzwischen fest, dass die kirchlichen Heilsangebote in den Jahrzehnten vor der Reformation eine regelrechte Konjunktur erlebten. Dies ist bis heute in den zahlreichen Neu- und Umbauten von Kirchen und Kapellen in den Jahren um 1500 deutlich sichtbar, vor allem aber in der erhaltenen Ausstattung der Kirchen durch Altarretabel, Bildwerke, liturgische Geräte, Gewänder und Glocken, deren Stiftung und Herstellung gerade in jenen Jahren einen einmaligen Boom erlebten.[1] Die Sorge um das eigene Seelenheil sowie jenes von Verwandten und Freunden ging unter wirtschaftlich günstigen Bedingungen mit dem Repräsentationsbedürfnis von Familien und anderen Gruppen eine Allianz ein, die auch für Bildschnitzer, Maler und Goldschmiede ein reiches Betätigungsfeld schuf. Die Jahre um 1500 waren damit eine der kirchenfrömmsten Zeiten des Mittelalters, wie es der Kirchenhistoriker Bernd Moeller ausdrückte und damit auf eine vielgestaltige Intensivierung der Frömmigkeit verwies.[2] Aufgrund dieser Faktenlage könnte man dem überkommenen Bild des Verfalls das Schlagwort einer religiösen Blüte entgegenstellen, wie es etwa der katholische Historiker Johannes Janssen tat, für den die Reformation wie ein unzeitiger Frost in die florierende religiöse Kultur Deutschlands gefahren war. Aber auch eine solche Konstruktion nützt unserem Verstehen wenig. Denn vieles von dem, was in der Reformation zur Entfaltung kam, war bereits zuvor präsent oder erscheint zumindest in der rückwärtigen Perspektive als längerfristige Tendenz: Aufsichtsrechte bei der Verwaltung von Kirchenvermögen, Einwirkungen auf geistliche Stellenbesetzungen und Beschränkungen der kirchlichen Gerichtsbarkeit hatten Fürsten, städtische Räte, Stifter und Bruderschaften schon vor der Reformation durchgesetzt. Ansätze zu einer umfassenden Normierung des Lebens in den Städten und Territorien mit Berufung auf ein gottgefälliges Verhalten häuften sich bereits im 15. Jahrhundert. Der religiöse Bildungsstand der Laien war auch durch die deutsche Predigt – die keineswegs eine Erfindung der Reformation war – und die Verbreitung von volkssprachlicher Erbauungsliteratur mittels Buchdruck gewachsen. Das zunehmende Engagement der Laien für den Gottesdienst und eine christliche Lebensführung stellte den Vorrang der Geistlichen unterschwellig infrage. Auch hatten die Impulse der Reformkonzilien und monastischen Erneuerungsbewegungen jene Maßstäbe geschärft, mit denen die Kirche und ihr Personal beurteilt wurden. Klagen aus dieser Zeit über faule oder unkeusch lebende Priester oder Mönche müssen nicht unbedingt auf zunehmende Mängel in der Lebensführung hindeuten, sondern drücken gestiegene »Qualitätsstandards« aus. Dies alles schien allerdings um 1500 nicht auf grundstürzende Konflikte hinauszulaufen. Überhaupt ist bemerkenswert, wie unproblematisch unterschiedliche Mentalitäten und Orientierungen vor der Reformation miteinander koexistieren konnten, wie Frömmigkeitsstile, die uns unvereinbar erscheinen, von denselben Personen praktiziert wurden: Die auf innerliche Erbauung zielende Versenkung stand neben Massenevents bei Prozessionen und Wallfahrten, mystische Erfahrungen verbanden sich mit ritualisierten Handlungsformen. Exemplarisch steht dafür der Rosenkranz, der seit den 1470er Jahren seinen Siegeszug als Laiengebet antrat. Dieses Reihengebet zielte auf einen intensiven Nachvollzug der Passion Christi durch die Versenkung in die Erfahrungen seiner Mutter Maria. Dennoch gilt der Rosenkranz wegen seiner mittels Zählschnur gemessenen Gebetsleistung als paradigmatisches Beispiel einer »gezählten Frömmigkeit«, was Luther später als »Klappern der Steine« und »Plappern des Maules« verspottete.

Einen unverstellten Blick auch auf die kirchlichen Verhältnisse bietet zum Beispiel das wohl um 1515 erstmals gedruckte »Eulenspiegel«-Buch, dessen Verfasser sehr wahrscheinlich der Braunschweiger Zollschreiber Hermann Bote war. Der auch im Braunschweiger Raum angesiedelte Erzählstoff berührt viele Aspekte des kirchlichen Lebens: Taufe und Begräbnis, Beichte und Messfeier, das Leben der Landpfarrer und in den Klöstern, liturgische Inszenierungen, Pilgerfahrten, Predigt und Reliquienverehrung. Obgleich auch diese Lebensbereiche dem Spott ausgesetzt werden, ist der »Eulenspiegel« kein antikirchliches oder antiklerikales Buch. Vielmehr zeigt es, dass wenige Jahre vor der Reformation die kirchliche Praxis auch durch Missbrauch und Betrug noch nicht grundsätzlich infrage gestellt wurde.

Ein anderes Schlaglicht auf die Stimmungslage kurz vor dem öffentlichen Auftreten Luthers wirft eine Anfrage, mit welcher der Rektor der städtischen Braunschweiger Lateinschule, Heinrich Hanner, im Juni 1517 von einem jungen Priester Auskunft über verschiedene Fragen zum Ablasswesen erbat.[3] Der um Rat Gebetene, Thomas Müntzer, sollte in den folgenden Jahren zu einem der profiliertesten Vertreter der reformatorischen Bewegung werden. Müntzer besaß seit 1514 eine Altaristenstelle in der Michaeliskirche der Braunschweiger Altstadt. Er hatte mit etwa 25 Jahren seine universitäre Ausbildung abgeschlossen, empfing die Priesterweihe und erhielt mit der Braunschweiger Pfründe seine erste »feste« Stelle. Dieser Berufsstart eines Weltpriesters war durchaus typisch und eingebunden in die städtischen Strukturen, da die Familie des Stifters, der Stadtrat und der Pfarrer bei der Anstellung eines Messpriesters auf je eigene Weise beteiligt waren. All dies war Teil des öffentlichen Lebens der Stadt: Es gab im vorreformatorischen Braunschweig etwa 60 Kirchen und Kapellen, an deren gut 200 Altären etwa 500 Geistliche amtierten – freilich in starker Differenzierung nach Status und Besitz: von den Stiftsherren über die meist gut besoldeten Pfarrer, die Priester in den klösterlichen Lebensgemeinschaften und die Weltpriester mit Altarpfründen bis hin zu den »Heuerpfaffen«, die als Klerikerproletariat unter prekären Bedingungen Dienst taten.[4] Auch Müntzer erhielt aus seiner Pfründe nur ein bescheidenes Jahresgehalt von knapp 14 Gulden, weshalb er wenig später zusätzlich eine Seelsorgestelle im Kanonissenstift Frose bei Aschersleben übernahm. In seinem liturgischen Dienst am Marienaltar der Michaeliskirche ließ er sich durch einen Kaplan vertreten, der dafür mit neun Gulden jährlich entlohnt wurde.

Als Müntzer die erwähnte Anfrage im Juni 1517 erhielt, wohnte er – wahrscheinlich während eines Besuches in Braunschweig – im Hause des Fernhändlers Hans Pelt. Mit ihm und weiteren begüterten Braunschweiger Bürgern wie Hans Horneburg, Hans Damman und Peter Hummel unterhielt Müntzer persönliche Kontakte, in denen es auch um eine vertiefte Christusfrömmigkeit ging. Dieser Kreis von Laien bildete später jene Pressure-Group, die der reformatorischen Bewegung in Braunschweig zum Durchbruch verhalf.[5]

Das von Hanner an Müntzer gerichtete Schreiben betraf grundlegende Probleme der Ablasspraxis, etwa wie weit die Vollmacht des Papstes zur Sündenvergebung reiche oder ob der Schatz der Kirche, aus dem der Ablass fließe, durch die Verdienste der Heiligen vermehrt werde. Schließlich ging es um einen Ablass, der von den Dominikanern kürzlich verkündet wurde, gegen den sich aber die städtischen Geistlichen wandten. Ein anderes Thema der Anfrage bildeten die Ablässe der Stiftskirche Königslutter: Inwiefern sind diese tatsächlich widerrufen? – So hatte es der Briefschreiber gehört. Mit dem jährlich am Peter- und Paulstag (29. Juni) in Königslutter verkündeten Ablass sprach Hanner eine Kirche an, die sich im Laufe des 15. Jahrhunderts zum bedeutendsten Wallfahrtsort im Braunschweiger Raum entwickelt hatte. Die dort erworbenen Pilgerzeichen trugen ihre Besucher bis nach Gotland, Norwegen und in die Niederlande, wo sie in den letzten Jahrzehnten als archäologische Funde wiederentdeckt wurden.[6]

In den drängenden Fragen zum Ablass hat man bereits einen Reflex auf die gleichzeitige Verkündigung des Petersablasses im benachbarten Erzstift Magdeburg durch Johann Tetzel sehen wollen, was wohl nicht zutrifft.[7] Freilich zeigt sich in den Fragen des hochgebildeten Priesters Hanner eine starke Verunsicherung über die Wirksamkeit der Ablässe, die eigentlich dem Trost unruhiger Gewissen und der Motivation zu einem besseren christlichen Leben dienen sollten.[8] Aber der Ablass hatte sich im Spätmittelalter zu einem komplexen System entwickelt, in dem sich die Seelsorge wohl überwiegend verantwortungsvoller Priester, die Theoriebildung universitärer Theologen, Interessen kirchlicher und weltlicher Gruppen sowie der Finanzbedarf verschiedener Institutionen auf eine schwer zu trennende Weise verquickt hatten. An Hanners Fragen ist abzulesen, dass schon vor Luthers Ablassthesen Geistliche und sicher auch Laien von grundlegenden Fragen nach dem »Wert der Ablässe« umgetrieben wurden und dass besonders die Praxis, während der vom Papst genehmigten Ablasskampagnen bereits bestehende Ablässe außer Kraft zu setzen, Unsicherheiten auslöste.

Welches Interesse an diesen Fragen bestand, zeigte sich ein Jahr später, als der Braunschweiger Drucker Hans Dorn eine niederdeutsche Ausgabe der ersten Erfolgsschrift Luthers, des »Sermons von Ablass und Gnade«, zum Druck brachte. In ihr hatte Luther im Frühjahr 1518 die Argumentation seiner Ablassthesen für ein breites Publikum in der Volkssprache dargelegt. Freilich präsentiert diese Publikation kaum die reformatorische Überzeugung des Hans Dorn, denn er druckte, was sich gut verkaufen ließ. Und dazu gehörte 1518 zum Beispiel auch ein Santiago-Pilgerführer in niederdeutscher Sprache. Welche Folgen die eben ausgebrochene Diskussion um den Ablass für Kirche und Gesellschaft haben würde, ließ sich 1518 noch nicht absehen.

Hartmut Kühne

Anmerkungen

1 Vgl. u. a. Bünz/Kühne 2013; Bünz 2015 (mit ausführlichem Literaturbericht); Kühne 2015.
2 Moeller 1988, S. 36–46; einen grundlegenden Impuls bildete der Aufsatz Moellers 1965, wieder abgedruckt in: Moeller 1991.
3 Edition bei Bräuer/Kobuch 2010, S. 14–18; zu Müntzer in Braunschweig vgl.: Bubenheimer 1989, S. 66–144; Bubenheimer 2014; Bräuer/Vogler 2016, S. 49–63.
4 Vgl. Heepe 1913; ein knapper Überblick bei Jürgens 2003, S. 9 f.
5 Vgl. Bräuer 1994, wieder abgedruckt in Bräuer 2000.
6 Vgl. Naß 1991; Kühne/Brumme 2010, bes. S. 48–78.
7 Vgl. Kühne/Brumme 2010, S. 41–47, zustimmend Bräuer/Kobuch 2010, S. 17, Anm. 14; Bubenheimer 2014, S. 18.
8 Eine kirchen- und theologiegeschichtliche Neubewertung des Ablasses versuchte Hamm 2016, im Rückgriff auf die Forschung des letzten Jahrhunderts.

3

Totentanz: Imagines mortis, duodecim imaginibus praeter priores, totidemque inscriptionibus, praeter epigrammata e Gallicis a Georgio Aemylio in Latinum versa, cumulatae

Text: Aemilius Georgius, Illustrationen: unbekannt, nach Hans Holbein d.J., Lyon, 1547
Papier, 15,6 × 10,7 × 1,7 cm
Braunschweig, Theologisches Zentrum – Bibliothek, V 2

Die Text-Bild-Ensembles der Totentänze sind seit der Mitte des 15. Jahrhunderts in Mitteleuropa weit verbreitet. Sie zeigen, wie Figuren aus dem gesamten gesellschaftlichen Spektrum (von Kaiser oder Papst bis zum Bettler) jeweils von einer Skelett- oder Leichengestalt zum Tanz aufgefordert werden. Totentänze sind der mittelalterlichen Moraldidaxe zuzuordnen: Sie rufen dazu auf, angesichts der Unvorhersehbarkeit des Todes und der Gleichheit aller im Tod rechtzeitig ein gottgefälliges Leben zu führen. Um diese Einsicht zu erreichen, arbeitet der Totentanz mit dem Erschrecken: Der Tanz ist im Gegensatz zu seinem eigentlichen Ausdruckswert, der Lebensfreude, verkehrt zur plötzlichen Konfrontation mit dem Sterben; die Personifikation des Todes wird als Leiche oder Skelett vorgestellt, das mit oftmals grotesker Gestik und höhnischen Worten sein Gegenüber entschieden adressiert.

Totentänze sind als monumentale Wandgemälde an Friedhofs- oder Kirchenwänden (vgl. die Lübecker Marienkirche), ab dem letzten Viertel des 15. Jahrhunderts dann auch vielfach im gedruckten Buch erhalten. In dieser Tradition steht das hier vorgelegte Exemplar, dessen Illustrationen auf im Jahr 1526 von Hans Holbein gezeichnete Vorlagen zurückgehen, die in der Folge in Holz geschnitten und in einer Reihe von Buchausgaben erweitert und mit unterschiedlichen Texten zusammengestellt wurden. Die präsentierte Ausgabe aus dem Jahr 1547 ist mit Texten von Georg Aemilius versehen, einem reformatorischen Theologen, der ab 1553 als Superintendent in Stolberg tätig war. Sein mehrfach gedruckter Totentanz enthält neben den Bildern lateinische Epigramme, die er nach einer französischen Vorlage anfertigte. Die linke Seite zeigt, wie der Tod die auf ihren Aufputz konzentrierte Gräfin heimsucht, die rechte Seite konfrontiert die mit ihrem Liebhaber beschäftigte Edelfrau mit dem zum Tanz aufspielenden Tod.

Heike Sahm

Lit.: Breitenbach 2015; Freytag 1993

Das Altarsakrament

4 a (ohne Abb.)

Kelch

Unbekannt, um 1492
Silber, vergoldet, H 17, Dm 13,3 cm
Einbeck, Ev.-luth. Kirchengemeinde St. Alexandri
Einbeck, o. Inv.-Nr.

4 b (ohne Abb.)

Hostienteller (Patene)

Unbekannt, 15. Jahrhundert
Silber, vergoldet, Dm 16,3 cm
Alfeld, Kirchenkreis Hildesheimer Land-Alfeld,
Amtsbereich Alfeld

4 c

Kelchtuch (Palla)

Niedersachsen, 3. Viertel 14. Jahrhundert
Leinen, Stickerei: Seiden- und Leinenfäden,
40 × 43 cm
Kloster St. Marienberg bei Helmstedt
(Dauerleihgabe des Braunschweigischen
Vereinigten Kloster- und Studienfonds)

Die katholische Kirche kennt sieben Sakramente: Taufe, Kommunion, Hochzeit, Beichte, Letzte Ölung, Priesterweihe und die Feier der Eucharistie (Herrenmahl). Im Herrenmahl wird der Opfertod Christi als stellvertretende Sühne für alle Gläubigen vergegenwärtigt. Man bezieht sich dabei auf das in den Evangelien berichtete letzte Abendmahl, das Christus im Kreis seiner Jünger zu sich nahm.

Hostie und Wein werden im Herrenmahl zu Leib und Blut Christi gewandelt; sie nehmen damit eine Eigenschaft an, die nach Auffassung der katholischen Kirche auch nach dem Ende des Gottesdienstes haftend bleibt (Transsubstantiation). Die zentrale Bedeutung der Eucharistie wird durch die Kostbarkeit der Materialien, aus denen der Kelch für den Wein und der Hostienteller gearbeitet sind – vergoldetes Silber, oftmals reich verziert oder mit

Inschriften versehen –, verdeutlicht. Während des Gottesdienstes wird der Wein durch ein Kelchtuch, die Palla, vor Verunreinigungen bewahrt. Die Teilnahme am Herrenmahl ist dem Gläubigen nur nach vorheriger Ablegung der Beichte möglich. Seit dem 12./13. Jahrhundert wurde nur noch den Geistlichen der Kelch gereicht. Hieran stießen sich die Laien, die schon im 15. Jahrhundert den Empfang des Kelches forderten.

In der Reformation wird in den evangelischen Kirchen mit dem Priestertum aller Gläubigen nun die Trennung von Laien und Geistlichen aufgehoben und die Kommunion unter beiderlei Gestalt eingeführt.

War das Abendmahl ursprünglich Teil des Gottesdienstes, verselbstständigte es sich fortan immer mehr und wurde dann auch in gestifteten privaten Messen beispielsweise für das Seelenheil oder in Erinnerung an überstandene Krankheiten und Gefahren gefeiert. Im Spätmittelalter erreichte die Verehrung des sogenannten Altarsakraments ihren Höhepunkt: Allein das Anschauen der Elevation (das Hochhalten der gewandelten Hostie durch den Priester) wurde von den Menschen als Teilnahme am Herrenmahl betrachtet. Die römische Kirche reagierte darauf und legte fest, dass der Gläubige mindestens einmal jährlich am Herrenmahl teilnehmen müsse und nicht nur eine möglichst häufige »Augenkommunion« vollziehe.

Kelch und Patene stehen so symbolhaft für die Eucharistiefeier; das Kelchtuch ergänzt dieses Ensemble: Der dargestellte Schwan gilt als Sinnbild Christi in seiner Todesnot, das vierfüßige löwenartige Tier, ein sogenannter Panther, steht für den auferstehenden Christus, da er der Legende nach drei Tage nach einem Mahl schläft und dann erwacht; der Drache ist der Teufel, der überwunden wird.

Gaby Kuper

Lit.: Braun 1973; LCI 1968; Römer 1982, Nr. 5, S. 33–35

5

Liturgisches Gefäß

Mitteleuropa, 14./15. Jahrhundert
Zinn-Blei-Legierung, Kupfer, H 6,5 cm, Dm 7,7 cm
Loccum, Fam. Hockemeyer

Beim Kiesabbau in einem verlandeten Bereich der Weser nahe Stolzenau (Landkreis Nienburg/Weser) wurde 2008 das hervorragend erhaltene, vollständige Gefäß aus seiner Einbettung in tiefen Flussablagerungen gerissen und per Zufall von der Siebanlage gerettet.

Das sechseckige Gefäß mit daran montiertem Deckel ist auf den meisten Flächen reich im Hochrelief verziert. Der mit einem Scharnier befestigte Deckel steigt baldachinartig zur Mitte an. Ein figürlicher Abschluss, wie man ihn von Vergleichsstücken kennt, fehlt dort aber. Die Oberseite zeigt in sechs Feldern Marienmotive von der Verkündigung bis

◄ 4c

zur thronenden Madonna sowie die Heiligen Drei Könige. Als Unterschrift erscheint der Beginn des Ave Maria und die Namen »REX IASPAR«, »REX MELCHIOR«, »REX BALTASAR« (Heilige Drei Könige). Auf dem Boden der Innenseite wird erneut Mariae Verkündigung, eingerahmt in Architektur, illustriert. Die sechs Außenflächen geben pro Seite zwei Monatsbilder mit den charakteristischen landwirtschaftlichen Aktivitäten und den Monatsnamen unter säulengetragenen Bögen wieder. Drei Beine, die aus Gesichtsdarstellungen hervorgehen, tragen das Gefäß. Eine in Resten erhaltene Verkupferung wertete die Zinn-Blei-Legierung einstmals optisch auf. Die Inschriften erscheinen in gotischer Majuskel, sprachlich ergeben sich für den Produzenten Bezüge nach Nordostfrankreich bzw. Wallonien.

Die Umstände der Einlagerung sind genauso unklar wie bei zahlreichen anderen Kiesgrubenfunden dieser Zone. Ein Verlust ist hier genauso denkbar wie eine bewusste Deponierung, zumal unter den wenigen Vergleichsobjekten weitere Flussfunde vorkommen. Identische Stücke wurden als Sepulchrum des Altars der Kirche in Werne (Landkreis Unna) bzw. gleich zweimal – nur als Deckel – in London in der Themse gefunden. Weitere ähnliche, sechseckige Gefäße streuen über halb Mitteleuropa und werden ins 14./15. Jahrhundert datiert.

Jens Berthold

Lit.: Haedeke 1976, S. 75f., Kat.-Nr. 70 B; Jászai/Brandl 1993, Bd. 2, S. 486f., B 5.11; Mänd 2008, S. 110–117, Abb. 103–113

6

Schrank zur Aufbewahrung heiliger Gefäße

Unbekannt, Anfang 16. Jahrhundert
Eichen-, Linden- und Fichtenholz, Eisen,
228 × 132,5 × 68,5 cm
Braunschweig, Ev.-luth. Domkirche St. Blasii
zu Braunschweig (Dauerleihgabe an
das Braunschweigische Landesmuseum)

Die Schaufläche des Schrankes zeigt zwei Brett-Türen, die durch eine Mittelschublade unterteilt werden. Türfüllungen, Schubkastenvorderstück und Friese sind neben dominanter Faltwerkschnitzerei mit Pfeilen, Flöten und Drehstäben verziert. Die Seiten weisen ein blumenartiges Ornament auf, das als Folge späterer Umarbeitungen nun teilweise verdeckt ist. Schranktüren und Schubkasten, auf dem unter dem braunen Anstrich die Ziffer »10« aufscheint, sind mit herzförmigen Griffen geschmückt. Nach einer dendrochronologischen Untersuchung kann als frühestmögliches Herstellungsdatum des Schrankes ein Zeitraum zwischen 1507 und 1509 angenommen werden. Sein Schmuckdekor legt zudem die Vermutung nahe, dass der Schrank ursprünglich wohl nicht für eine Nutzung in der Kirche bestimmt war.

Neben den Schnitzereien bestimmen die aufwendigen Sicherheitsvorrichtungen Erscheinungsbild und Funktion des Schrankes. So sind am rechten Fries vier originale Schließbleche mit Drehstab und Rosette angebracht, zwei Ringschrauben aus Eisen dienten einer ursprünglichen Verriegelung. Türen und Schubkasten zeigen zudem Spuren älterer Schlösser, die später durch moderne Kastenschlösser ersetzt wurden. Das Schubladenfach verdeckt den Zugang zu zwei Geheimfächern, deren Öffnungen (jeweils 12,5 × 23,4 cm) von passgenau eingesetzten Holzbrettern verschlossen werden. Die beiden Geheimfächer nehmen an den Seiten jeweils die gesamte Tiefe des Schrankes ein.

Aufschluss über die Nutzung des Schrankes als sicheren Verwahrort für liturgische Gefäße geben zwei Verwendungsvermerke in teilweise verwischter Kreideschrift, die sich auf der Innenseite der oberen Schranktür befinden. Während der eine mit Datum »25 oct. ao. 70« auf »einen kleinen Kelch« verweist, verzeichnet eine zweite, jüngere Eintragung »5 Calices / Brachium S. Blasii« (5 Kelche / Arm des heiligen Blasius).

Angela Klein, Gaby Kuper

Lit.: Langner 2005

7

Kusstafel Agnus Dei

Braunschweig, um 1450
Silber, Glas, Stoff, Pergament, Holz,
H 24,4 cm, Dm 10,5 cm
Braunschweig, Städtisches Museum
Braunschweig, 11/1/50

Die Kusstafel bzw. Pacificale diente zur Weitergabe des Friedensgrußes in der heiligen Messe durch den Priester an die Gläubigen. Die Weitergabe fand statt, indem der Priester erst den Altar und dann die Tafel küsste, die den Gläubigen zum Kuss gereicht wurde. Ihre Verwendung war vom 13. bis zum 18. Jahrhundert üblich, ab dem 15. Jahrhundert ist sie auch im deutschsprachigen Raum nachweisbar. Die Braunschweiger Kusstafel aus dem Paulinerkloster besteht aus einem Medaillon, das von einer Silberscheibe eingeschlossen wird. In der Kapsel des Medaillons versteckt sich ein mit roten gotischen Minuskeln beschriebenes Pergament, hinter dem sich eine Reliquie in Form eines Holzstückchens mit der Inschrift »De statua in qua flagellatus ē dns.« (Von der Säule, an der Christus gegeißelt wurde) auf einem Pergamentstreifen befindet. Auf der Rückseite wird die Reliquie von einem roten Stoff eingeschlossen. Diese Verwendung geht auf die Anfänge der Kusstafel als Reliquienbehälter zurück, deren Berührung als heilsbringend galt. Um die Kapsel herum läuft auf der Silberscheibe in konzentrischen Kreisen eine ziselierte Inschrift auf gepunztem Grund in gotischen Minuskeln. Auf der Vorderseite beginnt die Inschrift oben im äußeren Kreis mit »Agnus dei qui tollis peccata mundi dona nobis pacem« (Lamm Gottes, das die Sünden der Welt trägt, gib uns Frieden) und setzt sich im inneren Kreis fort: »angne [sic!] dei miserere mei pacē tribuendo« (Lamm Gottes, erbarme dich meiner, indem du mir Frieden gibst). Auf der Rückseite, die dem Gläubigen dargeboten wird, fängt die Inschrift unten an, damit der Küssende sie sehen kann: »Pax dū prestat' devote suscipiatur agn' verace devote. Suscipe pacē tu cavte facs dū oscula pac' suscipe.« (Wenn der Frieden gewährt wird, soll er mit Demut angenommen werden. Lamm, nimm an den wahrhaften Frieden in Demut. Sei vorsichtig, wenn du den Friedenskuss gewährst.) Es handelt sich um das litaneiartige Gebet »Agnus Dei«, das während der Eucharistie beim Brechen des Brotes nach dem Friedensgruß gesprochen wird. Der Ständer aus poliertem Holz, an dem die Scheibe durch eine sechseckige Tülle befestigt ist, ist erneuert worden.

Sabine Mollowitz

Lit.: Spies 1981, S. 326

8

Missale Hildensemense

Nürnberg, 1499, Druck: Georg Stuchs
Papier, Pergament, 38 × 28,5 × 8 cm
Braunschweig, Theologisches Zentrum – Bibliothek, Z 20

Das »Missale Hildensemense« gibt die liturgische Ordnung der Messe für alle Sonn- und Festtage des Kirchenjahres wieder, wie sie in den Kirchen des Bistums Hildesheim gefeiert worden ist. Es handelt sich um ein umfangreiches Plenarmissale, das alle textlichen und musikalischen Elemente der Messfeier enthält: die Gebete des Priesters, die Lesetexte für die Lektoren und die liturgischen Gesänge für die Choralschola. Bei Missalien steht damit weniger der praktische Einsatz im Vordergrund als vielmehr der Gedanke der Einheitlichkeit und Verbindlichkeit der Liturgien.

Eine für den gesamten Bereich der römisch-katholischen Kirche verbindliche Fassung der Liturgien wurde erst 1570 als »Missale Romanum« verbreitet. Zuvor spiegelten die liturgischen Bücher immer auch lokale und regionale Besonderheiten wider. So nimmt im »Missale Hildensemense« die *Depositio Bernwardi* am 20. November einen bedeutenden Platz ein; hier wird der Grablegung des heiligen Bernward, Bischof von Hildesheim, gedacht.

Zur Einheitlichkeit und Verbindlichkeit der Liturgien leistete die Verbreitung des »Missale Hildensemense« im Druck einen entscheidenden Beitrag, entfielen doch auf diese Weise die potenziellen Fehlerquellen der zuvor nur handschriftlich möglichen Kopie. Gedruckt wurde es 1499 in der Nürnberger Werkstatt von Georg Stuchs; eine zweite Auflage aus dem Jahr 1511 ist ebenfalls nachweisbar. Stuchs war auf die Herstellung liturgischer Bücher spezialisiert und produzierte Missalien und andere Bücher für den gesamten mittel- und nordeuropäischen Raum. Einer im rückwärtigen Einbanddeckel eingeklebten Urkundenabschrift zufolge stammt das ausgestellte Exemplar aus dem Besitz der Trinitatiskirche zu Bienrode.

Andreas Waczkat

9

Leihgeber: Bad Gandersheim, Ev.-luth. Stiftskirchengemeinde Bad Gandersheim / Portal zur Geschichte – Sammlung Frauenstift Gandersheim

9a

Reliquiendose (mit Deckel)

Wohl 15. Jahrhundert
Holz, H 4 cm, Dm 2,5 cm
079k

9b

Reliquie vom Grab Christi

15. Jahrhundert
Seide, Pergament, 3,8 × 7 × 1 cm
377-45

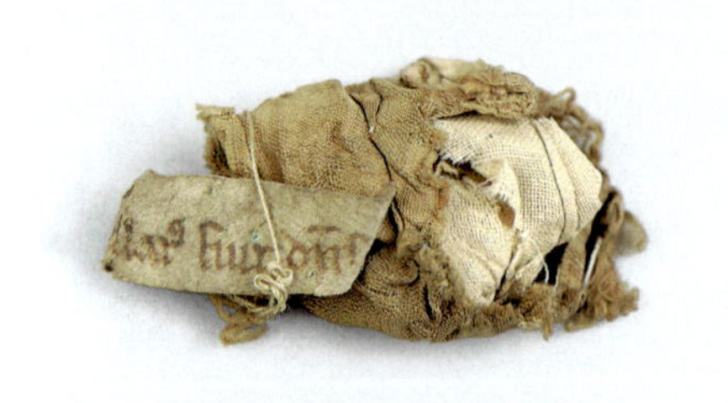

9c

Reliquie von der Geißelsäule Christi

12. –13. Jahrhundert
Textil, Pergament, 3,8 × 4,5 × 2 cm
377-29

9d

Reliquie vom Kleid der Mutter Gottes

14. Jahrhundert
Textil, Pergament, 1 × 1,5 × 0,5 cm
377-55

9e

Reliquie des hl. Cyriakus

10. Jahrhundert
Textil, Pergament, 1,3 × 2,3 × 1 cm
377-51

9 f

Reliquie Salvatortuch

8.–9. Jahrhundert, Leinen, 22 × 18 cm
394

Größe und Pracht des ehemaligen Reliquienschatzes des reichsunmittelbaren Kanonissenstifts Gandersheim, im Süden der Hildesheimer Diözese gelegen, können wir heute nur noch erahnen. Durch die Umbrüche der Reformationszeit, die Auswirkungen des Dreißigjährigen Krieges und Verkaufsaktionen der evangelischen Äbtissinnen sind die materiell wertvollen Reliquiare verloren gegangen. Erhalten hat sich dagegen ein bemerkenswertes Korpus von Reliquienpäckchen, das größtenteils aus den Altären der Stiftskirche stammen dürfte und beim Umbau oder Abriss der Altäre im 17./18. Jahrhundert in das Archiv des Stifts gelangt ist. Zur heutigen Hinterlassenschaft des Frauenstifts gehören außerdem noch schlichte Behältnisse wie das Fragment einer runden hölzernen Dose mit Deckel, die offenbar als Aufbewahrungsgefäß für Reliquien Johannes' des Täufers genutzt wurde. Der Name des Heiligen wurde im 15. Jahrhundert auf die Außenseite der Dose geschrieben.

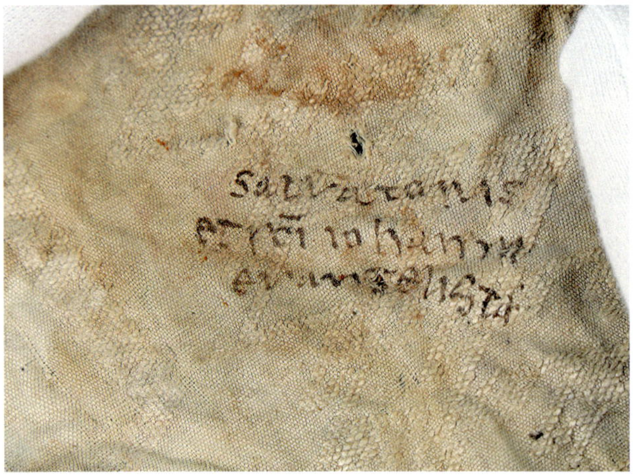

9 f (Detail)

Unter den erhaltenen Reliquien aus Gandersheim ist das sogenannte Salvatortüchlein hervorzuheben, das mit den bedeutendsten frühmittelalterlichen Reliquientüchern in Rom, Aachen oder Kornelimünster vergleichbar ist. Das Textilfragment aus gebleichtem Leinen mit einem schlichten Muster wurde vermutlich im 8./9. Jahrhundert von angelsächsischer Hand in brauner Tinte beschriftet und als Salvator- und Johannes-Baptist-Reliquie gekennzeichnet. Die Tuchreliquie ist wahrscheinlich schon im 9. Jahrhundert nach Gandersheim gelangt und dürfte zusammen mit weiteren frühen Herrenreliquien eine große Verehrung erfahren haben. Die erhaltenen Reliquienpäckchen datieren vom 10. bis 16. Jahrhundert und zeigen, dass die Kanonissen ihren Heiltumsschatz kontinuierlich erweitert haben. Noch im ausgehenden Mittelalter feierte das Stift am Sonntag nach Peter und Paul ein *festum reliquiarum*, bei dem der gesamte mobile Reliquienschatz öffentlich innerhalb und außerhalb der Stiftskirche präsentiert wurde.

Christian Popp

Lit.: Popp 2010; Stauffer 2013, S. 125–134

10

Braunschweiger Sippenaltar

Meister der Braunschweiger Sippentafel,
Braunschweig, um 1510
Tempera auf Holz, 109 × 187,7 cm (geöffnet)
Braunschweig, Braunschweigisches
Landesmuseum, VMB 6202

Das Retabel stellt mit der »Heiligen Sippe« die Verwandten Jesu vor. Die zentrale Gruppe des am linken Rand beschnittenen Mittelbildes zeigt den nackten Jesusknaben, während er auf dem Schoß seiner Großmutter Anna sitzt und seine Füße auf dem Knie seiner Mutter liegen. Die Gruppe ist umgeben von weiteren Töchtern der Anna sowie der Mutter Johannes' des Täufers, Elisabeth und ihren Kindern. Hinter einer Balustrade stehen weitere Verwandte. Ein Stifter kniet vor den heiligen Frauen. Sein Inschriftenband enthält eine niederdeutsche Anrufung der heiligen Anna.

Die Innenseiten der Flügel zeigen in vier Feldern Szenen aus dem Leben der Anna, die Heimsuchung und eine Madonna im Rosenkranz. Die Flügel des Retabels sind in der heutigen Präsentation allerdings vertauscht. Deutlich wird dies an den Flügelaußenseiten. Hier wenden sich die Heiligen bei geschlossenem Retabel nach außen, ihre Gesten sollten jedoch auf die Mitte weisen. Die richtige Leserichtung der Flügelinnenseite ergibt sich damit von der Vermählung links oben zur diagonal liegenden Abweisung Joachims Opfers rechts unten. Das vermählte Paar zeigt Anna und Joachim, wie die typengleiche Darstellung Joachims in der Abweisung seines Opfers unterstreicht. Es folgt die Heimsuchung links unten und die Madonna im Rosenkranz als heilsgeschichtlicher Zielpunkt rechts oben. Mit ihr ist das im Spätmittelalter weit verbreitete Rosenkranzgebet angesprochen. Für Braunschweig ist eine Rosenkranzbruderschaft ab 1507 in der Dominikanerkirche nachgewiesen. Eine Braunschweiger Herkunft des Retabels wird aufgrund der Darstellung des Stadtheiligen Auctor mit dem Stadtmodell auf der Außenseite der Flügel vermutet. Thorsten Henke

Lit.: AK Braunschweig 2011, S. 112 f., Nr. 44;
Gmelin 1974, Kat.-Nr. 135, S. 414–417

11

Der hyllyghen levent unde lydent

Niederdeutscher Druck des Nürnberger Legendars »Der Heiligen Leben« mit Zusätzen
Lübeck, 1499, Druck: Steffen Arndes
Papier, 30,2 × 23,2 × 9,5 cm
Braunschweig, Stadtbibliothek, Inc 127

Das ursprünglich aus 251 kalendarisch geordneten Heiligenlegenden bestehende zweibändige Legendar war das verbreitetste Erzählwerk des deutschen Mittelalters. Es ist um 1400 im observanten Nürnberger Dominikanerkloster verfasst worden, um als Tischlektüre in zu reformierenden Frauenklöstern zu dienen. Nach der Verbreitung innerhalb monastischer Netzwerke wurde es zum Bestseller unter den Laien. Überliefert ist es in über 200 Handschriften und

41 Drucken, acht davon sind niederdeutsch. Über Letztere fand das Legendar auch Rezipienten in Skandinavien. Die Popularität des Werkes gründet auf der überragenden Bedeutung der Heiligenverehrung im späten Mittelalter. Das Werk besteht größtenteils aus Prosifizierungen von Verslegendaren, aber auch auf Werken der sogenannten höfischen Epik, etwa Hartmanns von Aue »Gregorius«. Lateinische Quellenwerke wie die »Legenda aurea« des Jacobus de Voragine wurden ebenfalls verwertet. Die große Popularität des Legendars beruhte aber auch auf der Vielzahl von Legenden von speziell im deutschen Raum verehrten Heiligen.

Das Werk wurde erstmals 1471/72 in Augsburg und bereits 1478 im niederdeutschen Raum in der Lübecker Offizin des Lucas Brandis gedruckt. Alle 41 Ausgaben waren mit Holzschnitten illustriert und in vielen wurden weitere Leben von Lokalheiligen beigefügt, um den Verkauf zu fördern. Stefan Arndes gab bereits 1488 eine Neuausgabe des Brandis-Drucks heraus, der er 14 Lesungen zu den Kirchenfesten beifügte. Brandis kaufte er auch dessen Holzstöcke ab. 1492 nahm Arndes die künstlerisch bemerkenswerte Nürnberger Ausgabe Anton Kobergers von 1488 zum Vorbild und gab ein neues Holzschnittprogramm in Auftrag, das sich an Illustrationen Kobergers orientierte. Zudem beauftragte er einen Lübecker Franziskaner mit einer gründlichen Textüberarbeitung. Ergänzt wurde der Druck zudem mit einer Vielzahl an Legenden von im niederdeutschen wie skandinavischen Bereich verehrten Heiligen. 1499 und 1507 druckte Arndes das Legendar erneut, was einen beachtlichen Verkaufserfolg seiner Ausgaben annehmen lässt. 1535 gab Martin Luther die skurrile Legende des Johannes Chrysostomus aus »Der Heiligen Leben« heraus und versah sie mit höchst spöttischen Randglossen; die Gattung Legende (lat. das zu Lesende) wurde von ihm dort zu »Lügende« umbenannt.

Werner Williams-Krapp

Lit.: Williams-Krapp 1992; Williams-Krapp 1986

12 a

Nischenkachel mit Mariendarstellung

Niedersachsen, Ende 15./Anfang 16. Jahrhundert
Irdenware, polychrome Bleioxidglasur, 32,7 × 21 × 6 cm
Hildesheim, Roemer-Pelizaeus-Museum, K 404

12 b

Nischenkacheln mit der Darstellung von Heiligen

Niedersachsen, Ende 15./Anfang 16. Jahrhundert
Irdenware, polychrome Bleioxidglasur, 96 × 61 × 6 cm (montiert), Einzelkacheln je ca. 32 × 20 × 6 cm
Nürnberg, Germanisches Nationalmuseum, A1284 – A1291, A1295

Halbzylinderkacheln bestehen aus einem gedrehten und halbierten Zylinder, vor den ein gemodeltes ausgeschnittenes Kachelblatt gesetzt wird. Eine besondere Gruppe dieses Typs zeigt polychrom oder einfarbig grün glasierte Heiligendarstellungen oder sächsische Kurfürsten vor einem wallenden Wandbehang. Eine Beischrift informiert über den Namen der Heiligen. Zu den dargestellten Personen gehören die Heiligen Maria, Christoph, Moritz, Barbara, Georg, Maria Magdalena, Thomas, Apollonia, Ursula, Anna Selbdritt und Nikolaus sowie ein Kurfürst von Sachsen. Die Nischenkacheln bilden einen Höhepunkt unter den keramischen Heiligendarstellungen im ausgehenden Mittelalter. Ihre Bilderwelt wird, mutmaßlich von Mitteldeutschland ausgehend, durch Blattkacheln mit reformatorischen Motiven abgelöst.

Über den Kunsthandel gelangte ein großer Bestand derartiger Kacheln in verschiedene Kunstgewerbemuseen Deutschlands und Amerikas. Die ältere Forschung lokalisierte die Entstehung nach Halberstadt, wo einige dieser Kacheln erworben wurden. Archäologische Funde mit gesicherter Provenienz wurden bislang in Anklam, Göttingen, Goslar, Spandau, Leipzig und Dresden ausgegraben. Den einzigen Produktionsnachweis stellt ein Modelfund aus Lüneburg dar. Jedoch ist von einer lokalen Fertigung dieser Ofenkacheln in verschiedenen Städten zwischen Harz und Erzgebirge auszugehen. Der größte bislang geborgene Fundkomplex stammt aus den Ruinen des ehemaligen Augustiner-Chorherrenstifts auf dem Georgenberg in Goslar. Einen Terminus ante quem für die Datierung der Kachelgruppe bietet die Zerstörung dieser Anlage im Jahr 1527, als in einer Auseinandersetzung mit Herzog Heinrich d. J. von Wolfenbüttel um die Rechte am Rammelsberg die Goslarer Bürger das Kloster niederbrannten.

Stefan Krabath

Lit.: Richter 2015; Strauß 1966

Nebeneinnahme für einen Reformator

13

Der Braunschweiger Altstadtrat präsentiert Thomas Müntzer auf eine Pfründe

Braunschweig, 6. Mai 1514, Schreiber: Johann Reinbolt
Pergament, beschädigtes anhängendes Siegel der Altstadt Braunschweig, 12,5 × 19,5 cm (mit Siegel H 24,5 cm)
Dresden, Sächsisches Staatsarchiv – Hauptstaatsarchiv Dresden, 10001 Ältere Urkunden, Nr. 10018 b

Im Mittelalter versuchten die Menschen durch fromme Stiftungen, die Waagschale am Jüngsten Tag zu ihren Gunsten zu beeinflussen. Einzelpersonen und Familien, Zünfte und Bruderschaften stifteten Altäre und Messfeiern. Solche Messen wurden manchmal täglich, manchmal nur einmal jährlich gefeiert, oftmals erhielten anwesende Geistliche oder Arme einen kleinen Geldbetrag, Lebensmittel oder Kleidung. Viele Priester, die solche Messen hielten, waren für ihren Lebensunterhalt darauf angewiesen, mehrere solcher Stiftungen anzunehmen und darbten als »Klerikerproletariat« ihr Leben. Anderen wiederum gelang es, gut ausgestattete Pfarrstellen zu erhalten oder Kanoniker in einem Stift zu werden. Oftmals behielten sie ihre alten Pfründen und entsandten für die Durchführung der Messfeiern »Mietpriester« als Vertretung. Solche Stellvertretungen riefen vor allem die Kritik an der Kirche hervor.

Die Stifter wiederum versuchten, eine ordentliche Durchführung der Messfeiern sicherzustellen. So hatte der Braunschweiger Bürger Henning Godekens 1493 testamentarisch die Errichtung zweier Altarlehen an einem Marienaltar in der Braunschweiger Michaeliskirche verfügt und mit dem Zins aus 400 bzw. 320 Gulden ausgestattet. 1514 präsentierte der Rat der Braunschweiger Altstadt dem Pfarrer von St. Michaelis einen Nachfolger für den verstorbenen Inhaber des zweiten Lehens: den noch unbekannten Priester Thomas Müntzer. Unklar ist, wie der Rat auf Müntzer kam;

Honorabili viro domino Henningo Breyer Plebano Parochialis Ecclesie Sancti
Michaelis opidi Bemssorianum Hildensemensis dioc. Domino et amico
nostro favoroso Proconsules ac Consules antique Civitatis opidi eiusdem
In omnibus obsequiosam complacendi voluntatem. Ad altare Sancte et glo||
riose virginis Marie in predicta vestra ecclesia situm per dominum Johan||
nis Opperman ultimum ac immediatum possessorem eiusdem obitum va||
cans Cuius Iuspatronatus sive presentandi ad nos pertinere dinoscitur
Vobis venerabilem virum dominum Thomam Intuther Halbz
dioc. presbiterum presentium litterarum exhibitorem Hys scriptis legittime presen||
tamus affectuosis precibus supplicantes Quatenus eundem dominum Thomam
ad predictum altare instituere et investire dignemini ipsumque in
realem et corporalem possessionem inducendo facientes ipsi quantum
in vobis est de singulis censibus fructibus et iuribus suis iuxta pre||
morate ecclesie vestre laudabilem consuetudinem integre responderi
In cuius rei evidens testimonium Secretum opidi Bemssorianum
quo impresentiarum utimur Hys patentibus nostris litteris est appensum
Anno domini Millesimo quingentesimo decimoquarto die Sexta
Mensis May

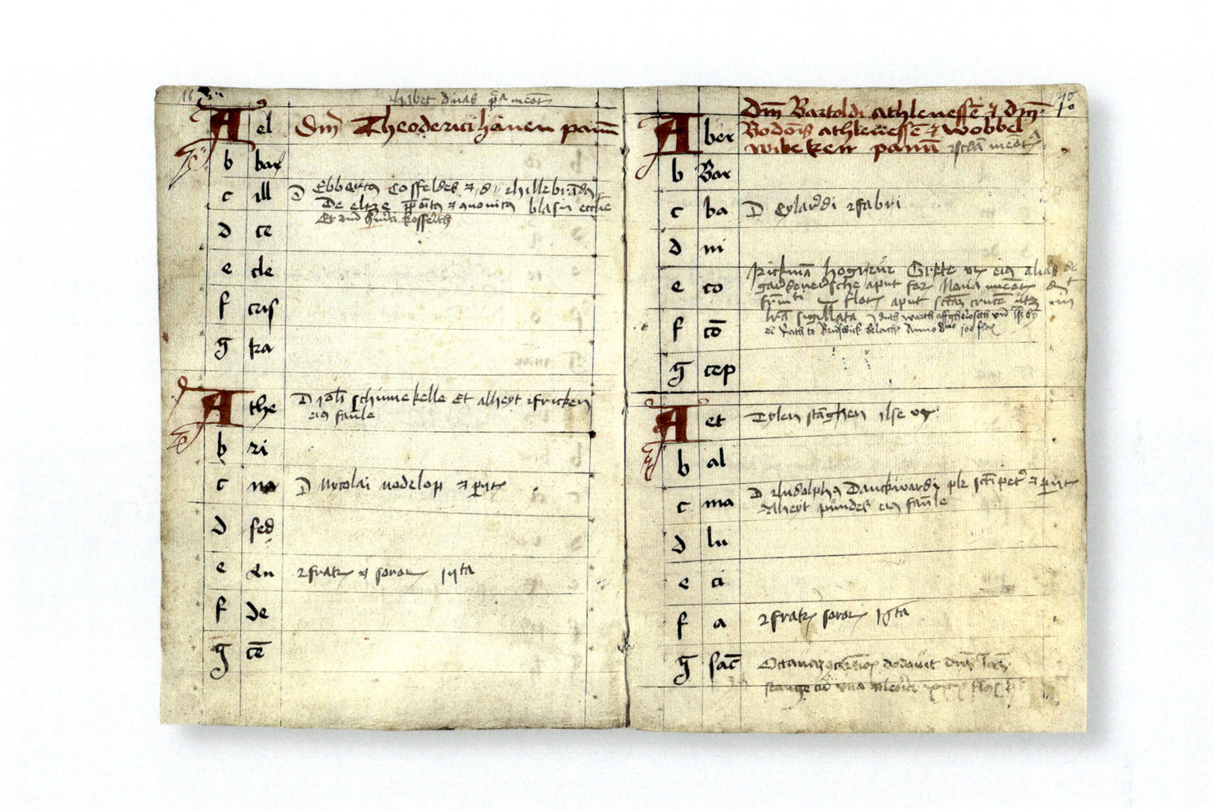

14 a

vielleicht wurde er aufgrund verwandtschaftlicher Beziehungen ins Gespräch gebracht. Müntzer behielt die Pfründe, als er 1515/16 Pfarrer in Frohse wurde, und legte sie erst 1521 nieder, als er erkannte, dass sich sein neu gewonnenes reformatorisches Verständnis nicht mit dem Besitz der Pfründe vertrug. Für die Messfeiern hatte er einen Vertreter eingestellt, sodass er aus der Pfründe nur eine jährliche Nebeneinnahme von weniger als fünf Gulden erhielt.

Gaby Kuper

Lit.: Bubenheimer 1985; Bubenheimer 1984

14 a

Memorienregister des Gertrudenkalands in Braunschweig

Braunschweig, 15./16. Jahrhundert
Papierhandschrift in Pergamenteinband, 22 × 17 × 4 cm
Braunschweig, Stadtarchiv, G II 18:2

14 b (ohne Abb.)

Kalandkreuz

Vom ehemaligen Haus des Kalands
am Bohlweg in Braunschweig, um 1500
Eisen, 37,4 × 18,5 × 5 cm
Braunschweig, Braunschweigisches
Landesmuseum, VMB 3432

Ein Kaland ist eine Bruderschaft von Klerikern und Laien. Der Name leitet sich von der Bezeichnung des Monatsersten im römischen Kalender (*Kalendae*) ab, an dem ursprünglich die Zusammenkünfte der Bruderschaftsmitglieder stattfanden. Im Spätmittelalter waren Kalande, in denen sowohl Männer als auch Frauen Mitglied werden konnten, in den norddeutschen Städten weit verbreitet. Die Aufgaben des Kalands waren unter anderem, durch Gebete und Messen für das Seelenheil verstorbener Mitglieder zu wirken und sich der Armen- und Krankenfürsorge zu widmen.

Der 1307 von drei Braunschweiger Priestern gegründete Gertrudenkaland war einer von drei Kalanden in der Stadt, darüber hinaus gab es noch zahlreiche weitere religiöse Bruderschaften. Im Jahr 1318 war die in der Braunschweiger Burg gelegene Gertrudenkapelle an den Kaland übertragen worden.

In dem im 15. Jahrhundert angelegten Memorienregister des Kalands sind zahlreiche von Geistlichen und Bürgern gestiftete Vigilien und Messfeiern verzeichnet, die in der Gertrudenkapelle gefeiert wurden. Das Register ist nach einem damals weitverbreiteten Schema aufgebaut. In der ersten Spalte sind die Wochentage, bezeichnet mit den Buchstaben a bis g, aufgeführt. Die zweite Spalte erlaubt die Orientierung im Kirchenjahr mithilfe des sogenannten Cisiojanus. Dabei handelt es sich um lateinische Merkverse, die in abgekürzter Form die Bezeichnung der Kirchenfeste und Heiligentage mit den Monatsnamen verbanden. In der dritten Spalte wurden die Memorienempfänger und die Art der zu leistenden Memorien verzeichnet. Die zahlreichen Eintragungen sind Ausdruck der intensiven Frömmigkeit in der spätmittelalterlichen Stadt.

Henning Steinführer

Lit.: Döll 1967; Puhle 1996, Bd. 2, S. 146, Nr. 122 (mit Abb.); Rahn 1994, S. 116–199, 150–153

15

Pietà – Andachtsbild aus der Kirche in Hüttenrode (Blankenburg im Harz)

Braunschweig, um 1480
Laubholz (Lindenholz?), polychrome Fassung, 125 × 80 × 38 cm
Braunschweig, Braunschweigisches Landesmuseum, R 2140

Die Religion durchdrang das Alltagsleben der Menschen im Mittelalter und führte in der vorreformatorischen Zeit zu einem gesteigerten Frömmigkeitsbedürfnis. Es gab kaum eine Handlung, die nicht mit dem Wunsch nach Gottes gnädiger Zuwendung verbunden war. Frömmigkeit war »gelebter Glaube«. Sie drückte sich in den Wallfahrten, in Stiftungen, im Reliquienkult und in der Heiligen- und Marienverehrung aus. Das Leid Christi am Kreuz und das Klagen der kummervollen Muttergottes traten in den Vordergrund und wurden für die Andacht in Vesperbildern und Skulpturen dargestellt.

Die Pietà oder Marienklage aus Hüttenrode ist eine aus der spätgotischen vielfigurigen »Beweinungsszene« herausgelöste Gruppe der schmerzerfüllten Muttergottes. Sie sitzt leicht nach vorn geneigt auf einem Grassockel. Auf ihrem Schoß liegt steif der Leichnam ihres Sohnes Jesus Christus in ausgestreckter Haltung, mit leicht aufgerichtetem, nach vorn gedrehtem Oberkörper und stark hervortretenden Rippen. In stiller Trauer hält Maria ihren toten Sohn, ihre linke Hand liegt auf dem Lendentuch, ihre rechte stützt Nacken und Rücken. Ihre Kleidung ist kostbar: Sie trägt ein rot gemustertes, vergoldetes Brokatgewand, den mit Metallrosetten verzierten Mantel umsäumt eine gold-blaue Borte. Schleier und Lendentuch Christi sind weiß und mit goldenen und roten Streifen verziert. Mit fein gemalten Gräsern, Blumen und Erdbeeren ist der Sockel gestaltet. Die Gebeine – Totenschädel und Unterkiefer – deuten auf den Golgatha-Hügel hin.

Eleonore Lang

Lit.: Meckseper 1985, Bd. 2, Kat.-Nr. 1102, S. 1276; Meier 1976, Bd. 6, Abb. 117, S. 153

Pflanzensymbolik zur christlichen Erbauung

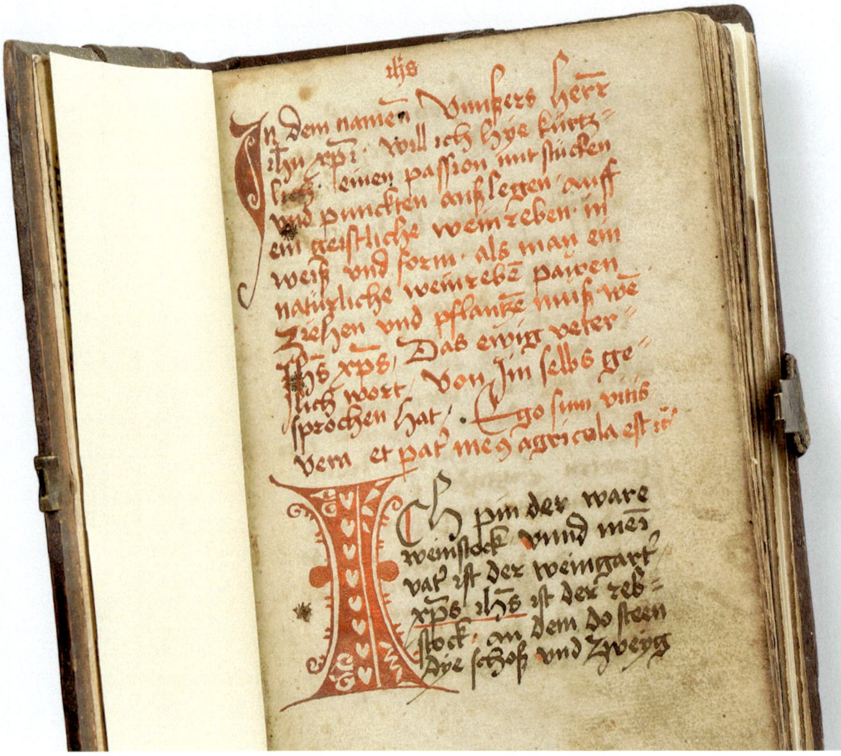

16

»Geistliche Weinrebe« und ein weiterer unbekannter Passionstraktat

Anonym, Abschrift 1512
Papier, Pergament, 16,5 × 22,5 cm (aufgeschlagen)
Groß Twülpstedt, Ev.-luth. Kirchengemeinde
St. Maria St. Cyriakus

Unter den spätmittelalterlichen kirchlichen Reformansätzen strahlte vor allem die sozialreligiöse Bewegung der *devotio moderna* auf die christlichen Laien aus. Im späten 14. Jahrhundert von einer nichtmonastischen niederländischen Brüderbewegung ausgehend, erfasste sie über das Kloster Windesheim bei Zwolle bald die niederrheinischen, westfälischen und weitere deutsche Augustiner-Chorherren- und Chorfrauenstifte. Zentren der Bewegung auf welfischem Territorium waren das Kloster Riechenberg bei Goslar und das Kloster St. Marienberg bei Helmstedt. Diese »Reform von unten« zielte, wie spätere Erweckungsbewegungen, auf die Stärkung individueller Seelsorge und persönlicher Christusbeziehung. Kirchen- und Klosterregeln verloren demgegenüber ebenso an Bedeutung wie äußerlicher Sakramentsempfang und in großer Gemeinschaft praktizierte religiöse Heilsveranstaltungen. Laien, denen mehr an persönlicher Andacht und innerlicher Frömmigkeit gelegen war, schlossen sich an. Für ihre stillen Betrachtungen bedienten sie sich einer Reihe von Passionstraktaten wie der »Geistlichen Weinrebe«, dem »Geistlichen Weizenkorn« und anderen, von spätmittelalterlichem Spiritualismus und einer älteren christlichen Mystik beeinflussten Texten. So dürfte die bildliche Einkleidung der Leidensgeschichte Christi in die Symbolik des Weinbaus in der »Geistlichen Weinrebe« durch die »Vitis mystica« von Bonaventura angeregt worden sein. Die Schilderung der Passionsstationen wird durch ihre Verbindung mit zwölf Arbeitsschritten der Weinerzeugung gegliedert und bildlich fassbar gemacht. Die »Geistliche Weinrebe« reiht sich damit ein in die lange Tradition der auf Pflanzenallegorien fußenden Texte christlicher Erbauungsliteratur. Die Herkunftsgeschichte der hier ausgestellten Abschrift der Kirchengemeinde Groß Twülpstedt ist noch ungeklärt; eine private Provenienz kann ebenso wenig ausgeschlossen werden wie ein Zusammenhang mit dem nahen Kloster St. Marienberg.

Birgit Hoffmann

Lit.: Schmidtke 1980, Sp. 1180 f.; TRE 1996, S. 23 f.

17

Brustkreuz

Marktkirche Hannover, 15. Jahrhundert
Silber, graviert, 5,7 × 6,5 × 1,2 cm
Hannover, Museum August Kestner, WM XXI 24

Seit dem 12. Jahrhundert gehören Brustkreuze zu den Insignien von Bischöfen und anderen christlichen Würdenträgern (Äbte, Äbtissinnen und Dompröpste). Um den Hals getragen sind sie somit sichtbare Zeichen der kirchlichen und sozialen Hierarchie, aber auch Symbole der persönlichen Verbundenheit des Trägers zu Christus. Das sich früher im Kirchenschatz der hannoverschen Marktkirche befindliche Ausstellungsstück zeigt in Gravur eine Darstellung des Kruzifixes mit Kreuzstamm. Im Sinne des Lebensbaumes sprießen aus dessen Enden Blätter. Das Innere des silbernen Kreuzes ist hohl und diente ursprünglich als Aufbewahrungsort einer heute verlorenen Reliquie. Zeugnis davon gibt die kreuzförmige Öffnung auf der Rückseite des Kreuzes, die vormals durch eine ebenfalls verlorene Klappe verschlossen wurde.

Jeannine Harder

Lit.: Nussbaum 1964

18

De Biblie mit vlitigher achtinghe: recht na deme latine in dudesck auerghesettet [...]

Lübeck, 1494, Druck: Steffen Arndes
Papier, 41,2 × 32 × 14,5 cm
Braunschweig, Stadtbibliothek, Inc 65

Die Stadt Lübeck bildete um 1500 den Mittelpunkt der Buchdruckerei für den Raum der Hanse. Die bedeutendste der fünf Buchdruckereien war die von Steffen Arndes. In seiner Druckerei entstand unter anderem das Messbuch für das Bistum Schleswig, aber auch ein Kräuterbuch mit dem Titel »Garten der Gesundheit« und das »Dithmarscher Landrecht«. Das bedeutendste Werk ist diese Bibel in mittelniederdeutschem Platt.

Die Niederdeutsche Bibel enthält die Texte aus dem Alten und Neuen Testament mit den Apokryphen sowie zahlreiche Glossen im Text aus dem umfangreichen Kommentarwerk des Nikolaus von Lyra und von Nikolaus Bucholt, einem Kustos des Lübecker Franziskanerklosters St. Katharinen, dem Kompilator des Werkes. Als Vorlage für die Übertragung aus dem Lateinischen benutzte er eine sogenannte Deutsche Kölner Bibel.

Zahlreiche der 152 Holzschnitte, erzählerische Illustrationen vor allem zu Texten aus dem Alten Testament, stammen ebenfalls aus der Kölner Vorlage.

Unter den 18 vor Luther erschienenen Bibeln in deutscher Sprache gilt die Lübecker Niederdeutsche Bibel als die herausragende.

Die Abkehr vom lateinischen und die Hinwendung zum mittelniederdeutschen Text signalisiert das Interesse an einer regional geprägten Frömmigkeit, es muss als eigenständiges Werk des Spätmittelalters und weniger als »Vorläufer« der Übersetzungen Luthers verstanden werden.

Jene Drucke waren nicht für die Benutzung im Gottesdienst gedacht. Diese Prachtausgabe könnte ein Bestandteil der Franziskaner-Bibliothek des Braunschweiger Brüdernklosters gewesen sein oder zur ausgedehnten Bibliothek der Andreaskirche, vielleicht des Privatsammlers und Syndikus Johann Camman gehört haben und von dort in die Braunschweiger Stadtbibliothek gelangt sein, wo sie heute aufbewahrt wird.

Dietrich Kuessner

Hir heuet an Genesis. dat is dat bok der telinghe: dat erste boek moysi: Dat erste capittel
secht van der scepnysse der werld. vnde aller creatu ren Vnde der werke der soes daghe

JN dem ambeghin ne*| der tyd‖ heft god ghescapen*| van nychte‖ hēmel vnde erden*| myt alle deme dat dar ynne is‖ Jodoch de erde was ydel*| so dat se nycht sychtlyk was darūme dat se mit dē wa terē bedecket was‖. vnde was leddich*| so dat se nene vrucht droech‖ vñ de důsternisse werē bauen der vnschickelicheit der afgrunde. vnde de ghest des heren*| dat ys de wylle des heren‖ wart gheuoret bauen den wateren*| so de wille enes kunstigheres auer de materien dar vā he eyn werk wyl maken‖ Vnde god sede*| nicht dat he sprack. men id was sien wille‖ Dat schal werdē eyn lycht*| dat is ene klarheit‖ vnde dar waert een lycht vñ god sach dat dat licht gůd was*| to velē dingē‖ vnde schedede dat lycht van der dusternysse*| so syk vormyddelst der sunnen scheden nacht vnde dach‖ vnde nomede dat lycht den dach. vñ de dusternysse de nacht. Vñ so waerd van deme auende vñ vā de me morghene een*| natuerlik‖ dach*| van xxiiij. stunden. Ock sede god dar schal werden een fyrmamēte *| dat is de achte hemmel. edder de spere. efte de runt heit der hēmele. dar vnder de vij. speren der vij. planeten synt‖. Vñ god sede. dar schal werden een fyrmamente in deme middele der watere vñ schal delen de watere vā den wateren. Vñ god makede dat firmamente. vñ delede de watere de dar weren bauen deme fyrmamēte vā den wateren de dar weren vnder deme firmamente. vnde dat schach also. Vnde god nomede dat firmamente den hemmel. vñ van deme auende vñ vā deme morghen waert de ander dach. Ock sede god de watere de vnder deme hēmele sint scholē werden ghesammelt in ene stede. so mach sik apēbaren ene dorheit*| der erdē‖ vnde dat schach also. vnde god nomede de dorheit dat ertrike. vñ de sammelynghe der watere nomede he de mere. vnde god sach dat yd gůd was. vnde sede. De erde schal

19

Kardinal Nikolaus von Kues verleiht der Kirche St. Ulrici in Braunschweig einen 100-tägigen Ablass

Hildesheim, 12. Juli 1451
Pergament, Wachssiegel des Ausstellers, 80 × 35 cm
Braunschweig, Stadtarchiv, A III 2:28

Bei Sündenvergehen erlaubte die römische Kirche, durch echte Reue und geleistete Bußen den Sünder mit Gott zu versöhnen und wieder in die Kirche aufzunehmen. Die Absolution von den Sünden in der heute bekannten Form ist dagegen erst Mitte des 16. Jahrhunderts auf dem Tridentinischen Konzil festgeschrieben worden. Aber das Mittelalter hatte eine Lösung gefunden, den zum Teil langwierigen Bußritus zu umgehen: den Ablass, der nach der Reue die Buße durch eine Geldzahlung ersetzte. Aus Bußzahlungen für einen kirchlich gebilligten guten Zweck entstand auch der Ablass für Kirchenbauvorhaben. Körperliche Arbeit, Beköstigung von am Kirchenbau beteiligten Maurern und Steinmetzen oder Hilfeleistungen wie die Lieferung von Baumaterial konnten dabei Geldzahlungen ersetzen.

Die Erlangung eines Ablasses erlaubte dem Gläubigen, einen Teil seiner Sündenstrafen im Fegefeuer abzugelten, gleichsam seine Zeit im Fegefeuer zu verkürzen. Gab es ursprünglich nur bischöfliche Ablässe von 40 Tagen, konnten Kardinäle ab dem 15. Jahrhundert 100 Tage Ablass verleihen. Um einen solchen handelt es sich bei der vorliegenden Urkunde des Nikolaus von Kues. Der Theologe, Philosoph und frühe Humanist verlieh der Kirche St. Ulrici in Braunschweig einen Ablass für alle, die den Gottesdienst am neu errichteten Altar der Heiligen Drei Könige besuchten oder auf irgendeine Weise zur Errichtung des Altars beitrugen. Kues bereiste als päpstlicher Gesandter Norddeutschland und verkaufte dort den römischen Jubiläumsablass: Man konnte in der Heimat denselben vollkommenen Straferlass gewinnen, der 1450 durch eine Pilgerfahrt nach Rom erlangt worden wäre. Diese sogenannten Jubiläumsablässe wurden alle 25 Jahre vom Papst verkündet und seit Neuestem auch verkauft, ohne sich den Strapazen einer langen Fahrt auszusetzen. Die päpstlichen Gesandten waren zudem ermächtigt, Kirchen weitere Ablässe zu gewähren – der Gewinn daraus wurde geteilt.

Gaby Kuper

Lit.: Piekarek 1973, insbes. S. 105 f.; Thalmann 2010

20

[Summarium Bulle plenissime ind]ulgentie pro Basilica Principis apo[stolorum g]ratiose concesse.

Leipzig, 1516, Druck: Melchior Lotter d. Ä. (Halberstadt)
Drei Fragmente, für die Anfertigung von zwei Bucheinbänden verwendet, Papier,
Trägerband 338: 22,5 × 16,5 × 7,5 cm, mit Fragment vorn 21,3 × 15,5 cm und Fragment hinten 21,5 × 15 cm,
Trägerband 341: 20,7 × 17 × 7,4 cm, mit Fragment vorn 19,8 × 13,9 cm
Goslar, Marktkirchen-Bibliothek, 338 (vorderer und hinterer Spiegel) und 341 (vorderer Spiegel)

Die Fragmente eines lateinischen Einblattdruckes zeigen, dass Erzbischof Albrecht von Brandenburg für den Peterskirchen-Ablass auch großformatige Plakate als Werbemedien einsetzte. Solche Drucke sind kaum erhalten, denn Überreste wanderten zum Altpapier. Der Priester Andreas Gronewalt wird die Makulatur aus Halle, wo er für den Erzbischof als Notar arbeitete, an seinen Heimatort Halberstadt mitgebracht und sie seinem dortigen Buchbinder zur Anfertigung von zwei Bucheinbänden seiner Bibliothek gegeben haben, die zum großen Teil in der Marktkirchen-Bibliothek Goslar überlebt hat.

Die am 31. März 1515 ausgestellte Ablassbulle Papst Leos X., mit der Erzbischof Albrecht zum Kommissar für die Ablasskampagne in den Bistümern Mainz, Magdeburg und Halberstadt sowie in den Gebieten des Hauses Brandenburg bestellt wurde, ließ Albrecht in vollem lateinischem Wortlaut als Plakat bei Melchior Lotter d. Ä. in Leipzig drucken. Auch von diesem Einblattdruck ist nur ein Fragment bekannt, das vor 100 Jahren in der Domkirche Stora Tuna in Mittelschweden bei der Restaurierung eines Chormantels gefunden wurde, dessen Rückenschild mit dem Altpapier versteift worden war. Da der Text der Bulle sehr lang war und der Ablasspilger eine kürzere Information haben sollte, wurde bei Lotter die in Goslar entdeckte lateinische »Zusam-

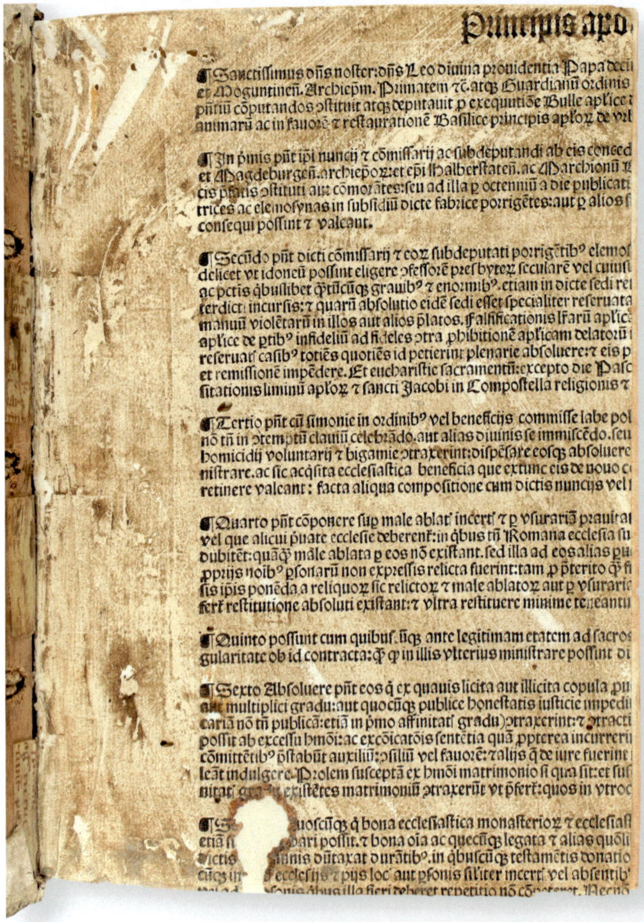

Principis apo

¶Sanctissimus dñs noster: dñs Leo diuina prouidentia Papa deci
et Moguntineñ. Archiepm. Primatem ⁊c. atq; Guardianū ordinis
ptiū cōputandos cōstituit atq; deputauit ꝑ exequtiōe Bulle aplice
animarū ac in fauorē ⁊ restaurationē Basilice principis aplor̄ de vrl

¶In pmis pñt ipi nuncij ⁊ cōmissarij ac subdeputandi ab eis conced
et Magdeburgeñ. archiepor̄: et epi Halberstateñ. ac Marchionū
cis pñtis cōstituti aut cōmorātes: seu ad illa ꝑ octenniū a die publicati
trices ac elemosynas in subsidiū dicte fabrice porrigētes: aut ꝑ alios
consequi possint ⁊ valeant.

¶Secūdo pñt dicti cōmissarij ⁊ cor̄ subdeputati porrigētib⁹ elemo
delicet vt idoneū possint eligere cōfessorē presbyterū secularē vel cuiusl
ac pctis q̄buslibet q̄ticūq; grauib⁹ ⁊ enormib⁹. etiam in dicte sedi re
terdict: incursis: ⁊ quarū absolutio eidē sedi esset specialiter reseruata
manuū violētarū in illos aut alios plator̄. falsificationis lrar̄ aplica
aplice de ptib⁹ infideliū ad fideles ctra ꝓhibitionē aplicam delator̄
reseruatī casib⁹ totiēs quotiēs id pecierint: plenarie absoluere: ⁊ eis p
et remissionē impēdere. Et eucharistie sacramentū: excepto die Pasc
sitationis liminū aplor̄ ⁊ sancti Jacobi in Compostella religionis ⁊

¶Tertio pñt cū simonie in ordinib⁹ vel beneficijs commisse labe pol
nō tñ in contemptū clauiū celebrādo. aut alias diuinis se immiscēdo. seu
homicidij voluntarij ⁊ bigamie ctraxerint: dispēsare eosq; absoluere
nistrare. ac sic acq̄sita ecclesiastica beneficia que extūc eis de nouo c
retinere valeant: facta aliqua compositione cum dictis nuncijs vel

¶Quarto pñt cōponere sup male ablatī incertī ⁊ ꝑ vsurariā prauita
vel que alicui pnate ecclesie deberent: in q̄bus tñ Romana ecclesia s
dubitēt: quāq; male ablata ꝑ eos nō existant. sed illa ad eos alias pu
ꝓprijs noib⁹ ꝑsonarū non expressis relicta fuerint: tam ꝓ pterito q̄
sis ipis ponēda a reliquor̄ sic relictor̄ ⁊ male ablator̄ aut ꝑ vsurari
ferē restitutione absoluti existant: ⁊ vltra restituere minime teneantu

¶Quinto possunt cum quibus cūq; ante legitimam etatem ad sacros
gularitate ob id contracta: q̄ in illis vlterius ministrare possint di

¶Sexto Absoluere pñt eos q̄ ex quauis licita aut illicita copula pu
aut multiplici gradu: aut quocūq; publice honestatis iusticie impedi
cariā nō tñ publica: etiā in pmo affinitatī gradu ctraxerint: ⁊ ctracti
possit ab excessu hmōi: ac excōicatōis sentētia quā ꝓpterea incurreri
cōmittētib⁹ cstabūt auxiliū: csiliū vel fauorē: ⁊ alijs q̄ de iure fuerine
leāt indulgere. Prolem susceptā ex hmōi matrimonio si qua sit: et suf
nitatī ... existētes matrimoniū ctraxerūt vt pferē: quos in vtroc

¶S... quoscūq; q̄ bona ecclesiastica monasterior̄ ⁊ ecclesiast
etiā ... ari possit. ⁊ bona oia ac quecūq; legata ⁊ alias quoli
... dūtaxat durātib⁹. in q̄buscūq; testamētis donatio
... ecclesijs ⁊ pijs loc aut ꝑsonis siliter incertī vel absentib
... sonis aliqua illa fieri deberet repetitio nō cōpeteret. Necnō

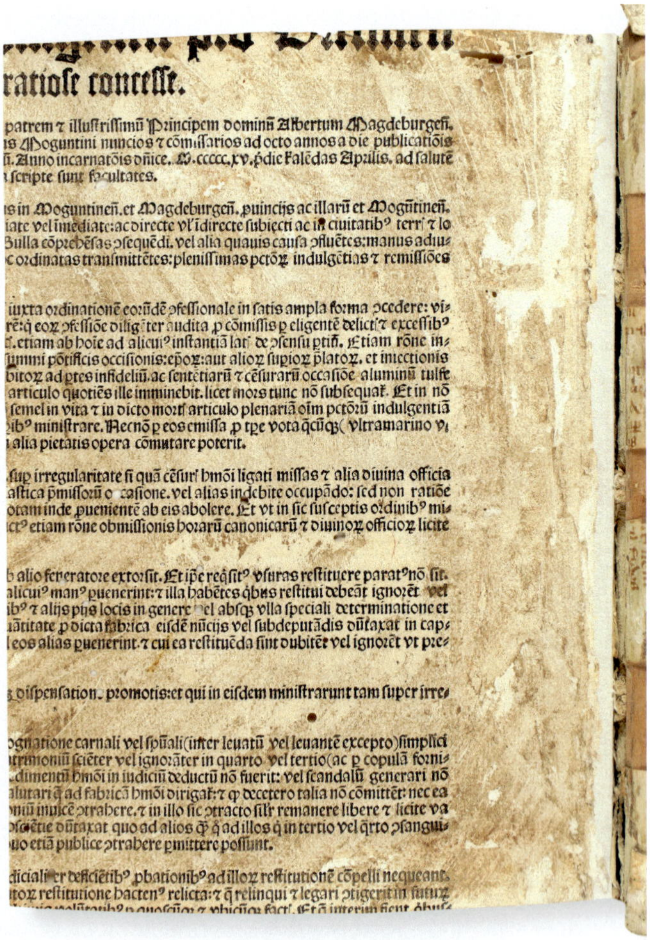

ratiose concesse.

patrem ⁊ illustrissimū Principem dominū Albertum Magdeburgeñ.
s Moguntini nuncios ⁊ cōmissarios ad octo annos a die publicatiōis
ñ. Anno incarnatōis dñice. M. cccccxv. ꝓdie Kalēdas Aprilis. ad salute
scripte sunt facultates.

s in Moguntineñ. et Magdeburgeñ. puincijs ac illarū et Moguntineñ.
iate vel imediate: ac directe vl' idirecte subiecti ac in ciuitatib⁹ terri ⁊ lo
Bulla cōprehēsas csequēdi. vel alia quauis causa cfluētes: manus adiu
c ordinatas transmittētes: plenissimas pctor̄ indulgētias ⁊ remissiōes

iuxta ordinationē eorūdē cfessionale in satis ampla forma cœdere: vi
rēq; eor̄ cfessiōe dilig̃ter audita ꝑ cōmissis ꝑ eligentē delict ⁊ excessib⁹
. etiam ab hoie ad alicui⁹ instantiā latī de csensu ptiū. Etiam rōne in
summi pōtificis occisionis: epor̄: aut alior̄ supior̄ plator̄. et iniectionis
bitor̄ ad ptes infideliū. ac sentētiarū ⁊ cēsurarū occasiōe aluminū tulse
articulo quotiēs ille imminebit. licet mors tunc nō subsequat. Et in nō
semel in vita ⁊ in dicto mortī articulo plenariā oīm pctōrū indulgentiā
ib⁹ ministrare. Necnō ꝑ eos emissa ꝑ tpe vota q̄cūq; (vltramarino v
alia pietatis opera cōmutare poterit.

sup irregularitate si quā cēsurī hmōi ligati missas ⁊ alia diuina officia
astica pmissorū o casione. vel alias indebite occupādo: sed non ratiōe
otam inde puenientē ab eis abolere. Et vt in sic susceptis ordinib⁹ mi
ct⁹ etiam rōne obmissionis horarū canonicarū ⁊ diuinor̄ officior̄ licite

b alio feneratore extorsit. Et ipē req̄sit⁹ vsuras restituere parat⁹ nō sit.
alicui⁹ man⁹ peruenerint: ⁊ illa habētes q̄bus restitui debeāt ignorēt vel
ib⁹ ⁊ alijs pijs locis in genere vel absq; vlla speciali determinatione et
uātitate ꝑ dicta fabrica eisdē nūcijs vel subdeputādis dūtaxat in cap
l eos alias peruenerint. ⁊ cui ea restituēda sint dubitēt vel ignorēt vt pre

dispensation. promotis: et qui in eisdem ministrarunt tam super irre

ognatione carnali vel spūali (inter leuatū vel leuantē excepto) simplici
atrimoniū sciēter vel ignorāter in quarto vel tertio (ac ꝑ copulā forni
dimentū hmōi in iudiciū deductū nō fuerit: vel scandalū generari nō
alutari q̄ ad fabricā hmōi dirigat: ⁊ q̄ de cetero talia nō cōmittēt: nec ea
oniū inuicē ctrahere. ⁊ in illo sic ctracto silr remanere libere ⁊ licite va
nsciētie dūtaxat quo ad alios q̄ ad illos q̄ in tertio vel q̄rto csangui
uo etiā publice ctrahere pmittere possunt.

dicialiter deficiētib⁹ pbationib⁹ ad illor̄ restitutionē cōpelli nequeant
tor̄ restitutione hacten⁹ relicta: ⁊ q̄ relinqui ⁊ legari ctigerit in futur

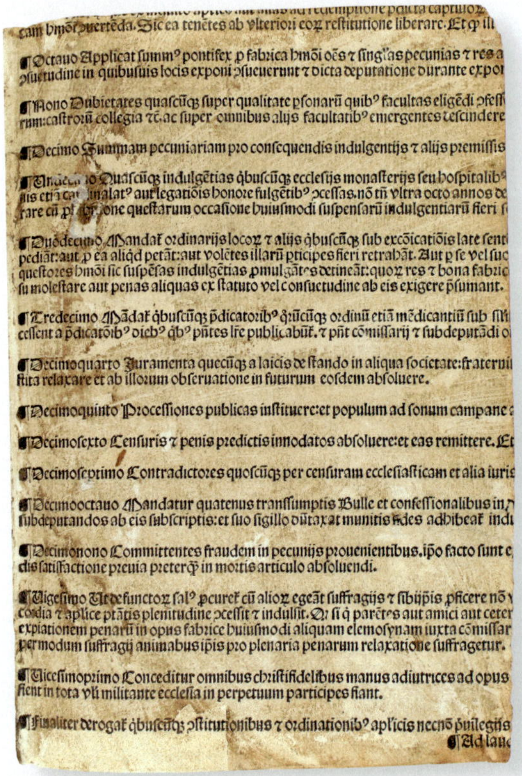

cam hmōi pueteda. Sic ea tenētes ab vlteriori eor̄ restitutione liberare. Et q̄ ill

¶Octauo Applicat summ⁹ pontifex ꝑ fabrica hmōi oēs ⁊ singl'as pecunias ⁊ res a
csuetudine in quibusuis locis exponi csueuerunt ⁊ dicta deputatione durante expo

¶Nono Dubietates quascūq; super qualitate ꝑsonarū quib⁹ facultas eligēdi cfess
rum: castrorū collegia ⁊c. ac super omnibus alijs facultatib⁹ emergentes rescindere

¶Decimo Summam pecuniariam pro consequendis indulgentijs ⁊ alijs premissis

¶Vndecimo Quascūq; indulgētias q̄buscūq; ecclesijs monasterijs seu hospitalib
... alat⁹ aut legatiōis honore fulgētib⁹ cœssas. nō tñ vltra octo annos de
rare cū p... one questarum occasione huiusmodi suspensarū indulgentiarū fieri

¶Duodecimo Mandat ordinarijs locor̄ ⁊ alijs q̄buscūq; sub excōicatiōis late sent
pediat: aut ꝑ ea aliq̄d petāt: aut volētes illarū pticipes fieri retrahāt. Aut ꝑ se vel suc
questores hmōi sic suspēsas indulgētias pmulgātes detineāt: quor̄ res ⁊ bona fabric
su molestare aut penas aliquas ex statuto vel consuetudine ab eis exigere psumant.

¶Tredecimo Mādat q̄buscūq; pdicatorib⁹ q̄ticūq; ordinū etiā mēdicantiū sub sit
cessent a pdicatōib⁹ dieb⁹ q̄b⁹ pñtes lre publicabūt. ⁊ pñt cōmissarij ⁊ subdeputādi o

¶Decimoquarto Juramenta quecūq; a laicis de stando in aliqua societate: fraterni
sita relaxare et ab illorum obseruatione in futurum eosdem absoluere.

¶Decimoquinto Processiones publicas instituere: et populum ad sonum campane

¶Decimosexto Censuris ⁊ penis predictis innodatos absoluere: et eas remittere. E

¶Decimoseptimo Contradictores quoscūq; per censuram ecclesiasticam et alia iuris

¶Decimooctauo Mandatur quatenus transsumptis Bulle et confessionalibus in
subdeputandos ab eis subscriptis: et suo sigillo dūtaxat munitis fides adhibeat ind

¶Decimonono Committentes fraudem in pecunijs prouenientibus. ipo facto sunt e
dis satisfactione preuia preterq̄ in mortis articulo absoluendi.

¶Vigesimo Vt defunctor̄ sal⁹ pcuret cū alior̄ egeāt suffragijs ⁊ sibijpis pficere nō
cordia ⁊ aplice ptātis plenitudine cœssit ⁊ indulsit. Q: si q̄ parētes aut amici aut ceter
expiationem penarū in opus fabrice huiusmodi aliquam elemosynam iuxta cōmissar
per modum suffragij animabus ipis pro plenaria penarum relaxatione suffragetur.

¶Vicesimoprimo Conceditur omnibus christifidelibus manus adiutrices ad opus
fient in tota vl' militante ecclesia in perpetuum participes fiant.

¶Finaliter derogat q̄buscūq; cstitutionibus ⁊ ordinationib⁹ aplicis necnō puilegijs
¶Ad laud

menfassung (Summarium) des allervollkommensten Ablasses, der für die Kirche des Apostelfürsten großzügig bewilligt wurde« gedruckt. Um mit der Werbung auch die des Lateinischen Unkundigen zu erreichen, wurde zudem ein Plakat mit deutschem Summarium hergestellt, von dem nur ein Minifragment in dem beschriebenen Chormantel gefunden wurde. Als Blickfang waren auf der Plakatserie über den Texten Heiligenbildchen angebracht, die in den Goslarer Fragmenten nicht erhalten sind.

Ulrich Bubenheimer

Lit.: Bubenheimer 2017; Bubenheimer/Liersch 2017, Nr. 100 u. 248; Fabisch/Iserloh 1988, S. 202–293; Lindblom 1917, S. 302–306

21 a

Johann Tetzels Ablasskasten

Eichenholz, Eisen, 40,7 × 82,5 × 47,5 cm
Braunschweig, Städtisches Museum, B 31

21 b (ohne Abb.)

Ablassprediger Johann Tetzel

Leipzig, 1717 (?)
Papier, 15,3 × 9,7 cm
Braunschweig, Braunschweigisches Landesmuseum, LMB 29199

21 c (ohne Abb.)

Ablassbrief für Johannes Rammelsbarch in Goslar

Goslar, 5. Mai 1516
Papier, 21 × 28 cm
Goslar, Stadtarchiv, B 8754

Mit Johann Tetzel sind bis heute die Auswüchse des mittelalterlichen Ablasshandels verbunden: die marktschreierische Art der Verkündung und die Anlockung der Käufer mit Ablässen zugunsten verstorbener Verwandter und Freunde, die Gewährung von schwindelerregend hohen Ablasszeiten von bis zu mehreren Millionen Jahren, die in den Augen vieler missbräuchliche Verwendung der Ablassgelder und nicht zuletzt der Sündennachlass allein durch Geld ohne echte Reue, was Luther insbesondere zu seinen Thesen veranlasste.

Der studierte Theologe und Dominikanermönch Tetzel hatte bereits als Ablassprediger gewirkt, bevor er 1517 im Auftrag Albrechts von Brandenburg den Ablass zugunsten des Neubaus des Petersdoms in Rom verkündete. Nur eine Hälfte der Gelder kam dem Petersdom zugute, die andere wurde zwischen Albrecht und Tetzel geteilt. Albrecht war auf die Einkünfte angewiesen, denn er hatte beim Bankhaus Fugger Geld aufgenommen, um neben dem Erzbistum

21a

Magdeburg und dem Bistum Halberstadt auch das Erzbistum Mainz zu erlangen. Eine solche Ämterhäufung war nur gegen eine hohe Geldzahlung an Rom möglich.

Der Ablasskasten stammt wohl aus der Peterskapelle bei Süpplingenburg, wo Tetzel seinen Ablass predigte. Die mit Eisenblechen beschlagene Eichenholzkiste besaß ursprünglich drei Schlösser, von denen nur noch das Hauptschloss mit Schlüssel erhalten ist. Die Kiste durfte nicht offenstehen und nur in Anwesenheit von Zeugen oder eines Notars geleert werden. Ablass wurde nach Vermögen des Käufers gewährt, Arme konnten ihn auch durch Gebet und Fasten erlangen.

Bei Ablass- oder Beichtbriefen handelte es sich um vorgedruckte Formulare, in die die Namen der Besitzer eingetragen wurden. Sie gewährten die freie Wahl eines Beichtvaters, der auch bei Exkommunikation oder Interdikt in der Sterbestunde den vollkommenen Sündenablass erteilen konnte – eine Rückversicherung für die Stunde der höchsten Not.

Gaby Kuper

Lit.: Bott 1983, Nr. 203, S. 166 f.; Christiani 1983; Meckseper 1985, Bd. 1, Nr. 527, S. 615 f.; Merian/Zeiller 1654, S. 193

22

Der Ablassprediger Johann Tetzel erlaubt dem Kloster Königslutter, weiterhin einen eigenen Ablass zu verleihen

In: Kopial- und Handelsbuch Kloster Königslutter
Moritzburg (Halle), 22. Juni 1517
Papier, 32 × 23 × 4 cm
Wolfenbüttel, Niedersächsisches Landesarchiv – Standort Wolfenbüttel, VII B Hs Nr. 325, Bl. 34v

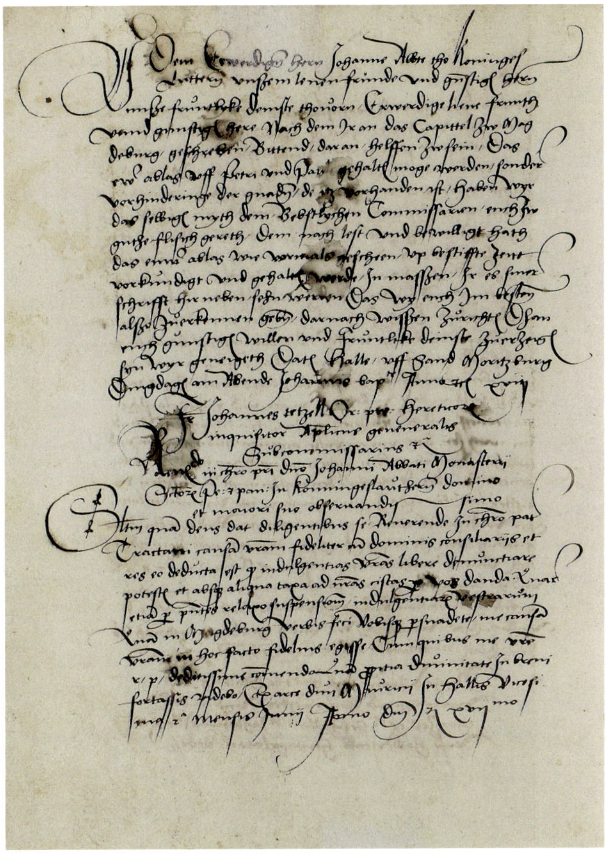

In einer Handschrift des Klosters Königslutter aus dem 16. Jahrhundert findet sich ein historisch nachweisbarer Bezug Johann Tetzels zur Elmregion. Die Handschrift verzeichnet in Abschriften Urkunden und Korrespondenzen, darunter einen Schriftwechsel aus dem Jahr 1517. Königslutter hatte sich im späten Mittelalter zu einem bekannten Wallfahrtsort entwickelt. Hauptwallfahrtstag war der 29. Juni, das Fest der beiden Kirchenpatrone Peter und Paul. 1517 fiel dieser Termin mit der nur alle sieben Jahre stattfindenden sogenannten Aachener Heiltumsfahrt zusammen. Es war daher zu erwarten, dass viele durchreisende Pilger auch Ablässe in Königslutter erwerben würden. Ausgerechnet jetzt aber untersagte Tetzel dem Kloster das einträgliche Ablassgeschäft zu seinen Gunsten. Die Ablassgelder der Pilger in Königslutter sollten allein durch ihn erhoben werden dürfen. In größter Sorge wandte sich der Abt darauf an Herzog Heinrich d.J. zu Braunschweig-Lüneburg. Dieser schickte ein Schreiben in niederdeutscher Sprache an den Domdechanten und das Domkapitel zu Magdeburg mit der Bitte, diese Heimsuchung, die »dem armen Closter [...] tho grotem schaden« gereichen würde, abzuwenden. Zugleich erbaten Abt Johannes und sein Konvent mit einem ähnlichen Schreiben Hilfe bei Graf Botho von Stolberg in seiner Eigenschaft als Hofmeister des Erzbischofs Albrecht von Mainz und Magdeburg, dem Urheber des von Tetzel verkündeten Ablasses. Graf Botho übte mit Erfolg Druck auf Tetzel aus. Er übersandte Tetzels Aufhebung des Verbotes, Tetzels Name ist in der eingerückten Zeile in der Seitenmitte gut erkennbar. In lateinischer Sprache gestattet er den Mönchen, ihren Ablass frei verkünden zu dürfen, ohne dass sie eine Summe Geldes in seine Kisten (»ad n[ost]ras cistas«) geben müssten. So wurde die Aussetzung des klösterlichen Ablasses zur Erleichterung der Klostergemeinschaft gerade noch rechtzeitig wieder aufgehoben.

Silke Wagener-Fimpel

Lit.: Kapp 1730, S. 217–233; Lent 2006, S. 694 f.

23

Die strasz vnd meylen tzu sant Jacob [...]

Hermann Künig von Vach, Leipzig, 1521
Papier, ca. 20 × 30 cm
Rostock, Universitätsbibliothek, Fb-3121.5

Hermann Künig von Vach verfasste einen Pilgerführer nach Santiago de Compostela, der anders als Pilgerberichte strikt auf Rat und Anleitung ausgerichtet ist. Der Text rückt die Wege nach Compostela in den Vordergrund und bietet nur kurze Angaben zum Ziel selbst. Nicht sicher nachweisbar, aber wahrscheinlich ist, dass der Servitenmönch Künig selbst pilgerte. Neben der frühesten Straßburger Druckausgabe von 1495/96 haben sich weitere Ausgaben des Führers erhalten: Nürnberg (undatiert), Nürnberg (bei Jobst-Gutknecht, 1520) und Leipzig (1521). Die Titel der Holzschnitte variieren. Beide Nürnberger Ausgaben zeigen einen knienden Pilger vor dem heiligen Jakobus sowie eine Pilgerin, während die ausgestellte Leipziger Ausgabe den Weg abbildet. Der Text besteht aus 651 Zeilen in Paarreimen und einfacher Sprache, wobei der Leser oft direkt angesprochen wird. Künig gibt genaue praktische Hinweise zur Verpflegung, zu günstigen Unterkünften, Wirtshäusern, Entfernungen, Zöllen und benötigten Währungen und gibt Ratschläge, wie der Pilgernde unterwegs sparen kann. Die Nennung von Weggabelungen, Bergen, Schlössern, Brücken und Fähren erleichtert die Orientierung. Bemerkungen zu den »heiligen Stätten« beschränken sich auf wenige Orte. Weil er für deutsche Pilger schreibt, lässt Künig seine Wegbeschreibung in Einsiedeln beginnen (Oberstraße), der Rückweg führt die Pilger über Tours und Paris nach Aachen (Niederstraße). In Spanien folgt der Weg meist dem klassischen »Camino Francés« durch Nordspanien. Insgesamt ergibt sich ein deutliches Missverhältnis, denn der Hinweg über die sogenannte Oberstraße ist dem Autor gut 520 Verse wert, für die Niederstraße verwendet er nur knapp 130 Verse. Die zahlreichen Druckausgaben belegen, wie beliebt die Pilgerfahrt nach Compostela in Deutschland zu Beginn des 16. Jahrhunderts war. Viele Pilger dürften – zumal wenn sie des Lesens nicht kundig waren – die Verse memoriert haben. Ob die Tatsache, dass die letzte bekannte Druckausgabe von 1521 stammt, auf einen starken Rückgang der Pilgerfahrten nach der Reformation hinweist, muss offen bleiben.

Klaus Herbers

Lit.: Herbers/Plötz 2004

24

Pilgermuschel

Santiago de Compostela, Fundort: Königslutter,
Ende 12./Anfang 13. Jahrhundert
Muschelschale, 6,2 × 7 × 2,1 cm
Braunschweig, Braunschweigisches Landesmuseum, BLM-UFG 1975:668

Neben Pilgerzeichen (siehe Kat.-Nr. 27, S. 120) aus Metall gab es eine Vielzahl weiterer Objekte, die als Erinnerungsstücke an die oft weiten und erlebnisreichen Reisen der Pilger dienten und denen als Mitbringsel von segensreichen Orten auch noch lange nach der Heimkehr große Wertschätzung entgegengebracht sowie eine gewisse Wirkmächtigkeit beigemessen wurde.

So konnten an manchen Wallfahrtsorten kleine Metallampullen erworben, mit gesegneten Flüssigkeiten gefüllt und, mittels Ösen an der Kleidung befestigt, mit sich getragen werden. Kleine Andachtsbildchen auf Papier oder Pergament wurden erstanden und ebenfalls auf Bekleidung genäht oder zur privaten Andacht im eigenen Heim genutzt. Signalhörner aus Keramik, die bei religiösen Prozessionen geblasen wurden, fanden fernab der Pilgerzentren mitunter eine zweite Verwendung als Unheil abwehrende Wetterhörner.

Herstellung und Verkauf dieser Devotionalien waren ein großes Geschäft an den Pilgerstätten des Mittelalters – hier wurde teils offensiv geworben und in allen erdenklichen Preisklassen verkauft. Von deren hohem Status für die gläubigen Menschen des Mittelalters zeugt auch die hier ausgestellte Muschelschale.

Es handelt sich um die rechte Schalenhälfte einer noch unausgewachsenen »Großen Pilgermuschel« (*Pecten maximus*), einer Kammmuschel-Art aus dem Atlantik, die auch als »Jakobsmuschel« bezeichnet wird und die als Erkennungszeichen der Pilger auf dem Weg nach Santiago de Compostela in Spanien noch heute Symbolcharakter hat. Diese Muscheln wurden an ihrem Schloss durchlocht und konnten so auf der Kleidung, häufig am Hut oder Umhang, aber auch am Gürtel hängend oder auf eine Tasche genäht, getragen werden (vgl. Titelblatt Kat.-Nr. 23).

Diese hier ist das letzte überlieferte der Exemplare, die man 1835 in einem Grab in Königslutter fand. Das Kopfnischengrab, das in Körperform in den dortigen Kalkstein gehauen worden war, wurde im späten 12. oder frühen 13. Jahrhundert angelegt. Auf Brusthöhe des Verstorbenen lagen drei dieser Muscheln nebeneinander im Grab.

Philipp Sulzer

Lit.: Bernatzky 2009

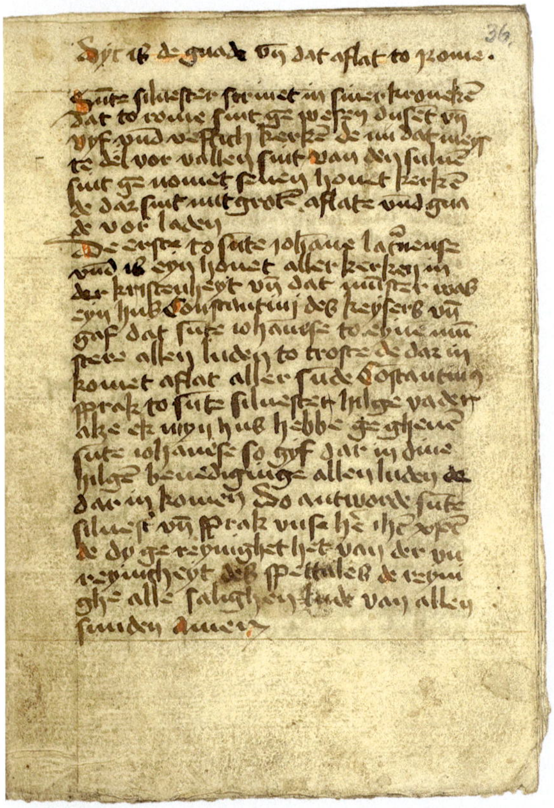
Dyt is de gnade vn dat aflat to rome.

25

Dyt is de gnade vnd dat aflat to Rome

Unbekannt, um 1440/1450 und 1479
Papier, 12 × 17 cm
Wolfenbüttel, Herzog August Bibliothek,
Cod. Guelf. 1130, Helmst.

Wenn man das Kloster nicht verlassen durfte, aber doch auf Wallfahrt gehen wollte, zum Beispiel um die Ablässe der großen Wallfahrtsorte zu gewinnen, dann bot sich die Möglichkeit einer geistlichen Pilgerfahrt an, die vor allem in Frauenklöstern auf großen Anklang stieß. Diese Andachtsübung konnte allein oder gemeinsam vollzogen werden. Die Schwestern ersetzten dann die Reise durch Gebete. Die Mystikerin Mechthild von Hackeborn stellt ein frühes Beispiel dar: Sie sprach für jede Meile des Weges nach Rom ein Vaterunser und fügte zusätzlich noch Gebete zum Antlitz Christi hinzu, da für sie das Ziel ihrer Pilgerfahrt das Schweißtuch der Veronika war.

Die Nonnen holten sich mit der Pilgerfahrt im Geist die Wallfahrtsorte in ihre Klöster. Sie bedienten sich verschiedener Anleitungen und/oder Reiseführer, um die Pilgerfahrt möglichst realistisch nachzuvollziehen. In ihren Klöstern gestalteten sie sich über Bilder, Texte, Altäre oder sogar kleine Gärten multimediale Landschaften, in denen sie mit allen Sinnen die Wallfahrt leben und die mit den Orten verbundenen Ablässe gewinnen konnten. Da sie sich an den Tagesetappen der Pilger orientierten, waren die Gemeinschaften über Wochen hinweg im Gebet zu einem gemeinsamen Ziel unterwegs.

Der Dominikaner Felix Fabri verfasste als Seelsorger für oberschwäbische Frauenklöster mit seiner Schrift »Die Sionpilger« (1492) die wahrscheinlich bekannteste Anleitung zu einer geistlichen Pilgerreise nach Rom, Jerusalem und Santiago, in die er seine Erfahrungen auf verschiedenen Wallfahrten einfließen ließ. In 360 recht unterschiedlichen Tagesreisen verband er Gebete mit Erzählungen.

Christiane Laudage

Lit.: Herbers 2009; Rudy 2011

26

Markt auf dem Aachener Rathausplatz

Hendrik van Steenwijck d. Ä., 1598
Öl auf Leinwand, 89 × 151,6 cm
Braunschweig, Herzog Anton Ulrich-Museum, GG 58

Bürger, Ratsherrn, Dienstmädchen, Bauern und Pilger tummeln sich geschäftig und vergnügt auf dem Markt. Zahlreiche Händler präsentieren ihre Ware, ein Mann verhandelt mit einem Brillenverkäufer, der seine Ware in einem Bauchladen anbietet. Ein Quacksalber hat Leute um seinen Stand geschart und preist sein fragwürdiges Können an. Losverkäufer versprechen den Kunden Glück, die silbernen und goldenen Pokale auf den Regalen zu gewinnen, während ein Zug mit Musikern Werbung für die Lotterie macht. Ort dieses geselligen Treibens ist Aachen, wie man an der Marienkirche und dem charakteristischen Rathausbau im Hintergrund erkennt

Dargestellt sind symbolhaft zahlreiche Aspekte der *voluptas carnis*, der Fleischeslust, die den Menschen gefährlich werden kann. Aber auch andere Gefahren wie Diebe drohen den Marktbesuchern. So steht das Gemälde in der Tradition moralisierender Platzdarstellungen etwa eines Pieter Brueghel d. Ä.

Vor der Marienkirche sind nur wenige Menschen versammelt. Dies verwundert, galt Aachen doch als bedeutender Wallfahrtsort. Auch vor dem Altan des Rathauses, von dem aus ein Schriftstück verlesen wird, hat sich nur eine kleine Menschenmenge versammelt. Hier spielt van Steenwijck auf eine entscheidende Zeitspanne in der Geschichte Aachens an: Als das Gemälde 1598 entstand, war über die protestantische Freie Reichsstadt die Reichsacht verhängt worden. Kaiserliche Truppen besetzten Aachen, der katholische Rat wurde wieder einberufen und die Ausübung des protestantischen Glaubens verboten. Doch vor Glauben und Politik geht den sündigen Menschen Vergnügen und Völlerei. Das prangert van Steenwijcks vordergründig so heiteres Gemälde in diesen krisenhaften Zeiten des Umbruchs an. Sarah Babin

Lit.: Fusenig 1997; Gatenbröcker/Vetter 2002, Kat. 17, S. 85–87; Zehnder 1999, S. 144 f.

27 a

Pilgerzeichen aus Aachen und Maastricht

Aachen/Maastricht, Fundort: Braunschweig, frühes 13. Jahrhundert
Blei-Zinn-Legierung, ca. 4,6 × 3,6 × 0,14 cm
Braunschweig, Braunschweigisches Landesmuseum, BLM-UFG 1980:12/536

27 b (ohne Abb.)

Pilgerzeichen aus Aachen

Region um Aachen, Fundort: Göttingen, 15. Jahrhundert
Blei-Zinn-Legierung, 7,7 × 5,2 cm
Göttingen, Stadt Göttingen, Fachdienst Bauordnung, Denkmalschutz und Archäologie

27 c (ohne Abb.)

Zwei Pilgerhörner, sog. Aachhörner

Langerwehe, 15. Jahrhundert
Irdenware, teils glasiert, L 32,1 bzw. 32,8 cm
Langerwehe, Töpfereimuseum, K 621 F; K 623 F

27 d (ohne Abb.)

Fragmente von sog. Aachhörnern

Rheinland/Mitteleuropa, Fundort: Dringenburg, Landkreis Ammerland, 15. Jahrhundert
Irdenware, teils glasiert, L 21,3 cm, Dm 5,2cm
Oldenburg, Landesmuseum Natur und Mensch, 8052/1

27 e (ohne Abb.)

Fragment eines sog. Aachhorns

Rheinland/Mitteleuropa, Fundort: Einbeck, 15. Jahrhundert
Irdenware, 3 × 8 × 3 cm
Einbeck, Stadt Einbeck – Untere Denkmalschutzbehörde/ Archäologische Denkmalpflege, 185/-565

27 a

Pilgerzeichen sind dünne Güsse aus Blei-Zinn-Legierungen, seltener aus Silber, die seriell in großen Mengen an Wallfahrtsorten hergestellt und dort als Pilgersouvenirs verkauft wurden. In Maria Einsiedeln wurden innerhalb von nur 14 Tagen rund 130 000 Zeichen abgesetzt. Die ursprünglich farblich gefassten Abzeichen wurden häufig mit Ösen auf die Kleidung, so am Hut oder an der Pilgertasche, als Zeichen der Pilgerschaft festgenäht oder angesteckt. Der Träger konnte damit als Angehöriger des »Pilgerstandes« identifiziert werden und empfing auf seinen langen Reisen barmherzige Gaben wie Verpflegung und Unterkunft. Durch Anrühren der Zeichen an den Heiligtümern des Wallfahrtsortes bekamen die einfachen Güsse eine besondere Bedeutung für den Besitzer, der die Stücke für verschiedenartige volksmedizinische oder fromme Handlungen benutzte oder diese nur auf ein Brett montiert in seinem Heim zur Schau stellte. Die frühesten Zeichen entstanden in der zweiten Hälfte des 12. Jahrhunderts. Die in weiten Teilen Europas in feuchtem Bodenmilieu und als Abgüsse auf Glocken nachgewiesenen Zeichen sind Ausdruck einer beeindruckenden Mobilität während des Mittelalters.

Das eine Pilgerzeichen zeigt in flachem Relief die thronende Muttergottes mit dem Jesusknaben auf ihrem linken Bein sitzend und einem Lilienszepter in ihrer rechten Hand. Der andere Guss stellt einen stehenden Bischof im Ornat mit Schlüssel in seiner linken Hand dar. Mit einiger Wahrscheinlichkeit können die Braunschweiger Bodenfunde den Wallfahrten in Aachen bzw. in Maastricht (?) zugeordnet werden. Beide Exponate wurden in einer Abfallschicht des frühen 13. Jahrhunderts am Hagenmarkt geborgen. Aachen und Maastricht waren neben Köln und Santiago de Compostela (Galicien, Spanien) beliebte Wallfahrtsziele, die häufig direkt nacheinander aufgesucht wurden.

Keramische Hörner aus archäologischen Kontexten werden gemeinhin als Pilgerhörner interpretiert und damit in einen religiösen Zusammenhang gestellt. Produktionsnachweise weit abseits von Pilgerstätten in protestantischen Landesteilen (z. B. aus Bischofswerda, Landkreis Bautzen) legen jedoch eine profane Nutzung als Signalhorn oder Spielzeug ebenfalls nahe.

Stefan Krabath

Lit.: Köster 1997; Kühne/Lambacher/Vanja 2008

28 a

Pilgerzeichen aus Königslutter

Königslutter, 15. Jahrhundert
Blei-Zinn-Legierung, 5,1 × 3,8 cm; 2,6 × 2,5 cm
Prenzlau, Dominikanerkloster Prenzlau – Sammlung Kloster Seehausen, IV 5634, IV 2907

28 b (ohne Abb.)

Gussform für Pilgerzeichen aus Königslutter

Königslutter, 15. Jahrhundert
Solnhofener Kalkstein, 5,5 × 9 × 2,5 cm
Braunschweig, Herzog Anton Ulrich-Museum, MA 254

Das 1135 von Lothar von Süpplingenburg in verkehrsgünstiger Lage am Elm gestiftete Benediktinerkloster Königslutter entwickelte sich im ausgehenden 14. und im 15. Jahrhundert zu einer vielbesuchten Wallfahrtsstätte. Hauptwallfahrtstag war der Peter- und Paulstag am 29. Juni.

Der Stadt Braunschweig war dieser Wallfahrtstag so wichtig, dass sie den Pilgern an diesem Tag für den Weg von der Stadt nach Königslutter Geleitschutz gewährte.

Belege von Pilgerzeichen und Abgüssen auf Glocken führen eindrücklich das Einzugsgebiet der »Lutterschen Fahrt« vor Augen: Die Nachweise liegen schwerpunktmäßig in Norddeutschland zwischen Weser und Oder, während einzelne Stücke in Landringhausen (Stadt Barsinghausen), Droyßig (Burgenlandkreis), Stargard (Westpommern), Hablingbo (Gotland) und Voss (Hardaland, Norwegen) angetroffen wurden. Die Verbreitung und die mehrfachen Belege an einigen Orten unterstreichen die Bedeutung der Wallfahrt für Norddeutschland.

Häufiger Überlieferungsträger für Pilgerzeichen waren auch Glocken. Die originalen Pilgerzeichen wurden beim Herstellungsprozess der Glocke auf das Glockenmodell aufgebracht, im Gussmantel abgeformt und dann mit Glockenspeise ausgegossen. Im Braunschweigischen Landesmuseum hat sich eine Glocke erhalten, die neben sechs weiteren mittelalterlichen Pilgerzeichen auch eines aus Königslutter trägt.

28 a

28 a

Der hochrechteckige Gitterguss aus Kloster Seehausen zeigt unter einem krabbenbesetzten Giebel eine Kreuzigungsgruppe, bestehend aus Christus am Kreuz im Zentrum, flankiert von den beiden Kirchenpatronen Petrus zur Linken und Paulus zur Rechten. In einem bogenüberspannten Feld darunter wurde der Stifter Lothar mit Reichsinsignien und Adlerschild wiedergegeben.

Die Gießform für Pilgerzeichen aus Königslutter gehört zu den wenigen derartigen Belegen in Mitteleuropa. Als Rohstoff für die Anfertigung solcher Formen wurde der im Guss fein zeichnende Solnhofener Kalkstein bevorzugt.

Stefan Krabath

Lit.: Kühne/Lambacher/Vanja 2008; Schuhmann 2007

29

Spätmittelalterliche Kirchenkritik

Unbekannt, 1476–1500
Papier, 8,5 × 13,4 cm
Wolfenbüttel, Herzog August Bibliothek,
Graph. Res. A: 117v

Martin Luther war nicht der Erste, der die Kirche kritisierte. Schon vor der Reformation waren kirchenkritische Aussagen und Darstellungen im Leben der Menschen präsent. Das späte Mittelalter war geprägt von zahlreichen Veränderungen und schwierigen Begebenheiten. Ereignisse wie die Pest oder der Vormarsch der Türken in Europa ließen die Menschen glauben, dass man sich am Ende der Zeit vor der Apokalypse befinde. Dass die Kirche dem gegenüber machtlos war, wurde als Zeichen dafür aufgefasst, dass sie selbst schon vom Bösen beherrscht werde. Im Papst sah man den Antichristen und die Geistlichen wurden laut Luther zu »Hetzhunden des Teufels« oder nach Müntzer zu des »teuffels pfaffen«.

Des Teufels Pfaffen

Besonders die klerikalen Missstände, die gern als Symptom dieser teuflischen Unterwanderung und damit als Grund für alles Elend betrachtet worden sind, wurden entsprechend künstlerisch verarbeitet. Die hier vorliegende Darstellung, im Holzschnitt produziert und handkoloriert, datiert ins letzte Viertel des 15. Jahrhunderts. Es sind fünf betende Mönche zu sehen, die halbkreisförmig um einen fliegenden Teufel sitzen, der Flammen aus seinen Krallen und einem zusätzlichen Gesicht auf seinem Bauch auf die Geistlichen speit.

Das Bild des bauchgesichtigen Teufels oder Dämons findet sich häufig in der christlichen Ikonografie und stellt die Bestrafung von Sündern oder die Versuchung von Heiligen dar. Ursprünglich aus fremden Kulturen stammend, symbolisiert das Bauchgesicht niedere Triebe des Menschen.

Die hier gezeigten Mönche und damit Vertreter des Klerus handeln nach Ansicht des Künstlers also nicht im christlichen Sinne, sondern sind Marionetten des Teufels. Kritik an der Kirche aufgrund von Ablasshandel und moralischem Fehlverhalten war demnach kein Gottesfrevel, sondern angebracht.

David Behrens

Lit.: Fischer 2004; Goertz 2004, S. 28–36

BESCHLEUNIGUNG

Kann man das Leben beschleunigen? Ein Blick in das Wörterbuch der Brüder Grimm, jenes Füllhorn der mentalitätsgeschichtlichen Sprachverwendung, verweist unter dem Lemma »beschleunigen« auf Friedrich Schillers Schauspielfragment »Der Menschenfeind« aus dem Jahr 1790. Schiller lässt dort in der achten Szene einen Herrn von Hutten, offenbar ein Mitglied der weitverzweigten fränkischen Adelsfamilie, an seinem 50. Geburtstag ernst zurückblicken: »Schwere Schicksale haben mein Leben beschleunigt«[1]. Für Schiller lautete die Antwort also »ja«: Man kann das Leben beschleunigen.

Es fällt vermutlich nicht schwer, die Metaphorik dieses Satzes nachzuvollziehen, auch wenn er wörtlich genommen absurd ist. Der Ablauf der Lebenszeit lässt sich nicht verändern, Lebenszeit lässt sich weder be- noch entschleunigen. Aber deutlich wird an dieser Metaphorik, dass Beschleunigung zweierlei meint: eine physikalische Größe einerseits, eine subjektive Wahrnehmung andererseits. Als physikalische Größe versteht man unter Beschleunigung die Änderungsrate einer Geschwindigkeit zwischen zwei bestimmten Zeitpunkten. Als subjektive Wahrnehmung meint Beschleunigung eine Veränderung all dessen, was zeitlichen Abläufen unterworfen ist; im Fall des Herrn von Hutten etwa das Altern. Schwere Schicksale haben zu dessen Empfindung geführt, schneller – beschleunigter – gealtert zu sein, als es die zählbaren 50 Lebensjahre ausweisen.

Beide Verständnisse von Beschleunigung verschränken sich auf einer Ebene, die für das subjektive Wahrnehmen zunächst von eher geringer Bedeutung scheint. Die Geschwindigkeit nämlich, deren Änderungsrate mit der Beschleunigung erfasst wird, beschreibt die Wegstrecke, die ein Punkt eines Körpers in einer bestimmten Zeit zwischen zwei Punkten im Raum zurücklegt. Beschleunigung meint also auch, dass diese beiden Punkte in einer bestimmten Zeit näher zusammenrücken. Beschleunigung betrifft damit ebenso die räumliche Wahrnehmung. Je schneller man von Punkt A nach Punkt B kommt, desto kleiner erscheint der Raum. Oder als umgestellte Gleichung: Je kleiner man zu bestimmten Zeitpunkten einen Raum wahrnimmt, desto größer erscheint die Geschwindigkeit, mit der man sich im Raum bewegt. Zwischen zwei Zeitpunkten ereignet sich also Beschleunigung.

Gründe, das Zeitalter der lutherischen Reformation als ein Zeitalter der Beschleunigung zu beschreiben, gibt es damit genug. Dass die Zeitgenossen selbst diese Wahrnehmung der Beschleunigung hatten, belegen verschiedene Buchtitel hinlänglich. Besonders sprechend ist wohl die 1546 gedruckte Abhandlung Georgs III., Fürst zu Anhalt, mit dem Titel »Underricht wie die Pfarherrn das volck in diesen geschwinden und gefehrlichen zeiten zur buß und gebett vermanen sollen«,[2] eine Formulierung, die – wiederum ist das Wörterbuch der Brüder Grimm schnell zur Hand – um die Mitte des 16. Jahrhunderts zahlreiche Parallelen hat.[3] Und auch Martin Luther selbst weiß um die Gefährlichkeit der Geschwindigkeit, wenn er eine Tischrede unter die Überschrift stellt: »Der Teuffel ist ein geschwinder, listiger Geist, der auch die besten Werck schendtlich lästern und verkehren kan.«[4]

Zahlreiche Aspekte sind es, die diese Wahrnehmung von Beschleunigung im Zeitalter der Reformation bedingen. Letztlich handelt es sich dabei um jene mehr oder weniger scharf greifbaren Ereignisse, deren Summe den Übergang vom Mittelalter zur Frühen Neuzeit kennzeichnet; mit dem Historiker Reinhart Koselleck lässt sich sogar formulieren, dass die Neuzeit an sich wesentlich vom Aspekt der Beschleunigung geprägt sei.[5] Neben dem starken Bevölkerungswachstum und der zunehmenden Verstädterung vieler Regionen Europas kann man hier zu den prägenden Ereignissen – ohne jeglichen Anspruch auf Vollständigkeit – die Eroberung Konstantinopels durch die Osmanen im Jahr 1453 ebenso zählen wie die annähernd gleichzeitige Erfindung des Buchdrucks mit beweglichen Lettern durch Johannes Gutenberg, die Entdeckungsreisen der spanischen und portugiesischen Seefahrer oder eben auch die lutherische Reformation, die sich ohne die vorangegangenen Geschehnisse wohl kaum so epochal ereignet hätte, wie es sich nun im Abstand von fünf Jahrhunderten zeigt.

Die Eroberung Konstantinopels führte zu Vertreibung oder Flucht einer großen Zahl griechischer Gelehrter, die überwiegend in Italien Aufnahme fanden und dort das verschollen geglaubte, in Konstantinopel aber treulich bewahrte Bildungsgut der griechischen Antike vermitteln konnten. Gleichzeitig fand dieses Wissen eine zuvor niemals für möglich gehaltene Verbreitung durch den neuen Buchdruck und seine Distributionswege. Mussten im Mittelalter Handschriften noch aufwendig abgeschrieben und gegebenenfalls als Kopiervorlagen von einem Kloster in ein anderes gebracht werden, war es nun möglich, Auflagen in zwei- bis dreistelliger Höhe gleichzeitig zu produzieren und damit eine ungeheure Beschleunigung bei der Verbreitung dieser Texte zu erreichen. Eine Buchgelehrtheit war nicht mehr jenen Personen vorbehalten, die über Zugang zu den Kloster- oder Universitätsbibliotheken verfügten: die wohl entscheidende Voraussetzung für den Renaissance-Humanismus, wie er sich in der Folge im gesamten westlichen Europa ausbreitete und auch zu einem Nährboden für die reformatorischen Netzwerke wurde. Schließlich wird auch die Begründung der Reichspost durch den römisch-deutschen König und späteren Kaiser Maximilian I. im Jahr 1490 an dieser Verbreitung wesentlichen Anteil gehabt haben, war es doch damit möglich, in ganz neue Formen des gelehrten Disputes über das rasant vervielfachte Wissen einzutreten.[6] Dass die Post ihrerseits am Beginn des 16. Jahrhunderts eine enorme Beschleunigung erfahren hat, unterstreicht diese Bedeutung noch. Erreichte die Reise- und Botengeschwindigkeit im späten Mittelalter gerade durchschnittlich 25 Kilometer am Tag, konnten seit Beginn des 16. Jahrhunderts im Mittel 166 Kilometer täglich überbrückt werden.[7]

Und als kaum weniger grundsätzlich sollten sich die Entdeckungs- und Eroberungsreisen der spanischen und portugiesischen Seefahrer erweisen, die schließlich 1492 in die Entdeckung des amerikanischen Kontinents durch Christoph Kolumbus mündeten. Diese Reisen bedingten nicht nur ein fundamental verändertes Verständnis des Raumes, sondern waren nicht zuletzt überhaupt unternommen worden, um einen Seeweg nach Indien zu erschließen, der die langwierige Reise über Land drastisch beschleunigen sollte. Dass Kolumbus dabei gewissermaßen versehentlich die »Neue Welt« entdeckt hatte, blieb ihm selbst möglicherweise unbekannt; sein Zeitgenosse Amerigo Vespucci hingegen nannte den entdeckten Kontinent schon wenig später »Mundus Novus«, »Neue Welt« – und zwar in einem lateinischen Bericht, der zwischen 1502 und 1504 sowohl in Florenz als auch in Paris und Augsburg gedruckt wurde[8] und damit die epochale Bedeutung dieser Entdeckung in die Wissensarchive seiner Zeitgenossen einschrieb. In einer überschaubaren Zeitspanne – Kolumbus benötigte wenig mehr als zwei Monate für seine erste Atlantiküberquerung – war es möglich, von der bekannten in eine »Neue Welt« zu gelangen. Schon durch die Wortwahl wird deutlich, dass die in dieser Zeit überbrückte Entfernung als ungeheuer groß wahrgenommen wurde, dass im Umkehrschluss also die Beschleunigung ebenso ungeheuer war: und zwar eben gerade nicht als physikalische Größe von der tatsächlich messbaren Entfernung abgeleitet, sondern als empfundene Beschleunigung.

Wenn sich infolge der Beschleunigung die Wahrnehmung des Raumes ändert, so lädt das dazu ein, auch über die Wahrnehmung der Zeitläufte selbst nachzudenken. Wie die Beschleunigung die Geschwindigkeit verändert, mit der sich ein Punkt zwischen zwei Punkten im Raum bewegt, so verändert sie auch die Wahrnehmung der Geschwindigkeit zwischen zwei Zeitpunkten in einem Zeitraum. Die Auswahl dieser Zeitpunkte kann dabei ebenso subjektiv sein wie deren Wahrnehmung: Für Schillers Menschenfeind, den Herrn von Hutten, sind es persönlich erlittene Schicksale. Die Wahrnehmung der »geschwinden Zeiten« im 16. Jahrhundert ist aber auch davon bestimmt, dass verschiedene, schneller als je zuvor aufeinander folgende Zeitpunkte allenthalben als solche identifiziert worden sind, an denen sich Geschehen zu Geschichte verdichtet.

Andreas Waczkat

Anmerkungen

1 Grimm 1854, Sp. 1576.
2 Georg III. 1546.
3 Grimm 1897, Sp. 3994–3998, bes. Sp. 3997. Vgl. auch Postel 1992.
4 Luther 1854, S. 296.
5 Koselleck 2000.
6 Keller 2008, S. 112.
7 Borscheid 2004, S. 54.
8 Vespucci 1502.

Literatur
Borscheid 2004, Georg III. 1546, Grimm 1897, Grimm 1854, Keller 2008, Koselleck 2000, Luther 1854, Postel 1992, Vespucci 1502

melter Ewer geschickter sich mit vns vnderredt / vnd wir vnd er vor gudt angesehen / daß es zu Magdeburg gedruckt wörde / werdet jhr der sachen gelegenheit vnd deß alles vnsers bedenckent/ durch gemelten Ewern geschickten/ berichtet werden. Vnd nach dem derselbig Ewer Kirchen Diacon vnd geschickter/ vns angezeigt/ daß Jhr durch Gottes selige gnade/ die Christliche vnd Euangelische Lehre angenohmen/ Wollen wir Gott den HErrn ernstlichen bitten / daß er Ewer gemeinen Statt / vnnd in aller Welt/ zu reichem solchem erkentnus Christi / segen vnnd gnade verleihe / vnd vnser lieber HErr Christus gebe euch vnd allen seynen nen Heiligen Geist / sterck vnnd gnade / daß Jhr bey der reinen Christlichen Lehre müget bestendig vnd fest bleiben / vnd in diesen geschwinden zeiten/ vor aller list/ rotten vnnd secten deß Teuffels behüt werden / Euch vnd Ewer gemeinen Statt / freundtlich zu dienen/ bin ich willigk / Datum Wittemberg / 3. Martii Anno Domini 1535.

Martinus Lutter D.

30

Vorrede Martin Luthers zur Kirchenordnung der Stadt Hannover von 1536

Aus: Kirchen=ordnung der Statt Hannofer / Durch D. Verbanum Regium gefasset / Vnnd einen Erbarn Rath der Statt Hannouer / Anno 1536. publicirt
Martin Luther, Lemgo, 1588, Druck: Konrad Grothe
Papier, 22 × 15 cm
Halle, Martin-Luther-Universität Halle-Wittenberg, Universitäts- und Landesbibliothek Sachsen-Anhalt in Halle (Saale), Pon lli 2186

1535 schickte der hannoversche Rat einen Vertreter nach Wittenberg, damit die dort versammelte Reformatoren-Elite dem Text der frisch verfassten Kirchenordnung die Approbation erteilte. Die Ratsherren waren in Rechtfertigungsnot, hatten sie doch kurz zuvor ihre Vorgänger aus dem Amt gejagt und als erste Maßnahme den Glauben verändert. Änderungen aber, gerade im Bereich von Politik und Religion, besaßen immer den Beigeschmack des Aufruhrs. Beständigkeit war das Maß aller Dinge. Nach christlichem Geschichtsbild fand Wandel nur im Rahmen des göttlichen Heilsplans statt. Nach dieser Auffassung blieb die einmal erschaffene Welt im Grunde immer dieselbe, wenn auch in unterschiedlichen Erscheinungsformen. *Innovatio* geriet leicht in den Verdacht, vom Alten und Wahren abzuweichen. *Reformatio* dagegen stand für die Rückkehr zum besseren Urzustand. Die Vorrede Martin Luthers zur hannoverschen Kirchenordnung von 1536 bringt diese Auffassung auf den Punkt, wenn er gegenüber dem Rat seiner Hoffnung Ausdruck verleiht, »daß Ihr bey der reinen Christlichen Lehre müget bestendig vnd fest bleiben / vnd in diesen geschwinden zeiten / vor aller list / rotten vnnd secten deß Teuffels behüt werden«.

Die »geschwinden zeiten« sind ein Stoßseufzer der Reformationsepoche. Er artikuliert ein weit verbreitetes Krisenbewusstsein bei den Menschen. Viele nahmen die Ereignisse ihrer Zeit als beschleunigten Wandel wahr: stürmisch, unruhig und gefährlich, unsicher, trügerisch und böse. Die Welt stand Kopf, alte Werte verfielen und es fehlte an Orientierung. Das geflügelte Wort von den geschwinden Zeiten impliziert, dass diese der menschlichen Kontrolle entzogen sind. Der Mensch, so scheint es, ist dem Geschehen hilflos ausgeliefert – was ihn in der Folge aber auch seiner Verantwortung für die Analyse der Hintergründe und Ursachen enthebt. Die Aufklärung lag noch in weiter Ferne.

Ulrike Wendt-Sellin

Lit.: Grimm 1897; Pohlig 2009; Postel 1992

31

Ansichten der Städte Goslar und St. Andreasberg

Daniel Lindemeier nach Zacharias Koch, 1606
Papier, 29 × 36 cm
Niedersächsisches Landesarchiv Hannover,
Kartensammlung, Nr. 26 e Goslar 1 pk

Neben der Karte des nordwestlichen Harzes um 1530 und der Streitkarte des Bergbaureviers um die Städte Clausthal und Zellerfeld von 1581 sind frühe Darstellungen des Oberharzer Bergbaus in einer Folge von Stichen aus dem Jahr 1606 überliefert, die auf Zeichnungen des Zellerfelder Bergbeamten Zacharias Koch beruhen. Das hier vorgestellte zweigeteilte Blatt zeigt oben die Bergstadt »S[ankt] Andreas. Bergk« und unten die »Reichsstadt Goßlar«. Die Ansichten sind als Panoramadarstellung ausgeführt, wobei der Grundriss beider Städte jeweils in Vogelschaumanier als schematische Dachkörperlandschaft abgebildet wird. Herausgehoben mit erkennbaren architektonischen Einzelheiten sind für St. Andreasberg lediglich die kirchlichen Gebäude, für Goslar zusätzlich die Kaiserpfalz und die mächtigen Stadttore. Der unterirdische Verlauf der umliegenden Gruben und Stollen erscheint dagegen in Form von geraden Linien. Bei der Ansicht von St. Andreasberg sind die Gruben und Stollen mit Namen, Länge bzw. Teufe der Schächte im bergmännischen Lachtermaß und mit Jahresangaben eingetragen. In der Ansicht von Goslar sind die acht Schächte am Rammelsberg als überdimensional große kegelförmige Göpel dargestellt, ebenfalls mit Angabe der Teufe der Gruben in Lachtern.

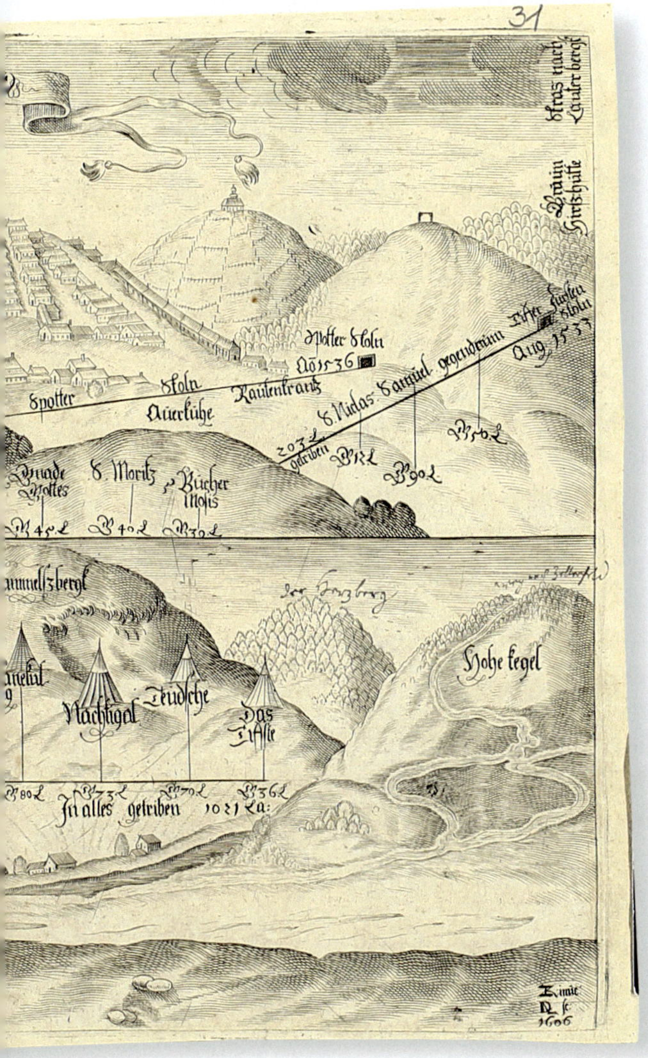

Die Bildsignatur »Z[acharias] K[och] invenit D[aniel] L[indemeier] sc[ulpsit]« weist neben dem Zeichner Zacharias Koch auf den in Halberstadt geborenen Künstler Daniel Lindemeier hin, der in spätmanieristischem Stil mehrfach für die Herzöge Heinrich Julius und Friedrich Ulrich von Wolfenbüttel als Kupferstecher und Maler tätig geworden ist. Beide Ansichten vermitteln eine Vorstellung davon, dass der Harz im 16. und 17. Jahrhundert im Rahmen der wirtschaftlichen und technischen Möglichkeiten jener Zeit den Charakter einer Industrielandschaft angenommen hatte.

Hans-Martin Arnoldt

Lit.: BBL 2006, S. 404 u. S. 445 f.; Dennert 1969, S. 165–170; Niehr 2014, Kat.-Nr. 81 und 191

32

Astrolabium

Tobias Volckmer d. Ä., Braunschweig, 1593
Messing, evtl. schwach vergoldet,
Dm 33 cm
Braunschweig, Braunschweigisches Landesmuseum,
LMB 22994

Tobias Volckmer wuchs in der zweiten Hälfte des 16. Jahrhunderts in Braunschweig auf, erlernte das Goldschmiedehandwerk und erwarb mathematische Kenntnisse. Er begann in den 1580er Jahren mit dem Bau von technischen und wissenschaftlichen Instrumenten, vor allem Sonnenuhren, Feldmessgeräten und Astrolabien. Außer dem hier gezeigten Astrolabium von 1593 sind weitere von 1582, 1591, 1594 und 1601 erhalten. Aus braunschweigischen Diensten wechselte er 1582 als Goldschmiedemeister und Mathematiker an den Hof des Erzbischofs von Salzburg und trat 1594 in die Dienste des bayerischen Herzogs. Zusammen mit seinem gleichnamigen Sohn, der ebenfalls Mathematiker und Goldschmied war, wurde er mit Vermessungsarbeiten betraut, unter anderem zur Vorbereitung der Soleleitung von Bad Reichenhall (Landkreis Berchtesgadener Land) nach Traunstein. Die Verbindung an den Braunschweiger Hof hielt Volckmer aufrecht und fertigte dieses Astrolabium, signiert: »THOBIAS VOLCHKMER BRAVNSWICENSIS FACIEBAT ANNO CHR 1593«.

Als Volckmer dieses Instrument baute, wurden Astrolabien auf der Basis des geozentrischen Weltbildes bereits seit rund 1 000 Jahren als vielseitig einsetzbare Instrumente für astronomische, astrologische, kalendarische, nautische und vermessungstechnische Aufgaben verwendet. Dieses ist auf die geografische Breite von Braunschweig ausgerichtet, also für den Einsatz im Herzogtum nicht nur geeignet, sondern wohl auch bestimmt. Die Zeitskalen der Rückseite sind unterschieden nach »Calendarium novum« und »Calendarium vetus« – sie tragen der gregorianischen Kalenderreform von 1582 Rechnung: Tobias Volckmer hat das traditionelle und handwerklich anspruchsvolle Universalinstrument wissenschaftlich aktualisiert, sodass es auch um 1600 verlässlich eingesetzt werden konnte.

Peter Aufgebauer

Lit.: Gerke 1974, S. 32–38; Zinner 1967

33

Türmeruhr

Unbekannter Uhrmacher, Hannover, 1392 (?)
Eisen, Holz, 69 × 39 × 26 cm
Hannover, Historisches Museum am Hohen Ufer,
VM 30126

Bei dieser Türmeruhr handelt es sich um eine Räderuhr mit breiter Balkenwaag für die Temporalstundenregulierung. Als Alarmgeber dient eine Glocke ohne Alarmbegrenzung. Je nachdem, ob eine solche Temporaluhr nur tagsüber oder auch nachts lief, musste sie bis zu zweimal täglich reguliert werden, um Ungenauigkeiten zu vermeiden. Dabei wurde die Uhr aufgezogen, sie hatte also eine Laufdauer von zwölf Stunden.

Die Komplexität der Uhr verweist auf ihren Verwendungszweck; sie wird auch »Türmerwecker« genannt und stammt aus der hannoverschen Marktkirche St. Georgii et Jacobi. Der erste Einbau einer Uhr an dieser Kirche ist für 1392 überliefert. Vermutlich handelte es sich dabei um die hier gezeigte Uhr.

»Türmerwecker« wurden verwendet, wenn der Türmer die Zeit von Hand durch Schläge an eine Kirchenglocke signalisierte. Sie gehören zur frühesten Form der öffentlichen Zeitmessung mit mechanischen Uhren, die sich seit dem Beginn des 13. Jahrhunderts in Europa ausbreitete und schließlich alle Städte erfasst hatte. Damit wurde eine einschneidende Veränderung des Zeitbewusstseins eingeleitet: Die zuvor bestehende Zeitordnung, die sich nach den natürlichen Lichtverhältnissen und den Gottesdienstzeiten richtete, wurde durch ein wesentlich exakteres System abgelöst. Mit verbesserter Technik und sich langsam ausbreitendem Uhrenbesitz bildete es die Grundlage für die Herausbildung unserer heutigen »durchgetakteten« Gesellschaft.

Andreas Fahl

Lit.: Dohrn-van Rossum/Westheider 1985, S. 317–331;
Plath 1973, Kat.-Nr. 66

34

Klappsonnenuhr mit Monduhr

Jörg Miller (bez.), Nürnberg, um 1560
Elfenbein, Messing, 7,4 × 5,3 × 1,7 cm
Braunschweig, Braunschweigisches Landesmuseum, R 685

Die Klappsonnenuhr besteht aus zwei rechteckigen Elfenbeinplatten, zwischen die ein Faden als Schattenstab gespannt wurde. Ein kleiner Kompass dient zur Ausrichtung dieses Polos. Verschiedene Skalen auf den beiden Innenseiten gestatten das Ablesen verschiedener Stundensysteme. Auf der Außenseite des Deckels wurde drehbar ein geprägtes Zifferblatt aus Messing mit nach außen weisender Pfeilmarke angebracht. In Form konzentrischer Kreise verlaufen darum zwei weitere Skalen zur Umrechnung unterschiedlicher Stundensysteme.

Voraussetzung für die Entwicklung von mobilen Klappsonnenuhren war die Erfindung von kleinformatigen, günstig zu produzierenden Kompassen, die dazu dienten, das Instrument zur Zeitmessung nach Norden zu orientieren. Zu den führenden Produzenten gehörten seit dem frühen 16. Jahrhundert die Nürnberger Handwerker. Bereits 1535 gab es dort 20 spezialisierte Kompassmacher. Klappsonnenuhren gehörten zu deren seriell in größeren Mengen für den überregionalen Absatz gefertigten Produkten. Beispiele haben sich zahlreich in Sammlungen oder als archäologische Funde erhalten. Dieses Exponat stellt jedoch eine Besonderheit dar: Es wurde inschriftlich von »IORG MILER« signiert. Jörg Miller gehörte zu einer bekannten Nürnberger Kompassmacherfamilie, deren verwandtschaftliche Verhältnisse noch weitgehend unerforscht sind. Die ausgestellte Uhr ist einer der wenigen bekannten Belege für das Schaffen dieses Meisters. Laut Überlieferung heiratete Jörg Miller vor 1564. Dementsprechend dürfte das Instrument um die Mitte oder in der zweiten Hälfte des 16. Jahrhunderts entstanden sein.

Früheste Nachrichten über öffentliche Uhren in Städten Nordwestdeutschlands sind für das ausgehende 14. Jahrhundert überliefert. Mobile Uhren gestatten dem Besitzer seit dem 16. Jahrhundert eine differenzierte Terminplanung und effektivere Abwicklung von Geschäften auf Reisen.

Stefan Krabath

Lit.: Dohrn-van Rossum/Westheider 1985, S. 317–336; Wagner 1997

35

Dosenuhr

Süddeutschland, um 1550 (Werk),
um 1580–1600 (Zifferblatt)
Messing, Silber, Eisen, vergoldet, 4 × 6 cm
Hannover, Museum August Kestner, 3731

Seit dem 14. Jahrhundert gaben Turmuhren im öffentlichen Raum die Zeit an. Im 16. Jahrhundert entwickelte sich eine mobile Form der mechanischen Zeiterfassung für private Zwecke. Diese kleinen Wunderwerke der Uhrmacherkunst, wegen ihrer Form als »Dosenuhren« bezeichnet, ließen sich aufgrund ihrer geringen Maße bequem überall hin mitnehmen. Der einzelne Zeiger, in seiner Funktion unserem heutigen Stundenzeiger entsprechend, vollzog auf dem in 24 Felder unterteilten Zifferblatt pro Tag eine Runde. Das aufwendig gravierte Gehäuse des Exponats lässt erkennen, was für eine Pretiose solch ein filigranes technisches Meisterwerk zu dieser Zeit darstellte. Zwischen einem reichen Rankenmuster lassen sich Darstellungen von Einhorn, Hirsch und Eichhörnchen entdecken. Sie sind jedoch keine bloße Zier, sondern entfalten bei einem Seitenblick auf alchemistische Schriften des 16. Jahrhunderts (beispielsweise J. Lambspring: »Tractatus de lapide philosophorum«) eine ikonografische Beziehung zur Zeit. Das Tierpaar Einhorn und Hirsch wird als Allegorie zu Mond und Sonne gedeutet und versinnbildlicht so den Tag-Nacht-Kreislauf. Bei einer weiteren Bedeutungsübertragung spielen christliche Vorstellungen eine Rolle: Einhorn = Mond = Maria und Hirsch = Sonne = Jesus Christus. Das Eichhörnchen mit seiner behänden Bewegungsart und unermüdlichen Geschäftigkeit lässt sich als Allegorie des Fleißes deuten.

Die bildliche Ausschmückung der Uhr veranschaulicht in ihrer Thematik die bewusste Auseinandersetzung mit der Endlichkeit und Dynamik des Lebens, eingebunden in die göttliche kosmische Ordnung.

Jeannine Harder

Lit.: Whitrow 1991

36

Braunschweiger Weltchronik

Hermann Bote, Braunschweig, 1493–1502
Handschrift, Papier, Holz, Leder, 37 × 28,5 cm
Braunschweig, Stadtarchiv, H VI 1:28

Der Braunschweiger Zollschreiber Hermann Bote war einer der wichtigsten niederdeutschen Autoren an der Wende zum 16. Jahrhundert. Bote stammte aus Braunschweig. Sein Vater war Ratsherr im Weichbild Hagen. Das Werk Botes ist umfangreich und vielfältig: So ist er unter anderem der Verfasser des Schichtbuches, in dem die zahlreichen mittelalterlichen Unruhen in der Stadt Braunschweig (Schichten) geschildert werden. Die Autorschaft Botes für das Buch von »Till Eulenspiegel« ist wahrscheinlich.

Unter seinen Werken haben sich auch zwei nach Aufbau und Inhalt verschiedene Weltchroniken erhalten, die sich heute in der Gottfried Wilhelm Leibniz Bibliothek in Hannover bzw. im Stadtarchiv Braunschweig befinden.

Die Braunschweiger Chronik, die hinsichtlich ihrer Vorlagen noch nicht systematisch untersucht worden ist, folgt einem streng chronologischen Gliederungsschema: Die heilsgeschichtlich ausgerichtete Chronik ist nach der im Mittelalter üblichen Form der sechs Weltalter eingeteilt. Man glaubte, sich im sechsten und letzten Weltalter zu befinden, das mit der Geburt Christi angebrochen war. Die Chronik ist zwischen 1493 und 1502 entstanden und von Bote selbst mit zahlreichen teilweise farbigen Illustrationen versehen worden. Sie hat einen Schwerpunkt im niedersächsisch-norddeutschen Raum und kann als Beispiel für die Vorstellungswelt des spätmittelalterlichen Stadtbürgers am Vorabend der Reformation dienen.

Henning Steinführer

Lit.: Blume 2009; Garzmann 1989

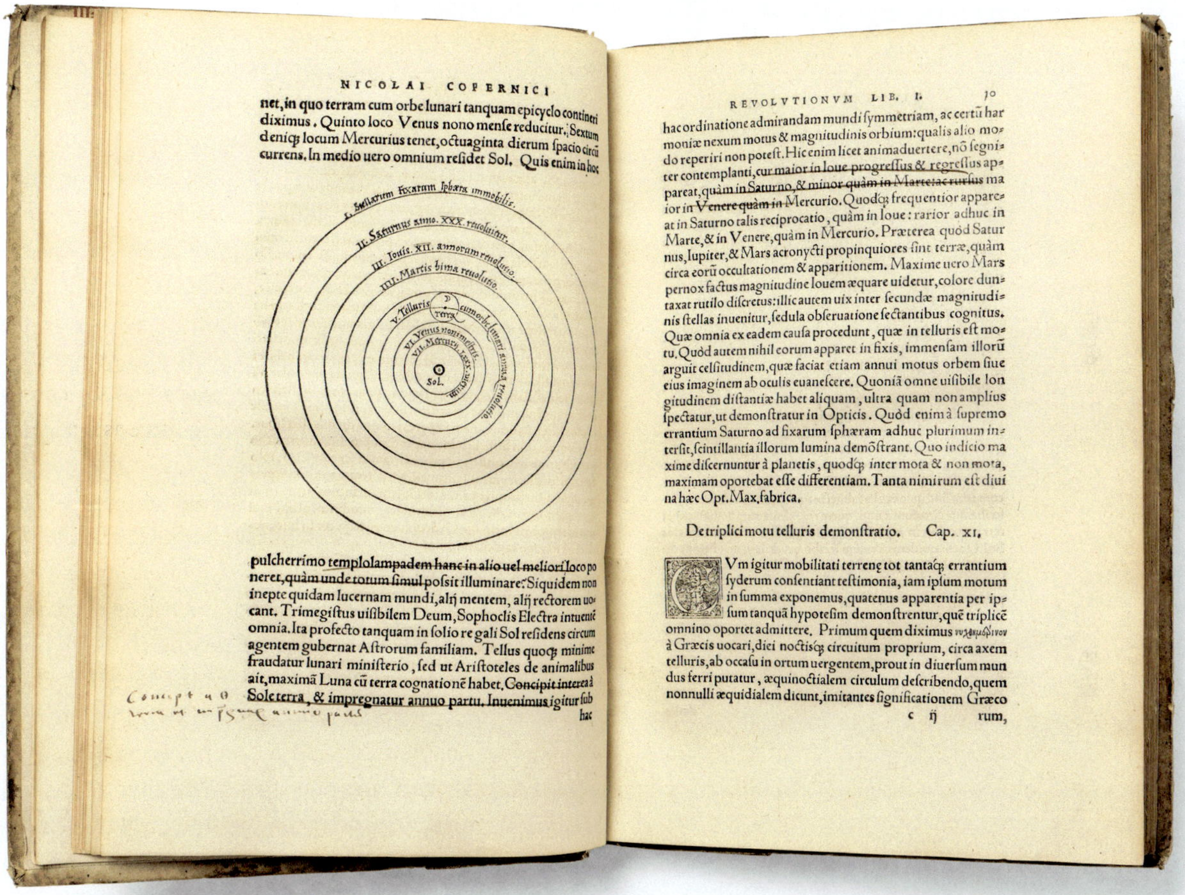

37

De revolutionibus orbium coelestium

Nikolaus Kopernikus, Nürnberg, 1543
Druck: Petreius
Papier, Halbleder, Pergament, 28,4 × 20,5 × 4,6 cm
Braunschweig, Stadtbibliothek, C 44 2°

Nikolaus Kopernikus war einer derjenigen Zeitgenossen Luthers, die ebenso wie der Reformator und wie die großen Entdecker zur See entscheidend zur Überwindung traditioneller mittelalterlicher Denkmuster beitrugen.

Obgleich sein Hauptwerk »De revolutionibus orbium coelestium« nichts mit »Revolutionen« zu tun hat, sondern im strengen lateinischen Wortsinn nur die Umläufe der Plane-

38

Bildnis des Nikolaus Kopernikus

Aus: Nicolaus Reusner, Icones sive Imagines virorum literis illustrium […], Straßburg, 1590
Druck: Bernhard Jobin, Holzschnitt: Tobias Stimmer, 1543
Papier, 10,3 × 7,7 cm
Braunschweig, Braunschweigisches Landesmuseum, LMB 36955

ten beschreibt (nämlich um die Sonne – zu Deutsch: »Über die Umschwünge der himmlischen Kreise«), bewirkte es einen Umbruch. Es löste das tradierte geozentrische Weltbild ab, in welchem die Erde das Zentrum der Welt gewesen war – von Sonne, Mond und Planeten umkreist und ganz außen von einer starren »Fixsternsphäre« umgeben.

Schon in der Antike waren die Widersprüche dieses Weltbilds zur beobachtbaren Wirklichkeit aufgefallen, und Aristarchos von Samos hatte die Erkenntnis des Kopernikus bereits 1800 Jahre vor diesem erlangt. Im Mittelalter indessen wäre jedes Anzweifeln einer zentralen Stellung der Erde im Kosmos Ketzerei gewesen, und auch Kopernikus selbst wagte die Publikation seines Werkes erst kurz vor seinem Tod. Diese Vorsicht war angeraten, denn schließlich lebte er als Domherr in Frauenburg (heute Frombork) im Ermland, dem noch bis 1772 bei der polnischen Krone verbleibenden Teil Ostpreußens, und konnte sich Konflikte weder mit seiner weltlichen Obrigkeit noch mit seinen geistlichen Vorgesetzten leisten.

In wissenschaftlicher Hinsicht konnte Kopernikus nicht ahnen, dass sein Werk nur der allererste Schritt zu einer fortgesetzten Entzentralisierung sein würde. Im 17. Jahrhundert war bereits klar, dass auch die Sonne keineswegs der Mittelpunkt der Welt ist, sondern ein normaler Stern, dass alle Sterne also ferne Sonnen sind. Seither hat sich dieser Erkenntnisprozess über Galaxien bis hin zur Struktur des Universums im Großen fortgesetzt.

Joachim Block

39

Karte des nordwestlichen Harzes bei Goslar

Niedersachsen, um 1530
Papier, 66 × 84 cm
Wolfenbüttel, Niedersächsisches Landesarchiv – Standort Wolfenbüttel, K 195

Eine der wohl ältesten in Niedersachsen überlieferten Karten und die älteste kartografische Darstellung des nordwestlichen Harzes überhaupt entstand anlässlich der Auseinandersetzungen zwischen der reichsfreien Stadt Goslar und Herzog Heinrich d. J. von Wolfenbüttel im Vorfeld des Schmalkaldischen Krieges.

Die unbezeichnete und undatierte aquarellierte Tuschezeichnung auf Papier zeigt den Harz zwischen Goslar, Harzburg, Oderbrück und Clausthal-Zellerfeld in einem zwischen 1:20 000 und 1:35 000 schwankenden Maßstab. Das nach Süden ausgerichtete Blatt stellt die strittigen Forstgebiete südlich von Goslar dar. Im unteren Bildausschnitt wird die Stadt Goslar mit ihrem doppelten Mauerring präsentiert. Oberhalb der Stadt ist der Rammelsberg eingetragen. Im Umkreis liegen die Ruinen der Stifte auf dem Petersberg und auf dem Georgenberg, der Johanniterkommende (zum Heiligen Grabe) sowie des sogenannten Bergdorfes (St. Johannis), die die Goslarer aus Furcht vor einem militärischen Angriff des Herzogs 1527 zerstört hatten. Deutlich erkennt man den Lauf der Oker mit ihren Nebenflüssen. Die kartografische Darstellung ist in ihren einzelnen Elementen bereits eine weitgehend vollständige Grundrissdarstellung und keine perspektivische Ansicht mehr. Sie ist reich beschriftet; etwa 200 Namen sind eingetragen. Darunter befinden sich zwei Erstbelege, nämlich das »Neue Schloß« nördlich von Königskrug für die heute verschwundene höchstgelegene Befestigungsanlage im Harz und »Honenkloffscha Wischk« für die Ortslage von Hahnenklee.

Ein zweites Exemplar dieser Karte, welches der Harzverein für Geschichte und Altertumskunde 1868 aus Privatbesitz erwerben konnte, befindet sich heute im Stadtarchiv Goslar.

Hans-Martin Arnoldt

Lit.: Bauer 1981, S. 45–77 (mit Wiedergabe des Goslarer Exemplares der Karte); Leerhoff 1985 (mit Wiedergabe des Wolfenbütteler Exemplares der Karte)

40

Auctus Restitutus ematulatuscum

Claudius Ptolemäus, Straßburg, 1520
Druck: Martin Waldseemüller
Papier, 47 × 34 × 6 cm
Braunschweig, Theologisches Zentrum – Bibliothek, R VI 9 fol

Martin Waldseemüller gehörte zu den bekanntesten und innovativsten Kartografen des ausgehenden 15. und beginnenden 16. Jahrhunderts. Der gebürtige Breisgauer lernte während seines Studiums in Freiburg den Humanisten und Sprachwissenschaftler Matthias Ringmann kennen, mit dem er später seine Karten gemeinsam erstellte. Seit etwa 1505 beschäftigten sich beide ganz typisch für die Zeit mit einer antiken Vorlage, der Einführung in die Geografie von Claudius Ptolemäus. Seinen Vorgaben zur Erstellung von Karten folgten sie auch beim Druck einer Weltkarte, die sie 1507 veröffentlichten. Auf dieser Karte erschien erstmals die Neue Welt, deren südlichen Teil, in etwa Brasilien, Ringmann nach dem Seefahrer Amerigo Vespucci als »America« bezeichnete. Die Karte war sehr erfolgreich und der Name Amerika setzte sich daraufhin schnell für die gesamte Neue Welt durch. 1511 folgte die erste Straßenkarte Europas mit einem Begleitband. Sie blieb für eine Generation der wichtigste Wegweiser durch den Kontinent. Als nun 1513 endlich die Neubearbeitung des Ptolemäus erschien, waren es vielmehr die von Waldseemüller hinzugefügten aktuellen Karten und weniger die als maßgeblich angesehene Neuausgabe des antiken Textes, die das Interesse der Käufer weckten. Erstmals waren nun Karten vom Rheinland, der Schweiz und eben auch Lothringens im Druck erhältlich. Das letzte große Kartenwerk Waldseemüllers, die »Carta Marina« von 1516, lässt schließlich erkennen, mit welcher Geschwindigkeit die europäische Entdeckung der Erde über die Seewege voranschritt. Im Vergleich zur nur neun Jahre zuvor erschienenen Weltkarte konnten große Gebiete, insbesondere in Südostasien, nun schon viel detaillierter dargestellt werden. Waldseemüller und Ringmann nutzten die Möglichkeiten der Drucktechnik, um das sich rasant verändernde Bild von der Welt schnell, aktuell und umfassend zu verbreiten.

Niels Petersen

ALSATIE
DVCATVS LOTHARINGIE
LOTHARINGIA
VASTVM·REGNVM
LVCEMBVRGIE PARS
C·WADEMONT
C·BIAMONT
C·RVXINGA
C·SALM
C·SARVERD
C·SARBRVC
C·ZWEIBRVC
B·bitsch
B·Sirck
B·apermont
B·Chastel
B·Bolchen
Scala miliar.
Argentina
Tullum
Metis
Treueris
S·Nicolaus
Salm
Schirmeck
Charmes
Condeum
Castrosalina
Hohenburg
Sultzberg
S·wandelinus

41

Theatrum Orbis Terrarum

Abraham Ortelius, Frans Hogenberg, Antwerpen, 1584
Druck: Plantin
Papier, Ledereinband, 44,6 × 31 × 7,4 cm
Braunschweig, Stadtbibliothek, C 48 2°

»Wundersame Gegenstände zu verschiedenem Gebrauch«

Der Antwerpener Kartograf Abraham Ortelius hatte es meisterhaft verstanden, Karten wie Bücher über einen Verlag zu vertreiben und damit Geld zu verdienen. Schon in seiner Jugend in der ersten Hälfte des 16. Jahrhunderts verkaufte er einzelne Karten auf Messen und kam dadurch früh in Kontakt mit dem großen Kartografen Gerhard Mercator. Nach ersten eigenen Kartendrucken war es aber die Idee des Atlas, die ihm den meisten Ruhm einbrachte. Zwar erschienen schon zuvor gebundene Kartenbücher. Ortelius schuf durch seine Zusammenarbeit mit dem berühmten Kupferstecher Frans Hogenberg nun aber ein durchgehend einheitliches Kartenmodell und damit ein Vorbild, an dem sich alle folgenden modernen Atlanten orientierten. Dabei wurden nicht nur aktuelle Karten aufgenommen, sondern zusätzlich Geschichtskarten, beispielsweise über die Ausdehnung des Römischen Reiches, und Karten zur Heilsgeschichte, wie zum Beispiel über Wanderungen des Apostels Paulus. Durch die lateinischen Beschreibungstexte war das Werk international verkäuflich, es folgten jedoch bald auch Auflagen in niederländischer, deutscher und französischer Sprache, später auch auf Spanisch und Englisch. Ortelius verkaufte hiermit eine handliche Zusammenstellung des bekannten geografischen Wissens, das überdies noch optisch durch Hogenbergs Stiche äußerst ansprechend präsentiert wurde. Der Atlas diente somit weniger einem militärischen oder navigatorischen Zweck, sondern vielmehr der sprichwörtlichen Reise mit dem Finger. 1578 folgte ergänzend ein geografischer Thesaurus, in welchem Ortelius vor allem antike Ortsnamen sammelte und erklärte. Er wusste die Möglichkeiten der Verlagskartografie zu nutzen, weshalb er nicht nur von Philipp II. von Spanien zum »Geografen des Königs« ernannt wurde, sondern vor allem auch zu großem Wohlstand kam.

Niels Petersen

42

Zeremonialbecher aus Holz, sog. *keru*

Inka-Kultur, Peru, Kolonialzeit, 17./18. Jahrhundert
Holz, polychrom bemalt, H 20,1 cm,
Dm Öffnung 18,6 cm, Dm Boden 13,5 cm
Universität Bonn, Leihgabe an die Bonner Altamerika-Sammlung aus Privatsammlung

Der Begriff *keru* leitet sich aus dem Quechua ab und bezeichnet einen konkav geformten Becher meist aus Holz oder Keramik. Die Becher wurden hauptsächlich bei Opferkulten zum Trinken von Maisbier (*chicha*) verwendet oder für die Besieglung von Bündnissen hergestellt, wobei immer nahezu identische Paare zum Austausch zwischen den Bündnispartnern dienten.

Dieser *keru* weist stilisierte pflanzliche Darstellungen der *cantuta* im unteren Bereich und geometrische Darstellungen in der Mitte auf. Im oberen Bereich sind figürliche Reiterdarstellungen zu sehen, die die spanischen Eroberer, auf ihren Pferden sitzend, zeigen.

Auf der Suche nach einem westlichen Seeweg nach Indien hatten die Europäer den ihnen unbekannten Kontinent Amerika entdeckt. Sie sahen sich dabei mit ihnen völlig fremden Hochkulturen konfrontiert, deren Bilder und Symbole sich von den Europäern nur schwer entschlüsseln ließen. Der Faszination für das Fremde, den edlen Wilden, stehen dabei die aus dem Mittelalter überlieferten monströsen Wesen, die rohen Barbaren, gegenüber. Das Staunen über die exotischen Welten zeigt sich auch in Albrecht Dürers Tagebuchaufzeichnungen. Dürer hat auf seiner Reise in die Niederlande 1520 auch Brüssel besucht, wo gerade die den Azteken abgepressten Freundschaftsgeschenke ausgestellt waren, die Hernán Cortez aus Mexiko Karl V. übergeben hatte: »allerlei wundersame Gegenstände zu verschiedenem Gebrauch, was alles viel schöner anzusehen ist als Wunderdinge. [...] Ich aber habe all mein Lebtag nichts gesehen, das mein Herz so erfreut hätte, wie diese Dinge! Denn ich sah darunter wunderbare, kunstvolle Sachen und verwunderte mich über die subtilen Ingenia der fremden Menschen in fremden Landen. Ja, ich kann es gar nicht aussprechen, was ich da alles vor mir gehabt habe!«

Jennifer Lübke

Lit.: Rebel 1996, S. 374 f.

43

Calcon

Braunschweig, 1505
Druck: Hans Dorn
Papier, 28 × 23 cm
Halle, Martin-Luther-Universität Halle-Wittenberg, Universitäts- und Landesbibliothek Sachsen-Anhalt in Halle (Saale), 77 L 1054 (3)

Mit der Erschließung des südlichen Seewegs nach Indien durch den Portugiesen Vasco da Gama im Jahr 1497/98 erhielten die Europäer den so lange gesuchten direkten Zugang zu den Gewürzländern Asiens. Jedoch mussten sie bald feststellen, dass das Handelsmonopol für die begehrten Waren bereits fest in den Händen indischer und arabischer Zwischenhändler lag. Nachdem die ersten Expeditionen zwar kaufmännisch erfolgreich, aber diplomatisch unbefriedigend verlaufen waren, erkannten die Portugiesen, dass sie sich ihren Anteil am lukrativen Gewürzhandel nur mit militärischen Mitteln holen konnten. Als Vasco da Gama 1502 zu seiner zweiten Indienfahrt aufbrach, standen 21 schwer bewaffnete Kriegsschiffe unter seinem Befehl. Durch die Ausnutzung politischer Spannungen zwischen den indischen Fürsten, durch Verhandlungen, Zwang und rohe Gewalt gelang es da Gama, Portugal im Gewürzgeschäft zu etablieren.

Beim »Calcon« (Calicut, heute Kozhikode im indischen Bundesstaat Kerala) handelt es sich um einen Augenzeugenbericht jener zweiten Reise. Im Stil eines Tagebuchs hält der unbekannte Autor, wohl ein Matrose flämischer oder niederdeutscher Herkunft, die Merkwürdigkeiten der Fahrt fest, schildert Naturbeobachtungen ebenso wie Bräuche und Gewohnheiten fremder Völker, Wetterphänomene wie auch brutale Massaker. Erschütternd sein nüchterner Bericht des Überfalls auf den arabischen Pilgerfahrer »Merii«: »to der selue[n] tyt [im September 1502] nehmen wi ein scip van mecha [Mekka] dar weren in drie hundert manne vn[d] veel vrouwen vn[d] kinder un[d] wy namen daer [u]t wol .xii dusent duccaten vnde noch wol x. dusent an copenscap [Kaufwaren] vn[d] wy vorbrenden dat scip vij al dat volk to pulver di ersten dach in october«.

Die erste Ausgabe des Berichts erschien 1504 in Antwerpen. Der Braunschweiger Druck Hans Dorns nur ein Jahr später belegt die Schnelligkeit, mit der sich aktuelle Themen verbreiteten, und damit auch, wie sehr man in Europa an den aufregenden Geschehnissen in der Welt interessiert war.

Ulrike Wendt-Sellin

Lit.: Berjeau 1874; Dreyer-Eimbcke 1998

44

Osmanische Sturmhaube vom Typ Migfar

Osmanisches Reich, 16. Jahrhundert
Eisen, getrieben, Goldtauschierung, 65 × 22 cm
Berlin, Stiftung Deutsches Historisches Museum, Zeughaussammlung, W5275

Der Fall Konstantinopels im Jahr 1453, als ein muslimisches Heer das Zentrum der orthodoxen Christenheit eroberte, hatte weltgeschichtliche Bedeutung. Damit wurde nicht nur die Herrschaftskontinuität der Antike endgültig zerstört, sondern eine neue Macht im Südosten Europas etabliert, die über Jahrhunderte eine Rolle spielen sollte.

Das Osmanische Reich der Türken entstand im 13. Jahrhundert in Kleinasien. Schnell setzte es sich unter anderen Turkvölkern durch und nutzte die Schwäche des Byzantinischen Reiches zur Expansion auf beiden Seiten des Bosporus. Noch im 15. Jahrhundert drangen die Osmanen auf dem Balkan vor, eroberten weite Teile Ungarns und bedrohten das Reich direkt von Südosten. Spätestens seit 1453 war die »osmanische Gefahr« eines der beherrschenden Themen Europas.

Die Kaiser des Heiligen Römischen Reiches sahen sich nicht nur als Verteidiger der gesamten Christenheit; als Landesherren in Österreich und Ungarn waren sie direkt von der Aggression der Osmanen betroffen. Seit der Zeit Friedrichs III. wurden sie wieder mit Kreuzzugsgedanken konfrontiert. Kaiser Karl V. nahm diese Aufgabe besonders ernst.

Im osmanischen Heer war der Anteil der Reiterei traditionell groß. Im 16. Jahrhundert kamen dort konische Sturmhauben auf. Dieser Helm trägt die Marke des Arsenals in Istanbul. Die Helmglocke gliedert sich in drei Teile: Über einem schmalen, ehemals goldtauschierten Stirnband folgt ein geripptes Mittelstück, dem eine Spitze aufgesetzt ist. Die Augen schützte ein Schirm mit Aussparung für einen Nasenschutz. Eisenplatten dienten als Wangen-, Stirn- und Nackenschutz, unterbrochen durch Kettengeflecht. Die geätzten Ornamente verraten, dass der Träger kein gewöhnlicher Reiter war, sondern ein Mann von Rang. Der Helm lässt den Schrecken und zugleich die Faszination erkennen, welche die Osmanen in Europa auslösten.

Sven Lüken

Lit.: Filiz Çakir 2007, S. 342–352, Nr. III.26;
Quaas 2006, S. 33–34, Nr. I.10

45

Ansicht der Belagerung Wiens

In: Hieronymus Oertel: Chronologia oder Historische Beschreibung aller Kriegsempörungen und Belagerungen der Stätt und Vestungen auch Scharmützeln und Schlachten so in Ober und Under Ungern auch Siebenbürgen mit den Türcken von A 1395 biß auf gegenwertige Zeit deckwürdig geschehen
Nürnberg, 1620
Druck: Ortelius Erben
Papier, 20 × 17,1 × 10 cm
Braunschweig, Stadtbibliothek C 852 4⁰, ab S. 126

Hieronymus Oertel (Ortelius) stammte aus Augsburg, wurde seit 1558 am kaiserlichen Hof erzogen und ausgebildet und erlangte das Amt eines Hofprokurators und Notars. Nachdem er sich 1570 bei Rudolf II. für die Religionsfreiheit der Protestanten eingesetzt hatte, fiel er in Ungnade und wurde inhaftiert. Nach seiner Freilassung wandte er sich nach Nürnberg, wo sein Schwager Johann Sibmacher (der »Wappen-Siebmacher«) als erfolgreicher Kupferstecher arbeitete. Sibmacher regte ihn an, eine groß angelegte Geschichte der Türkenkriege zu verfassen, die er, Sibmacher, illustrieren wollte. Das umfangreiche, chronologisch angelegte und weit in die lokalen Einzelheiten dringende Werk erschien seit 1602 in Nürnberg in vier Teilen, erwies sich als sehr erfolgreich und wurde unter der Autorenbezeichnung »Ortelius redivivus et continuatus« von Martin Mayer bis 1665 in Frankfurt fortgeführt.

Die hier gezeigte Ausgabe von 1620 schildert ab S. 48 die Belagerung Wiens im Jahr 1529 durch Sultan Süleyman I. den Prächtigen, die letztlich vor allem am Wetter scheiterte.

Oertels »Chronologia« war für seine Zeitgenossen und die Nachwelt eine wichtige Quelle zur Kenntnis der jüngeren ungarischen Geschichte und der türkisch-christlichen Konfrontation vom späten 14. bis ins 17. Jahrhundert.

Peter Aufgebauer

Lit.: Spies 1981, S. 422; Zedler 1740, Bd. 25, Sp. 2037 f.

48 Chronica deß Vngerischen
Anno 1529.
WIE DIE HAUPTSTAD WIEN IN ÖSTERREICH VOM TURCKEN IST BELEGERT GEWEST. ANNO. 1529.
A. Zum Schonen
B. Minores.
C. S. Pangraz
D. Vnser Frauen Kirch.
E. Zu den weissen brüdern.
F. Keyserliche Burgk.
G. S. Stephans Kirch.
H. S. Dorothea.
I. S. Augustinus.
K. Himel pforten.
L. S. Hieronimus
M. S. Iohann
N. S. Clara.
O. Die Thonau.
P. Die Vorstätt.
Q. Der Kalenperg.
R. Ein Arm von der Thonau
S. Turckisch Keysers Gezelt

46

Amulett und Büchse

Osmanisch, ca. 1640–1648
Amulett: Papier, Blattgold-Auflagen, bemalt, 395 × 5 cm,
Büchse: Silber, vergoldet, Seidenschnur
Karlsruhe, Badische Landesbibliothek, Hs. Rastatt 204

Apotropäische Zeichen und Symbole sind in allen Kulturen bekannt. Mögen sich die künstlerischen Ausdrucksformen auch unterscheiden: Die Anrufung höherer Mächte zum Schutz des eigenen Wohlergehens scheint ein Grundbedürfnis des Menschen zu sein. An den Körper geheftet, aufgemalt oder regelrecht einverleibt – Masken, Amulette, Talismane, mystische Zahlen- oder Buchstabenfolgen, selbst menschliche Körpersekrete nähren die animistische Auffassung, dass magische Kräfte auf den Menschen einwirken, denen mit Unheilabwehrendem entgegengewirkt werden kann.

Der islamischen Welt ist bis heute der Glaube an das Amulett eigen. Wie in anderen Religionen verbinden sich in ihm uralte magische Vorstellungen mit Bestandteilen der Hochreligion. Dem Unbehagen des Islam gegenüber dem Bild begann man schon früh, die Macht des gesprochenen oder geschriebenen Wortes entgegenzusetzen. Als Hauptträger schöpferischen Ausdruckswillens und Manifestation von Gottes Wort bündelt sich in ihm die Segenskraft *baraka*. In dem kalligrafischen Schwung der Schrift sind Natur und Geheimnis eines jeden Buchstabens lebendig. Als Amulett am Körper getragen, dienen vor allem die Koransuren 1 und 112, die Anrufung der Namen Allahs, doch auch anerkannte Gedichte wie die »Mantelkaside« (Qaṣīde al-Burda) des al-Buṣīrī als beschützende Formeln mit übernatürlicher Kraft. Wie auf dem Karlsruher Amulett treten diese in Kombination mit tradierten Symbolen auf: die spitze, immergrüne Zypresse, die Sonnenscheibe oder die Mondsichel, dazu die Anordnung der Schrift in mehrere Schreibrichtungen, ihre Gliederung in schräge Streifen und der Wechsel im Schriftduktus.

Welchen großen Eindruck die inmitten des Dreißigjährigen Krieges geschaffene, vermutlich aus den Türkenkriegen stammende Trophäe (die Datierung des Amuletts ist durch die tuğra-ähnliche Marke auf der Büchse auf die Zeit Sultan Ibrahims gesichert) auf den christlichen Besitzer gemacht hat, ist in dem 1688 datierten Inventarium der Rüstkammer aus Durlach überliefert: »Haben Ihr dhlt: Mein Gnädigster Herr, gleich zuhanden genomen.« (Inventarium über die Fürstliche Rüst Camer zu Carlsburg, 1688 [Nachtrag]).

Schoole Mostafawy

Lit.: Encyclopaedia of Islam I, S. 1314 f.;
Petrasch u.a. 1991, S. 382 f. Nr. 319

47

Altes Testament, hebräisch

Venedig, 1521
Druck: Daniel Bomberg
Papier, Typendruck, Maße 23,4 × 18 × 8 cm
Braunschweig, Stadtbibliothek, C 230 4°

Das ausgestellte Exemplar enthält das Buch »Bereschit«, die »Genesis« in hebräischer Sprache. Der Flame Daniel Bomberg druckte dieses 1521 in seiner Werkstatt in Venedig. Dabei ist bemerkenswert, dass er als erster Christ hebräische Bücher verlegte, darunter auch alttestamentliche Schriften.

Diese »Bombergische Handausgabe« des Alten Testaments war ein Geschenk Conrad Hildebrands, Bürgermeister der Altstadt, an den Braunschweiger Stadtsyndikus Johannes Camman d. J. Letzterer war ein frommer, außergewöhnlich gebildeter Mann. Mit Leidenschaft lernte er Sprachen, besonders Französisch, Italienisch und Spanisch. Zudem interessierte er sich für orientalische Sprachen. Um den Urtext des Alten Testaments lesen zu können, lernte er ab 1623 auch Hebräisch. Bereits 1624 begann er mit der Lektüre der hebräischen Bibel des Orientalisten Elias Hutter und beendete sie zu Ostern 1631. Seine zahlreichen Anmerkungen in vielen seiner Bücher zeigen, wie intensiv er sich mit den Texten beschäftigte.

Cammans Bibliothek ist ein Zeugnis des humanistisch geprägten, reformatorischen Bildungsanspruchs. Sie umfasste etwa 4 000 Bände und ist heute eine der größten geschlossen erhaltenen Privatbibliotheken des 17. Jahrhunderts in Norddeutschland.

Im Zuge der Reformation entwickelte sich eine protestantische Buchkultur, die in Städten wie Braunschweig von der sozialen und politischen Elite aus dem Kreise der Ratsherren und Beamten getragen wurde. Umfangreiche Privatbibliotheken entstanden. Selbst die »kleinen« Leute besaßen nun in geringer Anzahl Ausgaben der Bibel oder des Katechismus sowie religiöse Erbauungsliteratur. Humanistisch gebildete Gelehrte legten umfangreiche Büchersammlungen für ihre theologischen, juristischen und medizinischen Fachbibliotheken an.

Hans-Jürgen Derda

Lit.: Camerer 1981; Meckseper 1985, S. 574–579;
Nentwig 1901; Steiff 1903

48

Ansicht von Toledo

Johannes Maior, 1. Hälfte 16. Jahrhundert
Papier auf Leinwand, 58,6 × 161,5 cm
Braunschweig, Braunschweigisches Landesmuseum, LMB 36959

Die Grafik zeigt eine detailgenaue Ansicht der Stadt von Süden. Zwei Gebäude dominieren die Skyline: im Mittelpunkt die Kathedrale Santa Maria aus dem 13. bis 15. Jahrhundert und im Nordosten der Alcázar, eine von den Römern errichtete Festung, die hier noch in ihrer mittelalterlichen Form vor dem Umbau durch Karl V. im Jahr 1537 erscheint. Im Westen ist die Puente de San Martin mit ihren Spitzbögen zu sehen.

Die Römer eroberten die Vorgängersiedlung um 190 v. Chr., gründeten einen Vorposten und nannten diesen Toletum. Um die Mitte des 6. Jahrhunderts n. Chr. folgten die Westgoten, die Toledo zur Hauptstadt ihres Reiches machten. Nach 711 fiel die Stadt unter maurische Herrschaft. Im vergleichsweise toleranten Miteinander von Juden, Christen und Muslimen erlebte die Stadt eine erste kulturelle und wirtschaftliche Blüte. 1085 eroberte Alfons VI., König von Kastilien und León, die Stadt und erhob sie zu seiner Residenz. Toledo stieg zu einem der bedeutendsten europäischen Zentren des Mittelalters auf. Die neuen christlichen Herrscher erschlossen sich durch eine duldsame Religionspolitik das Wissen und die Kultur der jüdischen und islamischen Welt. König Alfons X. förderte die Wissenschaften und gründete eine Übersetzerschule, um das Wissen der Antike und der islamischen Welt zu bewahren. Im 12. und 13. Jahrhundert wurde Toledo zu einem bedeutenden Zentrum für die Übersetzung arabischer, griechischer und hebräischer Schriften. Die Vielfalt der Volks- und Gelehrtensprachen, die hier zusammenkamen, ließ »die Stadt der drei Kulturen« eine zentrale Rolle bei der Wiederentdeckung der antiken Quellen und ihrer Verbreitung in Europa spielen.

Detail

Die religiöse Toleranz endete 1492, als mit der Eroberung Granadas zunächst die Juden und 1502 auch die verbliebenen nicht konvertierten Muslime vertrieben wurden. Unter Karl V. war Toledo die Hauptstadt Spaniens. Philipp II. verlegte 1561 schließlich die Residenz der spanischen Könige nach Madrid.

Ulrike Wendt-Sellin

Lit.: Burns 1990; Collins 2012; Doubleday 2015; Reilly 1989

49

Bildnis des Erasmus von Rotterdam

Kopie nach Georg Pencz von 1537,
17. Jahrhundert
Öl auf Holz, 54 × 41 cm
Braunschweig, Herzog Anton Ulrich-Museum,
GG 1076

Erasmus von Rotterdam gilt als bedeutendster deutschsprachiger Humanist und Theologe des frühen 16. Jahrhunderts. Er korrespondierte mit den maßgeblichen Gelehrten seiner Zeit und wirkte zeitweilig in England, bevor er sich in Basel niederließ. Zur Verbreitung seiner unzähligen Schriften nutzte er den neu aufkommenden Buchdruck.

1516 erschien seine Übersetzung des Neuen Testaments aus dem Griechischen ins Lateinische, sie bildete die Grundlage für Luthers Übersetzung des Textes ins Deutsche.

Erasmus war wie Martin Luther ursprünglich Augustiner-Chorherr, beide diskutierten brieflich über mögliche Wege einer Kirchenreform. Auch Erasmus war gegen Ablasshandel und für einen allgemein verständlichen Zugang zu den Bibeltexten, plädierte aber für maßvolle Veränderungen, ohne das Papsttum an sich anzuzweifeln. Das stand im Gegensatz zur kompromisslosen Haltung Luthers, der grundsätzliche Reformen forderte. Seit dem Reichstag zu Worms 1521 entzweiten sich Erasmus und Luther: Erasmus empfahl zwar, ein unabhängiges Richtergremium über Luthers Lehre, die viel Richtiges enthielte, urteilen zu lassen. Er selbst erschien jedoch nicht zur Verteidigung des von der Reichsacht bedrohten Reformators. Während Erasmus an den freien Willen des Menschen glaubte, war Luther überzeugt, dass das Schicksal des Menschen durch göttlichen Willen vorbestimmt sei und Erlösung nicht durch eigene Taten, sondern nur durch die Gnade Gottes zu erlangen sei.

Das Braunschweiger Erasmus-Porträt ist eine von insgesamt sechs nachweisbaren Wiederholungen eines 1537 von Lucas Cranach d. Ä. geschaffenen Erinnerungsbildes des Gelehrten (Windsor Castle, RCIN 406202, Dyballa 2014, Kat. B 6). Georg Pencz wiederum stützte sich auf ein Vorbild von Hans Holbein d. J. Die Braunschweiger Kopie, die das Vorbild vereinfacht wiedergibt, entstand wohl erst im 17. Jahrhundert, doch gerade dies zeigt, wie sehr der Ruhm des Gelehrten weit über seine Lebenszeit hinaus fortlebte.

Silke Gatenbröcker

Lit.: Dyballa/Pencz 2014, Kat. b 6 II, S. 279;
Petersen 2015

50

Das lob der Thorheit [...]

Desiderius Erasmus von Rotterdam, Ulm, 1534
Druck: Hans Varnier
Papier, 20 × 16 × 2,7 cm
Braunschweig, Stadtbibliothek, I 150 87

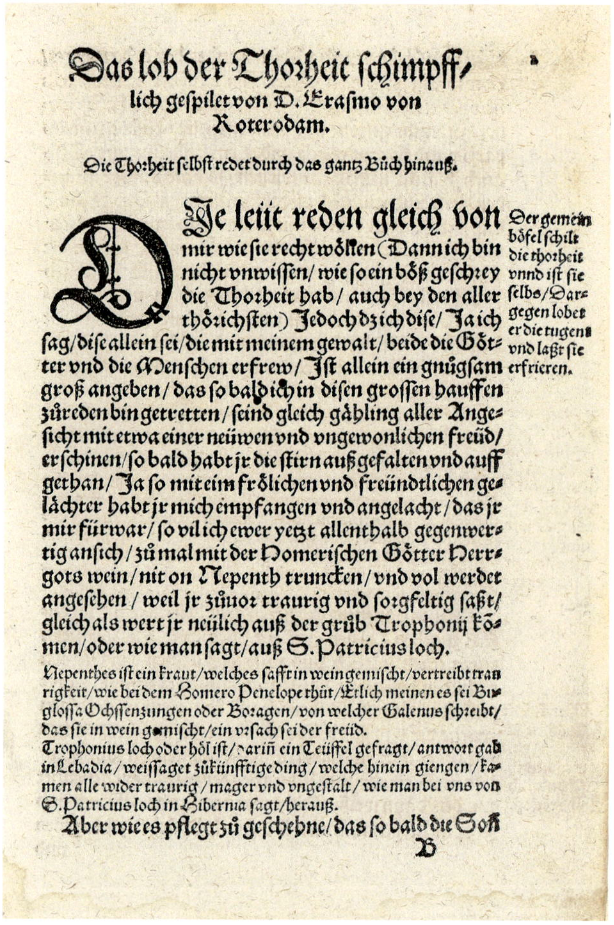
Das lob der Thorheit schimpff-
lich gespilet von D. Erasmo von
Roterodam.

Die Thorheit selbst redet durch das gantz Büch hinauß.

Die leüt reden gleich von mir wie sie recht wöllen (Dann ich bin nicht vnwissen/ wie so ein böß geschrey die Thorheit hab/ auch bey den aller thörichsten) Jedoch dz ich dise/ Ja ich sag/ dise allein sei/ die mit meinem gewalt/ beide die Götter vnd die Menschen erfrew/ Jst allein ein gnůgsam groß angeben/ das so bald ich in disen grossen hauffen zůreden bin getretten/ seind gleich gähling aller Angesicht mit etwa einer neüwen vnd vngewonlichen freüd/ erschinen/ so bald habt jr die stirn auß gefalten vnd auff gethan/ Ja so mit eim frölichen vnd freündtlichen gelächter habt jr mich empfangen vnd angelacht/ das jr mir fürwar/ so vil ich ewer yetzt allenthalb gegenwertig ansich/ zů mal mit der Homerischen Götter Herrgots wein/ nit on Nepenth truncken/ vnd vol werdet angesehen/ weil jr zůuor traurig vnd sorgfeltig saßt/ gleich als wert jr neülich auß der grůb Trophonij kōmen/ oder wie man sagt/ auß S. Patricius loch.

Der gemein böfel schilt die thorheit vnnd ist sie selbs/ Dargegen lobet er die tugent vnd laßt sie erfrieren.

Nepenthes ist ein kraut/ welches safft in wein gemischt/ vertreibt traurigkeit/ wie bei dem Homero Penelope thůt/ Etlich meinen es sei Buglossa Ochssenzungen oder Boragen/ von welcher Galenus schreibt/ das sie in wein gemischt/ ein vrsach sei der freüd.
Trophonius loch oder höl ist/ darin ein Teüffel gefragt/ antwort gab in Lebadia/ weissaget zůkünfftige ding/ welche hinein giengen/ kamen alle wider traurig/ mager vnd vngestalt/ wie man bei vns von S. Patricius loch in Hibernia sagt/ herauß.

Aber wie es pflegt zů geschehne/ das so bald die Soff

B

Seine Briefe galten als Kostbarkeiten unter den Gebildeten, der europäische Humanist korrespondierte mit den wichtigsten Gelehrten seiner Zeit; er liebte die Freiheit und saß zwischen allen Stühlen. Der Augustinermönch, Theologe und brillante Schriftsteller Erasmus von Rotterdam, der sich selbst Desiderius Erasmus nannte, wurde 1469 in Rotterdam geboren – als Sohn eines Geistlichen. Dieser Makel ließ sich seinerzeit nur mit einem Leben im Kloster tilgen, für den jungen Erasmus begann dort eine atemberaubende Laufbahn als humanistischer Brückenbauer zwischen antiker Bildung, christlicher Theologie und Menschlichkeit. Er studierte in Paris, lebte später in England, zwischendurch in Italien und in Freiburg. Er starb 1536 in Basel. Obwohl man dort bereits die Reformation eingeführt hatte, wurde der katholische Gelehrte im Basler Münster begraben.

Wie Martin Luther kritisierte Erasmus von Rotterdam die verkrustete Institution Kirche als Verwalterin des Heils. Unter den Katholiken galt er als ein Wegbereiter Luthers und der Reformation, unter den Evangelischen als wankelmütig, weil er – bei aller Kritik – der alten Kirche treu blieb. Seinen satirischen Essay »Lob der Torheit« verfasste er 1509 auf Latein und widmete ihn seinem Freund Thomas Morus. Er ist eine geistreiche und zugleich schonungslose Abrechnung mit den politischen, intellektuellen und kirchlichen Eliten, bei der die Torheit im Narrengewand als »Frau Stultitia« selbst auftritt und den Zuhörern die Leviten liest. Der Band wurde zum Bestseller und in viele Sprachen übersetzt, 1534 erschien die erste deutsche Version von Sebastian Franck. In der vorliegenden Ausgabe aus dem Bestand der Stadtbibliothek Braunschweig finden sich drei Werke, die der Ulmer Verleger Hans Varnier 1534 zusammengefasst hat. »Das Lob der Torheit« von Desiderius Erasmus ist hier ohne Illustrationen abgedruckt. Erasmus von Rotterdam verstand sich zeitlebens als »Weltbürger«. Sein »Lob der Torheit« liest sich heute wie ein geschliffenes Plädoyer für eine moderne, christlich grundierte Wissensgesellschaft.

Karin Dzionara

Lit.: Gail 1980; Huizinga 1993

51 a

Griff in Form eines Papageis

Göttingen, Ende 16./17. Jahrhundert
Knochen, 3,5 × 0,9 cm
Göttingen, Fachdienst Bauordnung, Denkmalschutz und Archäologie, 5565

51 b (ohne Abb.)

Historiae Animalium Liber III

Conrad Gessner, Zürich, 1555
Druck: Christoph Froschauer d. Ä.
Papier, 34 × 24 cm
Braunschweig, Stadtbibliothek, Ministerial M 343 (2°)

51 a

Das kleine Röhrchen aus Knochen diente ehemals als Griff, hierauf weist das hohle untere Ende hin. Das obere, massive Ende ist als Kopf eines Vogels ausgestaltet, die beiden seitlich angeordneten Augen sind durch feine Kreisaugenbohrungen betont. Eingeschnittene Verzierungen deuten ein schräg verlaufendes Federkleid an und unterstützen die Wahrnehmung eines aufrecht sitzenden Vogels. Die gerade Haltung und der krumme, rundlich geformte, aber kräftige Schnabel lassen gleich an einen Papagei denken. Haltung, Schnabelform und die hoch sitzenden Augen, die von einem Ring aus hellen Federn betont sind, sind charakteristisch für viele Papageienarten. Hier ist kein einheimischer Vogel dargestellt, sondern ein Exot.

Papageien sind im nördlichen Mitteleuropa nicht beheimatet, sie wurden aus entfernten Ländern in subtropischen und tropischen Gefilden eingeführt. Wann der erste Papagei in unsere Region gebracht wurde, ist nicht bekannt; archäologische Knochenfunde fehlen bisher. Vermutlich brachten portugiesische Seefahrer im 15. Jahrhundert die ersten Graupapageien als Ziervögel mit. Bereits 1436 ist auf einem Gemälde van Eycks ein Papagei zu entdecken, andere Gemälde aus dem frühen 16. Jahrhundert zeigen weitere Exemplare, immer in christlichem Kontext. Dem Papagei, der sprechen und angeblich sogar reimen kann, wurde besondere symbolische Bedeutung zugesprochen. Da er »Ave« sagen kann, wird er als Mariensymbol gewertet. Conrad Gessners »Historiae Animalium« von 1555 (»Drittes Buch über die Vögel«) beschreibt als erste wissenschaftliche Abhandlung auch Papageien und stellt sie bildlich dar. Ähnliche Griffe mit exotischen oder Fabeltieren legen nahe, dass in den vorliegenden einstmals ein metallener Ohrlöffel eingesetzt war. Der ehemalige Besitzer legte bei seiner Körperpflege offenbar Wert auf ein persönliches Objekt, das gleichzeitig Bildung und Weltläufigkeit belegt.

Betty Arndt

Lit.: Arndt 2010

52

Bücheranzeige des Augsburger Druckers Johann Bämler

Johann Bämler, Augsburg, 1473
Papier, bedruckt, 13,5 × 12,5 cm
Hannover, Museum August Kestner, E 127

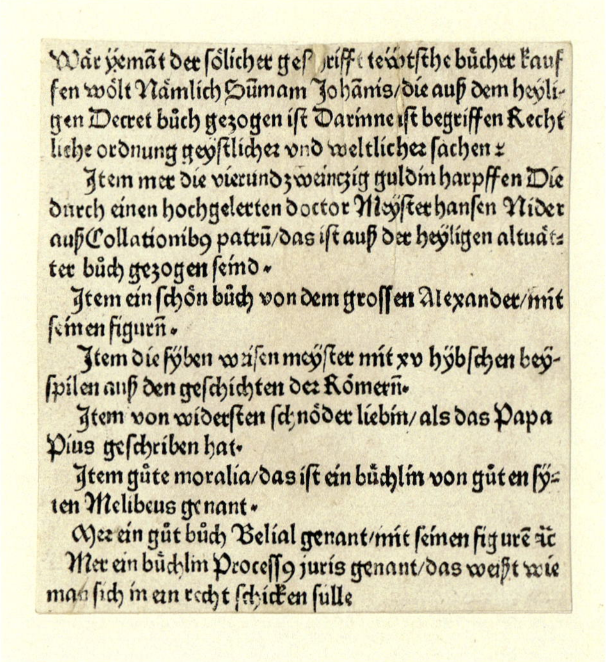

Wär yemãt der sölicher geschrifft tewtsche bůcher kauffen wölt Nämlich Sũmam Johãnis/die auß dem heyligen Decret bůch gezogen ist Darinne ist begriffen Rechtliche ordnung geystlicher vnd weltlicher sachen ꝛc.
Item mer die vierundzweinczig guldin harpffen Die durch einen hochgelerten doctor Meyster hansen Nider auß Collationibꝰ patrũ/das ist auß der heyligen altuätter bůch gezogen seind.
Item ein schön bůch von dem grossen Alexander/mit seinen figurñ.
Item die syben waisen meyster mit xv hÿbschen beyspilen auß den geschichten der Römerñ.
Item von widersten schnöder liebin/ als das Papa Pius geschriben hat.
Item gůte moralia/das ist ein bůchlin von gůten syten Melibeus genant.
Mer ein gůt bůch Belial genant/mit seinen figurẽ ꝛc.
Mer ein bůchlin Processꝰ juris genant/das weißt wie man sich in ein recht schicken sulle

Die dank des Buchdrucks schnellere, preiswertere Produktion von Schrifterzeugnissen und zunehmende Lesekenntnisse außerhalb des Klerus und des Adels bildeten in der zweiten Hälfte des 15. Jahrhunderts die Grundlagen für einen erleichterten Wissenstransfer mittels schriftlicher Medien. Mit der Erweiterung der Leserschichten nahm das Gattungsspektrum zu. Eine große Bandbreite an Werken findet sich auch in der vorliegenden Bücheranzeige. Die acht beworbenen Werke – übrigens allesamt in deutscher Sprache – reichen von Übersetzungen antiker Schriften (»Die sieben weisen Meister«, »Alexander der Große«), literarischen Darstellungen zu rechtspragmatischen Fragen (Jacobus de Theramo: »Belial«) über mittelalterliche moralische Texte (»Melibeus und Prudentia«, Übersetzung der Schrift des Albertanus von Brescia: »Liber consolationis et consilii«) bis hin zu theologischen Volksweisungstraktaten im Zuge der *devotio moderna* (Johannes Nider: »Die 24 goldenen Harfen«, eine freie Überarbeitung der »Collationes patrum«).

Johann Bämler, der in Augsburg ab 1453 als Kalligraf und Illustrator arbeitete, erlernte um 1470 die Druckkunst. Gerade der süddeutsche Raum mit seiner ausgeprägten Städtestruktur bot für Buchdrucker günstige wirtschaftliche und infrastrukturelle Voraussetzungen. Während im 15. Jahrhundert besonders die Kirche die Druckausgabe von klerikalen Texten unterstützte, machten sich am Übergang zum 16. Jahrhundert auch Luther und weitere Reformer die neue Technik zunutze. Bei dieser Medienrevolution wurden Drucker zu wichtigen Schaltstellen für Wissens- und Ideenverbreitung.

Jeannine Harder

Lit.: Dobras 2000

53 a

Bleilettern

Oberursel, 1557–1622
Blei, Bindung modern, Schrifthöhe ca. 0,25 cm
Oberursel, Vortaunusmuseum

53 b

Bleilettern

Wittenberg, letztes Viertel 16. Jahrhundert
Blei, 2–2,4 × 0,2–1,2 × 0,1–0,8 cm
Halle, Landesamt für Denkmalpflege und Archäologie Sachsen-Anhalt – Landesmuseum für Vorgeschichte, 98:24.665

53 b

Ausgerechnet der kleinen Stadt Wittenberg, die im Jahr 1517 gerade einmal eine einzige Druckerei besaß, entsprang in der ersten Hälfte des 16. Jahrhunderts eine Publikationswelle noch nicht dagewesenen Ausmaßes. Die Auseinandersetzungen, die im Zuge von Luthers Ablasskritik zunehmend in medialer Form stattfanden, hatten einen enormen Ausstoß von Druckwerken zur Folge und führten zur raschen Eröffnung weiterer Offizinen. Bereits in der Mitte des Jahrhunderts konnte sich Wittenberg als Druckerstadt mit den großen Zentren der Buchproduktion wie Paris, London und Antwerpen messen. Zeitweise arbeiteten hier elf Drucker gleichzeitig; bis zum Ende des Reformationsjahrhunderts existierten insgesamt 38 Druckereien, die an die 9 500 Schriften publizierten. Die hohe Nachfrage nach Werken Luthers und der Reformatoren brachte auch Neuerungen in der Drucktechnik und Arbeitsökonomie hervor, die insbesondere auf die Produktion hoher Auflagen in kürzester Zeit abzielten.

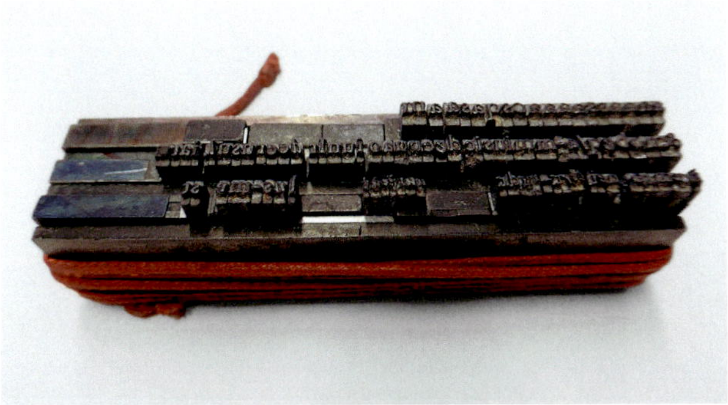

53 a

Jüngere archäologische Funde unterstreichen die Bedeutung Wittenbergs als Druckerstadt: Bei einer Ausgrabung in der Bürgermeisterstraße 5 wurden 1997 in einer verfüllten Latrine über 500 Bleidrucklettern aus dem letzten Viertel des 16. Jahrhunderts entdeckt. Neben der vor allem für lateinische Werke verwendeten Antiqua fanden sich hier wenige Lettern der Fraktur- und Schwabacher Drucktypen, die vor allem für den Druck deutschsprachiger Publikationen benutzt wurden. Besonders auffallend sind die wenigen Lettern mit griechischen und hebräischen Buchstaben, die die Druckerei als Produktionsstätte humanistischer Werke kennzeichnen. Sowohl der Fundort als auch die Art und die Datierung des Fundspektrums der Abortgrube lassen die Bleilettern der Druckerei Johannes Krafft d. J. zuordnen, die hier seit 1553 bestand.

Mirko Gutjahr

Lit.: Berger/Stieme 2014; Reske 2007, insbes. S. 994–998

54

Dath boke der hilgen Ewangelien. Lectien. Profecien. unde Epistelen van der tyd unn allen hylgen ouer dat gancze yare mit schonen glosen [...] unn getoghen uth den byblien des olden unn nyen testamentes up dat nye [...] yn dat lychte gebracht.

Braunschweig, 1506
Druck: Hans Dorn
Papier, 228 Blätter, 25 Textholzschnitte, 29 × 22 × 4,5 cm
Braunschweig, Stadtbibliothek, M 662 2°

Der Erfolg der Reformation wäre ohne das neue Medium des Buchdrucks kaum denkbar gewesen. Im Reich hatte sich das neue Gewerbe im 15. Jahrhundert vor allem in Universitätsstädten etabliert, zum Beispiel in Erfurt oder Leipzig. Im Zuge der Reformation gewann dann Wittenberg als Druckzentrum enorm an Bedeutung. Braunschweig, obwohl mit 20 000 Einwohnern zu den größten Städten in Norddeutschland zählend, gehörte nicht zum Kreis der bedeutenden Druckorte.

Der erste und einzige Drucker, der zu Beginn des 16. Jahrhunderts in Braunschweig nachgewiesen ist, war Hans Dorn. Die Werkstatt von Dorn befand sich wahrscheinlich in der Braunschweiger Altstadt in der Nähe der Martinikirche. Als Drucker in Braunschweig aktiv war er wohl zwischen 1502 und 1525. Insgesamt können 40 Drucke aus dieser Zeit mit seiner Offizin in Verbindung gebracht werden.

Das 1506 unter dem Titel »Dath boke der hilgen Ewangelien [...]« erschienene Plenarium ist eines der ältesten bekannten in Braunschweig gedruckten Bücher. Mit 228 Blättern und 25 Textholzschnitten ist es zugleich der umfangreichste und aufwendigste Druck der Dorn'schen Presse. Das Druckersignet auf dem letzten Blatt zeigt einen Mann, der einen Wappenschild mit dem Braunschweiger Löwen hält. Vielleicht hat Hans Dorn sich hier selbst darstellen lassen. Ein Plenar ist eine Sammlung von Bibeltexten, die in einer bestimmten Reihenfolge im Lauf des Kirchenjahres gelesen wurden. Das in niederdeutscher Volkssprache gedruckte Buch richtete sich an gebildete Laien, die auf diese Weise die Möglichkeit hatten, sich auch ohne Lateinkenntnisse mit der Bibel selbst bzw. erklärenden theologischen Texten vertraut zu machen. Für den Drucker war ein solch aufwendig gestalteter Druck eine erhebliche Investition, die er sicher nur tätigte, wenn er einen entsprechenden Absatz erwartete. Als Kunden für das Plenarium dürfte Dorn nicht zuletzt Braunschweiger Bürger im Blick gehabt haben.

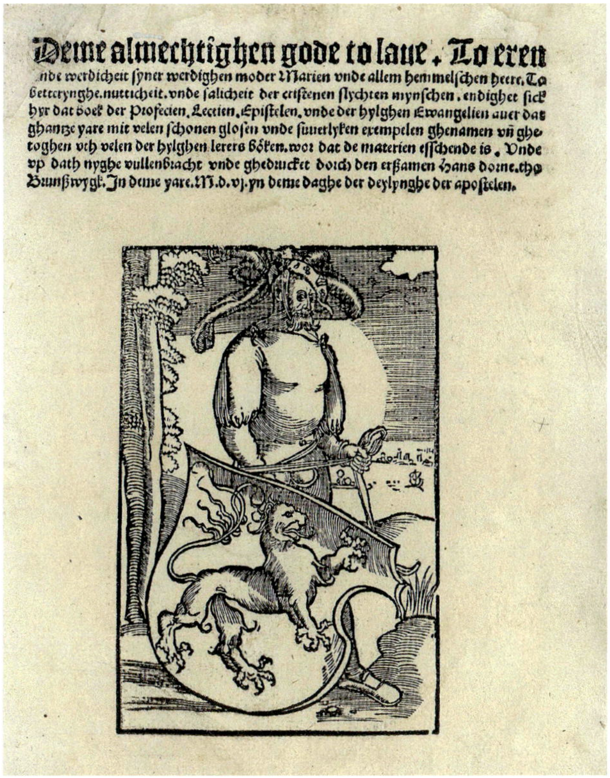

Deme almechtighen gode to laue. To eren
nde werdicheit syner werdighen moder Marien vnde allem hemmelschen heere. To
betteryghe. nutticheit. vnde salicheit der cristenen slychten mynschen. endighet sick
hyr dat boek der Profecien. Lectien. Epistelen. vnde der hylghen Ewangelien auer dat
ghantze yare mit velen schonen glosen vnde suuetlyken exempelen ghenamen vñ ghe-
toghen vth velen der hylghen lerers böken. wor dat de materien esschende is. Vnde
vp dath nyghe vullenbracht vnde ghedrucket dorch den erßamen Hans dorne. tho
Brunßwygk. In deme yare. M.d.vj. yn deme daghe der deylynghe der apostelen.

Aus der Reformationszeit sind zwei weitere Drucke von Hans Dorn erwähnenswert: zum einen aus dem Jahr 1518 eine niederdeutsche Übersetzung von Martin Luthers »Sermon von Ablass und Gnade« (Kat.-Nr. 245) und zum anderen die 1522 erschienene Schrift »Van adams vnd vnsem valle vnd wedder vperstandinghe« von Gottschalk Kruse (Kat.-Nr. 249), die als die früheste reformatorische Schrift in Niedersachsen gilt.

Henning Steinführer

Lit.: Braunschweigisches Biographisches Lexikon BBL 2006, Artikel Dorn, Hans; Claus 1991; Fischer/Camerer 1985

55 a

Ein wunderlich gesicht newlich bey Braunschweig am hiemel gesehen

Nikolaus Medler, Matthias Flacius,
Magdeburg, 1549
Druck: Pankraz, Kempf
Papier, Pappeinband mit Pergament bezogen,
20,2 × 15,6 cm
Braunschweig, Theologisches Zentrum –
Bibliothek, S 13 kon 5

55 b

Der beidseitig angespannte Wagen des Antichristen

Matthias Gerung, Dillingen, um 1548
Druck: Sebald Mayer
Papier, 23,2 × 16,2 cm (Druckspiegel)
Braunschweig, Herzog Anton Ulrich-Museum,
MGerung WB 3.41

Nachdem Luther den Papst mit dem Antichristen identifiziert hatte, war die allgemeine Erwartung des Jüngsten Tages beträchtlich gestiegen. Man hielt nach Zeichen Ausschau, mit denen Gott die Menschen ermahnen wollte, sich auf das bevorstehende Gericht am Ende der Zeiten vorzubereiten. Ungewöhnliche Himmelserscheinungen galten als göttliche Prodigien und wurden in den Medien Flugschrift und Flugblatt bekannt gemacht.

Der Braunschweiger Superintendent Nikolaus Medler, der 1535 von Luther promoviert worden war, berichtet von vier reisenden Kaufleuten, die zwischen Celle und Braunschweig am nächtlichen Himmel wechselnde Erscheinungen gesehen hätten. Einer der Beobachter sei darauf in panische Angst vor dem Jüngsten Gericht verfallen, habe sich hysterisch die Kleider vom Leib gerissen, laut gebetet und zur Buße aufgerufen. Matthias Flacius, der den Bericht Medlers in Druck gegeben hat, ordnet in seiner Vorrede das Ereignis in allgemeine heilsgeschichtliche Zusammenhänge ein,

55 a

indem er sich über das Wirken des Antichristen in seinen verschiedenen Erscheinungsformen (Juden, Türken, Papst, aber auch – in Hinblick auf das Interim – opportunistische Protestanten) auslässt.

Der Holzschnitt Matthias Gerungs entstammt einer Serie von Apokalypse-Illustrationen. Er zeigt den Antichristen als siamesischen Zwilling aus Papst und türkischem Sultan. Die beiden sitzen in einem höllischen Prunkwagen, der nicht von der Stelle kommt, da seine monströsen Zugtiere auf entgegengesetzten Seiten angeschirrt sind. Der Wagen steht über einer Meerenge, an deren Ufern ein türkisches Heer und eine Schar katholischer Geistlicher unter Führung eines Königs nicht zusammenkommen können. Am Himmel schwingt die Hand Gottes drohend das strafende Schwert göttlichen Zorns. Der aus Papst und Türke zusammengewachsene Antichrist variiert das Motiv des Interimsdrachens, das in der Publizistik um die Jahrhundertmitte verbreitet war.

Michael Schilling

Lit.: Kaufmann 2003, S. 442 f.; Roettig 1990

55 b ►

56

Botenzeichen

Unbekannt, Raum Soest, um 1600
Silber, teilweise vergoldet, 8,5 × 6,5 cm (Büchse),
L 22,2 cm (mit Kette)
Soest, Stadtgeschichtliches Burghofmuseum

Das Soester Botenzeichen besteht aus einer wappenförmigen Silberbüchse, die an zwei Ketten von einer kleinen Brosche herabhängt. Als Verschluss dient ein Knaufdeckel. Die Vorderseite des Gefäßes zeigt das ehemals rot emaillierte Soester Schlüsselwappen. Der Dekor in Form von Rollwerkkartuschen auf der Befestigung und die Bartform der Schlüssel gestatten eine Datierung in die Zeit um 1600. Damit gehört das Exponat zu den ältesten erhaltenen Belegen von Botenzeichen. Eine Marke des Soester Goldschmieds Johann Christian Deventer zeugt wahrscheinlich von einer späteren Reparatur. Schriftquellen sprechen beispielsweise für das 14. Jahrhundert in Hamburg von gemalten ledernen Stadtwappen; metallene Botenbüchsen sind seit dem ausgehenden 14. Jahrhundert belegt.

Bildliche Darstellungen zeigen, dass Botenzeichen deutlich sichtbar auf der rechten Brust oder am Kragen getragen wurden. Sie kennzeichneten den Boten als beauftragte Amtsperson und unterstrichen seine Autorität und Glaubwürdigkeit. Besondere Kleidung in den Wappenfarben des Auftraggebers, auffallende Kopfbedeckungen oder Uniformen waren charakteristisch. Ein Spieß diente noch im 17. Jahrhundert zur Abwehr von Hunden in den Städten. Er wurde beständig mitgeführt, selbst bei der Nachrichtenübermittlung vor Gericht nicht aus der Hand gegeben und nur in der Anwesenheit von Damen abgelegt.

Nach ersten Nennungen eines geregelten Botendienstes im 13. Jahrhundert entwickelte sich im Verlauf des Folgejahrhunderts das Botenwesen zu einem festen Berufsstand. Die internationalen Verflechtungen des Botenwesens führten zu einer ähnlichen Ausstattung der Nachrichtenträger. Einzelne Boten legten mit ihren Depeschen erhebliche Strecken zurück: So dauerte beispielsweise der Weg von Köln nach Braunschweig acht und von Augsburg nach Mailand zwölf Tage.

Stefan Krabath

Lit.: Nissen 1969, S. 1–33; Nissen 1958, S. 167–191

57 a

Botendarstellung (Reproduktion)

Nürnberg, 1510–1530, Text: Hans Sachs (?)
Druck: Hans Guldenmundt
Papier, 33,4 × 45,4 cm
Original: Berlin, Stiftung Deutsches Historisches Museum, MGr 54/9.48

57 b

Gürteltaschenfragment

Braunschweig, 15. Jahrhundert
Leder, 22,5 × 22,5 × 0,2 cm
Braunschweig, Braunschweigisches Landesmuseum BLM-UFG 1978:3/356

57 c

Degenscheidenfragment

Braunschweig, 15. Jahrhundert
Leder, L 32,5 cm
Braunschweig, Braunschweigisches Landesmuseum BLM-UFG 1978:3/359

57 d

Messerscheidenfragment

Braunschweig, 15. Jahrhundert
Leder, L 18 cm
Braunschweig, Braunschweigisches Landesmuseum BLM-UFG 1978:3/291

57 a

Die Zustellung von Briefen, Dokumenten und Botschaften auch über weite Strecken war zu Beginn der Frühen Neuzeit für jene, die sich die damit einhergehenden Kosten leisten konnten, eine Selbstverständlichkeit. Ungarn, Frankreich, Polen, Seeland, Bayern, Preußen oder Schwaben sind nur einige der Destinationen, die der reisende Bote in den Hans Sachs zugeschriebenen Versen als mögliche Ziele nennt und mit dem Angebot, »Oder wo er hin will der gleych / Getrewlich umb gesetzten lon / Wer mein bedarff der Sprech mich an«, endet.

Mit welchen Risiken für Post und Boten diese Art der Kommunikation verbunden war, wird hier ausführlich belegt: Neben Wetter und sonstigen Unannehmlichkeiten wird die Gefährdung durch Räuber genannt – »Und mir als nehmen was ich thu tragen / Unnd mir die hawt darzu volschlagen«.

Der Druck des Nürnbergers Hans Guldenmundt, der zwischen 1510 und 1530 entstanden sein wird, zeigt den Boten zu Fuß entsprechend ausgestattet: Neben seinem Botenzeichen und der Tasche trägt er ein Kurzschwert, dessen spitz zulaufender Ort die abgenutzte Lederscheide bereits durchstoßen hat.

57 b – d

Leder war ein viel genutzter und häufig wiederverwendeter Werkstoff des Mittelalters und der Frühen Neuzeit. Meist wurden verschlissene Utensilien erst dann entsorgt, wenn sich keine weitere Verwendung, zum Beispiel durch Flickschuster, für das Material finden ließ. So erging es auch dem stark abgetragenen Vorderblatt der einfachen Gürteltasche mit dreipassförmiger Öffnung, das bei Ausgrabungen auf dem Packhofareal in Braunschweig in einer Latrine gefunden wurde, wo es zusammen mit zwei Fragmenten lederner Degen- und einer Messerscheide im 15. Jahrhundert entsorgt worden war. Alle Objekte sind aus lohgegerbtem Rindsleder hergestellt. Die Scheidenvorderblätter sind reich verziert, das ausgestellte Fragment besitzt zwei aufgetriebene Besteckfutterale, in denen Messer und Pfriem mitgeführt werden konnten.

Philipp Sulzer

Lit.: Rötting 1985, S. 78 f.

58

Jahrmarktprivileg Kaiser Karls V. für die Stadt Braunschweig

Worms, 7. März 1521
Pergament, 37,5 × 68,5 cm
Braunschweig, Stadtarchiv,
A I 1:1312

Seit dem 15. Jahrhundert hatte die Bedeutung der großen Jahrmärkte in Frankfurt und Leipzig für den Handelsverkehr im Reich erheblich zugenommen. Um diese auch Messen genannten Märkte herum hatte sich ein regelrechter Messekalender ausgebildet, in dessen Rahmen die einzelnen Städte ihre eigenen Märkte möglichst so zu platzieren suchten, dass sie günstig zu den nach und von Leipzig und Frankfurt fließenden Handelsströmen lagen.

In Braunschweig wurden im Mittelalter drei »freie Märkte« abgehalten. Um 1500 startete der Braunschweiger Rat den Versuch, seine eigenen Jahrmärkte auszubauen und innerhalb der Konkurrenz der verschiedenen Handelsplätze besser zu positionieren. Im Jahr 1497 hatte die Stadt Leipzig von König Maximilian I. ein weitreichendes Jahrmarktsprivileg erhalten. Die Braunschweiger versuchten, diesem Vorbild zu folgen und ließen sich ihre eigenen Märkte zunächst 1498 von Herzog Heinrich d. Ä. und 1505 ebenfalls von Maximilian privilegieren. Der König gewährte den Braunschweiger Märkten reichsweiten Schutz für die Marktdauer und legte eine Bannmeile fest, innerhalb derer keine neuen Märkte errichtet werden durften. Zwei der drei Märkte wurden neu terminiert, sie sollten nunmehr nach Mariä Empfängnis (8. Dezember) und Christi Himmelfahrt stattfinden. Ihre Dauer verlängerte man von zwei auf zehn Tage. Beide Jahrmärkte lagen damit vor bzw. nach der sehr erfolgreichen Leipziger Neujahrs- bzw. Ostermesse. Der traditionelle Braunschweiger Aegidienmarkt war von diesen Neuregelungen nicht betroffen.

Ein nachhaltiger wirtschaftlicher Erfolg scheint sich aber nicht eingestellt zu haben, wozu auch der Widerstand der Braunschweiger Kaufleute beigetragen haben dürfte, die die auswärtige Konkurrenz fürchteten. Im Jahr 1521 bat der Braunschweiger Rat Kaiser Karl V. um eine Anpassung der Markttermine. Das neue Privileg wurde am Rande des Wormser Reichstags ausgestellt. Die Dauer der Jahrmärkte sollte künftig nur noch sechs Tage betragen. Der Beginn des Frühjahrsmarktes wurde auf den zweiten Sonntag nach Ostern (Misercordia domini) verschoben und der Weihnachtsmarkt mit dem Aegidienmarkt zusammengelegt. In der Praxis ist es aber bei drei Märkten im Frühjahr (Cantate), Herbst (Aegidien) und zu Weihnachten geblieben. Die genaue Dauer dieser Märkte ist nicht bekannt. Einladungsschreiben zum Besuch der Jahrmärkte richtete der Braunschweiger Rat unter anderem an die Städte Bremen, Celle, Einbeck, Goslar, Göttingen, Halberstadt, Hamburg, Hameln, Hannover, Hildesheim, Lübeck, Magdeburg und Stendal.

Henning Steinführer

Lit.: Brübach 1994, S. 514–528; Denzel 2008; Spieß 1966, 2. Halbband, S. 417–423

59

Türsturz mit Reliefdarstellung eines Frachtkarrens

Hildesheim, Anfang 17. Jahrhundert
Eichenholz, farbig gefasst, 42 × 207 × 28 cm
Hildesheim, Roemer- und Pelizaeus-Museum, H 4081

Um ihre Waren während des Transportes zu schützen, schlossen sich im 12. Jahrhundert norddeutsche Kaufleute zur Kaufleute-Hanse zusammen, die im 14. Jahrhundert durch die Städte-Hanse abgelöst wurde. Hildesheim trat diesem Schutzbündnis um 1367 bei.

Wie man im Mittelalter, aber auch noch Anfang des 17. Jahrhunderts Waren transportierte, zeigt recht anschaulich dieser Türsturz. Welches Hildesheimer Haus er ursprüng-

lich zierte, lässt sich heute nicht mehr feststellen. In Holzfässern, wie an diesem Beispiel verdeutlicht, wurden nicht nur Wein oder Bier befördert, auch gelangten Getreide, Gewürze, Tuchballen oder Fische auf diese Weise sicher verpackt oft über mehrere Hundert Kilometer zu den Empfängern. Weniger empfindliche Produkte, wie Wolle oder Tuche, transportierte man ebenfalls gut eingepackt und verschnürt in strapazierfähigen Stoffen. Oft teilten sich mehrere Kaufleute eine Fuhre, denn ein Wagen mit mittlerer Spurweite von 120 Zentimetern konnte bis zu 1 100 Kilogramm Last aufnehmen. Zur Unterscheidung kennzeichneten die Kaufleute ihre Waren mit ihren persönlichen Hausmarken, die zugleich als Gütesiegel dienten.

Pferde lösten seit dem 7. Jahrhundert die bis dahin üblichen Ochsengespanne ab und prägten bis weit über das 19. Jahrhundert hinweg das europäische Transportgeschehen. Um die Gefährte sicher lenken zu können, bediente sich der Fuhrmann einer langen Peitsche, die seit dem 8. Jahrhundert bildlich nachweisbar ist. Die Organisation des Frachtwesens lag allgemein in den Händen von Fuhrherren, die Lieferverträge mit ihren Auftraggebern abschlossen. Sie waren es auch, die die erforderlichen Fuhrleute nebst Pferden und Wagen anheuerten und die Expedierung zu verantworten hatten. In jeder Stadt gab es mehrere Fuhrherren. Selbst Dörfer, die an wichtigen Handelsstraßen lagen, prosperierten von dem regen Fernhandel.

Stefan Bölke

Lit.: Roemer- und Pelizaeus-Museum,
Aktenbestand Roemer-Museum, Objekte Mittelalter

60

Kleiner Groschen der Stadt Braunschweig 1499, Kleiner Groschen der Stadt Braunschweig 1500, Mariengroschen der Stadt Braunschweig 1536

Silber, Dm 2,2–2,5 cm
Braunschweig, Münzforschungssammlung der Braunschweigischen Landessparkasse, 1227, 2553

60 Kleiner Groschen der Stadt Braunschweig 1499 (Vorder- und Rückseite)

Der Rat der Stadt Braunschweig hatte sich während des 15. Jahrhunderts geweigert, größere Münzsorten zu prägen, und war bei den alten kleinen Braunschweiger Löwenpfennigen als umlaufende Währungsmünzen geblieben. Fast überall in Deutschland war im 15. Jahrhundert aber aufgrund des zunehmenden Handels die größere Silbermünze des Groschens eingeführt worden, die für eine Handelsstadt wie Braunschweig besser geeignet war. Da die Stadt Braunschweig Ende des 15. Jahrhunderts mit schlechten auswärtigen Groschen, vor allem mit schlechten Goslarer Mariengroschen, überschwemmt wurde, entschloss sich der Rat der Stadt im Jahr 1499 zur Prägung eigener Braunschweiger Groschen. Herzog Heinrich d. Ä. stimmte dem zu und erkannte die neuen Münzen auch als Landeswährung an.

Die kleinen, etwa 1,6 Gramm schweren Groschen der Jahre 1499 und 1500 zeigen auf der Vorderseite den Braunschweiger Wappenschild mit dem steigenden Löwen, auf der Rückseite das Stadtbild mit sechs Türmen. Die seit 1510 in Braunschweig geprägten Mariengroschen tragen ihren Namen nach der auf der Rückseite dargestellten Maria mit dem Kinde, während auf der Vorderseite der Braunschweiger Löwe erscheint.

Wolfgang Leschhorn

Lit.: Leschhorn 2010, S. 100 f.

61

Rechenpfennig

Nürnberg, Mitte 16. Jahrhundert
Buntmetall, geprägt, Dm 2,7 cm
Göttingen, Fachdienst Bauordnung,
Denkmalschutz und Archäologie, 5568

Vorder- und Rückseite

1524 forderte Martin Luther die Ratsherren der Städte auf, christliche Schulen zu errichten und zu unterhalten. In Göttingen wurde 1542 ein Pädagogium gegründet, eine höhere Schule, die auf der Lateinschule aufbaute. Aus der Bibliothek des inzwischen aufgelösten Franziskanerklosters wurden dafür Bücher zur Verfügung gestellt. Der in der Groner Straße gefundene Rechenpfennig zeigt auf einer Seite den Lehrer (Rechenmeister), der am Rechentisch mit den Rechenlinien steht, auf der anderen Seite das ABC.

Im Rechenbuch von Adam Ries »Rechenung auf der linihen« (Erstdruck 1518) wird das Rechnen mit indisch-arabischen Ziffern (statt der unhandlichen lateinischen Zahlen) auf Rechenlinien gelehrt. Das in deutscher Sprache geschriebene Werk fand weite Verbreitung. Der dafür benötigte Rechenpfennig hat keinen eigenen (Zahlen-)Wert, er steht immer für den Wert der Linie, auf der er liegt. Neben Lesen und Schreiben war das Rechnen gerade im Handelsverkehr eine wichtige Fähigkeit, die früh gelernt werden sollte. Auch die Erwachsenen benutzten im Kontor Rechenpfennige.

Betty Arndt

62 a (Vorder- und Rückseite)

62 a

10-Taler-Löser, Herzog Julius von Wolfenbüttel

Fürstentum Braunschweig-Wolfenbüttel, 1578
Silber, Dm 7,4 cm
Braunschweig, Münzforschungssammlung der Braunschweigischen Landessparkasse, 281

62 b (ohne Abb.)

8-Taler-Löser, Herzog Julius von Wolfenbüttel

Fürstentum Braunschweig-Wolfenbüttel, 1588
Silber, Dm 7,2 cm
Braunschweig, Münzforschungssammlung der Braunschweigischen Landessparkasse, 206

Herzog Julius von Wolfenbüttel ließ ab 1574 große Silberstücke im Wert des Mehrfachen eines Talers herstellen. Der Name »Löser«, den diese münzähnlichen Prägungen trugen, weist auf ihre Funktion als finanzpolitisches Instrument hin. Die Bevölkerung sollte je nach Vermögenslage solche Löser erwerben, aufbewahren und erst dann gegen umlaufendes Geld »einlösen« dürfen, wenn der Herzog zustimmte. Die Löser stellen einen Versuch des unternehmerisch kreativen Herzogs Julius dar, Kaufkraft abzuschöpfen und den Abfluss des im Harz gewonnenen Silbers in das Ausland zu verhindern. In Zeiten zunehmender Inflation, hervorgerufen durch die aus Südamerika nach Europa einströmenden Edelmetallmengen, erwies sich dieser Versuch einer Art Konjunkturrücklage aber bald als wenig erfolgreich.

Die großen Silberstücke der Julius-Löser dienten gleichzeitig der Verbreitung der herzoglichen Regierungspropaganda. Sie zeigen auf der Vorderseite das Brustbild des Herzogs im Harnisch und mit Streitaxt, umgeben von den Tierkreiszeichen und den Personifikationen der Planeten. Die Aufschrift »Gottes Vorsehung muss geschehen, o Herr behüt mir nicht mehr, denn Seel, Leib und Ehr« ist eine der Devisen des Herzogs. »Neue Münzgepräge zu Heinrichstadt nach des Reiches Schrot und Korn genannt Braunschweigs Iulius Löser an Wert 10 [bzw. 8] Taler«, heißt es auf der Rückseite. In einer neu geschaffenen Münzstätte in Heinrichstadt, einem Stadtteil Wolfenbüttels, stellte man die Löser her.

Wolfgang Leschhorn

Lit.: Leschhorn 2010, S. 135–138

63

Radschloss-Reiterpistole

Radschloss und Endfertigung: Hans Hamer, Braunschweig, Waffenlauf: Goslar, 2. Hälfte 16. Jahrhundert
Eisen, Fruchtholz, Hirschhorn, L 72 cm
Braunschweig, Braunschweigisches Landesmuseum, LMB 24208

Die Region zwischen Braunschweig und Goslar war im 16. Jahrhundert eines der in Europa führenden Zentren der Waffenindustrie, vor allem der Feuerwaffenentwicklung. Insbesondere die Radschlossmechanik, zur damaligen Zeit ein High-End-Produkt, erfuhr in Braunschweig wesentliche Verbesserungen. Das betraf speziell den Druckmechanismus, der nötig war, um den Pyritstein auf das Schwungrad zu pressen. Die Waffe wurde abgefeuert, indem das Schwungrad, ähnlich dem in einem heutigen Feuerzeug, zunächst aufgezogen und der lange Arm mit dem Pyrit auf das Rad gelegt wurde. Drückte man den Abzug, rotierte das Schwungrad unter dem Pyrit entlang und zündete das Pulver. In Braunschweig wurde die Feder des Pyritarmes in das Waffengehäuse hineinverlegt, was den Mechanismus erheblich besser schützte, aber eine passgenaue Produktion aller Einzelteile voraussetzte. Erschwert wurde die aufwendige Endfertigung neben dem Fehlen von modernem Präzisionswerkzeug, wie es etwa Uhrmacher oder Goldschmiede heute besitzen, vor allem durch die unterschiedlichen Komponentenhersteller. Selten nur fertigte ein Büchsenmacher alle Teile selbst; hier war es der Braunschweiger Meister Hans Hamer, der das Radschloss und die Endfertigung übernahm, während der Waffenlauf nicht in Braunschweig, sondern in Goslar hergestellt wurde.

Die Braunschweiger Pistolen waren als Handelsware derart beliebt, dass sich der Rat der Stadt bereits früh mit dem Problem der Rufschädigung durch Produktpiraterie beschäftigen musste. Findige Kaufleute brachten außerhalb produzierte Teile wie Waffenschäfte, Waffenläufe und auch die Radschlösser in die Stadt, ließen sie hier lediglich zusammensetzen und verkauften diese minderwertigen Produkte dann unter dem Markennamen Braunschweig mit hohem Gewinn.

Mittels einer Verordnung verbot der Rat 1560 den betreffenden Gilden diese Praxis.

Ole Zimmermann

Lit.: Glage 1983

64
Leihgeber: Braunschweig, Braunschweigisches Landesmuseum

Nuppenbecher mit Fadendekor

Niedersachsen, Fundort: Braunschweig, 1. Hälfte 16. Jahrhundert
Glas, H 8 cm, Dm 7,1 cm
BLM-UFG 1988:5/1370.1

Berkemeier mit Rautenmuster

Niedersachsen, Fundort: Braunschweig, 2. Hälfte 16. Jahrhundert
Glas, H 10,3 cm, Dm 11 cm
BLM-UFG 1985:1/16328.1

Flügelglas

Mitteleuropa/Niederlande, Fundort: Braunschweig, 17. Jahrhundert
Glas, H 17,4 cm, Dm 8 cm
BLM-UFG 1985:1/13755.1

Becher mit opakweißen Rippen

Norddeutschland, Fundort: Braunschweig, 17. Jahrhundert
Glas, H 15,9 cm, Dm 10 cm
BLM-UFG 1985:1/13992.2

Becher mit Rippenverzierung

Niederlande (?), Fundort: Braunschweig, 1. Hälfte 17. Jahrhundert
Glas, H 7 cm, Dm 7,8 cm
BLM-UFG 1985:1/13968.9

Becher mit modelgeblasenem Dekor in Diagonalreihen

Norddeutschland (?), Fundort: Braunschweig, 1. Hälfte 17. Jahrhundert
Glas, H 4,4 cm, Dm 8 cm
BLM-UFG 1985:1/13791.7

Pokal mit Filigranmuster

Niederlande (?), Fundort: Braunschweig,
Ende 16./Anfang 17. Jahrhundert
Glas, H 24 cm, Dm 10,1 cm
BLM-UFG 1979:8/165.1

Seit dem 12./13. Jahrhundert gehören die Glashütten im waldreichen Südniedersachsen und Nordhessen zu den führenden Produzenten von Tafelglas. Zu ihren Produkten zählen vornehmlich Becher und aufwendiges Tafelgeschirr aus grünlichem Waldglas. Seit der Frühen Neuzeit wurden große Mengen Hohlglas aus der Mittelgebirgszone nach Skandinavien, Mitteldeutschland und in die Niederlande verhandelt.

Die Fundzusammenstellung aus der Braunschweiger Altstadt ist dazu geeignet, wichtige Innovationen bei der Hohlglasherstellung während des 16. Jahrhunderts aufzuzeigen. Unter dem Einfluss venezianischer Glashütten wurden entfärbte Glasmassen entwickelt. Repräsentative Gläser mit Milchglasfäden und sogenannte Flügelgläser mit schlangenförmigem Fuß gehören zu den Spitzenprodukten renaissancezeitlicher Glasmacherkunst. Landgraf Wilhelm IV.

von Hessen-Kassel gelang es, mit abgeworbenen Glasmachern 1583/84 in Kassel eine »Venezianerhütte« zu unterhalten. In vielen konkurrierenden Hüttenregionen versuchten einheimische Meister, die venezianischen Kunstwerke für eine wirtschaftlich potente Käuferschicht zu kopieren. Somit erscheint eine eindeutige Provenienzzuweisung der Braunschweiger Stücke nicht möglich. Einflüsse der Glasregionen in den Niederlanden, im Erzgebirge und in Italien werden im norddeutschen Fundgut spürbar. Das handwerklich perfekt ausgeführte Flügelglas könnte beispielsweise von einem venezianischen Glasmacher in einer Hütte nördlich der Alpen gefertigt worden sein. Der Becher mit Rippendekor und der Pokal aus Fadenglas sind möglicherweise in den Niederlanden entstanden, während der Nuppenbecher und der Becher mit senkrechtem Fadendekor vielleicht in lokalen Hütten hergestellt wurden. Die Nutzer der Braunschweiger Gläser gehörten sicherlich einer wohlhabenden bürgerlichen Oberschicht an.

Stefan Krabath

Lit.: Bruckschen 2004; Henkes 1994; Ring 2003

65

Briefe der Goldschmiedegesellen Cyriakus, Autor, Franz und Jürgen Gottschalck an ihre Mutter

Verschiedene Orte, 1527–1551
Papier, 43 × 33,5 cm
Goslar, Stadtarchiv, B 4149, Nr. 1-26

Als Cyriakus Gottschalck 1538 in Liegnitz in Schlesien sesshaft wurde, lag eine jahrelange Odyssee hinter ihm, die in seiner Heimatstadt Goslar begonnen hatte. Dem ältesten Sohn der Goldschmiedewitwe Adelheid Gottschalck wurde zusammen mit seinen drei jüngeren Brüdern Autor, Franz und Jürgen im Jahr 1525 eine Lehre in Braunschweig ermöglicht. Etwa zwei Jahre später, nach erfolgreicher Beendigung der Lehre bei dem Braunschweiger Goldschmied Ambrosius Probst, fand Cyriakus zunächst für einige Jahre eine Anstellung in Magdeburg. Die Stadt verließ er 1532 Richtung Wittenberg, um dort seinen erkrankten Bruder Autor zu pflegen.

Es sollte nicht das letzte Mal gewesen sein, dass sich die Wege der Brüder auf ihrer Wanderschaft kreuzten. So hielten sich 1534 bis auf den jüngsten Bruder, Jürgen, die übrigen allesamt in Königsberg auf. Cyriakus zog es von dort aus weiter nach Livland ins Baltikum, bevor er nach insgesamt elfjähriger Wanderschaft 1538 in Liegnitz eine junge, wohlhabende Witwe heiratete und sich dauerhaft niederließ. Er verstarb jedoch bereits zwei Jahre später. Autor eröffnete, unweit von seinem älteren Bruder, ein eigenes Geschäft in Breslau, verstarb jedoch bereits 1543, ebenso wie sein Bruder Jürgen, der unterdessen auch in Liegnitz angekommen war.

Franz, der Zweitjüngste, arbeitete 1540 vorübergehend als Geselle für Cyriakus, bis dieser verstarb. Nach einem kurzen Besuch seiner Heimatstadt Goslar kehrte er 1542 nach Liegnitz zurück und heiratete dort die Tochter eines wohlhabenden Bürgers. Er führte ein Geschäft in der Stadt, das jedoch in Kriegszeiten in Not geriet.

Die Briefe der Brüder in die Heimat zeugen von Gottesfürchtigkeit und tiefer Dankbarkeit gegenüber der Mutter. Die hart arbeitende Witwe ermöglichte ihren Söhnen den Besuch einer Schule. Dadurch lernten sie Lesen und Schreiben und konnten einem achtbaren Beruf nachgehen. Die gegenseitige Unterstützung der Brüder während ihrer Wanderschaft sowie die Nähe ihrer späteren Wohn- bzw. Arbeitsorte bekräftigen den starken familiären Zusammenhalt.

Markus Ebert

Lit.: Hölscher 1903; Meckseper 1985, S. 724 f.

141 19 August 1537.

Erntlichs lybe gonnere lybe mutter wysset dat ich und
frysschen myn wyfe und kinderen in myner truwen der gelegen
were myrh eyne grosse freyde zu horen lybe mutter wysset
dat myn wyff yst in den wochen wessen und Got hat
myr und mynen wyfe eyne Jungen son beschert in yst
elff wochen alt und heyst wye ich und den anderen hat och
eyne jungen son heyst Myrchel wye unsser vater och wysset
lybe mutter dat ich euwer schryben vernome dat yr uff euwer
alter wanderen solt in frembden landen nycht wol gefellt
so blypet yn name Gottes den yr solt nycht vergessen
werden och kan ich wol gedencken dat euch dye sprache nycht
wol myt seyn und sunst andere welder myt euch zu
reden och wysset dat ich euch sende eyn daller zu der
Zeyrung lybe mutter wysset dat Jurge und Franss beyander
seyn zu arbeyten och wysset dat der Jurge gewers seyn
[illegible] gereth haben wolt wen es seyn konst nu wyss ich
nyt zu schryben den dat yr myner gedenckett in euwern
gebet und helff myr Got dancken vor alle woldath
dye myr zu vyel gutter nacht Got spare euch langsunt
und sagt Clawes Kathrina vyl gutter nacht sampt den syner
geschryben des Mytwochs vor Bartolmey ym Jar 1537

Cyprianus Gotschalck
E L S

OPTIONEN

Stadt und Reformation

Die in der ersten Hälfte des 16. Jahrhunderts von Wittenberg ausgehenden reformatorischen Ideen entfalteten in den Städten eine besonders nachhaltige Wirkung. Das Bürgertum spielte für die erfolgreiche Verbreitung der Reformation eine kaum zu überschätzende Rolle. Der amerikanische Kirchenhistoriker Arthur Dickens hat die Reformation sogar einmal als ein »urban event« charakterisiert.[1]

In Deutschland war seit dem 13. Jahrhundert ein dichtes Städtenetz entstanden. Bereits in der hier zu betrachtenden ersten Hälfte des 16. Jahrhunderts lebte ein erheblicher Teil der Bevölkerung in Städten. Im Fürstentum Braunschweig-Wolfenbüttel zum Beispiel lag der Anteil der Stadtbewohner an der Gesamtbevölkerung bei etwa einem Drittel. Die Kommunen waren nicht nur Bevölkerungs- und Wirtschaftszentren, sondern zugleich auch Zentren für Religion und Bildung. In den Städten bündelten sich außerdem die Kommunikationsstränge der Zeit. In diesem Bereich eröffneten sich durch die Erfindung des Buchdrucks mit beweglichen Lettern in der Mitte des 15. Jahrhunderts ganz neue Optionen. Die Buchhändler waren nun in der Lage, einer entsprechend gebildeten städtischen Leserschicht innerhalb kürzester Zeit die neuesten Druckerzeugnisse anzubieten.

Die wohl wichtigste Voraussetzung für die rasche Verbreitung reformatorischer Gedanken in den Städten war jedoch die intensive Frömmigkeit des späten Mittelalters: Im Mittelpunkt stand die Sorge um das Seelenheil der Lebenden und der Toten. Eine unüberschaubare Zahl von Stiftungen und guten Werken trug dieser Sorge Rechnung. Hierher gehört auch das von Luther so kritisierte Ablasswesen. Die zunehmende Frömmigkeit hatte bei vielen Stadtbürgern schon vor der Reformation ein großes Interesse an religiösen Themen wachsen lassen. Besitz und Lektüre theologischer Schriften waren in den norddeutschen Städten um 1500 durchaus auch unter Laien verbreitet. Die Bürger verstanden die von zahlreichen geistlichen Institutionen geprägte Stadtgesellschaft als »Sakralgemeinschaft«, für sie bestand eine Einheit zwischen Bürgergemeinde und Glaubensgemeinschaft.[2] In einer solchen Bürgerschaft fand das Gemeindeprinzip der reformatorischen Theologie eine wichtige Basis für seine erfolgreiche Verbreitung.

Welchen Verlauf die Reformation in einer Stadt nahm, war von den jeweiligen inneren und äußeren Rahmenbedingungen abhängig. Die bestimmenden Faktoren waren dabei das Zusammenspiel von geistlichen und weltlichen Handlungsträgern, die je nach Kommune unterschiedlichen politischen, wirtschaftlichen und sozialen Bedingungen und das jeweilige Maß an Handlungsfreiheit gegenüber dem Stadtherrn. Der Weg bis zur Durchsetzung der Reformation innerhalb einer Kommune war in der Regel ein mehrstufiger Prozess, der sich über Jahre hinziehen konnte.

Stadtreformation in Niedersachsen

Nimmt man den Ablauf der Reformation in den Städten im Südosten Niedersachsens in den Blick, so kann man bei allen von Stadt zu Stadt bestehenden Unterschieden doch ein Muster erkennen. Als erste Träger reformatorischer Gedanken erscheinen in der Regel Bürger, die außerhalb der im Rat zusammengeschlossenen politischen Führungsgruppe der jeweiligen Stadt standen. Das reformatorische Gedankengut konnte über die Lektüre von Luthers Schriften, durch direkte Verbindungen in das Zentrum der Reformation in Wittenberg (Studienaufenthalt) oder durch das Auftreten reformatorisch gesinnter Persönlichkeiten in die Stadt getragen werden. In Braunschweig etwa sind erste frühreformatorisch gesinnte Kreise in der Bürgerschaft schon 1514/15 im Zusammenhang mit dem kurzzeitigen Wirken von Thomas Müntzer an der Michaeliskirche nachweisbar. Durch spätere Briefwechsel Braunschweiger Bürger mit Müntzer ist bekannt, dass Luthers Schriften hier erstaunlich schnell nach ihrem Erscheinen verfügbar waren und innerhalb von Bürgerschaft und Geistlichkeit auch rezipiert wurden. Für ganz Niedersachsen von Bedeutung ist das Wirken des Braunschweiger Benediktinermönchs Gottschalk Kruse, der nach Studium in Erfurt und Wittenberg 1522 im Aegidienkloster Vorlesungen über das Matthäusevangelium zu halten begann, die auch unter den Bürgern auf erhebliche Resonanz stießen. Aus der Feder Kruses, der 1523 Braunschweig verlassen musste und als Reformator in Celle und Harburg wirkte, stammt auch die früheste reformatorische Schrift aus Niedersachsen, die 1522 unter dem Titel »Van adams vnd vnsem valle vnd wedder vperstandinghe« (Von Adams und unserem Fall und Wiederauferstehung) in Braunschweig bei Hans Dorn gedruckt wurde.

Die Propagierung reformatorischer Gedanken hatte die Infragestellung des bestehenden kommunalen Kirchenwesens zur Konsequenz und dies musste zwangsläufig zum Konflikt mit den Sachwaltern dieses Kirchenwesens führen: der etablierten Geistlichkeit und den die politische Verantwortung tragenden städtischen Räten. Für die Räte war es handlungsleitend, einerseits den innerstädtischen Frieden zu wahren und andererseits die Stadt nicht in Auseinandersetzungen mit dem Kaiser bzw. dem eigenen Stadtherrn zu verwickeln. Dies geschah in der Absicht, Schaden von der Stadt abzuwenden.

Der innere Konflikt wurde in der Regel zunächst auf dem Verhandlungsweg ausgetragen. Bei diesen Verhandlungen verliehen nicht selten zu diesem Zweck gebildete Bürgerausschüsse den reformatorischen Forderungen der Bürgerschaft Nachdruck. So forderten in Goslar Vertreter von Stadtgemeinde und Gilden 1525 unter anderem die Einführung der evangelischen Predigt. In Braunschweig griffen schon ein Jahr zuvor theologisch gebildete Bürger, unter ihnen der Jurist Autor Sander, in ein zur Verurteilung von Luthers Schriften abgehaltenes Provinzialkapitel der Franziskaner ein. Wenige Jahre später waren es die Bürger der Teilstadt Hagen, die dem Rat ein weitgehendes Reformprogramm vorlegten und dieses auch durchsetzten.

In Hannover lehnte der Rat jede reformatorische Neuerung zunächst strikt ab und flüchtete vor den immer dringlicher vorgetragenen Forderungen der Bürgerschaft nach einer Änderung des Kirchenwesens 1532 nach Hildesheim. Der Übertritt zum evangelischen Glauben erfolgte, nachdem die kritische Situation eines Machtvakuums überstanden war, 1533 mit dem sogenannten Bürgerschaftsschwur. War die Entscheidung für die Reformation durch den Rat einmal getroffen, kam es darauf an, eine geeignete Persönlichkeit zu finden, die in der Lage war, das jeweilige Kirchenwesen glaubhaft und nachhaltig umzugestalten. Die städtischen Kirchenordnungen waren bei Weitem nicht auf Fragen des Gottesdienstes beschränkt, sondern stellten den gesamten Aufbau der Kirche, ihre wirtschaftliche Basis, das städtische Bildungswesen und die soziale Fürsorge auf eine neue Grundlage. Als mit diesen Aufgaben betraute »Stadtreformatoren« haben in den Städten Südostniedersachsens hervorragende Persönlichkeiten gewirkt, zum Beispiel Johannes Bugenhagen (Braunschweig, Hildesheim), Urbanus Rhegius (Lüneburg, Hannover) oder Nikolaus von Amsdorf (Goslar).

Die erste Kirchenordnung wurde am 5. September 1528 von Johannes Bugenhagen in Braunschweig verkündet. Der Wittenberger Stadtpfarrer und Luthervertraute Bugenhagen war nur zur Erarbeitung dieser Ordnung für wenige Monate an die Oker gekommen. Die Braunschweiger Kirchenordnung sollte vorbildhaft für die anschließend durch Bugenhagen vorgenommene Neuordnung des Kirchenwesens in Hamburg und Lübeck sowie in Skandinavien sein. In den 1540er Jahren schuf Bugenhagen noch die Kirchenordnung der erst spät zum neuen Glauben übergetretenen Stadt Hildesheim.

Absicherung der Reformation

Die Verkündung der evangelischen Kirchenordnungen (z. B. Braunschweig 1528, Goslar 1531, Hannover 1535/36, Hildesheim 1544) allein musste aber noch keinen dauerhaften Erfolg der Reformation bedeuten. Das Erreichte musste vielmehr nach innen und außen abgesichert werden. Innerhalb der Bürgerschaft gab es in den meisten Städten durchaus nennenswerte Gruppen, die der Reformation ablehnend gegenüberstanden. Hinzu kamen unterschiedliche reformatorische Orientierungen in der Geistlichkeit, beispielsweise die Anhänger von Zwingli und Calvin, die von den Lutheranern entschieden bekämpft wurden.

Die Absicherung der Reformation nach außen war mit der Frage nach der städtischen Selbstständigkeit eng verknüpft. Die größeren Städte Südostniedersachsens hatten in der ersten Hälfte des 16. Jahrhunderts weitgehende Freiheitsrechte erlangt. Die Stellung einer Reichsstadt hatte zwar nur Goslar inne, aber auch die Räte von Braunschweig, Hildesheim, Hameln, Einbeck, Göttingen oder Hannover regelten ihre Angelegenheiten weitgehend unabhängig von ihren eigentlichen weltlichen oder geistlichen Stadtherren.

Die Reformation bot den Städten die Möglichkeit, durch die Erlangung der Kontrolle über das Kirchenwesen diese Stellung auszubauen und so die städtische Autonomie zu stärken. Zugleich führte die regelmäßig vorkommende Missachtung stadtherrlicher Rechte zu neuen Konflikten. Besonders intensiv wurde die Auseinandersetzung zwischen der Stadt Braunschweig und Herzog Heinrich d. J., einem der profiliertesten Vertreter des alten Glaubens, geführt. Umgekehrt verhielt es sich in Lüneburg. Hier versuchte Herzog Ernst der Bekenner, der sich schon 1527 dem evangelischen Bekenntnis angeschlossen hatte, die Einführung des neuen Glaubens in der Stadt mit der Rückgewinnung von politischem Einfluss in dieser zu verknüpfen. Am Ende obsiegte aber Lüneburg, das den Herzog bei der Einführung der Reformation aus den städtischen Angelegenheiten herauszuhalten vermochte.

Zur Absicherung der Reformation gegenüber Kaiser und Reich traten auch die Städte Braunschweig, Einbeck, Goslar, Göttingen, Hildesheim und Hannover dem 1531 geschlossenen Schmalkaldischen Bund, dem Schutzbündnis der evangelischen Fürsten, bei. Der Bund stand unter der Führung des sächsischen Kurfürsten Johann Friedrich und des hessischen Landgrafen Philipp und kam mehrfach zu Bundestagen in Braunschweig zusammen. Nach der Niederlage des Bundes im Schmalkaldischen Krieg (1547) gerieten insbesondere Braunschweig und Goslar in eine schwierige Lage. Beide konnten Belagerungen durch Heinrich d. J. zwar abwehren, mussten aber in entsprechenden Friedensverträgen Zugeständnisse machen. Goslar verlor dabei unter anderem die Hoheit über den Rammelsberg an den Welfen (Riechenberger Vertrag 1552). Erst der Augsburger Religionsfrieden (1555) bedeutete auch für die niedersächsischen Städte die endgültige Absicherung des evangelischen Bekenntnisses.

Henning Steinführer

Anmerkungen

1 Dickens 1974, S. 182.

2 Moeller 2011 b; zum Zusammenhang vgl. weiterhin: Hamm 1996.

66

Martin Luther als Augustinermönch vor einer Nische

Lucas Cranach d. Ä., 1520
Kupferstich, 16,5 × 11,5 cm
Braunschweig, Herzog Anton Ulrich-Museum,
LCranach d. Ä. AB 3.7K

Der datierte und mit Cranachs Wappenbild signierte Kupferstich von 1520, der Martin Luther als Augustinermönch in Halbfigur und im Dreiviertelprofil nach links vor einer Nische darstellt, ist das erste offizielle Bildnis des Reformators, das nach dem Willen des kürfürstlich-sächsischen Hofes in Wittenberg verbreitet wurde. Ein zweiter, ebenfalls 1520 datierter, heute ungleich prominenterer Stich, der nur die Büste Luthers zeigt und kurz zuvor geschaffen worden sein dürfte, kam zunächst nicht zur Veröffentlichung. Im Basler Katalog der Cranach-Ausstellung von 1974 hat Dieter Koepplin anhand der Wasserzeichen offengelegt, dass nur drei Probedrucke des ersten und zweiten Zustands dieses Blattes zu Luthers und Cranachs Lebzeiten entstanden sind; die etwa 30 Exemplare des (endgültigen) dritten Zustands stammen aus dem späteren 16. Jahrhundert. Offenbar vermittelte das unterdrückte Porträt nicht die gewünschte Vorstellung des aufsehenerregenden, kirchenkritischen Mönchs, der 1520 mit seinen reformatorischen Hauptschriften hervorgetreten war und in demselben Jahr die Bannandrohungsbulle erhalten (und verbrannt) hatte. Anders das zweite Blatt, das publiziert und unverzüglich kopiert wurde.

Vor einer die Gestalt über- und hinterfangenden Rundbogennische, die sich nach links hin verschattet, steht Luther hell und körperhaft, durch das von links oben einfallende Licht frontal getroffen, mit empor gerichtetem Blick. Vor sich ein aufgeschlagenes Buch, hat er, wie es scheint, eben sein Gesicht mit markanten, dabei offenen und milden Zügen ganz der außerbildlichen Lichtquelle zugewandt, während die bis in Brusthöhe erhobene Linke angesichts der Blickrichtung und der fest geschlossenen Lippen wohl keinen Redegestus meint, sondern als Ausdruck der Demut, auch der Ergriffenheit und Hingabe verstanden werden soll. Als Bezugspunkt des Emporschauenden ist mit der Bedeutung eines von oben herabströmenden Lichts als Himmelslicht vor dem Hintergrund der christlichen (und konkret: der Heiligen-)Ikonografie unmissverständlich Gott zu begreifen. Unmittelbar Gott zugewandt und vom (göttlichen) Licht überstrahlt, erscheint der Mönch, der von seinem Buch – mutmaßlich der Heiligen Schrift – aufsieht und im Ganzen nicht das Bild eines Eiferers oder (ketzerischen) Agitators, sondern das eines kontemplativen, wenn auch festen Charakters bietet. Die Kopie des Stichs von Hans Baldung Grien, der in einem Holzschnitt bereits 1521 Luthers Porträt mit einem Nimbus und einer über dessen Haupt schwebenden Heilig-Geist-Taube ausstattete, bringt explizit und in gesteigerter Form zum Ausdruck, was Cranach immerhin zeichenhaft andeutete.

Die Beischrift, die von Georg Spalatin stammen dürfte (AK Lucas Cranach 2015, Bd. 1, Nr. 36, S. 93/95), besagt: »Die ewigen Abbilder seines Geistes bringt Luther selbst hervor, die sterblichen Züge aber das Wachs des Lucas.« Im Anschluss an antike Topoi wird damit gegenüber der Wiedergabe von Luthers äußerer Erscheinung – die noch immer ein ansehnliches Werk des Künstlers sein kann – die im Geistigen liegende Leistung des Porträtierten als das Größere kenntlich gemacht.

Thomas Noll

Lit.: AK Lukas Cranach 2015, Nr. 35 f.;
van Gülpen 2002; Warnke 1984, S. 24–39

AETHERNA IPSE SVAE MENTIS SIMVLACHRA LVTHERVS
EXPRIMIT·AT VVLTVS CERA LVCAE OCCIDVOS
·M·D·X·X·

An den Christlichenn
Adel deutscher Nation:
von des Christlichen
standes besserung:
D. Martinus
Luther.
Durch yhn selbs ge/
mehret vnd corrigirt.
Vuittemberg.

67

An den Christlichenn Adel deutscher Nation: von des Christlichen standes besserung

Martin Luther, Wittenberg, 1520
Druck: Melchior Lotter d.J.
Papier, 21,4 × 17,5 × 7 cm
Braunschweig, Theologisches Zentrum – Bibliothek, 405 kon 1

Innerhalb der überaus reichhaltigen Publizistik des Jahres 1520, in dem sich Luthers römischer Prozess entschied und die Bannandrohungsbulle »Exsurge Domine« am 15. Juni 1520 promulgiert wurde, nahm Luthers Schrift »An den christlichen Adel deutscher Nation« eine Sonderstellung ein: Sie bot aufregend neue theologische Inhalte, entfaltete ein hoch politisches Reformprogramm, richtete sich an die weltlichen Herrschaftsträger – vom Kaiser über die Reichsfürsten, den Adel und die städtischen Magistrate bis hin zu jedem Christenmenschen – und identifizierte das Papsttum erstmals öffentlich als Antichristen. Luther dürfte an der Schrift etwa vier bis fünf Wochen, zwischen Ende Juni (Datierung der Widmungsvorrede an seinen Freund und Kollegen Nikolaus von Amsdorf: 24. Juni) und Anfang August 1520 gearbeitet haben; inhaltliche Doppelungen ergaben sich daraus, dass der erste Teil der Schrift bereits gedruckt wurde, während Luther noch weiterschrieb. Für den Erstdruck ist eine ungewöhnliche Auflagenhöhe von 4000 Exemplaren bezeugt; bald nach Ende August brachte der Wittenberger Drucker Melchior Lotter eine zweite Auflage heraus. Wohl noch 1520 kamen insgesamt ein Dutzend nur mit einer Ausnahme nichtfirmierte Drucke in Wittenberg, Leipzig, Augsburg, Basel, Straßburg und München heraus.

Luthers Schrift entfaltete erstmals das ekklesiologische Programm des Allgemeinen Priestertums der Glaubenden und Getauften; jeder Christ ist berechtigt und – entsprechend seinem Stand – verpflichtet, zugunsten einer »Besserung«, das heißt einer »Reformation« des Kirchenwesens einzutreten. Eine Prärogative des Klerikerstandes erkannte er nicht mehr an, ebenso wenig ein exklusives Recht des Papstes bei der Auslegung der Bibel oder dessen Superiorität gegenüber dem Konzil. Neben einer scharfen Kritik an Missständen (Ordenswesen, Wallfahrten, kirchliche Hierarchie, Kirchenrecht etc.) entwarf die Schrift das Modell einer Kirchen- und Gesellschaftsreform.

Thomas Kaufmann

Lit.: Benzing-Claus Nr. 683–696; Kaufmann 2014/2016; Kohnle 2014, S. 69–85; Moeller 2001, S. 108–120; VD 16 L 3748–3762

68

De Captivitate Babylonica Ecclesiae

Martin Luther, Wittenberg, 1520
Druck: Melchior Lotter d.J.
Papier, 22,6 × 17,2 × 6,7 cm
Goslar, Marktkirchenbibliothek, 332

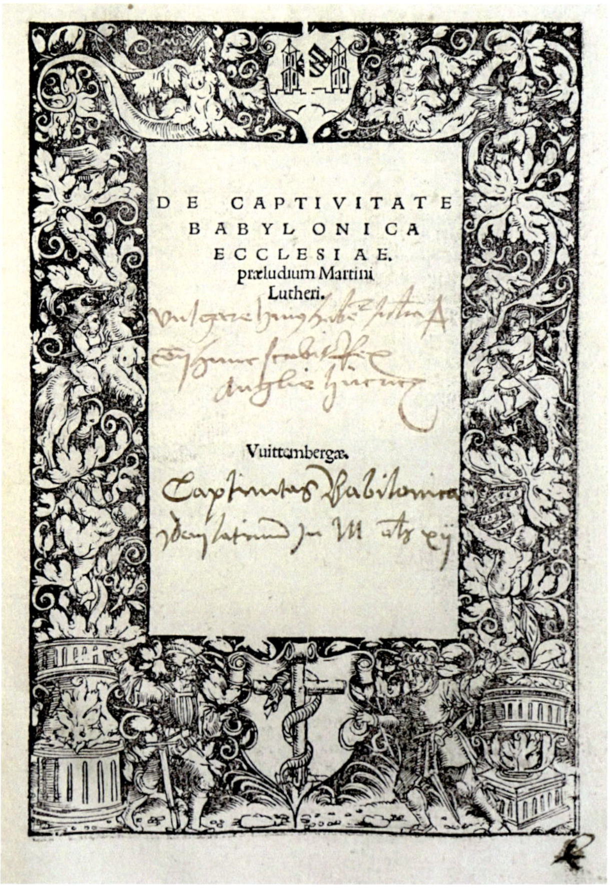

»Von der babylonischen Gefangenschaft der Kirche« gehört in die Reihe der sogenannten lutherischen Hauptschriften von 1520, die Luther als Reaktion auf die über ihn am 15. Juni desselben Jahres verhängte Bannandrohungsbulle verfasste. 60 Tage räumte Papst Leo X. Luther als Frist zur Widerrufung seiner 95 Thesen zur herrschenden Ablasspraxis ein. Auf die im Juni in deutscher Sprache verfasste Programmschrift »An den christlichen Adel deutscher Nation« (vgl. Kat.-Nr. 67), die als Entwurf einer politischen Umsetzung der Reformation verstanden werden kann, folgt mit »Von der babylonischen Gefangenschaft der Kirche« nun eine in Latein verfasste Schrift an den Klerus, die theologisch gebildeten Zeitgenossen und Kritiker. Luther sieht die Kirche in einer Gefangenschaft, die er mit dem babylonischen Exil des Volkes Israels im 6. Jahrhundert v. Chr. vergleicht, freilich nicht äußerlich, körperlich, sondern innerlich, geistlich. Kernthemen sind deshalb Sakramente und gottesdienstliche Praxis. Luther will die Siebenzahl der Sakramente auf diejenigen verringern, die in der Bibel verankert und mit einer Zeichenhandlung versehen sind. Dies gilt in seinen Augen nur für die Taufe und das Abendmahl, da diese im Neuen Testament bezeugt werden und durch die sie begleitenden Rituale zeichenhaft erfahrbar sind. Da der Beichte das Zeichen fehlt, kann Luther ihr, obschon sie für den Christenmenschen eine zentrale Aufgabe bleibt, fortan lediglich einen sakramentalen Charakter zuweisen. Die Ehe aber, da ohne Schriftbezug, bezeichnet er als ein »weltlich Ding«. Die eucharistische Praxis enthielt den Laien den Kelch vor und verlieh dem Priester mit der Lehre von der Transsubstantiation (Wandlung) eine ihm von Luther nicht zugebilligte Macht. Den Charakter der Messe sah dieser durch die Verquickung mit Geldgeschäften (z. B. durch »gekaufte« Messen für Verstorbene) als verfehlt und reformbedürftig an.

Britta Lange-Geck

Lit.: Kaufmann 2009; Leppin 2005

69

Von der Freiheit eines Christenmenschen

Martin Luther, Wittenberg, 1520
Druck: Johann Rhau-Grunenberg
Papier, 22,3 × 17 × 7,2 cm
Goslar, Marktkirchenbibliothek, 349

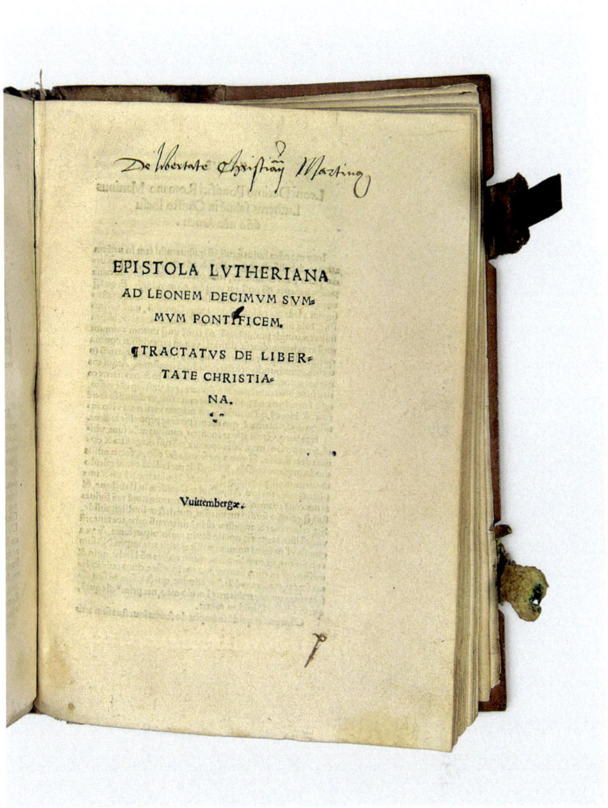

Mit dem als »Freiheitsschrift« bekannt gewordenen und bis heute den Protestantismus prägenden Traktat fasste Luther gewissermaßen die Anliegen all seiner Hauptschriften von 1520 in einer Art Ethik zusammen. Zunächst in lateinischer Sprache geschrieben, erwiesen sich jedoch die niederdeutsche Übersetzung sowie die neuhochdeutsche Fassung als die wirkmächtigeren. In der Hauptthese »Ein Christenmensch ist ein freier Herr aller Dinge und niemandem Untertan; ein Christenmensch ist ein dienstbarer Knecht aller Dinge und jedermann untertan« spiegelt sich Luthers Obrigkeitsverständnis ebenso wider wie sein Konzept vom »Priestertum aller Getauften«. 30 Thesen zum christlichen Selbstverständnis in Bindung und Freiheit stellt Luther vor, unterteilt in die Beschreibung des inneren, geistlichen Menschen (Thesen 1 bis 18) und des äußeren, leiblichen (Thesen 19 bis 30). Während der innere Mensch durch Christus völlig befreit leben kann, selbst wenn äußere Not und Zwänge ihn bedrohen, ist der äußere Mensch zum Dienst verpflichtet. Dies beschreibt Luther mit dem eindrücklichen Bild des guten Baumes, der (durch Gottes Liebe lebendig) »automatisch« gute Früchte trägt. Der Christenmensch ist also einerseits befreit *von* guten Werken, andererseits eben genau auch *zu* diesen. Das Wesen der lutherischen Rechtfertigungslehre wird hier im Kern beschrieben. In der im Oktober verfassten, von Luther vermutlich im Hinblick auf die Bannandrohungsbulle vordatierten Schrift sehen manche Kirchenhistoriker einen letzten Versuch Luthers, dem Papst die eigene Rechtgläubigkeit zu zeigen; andere vertreten die ebenso nachvollziehbare Position, Luther schreibe sich hier auch selbst buchstäblich frei, indem er nicht auf die Provokationen anderer reagiere, sondern vielmehr die Wahl seiner Themen und seines Programms selbst bestimme.

Britta Lange-Geck

Lit.: Jung 2017; Kaufmann 2009

70

Das Newe Testament Deutzsch

Martin Luther, Wittenberg, 1522
Druck: Melchior Lotter d.J., Christian Döring,
Holzschnitte: Lucas Cranach d.Ä.
Papier, 31,5 × 21,5 × 6,5 cm
Goslar, Marktkirchenbibliothek, MKB 209, 2

Zu den 1535 nach Goslar gelangten Buchschätzen des Halberstädter Klerikers und Notars Andreas Gronewalt gehört auch ein Exemplar von Martin Luthers »Septembertestament«. Es handelt sich um die erstmalige Übersetzung des Neuen Testaments auf der Grundlage der griechisch-lateinischen Ausgabe des Erasmus von Rotterdam. Obwohl Luther seinen Namen im gesamten Werk nicht nennt, gibt er durch Vorreden und Randglossen zu erkennen, dass sein auf der Wartburg erarbeitetes Werk substanzieller Bestandteil seines Kampfes gegen den »Papisten hauff« (Glosse zu Mt 5,17) und Rom insgesamt ist. Bei der von ihm wenig geschätzten Offenbarung des Johannes hält er sich mit Glossen zurück. An deren Stelle treten jedoch umso wirkmächtigere Holzschnitte. Zustimmung und Protest lösten die Darstellungen aus, auf denen die dreifache Krone, also die päpstliche Tiara, das Papsttum etwa als Hure Babylon oder als Antichrist erscheinen.

Andreas Gronewalt hatte ganz offenbar besonderen Gefallen an der von Lucas Cranach d.Ä. nach Albrecht Dürer gefertigten Illustration der in Offenbarung 18 geschilderten »Klage über das brennende Babylon« gefunden. An den Gebäuden erkannte er unschwer, dass der Künstler »aktualisiert« hatte: Das Kapitol und die Engelsburg zeigen, dass Rom gemeint ist. Und im Vordergrund klagen nicht, wie der Bibeltext vorgibt, Könige, Kaufleute und »Schiffsherren« über den großen Verlust. Es sind Pfründeninhaber, Geistliche, Kanoniker, die angesichts des Untergangs »Roms« über den Verlust ihrer Einkünfte klagen. Diese kritische Sicht gefiel Gronewalt so gut, dass er zur Feder griff, sie in die rote Tinte tauchte und den Brand kräftig »verstärkte«. Daraus ist zu schließen: Das Dargestellte entsprach ganz seiner Haltung. Der Halberstädter war zwar Bestandteil des damaligen Systems und sogar im Dienst von Kardinal Albrecht, neigte aber der humanistischen Ablehnung der römischen Zustände und Machtansprüche zu. Damit war auch eine Nähe zu manchen Gedanken der Reformatoren gegeben. So begegnet uns in Andreas Gronewalt ein Mensch, der »zwischen den Konfessionen« steht – und auch dabei bleibt.

Helmut Liersch

Lit.: Liersch 2013a, S. 35–39; Reinitzer 1983, S. 130f.

71

Das New Testament

Hieronymus Emser, Dresden, 1527
Druck: Wolfgang Stöckel, Holzschnitte und Illustrationen: Georg Lemberger
Papier, 31,8 × 22,3 × 5,5 cm
Braunschweig, Theologisches Zentrum – Bibliothek, B V 48 fol

Die Übersetzung der seit dem 9. Jahrhundert verbindlichen lateinischen Bibel (»Vulgata«) stand für die Reformatoren auf der Tagesordnung. Jeder Christ sollte im Ringen um seinen persönlichen Glauben die Bibel selbstständig lesen und reflektieren können. Gleichzeitig unterzogen sie die »Vulgata« sprachlicher und theologischer Kritik. Es entbrannte ein Kampf um das »unverfälschte« Wort Gottes. Hieronymus Emser, Jurist und Bakkalaureus der Theologie, stand als Kaplan und Sekretär im Dienst Herzog Georgs von Sachsen und verteidigte die katholische Kirche. Zwischen ihm und Martin Luther entspann sich seit 1519 ein Disput um Messopfer, Primat des Papstes und Allgemeines Priestertum. Luther verbrannte 1520 neben der päpstlichen Bannbulle auch die Schriften Emsers. An Luthers 1522 erschienenem Neuen Testament kritisierte Emser vor allem, dass die Übersetzung auf den hebräisch-griechischen (Ur-)Texten beruhte. Emser publizierte 1527 eine mit Randglossen versehene »Korrektur- oder Gegenbibel«, in der Luthers »vermessen und verkorte Dolmatschung« beklagt und vielmehr der »Lateynische vnd bewerte text vnversert« gedruckt wurde. Seine Übersetzung unterschied sich von der Luthers aber eher durch sprachliche denn theologische Korrekturen. Luther bezichtigte ihn daher 1530 des Plagiats (»verkaufft also mein Testament vnter seinem namen«). Spätere (katholische) Übersetzungen des Neuen und Alten Testaments durch Johann Dietenberger (1534) und Johannes Eck (1537) basierten ebenso auf der Vorlage Emsers wie eine 1530 auf Initiative des katholischen Laienordens der Michaelisbrüder in Rostock herausgegebene niederdeutsche Ausgabe des Neuen Testaments. Mit der Entscheidung des Zweiten Vatikanischen Konzils (1962–1965), die Muttersprache in der Liturgie zuzulassen, gingen 1972/1974 und 1979/80 neue (Einheits-)Übersetzungen der Bibel für die deutschsprachigen Bistümer einher.

Hans-Jürgen Engelking

Lit.: Jünke 1978

72
Leihgeber: Braunschweig, Theologisches Zentrum – Bibliothek

72 a

Dat nye Testament düdesch gantz vlytigen gecorrigiret mit eynem Register

Martin Luther, Wittenberg, 1525
Papier, 21,4 × 16 × 6,5 cm
B V 32

72 b

Dat Nye Testament. Martini Luthers. Mit Nyen Summarien edder kortem Vorstande up ein yder Capittel dorch Johannem Bugenhagen

Johannes Bugenhagen, Lübeck, 1533/34
Druck: Ludwig Dietz, Kupferstiche: Georg Lemberger
Papier, 34,2 × 26 × 9,7 cm
B V 34 fol

Das reformatorisch intendierte eigenverantwortliche Studium der Heiligen Schrift erforderte die Übersetzung der Bibel in die Muttersprache. Weil keine einheitliche Sprache existierte, vielmehr hoch- und niederdeutsche (Schrift-)Sprachen sich stark voneinander unterschieden, arbeiteten die Reformatoren an niederdeutschen Bibelausgaben. Außerdem forderten sie das von katholischer Tradition und Lehre befreite »reyne Euangelion« und lehnten die seit dem 9. Jahrhundert verbindliche lateinische Bibel (»Vulgata«) ab. Unter Verwendung der von den Humanisten wiederentdeckten, hebräisch-griechischen (Ur-)Texte bemühte sich Luther um volkssprachliche Sinnhaftigkeit vor Grammatik und wörtlicher Übersetzung. Sein 1525 in Wittenberg

Dat nye Te-
stament düdesch gantz
vlytigen gecorrigeret /
mit eynem Register.
Martinus Luther.
Wittemberch.
M. D. XXV.

72 a

De Biblie
vth der vthlegginge Doctoris Mar-
tini Luthers yn dyth düdesche
vlitich vthgesettet / mit sun-
dergen underrichtingen /
alse men seen mach.
Inn der Keyserliken Stadt Lübeck
by Ludowich Dietz gedrücket.
M·D·XXXIII·

72 b

erschienenes niederdeutsches Neues Testament konkurrierte mit älteren niederdeutschen Übersetzungen aus der »Vulgata« (z. B. »Lübecker Bibel«, 1494). Johannes Bugenhagen, Wittenberger Stadtpfarrer, Professor, Obersuperintendent und Verfasser zahlreicher Kirchenordnungen, übernahm seit 1524 die Betreuung niederdeutscher Bibelausgaben. 1533/34 ging das Neue Testament als Teil der durch ihn betreuten ersten niederdeutschen Vollbibel (»Lübecker Bibel«) in Druck (das Titelblatt nennt das Erscheinungsjahr 1533, im Kolophon verweist der Drucker auf den 1. April 1534). Mit Hinweis auf die Urheberschaft Luthers für die in sechs Teile gegliederte Bibelausgabe betonte Bugenhagen, dass sie »schall heten des Luthers Biblie«. Weil aber seit 1545 auch sein Name im Gesamttitelblatt erschien, hieß sie fortan »Bugenhagenbibel«. Sprachlich orientierte sich die Übersetzung am Luthertext, aber ebenso an der »reynen sprake« des Niederdeutschen (der Sprache der Hanse). Bugenhagen schrieb einführende Zusammenfassungen zum Neuen Testament und legte den Lesern besonders das Johannesevangelium, die Episteln des Apostels Paulus und die erste Epistel des Apostels Petrus als »dat dachlike brodt« ans Herz. Überarbeitungen erfolgten durch David Wolder (Ende 16. Jahrhundert) sowie Johannes Paulsen und Klaus Groth (19. Jahrhundert).

Hans-Jürgen Engelking

Lit.: Garbe/Kröger 2010

73

Deutsch Euangelisch Messze etwann durch die Bepstischen pfaffen im latein zu grossem nachteyl des Christen glaubens vor ein opffer gehandelt/ [...] Thomas Muntzer Alstedt M. D. XXiiij.

Thomas Müntzer, Allstedt, 1524
Druck: Müntzer-Presse, Holzschnitte: Neumen
Papier, 19,2 × 16,5 × 2,5 cm
Braunschweig, Theologisches Zentrum – Bibliothek, P IV 3

Als Pfarrer in Allstedt führte Müntzer in der Karwoche 1523 Wochengottesdienste und evangelische Messe in deutscher Sprache ein und ließ die dafür erforderlichen liturgischen Bücher drucken (hier beigebunden ist Thomas Müntzer: Deutzsch kirchen ampt [...], 1523, Eilenburg, Druck: Nikolaus Widemar und Jakob Stöckel; in dem Band sind mehrere liturgische Texte handschriftlich von drei verschiedenen Schreibern nachgetragen, frühneuhochdeutsch). Der Druck der »Deutschen Evangelischen Messe« war allerdings erst abgeschlossen, nachdem Müntzer am 7./8. August 1524 aus Allstedt geflüchtet war. Mit der vollständigen Verdeutschung der Messe war Müntzer der Wittenberger Reformation zeitlich voraus. In seinen Allstedter Übersetzungen der Messliturgie sah er allerdings nur einen ersten Schritt einer stufenweisen Gottesdienstreform. In erzieherischer Absicht änderte er die Liturgie und die Texte zurückhaltend, da das Volk zuerst die Inhalte der bisherigen lateinischen Messe kennenlernen sollte, mit der es bisher betrogen worden sei. Nur die theologisch für Müntzer anstößigen Texte änderte er, insbesondere die, in denen die Messe als Opfer des Priesters verstanden wurde. War Müntzer hinsichtlich Aufbau und Gestaltung der Messliturgie relativ konservativ, verfuhr er beim Übersetzen der liturgischen und biblischen Texte freier, insofern er sie nicht wörtlich, sondern nach ihrem

73

Sinn übersetzen wollte. Über diesen Weg trug er auch eigene theologische Akzente in die Texte ein. Die Teilhabe am Gottesdienst sollte die Gläubigen »christförmig« werden lassen, zum Leiden und Martyrium bereit in der Nachfolge Christi.

Trotz Ablehnung durch Luther hatten Müntzers Reformen eine erhebliche Ausstrahlung. Die Gottesdienste hatten starken Zulauf von auswärts. Auch nach Müntzers Hinrichtung infolge seiner Rolle im Bauernkrieg (1525) wurden seine liturgischen Bücher weiter genutzt, in Teilen nachgedruckt, jedoch anonym. Die gottesdienstliche Weiterverwendung von Müntzers Liturgien spiegelt sich auch in den handschriftlichen Nachträgen in dem vorliegenden Band wider. Ulrich Bubenheimer

Lit.: Bräuer 1988; Dammaschke/Vogler 2013; Henkel 2015, S. 33–69

74

Biblia / das ist / die gantze Heilige Schrifft / Deutsch / […]

Martin Luther u. a., Wittenberg, 1533/1543
Druck: Hans Lufft
Papier, 33,2 × 23,5 cm
Göttingen, Niedersächsische Staats- und Universitätsbibliothek, 4° Bibl. II, 580 Rara

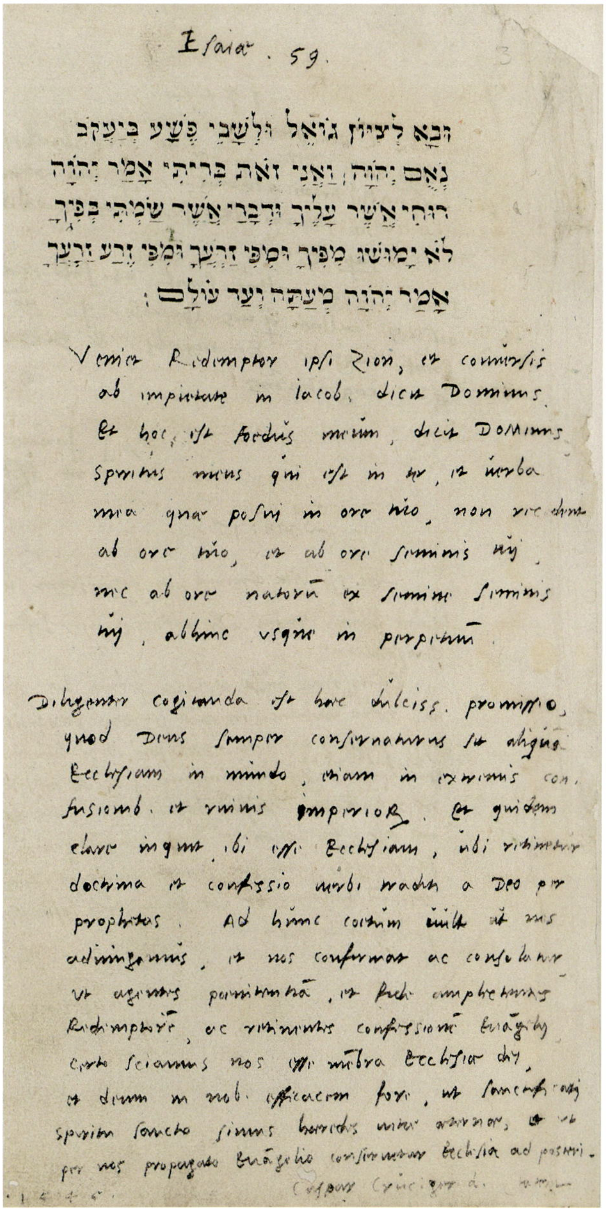
Esaiae. 59.

Begonnen hat er um Weihnachten 1521 auf der Wartburg. In einem aberwitzigen Arbeitsrausch übersetzt er das Neue Testament in den nächsten beiden Monaten. Wegen der Unruhen ist er ab März wieder in Wittenberg. Das Manuskript im Gepäck. Letzte Überprüfungen mit Melanchthon. Dann zum Drucker. Im September endlich ist es da: »Das Newe Testament Deutzsch«, das sogenannte Septembertestament. Zwei Kälber kostet es und ist sofort ausverkauft.

Dann aber beginnt durch die nächsten fast zwölf Jahre die Plackerei am Alten Testament. »Es ist uns sehr oft begegnet, dass wir vierzehn Tage, drei, vier Wochen haben ein einziges Wort gesucht und gefragt, haben's dennoch zuweilen nicht gefunden.« Woche für Woche sitzen sie, Luther, Melanchthon, Aurogallus, Jonas, und übertragen den hebräischen Text in Luthers faszinierende Sprache. Endlich 1534 liegt die ganze Bibel vor. Sie kostet das Fünffache des »Septembertestaments«. Die ersten 3000 Exemplare sind schnell vergriffen. Antonius Corvinus, der Reformator Niedersachsens, schreibt Luther begeistert: »Ich lobe Deine fehlerfreie und ganz vollkommene Übersetzung, sie ist so gut, dass sie einem verständigen Menschen beinahe einen Kommentar ersetzen kann.«

Aber fertig ist das in Luthers Augen nie. Bis kurz vor seinem Tod sind jede Woche die Übersetzer bei ihm versammelt. In immer neuen Anläufen werden Verbesserungen formuliert. Jede neue Auflage wird etwas anders.

Dies hier ist die Ausgabe von 1543. Neun Jahre nach der ersten Vollbibel erschienen. Sie ist insofern einmalig, weil persönliche Notizen von Luther, Melanchthon, Bugenhagen und Jonas darin enthalten sind.

Horst Hirschler

Esaie. lv.

Querite Dominum, dum inveniri potest.
Invocate eum, dum prope adest.
Derelinquat impius viam suam, et vir iniquus
cogitationes suas, et revertatur ad Dominum,
et miserebitur eius: et ad Deum nostrum,
quia copiosus est ad ignoscendum, etc.

Tunc potest inveniri dominus, tunc prope
adest, quando offertur nobis eius scriptura,
quando predicatur nobis eius Verbum,
adest nobis Immanuel per Evangelium et Sa-
cramentis, Tunc, inquit, non negligite, que-
rite et invocate Dominum, id est, credite in
Christum, qui vobis in Verbo et Sacramentis
offertur. Sinite ut alij contemnant Ver-
bum salutis, ut alij scandalizentur in pre-
dicatione fidei et Sacramentis ratione
et sapientie humane contemptis, Vos autem
apprehendite in Verbo vitam eternam.

Johannes Bugenhagius,
Pomeranus, D.
MDXLIIII. 13. Januarij.

75

Großes Siegel der Stadt Braunschweig

Braunschweig, um 1330
Messing, Dm 8,5 cm
Braunschweig, Städtisches Museum, 85443

Das Siegelbild zeigt den Braunschweiger Löwen. Umrahmt von der zinnenbewehrten Stadtmauer thront das Wappentier mittig über dem Stadttor. Der Löwe ist nach rechts gewendet, hat das Maul geöffnet und den Schwanz s-förmig nach oben gebogen. Die Schwanzspitze endet lilienförmig. Rechts und links wird der Löwe wohl von Kirchtürmen der Stadt flankiert und darüber ist der Burgpalast von Dankwarderode zu sehen. Vergleichbare Darstellungen finden sich bereits auf Brakteaten von Herzog Heinrich dem Löwen. Es handelt sich hierbei um das größere Stadtsiegel (*sigillum maius*), welches von 1331 bis zum Verlust der städtischen Autonomie 1671 für die Gesamtstadt in Gebrauch war. Die Umschrift des Siegels lautet: »SIGILLVM BVRGENSIVM IN BRVNESVVIC« (Siegel der Bürger in Braunschweig). Der Stempel wurde nur bei der Beurkundung wichtiger Rechtsgeschäfte benutzt, ansonsten verwendete man das Sekretsiegel. Dieser Siegelstempel ist der älteste erhalten gebliebene und gehört seit der Gründung des Städtischen Museums Braunschweig 1861 zur Museumssammlung. Ein älteres Siegel, das nur durch ein Wachssiegel an einer Urkunde von 1231 nachweisbar ist, zeigt ein in einigen Details leicht abweichendes Siegelbild.

Heidemarie Anderlik

Lit.: Moderhack 1978

76

Bürgerbuch der Stadt Hannover

Unbekannt, 1301–1549
Pergament, Papier, 21,5 × 16 cm
Hannover, Stadtarchiv, B 8310

Dank des erhalten gebliebenen Bürgerbuchs der Stadt Hannover lassen sich die Namen, Berufe und die Herkunft der Bürger für die Jahre von 1301 bis 1549 nachvollziehen. In diesem Zeitraum wurden alle neu aufgenommenen Bürger in das Buch eingetragen, darunter Handwerker, Kaufleute und Priester. Voraussetzung für den Erhalt des Bürgerrechts waren eigener Besitz und die Bereitschaft, steuerliche Abgaben zu leisten. Im Gegenzug bekam man nach der Eintragung ins Bürgerbuch verschiedene Rechte wie die Teilnahme an der Ratsversammlung und die Aufnahme in eine Gilde oder Zunft. Ebenso verzeichnet sind Statute und Regeln, die der Eingetragene hiermit bestätigte und durch den »Bürgereid« einzuhalten schwor. Darunter fielen die Bestimmungen zum Stadtrecht, die einzuhaltende Erbfolge unter Ehegatten und die für Deutschland älteste belegte Kleidervorschrift mit dem Titel »De vestium ornatu et fibulis«, die 1312 im Buch verzeichnet wurde und beschreibt, wie

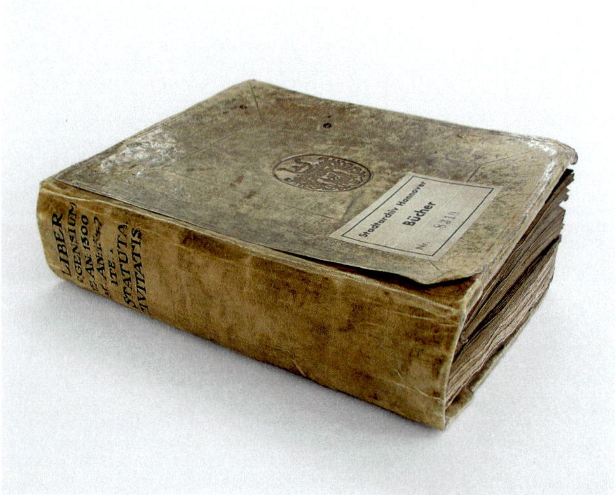

76

Bürger und Frauen sowie Jungfrauen sich in der Stadt zu kleiden hatten. Während der langen Nutzungsdauer wechselte man von Pergament zu Papier. Der Einband ist erst um 1740 angefertigt worden; die Lederriemchen zum Schließen des Buches sind abgerissen. Die Rückseite trägt die Aufschrift: »liber burgensium de an[no] 1300 ad an[num] 1549, item statuta civitatis«.

Das Bürgerbuch von Hannover ist ein Zeugnis für die Herausbildung des Bürgerstandes in den schnell wachsenden Städten des Spätmittelalters. Während auf dem Land die Feudalherrschaft das Leben prägte, schufen sich die Bürger der Stadt eine eigene Gemeinschaft mit speziellen Rechten und Freiheiten, aber auch Verpflichtungen. Dieses Klima bildete den idealen Nährboden für die reformatorischen Ideen Luthers.

David Behrens

Lit.: Kreter 1994, S. 103 ff.

77

Goddeshuse bok

Braunschweig, 1404 angelegt
Papier, 26,5 × 46 cm (aufgeschlagen)
Braunschweig, Stadtarchiv, B I 14:1

Es ist ein weitverbreiteter Irrtum, dass erst mit der Reformation protestantische Obrigkeiten in das Kirchenwesen eingegriffen hätten, das nun von der Bindung an die römische Kirche befreit gewesen wäre. Denn auch altgläubige Landesherren taten dies, wenn in ihren Augen die eigentlich zuständigen Bischöfe untätig blieben. Die Reformation führte so nur zu Ende, was bereits in der vorreformatorischen Kirche begonnen hatte, nämlich die Sonderstellung der Kirche nicht länger hinzunehmen: Geistliche waren nur vor ein kirchliches Gericht zu ziehen oder in den Städten war der Kirchenbesitz von der Schosspflicht, der Zahlung einer allgemeinen Grundstückssteuer an den Rat, befreit.

Auch der Gesamtrat der Stadt Braunschweig hatte schon im Mittelalter begonnen, kirchliche Angelegenheiten zu regeln: Bereits vor 1349 mussten die Kirchen bei einer Stiftung den fälligen Schoss für ein Grundstück weiterhin zahlen; seit 1386 regelte ein aus Laien und Klerikern eingesetzter Ausschuss strittige kirchliche Fragen und städtische Vormünder für die Kirchenvermögen wurden eingesetzt. 1404 ließ der Rat ein »Gotteshäuserbuch« anlegen, ein Verzeichnis sämtlicher Immobilien, Renten- und Kapitalgeschäfte aller stadtbraunschweigischen Pfarrkirchen, Spitäler und Kapellen, um einen Überblick über die Finanzen der kirchlichen Einrichtungen zu erhalten, ob »se ryker edder armer werden«. Dieser tief in die Kirchenverwaltung eingreifende Versuch ging dann wohl doch zu weit – das Register wurde zwar angelegt, aber nicht weitergeführt. Anders hingegen ein 1408 vom Rat veranlasstes sogenanntes Fundationsbuch, in dem nur die Stiftungen aus bürgerlichem Besitz an die in der Stadt vorhandenen Kirchen vermerkt

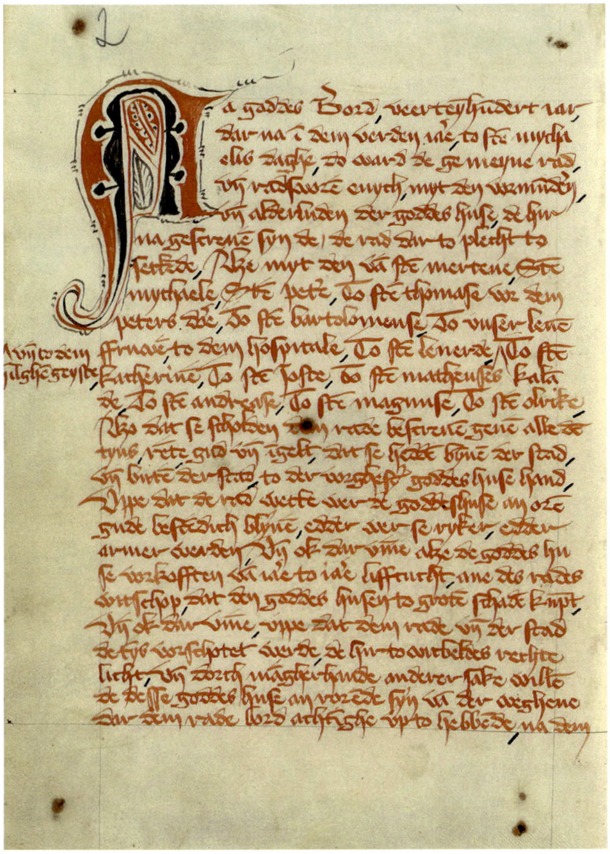

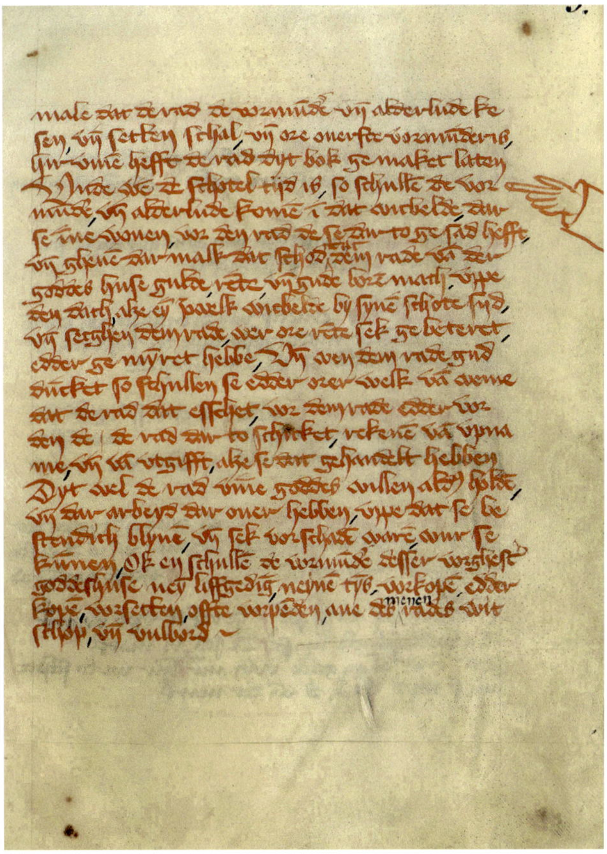

wurden. Hier konnte der Rat seinen Einfluss geltend machen. Allerdings gelang es ihm nie, diesen Einfluss auch auf die zahlreichen Klöster und Stifte in der Stadt auszudehnen.

Gaby Kuper

Lit.: Hergemöller 1986, insbes. S. 149–154

78

Frühneuzeitliche Sperrkette

Göttingen (?), 16. Jahrhundert (?)
Eisen, L 560 cm
Göttingen, Städtisches Museum, 1889/352

Im Städtischen Museum Göttingen hat sich eine frühneuzeitliche Sperrkette erhalten, mit der Straßen versperrt werden konnten. Solche Ketten sind für viele Städte archivalisch oder chronikalisch überliefert, aber nur in wenigen Städten haben sich Reste dieser Sperreinrichtung erhalten, etwa in Lübeck oder Lüneburg. Dort sind noch an einigen Häusern Haken zu sehen, in welche die Ketten eingehängt waren. Anwohner oder spezielle Wachleute verwahrten im Auftrag des Rates die Schlüssel und hängten auf Anweisung die Ketten ein. Anlass hierzu boten nicht nur Unruhen, sondern auch Besuche auswärtiger Fürsten oder große Volksversammlungen bei Wallfahrten und Reliquienschauen. Auch bei Ratsversammlungen wurden zum Teil die Ketten eingehängt, denn wegen der rumpelnden Wagen auf den Straßen konnte man oft sein eigenes Wort nicht verstehen. Zwei Ketten in der Breiten und der Güldenstraße bildeten 1363 in Braunschweig eine Gebührenschranke für die Wasserfahrer. In Rechnungsbüchern ist die Beschaffung und Kontrolle der Ketten überliefert. In Basel ließ man sich beispielsweise 1433/34 Ketten aus Nürnberg kommen, die offenbar als besonders stabil galten. In Braunschweig besaßen die Ketten wegen der häufigen »Schichten« große Bedeutung. Um 1420 gab es den Kämmereiregistern zufolge 78 Sperrketten und 35 Schlagbäume. Fürchtete man einen Aufruhr, wie bei der »Schicht Ludecke Hollands« im Jahr 1488, vermittelten die Ketten das Gefühl von Sicherheit. Größere Menschenmengen, Reiter und Wagen wurden durch die Ketten aufgehalten, sodass die Stadt nicht so schnell eingenommen werden konnte. Mit dem Aufschließen der Ketten wurde der Kampf gegen Ludeke Holland eingeleitet, der sich anfangs hinter einer noch funktionsfähigen Kette verschanzte, dann aber ohne Blutvergießen ergab. Allerdings gewährten die Ketten nur in Verbindung mit einer starken Bürgerwehr Schutz. In Hamburg, Augsburg und anderen Städten war die Verteidigung der Ketten daher in das städtische Wachsystem eingebunden, welches viertelweise alle Bewohner der Stadt erfasste. Mit dem Aufkommen der Berufspolizei wurde diese Sicherheitseinrichtung überflüssig. Die Haken und Ketten verschwanden allmählich aus dem Stadtbild.

Thomas Küntzel

Lit.: Küntzel 2013; Rosenbohm 1958; Schütte 1985

79

Bildnis des Tile II. von Vechelde

Unbekannt, um 1570
Öl auf Holz, 76,4 × 55,8 cm
Braunschweig, Städtisches Museum, 1200-1266-00

Das Bildnis zeigt den aus einer Adelsfamilie stammenden Kaufmann und Gewandschneider Tile II. von Vechelde. Gewandschneider handelten mit Tuchen und waren in Gilden oder Zünften organisiert. Die in der Stadt Braunschweig ansässigen Gewandschneider gründeten eine eigene Gilde, der Tile II. wohl seit 1511 angehörte. In den Jahren 1524 bis 1527, 1532 bis 1535 und 1542/43 war er Kleiner Gildemeister und zwischen 1560/61 Großer Gildemeister der Gewandschneidergilde. Tile II. zeigte sich als ein überaus erfolgreicher Fernhändler und unterhielt Handelsbeziehungen zu den Städten Antwerpen und Hamburg sowie nach England. Die adlige Familie von Vechelde lässt sich seit 1345 in Braunschweig nachweisen. Zuvor hatte das Rittergeschlecht in Vechelde gelebt. Von 1380 bis 1627 waren die Mitglieder der Familie im Rat der Stadt Braunschweig vertreten und stellten mehrere Große Bürgermeister. Tile II. gehörte der Regierung der Stadt als Zehnmann an, das heißt, dass er die von den Küchenkämmerern des Geheimen Rates geführte Finanzverwaltung der Gesamtstadt kontrollierte.

Auf dem Gemälde ist Tile II. im Halbporträt vor einer nischenartigen Architektur abgebildet. Auf der linken Seite ist das Wappen der Familie von Vechelde zu sehen. Es zeigt auf einem Schild einen Schrägbalken mit drei Rosenblüten. Darunter ist die Inschrift »DK / 1580 / AE. 75.« zu lesen. Der Dargestellte ist in reifem Alter; Bart und Haupthaare sind weiß, die Kopfhaut wird von wenigen Haaren bedeckt. Tile II. trägt einen schwarzen Überrock, unter den Ärmeln ist ein weißes Untergewand zu erkennen. In den Händen hält er eine Geldkatze. Dabei handelt es sich um einen Beutel, der zur Verwahrung von Münzgeld und anderen Wertgegenständen am Gürtel befestigt werden konnte.

Lars Berg

Lit.: AK Braunschweig 1995, S. 73, Kat.-Nr. 33;
Nauhaus 2009, S. 628, Kat.-Nr. 1878; Spieß 1951, S. 95–98

80
Leihgeber: Dresden, Landesamt
für Archäologie Sachsen

Fingerring, sog. Puzzlering

Mitteldeutschland, Freiberg (?), Fundort: Grüner Friedhof am Dom St. Marien, Freiberg, um 1600
Gold, B 0,5 cm, Dm 2,5 cm, ID 00303565

Fingerring (wohl Trauring)

Mitteldeutschland, Dresden (?), Fundort: Dresden, Frauenkirche, Friedhof, um 1600
Gold, B 0,79 cm, Dm 2,21 cm, ID 00073424

Fingerring mit Diamantquaderung

Mitteldeutschland, Freiberg (?), Fundort: Grüner Friedhof am Dom St. Marien, Freiberg, 1655
Gold, B 0,44 cm, Dm 2,2 cm, ID 00303556

Fingerring, IHS

Mitteldeutschland, Dresden (?), Fundort: Dresden, Frauenkirche, Friedhof, um 1600
Gold, Niello, B 0,83 cm, Dm 1,91 cm, ID 00073584

Aufwendig verzierte Fingerringe gehörten in der Reformationszeit neben massiven Gold- und Silberketten zu den beliebtesten Attributen adliger und bürgerlicher Selbstdarstellung. Die detailreichen Porträts der Cranach-Werkstatt und von Ludger tom Ring d. J. legen ein beredtes Zeugnis darüber ab. Als chic galt das Tragen von mehreren Ringen pro Finger, die durch Schlitze in den Handschuhen sichtbar blieben. Der hohe Metallwert führte dazu, dass die meisten Schmuckstücke eingeschmolzen wurden. Jedoch wurden zahlreiche Realien in Schatzfunden und in Gräbern überliefert. Die bedeutendsten Fundkomplexe stammen von den protestantisch geprägten Grablegen vornehmer Bürger an der Frauen- und Sophienkirche in Dresden. Die massiv goldenen oder silbervergoldeten Schmuckstücke wurden häufig durch schwarz niellierte Dekore, Inschriften bzw. gefasste Steine veredelt. Ringe mit Handtreue in Form von zwei sich greifenden Händen wurden als Trauring verwendet. Das häufige Symbol »IHS« steht für den Namen Christi, vielleicht auch in der volkstümlichen Deutung als »IESUS HOMINUM SALVATOR« – »Jesus, der Retter der Menschen«.

Eine Besonderheit stellen sogenannte Puzzleringe dar, die aus zwei bis zwölf Einzelringen bestehen, die in zusammengesetztem Zustand eine geschlossene Ringschiene bilden, auseinandergefallen jedoch wie Einzelglieder einer Kette zusammenhängen. Die Funktion dieser Ringe beschreibt der Physiker und Philosoph Fortunio Liceti aus Genua dahingehend, dass es sich um Erinnerungsringe handelte. Einer oder mehrere von bis zu zwölf Ringen hingen herab und sollten an Bestimmtes erinnern. Zu den berühmtesten dieser Ringe gehört der sogenannte Trauring Martin Luthers aus der Zeit um 1600 im Herzog Anton Ulrich-Museum Braunschweig.

Stefan Krabath

Lit.: Chadour/Joppien 1985; Krabath/Poremba/Schauer 2012; Lindahl 2003

81

Kredenz-Schale

Samuel Becker, Braunschweig, um 1588
Silber, vergoldet, 9 × 23,5 cm
Hannover, Museum August Kestner, WM IV 71

Seit dem 15. Jahrhundert wurden Konfekt und Früchte an Höfen und bei wohlhabenden Bürgern in eigens dafür bestimmten Schalen angeboten, die entweder auf einem Fuß mit schlankem Schaft oder auf mehreren niedrigen Füßen ruhten. Im Zentrum des präsentierten Exemplars bürgerlichen Repräsentationssilbers prangt zusammen mit der Jahreszahl 1588 das emaillierte Allianz-Wappen der Braunschweiger Familien Schrader und Kalm. Die beiden bedeutenden Familien der Braunschweiger bürgerlichen Oberschicht verbanden sich durch die Heirat Heinrich Schraders, Provisor in der Katharinenkirche, und Katharina Kalms am 12. April 1587.

Die Ende des 16. Jahrhunderts bereits unübliche flache Formvariante dieser Schale mag darauf hindeuten, wie wichtig Konstanz und Tradition in diesen Kreisen waren. So wie die Ratsdynastie Schrader hier bei ihrem persönlichen Besitz auf eine konservative Form mit zeitgemäßem Dekor setzt, gelingt es ihr und anderen etablierten Braunschweiger Ratsmitgliedern auch auf politischer Ebene, in den kirchlichen und auch politischen Umwälzungen der Reformationszeit immer die richtige Balance zwischen notwendigen Neuerungen, aber auch Festhalten an Bewährtem zu finden, sodass sie im turbulenten Jahrhundert der Reformation ihre Stellung behaupten konnten. Jeannine Harder

Lit.: Spies 1996

82

Wappenschild des Knochenhaueramtes von St. Andreas in Hildesheim

Hildesheim, 1541
Eichenholz, geschnitzt, farbig gefasst, 87 × 213 cm
Hildesheim, Roemer- und Pelizaeus-Museum, K 100

Für Hildesheim finden die Knochenhauer (*carnifices*) ihre erste Erwähnung im Jahr 1275. In den Stadtstatuten von etwa 1300 werden schließlich drei Amtsbezirke genannt: »uppe deme groten markete eder uppe deme lutteken markete eder uppen lutteken Stenen«. Mit der Verlegung des Alten Marktes auf den Platz um die Kirche St. Andreas (»boven der schole uppe suntte Andreas kerkhove«) erwarben die Knochenhauer hier einen Verkaufsstand (Scharren). 1541 errichtete das Amt direkt neben der Andreasschule ein neues Haus, das am 13. August 1881 abbrannte. Von diesem Amtshaus der »Knochenhauer am kleinen Markte zu St. Andreas« stammt vorliegender Wappenschild.

Den Mittelpunkt des Wappens beherrscht ein Ochsenkopf mit üppigem Rankenwerk, dessen Darstellung bereits seit 1345 belegt ist. Zwei prachtvoll gekleidete Landsknechte, zum Ochsenkopf gewandt, flankieren die Seiten. Besonders ihre »Teufelshosen« ziehen den Blick des Betrachters auf sich. Laut Dechant Oldecop hatten Landsknechte im Lager des Kurfürsten Moritz von Magdeburg oder im Braunschweiger Land diese auffälligen Beinkleider erfunden: Knielange Hosen versah man mit Schlitzen, durch die sehr feines Seidengewebe hindurchgezogen wurde, was aufgebauscht das eigentliche Beintuch nahezu verdeckte. Die Leistengegend erfuhr ihre Betonung durch eine besonders raffiniert gestaltete Schamkapsel. Hier lugte durch vier Öffnungen beutelartig drapiertes Seidengewebe hindurch, das aus gewisser Entfernung an vier kleine Teufelsköpfe erinnerte. Dass diese Hosen sicherlich nicht im Verteidigungsfall getragen wurden, sondern allein repräsentativen Zwecken dienten, erklärt sich von selbst. Die Darstellung impliziert vielmehr die Verteidigungspflichten der Knochenhauer.

Stefan Bölke

Lit.: Meckseper 1985, Nr. 643, S. 730 f.;
Zeller 1912/1979, S. 109

83

Schützenvogel der Braunschweiger Schützengesellschaft von 1545

Braunschweig, 1537
Silber, vergoldet, 8,8 × 14,5 cm
Braunschweig, Braunschweiger Schützengesellschaft von 1545, Sch 8

Seit dem Mittelalter lassen sich Schützengesellschaften nachweisen, die sich parallel zu der städtischen Lebensweise entwickelten. Sie galten nicht als militärische Organisationen, hatten aber die Aufgabe, in der Friedenszeit eine Ausbildungsmöglichkeit im Schießen zu schaffen, sodass im Falle eines Krieges zusätzliche Wachdienste geleistet und die Stadt verteidigt werden konnte. Die früheste bekannte festgelegte Ordnung der Braunschweiger Schützengesellschaft stammt aus dem Jahr 1545 und wurde zusammen mit dem Rat der Stadt beschlossen, der die Schützen mit Geldzuwendungen und Privilegien unterstützte. Der Schützenvogel der großen Königskette ist der älteste Vogel der Braunschweiger Schützengesellschaft. Es handelt sich um einen gekrönten Vogel, auf einem Ast sitzend und mit einem edelsteinbesetzten Ring im Schnabel. Als Augen hat er zwei Rubine erhalten. Der Vogel selbst ist nicht datiert, doch dienen verschiedene später angebrachte Elemente als Datierungshinweise. Die früheste Datierung des Schützenvogels durch ein Halsband von 1537 zeugt davon, dass auch vor der festgelegten Ordnung schon Schützenfeste abgehalten worden sind. Der später hinzugefügte Ast trägt die Jahreszahl 1635; in diesem Zuge wurden auch die Krallen verlängert, damit er sich am Ast festhalten konnte. Die Krone mit den drei Diamanten wurde 1636 graviert, gefolgt von dem Ring mit dem roten Stein, der die Jahreszahl 1640 und den Namen Werner Jegenhorst hinzugefügt bekam. Der herzförmige Anhänger um den Hals wurde 1642 mit Andreas Möllers Namen graviert und die Familie von Kalm brachte das Brustwappen 1651 an. Die letzte Veränderung wurde von der Familie von Walbeck durchgeführt, die ihr Wappen unterhalb der Brust des Vogels aufschrauben ließ; dieses ist aber nicht datiert.

Sabine Mollowitz

Lit.: Spies 1970, S. 41 f.

84

Orgelgeschütz der städtischen Bürgerwehr Braunschweig

Hans Martens (?), Goslar, um 1586
Eisen, Holz, 63 × 60 × 20 cm
Braunschweig, Braunschweigisches Landesmuseum, VMB 309

Trotz aller Weiterentwicklungen standen Waffentechniker bis etwa zur Mitte des 19. Jahrhunderts vor einem Problem: Wie war es möglich, die Schussfrequenz zu steigern? Denn im Prinzip war der Ladevorgang vom 15. Jahrhundert an stets gleich geblieben. Kugel, Pulver und Schusspflaster wurden in den Waffenlauf gepresst und diese Masse dann gezündet. Nach diesem einen Schuss musste der Vorgang wiederholt werden. Eine frühe Verbesserung bot der Zwillingslauf, bei dem zwei Kugeln nahezu gleichzeitig oder versetzt abgefeuert werden konnten. Doch ließ sich die Anzahl der Waffenläufe nicht beliebig steigern, wollte man das Gewicht für den Schützen noch erträglich halten. Leonardo da Vinci etwa experimentierte bereits 100 Jahre vor der vermutlichen Entstehungszeit dieses Objekts mit deutlich komplexeren Geschützwagen. Erste dieser sogenannten Orgelgeschütze waren indes schon seit Mitte des 14. Jahrhunderts bekannt.

Die Bürgerwehr der Stadt Brauschweig ließ, vermutlich vom Goslarer Büchsenmachermeister Hans Martens, dieses Orgelgeschütz mit neun Läufen, sieben kurzen Pistolenläufen und den beiden darunterliegenden Gewehrläufen anfertigen.

Der unmittelbare Nutzen liegt scheinbar auf der Hand: neun Schüsse statt lediglich einem. Dennoch war der hauptsächliche Nutzen wohl eher psychologischer Art, denn die Waffe war eine Nahdistanzwaffe und auch hier recht ungenau. Nach dem Abfeuern der Kugeln musste der aufwendige Ladevorgang wiederholt werden, nur eben neun Mal. Auch geübte Schützen brauchten um 1800 dazu noch etwa 20 Sekunden – bei einem Lauf. Selbst wenn mehrere Schützen diese Orgelgeschütze bedienten, reichte bei der geringen Entfernung zum Gegner die Zeit nicht aus, um mehr als zwei Salven abzugeben. Die hauptsächliche Wirkung bezog diese Waffe wohl eher aus der gewaltigen Rauchentwicklung und dem produzierten Lärm beim Feuern.

Ole Zimmermann

Lit.: Meckseper 1985, S. 1115

85 a

85
Kopien, Original: Moskau, Russische Staatsbibliothek, Fonds 218, Nr. 390

85 a

Brief des Rektors der Martinsschule zu Braunschweig an Thomas Müntzer

Heinrich Hanner (?), Braunschweig, Juni/Juli 1517
Papier, 17,5 × 21,3 cm
fol. 78 r – v

85 b

Brief von Hans Pelt an Thomas Müntzer

Hans Pelt, Braunschweig, 25. Juni 1521
(mit Nachtrag vom 6. September 1521)
Papier, Doppelblatt, 28,8 × 41 cm
fol. 37 r – 38 v

Thomas Müntzer hatte von 1514 bis 1522 ein Einkommen aus einem Altarlehen an St. Michael in Braunschweig. Zeitweise war er als Privatlehrer von Braunschweiger Bürgersöhnen tätig. Schon der Brief des Schulrektors vom Sommer 1517, der sich klärende Antworten Müntzers auf Fragen zum Ablass erhoffte, spiegelt beginnende Kritik an herkömmlicher kirchlicher Praxis in der Stadt wider. Hanners Beteuerung, er wende sich an Müntzer »ohne jede böse Absicht«, hängt mit der Androhung von Kirchenstrafe zusammen, die die Ablassbullen jener Zeit gegen Ablasskritiker aussprachen. Müntzer scheint jedoch Konflikte nicht gescheut zu haben, denn er soll – irgendwann vor April 1519 – aus Braunschweig vertrieben worden sein.

Müntzer wohnte bei dem Fernhändler Hans Pelt, als ihn im Sommer 1517 die Fragen des Rektors erreichten. Pelts Brief aus dem Jahr 1521 zeigt, wie durch die Aufnahme von Luthers Kirchenkritik seitens einiger Bürger und Kleriker

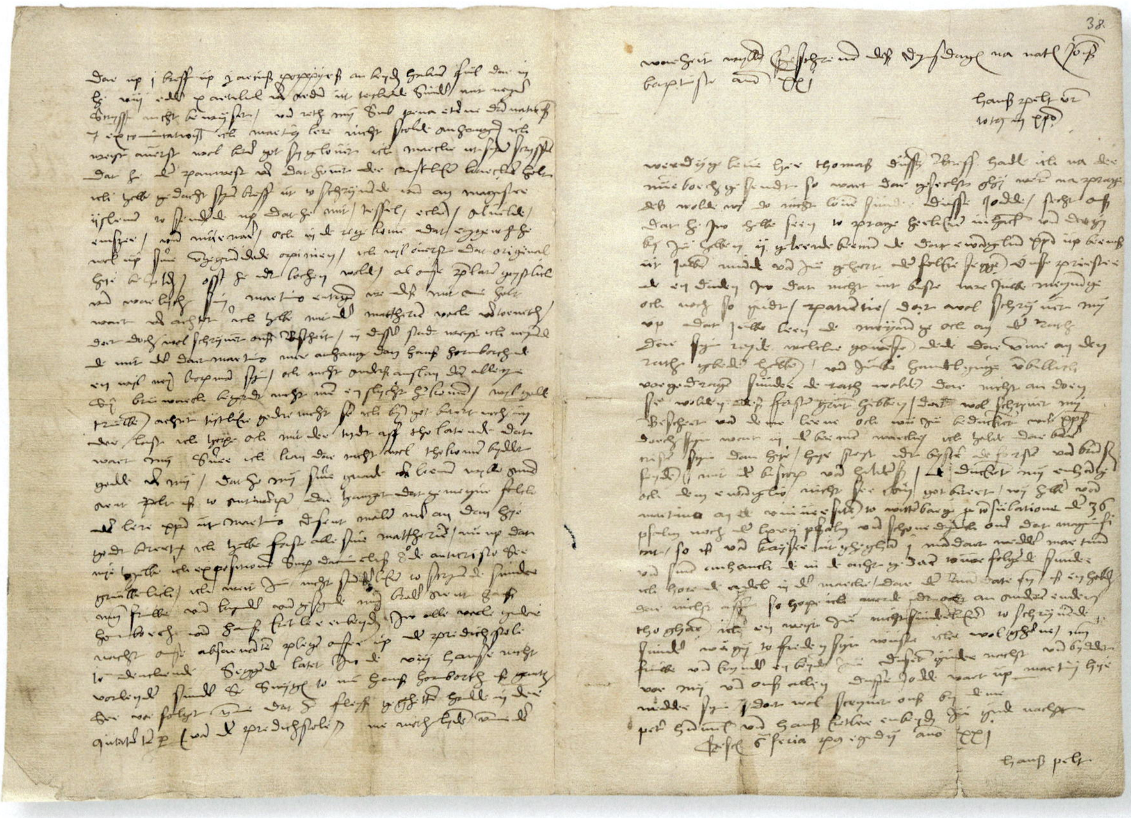

85 b

der städtische Friede destabilisiert wurde. Pelt besaß 1521 fast alle Lutherschriften, deutsche und lateinische. Der religiöse Streit wurde in der Stadt bereits öffentlich ausgetragen. Bei einer Hochzeit erzürnte Pelt einen Pfarrvikar so, dass dieser weder essen noch trinken wollte. Auch brieflich und über den Buchdruck setzte man sich auseinander. Als einer der Ersten schritt der Brauer Hans Horneborch zur reformatorischen Aktion, indem er in der Fastenzeit Fleisch aß. Die altgläubige Seite reagierte mit Rechtsmitteln und Kanzelpolemik. Auch Müntzer, den Pelts Brief im zweiten Anlauf in Prag erreichte, war in Braunschweig noch Streitgegenstand. Priester machten Müntzer dessen reformatorische Propaganda in Prag zum Vorwurf. Pelt seinerseits stufte Müntzer noch als Parteigänger Luthers ein, ohne die mittlerweile vorhandenen Differenzen zwischen den beiden Reformatoren wahrzunehmen.

Ulrich Bubenheimer

Lit.: Bräuer/Kobuch 2010, S. 15–18, Nr. 11; S. 100–114, Nr. 41; Bräuer/Vogler 2016, S. 49–64; Bubenheimer 1989, S. 66–144

86

Bildnis des Johannes Bugenhagen

Nachfolge von Lucas Cranach d.J.,
Wittenberg (?), nach 1562
Holz, 19,9 × 13,9 cm
Braunschweig, Herzog Anton Ulrich-Museum,
GG 21

Johannes Bugenhagen gehört mit Martin Luther und Philipp Melanchthon zu den wichtigsten Protagonisten der Reformation, insbesondere für Norddeutschland, Dänemark und Skandinavien. Er konzipierte neue Kirchenordnungen für diejenigen Städte und Herzogtümer, die sich der Reformation anschlossen und schuf erst damit das organisatorische Gerüst für das kirchliche und gesellschaftliche Leben nach der neuen Lehre Luthers. Bugenhagens Kirchenordnungen legten den Ablauf der Gottesdienste fest, regelten aber auch das Schulwesen und viele soziale Belange. Seine 1528 verfasste Kirchenordnung für Braunschweig gilt dabei als Ausgangspunkt vieler weiterer Kirchenverfassungen.

Dr. Pomeranus, wie der Theologe aufgrund seiner pommerschen Herkunft genannt wurde, wurde 1523 zum Stadtpfarrer in Wittenberg berufen und war damit auch der Beichtvater Martin Luthers. Nach dessen Tod kümmerte er sich um die Witwe und die Kinder, was eine enge persönliche Beziehung beider bezeugt.

Das Bildnis im Herzog Anton Ulrich-Museum aus der Cranach-Nachfolge zeigt den norddeutschen Reformator in höherem Alter mit weißem, unbedecktem Haupthaar. Es folgt im Bildtypus einem in Holz geschnittenen postumen Porträt Bugenhagens in einem Buch von Johann Agricola, das 1562 in Wittenberg erschien: »Warhaffte Bildnis etlicher gelarten Menner, durch welche Gott aus unaussprechlicher Gnaden die reine Lehr des heiligen Euangelii nötige Sprachen und andere löbliche und nütze Künsten zu dieser letzten zeit der Welt widerumb erwecket, gereiniget und in der Christenheit gepflanzet hat«. Die nachträglich auf dem Gemälde links oben aufgebrachte Cranach-Signatur mit der Datierung »1543« weist vielleicht auf ein älteres Vorbild der Braunschweiger Tafel (und auch des Holzschnittes) hin, das sich jedoch bislang nicht nachweisen lässt.

Silke Gatenbröcker

Lit.: Rammler 2009, S. 63–66; Wex 1996, S. 48 f., Kat.-Nr. 39 (m. älterer Lit.)

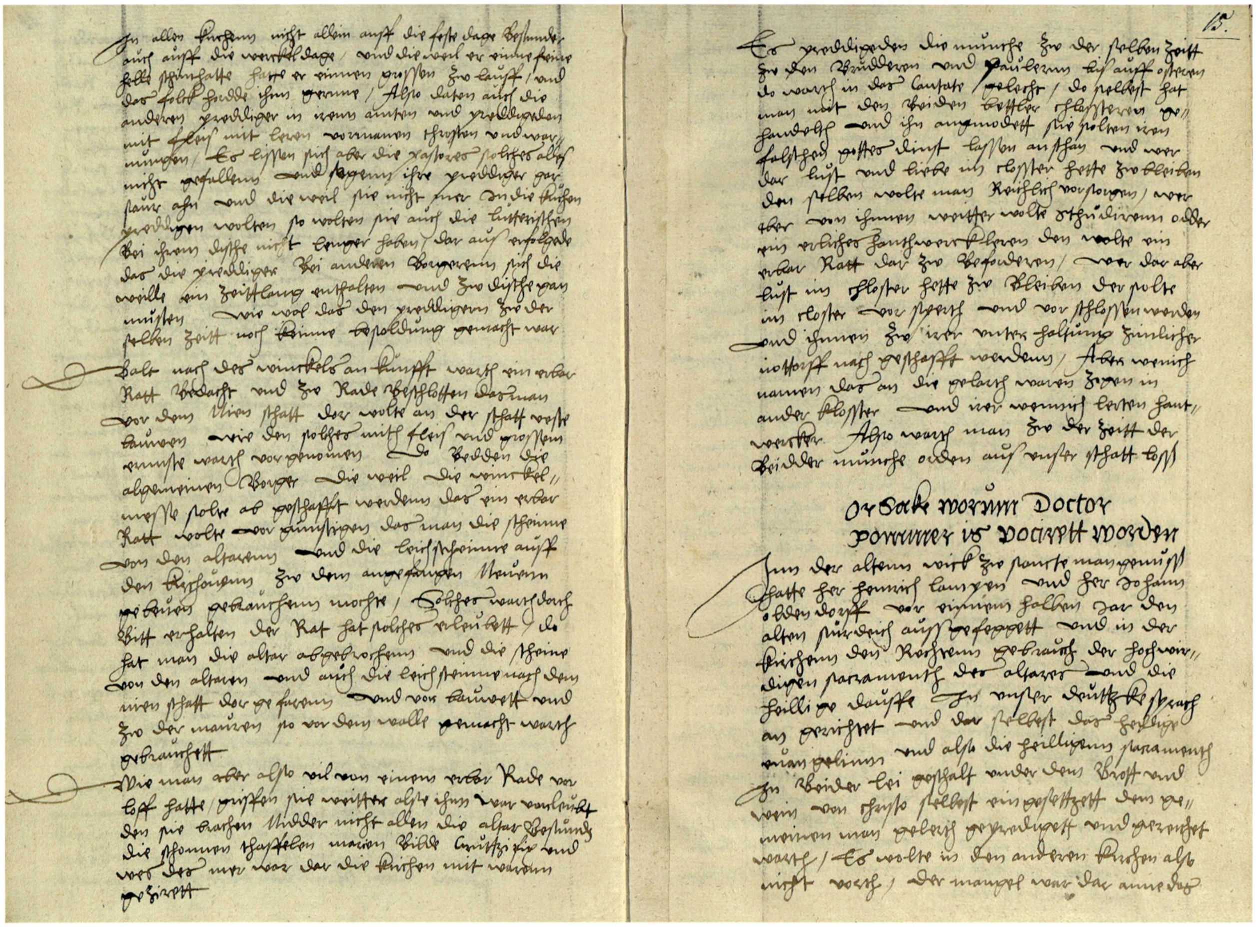

87

Was vor ein zwstannth zw Braunschweich im kirchen regemennth gewessenn

Heinrich Lampe, Abschrift von unbekannter Hand, 16. Jahrhundert
Papier, Pappeinband, 21 × 32 cm
Braunschweig, Stadtarchiv, H III 7:1

Heinrich Lampe wirkte in Braunschweig seit 1525 als Prädikant zunächst an der Michaeliskirche und ab dem darauffolgenden Jahr an der Magnikirche. Er gehörte zu den entschiedensten Befürwortern der neuen Lehre. 1527 hielt Lampe zusammen mit seinem Mitprädikanten Johann Oldendorp die erste evangelische Abendmahlsfeier in Braunschweig und nahm die Taufe in deutscher Sprache vor. Beide Ereignisse beförderten die Entwicklung der reformatorischen Bewegung in der Stadt. Nach der Einführung der Reformation rückte Lampe zum Prediger an der Magnikirche auf, wo sich sein Epitaph erhalten hat.

Lampe ist auch der Verfasser der ältesten bekannten Reformationsgeschichte der Stadt Braunschweig. In der im Stadtarchiv erhaltenen kurzen Schrift werden die Ereignisse zwischen 1523 und 1531 dargestellt. Ausgehend von einer kurzen Schilderung der vorreformatorischen Verhältnisse beschreibt Lampe das Wirken Bugenhagens in der Stadt und die theologischen Auseinandersetzungen innerhalb der Braunschweiger Geistlichkeit in den Jahren 1529 bis 1531. Wann Lampe diese Geschichte, die nur als Abschrift erhalten ist, verfasst hat, lässt sich nicht mit Bestimmtheit sagen.

Henning Steinführer

Lit.: Bräuer 1994/2000

88

Disputation zwischen einem Chorherren vnd Schuchmacher / darin das wort gottes vnd ein recht Christlich wesen verfochten würt.

Hans Sachs, 1524
Papier, ca. 25 × 16 cm
Göttingen, Niedersächsische Staats- und Universitätsbibliothek, 8° Hist. Eccl. 370/11

Hans Sachs, gelernter Schuhmachermeister und im Vorstand der Meistersänger in Nürnberg, gehörte seit 1520 zu den führenden Anhängern Luthers in der Reichsstadt, noch bevor der Rat der Stadt 1529 die Reformation offiziell einführte. Der 28-jährige Sachs beteiligte sich an der öffentlichen Diskussion durch die Herausgabe von spöttischen Flugschriften schon im Jahr 1524 mit fingierten Dialogen. Auf dem vorliegenden ist rechts im Bild Sachs selbst erkennbar, mit einer eleganten Kappe auf dem Kopf und einem Paar Pantoffeln in beiden Händen. Vor ihm steht ein Chorherr im langen Ornat und mit einem Barett, offenbar der Kunde des Schuhmachermeisters; hinter diesem, wie aus dem Disput hervorgeht, die Köchin des Hauses. Mit seinem ausgestreckten spitzen Zeigefinger weist der Chorherr den Schuhmachermeister zurecht, der sich als Luther-Anhänger zu erkennen gibt.

Sachs spießt hierin alle landläufigen Missstimmungen gegen den Klerus auf: Der Klerus ist bequem, verfressen, lesefaul, lässt sich verwöhnen, aber das Wesentliche seines Berufes, nämlich das Volk bibelkundig und fromm zu machen, versäumt er. Hans Sachs dagegen zeigt sich als bibelfester, schlagfertiger Gesprächspartner.

Es ist eine volkstümliche Satire, in der der Chorherr als Typ des Klerus dem Gelächter auf der Straße preisgegeben wird. Als der Schuhmacher den Chorherrn bittet, ihm eine Bibel zu bringen, erweist sich die Köchin als ahnungslos und bringt ein falsches Buch aus dem Regal. Als ein Gehilfe eine Bibel bringt, liegt viel Bücherstaub auf dem unbenutzten Exemplar, aber der Chorherr weiß nicht, die passende Bibelstelle aufzuschlagen. Das Wort Gottes, das Zentrum reformatorischen Denkens, muss wieder entdeckt und die Kirche entstaubt werden – so lautet die Botschaft der Flugschrift.

Dietrich Kuessner

89

Karsthans.

Unbekannt, Straßburg, 1521
Papier, ca. 25 × 16 cm
Göttingen, Niedersächsische Staats- und Universitätsbibliothek, 8 SAT I, 6710

Die im Erstdruck zu Beginn des Jahres 1521 wohl in der Straßburger Offizin des Johannes Prüß erschienene Flugschrift »Karsthans« steht am Anfang der außerordentlich einflussreich gewordenen Gattung der reformatorischen Dialoge. Das Titelblatt zeigt die an dem Gespräch beteiligten Personen (von links nach rechts): den zur Reform neigenden, aber mit seiner Kirchenkritik nicht offen hervortretenden, vermittlungswilligen Humanisten Mercurius, den mit einem Katzenkopf ausgezeichneten Franziskaner Thomas Murner (onomatopoetisch zu Murr-Narr verballhornt), einen durch gelehrtes Wissen zur Indifferenz neigenden Studenten – den Sohn des Bauern –, und die Titelfigur, den mit einer Handhacke – dem Karst – ausgestatteten, unverbildeten, gewitzten Karsthans, der unverblümt und scharfsinnig ausspricht, was die Gelehrten vertuschen, nämlich dass Luther die mit dem gesunden Menschenverstand harmonisierende Lehre des Evangeliums erneut zur Sprache gebracht habe.

Der unbekannte Verfasser, der – ähnlich wie Ulrich von Hutten – die antike Gattung des Dialogs im Anschluss an Lukian belebte und für die Volkssprache fruchtbar machte, dürfte dem Kreis der Straßburger Humanisten zuzurechnen sein. Den Anlass der anonymen Publikation, die eine lange Sequenz an Folgeschriften evozierte und mit der Gestalt des aufgeweckten, den Gelehrten Paroli bietenden Bauern ein überaus einflussreiches literarisches Modell kreierte, bildeten eine Reihe anonymer Flugschriften, die Thomas Murner seit Herbst 1520 in der Straßburger Offizin Johannes Grüningers gegen Luther publiziert hatte. Die für den frühreformatorischen Kommunikationsprozess zentral wichtige Umwertung des traditionell einfältigen Bauern, der sich Luthers Anliegen verbunden weiß und komplizierte theologische

Sachverhalte besser versteht als die »verkehrten Gelehrten«, setzte mit dieser Schrift ein. Die stattliche Zahl von insgesamt sieben Drucken (Straßburg, Augsburg, Erfurt, Basel [zweimal], Worms, Landshut) und das vielfältige Nachleben der Karsthans-Figur in der Literatur und Inszenierungspraxis bis in die Zeit des Bauernkriegs dokumentieren, dass sie einen Nerv der Zeit traf. Thomas Kaufmann

Lit.: Jørgensen 1988; Kaufmann 2012, S. 376–400; Köhler 1987, S. 187–218; VD 16 K 129–135

90

Der brütende Bauer und seine Frau

Hans Weiditz d.J., Straßburg, 1517–1536
Papier, 29,2 × 22 cm
Braunschweig, Herzog Anton Ulrich-Museum, HWeiditz AB 3.11

Der Übergang vom späten Mittelalter zur Frühen Neuzeit war geprägt von tiefgreifenden Veränderungen, die alle sozialen Schichten betrafen. Während sich in den Städten die Bürger eine eigene Gesellschaft außerhalb der Kontrolle der Landesherren schufen, erfasste der Wunsch nach einem besseren Leben auch die Landbevölkerung.

Hans Weiditz d. J. schuf diese Karikatur des einfachen Bauern. Der Künstler, der seine Bilder im Holzschnittverfahren erstellte, wurde wahrscheinlich um 1500 in Straßburg geboren, wo sein Vater, ebenfalls Künstler, 1467 das Stadtrecht erworben hatte. Seine zahlreichen Illustrationen finden sich in Büchern aus unter anderem Augsburg, Straßburg, Frankfurt und sogar Venedig und decken viele verschiedene Themen ab. Neben Bildern zu antiken Werken fertigte er viele alltägliche Darstellungen, die das Leben im damaligen Deutschland zeigen. Besonders auffällig sind seine bildlichen Verarbeitungen von Metaphern und Redewendungen.

In diesem Bild von Weiditz sieht man einen Bauern, der auf einem Korb voller Eier hockt und seiner Frau ein Ei zeigt, aus dem ein Küken schlüpft; dabei umschwirren Insekten seinen Kopf. Denkbar wäre die Darstellung der alten Bauernweisheit »Der Bauer wird sich hüten, seine Eier selbst zu brüten«.

Doch der Künstler präsentiert uns hier einen weitergehenden Wortwitz. Dass der Bauer über den Eiern brütet, ist eine Metapher, die auf humorvolle Weise das gedankliche »Brüten« des Mannes meint. Genau wie die Aufhebung des Spruches zeigt, dass früher Unmögliches jetzt Realität wird, so war auch das eigenständige Denken der einfachen Menschen früher unbekannt, während sie jetzt begannen, die gesellschaftlichen Strukturen zu durchbrechen. Die Ideen der Reformation fielen hier entsprechend auf sehr fruchtbaren Boden. David Behrens

Lit.: Ivins 1922, S. 156–161; Muller 2001, S. 197–227

91

Passional Christi und Antichristi

Unbekannt, 1521
Papier, 19 × 15 × 5,5 cm
Braunschweig, Theologisches Zentrum – Bibliothek, S 5 kon 13

Hinter dem anonym erschienenen Druckwerk, das in der Wittenberger Offizin Johannes Rhau-Grunenbergs in zwei unterschiedlichen Ausgaben (in je zwei variierenden Druckzuständen) erschien und in Erfurt und Straßburg nachgedruckt wurde, verbirgt sich mutmaßlich eine Gemeinschaftsunternehmung der Wittenberger Reformatoren

Luther und Melanchthon, eventuell auch des Juristen Johannes Schwertfeger und des Künstlers Lucas Cranach d. Ä., der erstmals mit dieser Holzschnittserie offen für die Reformation eintrat. In die Planungen war auch der kursächsische Hof involviert. Die Arbeit entstand zwischen März und Mai 1521 in einer lateinischen und einer deutschen Ausgabe, verbreitete sich rasch und war im Spiegel der Abnutzungsspuren der Cranach'schen Holzschnitte ein großer publizistischer Erfolg. In komplexer Anknüpfung an antithetische Bilderpaare in der hussitischen Tradition, die Christus und den Papst gegenüberstellten, werden 13 Episoden aus der Passion Christi mit einer entsprechenden Anzahl an Bildern des auf Weltbeherrschung abzielenden Papsttums konfrontiert. Sie folgen keiner strikten biografischen Ordnung; das Bildpaar am Schluss (Himmelfahrt Christi, Höllensturz des Papstes) markiert allerdings einen bilanzierenden Zielpunkt. Den die jeweilige Seite dominierenden Bildern sind Unterschriften beigegeben, die im Falle der linken bzw. Christusseite der Bibel, im Falle der rechten oder Antichristseite vornehmlich dem kanonischen Recht entnommen sind. Der Titelbegriff »Passional« bezeichnete im frühen 16. Jahrhundert primär volkssprachliche, bebilderte Darstellungen von Heiligenmartyrien; er evoziert eine »erbauliche« Rezeptionshaltung. In Bezug auf die Bilder der Christusseite ist durchaus eine affirmative Aneignung intendiert. In der Wittenberger Publizistik begegnet das theologische Urteil, der Papst sei der Antichrist, erstmals im Sommer 1520. Vor allem aufgrund von 2 Thess 2,3 f war Luther zu dem Ergebnis gelangt, dass sich der über dem Kaiser zu stehen beanspruchende Papst an die Stelle Christi bzw. Gottes gesetzt habe.

Thomas Kaufmann

Lit.: AK Gotha 2015, S. 114 Nr. 12; Brinckmann 2007, S. 198 f.; Groll 1999; Kaufmann 2016 a, S. 460–471; Schnabel 1972; VD 16 L 5579–5589

92

Papst und Kardinäle vom Teufel geboren, versorgt von den Erinnyen

Werkstatt Lucas Cranachs d. Ä., Nürnberg, 1545
Inschrift: Martin Luther
Papier, 27,9 × 18,2 cm
Braunschweig, Herzog Anton Ulrich-Museum, LCranach-Werkstatt AB 3.2

Der Holzschnitt ist eine Buchillustration, die die Kritik Martin Luthers am Papst bildhaft zum Ausdruck bringt. Sie zeigt exemplarisch, wie polemisch das »Medienereignis« Reformation in seiner Auseinandersetzung geführt wurde: Der Papst, dargestellt als Gegenspieler Jesu Christi in der Wiege, wird von den Erinnyen, den drei Rachegöttinnen Alekto, Megaira und Tisiphone aus der griechischen Mythologie, erzogen. Die karikative Darstellung des Papstes als Antichrist zeigt, wie Luther sich der Polemik gegen das Papsttum bediente.

Gleichzeitig ist der Holzschnitt Sinnbild für die sich wandelnde (kulturelle) Kommunikation. Durch den Buchdruck war es möglich, Schriften massenwirksam zu verbreiten und Nachdrucke an verschiedensten Orten anfertigen zu lassen. Damit einhergehend entstand eine unauflösbare Text-Bild-Relation. Bilder veranschaulichten nun das geschriebene Wort. Dadurch wurde die reformatorische Gedankenwelt einer breiten Öffentlichkeit zugänglich. Zudem entstanden neue Medien wie Flugblätter oder Pamphlete, die aktuelle Informationen vermittelten. Auch in Büchern begann man, sich mit aktuellen Themen zu beschäftigen. Es wurde nicht mehr nur Wissen transportiert, sondern auch Meinungen – in diesem Fall die Meinung Martin Luthers.

Lucas Cranach d. Ä., aus dessen Werkstatt der Holzschnitt stammt, illustrierte viele Schriften der Reformation. Gemeinsam mit Martin Luther entwickelte er eine Bildsprache, die jeder Bevölkerungsschicht, unabhängig ob des Lesens mäch-

92

tig, die Idee der Reformation vermittelte. In der Cranach-Werkstatt wurde die 1534 gedruckte »Gesamtdeutsche Bibel« bebildert – ebenso wie Luthers Buch »Wider das Papsttum zu Rom, vom Teufel gestiftet« von 1545, aus dem der Holzschnitt entnommen ist (vgl. Kat.-Nr. 136).

Nadine Hoffmann

93

Goslarsche Cronica

Hans Geismar, Goslar, 1563–1587
Papier, 19,6 × 16,3 cm
Wolfenbüttel, Herzog August Bibliothek,
Cod. Guelf. 760.1 nov.

Für die konservative Bürgerschaft Goslars war es keineswegs naheliegend, ihre Kinder in die im Reformationsjahr 1528 gegründete städtische Lateinschule zu schicken. Nur ungern bekannte man sich öffentlich zum lutherischen Weg. Die Quellen wissen von Hass und Zwietracht zwischen Lutheranern und Altgläubigen zu berichten, die nicht zuletzt durch heftige Polemik der neu eingesetzten Prediger hervorgerufen worden waren.

Ein eindrucksvolles zeitgenössisches Zeugnis belegt, in welch elementarer Weise die Auseinandersetzungen die Bevölkerung ergriffen hatten. Hans Geismar, Sohn eines Goslarer Handwerksmeisters, wurde am 23. August 1522 in der Kaiserstadt geboren und besuchte von 1527 bis 1529 die Schule im Kaiserhaus (»Münsterschule«), wohl eine in der Pfalz untergebrachte Elementarschule. Von dort wechselte er 1529 an die »Marckopperschole«, also die 1528 eingerichtete evangelische Ratsschule auf dem »Meiningehoffe« (heute: Gemeindehof). Kurz danach ging er wieder in die Schule am »Dom« zurück. Diese stand wohl kurz vor der Schließung – und die Schüler waren dem Spott der »Marktschüler« ausgesetzt. Geismar, Repräsentant eines literarisch aktiven Bürgertums, erinnerte sich noch Jahrzehnte später an die unflätigen Verse, die ihnen zugerufen wurden: »Münsterkloß, der Teufel hole Dich; auf dem Platz des Kaisers, da schlagen sie sich mit dem Jungvieh, auf der Brücke des Königs, da schlagen sie sich mit den Mücken, vor dem Liebfrauenberg, da schlagen sie sich mit den Zwergen, vor dem Breiten Tor, da haben sie ihren Kopf verloren, bei der grünen Linde, da sollen sie ihren Kopf wiederfinden, bei der grünen Tanne, daran sollen ihre Köpfe hängen« (Überset-

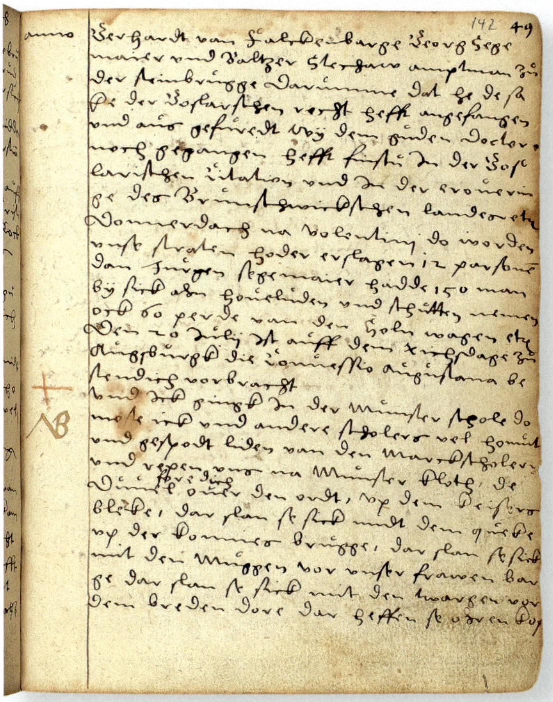

93

zung aus dem Niederdeutschen von Maik Lehmberg). Die Verachtung für die im alten Glauben verharrende Geistlichkeit im Dom kommt in dem Spottlied »Das Münster ist ein Hurenhaus« zum Ausdruck. Hier spiegelt sich die Sprache der Erwachsenen im Kindermund wider. Nicht zuletzt der erste evangelische Superintendent von Goslar, Johannes Amandus, hatte gegen das »Baalistische Münster« gewettert.

Helmut Liersch

Lit.: Cordes 1954, S. 2 und 135; Gidion 1969, S. 22 f.

94

Articuli Jacobitarum

Nikolaus vom Amsdorf (?), Goslar, 18. März 1528
Papier, 20 × 14 cm
Goslar, Stadtarchiv, B 4546

Mit diesem Dokument ergriff am 18. März 1528 eine Kirchengemeinde für die fünf Stadtgemeinden Goslars die Initiative zur Einführung der Reformation in der Reichsstadt.

In zwölf Artikeln fordert die Jakobigemeinde die Absetzung der amtierenden Geistlichen und deren Ersetzung durch neue Prediger, um damit für die rechte Predigt des Wortes Gottes zu sorgen. Zu dieser Eingabe sieht sie sich durch das Wort Gottes selbst autorisiert, dessen rechte Verkündigung der Gemeinde durch die Heilige Schrift aufgetragen sei. Die Gemeinde erhebt also keinen Anspruch auf bürgerliche Mitwirkung an der weltlichen Stadtregierung, sondern will ein geistliches Recht wahrnehmen.

Sie weist den Rat auch ausdrücklich darauf hin, wie schädlich der bisherige Gottesdienst der amtierenden Geistlichen für das Wohl der Stadt gewesen sei. Deswegen sei es dringend geboten, in der Stadt gleichförmige Gottesdienste einzuführen. Bürgerliche Eintracht könne nur in religiöser Einheit gewährleistet werden.

Doch nicht nur die inneren Konflikte spiegeln sich in den »Articuli« wider, sondern auch die äußere Bedrohung, in die Goslar durch einen Streit um das Berg- und Hüttenwesen am Rammelsberg mit dem Herzog Heinrich d. J. von Wolfenbüttel geraten war. Goslar musste fürchten, die Gunst des Kaisers und damit dessen Protektion zu verlieren, wenn es sich auf die Seite der Protestanten stellte.

Um die Bedenken des Rats zu entkräften, verweist Artikel zehn darauf, dass der Kaiser selbst durch ein Mandat die »lautere und reine Predigt« angeordnet habe und dass kein Reichsstand bisher um der Einführung der Reformation willen mit der Acht überzogen worden sei.

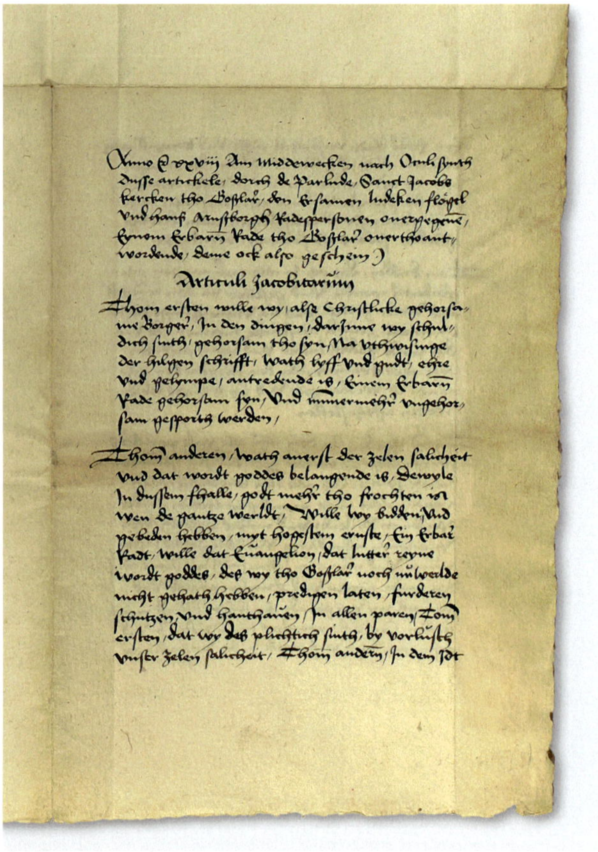

94

Deswegen wird in Artikel elf empfohlen, den Beitritt Goslars zum evangelischen Defensivbündnis, dem Magdeburger Bund, zu betreiben.

Friedrich Seven

Lit.: Dörner 2016, insbes. S. 223–226

95
Leihgeber: Goslar, Marktkirchenbibliothek

95 a (ohne Abb.)

Warhafftig bericht / Das das wort Gotts / ohn tumult / ohn schwermerey / zu Goßler und Braunschweigk gepredigt wird

Antonius Corvinus, Wittenberg, 1529
Druck: Georg Rhau
Papier, 17 × 13,4 × 0,5 cm
MKB 1205

95 b

Brief von Martin Luther an die Jakobi-Gemeinde zu Goslar

Martin Luther, Wittenberg, 31. Mai 1529
Papier, 34,5 × 21,5 cm
MKB B 1 (WA Br. 5, Nr. 1432)

Mit Interesse – aber auch großer Sorge – verfolgte Martin Luther von Wittenberg aus, welchen Weg die reformatorischen Bemühungen in der Kaiserstadt Goslar nahmen. Bereits am 21. November 1522 antwortete er dem Priester Henning Teppen, der sich offenbar schriftlich an ihn gewendet hatte, mit einem Trostbrief. Am 16. April 1528 fragte er bei Nikolaus von Amsdorf an, was dieser in Goslar habe ausrichten können. Dem Reformator war nicht verborgen geblieben, dass die soziale Schieflage in der Stadt zu erheblichen Verwerfungen geführt hatte. Die Klöster rings um die Stadt waren 1527 zerstört worden und auch nach Einführung der neuen Gottesdienstordnung 1528 durch Amsdorf nahmen die Unruhen kein Ende. Mit einem scharfen Mandat vom 24. April 1529 hatte der Kaiser untersagt, sich weiter an Klöstern und Altären der Innenstadt zu vergreifen.

95 b ►

Gnad und fried ynn Christo. Erbarn lieben herrn und
freunde. Der christliche kampff, den ihr [illegible]
ist bis mir komen, und hab mich [illegible] gut [illegible]
entpfangen. Und weil odder [illegible] bey euch
helt, wenn ich von yhm höre, so bin ich von hertzen
fro und bitte Gott den vater aller gnaden, das er
euch bey solcher weise erhalten und foddern. Amen.
Denn ich [illegible] auch [illegible]
euch [illegible]. Allein, das [illegible] bey euch ynn
der [illegible] als [illegible]
und frewet widder [illegible] bey euch [illegible]
ich [illegible] auch [illegible] die andern [illegible]
habe [illegible] glauben wollen. [illegible]
[illegible] Gott [illegible] und uns allen
und der lieben Euangelion [illegible]
Hinfurder [illegible] euch [illegible] bey euch angefangen hat [illegible]
[illegible] und [illegible] wünschen [illegible]
yhr [illegible] so bitten sie euch
[illegible] aber Christus euch [illegible]
seinem [illegible] so [illegible] sie euch
[illegible] Christus [illegible]
[illegible]
[illegible] hausvater [illegible] so werden sie
[illegible]
[illegible] denn der herr [illegible] also fort [illegible]
so wird der [illegible] bey euch sein. Amen. [illegible]
[illegible] Zu Wittemberg Montags
[illegible]

1529

Martinus Luther

Dennoch kam es zur Plünderung mehrerer Gotteshäuser, nicht zuletzt der Frankenberger Kirche. An der Stephanikirche, so wurde behauptet, habe sich sogar der neue Pfarrer Antonius Corvinus persönlich an der Zerschlagung von fünf Steinbildern auf dem Stephani-Kirchhof beteiligt.

Am 24. Mai 1529 verfasste Corvinus die Widmungsvorrede für den »Warhafftig bericht [...]«, der als Dialog mit dem Braunschweiger Rechtsgelehrten Autor Sander gestaltet ist. Die Schrift diente der Beschwichtigung der Obrigkeit und stellt die Ereignisse in Goslar und in Braunschweig verharmlosend dar, nicht zuletzt durch eine ausdrückliche Distanzierung von Müntzer und Zwingli. Wenige Tage später besuchte er Luther gemeinsam mit dem Jakobipfarrer Schulte und dem Schulrektor Volumetius. Seinen »Bericht« hatte Corvinus dabei, wohl auch Luther vorgelegt und in Wittenberg drucken lassen. Luther zeigte sich erleichtert und gab der Goslarer Delegation einen Trostbrief mit, in dem er die Vorwürfe gegen die Goslarer als Hass gegen Christus wertete.

Helmut Liersch

Lit.: Liersch 2005, S. 59–71; Tschackert 1900, S. 11–15

96

Abendmahlskelch

Goslar, vor 1484/1532
Silber, vergoldet, H 25 cm, Dm 13 cm
Goslar, Ev.-luth. Kirchengemeinde
St. Cosmas und Damian zum Markte

Gedanken reifen zu Worten, Worten folgen Taten und Taten hinterlassen Spuren. Die Reformation bewirkte Veränderungen in der Frömmigkeitspraxis und im Gottesdienst. Dies wird im protestantischen Raum vor allem am Wandel der kirchlichen Ausstattung und des Altargeräts greifbar.

Die alte und die neue Lehre vertraten unterschiedliche Auffassungen von der Bedeutung des Herrenmahls. Sichtbarstes äußeres Zeichen dafür war der evangelische »Laienkelch«, die Vergabe von Brot und Wein an die versammelte Gemeinde. Obwohl die Einführung des neuen Ritus nicht überall zu einem raschen Formenwandel führte – vielerorts wurden die kostbaren mittelalterlichen Kelche einfach weiterbenutzt –, ist die Kuppa der Abendmahlskelche in der evangelischen Kirche oft größer. Besonders interessant sind die Fälle, in denen die Kuppa vorhandener Kelche geweitet wurde, um sie den veränderten Bedürfnissen anzupassen.

Ob es sich beim Exemplar der Goslarer Marktkirche um einen solchen Kandidaten handelt, ist nicht zweifelsfrei zu sagen. Auffällig ist zumindest seine verhältnismäßig große, trichterförmige Kuppa, die sich deutlich von einem zweiten, ebenfalls in der Marktkirche aufbewahrten Stück unterscheidet. Seiner Inschrift zufolge wurde der Kelch vom Goslarer Ratsherrn Cort Mechtshusen und seiner Frau Margareta gestiftet. Die Wappen des Ehepaares befinden sich zwischen einer Kreuzigungsgruppe und Figuren der Marktkirchen-Patrone Cosmas, Damian und Nikolaus. Eine weitere Inschrift vermerkt, dass er 1532 für 9 Gulden und 7 Schilling »gebetert« wurde. Gegen eine bloße »Ausbesserung« spricht neben der beachtlichen Höhe des Preises vor allem die

Datierung: 1531 hatte Goslar die evangelische Lehre offiziell eingeführt. So ist denkbar, dass in diesem Zusammenhang die Kuppa geweitet wurde, um dem neuen Abendmahlsverständnis eine angemessene Form zu geben.

Ulrike Wendt-Sellin

Lit.: DI 45, Inschriftenkatalog: Deutsche Inschriften, Stadt Goslar (Christine Magin), Nr. 36, in: www.inschriften.net, urn:nbn:de:0238-di045g008k0003609 [12. 1. 2017]; Heppe 1989; von Poser 1983

97

Artikel wider das päpstliche Volk in Göttingen

Johann Sutel, Jost Winter, Wittenberg, 31. Januar 1531
Druck: Hans Lufft
Papier, 30,7 × 37,8 × 2,3 cm
Göttingen, Niedersächsische Staats- und Universitätsbibliothek, 4° H Hann V, 8860 Rara

Gegen die im Jahr 1530 in Göttingen eingeführte Kirchenordnung gab es auf altgläubiger Seite zum Teil hartnäckigen Widerstand, vor allem bei den Bettelorden, die weiterhin Messen lasen und die Beichte abnahmen. Dagegen verfassten 1531 nach dem Vorbild Martin Luthers die beiden aus Hessen gekommenen evangelischen Prediger Magister Johannes Sutel (St. Niklai) und Jost Winter Thesen auf Lateinisch und Deutsch. Sie sandten sie nach Wittenberg zur Durchsicht und zum Druck. Die 28 Thesen, zweispaltig gesetzt, wollten sie in einer vom Rat veranstalteten öffentlichen Disputation mit den Franziskanern verteidigen: »Diese nachfolgende Artickel / wollen Magister Jo=han Sutel vnd Joster Winter / verkündiger Göttlichs worts / mit bewerter Göttlicher warheit / schrifft / widder das Bepstliche volck / Jnn Göt=tingen / erhalten / Wollen aber den Widdersachern / kein argument zu lassen / essey denn aus den recht bewerten büchern / der heiligen Göttlichen Schrifft / genomen.«

Das Thesenplakat ist folgenermaßen gegliedert: Art. 1–5: von der Kirche, dem Papst und den Priestern; Art. 6–9: vom Opfer und Abendmahl; Art. 10–11: gegen die Heiligen- und Bilderverehrung; Art. 12–17: gegen Zölibat und Mönchtum; Art. 18–21: vom Glauben, gegen die Werkgerechtigkeit; Art. 22–24: gegen die von Menschen gemachten Satzungen, von Feiern und Festtagen; Art. 25: von der Unfreiheit des Willens; Art. 26: gegen die Ohrenbeichte; Art. 27–28: vom Gehorsam gegen die Obrigkeit.

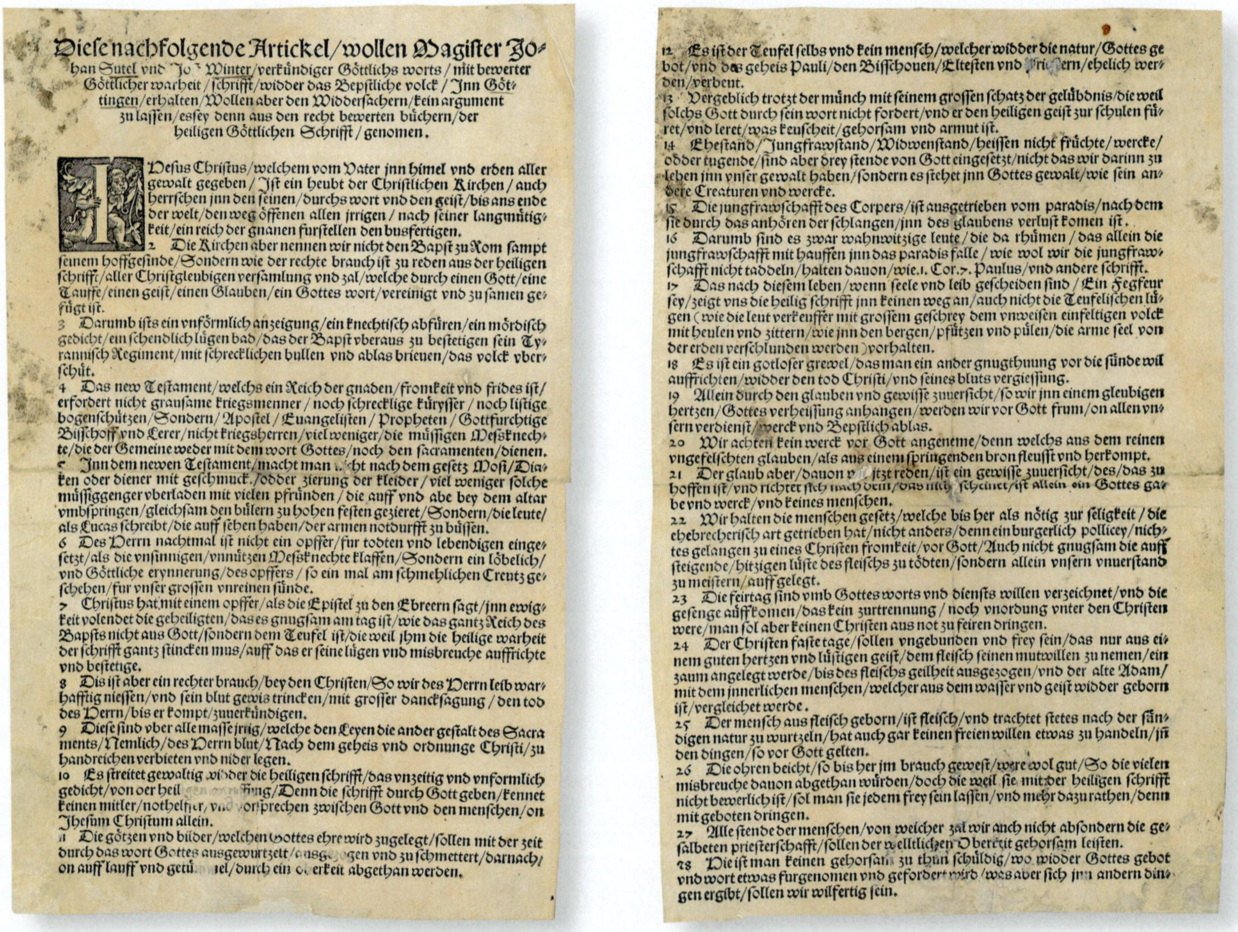

Diese nachfolgende Artickel/wollen Magister Johan Sutel vnd Jo[illegible] Winter/verkündiger Göttlichs worts/mit bewerter Göttlicher warheit/schrifft/widder das Bepstliche volck/Jnn Göttingen/erhalten/Wollen aber den Widdersachern/kein argument zu lassen/es sey denn aus den recht bewerten büchern/der heiligen Göttlichen Schrifft/genomen.

JHesus Christus/welchem vom Vater jnn himel vnd erden aller gewalt gegeben/Jst ein heubt der Christlichen Kirchen/auch herrschen jnn den seinen/durchs wort vnd den geist/bis ans ende der welt/den weg öffenen allen jrrigen/nach seiner langmütigkeit/ein reich der gnanen furstellen den busfertigen.

2 Die Kirchen aber nennen wir nicht den Bapst zu Rom sampt seinem hoffgesinde/Sondern wie der rechte branch ist zu reden aus der heiligen schrifft/aller Christgleubigen versamlung vnd zal/welche durch einen Gott/eine Tauffe/einen geist/einen Glauben/ein Gottes wort/vereinigt vnd zu samen gefügt ist.

3 Darumb ists ein vnförmlich anzeigung/ein knechtisch abfüren/ein mördisch gedicht/ein schendlich lügen bad/das der Bapst vberaus zu bestetigen sein Tyrannisch Regiment/mit schrecklichen bullen vnd ablas brieuen/das volck vberschüt.

4 Das new Testament/welchs ein Reich der gnaden/fromkeit vnd frides ist/erfordert nicht grausame kriegsmenner/noch schreckliche küryser/noch listige bogenschützen/Sondern/Apostel/Euangelisten/Propheten/Gottfurchtige Bisschoff vnd Lerer/nicht kriegsherren/viel weniger/die müssigen Messknechte/die der Gemeine weder mit dem wort Gottes/noch den sacramenten/dienen.

5 Jnn dem newen Testament/macht man [illegible]cht nach dem gesetz Mosi/Diaken oder diener mit geschmuck/odder zierung der kleider/viel weniger solche müssiggenger vberladen mit vielen pfründen/die auff vnd abe bey dem altar vmbspringen/gleichsam den bülern zu hohen festen gezieret/Sondern/die leute/als Lucas schreibt/die auff sehen haben/der armen notdurfft zu büssen.

6 Des Herrn nachtmal ist nicht ein opffer/fur todten vnd lebendigen eingesetzt/als die vnsinnigen/vnnützen Messknechte klaffen/Sondern ein löbelich/vnd Göttliche erynnerung/des opffers/so ein mal am schmehlichen Creutz geschehen/fur vnser grossen vnreinen sünde.

7 Christus hat mit einem opffer/als die Epistel zu den Ebreern sagt/jnn ewigkeit volendet die geheiligten/das es gnugsam am tag ist/wie das gantz Reich des Bapsts nicht aus Gott/sondern dem Teufel ist/die weil jhm die heilige warheit der schrifft gantz stincken mus/auff das er seine lügen vnd misbreuche auffrichte vnd bestetige.

8 Dis ist aber ein rechter brauch/bey den Christen/So wir des Herrn leib warhafftig niessen/vnd sein blut gewis trincken/mit grosser dancksagung/den tod des Herrn/bis er kompt/zuuerkündigen.

9 Diese sind vber alle masse jrrig/welche den Leyen die ander gestalt des Sacraments/Nemlich/des Herrn blut/Nach dem geheis vnd ordnunge Christi/zu handreichen verbieten vnd nider legen.

10 Es streitet gewaltig wi[illegible]der die heiligen schrifft/das vnzeitig vnd vnformlich gedicht/von der heil[illegible]ng/Denn die schrifft durch Gott geben/kennet keinen mitler/nothelf[illegible]/v[illegible] [illegible]rsprechen zwischen Gott vnd den menschen/on Jhesum Christum allein.

11 Die götzen vnd bilder/welchen Gottes ehre wird zugelegt/sollen mit der zeit durch das wort Gottes ausgewurtzelt/ausge[illegible]gen vnd zu schmettert/darnach/on auff lauff vnd getü[illegible]el/durch ein o[illegible]erkeit abgethan werden.

12 Es ist der Teufel selbs vnd kein mensch/welcher widder die natur/Gottes gebot/vnd das geheis Pauli/den Bisschouen/Eltesten vnd [illegible]ri[illegible]ern/ehelich werden/verbeut.

13 Vergeblich trotzt der münch mit seinem grossen schatz der gelübdnis/die weil solchs Gott durch sein wort nicht fordert/vnd er den heiligen geist zur schulen füret/vnd leret/was keuscheit/gehorsam vnd armut ist.

14 Ehestand/Jungfrawstand/Widwenstand/heissen nicht früchte/wercke/odder tugende/sind aber drey stende von Gott eingesetzt/nicht das wir darinn zu leben jnn vnser gewalt haben/sondern es stehet jnn Gottes gewalt/wie sein andere Creaturen vnd wercke.

15 Die jungfrawschafft des Corpers/ist ausgetrieben vom paradis/nach dem sie durch das anhören der schlangen/jnn des glaubens verlust komen ist.

16 Darumb sind es zwar wahnwitzige leute/die da rhümen/das allein die jungfrawschafft mit hauffen jnn das paradis falle/wie wol wir die jungfrawschafft nicht taddeln/halten dauon/wie.1.Cor.7. Paulus/vnd andere schrifft.

17 Das nach diesem leben/wenn seele vnd leib gescheiden sind/Ein Fegfeur sey/zeigt vns die heilig schrifft jnn keinen weg an/auch nicht die Teufelischen lügen (wie die leut verkeuffer mit grossem geschrey dem vnweisen einfeltigen volck mit heulen vnd zittern/wie jnn den bergen/pfützen vnd pülen/die arme seel von der erden verschlunden werden) vorhalten.

18 Es ist ein gotloser grewel/das man ein ander gnugthuung vor die sünde wil auffrichten/widder den tod Christi/vnd seines bluts vergiessung.

19 Allein durch den glauben vnd gewisse zuuersicht/so wir jnn einem gleubigen hertzen/Gottes verheissung anhangen/werden wir vor Gott frum/on allen vnsern verdienst/werck vnd Bepstlich ablas.

20 Wir achten kein werck vor Gott angeneme/denn welchs aus dem reinen vngefelschten glauben/als aus einem springenden bron fleusst vnd herkompt.

21 Der glaub aber/dauon w[illegible] jtzt reden/ist ein gewisse zuuersicht/des/das zu hoffen ist/vnd richtet sich nach dem/das ni[illegible] scheinet/ist allein ein Gottes gabe vnd werck/vnd keines menschen.

22 Wir halten die menschen gesetz/welche bis her als nötig zur seligkeit/die ehebrecherisch art getrieben hat/nicht anders/denn ein burgerlich pollicey/nichtes gelangen zu eines Christen fromkeit/vor Gott/Auch nicht gnugsam die auffsteigende/hitzigen lüste des fleischs zu tödten/sondern allein vnsern vnuerstand zu meistern/auffgelegt.

23 Die feirtag sind vmb Gottes worts vnd diensts willen verzeichnet/vnd die gesenge aufkomen/das kein zurtrennung/noch vnordung vnter den Christen were/man sol aber keinen Christen aus not zu feiren dringen.

24 Der Christen faste tage/sollen vngebunden vnd frey sein/das nur aus einem guten hertzen vnd lüstigen geist/dem fleisch seinen mutwillen zu nemen/ein zaum angelegt werde/bis des fleischs geilheit ausgezogen/vnd der alte Adam/mit dem jnnerlichen menschen/welcher aus dem wasser vnd geist widder geborn ist/vergleichet werde.

25 Der mensch aus fleisch geborn/ist fleisch/vnd trachtet stetes nach der sündigen natur zu wurtzeln/hat auch gar keinen freien willen etwas zu handeln/jnn den dingen/so vor Gott gelten.

26 Die ohren beicht/so bis her jm brauch gewest/were wol gut/So die vielen misbreuche dauon abgethan würden/doch die weil sie mit der heiligen schrifft nicht bewerlich ist/sol man sie jedem frey sein lassen/vnd mehr dazu rathen/denn mit geboten dringen.

27 Alle stende der menschen/von welcher zal wir auch nicht absondern die gesalbeten priesterschafft/sollen der welltlichen Oberkeit gehorsam leisten.

28 Die ist man keinen gehorsam zu thun schüldig/wo widder Gottes gebot vnd wort etwas furgenomen vnd gefordert wird/was aber sich jnn andern dingen ergibt/sollen wir wilfertig sein.

97 (Vorder- und Rückseite)

Herzog Erich I., der altgläubige Stadt- und Landesherr, ließ die geplante Disputation verbieten: »ir wollet unsere gemein clerisey und klosterpersonen bey euch zu solcher disputation ader andern beswerungen nicht dringen oder beleidigen, sondern sie bey allem loblichen christlichen wesen und leben, wie biß an uns herbracht ist, pleiben lassen.« Entgegen diesem Wunsch wurden aber die Dominikaner 1532 und die Franziskaner 1533 aus der Stadt verwiesen.

Peter Aufgebauer

Lit.: Moeller 1987, S. 492 – 514, bes. S. 508 f.; Tschackert 1897

98

Revers des Johann Sutel über seine Anstellungsbedingungen als Prediger der Nikolaigemeinde in Göttingen

Johann Sutel, September 1530
Papier, 22 × 17 cm
Göttingen, Ev.-luth. Kirchenkreisarchiv,
Pfarrarchiv St. Nikolai 203, Göttingen A 202

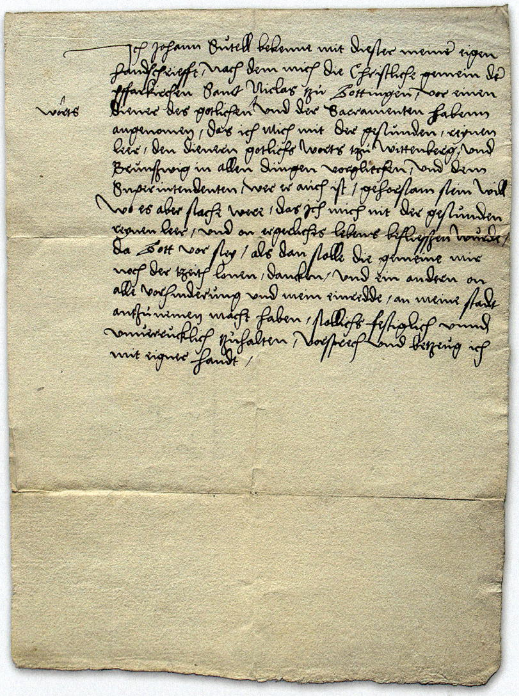

Johann Sutel aus Altenmorsch in Hessen wurde 1530 als »diener des gotlichen worts und der sacramenten« an St. Nikolai angestellt. Er hatte in Erfurt studiert und den Magistergrad erworben, aber keine priesterliche Ordination empfangen. Im hier vorliegenden, vom Göttinger Rat und der Nikolaigemeinde verlangten Revers sicherte er zu, gemäß den in Wittenberg und Braunschweig geltenden Vorschriften für die Diener des göttlichen Wortes zu predigen. Für den Fall, dass er von der reinen evangelischen Lehre abweiche oder sich eines anstößigen Lebenswandels schuldig mache, erklärt er sich mit seiner Entlassung einverstanden. Dass sich der Rat, wie hier, der festen lutherischen Gesinnung seiner Prediger ausdrücklich versicherte, wurde rasch üblich.

Das Beispiel des Johann Sutel zeigt die materiellen und personellen Schwierigkeiten bei der tatsächlichen Durchsetzung der beschlossenen Reformation in der Stadt: Der Landesherr blieb dem alten Glauben treu; im Herzogtum gab es keine Universität, von der man reformatorisch gesinnte Theologen hätte abwerben können; Prediger, die von außerhalb kamen, mussten die niedersächsische Mundart beherrschen; die Pfarrerbesoldung durch den Rat war ungewohnt und nach Kaufleuteart versuchte der Rat, hier mit möglichst wenig finanzieller Belastung davonzukommen. Im Jahr 1531 beklagte sich Martin Luther gegenüber Johann Sutel, dass der Göttinger Rat die neuen Prediger nicht angemessen besolde und diese deshalb wieder die Stadt verließen. Er riet Sutel dazu, seine Position in der Stadt dadurch zu verbessern, dass er sich zum Pfarrer ordinieren lasse.

Johann Sutel hat sich in Göttingen behauptet und wurde schließlich der erste Superintendent der Stadt.

Peter Aufgebauer

Lit.: Bott 1983, S. 415 f., Nr. 565; Moeller 1987, S. 492–514; Tschackert 1897

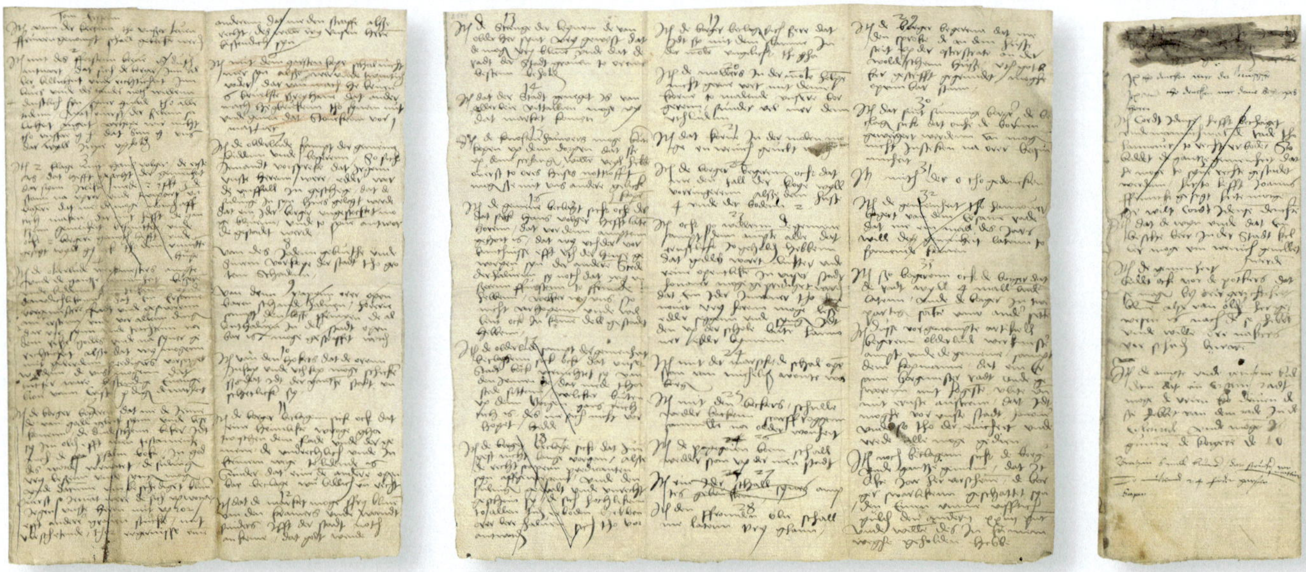

99

Beschwerdeschrift der lutherisch Gesinnten in der Stadt Hannover an ihren Rat

Hannover, 15./16. August 1532
Papier, ca. 34 × 40 cm
Hannover, Stadtarchiv, A574

In Hannover hielt die Reformation spät Einzug. 1523 übermittelte die Landesherzogin der Geistlichkeit und dem Rat der Stadt die Anweisungen, Predigten von Anhängern Luthers auf dem Markt zu verbieten und Buchdrucker, die Luthers Schriften vervielfältigten, einzusperren. Doch auch hohe Geldstrafen hielten die neue Bewegung nicht auf.

Bis 1532 wurde der Rückhalt in der Bevölkerung groß genug für ein mutiges Entgegentreten der Luther-Anhänger. Nach dem geplanten Abriss einer Kapelle wurde der Rat aufgefordert, die Bürger einzuberufen, die am 15./16. August eine Beschwerdeschrift einreichten. Neben der Forderung nach größerer Beteiligung an der Stadtpolitik stand die wirtschaftliche Gerechtigkeit im Blickfeld. Um eine zu hohe Konkurrenz in den verschiedenen Gewerben zu verhindern, wollten die Bürger eine stärkere Regulierung des Warenverkehrs, besonders Geschäftspraktiken der Juden waren ihnen ein Dorn im Auge. Trotz einzelner religiöser Forderungen war die Reformation noch nicht direkt angesprochen.

Der Erfolg der Bürger mündete allerdings schnell in eine weitere Beschwerdeschrift, die der Rat am 15. September erhielt und die nun die Forderung beinhaltete, den der Stadt verwiesenen Lutheraner Meigenberch zurückkommen zu lassen und die Geistlichen zu Bürgern mit entsprechenden steuerlichen Pflichten zu erheben.

Die letzte Schrift vom 21. Oktober schließlich forderte das Ende der Bestrafungen für Luther-Anhänger und das offene Bekenntnis zur Reformation mit der Einstellung evangelischer Prediger und der Aufhebung des Zölibats.

Während die meisten Punkte aller drei Beschwerdeschriften erfüllt wurden, weigerte sich der Rat, Luthers Lehren zu akzeptieren. Erst ein Jahr später bekannten sich die Bürger öffentlich zum Protestantismus und die Ratsmitglieder flohen aus der Stadt.

David Behrens

Lit.: Müller 1987, S. 94–108

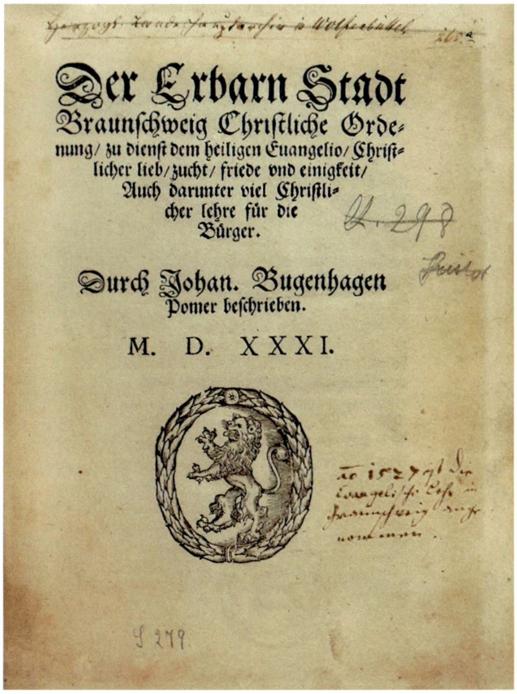
Der Erbarn Stadt Braunschweig Christliche Ordenung/ zu dienst dem heiligen Euangelio/ Christlicher lieb/ zucht/ friede vnd einigkeit/ Auch darunter viel Christlicher lehre für die Bürger.

Durch Johan. Bugenhagen Pomer beschrieben.

M. D. XXXI.

100 d

100 a (ohne Abb.)

Christliche vnd in Got=tes wort Altem vnnd Newem Testa=ment gegründte Kirchenordnung der Stadt Göt=tingen

Frankfurt/Main, 1568
Druck: Martin Lechler, Simon Hüters
Papier, ca. 30 × 21 cm
Hannover, Gottfried Wilhelm Leibniz Bibliothek, C 7019

100 b (ohne Abb.)

ANNO DOMINI 1531 Hatt ein E. Rahth zu Goßlar diese Ordtnung Stellen vndt Schreiben laßen [...]

Nikolaus von Amsdorf, 1530/31
Handschrift, Papier, 35 × 24 cm
Goslar, Stadtarchiv Goslar, VO A 1C

100 c (ohne Abb.)

Kirchen Ord=nung der Statt Hanno=fer durch D. Urbanum Regium

Magdeburg, 1536
Druck: Michael Lotter
Papier, 15 × 10 cm
Lutherstadt Wittenberg, Stiftung Luthergedenkstätten in Sachsen-Anhalt, ss2458

100 d

Der Erbarn Stadt Braunschweig Christliche Orde=nung [...] Durch Johan. Bugenhagen Pomer beschrieben. M.D.XXXI.

ohne Ort, 1563
Papier, 22,5 × 16,7 × 8,2 cm
Braunschweig, Theologisches Zentrum – Bibliothek, S279

Die große Kirchenordnung von 1531 markiert den institutionellen Abschluss der Reformation in der Reichsstadt Goslar. Mit ihr präsentierte sich der Rat als gesetzgebende Instanz und nahm bischöfliche Rechte für sich in Anspruch. Nach außen hin bedeutete der Erlass dieser Ordnung, dass sich nunmehr die Stadt Goslar ganz auf die Seite der evangelischen Stände im Reich stellte und den Anschluss an den Schmalkaldischen Bund, also an das evangelische Defensivbündnis, suchte. Nach innen hin wollte sich der Rat gegenüber den reformatorischen Tendenzen in der Stadt und gegenüber den Gruppen, die den Veränderungsprozess in Gang gesetzt hatten, als die Obrigkeit präsentieren, die sich fortan das Regiment auch in religiösen Dingen nicht mehr aus der Hand nehmen ließ. Deswegen auch ist der vom Rat beauftragte enge Vertraute Martin Luthers, Nikolaus von Amsdorf, der alleinige Verfasser der Ordnung, die sich mehr an das Vorbild der lutherischen Gottesdienstordnungen und weniger an Johannes Bugenhagen und dessen für den Norden so einflussreiche Braunschweiger Kirchenordnung von 1528 anschließt.

Gemäß den Formularen Martin Luthers für Gottesdienst und Taufe stellte die Ordnung das gottesdienstliche und gemeindliche Leben in der Stadt auf eine neue religiöse Grundlage und rückte die Verkündigung des Wortes Gottes ins Zentrum der Haupt- und Nebengottesdienste.

In einem Eid, mit dem künftig jeder Geistliche in Goslar den »Sakramentisten« abschwören sollte, spiegelt die Ordnung den religiösen Konflikt wider, den Amsdorf noch 1530 unter obrigkeitlichem Schutz erfolgreich gegen dogmatische Abweichler ausgetragen hatte.

Mit einer Reihe von Artikeln, die jedes Jahr einmal von der Kanzel verlesen werden sollten und die bis in die 1560er Jahre hinein auch verlesen worden sind, bekräftigt die Ordnung ihre Autorität als Stadtrecht, signalisiert aber auch ihre Schwierigkeit, dieses Recht gegenüber dem in der Stadt weiter bestehenden Klosterleben durchzusetzen.

Friedrich Seven

Lit.: Dörner 2016, S. 175 ff., insbesondere S. 244–252

101

Brief des Rates der Stadt Braunschweig an König Ferdinand

Braunschweig, 11. Mai 1529
Abschrift des 16. Jahrhunderts
Papier, 29 × 20 cm
Braunschweig, Stadtarchiv,
B III 1:6, Bl. 21 v – 25 r

Mit der Verkündung der Kirchenordnung durch Johannes Bugenhagen am 5. September 1528 war die Stadt Braunschweig zur Reformation übergetreten. Dieser Schritt löste heftige Proteste des altgläubigen Herzogs Heinrich d. J. aus, der seine stadtherrlichen Rechte verletzt sah. Der Herzog hatte daraufhin Beschwerde gegen die Stadt geführt und am Rande des Reichstags von Speyer 1529 ein Mandat des böhmisch-ungarischen Königs Ferdinand gegen seine unbotmäßige Stadt erwirken können.

In dem scharf formulierten Schreiben vom 23. April 1529 forderte der Bruder Karls V., der die Regierung im Reich in der Zeit der Abwesenheit des Kaisers als Statthalter führte, den Braunschweiger Rat unmissverständlich auf, alle bisher durchgeführten Änderungen in Religionssachen zurückzunehmen und zum alten Glauben zurückzukehren. Der Rat antwortete daraufhin am 11. Mai 1529 mit einem ausführlichen Rechtfertigungsschreiben. Ausdrücklich wies er darauf hin, dass die vorgenommenen religiösen Veränderungen in der Stadt im Einklang mit den Beschlüssen des Speyerer Reichstags von 1526 gestanden hätten, auf dem den Reichsständen Handlungsfreiheit in Religionssachen bis zur Einberufung eines allgemeinen Konzils zugestanden worden war. Es werde in der Stadt Braunschweig niemand zu einem Bekenntnis gezwungen, alles sei friedlich verlaufen, man habe keine Mönche verjagt und dem Herzog auch nicht den Gehorsam verweigert. Diese Darstellung entsprach nur bedingt den Tatsachen; so nahm der Braunschweiger

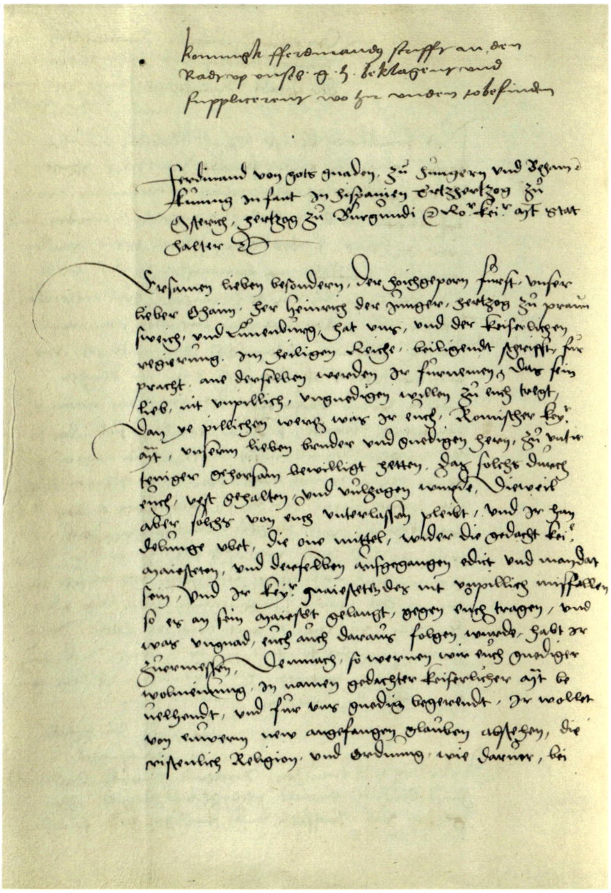

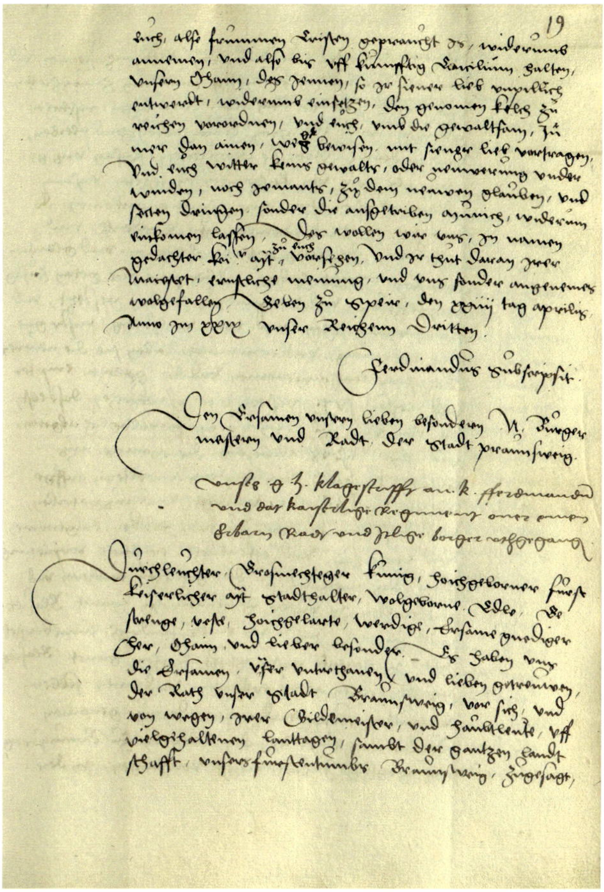

Rat für sich stillschweigend das Recht in Anspruch, wie eine Reichsstadt handeln zu dürfen, ohne diesen Status zu besitzen. Deutlich wird die Strategie der Ratsherren, im noch ungeklärten Verhältnis zu Kaiser und Reich Zeit zu gewinnen.

Henning Steinführer

Lit.: Jürgens/Jünke 2003, S. 95 f.; Meckseper 1985, Bd. 2, S. 1081, Nr. 948

ZERRISSENHEIT

1538 tagte in Braunschweig die christliche Einigung protestantischer Stände: der Schmalkaldische Bund. In diesem Bündnis hatten sich 1531 die meisten protestantischen Reichsstände und zahlreiche Städte zusammengefunden, die für sich das Recht beanspruchten, ihre Kirchenangelegenheiten selbst zu regeln. Herzog Ernst von Lüneburg und Herzog Philipp von Grubenhagen gehörten dem Bund an, die Städte Bremen, Braunschweig, Göttingen, Goslar, Einbeck und Hannover. Das Treffen in Braunschweig war auch eine Demonstration gegen die altgläubigen Fürsten dieser Region. Denn gerade ließen Herzog Heinrich d. J. von Wolfenbüttel und sein Bruder Erzbischof Christoph von Bremen auf der Verdener Marsch Truppen anwerben, um die Maßnahmen gegen die Städte Braunschweig und Goslar zu verstärken. Im selben Jahr vertrieb Herzog Heinrich zahlreiche Edelleute von ihren Pfandschlössern, die sie seit einer Generation in Besitz hatten, darunter Klaus Barner, dem Edlen Christoph von Warberg und die von Schwicheldt. Die Gesandten der Städte Göttingen und Hannover ritten daher von je zwölf Reitern begleitet in Braunschweig ein.

Im Schmalkaldischen Bund hatte sich eine Organisation gebildet, die gewillt war, der aggressiven Expansionspolitik Herzog Heinrichs d. J. entgegenzutreten. In der Tradition seines Vaters und seines Großvaters, aber mit größeren Mitteln, lag Heinrich im Kleinkrieg mit der Stadt Braunschweig. Die Bergwerke und Hütten am Rammelsberg, auf deren Betrieb die Wirtschaftskraft der Stadt Goslar beruhte, hatte er in Beschlag genommen. Und unter dem Adel hatte er sich nicht nur die genannten Junker zu Feinden gemacht, sondern auch zahlreiche andere, besonders aus dem größeren Stift Hildesheim. Das Muster war in allen Fällen dasselbe: Der Herzog löste lange verpfändete Rechte aus und interpretierte diese in einer Weise, die ihm eine sofortige Okkupation von Ressourcen erlaubte. Seine Kontrahenten wehrten sich dagegen nach Kräften, rechtlich wie militärisch.

1538 war ebenfalls das Jahr, in dem Herzogin Elisabeth von Calenberg in Abwesenheit ihres Mannes, Herzog Erichs, erstmalig das Abendmahl in beiderlei Gestalt nahm. Da Heinrich d. J. nach Erichs Tod 1540 versuchte, auch das Fürstentum Calenberg in seine Gewalt zu bekommen, erhielten die unterschiedlichen Konflikte um Macht und Selbstbehauptung eine deutlich religiöse Grundierung.

Die Auseinandersetzungen des Schmalkaldischen Bundes mit Herzog Heinrich d. J. begannen propagandistisch, in einem Flugschriftenkrieg, der nicht nur Rechtsgründe verbreiten, sondern mehr noch das Ansehen und die Ehre der jeweiligen Kontrahenten beschädigen sollte. Diese Schriften enthielten Schmähungen und bedienten sich einer Ausdrucksweise, die ein unmittelbares Verbot von Schmähschriften durch den Regensburger Reichstag 1541 bewirkte. Sogar Martin Luther fühlte sich genötigt einzugreifen. Seine Schrift »Wider Hans Worst« wendete eine Beleidigung, die Herzog Heinrich bzw. dessen Kanzlei dem sächsischen Kurfürsten zugedacht hatte, gegen Heinrich selbst. Die Bezeichnungen »Hans Wurst«, »böser« oder »wilder Heinz« hafteten seither dem Herzog an. Die Erregungen steigerten sich, als 1540 die Stadt Einbeck und andere Orte der Gegend niederbrannten und Heinrich d. J. beschuldigt wurde, Mordbrenner bezahlt zu haben.[1]

1542 begannen dann die gewaltsamen Auseinandersetzungen, die das mittlere und südöstliche Niedersachsen für mehr als zehn Jahre in Atem hielten. In Stichworten nur: die Vertreibung Herzog Heinrichs d. J. durch den Schmalkaldischen Bund; der Bauernaufstand an der Oberweser und im Land Göttingen 1544; der Versuch Heinrichs, sein Fürstentum 1545 zurückzuerobern; der Schmalkaldische Krieg 1547 mit der Belagerung Bremens und der Schlacht bei Drakenburg; Heinrichs Restitution, das Interim und die Belagerung der Stadt Magdeburg; die Belagerung Braunschweigs 1550; die Fürstenverschwörung 1552 und die Fehde des Grafen Volrad von Mansfeld gegen Heinrich d. J.; der Krieg zwischen dem Markgrafen Albrecht Alkibiades zu Brandenburg (Kulmbach) und dem neuen Kurfürsten Moritz von Sachsen. Letzterer verbündete sich mit Heinrich d. J., während sich Herzog Erich d. J. von Calenberg und die unzufriedenen Edelleute aus dem Hochstift Hildesheim und dem Fürstentum Wolfenbüttel der Gegenseite anschlossen. Dieser Krieg führte zur Schlacht bei Sievershausen 1553, der blutigsten des Reformationsjahrhunderts: Heere von je mehr als 20 000 Mann prallten aufeinander, vier Fürsten und an die 300 Edelleute, insgesamt 4 000 bis 5 000 Soldaten verloren das Leben. Heinrich belagerte erneut Braunschweig und ließ weitere Truppen werben. Erst nachdem 1555 ein großer Heerhaufen von Wildeshausen an Einbeck und Duderstadt vorbei nach Franken weitergezogen war, beruhigten sich die Zustände wieder etwas.[2]

In politischer Hinsicht hatten sich die Verhältnisse geklärt. Es gab Gewinner (Herzog Heinrich d. J.) und Verlierer (die Stadt Goslar, Herzog Erich d. J., die unzufriedenen Junker, die Bauern). Die konfessionelle Situation deckte sich damit aber nicht. Die Vertreibung Herzog Heinrichs hatte dem Schmalkaldischen Bund die Möglichkeit gegeben, im Fürstentum Wolfenbüttel die Reformation durchzuführen. Parallel dazu setzte sich die Reformation endgültig in den niedersächsischen Städten durch. Da der Druck ausblieb, den Herzog Heinrich d. J. auf die Umgebung ausgeübt hatte, gingen nicht nur die Bischofsstädte Hildesheim und Osnabrück, sondern Kommunen nah und fern zur Reformation über, so Helmstedt, Buxtehude oder Duderstadt.

Politische und konfessionelle Parteinahmen ließen sich für Menschen, in deren Bewusstsein Traditionen reproduziert wurden, gar nicht trennen. Zunehmend öffnete sich jedoch der Raum für individuelle Entscheidungen. Gleichzeitig entstanden aus den Chancen Zwänge. Luther hatte die Internalisierung des Göttlichen im individuellen Gewissen begründet.[3] Wer die Freiheit von Traditionen und äußeren Pflichten angestrebt hatte, sah sich jetzt dem Diktat des eigenen Gewissens unterworfen, musste selbst die volle Verantwortung für sein Tun übernehmen – ohne einfache Möglichkeiten einer Revision durch Ablass und Buße.

Die Gewissen verlangten nach Wahrheit. Die Wahrheit durfte nicht verleugnet werden. »Pape, du lügst«, rief 1527 ein Braunschweiger Bürger in der Brüdernkirche einem Kleriker zu, der die Werkgerechtigkeit erläutern wollte.[4] »Teufel, du lügst«, schleuderte Luther Herzog Heinrich d. J. entgegen.[5] Ebenso aber artikulierte sich der Widerstand in den Nonnenkonventen gegen evangelische Predigten und die Einführung einer neuen Liturgie, im Lüneburgischen oder zum Beispiel im schaumburgischen Obernkirchen.

Für die Evangelischen lag die Wahrheit in Gottes Wort. Deshalb erscheint seit 1540 der Wahlspruch der Schmalkaldener »Verbum Domini manet in (a)eternum«[6] massenhaft, aber als je individuelles Bekenntnis eines Hausbesitzers als Inschrift an Wohn- und Verwaltungsgebäuden: in Münden, Einbeck, Braunschweig, Hildesheim, Elze (um nur einige frühe Beispiele zu nennen). Während sich hier einzelne Bürger zu Wort meldeten, waren für die Sicherung der Reformation die Stellungnahmen der Landstände von fundamentaler Bedeutung.

Die Landstände der niedersächsischen Territorien bewirkten eine Verankerung des evangelischen Bekenntnisses in den Territorialverfassungen. Das ist angesichts der Ereignisse in den großen Städten und Handlungen der Fürsten selten angemessen registriert worden. Aber neben den meist kleineren Städten waren es die Ritter, die sich auch von nominell katholischen Landesherren das Recht auf lutherische Religionsausübung verbriefen ließen. Das geschah nach dem Augsburger

Religionsfrieden in den Fürstentümern Calenberg und Göttingen (1555), im Erzstift Bremen (1559) und im Hochstift Hildesheim (1581). Die individuellen Gewissensentscheidungen von Edelleuten lassen sich in den Quellen schlecht fassen. Doch eindeutig positionierten sich die niedersächsischen Söldnerführer, als 1563 ihre Pensionsverträge mit der Krone Spaniens verlängert werden sollten. Sie wollten sich nicht gegen die reine Lehre der Augsburger Konfession zu dienen verpflichten lassen. Und der spanische König Philipp II. musste den Asseburgs, Mahrenholtz' und Münchhausens diese Vertragsklausel einräumen, um gegen Frankreich überhaupt Truppen ins Feld führen zu können.[7]

Die Obrigkeiten ließen Kirchenordnungen und Bekenntnisschriften erarbeiten, um ihrem Gewissen Folge zu leisten, aber auch, um die theologische Deutungshoheit für die eigene Gemeinschaft zu behaupten. In der Regel gelang das. Wer sich vor seinem Gewissen verantwortlich fühlte, musste sich freilich immer erneut mit abweichenden Lehrmeinungen, dem Philippismus, dem Kryptocalvinismus, dem Flacianismus und der Orthodoxie auseinandersetzen. Und sich seines Bekenntnisses vollends sicher sein, als Bischof Ernst von Bayern 1573 im Hochstift Hildesheim die Gegenreformation und katholische Konfessionalisierung einleitete. Eine Haltung, wie Herzog Heinrich d. J. sie auf dem Reichstag 1530 eingenommen hatte, erschien eine Generation später nicht mehr akzeptabel. Heinrich soll geäußert haben, wegen der Nießung des Sakraments unter beiderlei oder einer Gestalt, wegen der einen und der anderen Privatmessen oder der Pfaffenweiber und dergleichen Sachen, »die sich in die Gewißen ziehen«, werde er nur ungern ein Pferd satteln.[8]

Brage Bei der Wieden

heit

Anmerkungen

1 Hortleder 1645; Koldewey 1883; Kieslich 1958; Stopp 1970.
2 Glafey 1877; Ißleib 1989; Blume 1969; Grüter 1994; Lippelt/Sissakis 2001; Kunze 2012.
3 Kittsteiner 1991.
4 Rethmeyer 1969.
5 Koldewey 1883, S. 26.
6 Vgl. Stopp 1969. Vgl. Deutsche Inschriften online (http://www.inschriften.net/, 21.5.2016).
7 Bei der Wieden 1998.
8 Müller 1705, S. 835, nach einer zeitgenössischen protestantischen Handschrift »Handlung der Religions-Sachen zu Augspurg 1530« im Ernestinischen Gesamtarchiv in Weimar (Reg. E). Vgl. Koldewey 1883, S. 2.

102

Schachspiel Herzog Augusts d. J.

Unbekannt, 17. Jahrhundert
Messing, 30 × 14,7 × 8 cm
Braunschweig, Braunschweigisches Landesmuseum, VMB 3388

Die Zeit der Reformation war geprägt durch den Verlust der alten Ordnung und damit einhergehenden gesellschaftlichen Umbrüchen. Es entstanden Konflikte auf religiöser, politischer und militärischer Ebene. Die Welt wurde zum Spielbrett und wer seine Figuren nicht einzusetzen wusste, der verlor.

Das ursprünglich aus dem Orient stammende Schachspiel diente schon früh dazu, solche Konflikte auszudrücken und in Literatur und Kunst darzustellen. 1275 erläuterte der Dominikaner Jacobus de Cessolis anhand des Spiels die Ständeordnung, die sich auf dem Brett mit dem Königspaar bis hin zum Bauern wiederfand. Könige und Fürsten zeigten sich gern beim Schachspiel, um ihre Weisheit und Voraussicht unter Beweis zu stellen, denn diese Fähigkeiten waren auch beim alltäglichen Regierungsgeschäft und auf dem Schlachtfeld vonnöten. So wie der Herrscher im Spiel seinen Kontrahenten durch kluges Taktieren schachmatt setzen konnte, so gewann er auch den Konflikt mit seinem realen Gegner, sei dies militärisch oder politisch.

Auch Herzog August d. J. war ein begeisterter Schachspieler. Als Gustavus Selenus schrieb der Namensgeber der Wolfenbütteler Bibliothek 1616 das Buch »Das Schach- oder Königsspiel«. Das hier gezeigte Spiel aus Messing, bestehend aus einem Kasten und den Figuren, geht auf ihn zurück. Mit den 65 bis 94 Millimeter hohen Figuren trainierte er sein strategisches Können.

Schach diente der Elite als Projektionsfläche der Welt. Während im Mittelalter die Bewegung der Läufer und der Dame stark eingeschränkt waren, ermöglichten die seit 1495 belegten und bis heute gültigen Regeln ein nicht erst in der Endphase spannendes Spiel. Mit der neuen Zeit konnte man auch im Schach schon gleich zu Beginn alles gewinnen oder aber alles verlieren. David Behrens

Lit.: Holländer 2007

103

Bildnis Karls V.

Unbekannt, 17. Jahrhundert
Öl auf Leinwand, ca. 206 × 98 cm
Osnabrück, Ev.-luth. Kirchengemeinde St. Katharinen

Das Gemälde zeigt Karl V. aus dem Hause Habsburg, Kaiser des Heiligen Römischen Reiches Deutscher Nation. Geboren 1500 in Gent und aufgewachsen am Hof seiner Tante in den Niederlanden, wurde Karl 1519 zum Kaiser gewählt. Nach 37 Regierungsjahren dankte er 1556 resigniert und schwer krank ab und starb schließlich 1558 im spanischen Yuste.

Geprägt war seine Regierungszeit durch die Reformation. Dabei war die Religionsfrage zu Beginn seiner Herrschaft nur von geringer Bedeutung. Erst als die in der Reformation geforderte Kirchenreform zu einer Reichsreform zu werden drohte, konnte Karl V. sich dem nicht mehr widersetzen.

Um seine Herrschaft im Reich zu behaupten, benötigte der Kaiser die Unterstützung der Reichsfürsten. Diesen war es in der Vergangenheit gelungen, weitgehend eigenständige Territorialherrschaften aufzubauen. Viele von ihnen sympathisierten in der Folge mit Luther und seiner reformatorischen Idee. In dieser sahen die Reichsfürsten eine Möglichkeit, die ohnehin geschwächte kaiserliche Macht weiter zurückzudrängen.

Der Kaiser hielt es dagegen für seine Pflicht, als »weltlicher Hirte der Christenheit« die Einheit der Kirche zu wahren. Kritik an der Kirche verstand er als Kritik an seiner Herrschaft. Mit seinem Streben nach Herrschaftskonzentration im Sinne einer *monarchia universalis* und dem Versuch einer politischen Neuordnung des Reiches brachte Karl V. die Reichsfürsten, unabhängig der Konfessionspartei, gegen sich auf. So wurde die Reformation gleichzeitig zu einer Auseinandersetzung über die Herrschaftsansprüche des Kaisers und einem politischen Konflikt zwischen Territorialherren, kirchlichen Autoritäten, Kaiser und Reichsständen, an deren Ende die konfessionelle Spaltung stand. Nadine Hoffmann

Lit.: Kohler 1999; Schorn-Schütte 2006

104

Doppelbildnis Albrechts von Brandenburg-Ansbach und seiner Frau Anna Maria

Unbekannt, 1. Hälfte 17. Jahrhundert
Öl auf Leinwand, 51,5 × 38,5 cm
Braunschweig, Braunschweigisches Landesmuseum, LMB 26778

Der am 17. Mai 1490 als dritter Sohn des Markgrafen Friedrich von Brandenburg-Ansbach geborene Albrecht von Brandenburg-Ansbach war zunächst für eine geistliche Laufbahn vorgesehen. 1511 wurde er zum Hochmeister des Deutschen Ordens gewählt, obwohl er das vom Papst geforderte Bekenntnis zum katholischen Glauben nie ablegte. Am Rande des Nürnberger Reichstages 1522 kam Albrecht nicht nur mit zahlreichen Vertretern der Reformation, sondern auch mit der reformatorischen Predigt Andreas Osianders in Kontakt. Auf Martin Luther und Philipp Melanchthon traf Albrecht 1523, die ihm rieten, seinen Orden zu verlassen und das Deutschordensland Preußen zu säkularisieren und in ein Herzogtum umzuwandeln. Im selben Jahr rief er protestantische Theologen nach Königsberg und mit der Säkularisation in Preußen vom 10. April 1525 führte er die Reformation in Preußen ein. Die politische und konfessionell gefährdete Stellung seines Herzogtums versuchte Albrecht, durch Verbindungen mit protestantischen Reichsfürsten und anderen Herrschern, vor allem aus dem Ostseeraum, zu sichern. In seiner rund 40 Jahre dauernden Regentschaft bemühte sich Albrecht in besonderer Weise um das Kirchenwesen seines Landes, wovon mehrere von ihm erlassene Kirchenordnungen zeugen. Auf ihn geht neben der zweiten protestantischen Universitätsgründung (Königsberg) ebenso die Einrichtung mehrerer Lateinschulen in seinem Herzogtum zurück. Besonders hervorzuheben ist auch das Anlegen einer Bibliothek im Königsberger Schloss, die mit reformatorischen Schriften ausgestattet war. Zur Ehre seiner zweiten Frau Anna Maria von Calenberg-Göttingen ließ er 20 Bände mit Silber beschlagen.

Katharina Knesia

105

Kommunionstaler Herzog Heinrich d. J. von Wolfenbüttel und Herzog Erich d. J. von Calenberg

Goslar, 1555
Silber, Dm 4,1 cm
Braunschweig, Münzforschungssammlung der Braunschweigischen Landessparkasse, 275

Vorder- und Rückseite

Im Heiligen Römischen Reich Deutscher Nation prägten im Laufe des 16. Jahrhunderts Hunderte von Fürstentümern, Städten, Abteien und anderen Münzständen die unterschiedlichsten Münzen, die oft kaum miteinander konvertierbar waren. Der Kaiser versuchte mehrfach ohne großen Erfolg, ein einheitliches Währungssystem zu schaffen.

Die kaisertreue, gegen die protestantischen Fürsten und Städte gerichtete Politik Herzog Heinrichs d. J. von Wolfenbüttel wirkte sich auch in der Münzprägung durch die zunehmende Verschlechterung der im niedersächsischen Raum kursierenden Geldsorten aus. Erst 1555 einigten sich die Welfenherzöge aller vier Linien, das Domkapitel von Halberstadt, der Graf zu Regenstein sowie die Städte Braunschweig, Hildesheim, Göttingen, Hannover, Hameln, Einbeck und Northeim in der sogenannten Braunschweiger Münzgenossenschaft auf einen einheitlichen Silbergehalt der Münzen. Neue, bessere Groschen wurden eingeführt, die man Fürstengroschen oder Gute Groschen nannte. Sie richteten sich nach dem sächsischen Münzfuß von Meißen. Auf den Taler nach meißnischem Fuß kamen nun 24 Gute Groschen.

Die Einigung in der Braunschweiger Münzgenossenschaft zeigte sich sogleich im Jahr 1555 in einer gemeinsamen Talerprägung der beiden Vettern Heinrichs d. J. von Wolfenbüttel und Erichs d. J. von Braunschweig-Calenberg. Beide Fürsten sind auf der Vorderseite des Talers dargestellt.

Wolfgang Leschhorn

Lit.: Leschhorn 2010, S. 111–115

106

»Confessio Augustana« aus dem Besitz der Herzogin Elisabeth von Calenberg-Göttingen

Zwei Drucke, Wittenberg, 1540,
Einband: Niedersachsen, 1542
Papier, Einband: Leder mit Blindstempeldekor,
Bindung, Buchrücken sowie die Lederbänder
der Schließen im Zuge einer Restaurierung erneuert,
21 × 16 × 5 cm
Hannover, Klosterkammer Hannover, AHK Kb 1

In einem aufwendig verzierten Bucheinband zusammengebunden finden sich zwei Wittenberger Drucke von 1540: Die »Confessio oder Bekantnus des Glaubens / etlicher Fürsten und Stedte / Uberantwort Keiserlicher Maiestat / auff dem Reichstag / gehalten zu Augspurg / Anno 1530« sowie die »Apologia der Confession aus dem Latin verdeutschet / durch D. Justum Jonam«. Die »Confessio Augustana«, mit der eine Gruppe von Fürsten und Städten des Reiches gegenüber Kaiser Karl V. theologisch begründet hatte, warum eine Reform der Kirche unerlässlich sei, gehört zu den zentralen Bekenntnisschriften der Reformation. Einer deutschen Druckfassung beigebunden ist hier die »Apologia«, ein von Philipp Melanchthon verfasster Kommentar zur »Confessio Augustana« in der deutschen Übersetzung von Justus Jonas.

Die Besitzerin der Drucke gibt sich auf dem Bucheinband zu erkennen: ELISABETH H[erzogin] Z[u] BRAVNS[chweig] aus dem Haus Hohenzollern, 1525 verheiratet mit Herzog Erich I. von Calenberg-Göttingen. Nach dem Tod ihres Mannes übernahm Elisabeth 1540 die Regierungsgeschäfte für ihren unmündigen Sohn Erich II. In den fünf Jahren ihrer vormundschaftlichen Regierung führte sie die Reformation in Calenberg-Göttingen ein. Im Jahr 1542, als auch der Einband für die Bekenntnisschriften entstand, erließ sie eine evangelische Kirchenordnung für ihr Fürstentum.

Auf dem Vorderdeckel des Einbands fällt ein ins Leder geprägtes Bildnis Elisabeths auf. Der Aufwand dafür war immens, musste doch eine eigene, für Einbände anderer Auftraggeber kaum verwendbare Platte für diese Prägung geschnitten werden. In der äußeren Bordüre aufgereiht finden sich Personifikationen der Gerechtigkeit (IVST[i]ZIA) und der Umkehr bzw. des Sich-Bekehrens (REVERTERE), dazu Darstellungen der Lea (DI LEA) sowie der Lucretia (LVGREZIA). Lea, im Alten Testament die erste Frau Jakobs, galt als Idealbild einer Mutter und eines aktiven Lebens. Die Römerin Lucretia hingegen, die sich nach der Schande einer Vergewaltigung selbst getötet hatte, war ein bekanntes Exempel weiblicher Tugend. Möglicherweise bezog sich diese Auswahl weiblicher Personifikationen und Tugendheldinnen auf die Lebenssituation der Herzogin Elisabeth, auf ihre Mutterschaft, ihre Hinwendung zum evangelischen Bekenntnis und auf ihre Bemühungen um eine neue Gerichtsordnung. Sie kann als persönliches Programm der Fürstin interpretiert werden. Jörg Richter

Lit.: Lilienthal 2007; Schlotheuer u. a. 2011;
Schrader 2009, insbes. S. 178–181

107

Bildnis des Philipp Melanchthon

Werkstatt Lucas Cranachs d.Ä., 1533
Öl auf Holz, 37,4 × 23,7 × 0,7 cm
Hannover, Landesmuseum Hannover, L 115
(Leihgabe aus Privatbesitz)

Nach der Verlesung der »Confessio Augustana« auf dem Reichstag zu Augsburg entstanden in der Werkstatt Lucas Cranachs in großer Anzahl Bildnisse Philipp Melanchthons. Häufig waren sie als Pendant zu einem von Cranach schon einige Jahre zuvor entwickelten Bildnistyp Martin Luthers konzipiert und mit diesen Werken über eine gemeinsame Rahmung verbunden. In den in hoher Stückzahl verbreiteten Gemälden präsentieren sich Luther und Melanchthon als enge Verbündete und Streiter in der gemeinsamen Sache, eindringlich wird die Einheit der beiden Reformatoren propagiert.

Auch das Porträt aus Privatbesitz im Landesmuseum Hannover schloss ursprünglich an ein Bildnis Martin Luthers an. Das kleinformatige Gemälde zeigt Melanchthon als Brustbild im Dreiviertelprofil vor graublauem Grund. Die Kleidung ist schlicht, ein schwarzer Rock und eine im gleichen Ton gehaltene Schaube lenken die Aufmerksamkeit ganz auf die Physiognomie des Dargestellten. Melanchthon zeichnet sich durch seine hageren Gesichtszüge aus: eine hohe Stirn, markante Wangenknochen und der konzentrierte Blick charakterisieren den Griechisch-Professor, der bereits im Alter von 22 Jahren an die neu gegründete Universität Wittenberg berufen worden war und hier in seinen 30ern gezeigt wird. An der von Friedrich III. dem Weisen gegründeten Leucorea hatten sich Luther und Melanchthon kennengelernt und waren zu engen Vertrauten geworden.

Antje-Fee Köllermann

Lit.: AK Bremen 2009, Kat.-Nr. 15 (Holger-Jakob Friesen); Aukt.-Kat. Lepke 1901, Lot 69; Schuchardt 2015, insbes. S. 42–44

108 (Abb. S. 62)

Die Übergabe der »Confessio Augustana« 1530

Unbekannt, nach 1656
Öl auf Leinwand, 98 × 118 cm
Osterode, Ev.-luth. Kirchengemeinde St. Jacobi

Die lutherische Kirche kennt eine Vielzahl vergleichbarer Gemälde aus dem 17. Jahrhundert, die als »Bekenntnisbilder« oder »Konfessionsgemälde« bezeichnet werden. Auf diesen wird die 1530 auf dem Reichstag in Augsburg erfolgte Übergabe der »Confessio Augustana«, der grundlegenden Bekenntnisschrift der lutherischen Kirche, an Kaiser Karl V. dargestellt. Im Vordergrund haben die protestantischen Fürsten und Städtevertreter ihre Hand zum Schwur erhoben. Als Zeugnis der protestantischen Selbstbestätigung finden sich Bekenntnisbilder deshalb nicht nur in Kirchen, sondern auch in Rathäusern. Sie wurden je nach Aufstellungsort und Auftraggeber um entsprechende Personen, Handlungen und Ausstattungen erweitert. So diente auch das vorliegende Gemälde nicht nur als Bekenntnisbild, sondern zugleich als Epitaph einer Familie, um die das kirchenrechtliche Zeremoniell der feierlichen Übergabe erweitert wird: Zu Füßen des Kaisers und der Vertreter der evangelischen Stände kniet ein Elternpaar nieder, um ihrer verstorbenen Kinder zu gedenken, wie uns die Inschriften zu beiden Seiten mitteilen. Anlass für die Stiftung des Epitaphs war der Tod des Sohnes, der 1656 im Alter von 16 Jahren verstarb. Zugleich erinnert eine Inschrift an ein bereits 1641 verstorbenes Mädchen, das nur 41 Wochen alt wurde. Sie liegt zu Füßen ihrer Mutter, die ihre Hände in einem Muff verborgen hat.

Das Epitaph zeigt die Familienmitglieder selbst als Zeugen der historischen Übergabe der »Confessio Augustana«. Das öffentliche Bekenntnis zur lutherischen Kirche verbindet sich hier mit dem Gedenken an die verstorbenen Kinder und deren Seelenheil. Anstelle der Fürbitte tritt nun das persönliche Gebet im Vertrauen auf die lutherische Glaubenslehre. Herbert Pötter

Lit.: Brückner 2007

109

Pferdeharnisch in Prunkausführung, wohl von Heinrich d. J.

Norddeutschland, Braunschweig (?), 1542
Eisen, Leder, Holz,
Haube: 61 × 30 × 28 cm, Nackenschutz: 57 × 27 × 34 cm,
Seitenbänder: 73 × 5 cm, Sattel: 48 × 60 × 50 cm,
Steigbügel: je 13 × 20 × 9 cm
Braunschweig, Braunschweigisches Landesmuseum,
VMB 256

Heinrich d. J. wurde im November 1489 geboren und 1514 Fürst von Wolfenbüttel. Er versuchte stets, sein Territorium zu vergrößern und konnte unter anderem die Hildesheimer Stiftsfehde (1519–1523, Kat.-Nr. 113) für sich nutzen. Trotz einer Niederlage gelangte er – dank des Eingreifens des katholischen Kaisers Karl V. – an den größten Teil des Stiftbesitzes. Dass Heinrich d. J. auf den Beistand Karls V. setzen konnte, lag nicht zuletzt an den konfessionellen Spannungen, die in dieser Zeit herrschten. So war er nicht nur ein treuer Parteigänger des Kaisers, beide hielten zeitlebens auch am katholischen Glauben fest. Für Heinrich waren es nicht unbedingt fromme Gründe. Er fürchtete vielmehr, dass ein Abfallen von Rom eine Einschränkung seiner fürstlichen Macht zur Folge haben könnte. Er konnte jedoch nicht verhindern, dass in der Stadt Braunschweig 1528 eine protestantische Kirchenordnung erlassen wurde. Der Schmalkaldische Bund vertrieb Heinrich 1542 aus dessen Fürstentum und führte dort offiziell die Reformation ein. 1547 kam Heinrich zurück in sein Territorium und versuchte, mit einer Gegenreformation die alte Ordnung wieder herzustellen. Dies gelang ihm in Braunschweig jedoch nicht: Die Stadt erkannte seine Obrigkeit zwar an, allerdings sicherte sie sich auch die Religionsfreiheit. Die Reformation wurde in seinem Fürstentum erneut kurz nach Regierungsantritt seines protestantischen Sohnes Julius eingeführt (Kat.-Nr. 161). Der repräsentative Prunkharnisch, datiert in das Jahr 1542, muss vor der Gefangennahme in Auftrag gegeben worden sein. Er zeigt deutlich Heinrichs Haltung:

Die detailreichen Gravierungen des Harnischs bilden wohl den Kaiser als zeitlosen »Caesar« ab. Zum einen wird dadurch die lange Tradition der katholischen Kaiser des Heiligen Römischen Reiches Deutscher Nation, zum anderen auch Heinrichs Kaisertreue dargestellt.

Katharina Knesia

110

Collane des Ordens vom Goldenen Vlies

Unbekannt, vor 1800
Gold, 121 cm
Wien, Der Orden vom Goldenen Vlies,
o. Inv.-Nr.

Auf den neuzeitlichen Porträts der Kaiser des Heiligen Römischen Reiches aus dem Hause Habsburg, der österreichischen Kaiser und vieler Vertreter des Hochadels sind diese mit einer Halskette mit einem goldenen Widderfell dargestellt. Es handelt sich um die Ordensinsignien des Ordens vom Goldenen Vlies, des vornehmsten weltlichen Ritterordens der Christenheit, der noch heute vom jeweiligen Chef des Hauses Österreich als »Chef und Souverän« des Ordens angeführt wird. Im Jahr 2000 hat Otto von Habsburg die Ordenssouveränität an seinen Sohn Karl übertragen.

Der Orden wurde 1430 durch Herzog Philipp den Guten von Burgund anlässlich seiner Vermählung mit Isabella von Portugal gegründet. 1478 ging die Leitung an den späteren König und Kaiser des Heiligen Römischen Reiches Maximilian I. über, als dieser die letzte burgundische Erbtochter Maria heiratete. Damit wurde der Ritterorden zum Hausorden der Habsburger.

Kaiser Karl V. erhöhte die Zahl der Mitglieder von 30 auf 50. Die Position des Ordenssouveräns kam danach der älteren Linie des Hauses Habsburg in Spanien zu. Nach deren Aussterben spaltete sich der Orden 1713 in einen österreichischen und einen spanischen Zweig. Letzterer existiert gegenwärtig nur noch als staatliche Auszeichnung höchsten Ranges, während der österreichische Zweig bis heute die ursprünglichen Traditionen und Prinzipien des Ordens fortsetzt.

Der Orden war von Anfang an kein nationaler Orden, sondern vereinigte Adlige katholischen Glaubens und mit tadellosem Ruf aus ganz Europa. Verdiente Adlige aus der

Umgebung des Ordenssouveräns konnten dadurch für ihre Loyalität ausgezeichnet werden. Zur Festigung von Allianzen des jeweiligen Souveräns wurden aber auch ausländische Fürsten und Könige in den Orden aufgenommen.

Vliesritter waren allein der ordensinternen Gerichtsbarkeit unterstellt und mit zahlreichen Privilegien, wie zum Beispiel der Befreiung von Abgaben, ausgestattet. Sie erhielten den Vortritt bei öffentlichen Anlässen am Hof und direkten Zugang zum Souverän. Damit prägte der Orden das Hofzeremoniell am habsburgischen Hof und bildete eine wichtige, nicht zu unterschätzende politische Instanz.

Anfangs waren die Mitglieder verpflichtet, ständig eine Ordenscollane wie die hier gezeigte, als Merkmal ihrer Würde zu tragen. Karl V. lockerte die Verpflichtung und erlaubte den Mitgliedern, im Alltag eine Halsdekoration bestehend aus dem Goldenen Vlies mit einem Feuerstein samt Funkenkranz zu tragen und die Collane nur noch an hohen Festtagen zu verwenden. Die gezeigte Collane wurde zuletzt von Erzherzog Gottfried von Österreich, Großherzog von Toskana getragen.

Sämtliche Ordensritter seit Gründung des Ordens sind in der »Liste nominale« verzeichnet. Herzog Heinrich d. J. von Braunschweig scheint in dieser mit der Nummer 210 auf: »Henri Duc de Brunswick et de Lunebourg », Promotion vom 27. Januar 1555.

Neben den Staatsoberhäuptern mehrerer katholischer Monarchien in Europa (Belgien, Liechtenstein und Luxemburg) gehören dem Orden heute auch die Chefs der drei katholischen deutschen Königshäuser Bayern, Sachsen und Württemberg an.

Wulf Gordian Hauser

Lit.: AK Brügge 1962; AK Brüssel 1987; AK Paris 1998; Hauser 1999; Kalff 1963; Merzbacher 1969

Vorder- und Rückseite

111

Goldgulden Herzog Heinrich d. J. von Braunschweig-Wolfenbüttel

Goslar, 1566
Gold, Dm 1,5 cm
Braunschweig, Münzforschungssammlung der Braunschweigischen Landessparkasse, 3549

Heinrich d. J. war der erste der Braunschweiger Herzöge, der ab 1539 sein eigenes Porträt auf die Münzen setzen ließ. Er trägt eine Schaube, eine Art Barett aus Brokat, auf dem Kopf und eine plissierte Jacke, darüber einen Pelzkragen. Um den Hals hängt die Kette mit dem Orden vom Goldenen Vlies. Am Ende der Kette ist der Orden in der Form eines Widderfells dargestellt. 1555 hatte Herzog Heinrich d. J. vom Kaiser zum Dank für seine Treue in den Glaubenskriegen den Orden erhalten, der ihn unter die Ritter vom Goldenen Vlies aufnahm. In seinen Porträts ließ sich der Herzog fortan voller Stolz mit dem Orden darstellen.

Bei dem Goldgulden von 1558 handelt es sich um eines der seltenen Exemplare der ersten Goldmünzenprägung im Braunschweiger Land. Für das Gold der etwa 3,1 Gramm schweren Münze war eine Feinheit von 753 Tausendstel vorgeschrieben. Wolfgang Leschhorn

Lit.: Leschhorn 2010, S. 116 f.

112

Bündnis nord- und mitteldeutscher Fürsten zur Aufrechterhaltung der katholischen Religion

Moritzburg (Halle), 21. November 1530
Pergament, 8 Bll., 11 anhängende Siegel an Hanf- und Seidenfäden, 42 × 35 cm
Magdeburg, Landesarchiv Sachsen-Anhalt – Standort Magdeburg, Rep. U 1 XV Nr. 35

Der Augsburger Reichstag 1530 hatte den evangelischen Reichsständen zwar mit der »Confessio Augustana« eine Formulierung ihrer Glaubenssätze gebracht, aber nachdem der Kaiser die Annahme der erläuternden »Apologie« verweigert hatte, verließen die meisten evangelischen Stände den Reichstag. So beschlossen die verbliebenen mehrheitlich katholischen Reichsstände, das Wormser Edikt von 1521, das Luthers Lehren verworfen hatte, wieder in Kraft zu setzen und sämtliche reformatorischen Veränderungen innerhalb des Kirchenwesens zu verbieten.

Die wichtigsten Gegner des neuen Glaubens in Nord- und Mitteldeutschland schlossen nun ein Bündnis, mit dem sie sich verpflichteten, einander im Kriegsfall zu Hilfe zu kommen und den gerade zwei Tage zuvor beschlossenen Reichstagsabschied durchzusetzen. Kardinal Albrecht mit den Domkapiteln seiner beiden Hochstifte Magdeburg und Halberstadt, sein Bruder Kurfürst Joachim I. von Brandenburg und der sächsische Herzog Georg besiegelten wie die welfischen Vettern Erich I. von Calenberg – übrigens ein Schwiegersohn des Brandenburgers – und Heinrich d. J. von Wolfenbüttel das Bündnis. Auch die nachfolgende Generation sollte auf den alten Glauben verpflichtet werden, aber die zwei mitunterzeichnenden Söhne des sächsischen Herzogs verstarben kurz vor ihrem Vater und die beiden Brandenburger hielten sich nicht daran: Joachim II. beendete die Verfolgung der Protestanten im Kurfürstentum und Markgraf Johann von Küstrin, der eine Tochter Heinrichs d. J.

112

geheiratet hatte, wurde evangelisch und förderte den neuen Glauben. Die Religion entzweite die Familien, und auch aus dem Hause der Welfen hatten sich die Vettern aus Celle, Gifhorn und Grubenhagen inzwischen offen zum Luthertum bekannt. Gaby Kuper

Lit.: Kuper 1998, S. 126 f., Nr. 25

113

Hochzeitsschüssel mit Szenen der Belagerung Peines

Bonaventura Abt, Braunschweig, 1543
Öl auf gedrechselter Holzschale, Dm 75,5 cm
Braunschweig, Herzog Anton Ulrich-Museum, Hol 153

Die Hochzeitsschüssel zeigt die Belagerung der Burg Peine 1522 während der Hildesheimer Stiftsfehde. Auf dem Hauptbild sind die Beschießung der Burg sowie heranrückende Truppen Herzog Heinrichs d.J. zu sehen. Auch Bürger der Stadt Braunschweig befanden sich unter den Truppen. Sie weigerten sich jedoch, die Burg des Bischofs anzugreifen.

Die Hildesheimer Stiftsfehde (1519–1523) war der Höhepunkt der Auseinandersetzungen des Bischofs von Hildesheim, Johann IV., mit dem Hildesheimer Stiftsadel, an denen sich auch bald die welfischen Herzöge zu Braunschweig-Lüneburg beteiligten. Peine war zu dieser Zeit an das Hochstift Hildesheim verpfändet und geriet so mitten in die kriegerischen Spannungen. Die bischöfliche Burg Peine hielt bereits in den Jahren 1519 und 1521 zweimal einer Belagerung der Braunschweiger Herzöge stand und trug seit der dritten erfolglosen Belagerung 1522 den Namen »Eulennest«. Obwohl es Bischof Johann von Hildesheim mit der Unterstützung mehrerer Verbündeter gelang, seine Feinde zu besiegen, sorgte das Eingreifen Kaiser Karls V. für einen Triumph der beiden Herzöge Erich I. von Calenberg und Heinrich d.J. (Kat.-Nr. 109) und das Ende der Hildesheimer Stiftsfehde. Große Gebiete des Hochstifts Hildesheim wurden anschließend zwischen den beiden Herzögen aufgeteilt. Beide Herzöge hielten zeit ihres Lebens am katholischen Glauben fest und versuchten, die Reformation in ihren Gebieten zu verhindern. Dasselbe gilt auch für das Amt Peine: Da es zunächst im Pfandbesitz des Stifts Hildesheim verblieben war, hatte die Reformation keinen Einfluss auf Peine. Dies blieb auch 1526 so, als das Amt Peine an die Stadt Hildesheim und somit in weltlichen Besitz überging. Erst 1542, nachdem sich die Bürger und der Rat von Hildesheim zum Protestantismus bekannten, wurde die Reformation in Peine eingeführt. Katharina Knesia

114

Ob kriegsleutte auch ynn seligem stande seyn kunden.

Martin Luther, Wittenberg, 1526
Papier, Ledereinband, 21,7 × 34,7 cm (aufgeschlagen)
Groß Twülpstedt, Ev.-luth. Kirchengemeinde St. Maria St. Cyriakus Groß Twülpstedt

Bereits vor 500 Jahren setzte sich Martin Luther in der hier gezeigten Lehrschrift mit einer Frage auseinander, die die Menschen im Laufe der Geschichte immer wieder umtrieb und die bis heute nichts an Brisanz verloren hat – der Frage: »Ob kriegsleutte auch ynn seligem stande seyn kunden.«

Mit der Kriegsproblematik beschäftigte sich Luther schon früh. Aber erst nach intensiven Gesprächen mit dem Kriegsoberst Asche von Cramm über die ethischen Probleme des Soldatenstandes sowie auf dessen inständige Bitte verfasste Luther im Sommer 1525 eine ausführliche Lehrschrift, da »[...] Etliche ynn zweiffel strehen/Etliche aber sich so gar und ganz erwegen, das sie nichts mehr nach Gotte fragen/ und beide seele und gewissen yn den wind schlahen [...]«.

Das Jahr 1525 war geprägt durch die Bauernkriege. In der »Revolution des gemeinen Mannes« wehrte sich die ländliche Bevölkerung gegen ihre Belastungen und rechtliche Minderstellung. Man bezog sich auf die reformatorische Idee, »dass ein Christenmensch [...] niemand Untertan sei«. Der aus einer braunschweigischen Adelsfamilie stammende von Cramm kämpfte 1525 als Reiterführer für den Kurfürsten von Sachsen im Bauernkrieg. Nach der Niederschlagung der Aufstände setzte er sich für eine milde Behandlung der Besiegten ein. Eben diese Erfahrungen sind es, die Luthers Schrift prägen. Indem er zwischen Amt und Person unterscheidet und den Kriegsdienst eines Soldaten als ein von Gott gesetztes Amt interpretiert, lässt sich für Luther Kriegsdienst und Gewissen vereinbaren: »Denn es kan wol ein ampt odder werck gut und recht sein an yhm selber/das doch böse und unrecht ist [...]«.

Unsere Lebenswelt hat sich seit dem 16. Jahrhundert gewandelt. Die Frage ist bis heute jedoch die gleiche: Unter welchen Voraussetzungen darf man Kriegsdienst leisten?

Nadine Hoffmann

Lit.: Braunschweigisches Biographisches Lexikon BBL 2006

115

Feldküriss des Herzogs Heinrich d. J. von Braunschweig-Wolfenbüttel

Braunschweig (?), wohl 1545
Eisen, geschwärzt, blanke Nieten, Leder, H 100 cm
Wien, Kunsthistorisches Museum, Hofjagd- und Rüstkammer, A 396

Auf dem oberen Rand der Brust des Halbharnisches des Herzogs Heinrich befindet sich eine dreizeilige geätzte Inschrift: »HERE MINE TIDT STEIDT IN DINEN / HENDEN ERREDDE MI VAN DEN DE MI / VOR VOLGEN PSALM DAVID 30«. Darunter am Mittelstreifen der Brust kniet eine Figur vor dem Gekreuzigten. Auf der Visiersturmhaube mit niedrigem Kamm ist die Ätzersignatur »I F BI« zu sehen.

Die Rüstung des Herzogs Heinrich von Braunschweig stammt aus Schloss Ambras aus der Sammlung Erzherzog Ferdinands II. von Tirol und wurde dort erstmals im Inventar von 1593 gewähnt. Ferdinand von Tirol erwarb die Rüstung wahrscheinlich aus Braunschweig für seine Heldenrüstkammer, in der er Rüstungen der berühmtesten Feldherren des 16. Jahrhunderts aufbewahrte.

Diese Rüstung dürfte vom Herzog möglicherweise 1545 in der Schlacht von Kahlefeld getragen worden sein. Heinrich d. J. gehörte anfänglich der katholischen Partei um Kaiser Karl V. an. Er gründete 1538 den Nürnberger Bund der katholischen Stände und wurde von Philipp von Hessen, Moritz von Sachsen und Johann Friedrich von Sachsen aus seinem Land vertrieben. Heinrich von Braunschweig setzte den Krieg gegen die Protestanten aber fort und wurde bei Kahlefeld 1545 geschlagen und gefangen genommen. Nach dem Sieg Kaiser Karls V. über den Schmalkaldischen Bund in der Schlacht bei Mühlberg wurde Heinrich befreit und kehrte 1547 nach Braunschweig zurück. Er geriet jedoch erneut in Streit mit den protestantischen Fürsten, diesmal mit Albrecht II. Alkibiades von Brandenburg-Kulmbach, den er 1553 in der Schlacht bei Sievershausen besiegte.

Matthias Pfaffenbichler

Lit.: Gamber/Beaufort/Pfaffenbichler 1990, S. 88–89; Meckseper 1985, S. 766, Nr. 679

116

Herzog Heinrich d.J. von Wolfenbüttel

Unbekannt, Anfang 19. Jahrhundert
Öl auf Leinwand, 81,5 × 67 cm
Braunschweig, Braunschweigisches Landesmuseum, Zg 3352/3

Heinrich d.J., zwischen 1514 und 1568 Herzog von Braunschweig-Wolfenbüttel, wusste sich zu inszenieren. Mit goldverziertem Harnisch und zeitmodischem, federgeschmücktem Barett sehen wir ihn auf dem Gemälde aus dem 19. Jahrhundert. Man stellte ihn als einen selbstbewussten Fürsten, cleveren Machtpolitiker und furchtlosen Krieger dar, einst im eigenen Lager bewundert und verehrt, im Lager seiner Gegner gehasst und verspottet. Schon von Martin Luther musste er sich als »Hans Worst« beschimpfen lassen. Zeit seines Lebens hielt der Welfenfürst am alten Glauben fest und wurde dafür mit dem Orden vom Goldenen Vlies geehrt.

Politisch strebte Heinrich danach, sein Herrschaftsgebiet zu festigen und zu erweitern. Eine umsichtige Wirtschaftspolitik sollte die Einkünfte im Land steigern. Er war am Bergbau interessiert und modernisierte die Bergbauverwaltung, den neuen technischen Entwicklungen stand er positiv gegenüber, Rat holte er sich bei Fachleuten.

Der Riechenberger Vertrag mit der Stadt Goslar 1552 sicherte ihm Rechte am Rammelsberg und Forstrechte im Harz. Vorausgegangen waren kriegerische Auseinandersetzungen. Mit Unterstützung durch Kaiser Karl V. war Heinrich 1523 erfolgreich aus der Hildesheimer Stiftfehde hervorgegangen und konnte sein Herrschaftsgebiet wesentlich erweitern.

Um 1542 bedrohte Heinrich die Stadt Goslar, die 1528 die Reformation eingeführt hatte. Goslar suchte Schutz beim Schmalkaldischen Bund der protestantischen Reichsstände und widersetzte sich zunächst dem Welfenherzog. Doch dann änderten sich die Machtverhältnisse. Der Schmalkaldische Bund musste wenige Jahre später eine Niederlage hinnehmen, 1547 siegte der Kaiser mit seinen altgläubigen Verbündeten in der Schlacht bei Mühlberg. Heinrich d.J. erhielt seine alten Rechte im Fürstentum Wolfenbüttel zurück und rekatholisierte das Land.

In der Schlacht bei Sievershausen 1553 verlor der letzte katholische Fürst in Norddeutschland zwei seiner Söhne. Statt Karl Victor oder Philipp Magnus trat Heinrichs Sohn Julius 1568 die Nachfolge an. Julius war ein Anhänger der neuen Lehre Luthers und führte die Reformation im gesamten Herzogtum nun endgültig ein.

Hans-Jürgen Derda

Lit.: Biegel/Derda 2003; Fürst/Kelsch 1990; Klein 2010, Artikel 85, S. 185

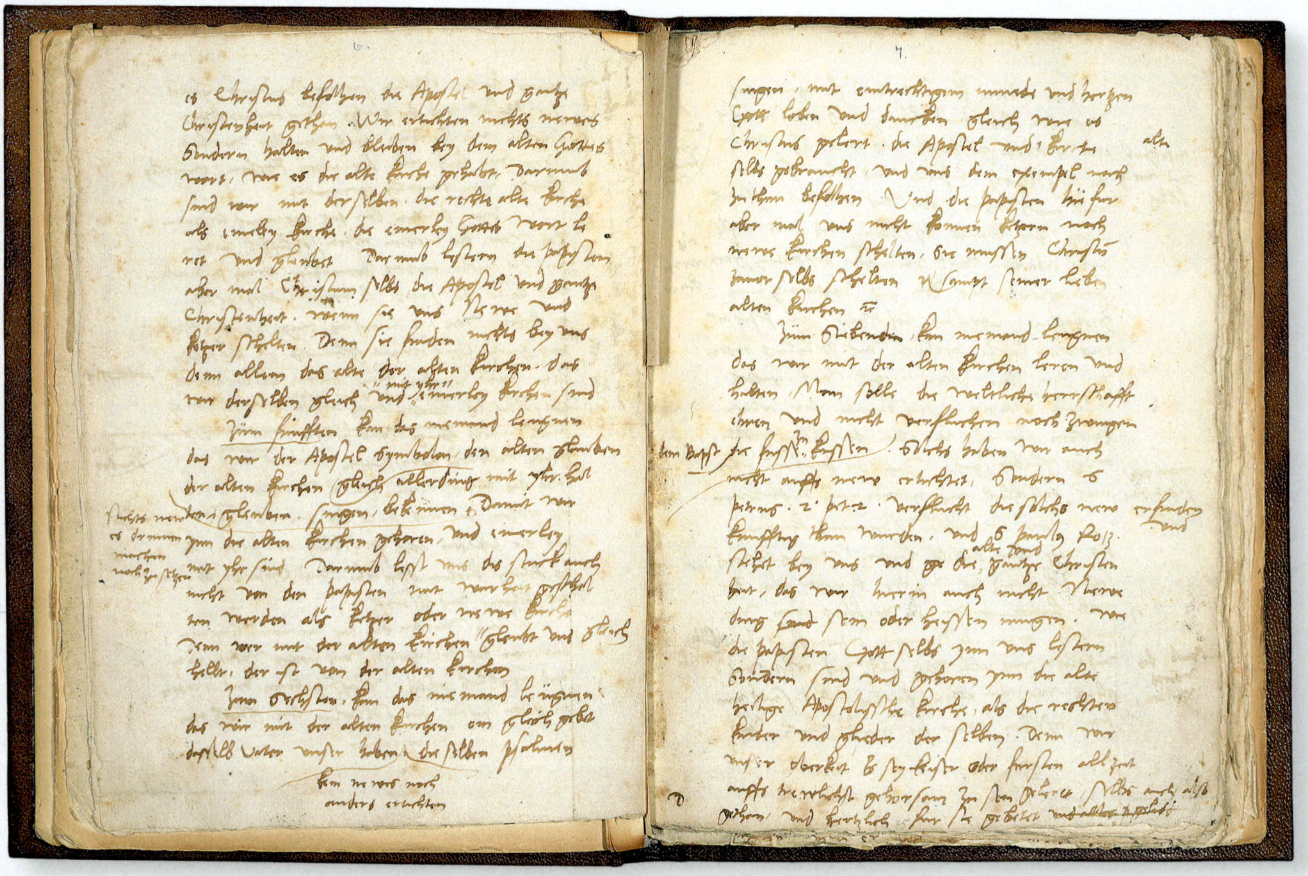

117

Wider Hans Worst

Martin Luther, Handschrift, März 1541
Papier, 22 × 32 cm (aufgeschlagen)
Magdeburg, Kulturhistorisches Museum,
Bibliothek, Bi 310

Offene Briefe des Teufels und eines Henkers

Luthers Schmähschrift richtete sich gegen den altgläubigen Braunschweiger Herzog Heinrich d. J. Zuvor hatte der Herzog in einer gedruckten Polemik gegen den sächsischen Kurfürsten bemerkt, Luther nenne seinen Landesherrn einen »Hans Worst«. Luther verwahrte sich dagegen und titulierte seinerseits Herzog Heinrich mit dieser abschätzigen Bezeichnung. Er kritisierte alle »papistischen Heintzen«, die viel weniger als eine Kuh oder eine Sau verstünden, was Kirche oder Gott seien. Eigentlich wolle er nicht seine Zeit mit Heinrichs Teufelsdreck zubringen.

Doch dann fasste Luther systematisch die Grundzüge seiner Glaubenslehre in zehn Punkten zusammen. Nicht er habe die alte Kirche verlassen, sondern die Papisten hätten eine falsche neue Kirche aufgerichtet. Der alte Luther sah die Erfolge seiner Lehre vom »reinen Evangelium« gefährdet. Umso mehr beharrte er darauf, dass sein Protest 1517 gegen den Missbrauch von Ablass und Gnade das Zeichen für den Beginn der Reformation gesetzt habe.

Die hier aufgeschlagenen Seiten dokumentieren seine Überzeugung, dass er und gleichgesinnte Prediger nur das reine Wort Gottes verkündeten, wie »es Christus befohlen, die Apostel und ganze Christenheit getan«. Niemand könne leugnen, dass er das Vaterunser und die Psalmen wie in der alten Kirche bete und nichts Neues oder anderes hinzufüge. Während der Papst von der weltlichen Herrschaft verlange, ihm die Füße zu küssen, halte er es mit den Lehren der Apostel. Der Obrigkeit sei treuer Gehorsam zu leisten, wie er es selbst getan habe, und er habe »herzlich für sie gebetet«.

Das Autograf wurde während des Zweiten Weltkriegs im Salzbergwerk Neustaßfurt ausgelagert. Er galt nach 1945 als verschollen, doch 1996 gab das Concordia Historical Institute, St. Louis, dem Museum das gerettete Kulturgut zurück.

Tobias von Elsner

Lit.: Luther 1909, S. 461–572; Puhle 1998, S. 128 f.

118

Newe Zeitung. Zween Sendbriff/ An Hansen Worst/ zu Wolfenbuttel ge=schrieben

Unbekannt, Wittenberg, 1541
Druck: Nikolaus Schirlentz
Papier, 17,3 × 26 cm (aufgeschlagen)
Braunschweig, Braunschweigisches Landesmuseum, LMB 12682

Der Konflikt zwischen dem norddeutschen Bundeshauptmann der katholischen Liga Heinrich d. J. und den Führern des Schmalkaldischen Bundes hatte sich publizistisch bis zum Ende des Jahres 1540 ausschließlich auf die Veröffentlichung offizieller wechselseitiger Anschuldigungen und Verteidigungsschriften, also auf sogenannte Kanzleipublizistik, beschränkt. Doch im Vor- und Umfeld des Regensburger Reichstags (Frühjahr 1541) veränderte sich die Tonlage der Kontroverse, indem die amtlichen Publikationen durch literarische Streitschriften wie Satiren, Lieder oder Spruchdichtungen ergänzt wurden.

Die beiden fiktiven Sendschreiben an den Braunschweiger Herzog parodieren die amtliche Publizistik, indem sie das gestelzt-formalistische Kanzleideutsch imitieren. Im ersten Schreiben beklagt Luzifer die Erfolge der Reformation, die sich trotz der von ihm beauftragten katholischen Gelehrten und ihrer Schriften immer stärker ausbreite. Nun seien schärfere, nämlich militärische Gegenmaßnahmen erforderlich. Für den anstehenden Krieg übertrage er dem Adressaten die »Oberheubtmanschafft«, da er sich ja schon mit »allerley geschwinden / arglistigen / bosen practiken vnd anschlegen« bewährt habe.

Während sich die älteren reformatorischen »Teufelsbriefe« (1521, 1537) an den Papst richteten, wurde die Gattung hier erstmals gegen einen Fürsten eingesetzt. Die Adressierung auf dem Titel »An Hansen Worst« schließt an die kurz zuvor (März 1541) erschienene Polemik Luthers gegen Heinrich d. J. »Wider Hans Worst« an (vgl. Kat.-Nr. 117).

Offene Briefe des Teufels und eines Henkers

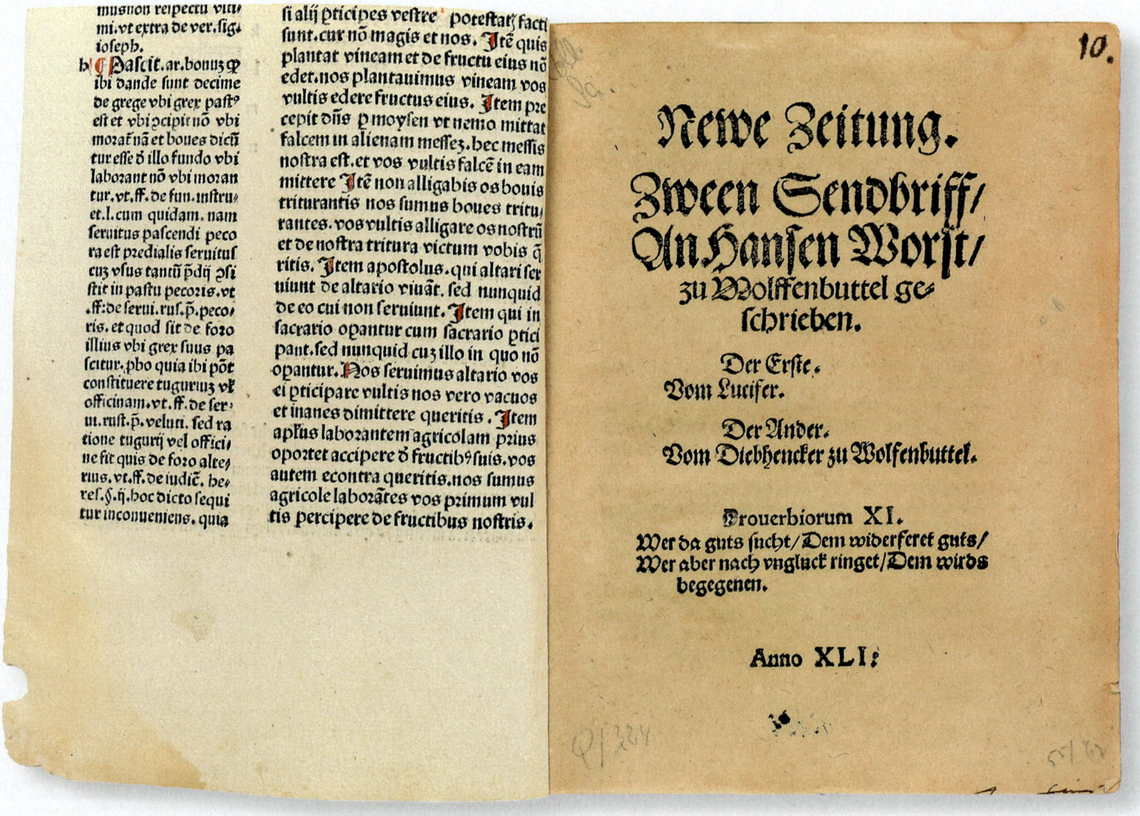
Newe Zeitung.
Zween Sendbriff/
An Hansen Worst/
zu Wolffenbuttel ge-
schrieben.
Der Erste.
Vom Lucifer.
Der Ander.
Vom Diebhencker zu Wolfenbuttel.
Prouerbiorum XI.
Wer da guts sucht/Dem widerferet guts/
Wer aber nach vnglück ringet/Dem wirds
begegenen.
Anno XLI.

Den zweiten Sendbrief unterzeichnet der Henker von Wolfenbüttel, dem ein Bote aus der Hölle den Brief Luzifers übergeben habe. Er berichtet, an einer Zusammenkunft der zwölf berühmtesten deutschen Scharfrichter teilgenommen zu haben, die der Reihe nach ausgeführt hätten, welche Strafen sie an dem Braunschweiger Herzog für seine Untaten vollziehen würden. Das Motiv der Henkersversammlung überbietet einen katholischen Druck aus demselben Jahr, in dem der »Nachrichter zu Warheitsbrun« ein fiktives Sendschreiben an den Landgrafen von Hessen richtet und anbietet, einen ehemaligen Wolfenbütteler Forstmeister, der sich an der publizistischen Auseinandersetzung mit dem Braunschweiger Herzog beteiligt hatte, wegen seiner Injurien und Landesverrats gebührend, also mit dem Tode zu bestrafen.

Michael Schilling

Lit.: Robinson-Hammerstein 1992, S. 257–275

119

Leihgeber: Nürnberg, Germanisches Nationalmuseum

119a (ohne Abb.)

Ein hübsch newes Lied von dem Zug, des löblichen Curfürsten und Landgrafen

Unbekannt, 1542
Papier, 36,8 × 18,2 cm
HB 732 (Kapsel 1305)

119b

Hertzog Heinrichs von Braunschweig Klagelied

Burkard Waldis, 1542
Papier, 37,1 × 20 cm
HB 748 (Kapsel 1305)

Die Texte der beiden Liedflugblätter vertreten den Typus des historisch-politischen Ereignisliedes. Als Verfasser des ersten Lieds zeichnen, um den Eindruck der Augenzeugenschaft des Berichteten zu wecken, »Zween landsknecht«, die am Ende für ihren Vortrag auf Lohn hoffen und deswegen auf ihre Armut verweisen (»Der groschen haben sie nicht viel«). Die ersten und letzten Strophen richten sich an Herzog Heinrich d. J. und geben seine Flucht und die Eroberung Wolfenbüttels als gerechte Strafe für seine Missetaten aus. Der Mittelteil schildert den Ablauf der Ereignisse; ihre Informationen haben die Verfasser aus einer »Warhafftigen Zeitung: Wie der Churfürst [...] vnd Landgraff [...] Wolffenbüttel erobert haben« bezogen.

Das »Klagelied« ist mit den Initialen »B. W.« unterzeichnet, hinter denen sich der Fabeldichter und Dramatiker Burkard Waldis verbirgt, der mit großer Wahrscheinlichkeit im Gefolge seines hessischen Landesherrn am Wolfenbütteler Heerzug teilgenommen hat. Der Erzähler berichtet, er habe

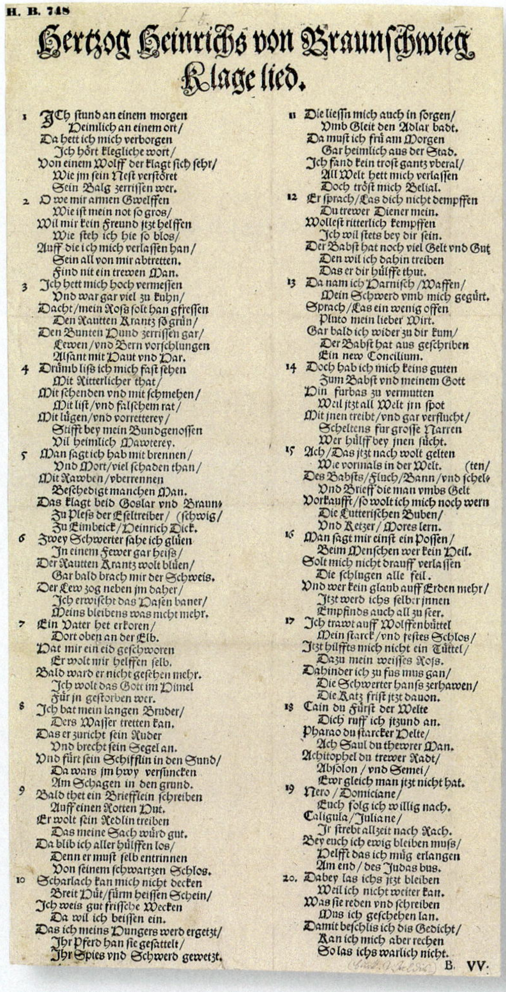
H. B. 748

Hertzog Heinrichs von Braunſchwieg Klage lied.

1 JCh ſtund an einem morgen
Heimlich an einem ort/
Da hett ich mich verborgen
Jch hört klegliche wort/
Von einem Wolff der klagt ſich ſehr/
Wie jm ſein Neſt verſtöret
Sein Balg zerriſſen wer.

2 O we mir armen Gwelffen
Wie iſt mein not ſo gros/
Wil mir kein Freund jtzt helffen
Wie ſteh ich hie ſo blos/
Auff die ich mich verlaſſen han/
Sein all von mir abtretten.
Find nit ein trewen Man.

3 Jch hett mich hoch vermeſſen
Vnd war gar viel zu kuhn/
Dacht/mein Roſs ſolt han gfreſſen
Den Rautten Krantz ſo grün/
Den Bunten Hund zerriſſen gar/
Lewen/vnd Bern vorſchlungen
Alſant mit Haut vnd Har.

4 Drümb liſs ich mich faſt ſehen
Mit Ritterlicher that/
Mit ſchenden vnd mit ſchmehen/
Mit liſt/vnd falſchem rat/
Mit lügen/vnd vorretterey/
Stifft bey mein Bundgenoſſen
Vil heimlich Mawterey.

5 Man ſagt ich hab mit brennen/
Vnd Mort/viel ſchaden than/
Mit Rawben/vberrennen
Beſchedigt manchen Man.
Das klagt beid Goslar vnd Braun-(ſchwig/
Zu Pleſs der Eſeltreiber/
Zu Eimbeick/Heinrich Dick.

6 Zwey Schwerter ſahe ich glüen
Jn einem Fewer gar heiſs/
Der Rautten Krantz wolt blüen/
Gar bald brach mir der Schweis.
Der Lew zog neben jm daher/
Jch erwiſcht das Haſen baner/
Meins bleibens was nicht mehr.

7 Ein Vater het erkoren/
Dort oben an der Elb.
Hat mir ein eid geſchworen
Er wolt mir helffen ſelb.
Bald ward er nicht geſehen mehr.
Jch wolt das Gott im Himel
Für jn geſtorben wer.

8 Jch bat mein langen Bruder/
Ders Waſſer tretten kan.
Das er zuricht ſein Ruder
Vnd brecht ſein Segel an.
Vnd fürt ſein Schifflin in den Sund/
Da wars jm hwy verſuncken
Am Schagen in den grund.

9 Bald thet ein Briefflein ſchreiben
Auff einen Rotten Hut.
Er wolt ſein Redlin treiben
Das meine Sach würd gut.
Da blib ich aller hülffen los/
Denn er muſt ſelb entrinnen
Von ſeinem ſchwartzen Schlos.

10 Scharlach kan mich nicht decken
Breit Hůt/fürm heiſſen Schein/
Jch weis gut friſſche Wecken
Da wil ich beiſſen ein.
Das ich meins Hungers werd ergetzt/
Jhr Pferd han ſie geſattelt/
Jhr Spies vnd Schwerd gewetzt.

11 Die lieſſn mich auch in ſorgen/
Vmb Gleit den Adlar badt.
Da muſt ich frü am Morgen
Gar heimlich aus der Stad.
Jch fand kein troſt gantz vberal/
All Welt hett mich verlaſſen
Doch tröſt mich Belial.

12 Er ſprach/Las dich nicht dempffen
Du trewer Diener mein.
Wolleſt ritterlich kempffen
Jch wil ſtets bey dir ſein.
Der Babſt hat noch viel Gelt vnd Gut
Den wil ich dahin treiben
Das er dir hülffe thut.

13 Da nam ich Harniſch/Waffen/
Mein Schwerd vmb mich gegürt.
Sprach/Las ein wenig offen
Pluto mein lieber Wirt.
Gar bald ich wider zu dir kum/
Der Babſt hat aus geſchriben
Ein new Concilium.

14 Doch hab ich mich keins guten
Zum Babſt vnd meinem Gott
Hin furbas zu vermutten
Weil jtzt all Welt jrn ſpot
Mit jnen treibt/vnd gar verflucht/
Scheltens für groſſe Narren
Wer hülff bey jnen ſücht.

15 Ach/Das jtzt nach wolt gelten
Wie vormals in der Welt.
Des Babſts/Fluch/Bann/vnd ſchel-(ten/
Vnd Brieff die man vmbs Gelt
Vorkaufft/ſo wolt ich mich noch wern
Die Lutteriſchen Buben/
Vnd Ketzer/Mores lern.

16 Man ſagt mir einſt ein Poſſen/
Beim Menſchen wer kein Heil.
Solt mich nicht drauff verlaſſen
Die ſchlugen alle feil.
Vnd wer kein glaub auff Erden mehr/
Jtzt werd ichs ſelber jnnen
Empfinds auch all zu ſeer.

17 Jch trawt auff Wolffenbüttel
Mein ſtarck/vnd feſtes Schlos/
Jtzt hilffts mich nicht ein Tüttel/
Dazu mein weiſſes Roſs.
Dahinder ich zu fus mus gan/
Die Schwerter hanſs zerhawen/
Die Katz friſt jtzt dauon.

18 Cain du Fürſt der Welte
Dich ruff ich jtzund an.
Pharao du ſtarcker Helte/
Ach Saul du thewrer Man.
Achitophel du trewer Radt/
Abſolon/vnd Semei/
Ewr gleich man jtzt nicht hat.

19 Nero/Domiciane/
Euch folg ich willig nach.
Caligula/Juliane/
Jr ſtrebt allzeit nach Rach.
Bey euch ich ewig bleiben muſs/
Helfft das ich műg erlangen
Am end/des Judas bus.

20. Dabey las ichs jtzt bleiben
Weil ich nicht weiter kan.
Was ſie reden vnd ſchreiben
Mus ich geſchehen lan.
Damit beſchlis ich dis Gedicht/
Kan ich mich aber rechen
So las ichs warlich nicht.

B. VV.

119b

heimlich einen Wolf (den Welfen Heinrich) belauscht, der sich darüber beklagt habe, wie ihm ein Löwe (Braunschweig), ein Bär (Sachsen) und ein »Bunter Hund« (Hessen) »sein Nest verstöret« hätten. Etliche Anspielungen auf Begebenheiten im Vorfeld der Wolfenbütteler Eroberung verraten detaillierte Kenntnisse des Autors. Ab der siebten Strophe zählt der Wolf seine vergeblichen Bemühungen um politisch-militärische Unterstützung auf. Doch nur bei Belial habe er Zuspruch gefunden, wobei Waldis auf mehrere fiktive Teufelsgespräche und -korrespondenzen mit dem Herzog anspielt (vgl. Kat.-Nr. 118). Eine Anrufung biblischer und antiker Tyrannen, in deren Reihe sich der Wolf stellt, beschließt das Lied.

Beide Lieder erfuhren mehrere Auflagen und Bearbeitungen.

Michael Schilling

Lit.: Kieslich 1958, S. 19–22, 64 f., 73–79

120 a

Mandat Kaiser Karls V. an die Stadt Goslar wegen der Kirchenreform

Augsburg, 31. Oktober 1530
Papier, 57,5 × 42 cm
Goslar, Stadtarchiv, Urk. Stadt Goslar 1167

120 b (ohne Abb.)

Taler Herzog Heinrich d. J. von Wolfenbüttel

Hans Köhne, Goslar, 1568
Silber, Dm 4,1 cm
Braunschweig, Münzforschungssammlung der Braunschweigischen Landessparkasse, 849

Das Mandat Kaiser Karls V. an die Stadt Goslar sowie der Taler Herzog Heinrichs von Wolfenbüttel stehen exemplarisch für die Geschichte der Reichsstadt Goslar während der Reformation sowie für die Konflikte zwischen Reichsstädten und benachbarten Landesherren.

Goslar als freie Reichsstadt war reichsunmittelbar und somit direkt dem Kaiser unterstellt. Dieser Status verlieh den Städten besondere Autonomierechte: Sie konnten Steuern erheben, besaßen Gerichtsbarkeit und regelten innere Angelegenheiten selbstständig. Zudem verfügten Städte als Orte des Handels und Gewerbes über eine große ökonomische Kraft. Der daraus resultierende Wunsch nach politischer und sozialer Veränderung sowie die Unzufriedenheit über die wirtschaftliche und juristische Sonderstellung der Kirche ließen den reformatorischen Gedanken in vielen Reichsstädten früh auf fruchtbaren Boden fallen.

Demgegenüber standen oft die Herrschaftsinteressen benachbarter Landesherren. Dies galt auch für Goslar, das an das Herrschaftsgebiet Herzog Heinrichs d. J. von Wolfenbüttel angrenzte. Der Herzog war überzeugter Katholik und treuer Parteigänger Kaiser Karls V. Goslar dagegen hatte 1528 auf Drängen der Bevölkerung die Reformation einge-

120 a

führt. Mehrfach versuchte der Herzog, die Stadt in sein Herrschaftsgebiet zu integrieren. Zudem hatte er ein großes Interesse an der florierenden Erz- und Silberstätte Rammelsberg vor den Toren Goslars. Ein jahrelanger Konflikt war die Folge, den Herzog Heinrich 1552 für sich entscheiden konnte. Zwar behauptete Goslar den Status als freie Reichsstadt und blieb protestantisch, musste jedoch Rammelsberg, Hütten und Ländereien an den Herzog abtreten. Damit begann für die Stadt eine Armutsperiode, die bis ins 19. Jahrhundert andauerte.

Nadine Hoffmann

Lit.: Rosseaux 2006

121

Beitrittserklärung der Stadt Goslar zum Schmalkaldischen Bund

Goslar, 25. Januar 1532
Pergament, 65 × 46,5 cm
Goslar, Stadtarchiv, Urk. Stadt Goslar 1172

Die Konfrontation der Stadt Goslar mit dem katholischen Welfenherzog Heinrich d. J. zeigt auf anschauliche Weise, dass während der Reformationszeit nicht nur religiöse Differenzen Anlass für gewaltsame Auseinandersetzungen boten, sondern auch wirtschaftliche Interessen einen solchen Konflikt zusätzlich befeuern konnten.

Goslar war dank einer ökonomischen Blütephase während der zweiten Hälfte des 15. Jahrhunderts zu beachtlichem Wohlstand gelangt. Grundlage dafür war die geografische Nähe zum Rammelsberg mit seinen Silber- und Kupfererzvorkommen. Das pfandweise Recht auf den Abbau der wertvollen Rohstoffe erwarb sich die Stadt sukzessive ab dem 13. Jahrhundert von den welfischen Herzögen.

Dieser wirtschaftliche Aufschwung blieb den ursprünglichen Besitzern jedoch nicht verborgen. Heinrich d. J. entrichtete 1527 die Pfandsummen für den Bergbau sowie die umliegenden Forste und besetzte darüber hinaus benachbarte Güter mit seinen Truppen. Auf diese plötzliche Bedrohung folgten militärische Konfrontationen, die letztlich zu Verhandlungen vor dem Reichskammergericht führten.

Die Stadt Goslar, seit ihrer reformatorischen Kirchenordnung 1531 deutlich protestantisch gesinnt, wandte sich in ihrer Not an den Schmalkaldischen Bund, einen Zusammenschluss protestantischer Landesfürsten und Städte zwecks der gemeinsamen Verteidigung gegen die Religionspolitik Kaiser Karls V. und seiner Parteigänger.

Nach langwierigen Verhandlungen erkannte der Bund die Auseinandersetzungen als Sache der Religion an und nahm Goslar am 25. Januar 1532 in seine Reihen auf.

Die jahrelangen Spannungen erreichten im Jahr 1540 ihren Höhepunkt. Nachdem zwischenzeitlich die Reichsacht über die Stadt verhängt wurde, Heinrich d. J. jedoch nach deren Aufhebung weiter gegen die Stadt vorging, griff der Schmalkaldische Bund militärisch ein und jagte den Herzog aus seinen Landen.

Doch die Vertreibung des Herzogs war nur ein kurzer Hoffnungsschimmer für die Stadt. Durch die 1547 erlittene Niederlage des Schmalkaldischen Bundes in der Schlacht bei Mühlberg und der Gefangennahme seiner beiden Hauptleute wendete sich das Blatt zugunsten des Welfenherzogs. Der Schmalkaldische Bund löste sich de facto auf. Heinrich d. J. kehrte in sein Herzogtum zurück und zwang die Stadt Goslar mit militärischem Druck zur Unterzeichnung des Riechenberger Vertrages (vgl. Kat.-Nr. 129).

Markus Ebert

Lit.: Meier 1928; Winn 2013

122

Wahrhaffte Abcontrafactur, Welcher gestalt Schloss und Statt Wolfenbüttel den 3. Augusti Anno 1542 vom Churfürsten von Sachsen belagert, und Sonntags nach Laurentii den 12. Augusti eingenommen worden

Stefan Hamer nach Vorlage von Lucas Cranach d. J.,
Nürnberg, nach 1542
Papier, 40,2 × 59,8 cm
Braunschweig, Braunschweigisches
Landesmuseum, LMB 24341

Der Holzschnitt zeigt die Beschießung der Stadt Wolfenbüttel durch Truppen des Schmalkaldischen Bundes im August 1542. Die in diesem Bund unter Führung Kursachsens und Hessens vereinigten protestantischen Fürsten und Städte eroberten Wolfenbüttel und vertrieben den kaisertreuen, katholischen Herzog Heinrich d. J. von Wolfenbüttel aus seinem Herzogtum, das zu den wenigen noch katholischen Territorien in Norddeutschland gehörte. Die Einnahme der herzoglichen Residenz und die Einführung der Reformation im Fürstentum Wolfenbüttel waren für die protestantische Seite von herausragender Bedeutung und schlugen sich in der publizistischen Verherrlichung in Bildern, Texten und Liedern nieder.

Der Buchdrucker Stefan Hamer, der seit Mitte der 1530er Jahre für etwa zwei Jahrzehnte in Nürnberg tätig war, schuf den Holzschnitt nach Vorlage von Lucas Cranach.

Hamers Holzschnitt ist gegenüber der Vorlage, die in der Folgezeit immer wieder kopiert wurde, vereinfacht und stilisiert. Neben dem mit Zelten, Lanzen, Landsknechten und Kanonen dargestellten Belagerungsgeschehen sind in der Bildmitte die Festungsanlagen, Schloss und Stadt Wolfenbüttel sowie die Topografie der Umgebung mit dem Lauf

122

der Oker wiedergegeben. Zu sehen sind aus nördlicher Richtung die befestigte mittelalterliche Burg, daneben der Palas und links das »Alte Tor« als Zugang zur Bürgersiedlung. Die Spitze eines Schlossturms wurde durch Kanonenschuss getroffen und neigt sich zur Seite. Bauern flüchten aus der Siedlung und werden von den protestantischen Landsknechten gerettet.

Die Eroberung Wolfenbüttels war umstritten, da sie als sogenannter Präventivschlag durch die Statuten des Schmalkaldischen Bundes nicht gedeckt war. Letztlich kam es zu dessen Schwächung und Zerschlagung durch den Kaiser im Schmalkaldischen Krieg von 1546/47.

Beate-Christine Fiedler

Lit.: Enke/Schneider/Strehle 2015, S. 194 f.; Mennecke 1982, S. 137–159; Niehr 2015, S. 325 f., Kat.-Nr. 226, 227

123

Taler des Schmalkaldischen Bundes

Gregor Ainkhüren, Goslar, 1544
Silber, Dm 4 cm
Braunschweig, Münzforschungssammlung der Braunschweigischen Landessparkasse, S930

Vorder- und Rückseite

Als 1542 Herzog Heinrich d. J. von Braunschweig-Wolfenbüttel, der kaisertreu und altgläubig geblieben war, vom Schmalkaldischen Bund aus seinem Land vertrieben wurde, verlor er auch seine Münzstätte im Kloster Riechenberg bei Goslar. Seit 1531 hatte die herzogliche Münze in Riechenberg in Konkurrenz zur städtischen Münze in Goslar gearbeitet. Wohl im Laufe des Jahres 1543 verlegten die Fürsten des Schmalkaldischen Bundes, an der Spitze Kurfürst Johann Friedrich von Sachsen und Landgraf Philipp von Hessen, die Münzprägung von Riechenberg in die Stadt Goslar, die ebenfalls zum Bund gehörte. Die zur Herstellung der Münzen notwendigen Geräte wurden nach Goslar überführt.

In Goslar entstanden im Haus des Claus Wolters in jedem Jahr von 1543 bis einschließlich 1547 Taler und Talerteilstücke im Namen des Schmalkaldischen Bundes, während gleichzeitig die städtische Münze weiterhin das Geld der Stadt Goslar prägte. Der erfahrene Münzmeister Gregor Ainkhüren, der zuvor in Sachsen und für das Fürstentum Calenberg in Münden gearbeitet hatte, leitete die Goslarer Münzstätte des Schmalkaldischen Bundes.

Die Taler des Schmalkaldischen Bundes sind als Propagandamünzen für die neuen Herren zu werten, die im Land des geflüchteten Herzogs Heinrich die Macht übernommen hatten. Sie zeigen auf der Vorderseite die Büste Johann Friedrichs von Sachsen, der passend zu den kriegerischen Zeiten ein Schwert über der Schulter trägt. Auf der Rückseite ist die Büste des Landgrafen Philipp von Hessen im Harnisch dargestellt.

Wolfgang Leschhorn

Lit.: Leschhorn 2010, S. 106–108

124

Medaille auf den Sieg des Schmalkaldischen Bundes bei Höckelheim

Gregor Ainkhüren, Goslar, 1545
Silber, Dm 5,4 cm
Braunschweig, Münzforschungssammlung der Braunschweigischen Landessparkasse, 1984

Vorder- und Rückseite

Im Jahr 1545 versuchte Herzog Heinrich d. J. von Wolfenbüttel, mithilfe französischer Truppen in sein Herzogtum zurückzukehren, aus dem er 1542 vertrieben worden war. Die Belagerung Wolfenbüttels scheiterte. In der Schlacht bei Höckelheim wurde Heinrich zusammen mit seinem Sohn Karl am 21. Oktober 1545 von schmalkaldischen Truppen gefangen genommen und in der hessischen Festung Ziegenhain eingesperrt.

Die schmalkaldische Münzstätte in Goslar prägte sogleich Medaillen, die den Sieg bei Höckelheim feierten. Auf der Vorderseite stehen die drei siegreichen Fürsten des Schmalkaldischen Bundes in ihrer Rüstung und mit ihren Wappenschilden, Philipp von Hessen, Johann Friedrich von Sachsen und Moritz von Sachsen. Auf der Rückseite wird in einer Inschrift der Sieg und die Gefangennahme Heinrichs gerühmt: »des 21. Octobris anno 1545 ward Hertzog Hannrich v Bruns mit seinem Son Karll bei Bockolom durch di kristliche Buntz Oberst Lantgraf Philips van Hessen Beisein Hertzog Moritz van Sachsen e mit groser Heres Krafft erlegt gefangen und gen Kassell gefurt.«

Als Schlachtort wird »Bockolom« genannt. Hatte man früher als Schlachtort Bockenem angenommen, hervorgerufen durch einen Fehler des Stempelschneiders beim ersten Buchstaben des Namens, so geht man heute von Höckelheim bei Northeim aus, das damals den Namen Hockelem trug.

Wolfgang Leschhorn

Lit.: Leschhorn 2010, S. 108

125

Visitationsinstruktion für das Fürstentum Wolfenbüttel

Statthalter und Räte zu Wolfenbüttel:
Bernhard von Mila, Christoph von Steinberg,
Lippold von Stöckheim u.a., Wolfenbüttel, 1542
Papier, 35,2 × 50 × 8,7 cm
Wolfenbüttel, Landeskirchliches Archiv,
Konsistorium V 447

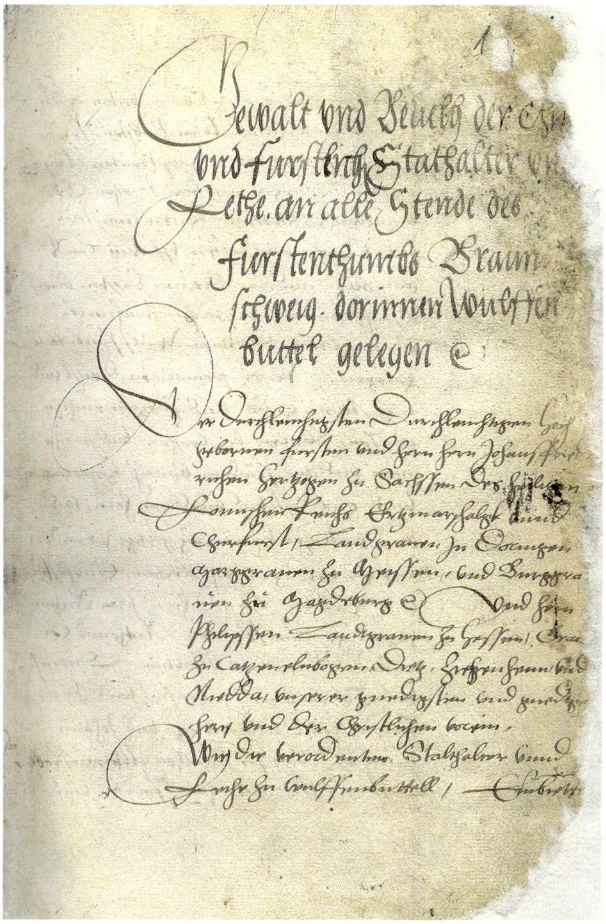
Gewalt vnd Beuelch der Chu
vnd furstlich Stathalter v
Rethe. an alle Stende des
furstenthumbs Braun
schweig. dorinnen Wolffen
buttel gelegen

Nach dem Sieg der schmalkaldischen Bundestruppen huldigten die braunschweigischen Landstände der neuen Landesherrschaft auf einem am 27. August 1542 in Braunschweig gehaltenen Bundestag und stimmten der Einführung der Reformation zu. Auf dieser Grundlage erließen der Statthalter von Mila und seine Wolfenbütteler Räte am 9. Oktober 1542 Anweisungen für eine siebenköpfige Kommission, der neben Johannes Bugenhagen unter anderem die Superintendenten Antonius Corvinus und Martin Görlitz angehörten. Sie wurden zur Visitation der Stifte, Klöster, Kirchen und Pfarren des Landes zwecks Durchsetzung des Augsburger Glaubensbekenntnisses bevollmächtigt. Dass man das Land hierzu erst hatte erobern müssen, rechtfertigten die neuen Machthaber mit seiner Errettung »aus der vorfurung des babsthums und des von Braunschweig tiranney«. Einen Überblick sollten sich die Visitatoren durch Einbestellung der weltlichen und kirchlichen Amtsträger an zentrale Orte verschaffen. Ihre Reise startete am 10. Oktober in Königslutter und endete am 12. November in Riddagshausen. Im Zentrum der zu ergreifenden Maßnahmen standen die Verpflichtung geeigneten Predigtpersonals und die Erfassung, Sicherstellung und Ausgleichung der Pfarreinkünfte. Untaugliche Pfarrer galt es zu versorgen, widersetzliche ebenso auszuweisen wie Wiedertäufer und Zwinglianer, Pfründenkumulation abzuschaffen und die Ausbildung zu verbessern. Die Einsetzung von Superintendenten wurde empfohlen, die kirchliche Baulast der Gemeinden festgestellt und die Errichtung von Gemeinen Kästen für die Hospitäler und Armenfürsorge angeordnet. Der verbliebene Besitz der Klöster war durch Inventarisierung und Verwaltung zu wahren. Mönche und Nonnen waren vorzugsweise durch Pensionierung, Verwendung als Dorfprediger oder Verheiratung zu versorgen. Insbesondere bei ihnen und im Adel stießen die Visitatoren auf Ablehnung der Reformation. So blieb ihr Erfolg zunächst begrenzt.

Birgit Hoffmann

Lit.: Jürgens 2010, S. 150–152; Müller/Jürgens 1993; Sehling 1955, S. 12–21

126

Christlike kerken-ordeninge im lande Brunschwig, Wulffenbüttels deles

Johannes Bugenhagen, Wittenberg, 1543
Druck: Georg Rhau
Papier, 20,6 × 16,3 × 3,3 cm
Braunschweig, Theologisches Zentrum – Bibliothek, S 279a

Um die in der Visitation vom Herbst 1542 eingeleiteten Maßnahmen zur Durchführung der Reformation im Fürstentum Wolfenbüttel längerfristig zu sichern, griffen die Besatzungsmächte des Schmalkaldischen Bundes auf die bewährte Institution der Kirchenordnung zurück und verpflichteten den verdienten Verfasser reformatorischer Normen, Johannes Bugenhagen. Im August 1543 erschien seine in Wittenberg gedruckte »Christlike kerken-ordeninge«, die in einem einleitenden theologischen Teil ausführlich rechten Gottesdienst mit falsch verstandener Verrichtung guter Werke kontrastiert. Im nachfolgenden ersten Teil der Ordnung zählt Bugenhagen die wichtigsten Kernstücke der evangelischen Lehre auf, beginnend mit der Rechtfertigung im Namen Christi als Gnade Gottes über das Werk- und Sakramentsverständnis bis zur Anleitung zum Gebet. Es folgen Empfehlungen für das kirchliche Personal, von den Predigern über die Schullehrer und Küster bis hin zu den Organisten, sowie ein konkreter Plan für die bereits in der Visitationsinstruktion angesprochenen künftig einzusetzenden Superintendenturen in Wolfenbüttel, Helmstedt, Bockenem (Höckelheim), Gandersheim und Alfeld. Als Kirchenleitung sah Bugenhagen eine oberste Superintendenz nebst Konsistorium und theologischer Schule am Blasiusstift in Braunschweig vor; dieser Plan kam wegen der verweigerten Zustimmung der welfischen Mitpatrone des Stiftes nicht zur Ausführung. Ausgeführt werden Vorschriften zur religiösen Unterweisung der Schulkinder, für Feiertage, Nottaufen, Hebammen, Krankenbesuche, Trauungen, Begräbnisse, für den rechten Umgang mit christlichen Bildnissen, Kirchenzucht, Beichte und Geläut. Eine Schul- und Kastenordnung schließen sich an. Die nachfolgenden kriegerischen Ereignisse und schließlich die Rückkehr Herzog Heinrichs verhinderten jedoch den erfolgreichen Aufbau einer evangelischen Kirchenverwaltung nach dieser Ordnung.

Birgit Hoffmann

Lit.: Sehling 1955, S. 22–81

127

Das Schachspiel / wie der gefangene Churfürst Johann Friderich mit Herzog Ernsten zu Braunschweig darauff gespielet / und sich / als großmütig / nichts irren lassen / ob man ihn schon damals / nemlich den 10. Maii Anno 1547, das Leben abgekündiget

Aus: Friedrich Hortleder, Des Römischen Kaiser und königliche Maiesteten, auch deß heiligen Römischen Reichs [...] Handlungen und Außschreiben [...], Gotha, 1645, Druck: Wolfgang Endter,
Kupferstich: Peter Troschel nach Sebastian Franck, 1. Hälfte 17. Jahrhundert
Papier, 21,4 × 30,8 cm
Braunschweig, Braunschweigisches Landesmuseum, LMB 36958

Der Kupferstich zeigt zwei Männer auf Hockern sitzend, die an einem improvisierten Tisch in einem Zeltlager Schach spielen. Von links tritt ein Bote mit einem Brief heran. Der hinter dem Tisch sitzende, wohlgenährte Herr in dunkler, pelzbesetzter Kleidung trägt deutlich die Gesichtszüge Johann Friedrichs I. von Sachsen. Die Szene spielt auf die Überbringung des Todesurteils für Johann Friedrich an, der dieses bei einer Partie Schach mit seinem Mitkämpfer Herzog Ernst von Grubenhagen empfangen haben soll. Ernst hatte seinen Heerführer in die Gefangenschaft begleitet, trat aber reichspolitisch weiter nicht in Erscheinung. Der schachspielende Sachse gehört zu den Ikonen der protestantischen Bildmotivik.

Als Führer des Schmalkaldischen Bundes geriet Johann Friedrich in der Schlacht bei Mühlberg (24. April 1547) gegen die kaiserlichen Truppen in Gefangenschaft und wurde am 10. Mai zum Tode verurteilt. Auf Bitten zahlreicher Fürsten, darunter seines in Dresden regierenden Vetters Moritz von

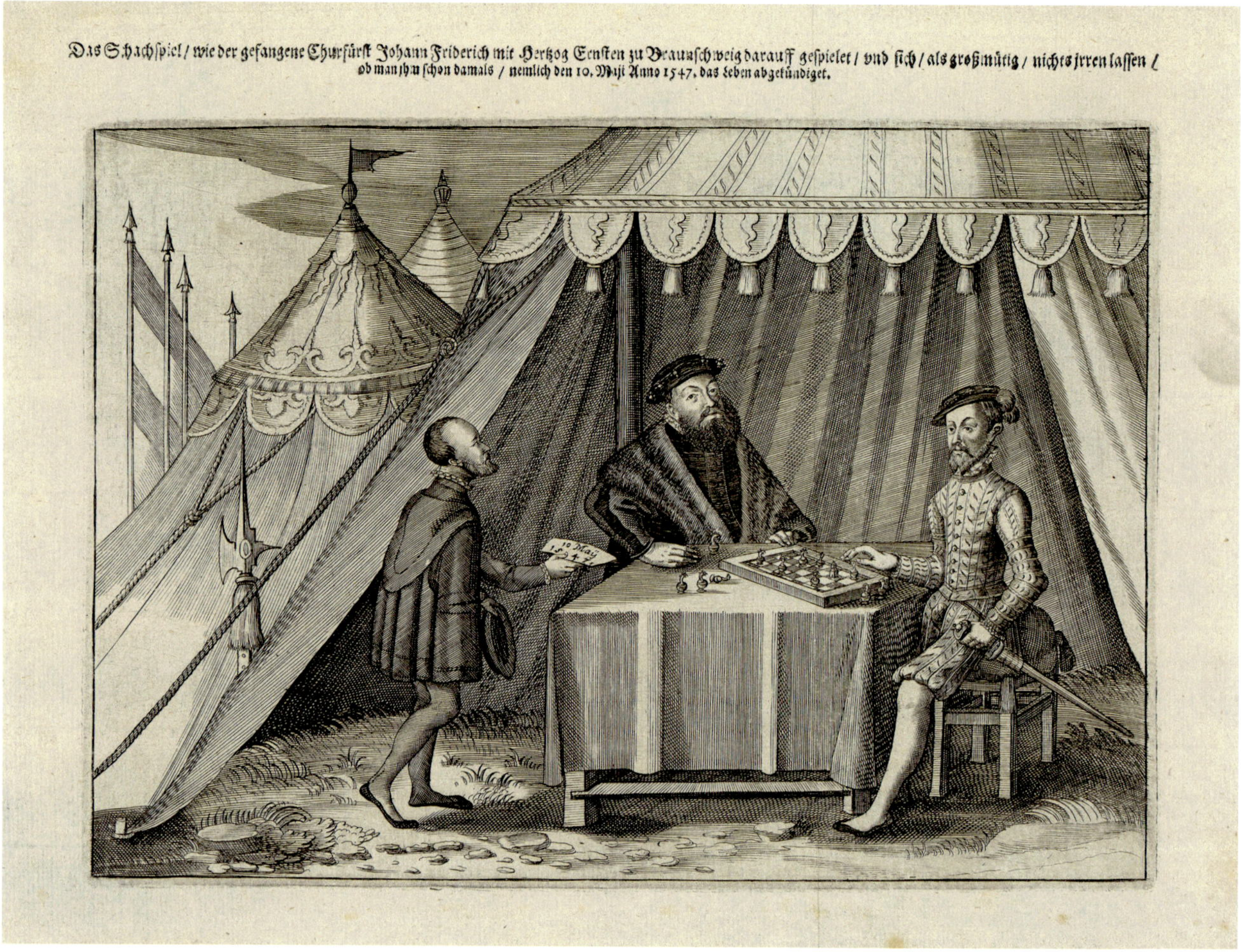

Sachsen, wurde das Todesurteil in lebenslange Haft umgewandelt. Er verlor die Kurwürde und einen Großteil seiner Länder mit dem Kurkreis Wittenberg an Moritz, der in Mühlberg auf Seiten des Kaisers gekämpft hatte. Noch in Gefangenschaft verweigerte Johann Friedrich die Annahme des Augsburger Interims und kam erst 1552 durch den Passauer Vertrag frei. Kurz vor seinem Tod erlangte er mit den Dresdner Vettern einen Ausgleich und durfte sich nun in Erinnerung an seine ehemalige Würde »geborner Kurfürst« nennen. Spätere Generationen stilisierten Johann Friedrich zu einem protestantischen Märtyrer – wozu unter anderem auch die Präsentation der Gesichtsnarbe gehörte, die sich Johann Friedrich in Mühlberg zugezogen hatte – und verliehen ihm für seinen reformatorischen Einsatz und den Luther gewährten Schutz den Beinamen »der Beständige«.

Gaby Kuper

Lit.: Leppin/Schmidt/Wefers 2006

128
Leihgeber: Bad Gandersheim, Ev.-luth. Stiftskirchengemeinde Bad Gandersheim / Portal zur Geschichte – Sammlung Frauenstift Gandersheim

128 a

Reliquie des hl. Stephanus

16. Jahrhundert
Stoff, Pergament, 1,2 × 3 × 0,3 cm
377-14

128 b

Reliquie des hl. Felix

11. Jahrhundert
Stoff, Pergament, 1,5 × 2,8 × 1 cm
377-40

128 a

128 b

Zu den materiellen Hinterlassenschaften des Frauenstifts Gandersheim gehört eine erstaunlich große Gruppe von Reliquienpäckchen, teilweise mit Pergamentzetteln (*cedulae*) versehen, die die Namen der verehrten Heiligen benennen. Die meisten Reliquien sind in kostbare farbige Seidenstoffe eingehüllt, so auch die Partikel des heiligen Felix aus dem 11. Jahrhundert. Auffällig ist eine Gruppe von Reliquienpäckchen aus naturfarbenen Leinenstoffen, deren *cedulae* erst im 16. Jahrhundert angefertigt worden sind und zu der auch die hier präsentierte Reliquie des heiligen Papstes Stephanus (amt. 254–257) gehört. Wahrscheinlich ist sie 1550 in einen Altar der Stiftskirche gelangt. Nachdem 1543 radikale Reformer die Stiftskirche geplündert und etliche Altäre geschändet hatten, wurde nach der Niederlage des Schmalkaldischen Bundes und der nachfolgenden Rekatholisierung des Herzogtums auch die Stiftskirche mit einer Neuweihe 1550 wieder liturgisch bespielbar gemacht. Das Heiltum des Papstes Stephanus dürfte den Reliquien zuzuordnen sein, die beim Bildersturm 1543 in Mitleidenschaft gezogen, 1550 neu umhüllt, erneut authentifiziert und wieder in ein Altarsepulchrum eingebracht wurden. Nach dem Abriss der Altäre im 17./18. Jahrhundert fanden die Objekte Eingang in den Gandersheimer Archivschrank, nun geschätzt als Traditionsgut, das den ehemals hohen Rang des Reichsstifts widerspiegelt. Einige dieser Altarabbrüche um 1700 beschreibt der Gandersheimer Stiftschronist Johann Georg Leuckfeld. So kam beim Öffnen des Sepulchrums im Altar St. Stephanus in der südlichen Chornebenkapelle der Stiftskirche das Siegel des Halberstädter Weihbischofs Johannes zutage, der die Weihe 1550 vorgenommen hatte, sowie Reliquien vom Protomärtyrer Stephanus, vom heiligen Felix und vom heiligen Innozenz.

Christian Popp

Lit.: Heilmann 2009, S. 27–30; Popp 2010, S. 107 f.

129

Riechenberger Vertrag

Goslar, Kloster Riechenberg, 13. Juni 1552
Pergament, Seidenfaden,
Zwei angehängte Siegel, 43 × 32,5 cm
Goslar, Stadtarchiv, Urk. Nr. 1223

Die Reichsstadt Goslar war der Ort, von dem aus der Abbau, die Verhüttung und der Vertrieb der Metalle aus dem Rammelsberg betrieben wurden. Die Herzöge zu Braunschweig und Lüneburg hatten ihre Rechte am Berg und umliegenden Wäldern im Laufe des Spätmittelalters verpfändet; sie waren schließlich an den Rat der Stadt Goslar gelangt. In den 1520er Jahren konnte Herzog Heinrich d. J. die alten Rechte einlösen. Beide Parteien stritten aber heftig darüber, was eigentlich Bergzehnt und Berggericht im 13. Jahrhundert bezeichnet hatten – ob zum Beispiel das von der Stadt praktizierte Vorkaufsrecht dazu gehörte – und wie die Waldnutzungsrechte abgegrenzt werden sollten. Die Auseinandersetzung wurde nicht nur juristisch geführt, sondern veranlasste auch Übergriffe und Gewalttätigkeiten von beiden Seiten.

Die Fürstenverschwörung von 1552 setzte eine Zeit lang die Institutionen Kaiser und Reich außer Kraft. Diese Gelegenheit nutzte Heinrich, um den Konflikt mit der Reichsstadt Goslar gewaltsam zu beenden. Er ließ die Stadt belagern – und ganz überraschend kapitulierte der Rat, bevor es zu ernsthaften Kampfhandlungen gekommen war. Die anschließenden Verhandlungen führte von herzoglicher Seite der Kanzler Dr. Johann Stopler, den man auch als maßgeblichen Autor des im Kloster Riechenberg unterzeichneten Vertrags ansehen muss. Der Vertrag ist ein klassischer Unterwerfungsvertrag. Die Stadt musste die strittigen Rechte in weitestem Umfang einräumen, ihre Geschütze ausliefern, Geiseln stellen und für 20 Jahre die herzogliche Schutzherrschaft anerkennen und bezahlen.

In der späteren Historiografie ist der Riechenberger Vertrag gewöhnlich als Beginn eines kontinuierlichen Niedergangs der Reichsstadt Goslar betrachtet worden – im Hinblick auf die wirtschaftliche Potenz der einzelnen Bürger wahrscheinlich zu Unrecht, denn die herzogliche Bergverwaltung förderte den Bergbau und den Absatz von Bergprodukten entscheidend. Die Stadt war aber in ihrem Bestreben gescheitert, ihren Herrschaftsbereich dauerhaft über die engeren Stadtgrenzen hinaus auszudehnen.

Brage Bei der Wieden

Lit.: Dettmer/Moritz 2004

130

Heereszug der Landsknechte

Nürnberg, 1532–1542
Papier, Typendruck, handkoloriert, 31,6 × 39,2 cm, 32 × 38,4 cm (abgebildetes Blatt)
Braunschweig, Herzog Anton Ulrich-Museum, ESchön WB 3.6 – ESchön WB 3.9 und 3.14

Der hier gezeigte »Heereszug der Landsknechte« vermittelt einen Eindruck von der Kriegsführung zur Zeit der Reformation. Als Landsknechte werden zu Fuß kämpfende Soldaten des 15. und 16. Jahrhunderts bezeichnet, die gegen Bezahlung zeitlich befristet angeworben wurden. Die übliche Schlachtordnung ist im gezeigten Kupferstich dargestellt: Der Hauptmann führte die Landsknechte an. In vorderster Reihe standen die Kämpfer mit den Spießen, Büchsen und kurzen Gewehren, gefolgt von den Hauptleuten und Doppelsöldnern. Gegenüber den einfachen Landsknechten erhielten die Doppelsöldner wegen ihrer Kampferfahrung und besseren Ausrüstung doppelten Sold. Die größte Kampfeinheit, das Regiment, bestand aus 4000 bis 6000 Mann. Kämpften im Mittelalter einige Hundert Mann gegeneinander, standen sich nun Tausende gegenüber.

Für die Kriegsführung war das 15. Jahrhundert eine Zeit der Zäsur. Söldnerheere lösten die bis dahin bestehende personenrechtliche Bindung zwischen Kriegsherr und Kämpfer ab. Der Gebrauch von Handfeuerwaffen, verbunden mit neuen Militärtaktiken, wertete die Fußtruppen gegenüber der Kavallerie auf und führte zu einem größeren Bedarf an Kämpfern. Diese Nachfrage prägte in den deutschen Territorien eine besondere Art des Söldnerwesens aus: eben die Landsknechte.

Ursprünglich wurden sie im Reich als kaiserlich-habsburgische Söldner angeworben. Die finanziellen Probleme Kaiser Karls V. und die damit einhergehende unregelmäßige Besoldung führten zu mangelnder Loyalität. Viele Landsknechte boten ihre Dienste mehreren Kriegsherren an. Während der Reformation finden sich Landsknechte daher auf beiden Konfliktseiten – unabhängig von religiöser Überzeugung oder Konfession. So kämpften Protestanten in den kaiserlichen Truppen und Katholiken auf Seiten der Reformer. Allein der Sold zählte.

Nadine Hoffmann

Lit.: Baumann 2010; Neugebauer 2009

131

Totenschild des Jürgen von Kerssenbrock

Norddeutschland, 1553
Holz, Dm 72 cm
Hannover, Ev.-luth. Marktkirchengemeinde

Am 6. August 1553 erlag Jürgen von Kerssenbrock in Hannover seinen Verletzungen. Er war zuvor am 9. Juli in einer der blutigsten Schlachten des 16. Jahrhunderts, der Schlacht bei Sievershausen, angeschossen worden. In ihr kämpften die Truppen des evangelischen Markgrafen Albrecht II. Alkibiades von Brandenburg-Kulmbach und des katholischen Herzogs Erich II. von Calenberg gegen das Aufgebot des evangelischen Kurfürsten Moritz von Sachsen und des katholischen Herzogs Heinrich d. J. von Wolfenbüttel. Der Markgraf, einer der engsten Verbündeten Kaiser Karls V., zog plündernd mit seinem Heer nach Norden. Die Stadt Braunschweig sah in ihm einen Verbündeten gegen Herzog Heinrich d. J. Ebenso verbündete sich Herzog Erich II. mit Albrecht, um sich gegen die Bevormundung durch seinen Vetter zu wehren. Insgesamt kämpften über 30000 Landsknechte und Reiter in der Schlacht. Auf beiden Seiten sollen nach unterschiedlichen Zählungen zwischen 4000 und 5000 Kämpfer den Tod gefunden haben, darunter die beiden Söhne Herzog Heinrichs d. J., Karl Viktor und Philipp Magnus. Viele starben erst später an ihren Verletzungen, wie etwa Kurfürst Moritz von Sachsen, der während der Schlacht durch eine Kugel an der Hüfte verletzt wurde. Einige Wochen später konnte Herzog Heinrich d. J. den Markgrafen Albrecht bei Steterburg endgültig aus dem Herzogtum vertreiben.

Ursprünglich erinnerten fünf Totenschilde in der Eingangshalle der hannoverschen Marktkirche an die in Sievershausen oder infolge ihrer Verletzung gestorbenen Adligen, darunter auch Bartold von Oldershusen und Bartold von Mandelsloh, die wie Jürgen von Kerssenbrock ihren Schussverletzungen erlagen. Die in Hannover memorierten Adligen kämpften auf der Seite Erichs II. von Calenberg.

Thorsten Henke

Lit.: DI 36, Stadt Hannover, Nr. 96 (Sabine Wehking), in: www.inschriften.net, urn:nbn:de:0238-di036g006k0009605 [24. 2. 2017]; Edelmann 2003, S. 57–62

132

Messkelch aus St. Ulrici-Brüdern

Niedersachsen (?), 1496
Silber, vergoldet, 25 × 19,5 cm
Braunschweig, Ev.-luth. Kirchengemeinde
St. Ulrici-Brüdern

Der ungewöhnlich große Prunkkelch zeigt neben seinen reichen Filigranverzierungen ein umfangreiches ikonografisches Programm. Über dem sechspassigen Fuß mit Szenen aus dem Leben Jesu und Mariens – Verkündigung, Christi Geburt, Anbetung der Weisen, Darbringung im Tempel, Flucht nach Ägypten und Marienkrönung – sind sechs Heilige zu erkennen: die Diakone Stephanus und Laurentius, Johannes der Täufer und Johannes Evangelista, der heilige Georg und ein heiliger Bischof, der durch sein herzförmiges Attribut vermutlich als Augustinus identifiziert werden kann. In der Mitte des als in sich gedrehten Baumstamm geformten Schafts weist der Knauf neben mit Rankenwerk gefüllten Fischblasen sechs in Rankenwerk gebettete Steine auf. Die Kuppa ist im oberen Bereich mit fünf neutestamentlichen Szenen geschmückt, denen je eine Szene aus dem Alten Testament im unteren Bereich typologisch entspricht: Einzug Christi in Jerusalem und Einzug Davids mit dem Haupt Goliaths, Christus vor Pilatus und David mit der Harfe vor Saul, Kreuztragung und Isaak das Holz tragend, Kreuzigung und Opferung Isaaks sowie Auferstehung und Jonas im Maul des Wals. Unterhalb des Labialausschnitts und somit während der Eucharistie dem Zelebranten zugewandt, ist Christus als Weltenrichter mit Maria und Johannes sowie zwei Posaune blasenden Engeln dargestellt. Dieses Motiv fluchtet mit der Marienkrönung am Fuß des Kelchs.

Wann und durch wen der Kelch in die Brüdernkirche gelangte, konnte bislang nicht geklärt werden. Der vergleichbare Hoffsleger-Kelch von 1468 aus dem Osnabrücker Dominikanerkloster weist darauf hin, dass der Kelch für Brüdern angefertigt wurde, obwohl weder das Bildprogramm noch die Inschriftenfragmente einen Bezug zum Franziskanerkloster herstellen. Der Kelch könnte auch aus der 1544 abgebrochenen Kirche St. Ulrici stammen.

Maria Julia Hartgen

Lit.: DI 35, Stadt Braunschweig I, Nr. 261 (Andrea Boockmann), in: www.inschriften.net, urn:nbn:de:0238-di035g005k0026108 [24.2.2017]; Fritz 2004, S. 349 f.; Heppe 1985, S. 1308, Kat.-Nr. 1129

133

Abendmahlskanne

Heinrich Wemaring, Uelzen, 1609
Silber, innen vergoldet, H 35 cm, Dm 12,5 cm
Uelzen, Ev.-luth. Kirchengemeinde St. Marien

Nach der Reformation wurden in lutherischen Gemeinden mittelalterliche Kelche und Patenen weiter genutzt. Hinzu kam jedoch die Abendmahlskanne. Sie wurde nötig, um den Wein für die Gemeindemitglieder bereitzuhalten und hatte ein Fassungsvermögen von bis zu zwei Litern. Da für die Abendmahlskanne keine besondere Form ausgebildet wurde, konnten auch profane Kannen kirchlich genutzt werden.

Unter Verwendung einer älteren Weinkanne wurde die Abendmahlskanne aus St. Marien von dem Uelzener Goldschmied Heinrich Wemaring im Jahr 1609 gefertigt. Die Kanne weist eine zeittypische Birnenform auf. Der Deckel zeigt einen Fantasiekopf. Sowohl an der Wandung als auch am Fuß finden sich gravierte Ornamente. An der unteren Laibung ist folgende Inschrift: »DISE KANNE HORT IN S. MARIEN KIRCHEN ZV VLZEN ANNO 1609«.

Wie die Kirchenbücher von St. Marien berichten, erhielt der Goldschmied Wemaring 71 Mark 10 Groschen zum »umbmachen« einer Kanne, die 1598/99 für 79 Mark 7 Groschen gefertigt wurde. Vermutlich stammte sie ebenfalls von dem Goldschmiedemeister. Er fertigte gleichermaßen einen großen Abendmahlskelch von über 101 Lot Silbers und eine Oblatendose in der Form eines Ciboriums von über 38 Lot Silbers, die sich heute noch im Kirchenschatz der Kirche St. Marien befinden. Zu dem Kelch gehörten auch ein Saugrohr und eine Patene.

Thorsten Henke

Lit.: Albrecht 2009, S. 13–16; Scheffler 1965, S. 1105

134

Abendmahlsbecher

Leer, 1766, Meisterzeichen: H. Groenewold
Silber, H 13,2 cm, Dm 10,1 cm
Holtgaste, Ev.-luth. Kirchengemeinde St. Liudgeri

Während die Lutheraner keinerlei Vorschriften zur Ausgestaltung des Abendmahlsgeräts für ihren Ritus entwickelten und häufig auch mittelalterliche Kelche und Patenen weiter nutzten, wandte sich die reformierte Kirche gegen die Verwendung prachtvoller Gefäße. Die strenge Forderung Zwinglis, Gerätschaften aus Holz zu benutzen, wurde jedoch nur selten exakt beachtet. In den reformierten Gemeinden Ostfrieslands waren Becher und Abendmahlschalen, ebenfalls eine neu entwickelte Form gegenüber der kleineren Patene, aus Silber in Gebrauch. Sie wurden zum Teil mit einem aufwendigen Bildprogramm ausgestattet. Tatsächlich sind auch in wenigen reformierten Gemeinden Abendmahlskelche genutzt worden, etwa in der Gemeinde Groß Midlum, Landkreis Aurich, in der ein solcher, gestiftet durch einen Wilhelm von Etzbach, verblieben ist.

In heute lutherischen Gemeinden haben sich dagegen auch Abendmahlsbecher erhalten. Der Becher in Holtgaste wurde von dem Leerer Goldschmiedemeister H. Groenewold zusammen mit einem Abendmahlsteller im Jahr 1766 gefertigt. Die Rankenmotive unterhalb der Lippe des Bechers zeigen Blumen- und Fruchtgirlanden. Das Abendmahlsgerät ersetzte eine Ausstattung aus dem Jahr 1601, die im Zuge der Plünderungen des Siebenjährigen Krieges geraubt worden war. Warum in der lutherischen Gemeinde Holtgaste auf eine reformierte Form zurückgegriffen wurde, bleibt unklar. Der Landesherr hatte Anfang des 18. Jahrhunderts in seiner Patronatspfarre Holtgaste das lutherische Bekenntnis gegen eine Mehrheit reformierter Gemeindemitglieder durchgesetzt. Möglicherweise orientierte sich die Neuschaffung des Abendmahlsgeräts an einer früher genutzten reformierten Ausstattung.

Thorsten Henke

Lit.: Müller-Jürgens 1960, S. 67 f., 74; Smid 1974, S. 308

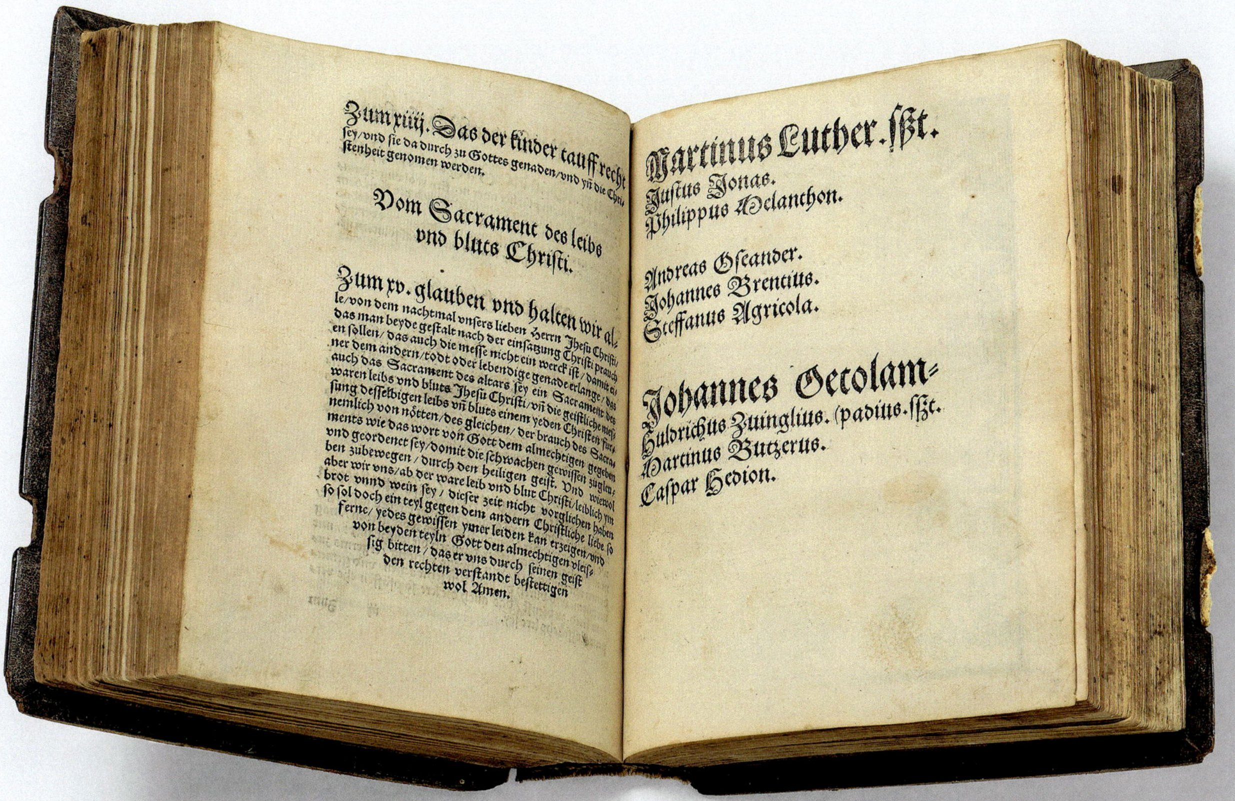

135

Wes sich D. Martin Luther mit Huldrichen Zwinglin der strittigen Artikel halb vereint und verglichen

Martin Luther, Marburg, 1529
Papier, 21 × 17 × 6,5 cm
Braunschweig, Theologisches Zentrum – Bibliothek, S 2 kon 11

Seit Mitte der 1520er Jahre wechselten Luther und Zwingli und ihre Anhänger heftige Streitschriften über das Verständnis des Abendmahls. Zwar lehnten beide Seiten die katholische Lehre von der Transsubstantiation ab. Doch während Zwingli die Gegenwart Christi im Abendmahl nur mehr als symbolisch wirksame Glaubenswahrheit verstanden wissen wollte, hielt Luther an der Realpräsenz, der leiblichen Gegenwärtigkeit Christi in »Leibsbrot« und »Blutswein« fest.

Philipp von Hessen war aus religionspolitischen Gründen daran gelegen, das protestantische Lager zu einen. Deshalb berief er Anfang Oktober 1529 einen hochkarätig besetzten Kreis von Reformatoren aus beiden Lagern, zu dem außer Luther und Zwingli unter anderen Melanchthon, Oekolampad und Bucer gehörten, nach Marburg ein, um die Streitigkeiten beizulegen. Dieses »Marburger Religionsgespräch« war die einzige Gelegenheit, zu der Luther und Zwingli sich jemals persönlich begegneten.

Zwei Tage lang wurden die strittigen Fragen diskutiert, ohne jedoch eine wirkliche Einigung zu erreichen. Nichtsdestoweniger wies Philipp von Hessen Luther an, schriftlich festzuhalten, worin Luther und Zwingli übereinstimmten, um dieses Dokument anschließend von allen anwesenden Theologen unterschreiben zu lassen.

So brachte Luther am 4. Oktober 15 »Marburger Artikel« zu Papier. Sie blieben das einzige gesamtprotestantische Bekenntnis. Die ersten 14 Artikel bekennen sich zu den Gemeinsamkeiten in der Lehre. Der letzte Artikel hingegen bestätigt die Uneinigkeit in der Frage, »ob der wahre Leib und das wahre Blut Christi leiblich in Brot und Wein sei« – allerdings nicht ohne auch in der Abendmahlslehre zunächst in fünf Punkten Einigkeit festzustellen.

Weder führte das Marburger Gespräch zur Einigung unter den gerade erst als solche aufgetretenen »Protestanten«, noch erlangten die »Marburger Artikel« die von Landgraf Philipp erhoffte Geltung als Grundlage eines politischen Schutzbündnisses gegen den Kaiser. Dennoch schien zumindest eine Annäherung zwischen Lutheranern und Zwinglianern erreicht worden zu sein, der Abendmahlsstreit brach in der alten Heftigkeit nicht mehr aus.

Die »Marburger Artikel« gingen noch am Tag ihrer Entstehung in Marburg in den Druck. Die Ausstellung zeigt ein Exemplar dieser Erstauflage von 1529.

Mareike Rake

Lit.: Schäufele 2012

136

Wider das Bapstum zu Rom vom Teuffel gestifft

Martin Luther, Wittenberg, 1545, Druck: Hans Lufft
Papier, 20,5 × 18 × 9 cm
Braunschweig, Theologisches Zentrum – Bibliothek, S 3 kon 10

Wenige Monate vor seinem Tod rechnete Luther ein letztes Mal mit dem Papsttum ab. Papst Paul III. hatte mit der endgültigen Einberufung des Konzils so lange gewartet, bis ihm eine Verurteilung der Anhänger der Reformation und die Aufrechterhaltung seines päpstlichen Vollmachtsanspruches sicher erscheinen konnten. Im Hinblick auf diese päpstliche Manipulation des seit Langem geforderten, aber immer wieder verzögerten und vertagten Konzils erneuerte der Traktat, durchzogen von grober Polemik, Luthers Überzeugung, dass der Papst ein Handlanger des Teufels sei, ja, als der Antichrist selbst durch seine Irrlehren die Kirche zugrunde richte.

Die Erkenntnis, dass im Papsttum nicht der Stellvertreter, sondern vielmehr der endzeitliche Gegenspieler Christi, der biblische Antichrist (2 Thess 2,1–12), am Werk sei, hatte Luther erstmals bereits 1520 in der Schrift »Adversus execrabilem antichristi bullam«, mit der er seine Verbrennung der päpstlichen Bannbulle begründete, öffentlich geäußert. Gänzlich neu war die Vorstellung vom Papst als dem Antichristen dabei nicht. Schon im 13. und 14. Jahrhundert waren einzelne Päpste immer wieder mit dem Antichristen identifiziert worden. Luther jedoch machte die Antichristlichkeit des Papsttums nicht am Leben und der Person einzelner Päpste fest, sondern meinte stets die Institution des Papsttums als solche.

Ausgehend von der Erfahrung, dass die Papstkirche das Verdammungsurteil über ihn und die reformatorischen Lehren ohne Sachargumente und biblische Begründung,

sondern mit dem reinen Machtanspruch kirchlicher Jurisdiktion gefällt hatte, identifizierte Luther vor allem diesen päpstlichen Vollmachtsanspruch, die Autorität des Evangeliums sei von der Autorität des Papstes abzuleiten und nicht umgekehrt, als antichristlich. Mareike Rake

Lit.: Leppin 1999, S. 48–63; Preuß 1906

137

Artikel christlicher Lehre

Martin Luther, Wittenberg, 1538
Papier, 21 × 17 × 6,7 cm
Braunschweig, Theologisches Zentrum – Bibliothek, S 14 kon 3

Die nachträglich so bezeichneten »Schmalkaldischen Artikel« wurden von Martin Luther im Auftrag des Kurfürsten Friedrich von Sachsen aufgesetzt. Sie fassen die reformatorische Lehre in scharfer Abgrenzung gegen die Papstkirche zusammen und gehören seit 1544 in den Kanon der lutherischen Bekenntnisschriften.

Der erste Teil der Artikel bekennt sich zur göttlichen Trinität als der unstrittigen gemeinsamen Grundlage des christlichen Glaubens. Im Gegensatz dazu entfaltet der zweite Teil, ausgehend vom »Hauptartikel« der Rechtfertigungslehre, die Grundpositionen, in denen sich die reformatorische Lehre von der alten Kirche unterschied und die für Luther nicht verhandelbar waren. Der dritte Teil schließlich benennt Unterschiede in der Lehre, über die er eine Einigung für möglich hielt.

Die »Schmalkaldischen Artikel« waren doppelt motiviert. Sie gelten einerseits als Luthers theologisches Testament: Luthers Gesundheitszustand hatte sich 1536 so stark verschlechtert, dass man mit seinem baldigen Tod rechnete. Deshalb erbat der Kurfürst von Luther ein Testament »der Religion halben«, um eine authentische Darstellung der reformatorischen Lehre sicherzustellen.

Zugleich wirkte der Kurfürst im Hinblick auf das von Papst Paul III. nach Mantua ausgeschriebene Konzil auf einen verbindlichen Bekenntnistext hin, den er ursprünglich als einheitliche Stellungnahme der Protestanten auf dem Konzil verlesen lassen wollte. Die von Luther daraufhin aufgestellten Artikel wurden auf einer Bundesversammlung in Schmalkalden von 25 der 33 anwesenden Theologen unterzeichnet und erhielten daher ihren späteren Namen.

Die Teilnahme an einem päpstlichen Konzil wurde von der Mehrheit der protestantischen Landesherren jedoch abgelehnt, sodass die »Schmalkaldischen Artikel« ihren ursprünglichen Zweck nie erfüllten. Tatsächlich fand das Konzil erst 1545 in Trient – und dann weitgehend ohne Beteiligung der Protestanten – statt.

Mareike Rake

Lit.: Führer 2009

138

Bildnis des Matthias Flacius Illyricus

Unbekannt, 1571
Papier, 14,8 × 9,1 cm
Braunschweig, Braunschweigisches Landesmuseum, LMB 22023

Nach dem Sieg über den Schmalkaldischen Bund versuchte Kaiser Karl V., die religiöse Einheit in Deutschland durch ein Machtwort wiederherzustellen: 1548 machte er auf dem Reichstag in Augsburg das sogenannte Augsburger Interim reichsrechtlich verbindlich. Es erlaubte den Protestanten zwar Laienkelch und Priesterehe, blieb in allen theologisch strittigen Fragen jedoch auf dem Standpunkt der alten Kirche. Es überrascht nicht, dass das Interim in beiden Lagern auf Widerstand stieß.

Einer der schärfsten Gegner des Interims war der lutherische Theologe Matthias Flacius. Flacius wurde 1520 als Matija Vlačić in Albona, dem heutigen Labin in Kroatien (daher der spätere Beiname Illyricus) geboren. Nach einer humanistischen Schulbildung in Venedig kam er zum Theologiestudium nach Basel und Tübingen und 1541 auch an die Wittenberger Fakultät. Hier hörte er sowohl Luther als auch Melanchthon. Luther scheint Flacius auch seelsorgerlich begleitet und von schweren Anfechtungen befreit zu haben, sodass die Lehre von der Rechtfertigung allein aus Gnade ihren unantastbaren Stellenwert in der flacianischen Theologie vielleicht auch dieser persönlichen Erfahrung verdankte.

1544 wurde Flacius eine Hebräischprofessur in Wittenberg übertragen. Als die Universität während des Schmalkaldischen Krieges vorübergehend geschlossen wurde, fand Flacius Aufnahme beim Braunschweiger Superintendenten Nikolaus Medler, wo auch sein erster Sohn geboren wurde.

Mit dem Augsburger Interim sah Flacius die lutherische Rechtfertigungslehre so gut wie preisgegeben. Vergeblich versuchte er deshalb, die Wittenberger Fakultät zu einer geschlossenen Abwehr des Interims zu bewegen. Doch

V.

WARE · BILDNVS · MATHIE · FLACII ·
ILLIIRICI · D · D · W · G · A · Æ · S · LI · 1571 ·

SEIDR · D: LVTHERVS · IST · GESTORBEN ·
SEINDR · VIEL · EGENWILLISCH · WORDEN ·
WOLN · DOCH · GVT · EVANGELISCH · SEIN ·
SCHICKT · GOTT · EIN · PROB · SO · SICHT · MAN · STEIN
WELCHE · SIND · RECHT · CHRISTLICHER · ART ·
O · INTERIM · DHASTS · OFFENBART · Aº · 47 ·

Melanchthon und andere Theologen wollten sich kompromissbereit zeigen, wo es in ihren Augen um weniger Wichtiges wie äußere Riten und Gebräuche der Kirche, die sogenannten Adiaphora, ging.

Infolge der sich anschließenden Lehrstreitigkeiten kam es zu einer Spaltung innerhalb der Lutheraner in »Flacianer« (später »Gnesiolutheraner« genannt; von gr. *gnesios* = echt) und »Adiaphoristen« bzw. »Philippisten«.

Der Streit eskalierte so weit, dass Flacius Wittenberg 1549 freiwillig verließ. Sein weiteres Leben blieb unstet. Er publizierte, zum Teil anonym, zahlreiche Flug- und Streitschriften gegen seine Gegner, und immer wieder zwang ihn die Verwicklung in theologische Kontroversen dazu, seinen Wirkungsort zu verlassen. Wichtige Stationen waren Magdeburg und Jena; das ausgestellte Bildnis zeigt ihn 1571 in seiner Straßburger Zeit. Flacius starb am 11. März 1575 in Frankfurt am Main.

Mareike Rake

Lit.: Ilić 2014, S. 116–122; Waschbüsch 2008

139

Illustriertes Flugblatt »Anatomiae Lutheri«

Aus: Sihe wie das ellendt Lutherthumb/ durch seine eigne Verfechter/ gemartert/ anatomiert/ gemetzget/ zerhackt/ zerschnitten/ gesotten/ gebraten/ und letzlich gantz auffgefressen wirdt. Offenbarung der Straff und Außgang Lutherischer schwermerey/ in Reymen gestelt durch F. J. N., 2. Auflage
Johannes Nas, Ingolstadt, 1582
Druck: Alexander Weissenhorn
Papier, 39 × 23,2 cm
Wolfenbüttel, Herzog August Bibliothek,
A: 169.1 Theol. (2)

Nach Luthers Tod führten Kontroversen um verschiedene Einzelfragen der Glaubenslehre zu einer zunehmenden Zersplitterung der Protestanten. Die drei größten Gruppen, die Schweizer Reformierten, die sogenannten Philippisten – Anhänger Philipp Melanchthons – und die sogenannten Gnesiolutheraner oder Flacianer – Anhänger des Matthias Flacius Illyricus – standen sich unversöhnlich gegenüber und entwickelten wiederum miteinander zerstrittene Untergruppierungen.

Diese Situation der Uneinigkeit ist auf dem Flugblatt in das drastische Bild einer Sektion gesetzt. Um den zentralen Tisch mit dem Leichnam Luthers sind zehn Personen angeordnet, die den Körper in verschiedener Weise traktieren. Den Versen unterhalb des Holzschnitts sind genauere Angaben zu entnehmen: Vor dem Tisch befinden sich (v. l. n. r.) die beiden Gnesiolutheraner Nicolaus Gallus und Matthias Flacius Illyricus, der Philippist Paul Eber, der Calvinist Pierre Viret und der Zürcher Reformator Huldrych Zwingli. Dahinter stehen der Lutheraner Erasmus Sarcerius, der Flacianer Cyriacus Spangenberg, der Mitverfasser der Konkordienformel Jakob Andreae, Philipp Melanchthon, der Genfer Reformator Johannes Calvin und der ehemalige Flacianer Johannes Aurifaber, Herausgeber von Luthers »Tischgesprächen« (1566).

◄ 138

Sihe wie das ellendt Lutherthumb/durch seine eigne Verfechter/gemartert/anatomiert/ gemetzget/zerhackt/zerschnitten/gesotten/gebraten/vnd letzlich gantz auffgefressen wirdt.

Offenbarung der Straff vnd Außgang Lutherischer schwermerey/in Reymen gestelt durch F. J. N.

Ich gieng newlich auffs Gew hinauß
Wol samlen Fleisch von hauß zu hauß/
Der Weg mich trug hin in die Pfaltz/
Da wol gerathen war das Schmaltz/
Das Allmusen bat ich durch Gott/
Da lieff mich an ein grosse Roth/
Mit schreyen and grewlichem rasen/
Krümbten spöttlich Maul vnd Nasen/
Schreyen Wolff/Schelm/Dieb/
Ich dult es alles durch Christi lieb/
Darnon ich gien vber ein Berg/
Die Leut ich bat vmb Herberg/
Sie schlugens ab liessen mich fahren/
Dann sie auch Euangelisch waren/
Betrübt gieng ich hin auß dem Hoff/
Kam spät zu einem Bawrenhoff/
Alda ich lag dieselbe Nacht/
Viel hin vnd her bey mir bedacht/
Nun merckt ein wunder seltzams Ding
Ein grosser Schlaff mich gähling fieng/
Verzuckt ward ich darinn auch bald
Zu einer Kirchen öd vnd alt/
Vor Wittenberg der Stadt hinauß/
Nit ferr vons Fröschleins Gottshauß/
Darbey fand ich ein alte Frawen
Die mich gantz sehnlich an thet schawen/
Vnd hieß mich jhren Son vnd Frewnd/
Ich sprach wer seynd dann deine Feind/
So dich erst haben außgejagt
Nenn mir die Nämen vnuerzagt/
Sie sprach die Kirch heiß ich fürwar
Vil frommer Christen ich gebar/
Die all Catholisch seyn gewesn
Biß Luther nam sein Henckers Besn/
Macht jhm ein Rhut/vnd streich mich auß
Sein eign Mutter auß jhrem Hauß/
Fieng an all mein Kind durchächten
Mit Wort vnd Mordt vnd Zungen fechten/
Das muß er hie vnd dort auch büssn
Mit Seel vnd Leyb/Henden vnd Füssn/
Jha jetzt auch all sein Sön gelehrt
Zwyspältig/vneins/böß/verkehrt/
Jhn müssen bald zum Muß verkochen
Damit ich werd an jhm gerochen/
Komm schaw ein grewlich häßlichs spil
Wie vmb jhn stehn der Thäter vil/
Die hacken/stechen/segen/reyssen
Rauffen/sauffen/küssen/beyssen/
Sieden/braten/fressen/spielen
Ein yeder nach seim eignen willen/
Drumb wann du jetzt ein stuck wilst haben
Bereyt findstu die Faßtnachts Knaben/
Sonst haben sie dir nichts zugeben
Vil lieber sie dir nemens leben/
Am geben habens kein gewinn
Zu rauben/brechen steht jhr Sinn/
Daher sie Kirchen/Klöster/Klausen/
Gschmeyd vnd Kelch fast geren mausen/
Rauben/brechen vnd Tolch drauß schmiden
Lassen die Frommen nicht zu friden/
Verderben sie/auch Landt vnd Leut
Der arme Mann vber sie schreyt/
Das richten zu die Predicanten
Deß Luthers Freundt die wolbekanten/
Schaw dort sichst du ß bey jhener Metzgt
Wie jeder nur sein Waffen wetzt/
Nun hör auff mich ich will dir sagen
Was mitten leyt auff jhenen Schragen/
Nemblich das heylloß Lutherthumb
Voller spält/zerrissen vmb vnd vmb/
Sihe wie sie jhrem thewren Man
So billich geben seinen lohn/
Caluinus jhm das Hertz absticht
Darzu Melanthon wenig spricht/
Dann er auch ist Caluinisch wordn
Vnd thets dem Schmidlein noch so zorn/
Der Zwingel hawt jhm ab ein Arm
So worgt jhn Vieret mit ein garn/
Darauß er hat gemacht ein strick
Deß gibt jhm Eberlein ein blick/
Vnd weil es kan nicht anderst sey
Er vnd der Schmidt segen entzwey/
Deß Luthers losen Madensack
Gantz falsch von Lehr vbel geschmack/
Sein alts ansehen er nicht hat
Wie es dann allen Ketzern gath/
Die obern bringens best daruon
Spangberg der lugendbartet Mann
Vor Lieb beist jhm die zähen ab
Sonst möcht er worden sein schabab/
Sarcerius fordert sein Blut
Trinckt all darauß habt gutten muht/
Delirans Flack thut hinden schmecken
Möcht jhn beym Kopff sonst auffwecken/
Gallus der schillet Hanne Man
Daß best tregt auff eim küß daruon/
Darmit er sich erlaben will
Vnd forthin bleiben in der still/
Hosanders vnd deß Luthers Sön
Jr Leben selbst verspielen thun/
Scelestus vnd der Hosenluchs
Zur Kuchen schmecken erben flucks/
Zu letzt da kompt ein Göchelman
Joan Aurifaber ist sein Nam/
Schleufft vndern Tisch nach brösemlein
Füllt ein Korb vol solcher Stücklein/
Vnd nennt sie Tischred außerkorn
Darin man sicht vil Neyd vnd Zorn/
Vnd wirdt also jhr Narrenthans
Der gantzen Welt nur wol bekandt/
Die allen wüst vnd schlafftruncks Bossen
So durch den Bauch außgegossen/
Luther/daß muß jhr Seel speiß seyn
Sein Kammerlaug ist jhn gut Wein/
Sein Mist vnd Koth/vnd finsters Loch
Sie lecken/küssen/halten hoch/
Sonst seyns im Grund vneinig gar
Kein Frid wehrt bey jhn zehen Jar/
So hat sie Gottes Vrtheil troffen
Sie in ein falschen Sinn geworffen/
Inn dem sie thun das jhn nicht zimbt
Dann Frid vnd Weißheit jhn zerrindt/
Drumb sey du dultig/schweyg vnd leyd
Es wirdt bald kommen ein ander zeyt/
Das jhn wirdt wider golten werden
Als was sie böß theten auff Erden/
Wider Gottes Kirch/mich vnd mein Kindt
Jn heiling Geist habens gesündt/
Darumb sie seyn verworffen gar
Mit aller Antichristi schar/
Jhr Affenwerck hat kein Bestandt
Deß hab dir meine Trew zu pfand/
Laß jhn jhr Fleisch vnd Blut allein
Halt bey der Kirchen allgemein/
So einig darzu Catholisch
Heilig/Römisch/Apostolisch/
Die ist die rechte Seul der Warheit
Die gemeinschafft hat der heiligkeit/
Von nun an biß in ewigkeit.

Gedruckt zu Jngolstadt/Anno 1582.

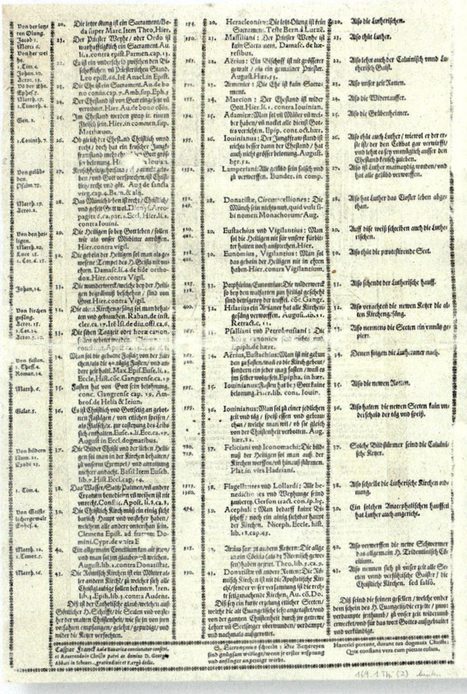

139 (Rückseite)

Ist durch den Leichnam der Protestantismus dargestellt, so repräsentieren die Figuren die verschiedenen Strömungen, deren Streit die Zerstörung der Konfession zufolge habe. Der Verfasser des Textes, der Franziskaner Johannes Nas, war einer der profiliertesten und witzigsten Kontroverstheologen der zweiten Hälfte des 16. Jahrhunderts. Er schildert die im Bild gezeigte Szene als Traum, in dem ihm das baldige Ende des Luthertums erschienen sei. Zugleich wird die »Leichenfledderei« des lutherischen Glaubens auch als gerechte Strafe für Luthers Abkehr von der römischen Kirche ausgegeben. Hole Rößler

Lit.: Harms/Schilling/Wang 1997, Nr. 16, 17;
Reinitzer 1983, Kat.-Nr. 21

140

Typus Ecclesiae Catholicae

Georg Witzel, Köln, 1559
Druck: Johann Quentel, Gerwin Calenius
Papier, 19,5 × 16,5 × 3,6 cm
Braunschweig, Theologisches Zentrum – Bibliothek, D I 44

Der »Typus Ecclesiae« will ein Bild von der Form und Ordnung der Kirche, wie sie in ihren ersten Jahrhunderten Gestalt annahm, vermitteln. Zu diesem Zweck finden sich darin Aussagen der Kirchenväter zu einzelnen Themen der kirchlichen Lehre und Praxis, von der Taufe bis zu den Konzilien, versammelt.

Verfasser dieser Collectanea war der Theologe Georg Witzel, ein Doppelkonvertit, der zeitlebens um die Reform der Kirche und vor allem um die Wiederherstellung ihrer Einheit rang.

Witzel studierte zunächst in Erfurt, wo er sich für den Humanismus in der Prägung durch Erasmus von Rotterdam begeisterte. Voller Erwartung, die von Erasmus geforderte Wiederherstellung des Christentums in der reformatorischen Lehre zu finden, zog es ihn anschließend nach Wittenberg.

Als Vikar predigte er evangelisch, heiratete in aller Öffentlichkeit und war später von Eisenach aus an der lutherischen Visitation auf dem Land beteiligt.

Im gründlichen Selbststudium der biblischen Urtexte und der Kirchenväter entfernte er sich jedoch theologisch zunehmend vom *sola fide* in der Rechtfertigungslehre. Hinzu kam Enttäuschung über den Mangel an gelebtem Christentum unter Luthers Anhängern. So kehrte er nach dem Augsburger Reichstag von 1530 zur Papstkirche zurück.

Seine Rekonversion führte zu heftigen publizistischen Auseinandersetzungen mit den Wittenberger Theologen. Ebenso schonungslos, wie er gegen die Reformatoren schrieb, prangerte er allerdings die Missstände in der eigenen Kirche an. Dementsprechend setzte er seine Hoffnung auch nicht auf den Papst, sondern auf den Kaiser als Retter der Kirchen-

◄ 139 (Vorderseite)

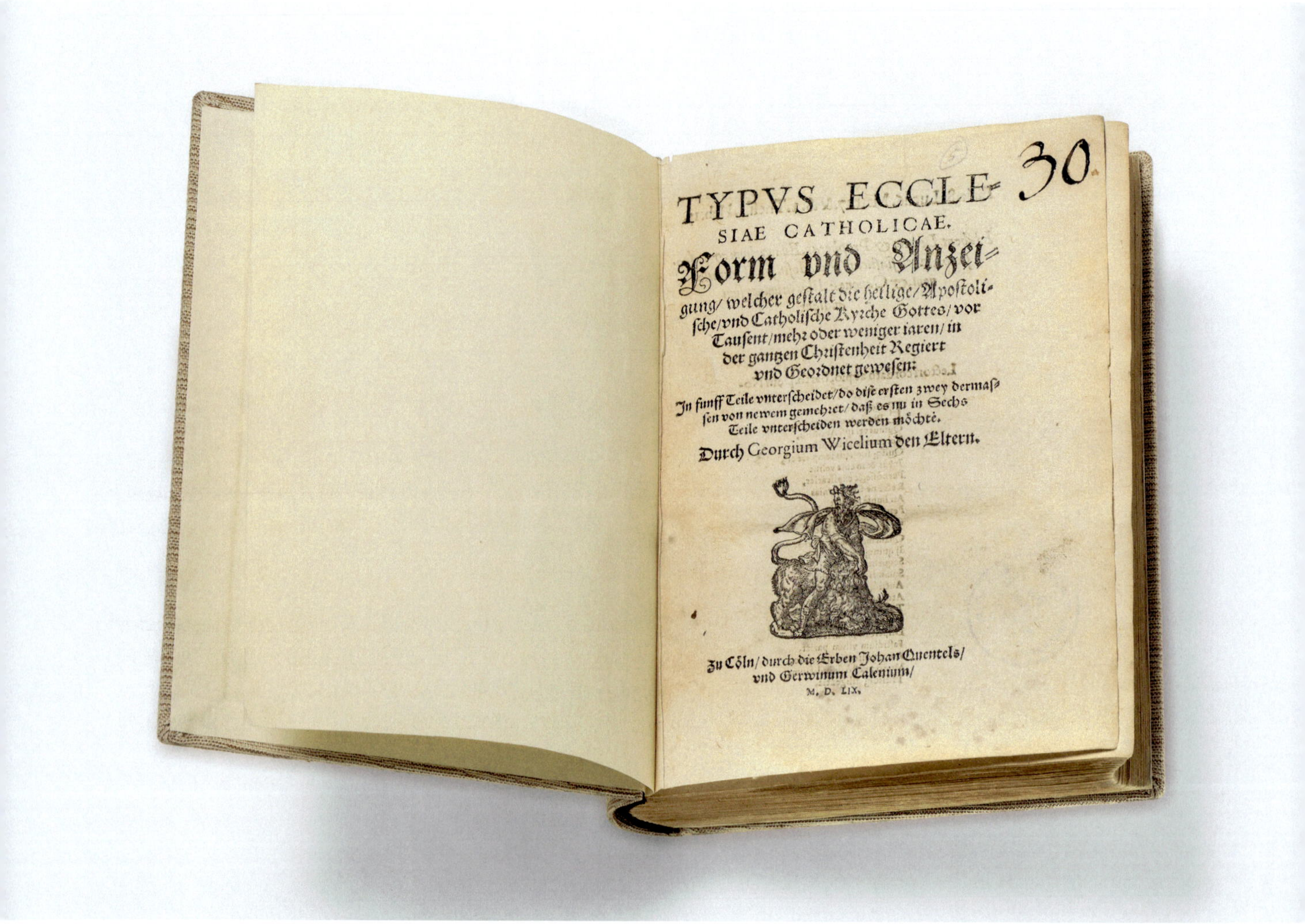

140

einheit und unterstützte als theologischer Berater die kaiserliche Vermittlungspolitik.

Witzel sah die eine katholische Kirche in der Mitte zwischen der reformatorischen und der »papistischen« Kirche. Schiedsrichter über alle theologischen Streitfragen, welche die Kirche zu entzweien drohten, sollten die Kirchenväter sein, da sie der apostolischen Zeit am nächsten stünden.

In dieser Zielrichtung ist der »Typus Ecclesiae« zu verstehen. Witzel erarbeitete ihn zunächst im Auftrag Herzog Georgs von Sachsen als Grundlage für das Leipziger Religionsgespräch von 1539, reicherte ihn im Laufe weiterer Studien und Bibliotheksbesuche jedoch immer weiter an. Eine letzte, lateinische Ausgabe von 1566 steht am Ende seines über 100 Schriften umfassenden Werkes. Mareike Rake

Lit.: Henze 1995; Trusen 1957

141

Fragmente vom Hochaltar des Hildesheimer Doms: Die Anbetung der Könige

Hildesheim (?), 1625
Alabaster, 30 × 30 × 20 cm
Hildesheim, Dommuseum, D 1978-76

Als Fragment ist die untere Hälfte einer Anbetung der Könige mit einem knienden König und Rudimenten Mariens erhalten. Es handelt sich um ein Bruchstück des Hochaltarretabels aus dem Hildesheimer Dom, welches im Jahr 1945 fast gänzlich zerstört wurde. Eine historische Fotografie des noch vollständigen Reliefs zeigt im oberen Drittel ein von Puttenköpfen gerahmtes Muschelornament. Darunter nähern sich in fast vollplastisch ausgearbeitetem Relief von links die drei Könige mit ihrem Gefolge der Heiligen Familie, während darüber als Flachrelief eine Stallarchitektur, der Stern sowie Kamele zu erkennen sind. Das Hochaltarretabel des Hildesheimer Doms war ein zweistöckiger architektonischer Aufbau aus schwarzem Marmor, der die von Säulen und Karyatiden gerahmten Reliefs aus hellem Alabaster enthielt, welche teilweise farbig gefasst waren. Bislang konnten diese Reliefs keinem Bildhauer zugeschrieben werden. Der Aufbau zeigte fünf Szenen aus dem Marienleben, welche im Retabel von links oben nach rechts unten zu lesen waren. Auf die Begegnung an der Goldenen Pforte und die Verkündigung folgten die Anbetung der Hirten, die Marienkrönung sowie die Anbetung der Könige. Damit wurde dem Patrozinium der Domkirche entsprechend die Rolle Mariens in der Heilsgeschichte aufgezeigt. Eine Inschrift auf dem Gebälk wies den Domdechanten Walther von Letmathe als Stifter aus und lässt auf das Heilige Jahr 1625 als Stiftungsdatum schließen; eine weitere Beschriftung zitierte aus dem Magnifikat. Historische Fotografien geben das Retabel als Teil eines Wandaufbaus zu erkennen, welcher den Chorraum zur Apsis hin schloss. Am Hochaltar war dieses Retabel fast ausschließlich dem Klerus zugänglich, denn der Hochchor mit dem Chorgestühl wurde zum Kirchenraum durch den Lettner und die Chorschranken abgeschirmt. Der Domaltar gehört zu den herausragenden Zeugnissen der Gegenreformation in Norddeutschland, die auch hier mit dem Ende des Konzils von Trient einsetzte.

Felix Prinz

Lit.: Scholz 2000

142

Das Münich vnd pfaffen gaid / Nyemand zů lieb noch zu laid

Erhard Schön, um 1525
Papier, 37,6 × 49,2 cm
Braunschweig, Herzog Anton Ulrich-Museum, ESchön AB 2.21

Das in fünf Exemplaren bekannte Flugblatt verbindet ein Spruchgedicht von Hans Sachs – das in dem Braunschweiger Exemplar verloren ist – mit einem Holzschnitt von Erhard Schön unter den Mottoversen: »Das Münich vnd pfaffen gaid [Jagd]/ Nyemand zů lieb noch zu laid« (in einem Teil der Drucke: »Das Můnich vnd Pfaffen Gaid / Niemand zu lieb noch zu laid«). Weder der Dichter noch der Künstler treten namentlich in Erscheinung; die Datierung »um 1525« (einzig Beyer, S. 237, Kat.-Nr. 63, präziser: »1524«) basiert auf der stilkritischen Beurteilung des Holzschnitts. Der bei leicht variierendem Wortlaut – und am Schluss mit zwei Versen mehr, in denen der Dichter sich nennt – auch im fünften Spruchbuch von Hans Sachs überlieferte Text (»Der münich- und paffen-jaid, Niemant zw lieb noch laid«) erscheint hier unter dem 2. Januar 1545 (gut zwei Jahre nach Schöns Tod); Beyer zufolge bezieht sich »die chronologische Reihung der Werke« in den Spruchbüchern jedoch »nur auf das Datum der Eintragung«.

In seinen 68 Versen, die im Typendruck in sechs Spalten unter dem Bild angeordnet sind, schildert Hans Sachs einen Traum; darin sieht er eine von Netzen umhegte Wildnis, in der beim Schall von Jagdhörnern, als sei eine Wildschweinhatz im Gange, ungestalte schwarze Jäger und Hunde einen »grossen hauffen Můnich / Kellnerin [im Spruchbuch: Münich-kelnerin] / sampt den Pfaffen« unter großem Wehklagen der Gejagten in den Abgrund der Hölle treiben. Einer der Gehetzten, die sich in den Hecken zu verbergen suchen, rettet sich zu dem Dichter und erläutert ihm das Geschehen. Die zur Hölle Getriebenen hätten Armut, Keuschheit und Gehorsam – die drei sogenannten Evangelischen Räte – »geschworn«, tatsächlich aber in Heuchelei weltlicher als die Weltkinder gelebt. Denn mit Stiftungen für Seelenmessen und Ähnlichem seien die Laien tückisch »geschorn« und Reichtümer angehäuft worden; in Unzucht hätten sie fast sämtlich Ehebruch begangen und zudem der Völlerei sich hingegeben; und keiner Obrigkeit seien sie untertan gewesen, sondern hätten aus deren »stewr/ gpot/ vnd gericht« sich herausgestohlen. Durch ihre Scheinfrömmigkeit sei der »gmeyn man« (im Spruchbuch: »das gmain volck«) zu Irrlehren (»Sect vnd Ketzerey«) verführt worden, sodass er (bzw. das Volk) »Gottes wort verlassen« habe. Wer von ihnen noch einmal den höllischen Jägern entkommt und zuletzt zu »Gottes wort/ in werck vnd leben« sich kehrt, dem wolle Gott jedoch »ein erl°sung geben«. Der reformatorische Standpunkt – mit der Fokussierung auf das Wort Gottes und der als Irrweg apostrophierten spätmittelalterlichen Jenseitsvorsorge (des sogenannten Seelgeräts), aber auch mit der Akzentuierung der weltlichen Obrigkeit – tritt deutlich zutage; in Nürnberg, wo Sachs und Schön lebten, war 1524 die Reformation eingeführt worden.

Der Holzschnitt zeigt in einer Überschau die eingehegte »wiltnus« sowie die höllischen Jäger (unter anderem mit Jagdspießen und einem Dreschflegel) und deren Hunde, die gehetzten Mönche (in Kutten, teils mit Skapulier) und Kleriker (zumeist mit Birett), aber ebenso deren Konkubinen (»Kellnerin«), von denen zwei durch eine Haube als verheiratete Frauen gekennzeichnet sind; auch der Höllenschlund, als offener Schweinerachen, findet sich dargestellt. Doch das Bild – das ohne Zweifel als Illustration nach und in Bezug auf das Spruchgedicht entstanden ist – geht über den Text hinaus mit dem Papst (den die Tiara, das Triregnum, auszeichnet), der im Höllenrachen thront und einem vor ihm knienden Teufel den Segen oder die Absolution erteilt und der folglich als Fürst der Hölle auftritt. Insofern unterscheidet sich das Motiv von mittelalterlichen Darstellungen des Jüngsten Gerichts mit dem Höllenschlund, in dem Vertreter aller Stände, darunter auch Päpste, als Verdammte zu sehen sind. Über den Text hinaus gehen auch die Hunde, die einmal ein Mönchshabit und in vier Fällen das Birett der Welt-

Das Münich vnd pfaffen gaid/ Nyemand zů lieb noch zu laid.

geistlichen tragen. Die Tiere gehören damit – samt den höllischen Jägern – zu derselben Partei wie die gehetzten Mönche und Kleriker, das heißt zur Institution der Papstkirche, deren Haupt sich als Höllenfürst erweist. Der hinter dem knienden Teufel bittflehend vor dem Papst stehende Mönch und der Kleriker mit erhobenen Armen bezeugen anscheinend Verzweiflung und Entsetzen angesichts des Papstes als Herrn der Hölle. Während Hans Sachs den Papst nicht erwähnt, schließt der Holzschnitt an Spottbilder des Papstes als beispielsweise Antichrist an; Jäger und Gejagte aber erscheinen gleichermaßen, anders als bei Sachs, (schon oder nunmehr) als Kinder der Hölle.

In Text und Bild wird das Thema der Jagd – die ein Privileg des Adels war – aufgegriffen, um in allegorisch-satirischer Form beißende Kirchenkritik zu üben. Zur gleichen Zeit findet man in einem Zwickauer Fastnachtsspiel vom 28. Februar und 1. März 1525 eine ähnliche Szene beschrieben: »Sie haben etzliche Hasennetze uffm Markt allhie aufgestellt, do haben sich etzliche wie Munche, etzliche wie Nonnen bekleidt, die haben sie also in die Netze gejagt mit großem Geschrei, wie man sonst pflegt uff der Jagd.« Für Schöns Darstellung hat Beyer als ikonografischen Bezugspunkt im Übrigen, wohl zu Recht, das Motiv der Einhornjagd – als allegorische Sonderform der Verkündigung an Maria – in Rechnung gestellt.

Thomas Noll

Lit.: Beyer 1994, S. 97 f., 170, 237; Clemen 1933, S. 115, Nr. 1143; von Keller/Goetze, Bd. 22, S. 316–318; Mielke 2000

143

Paramentenschmuck (?) aus der ehemaligen Klosterkirche Barthe

Ostfriesland, Fundort: Kloster Barthe, Hesel, Landkreis Leer
12.–14. Jahrhundert, vergraben 1529
60 Stücke, vergoldetes Silber
Aurich, Ostfriesische Landschaft,
FdSt.-Nr. 2611/9:10

Nur selten kann ein konkreter Bezug zwischen einem historischen Ereignis und einem archäologischen Fund so deutlich herausgestellt werden wie im vorliegenden Fall. Im Zuge der planmäßigen Ausgrabungen im Heseler Wald, Landkreis Leer, wurden im Juni 1990 nördlich der ehemaligen Klosterkirche Hinweise auf ein unterkellertes Gebäude gefunden. Unter seinem Fußboden aus Backsteinen saß eine ältere Grube, deren Verfüllung sich kaum von dem umgebenden gelben Sand unterscheiden ließ. Sie muss in den Fußboden eines älteren Gebäudes, der ehemaligen Sakristei nördlich des Chorraums der Kirche, eingetieft worden sein. Auf ihrer Sohle wurde ein kleines dunkles Paket mit Metallstücken erkennbar, das wegen seiner Fragilität nicht vor Ort untersucht, sondern stabilisiert und im Block geborgen wurde. Später wurde der Block geröntgt und in einer Restaurierungswerkstatt geöffnet, wobei sich das Paket als ein feinmaschiges Tuch erwies, in das mehr als 60 Einzelstücke aus Edelmetall – vergoldetem Silber – eingeschlagen worden waren. Unter den Schmuckstücken sind zwei vergoldete Scheibenfibeln (Gewandspangen) und die Ohrgehänge am auffälligsten. Weiter zählen Zierplättchen, Rosetten und verschiedene Knöpfe zum Bestand. Diese Gegenstände datieren in das 14. Jahrhundert. Sie sind im weitesten Sinne der Paramentik, also der Ausschmückung der Klosterkirche zuzuordnen.

In dem Beutel befanden sich jedoch auch drei Münzen, die etwas über den Zeitpunkt und die Umstände der Vergrabung verraten: Es sind zwei silberne sächsische Zinsgroschen und ein Goldflorin aus den damals spanischen Niederlanden. Diese Münzen sind im ersten Viertel des 16. Jahrhunderts, frühestens ab dem Jahr 1508 gemeinsam im Umlauf gewesen. Damit lässt sich ein Bezug zu den schriftlich überlieferten Klosterplünderungen des ostfriesischen Grafen Enno II. im Zuge der Reformation herstellen: Pfingsten 1529, am 16. Mai, war davon das Amt Stickhausen, zu dem auch Kloster Barthe gehörte, betroffen. Anscheinend hat an diesem Tag eine Einzelperson einen Teil des Klosterschatzes gerettet und für sich selbst als kleine Notration versteckt.

Rolf Bärenfänger

Lit.: Bärenfänger 1997, S. 123–135

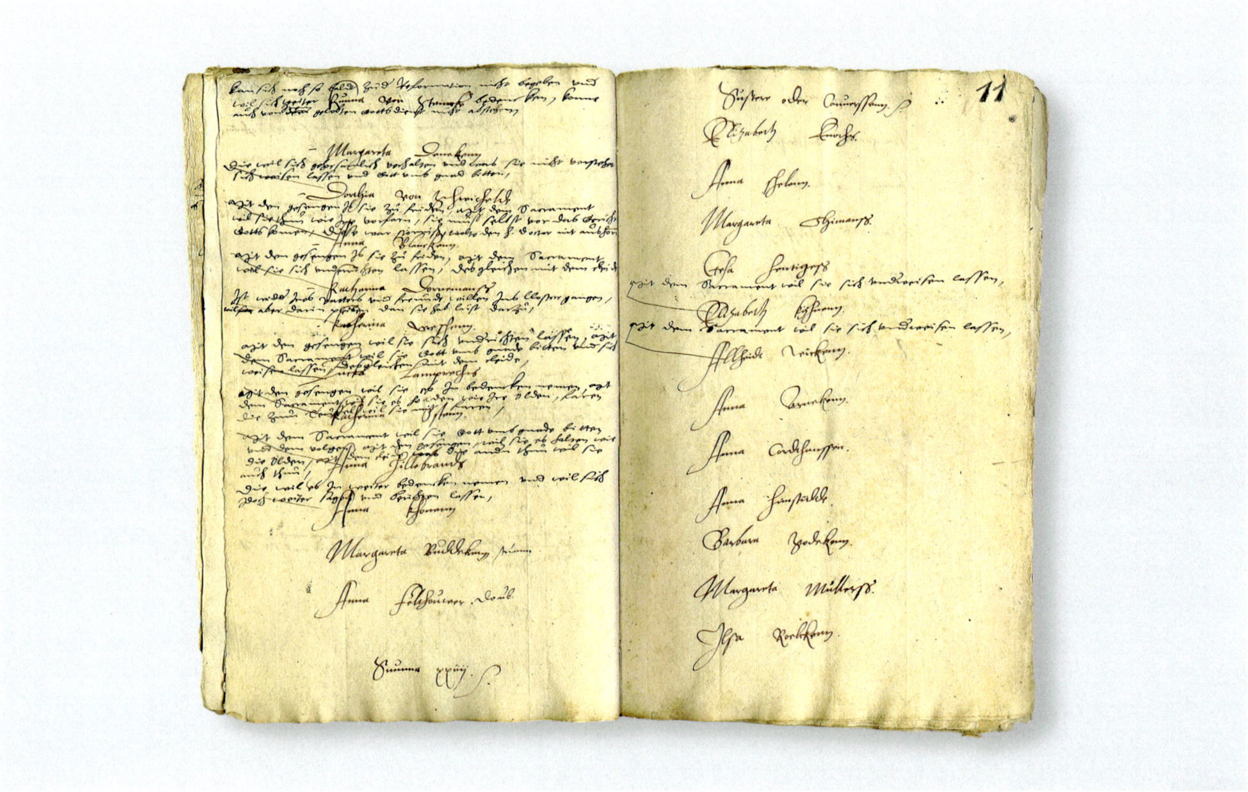

144 a

144 a

Visitationsprotokoll der Frauenklöster

Martin Chemnitz, Jacob Andreae,
Peter Ulner u. a., Wolfenbüttel, 1568
Papier, 33,6 × 41,5 cm
Wolfenbüttel, Landeskirchliches Archiv,
Konsistorium V 456

144 b

Christlicher und gründlicher Bericht, welcher Gestalt die Herrn- und Jungfrauenklöster im Herzogtum Braunschweig-Wolfenbüttelschen Teils reformiert

Jacob Andreae, Magdeburg, 1569
Druck: Andreas Gehner, Wilhelm Ross
Papier, 19,6 × 16 × 1,9 cm
Braunschweig, Stadtbibliothek, II 22-80

Im Zuge der Generalkirchenvisitation nach Regierungsantritt von Herzog Julius wurden im Herbst 1568 auch die Frauenklöster bereist, die sich 1544 noch weitgehend den

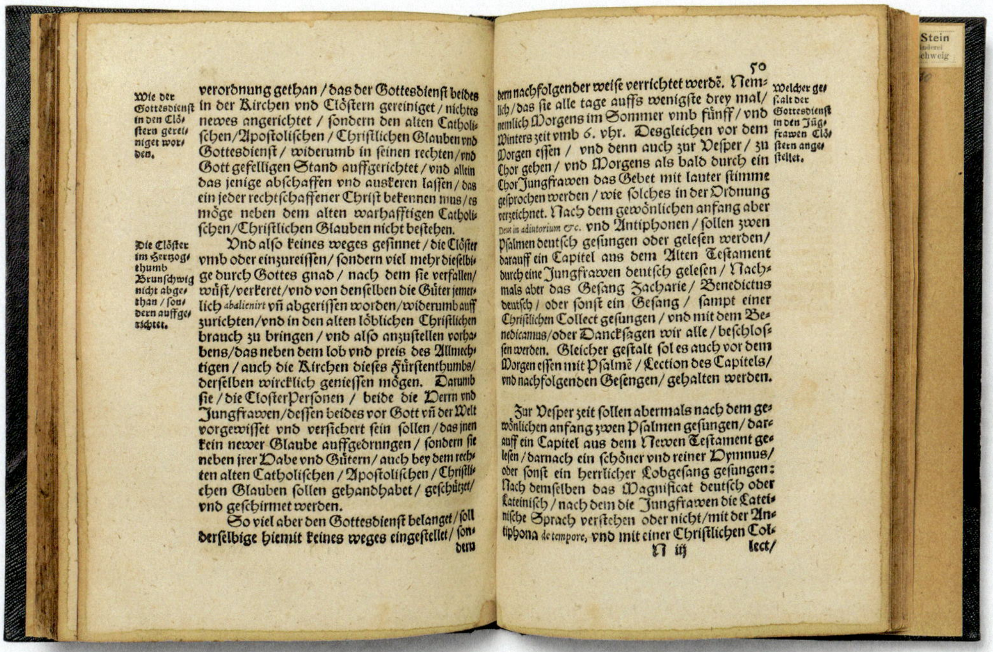
Wie der Gottesdienst in den Clöstern gereiniget worden.

verordnung gethan / das der Gottesdienst beides in der Kirchen vnd Clöstern gereiniget / nichtes newes angerichtet / sondern den alten Catholischen/Apostolischen / Christlichen Glauben vnd Gottesdienst / widerumb in seinen rechten / vnd Gott gefelligen Stand auffgerichtet / vnd allein das jenige abschaffen vnd auskeren lassen / das ein jeder rechtschaffener Christ bekennen mus / es möge neben dem alten warhafftigen Catholischen/Christlichen Glauben nicht bestehen.

Die Clöster im Hertzogthumb Brunschwig nicht abgethan / sondern auffgerichtet.

Vnd also keines weges gesinnet / die Clöster vmb oder einzureissen/ sondern viel mehr dieselbige durch Gottes gnad / nach dem sie verfallen/ wüst/verkeret/vnd von denselben die Güter jemerlich abalienirt vñ abgerissen worden/widerumb auffzurichten/vnd in den alten löblichen Christlichen brauch zu bringen / vnd also anzustellen vorhabens/das neben dem lob vnd preis des Allmechtigen / auch die Kirchen dieses Fürstenthumbs/ derselben wircklich geniessen mögen. Darumb sie / die ClosterPersonen / beide die Herrn vnd Jungfrawen/dessen beides vor Gott vñ der Welt vorgewisset vnd versichert sein sollen / das jnen kein newer Glaube auffgedrungen / sondern sie neben jrer Habe vnd Gütern/ auch bey dem rechten alten Catholischen / Apostolischen / Christlichen Glauben sollen gehandhabet / geschützet/ vnd geschirmet werden.

So viel aber den Gottesdienst belanget / soll derselbige hiemit keines weges eingestellet / sondern

50

dem nachfolgender weise verrichtet werdē. Nemlich / das sie alle tage auffs wenigste drey mal/ nemlich Morgens im Sommer vmb fünff / vnd Winters zeit vmb 6. vhr. Desgleichen vor dem Morgen essen / vnd denn auch zur Vesper / zu Chor gehen / vnd Morgens als bald durch ein Chor Jungfrawen das Gebet mit lauter stimme gesprochen werden / wie solches in der Ordnung verzeichnet. Nach dem gewönlichen anfang aber Deus in adiutorium &c. vnd Antiphonen / sollen zwen Psalmen deutsch gesungen oder gelesen werden/ darauff ein Capitel aus dem Alten Testament durch eine Jungfrawen deutsch gelesen / Nachmals aber das Gesang Zacharie / Benedictus deutsch / oder sonst ein Gesang / sampt einer Christlichen Collect gesungen / vnd mit dem Benedicamus/oder Danckſagen wir alle / beschlossen werden. Gleicher gestalt sol es auch vor dem Morgen essen mit Psalmē / Lection des Capitels/ vnd nachfolgenden Gesengen/ gehalten werden.

Welcher gestalt der Gottesdienst in den Jügfrawen Clöstern angestellet.

Zur Vesper zeit sollen abermals nach dem gewönlichen anfang zwen Psalmen gesungen/ darauff ein Capitel aus dem Newen Testament gelesen / darnach ein schöner vnd reiner Hymnus/ oder sonst ein herrlicher Lobgesang gesungen: Nach demselben das Magnificat deutsch oder Lateinisch / nach dem die Jungfrawen die Lateinische Sprach verstehen oder nicht/mit der Antiphona de tempore, vnd mit einer Christlichen Col-

N iij lect/

144 b

reformatorischen Anliegen widersetzt hatten. Insgesamt zeigten sich die Nonnen nun wesentlich aufgeschlossener gegenüber den auferlegten Veränderungen in Klosterordnung, Liturgie und Tracht. Einige widersprachen allerdings deutlich oder indirekt, wie beispielsweise im Kloster Wöltingerode, andere verhielten sich abwartend, baten um weitere Unterweisung oder orientierten sich an ihren Mitschwestern oder Familien. Nicht zuletzt der Zerstreuung ihrer Bedenken und als Argumentationshilfe gegen Kritik, der sie sich bei Annahme der Reformation ausgesetzt sehen könnten, diente ein von Jacob Andreae unmittelbar nach der Visitation verfasster Bericht über den Zweck der Klosterreformation im Herzogtum. Der von Julius bestellte Tübinger Propst stellte klar, dass die landesherrlichen Maßnahmen nicht auf die Abschaffung oder wirtschaftliche Ausnutzung der Klöster zielten, sondern Missbräuche abstellen, falsche Lehren beseitigen und damit Versäumnisse der Bischöfe nachholen wollten. Angestrebt wurde vielmehr eine Rückkehr zu den ursprünglichen Erziehungs- und Bildungsaufgaben der Klöster. Anhand der Katechismusstücke als Kern des unverfälschten christlichen Glaubens und unter Verweis auf das bereits in der Taufe abgelegte Urgelübde jedes Christen beschwichtigte Andreae die Sorgen der Nonnen bezüglich ihres Gelübdes und berichtigte die entstandenen Irrtümer über die Heiligkeit des jungfräulichen Standes, die Bedeutung der Ordensbekleidung und die stellvertretende Verrichtung von Seelmessdiensten für andere. Die Neueinkleidung der Nonnen finanzierte Herzog Julius; ein späterer Wechsel in den Ehestand sollte ihnen in den evangelischen Klöstern künftig freistehen. Birgit Hoffmann

145

Professformel

Zisterzienserinnenkloster Isenhagen,
1. Hälfte 16. Jahrhundert
Pergament, 18,4 × 25,6 cm
Hannover, Museum August Kestner,
W.M. XXIa, 32b

»Ich, Schwester Lucia […]« – mit diesen Worten beginnt das Gelübde, das die Nonne Lucia im Zisterzienserinnenkloster Isenhagen ablegte. Sie tat es vor ihrer Äbtissin, Hillegund von Masendorf, die zwischen 1511 und 1523 belegt ist, und vor dem für das Frauenkloster als Aufsicht zuständigen Abt von Riddagshausen, Hermann IV. von Ronnenberg. Während des Eintrittsrituals wurde Lucias Gelübde auf den Altar der Klosterkirche gelegt, sie selbst musste sich den Konventualinnen zu Füßen werfen. Lucia wird sich nicht spontan zu einem Eintritt entschlossen haben, er war häufig eine Entscheidung der gesamten Familie. Für diese war es wichtig, dass eine Angehörige im Kloster für die Familie beten konnte. Durch einen Klostereintritt schützte sich die Familie vor einer Zerteilung des Vermögens, etwa durch das Zahlen der Aussteuer bei der Heirat.

Bereits ab dem fünften Lebensjahr konnte ein Mädchen in ein Kloster gegeben werden. Das »Laienkind« erhielt eine Ausbildung im Lesen und Schreiben, um den Chordienst und weitere Verpflichtungen in der Gemeinschaft leisten zu können. Auch wenn bereits ein Habit getragen wurde, entstanden für das Mädchen kirchenrechtlich noch keine Verpflichtungen. Häufig folgte nach einer ein- bis dreijährigen Aufnahmezeit die Oblation etwa durch Zustimmung der Eltern. Das Mädchen wurde damit offiziell in das Kloster aufgenommen. Erst die Profess stellte jedoch den endgültigen Übertritt in den geistlichen Stand dar. Das Gelübde wurde erst von einem mündigen Mädchen, das heißt frühestens mit Vollendung seines zwölften Lebensjahres, vor den Ordensvertretern abgelegt. Es war der kirchenrechtliche Beitritt zum Orden, mit ihm erhielt die Nonne ihren Sitz und ihre Stimme im Kapitel sowie eine eigene Zelle.

Thorsten Henke

Lit.: Henke/Schepers 2009, S. 26, Kat.-Nr. 6;
Schlotheuber 2007, S. 43–55

146

Statuette des hl. Mauritius

Hermen Worm (?), Lüneburg, um 1500
Silber, zum Teil vergoldet,
H 15 cm (mit Lanze 21,5 cm)
Bad Bevensen, Evangelisches Damenstift
Kloster Medingen, MED Ea 010

Das Zisterzienserinnenkloster Medingen wurde 1228 als Tochter des Klosters Wolmirstedt gegründet. Nach mehrfachem Ortswechsel besteht das Kloster seit 1336 kontinuierlich an der heutigen Stelle. Schutzpatron des Klosters war, neben Maria, der heilige Mauritius. Dieser gilt legendärer Überlieferung zufolge als Anführer der Thebäischen Legion, die um das Jahr 290 bei Agaunum (Wallis) den Märtyrertod erlitten haben soll. Seit König Otto I. 937 in Magdeburg ein St.-Mauritius-Kloster gegründet und mit Reliquien des Heiligen beschenkt hatte, avancierte Mauritius zum Patron des römisch-deutschen Reiches. Durch das bei Magdeburg gelegene Kloster Wolmirstedt ist der Mauritiuskult nach Medingen übertragen worden.

Die Statuette des heiligen Mauritius ist Teil einer Gruppe von Goldschmiedearbeiten, die in den Jahren um 1500 für Kloster Medingen in Auftrag gegeben worden ist. Auslöser dieser Aufträge war das der Vorsteherin des Konventes 1494 verliehene Recht, den Titel einer Äbtissin zu tragen. Als erste Inhaberin der neuen Würde ließ Margaretha Puffen, Priorin seit 1479, Äbtissin von 1494 bis 1513, vom Lüneburger Goldschmied Hermen Worm einen Äbtissinnenstab fertigen, ein brillantes Werk, das nach wie vor bei der Einführung einer Medinger Äbtissin übergeben wird. 1506 folgte der Auftrag für eine Silberstatue des heiligen Mauritius, die das Kloster ebenfalls noch heute bewahrt. Etwa gleichzeitig entstand die hier gezeigte, etwas kleinere Silberstatuette. Ursprünglich muss diese auf einen größeren Gegenstand montiert gewesen sein, vielleicht auf einen Schaupokal.

Als Herzog Ernst von Lüneburg das Kloster seit 1529 zur Annahme des evangelischen Bekenntnisses drängte, schlug ihm heftiger Widerstand entgegen. Erst 1554 öffnete sich das Kloster der Reformation. Kunstwerke aus vorreformatorischer Zeit, die für das Selbstverständnis des Klosters von Bedeutung waren, wurden bewahrt und an Festtagen weiterhin in den Ritus einbezogen. Während der Glaube an eine heilsvermittelnde Kraft der Heiligen schwand, wurden deren bildliche Darstellungen zu Monumenten umgedeutet, die von den Ursprüngen des Klosters zeugen.

Jörg Richter

Lit.: AK Bonn 2005, S. 369, Nr. 255 (Gude Suckale-Redlefsen); Pfeiffer 2013, S. 361–394; Riepertinger u. a. 2002, S. 296–297, Nr. 180 (Christian Pietsch)

147

Weihekästchen aus dem Hauptaltar von St. Michaelis in Lüneburg

Lüneburg, 1305
Leder auf Holz, 10,2 × 19,3 × 9 cm
Hannover, Museum August Kestner, W.M. XXIa, 11

Im Februar 1749 wurde das Lederkästchen in einem Sepulchrum unter dem Hauptaltar der Michaeliskirche in Lüneburg aufgefunden. In ihm befanden sich neben einem geweihten Wachslicht auch ein »vermoderter Weihungs-Briefe« und das Siegel des Bischofs Friedrich von Verden. Vermutlich stammte es von der Weihe der Michaeliskirche im Jahr 1305 auf dem Kalkberg. Gegründet wurde die Benediktinerabtei vor 956 durch Hermann Billung, Otto der Große stattete sie unter anderem mit Reliquien aus. Das billungische Hauskloster diente auch den welfischen Nachfolgern als Grablege. Die politisch einflussreichen Äbte von St. Michaelis fanden sich häufig in Königsnähe. Im Zuge des Lüneburger Erbfolgekriegs wurden das Kloster und die Burg auf dem Kalkberg 1371 durch die Bürger Lüneburgs geschleift und eine neue Kirche unterhalb des Berges in der Stadt errichtet. Die Reliquien und die fürstliche Grablege transferierte man in die neue Kirche. In diesem Zusammenhang ist vermutlich das Lederkästchen in den 1390 neu geweihten Hochaltar eingebracht worden. Mit dem »Weihebrief« und dem Siegel des Verdener Bischofs verdeutlichte man vermutlich die Übertragung der Rechte von dem abgebrochenen auf den neu errichteten Hochaltar. Ob sich das bis heute gut erhaltene Kästchen bereits in der alten Kirche im Altar befunden hat, kann nicht eindeutig entschieden werden.

Im Zuge der Reformation 1531/32, in der auch Urbanus Rhegius in der Klosterkirche regelmäßig predigte, wurde das Kloster als einziger Männerkonvent im Fürstentum Lüneburg weitergeführt. Die protestantischen Konventualen aus den Reihen des Lüneburger Adels und der Patrizier verpflichteten sich der Ehelosigkeit und des gemeinsamen Lebens. Erst 1656 wurde der Konvent aufgelöst und in eine Ritterakademie umgewandelt.

Thorsten Henke

Lit.: DI 24, Lüneburg: St. Michaeliskloster, Kloster Lüne, Nr. 7 (Eckhard Michael); Henke 2011, S. 47–64; Reinhardt 2012, S. 947–960

148

Bildnisse des Johannes Lorbeer, Abt von Riddagshausen, und seiner Frau Katharina

Ludger Tom Ring d.J., um 1570, ergänzt 1581
Öl auf Holz, 95,5 × 72 cm; 95,4 × 72 cm
Braunschweig, Herzog Anton Ulrich-Museum, GG 34; GG 35

Die ursprünglich als Erinnerungsbilder privaten Charakters geschaffenen Holztafeln zeigen den Abt des Klosters Riddagshausen Johannes Lorbeer und seine Ehefrau Katharina. Auf zwei Pendantbildnissen präsentieren sie sich dem Betrachter, er leicht nach links gewandt im schwarzen Predigergewand mit einem Buch in der rechten Hand, sie in Frontalansicht in schwarzem Kleid, mit schlichtem Schmuck und der weißen Haube einer verheiraten Frau. 1581 und 1586 wurden die vermutlich zur Hochzeit (1570) gemalten Porträts um eine ausführliche Beschriftung sowie Wappen und Embleme ergänzt, die die Bildnisse nun als Vorbilder eines christlichen Lebensstils ausweisen.

Lutherisches Bekenntnis in der Klosterbibel

Lorbeer trat bereits als 13-Jähriger in das damalige Zisterzienserkloster Riddagshausen ein. Nach der vorübergehenden Vertreibung der Mönche 1542 und der Rückkehr des klösterlichen Lebens wurde Lorbeer 1557 zum Abt des (noch katholischen) Klosters gewählt. Weil Herzog Julius per Dekret 1568 die lutherische Konfession im Fürstentum Wolfenbüttel eingeführt hatte, leitete Lorbeer das Kloster nun als lutherischer Abt. Die letzte katholische Messe wurde am 10. August dieses Jahres gefeiert. Lorbeer hielt diesen Tag mit folgenden Worten in seinem Kalender fest: »Up düssen dach hefft des Pawestes Missen ein ende genommen tho Riddagshusen anno 1568«. Als Abt widmete sich Lorbeer der Sanierung des Klostergebäudes und der Finanzen des Klosters. Auch baute er die Klosterschule und -bibliothek aus. Unter ihm orientierten sich christliche Lehre wie klösterliches Leben stark an dem Reformator und Humanisten Philipp Melanchthon.

Zwei Jahre nach der Konvertierung zum Luthertum heiratete der Abt die Witwe Katharina Michelmann, die ihm fünf Kinder gebar. Die Bildnisse blieben nach dem Tod des Paares im Kloster, wo sie als Vorbild einer christlichen Ehe dienen sollten.

Sarah Babin

Lit.: Lorenz 1996, Bd. 2, S. 631 f., Kat.-Nr. 175, 176; Steland 1992, S. 39–44, Kat.-Nr. 14, 15

149

Biblia: Dath ys / De gantze Hillige Schrifft / Vordudeschet dorch D. Mart. Luth. […]

Wittenberg, 1565, Druck: Georg Rhau Erben
Typendruck, Holzschnitte, handschriftliche Eintragungen des Johannes Lorbeer, 35,6 × 25 cm
Braunschweig, Theologisches Zentrum – Bibliothek, B V 38 fol

Der letzte katholische und erste evangelische Abt von Riddagshausen, Johannes Lorbeer, erwarb die deutsche Bibel nach Luthers Übersetzung 1577. Für 2 Gulden und 14 Groschen hatte er sie aus seinem »eigen Deputath« gekauft, wie er auf der Titelseite der Bibel vermerkte. Im gesamten Band hinterließ Lorbeer Kommentare und Randnotizen, aus denen sein lutherisches Bekenntnis deutlich wird: »Man schal allene na Goddes Worde und Munde gelawen und lewen.« (Wiederholung am Rand aus 4. Mose/Num, 9, 23). Besonders ausführlich sind seine beiden Einträge auf dem Titelblatt und auf der letzten Seite. In Letzterem bekennt er sich noch einmal deutlich zu Luthers Lehre und verflucht alle, die dagegen schrieben, lehrten oder predigten, »wenns gleich auch ein Engel vom Himmel were«.

In den Texten zum Erwerb der Bibel wird erwähnt, dass diese in zwei Teile gebunden war. Der eine Band wird mit der Riddagshäuser Klosterbibliothek heute in der Bibliothek des ehemaligen Predigerseminars in Braunschweig verwahrt. Auch der zweite Teil befindet sich heute wieder in Braunschweig: Er wurde im Dezember 1926 von einem Privatmann aus Freiburg im Breisgau der Riddagshäuser Kirchengemeinde geschenkt, die diesen Band bis heute in ihrem Besitz hält und in der Dauerausstellung im Zisterziensermuseum Riddagshausen präsentiert. In diesem Teil finden sich auch Notizen zu politischen Ereignissen und zu Lorbeers Familiengeschichte. Er erwähnt unter anderem seine Heirat 1570 und die Geburt seines ersten Kindes im darauffolgenden Jahr.

Gaby Kuper

Lit.: Canstein 2015

150

Bildnisse der Magdalena und Margareta von Chlum

Tafel zu Kapitel 22 aus: Antiquitates Gandersheimenses. Oder Historische Beschreibung Des Uhralten Käyserlichen Freyen Weltlichen Reichsstiffts Gandersheim [...]
Johann Georg Leuckfeld, Wolfenbüttel, 1709
Kupferstich auf Papier, zerschnitten und montiert, 20,1 × 15,7 cm; 20,3 × 15,7 cm
Braunschweig, Braunschweigisches Landesmuseum, ZG 3271

1531 wurden die beiden Töchter des böhmischen Grafen Sigismund von Chlum in das Gandersheimer Stift aufgenommen. Die ältere Margareta wurde bereits im selben Jahr Dekanin und zudem ab 1534 Äbtissin im Stift Neuenheerse. Magdalena war zunächst die einzige Kanonisse in Gandersheim. 1547 wurde sie zur Äbtissin gewählt und 1550 auch Äbtissin im Stift Wunstorf. Nach ihrem Tod im Jahr 1577 trat Margareta ihre Nachfolge in Gandersheim an. Die ihrem Epitaph in der Stiftskirche folgende Darstellung zeigt beide mit den Wappen ihrer Stifte.

Die Regierungsjahre der Schwestern in Gandersheim waren geprägt durch die Verteidigung des alten Glaubens. Während der schmalkaldischen Besetzung konnte das Stift trotz eines verheerenden Bildersturms in der Stiftskirche 1543 die Forderungen der Visitatoren noch weitestgehend abwenden. Mit Einführung der Landesreformation aber begann ein über 20-jähriger Kampf zwischen dem Stift und Herzog Julius von Wolfenbüttel. Immer wieder die Reichsunmittelbarkeit des Stifts und den kaiserlichen Schutz ignorierend, zwang er Äbtissin und Kapitel durch gewaltsame Besetzung der Abtei und der Eigenklöster Clus und Brunshausen zu verschiedenen Verträgen, welche die Rechte und Privilegien des Stifts nahezu außer Kraft setzten. Die zweite von ihm eingesetzte Gegenäbtissin, Margarete von Warberg, wurde ihm letztlich zum Verhängnis. Nachdem sie ein uneheliches Kind zur Welt brachte und unter den Verdacht der Kindstötung geriet, verbrachte sie den Rest ihres Lebens in Haft. Nach weiteren Verhandlungen und erneutem Vertragsabschluss konnte Margareta von Chlum im Sommer 1588 endlich als rechtmäßig gewählte Äbtissin die Abtei beziehen. Bereits am 10. April 1589 starb sie als letzte katholische Äbtissin des Gandersheimer Reichsstifts. Keine vier Wochen später starb auch Herzog Julius.

Maria Julia Hartgen

Lit.: Gemmeke 1931, S. 214–215, 243–249; Goetting 1973, S. 120–132, 336–342; Heilmann 2009, S. 27–40

Magdalene von Colonna
reg. 1547 — 1576
auf dem Grabsteine in der Stiftskirche zu
Gandersheim

Mit dem Herzoge Julius schloß das Stift Verträge
1570, 1571 u. 1570. Die Äbtissin blieb aber bei
der kathol. Religion, erlaubte auch, [illegible]
[illegible] zu sein, ihr letztes Lebensjahr im Kloster
Clus.

Margarete aus dem böhmischen Geschlechte der
von Colonna (Chlumm) folgte ihrer Schwester
Magdalene als Äbtissin zu Gandersheim
1576. Sie war die letzte katholische Äb-
tissin. Herzog Julius wollte sie nicht an-
erkennen und führte seine Tochter Eli-
sabeth gewaltsam als Äbtissin ein,
erkannte nur daß die Colonna wegen
[illegible] gerichtliches Erkenntnis [illegible]
nicht an, und als die an den Grafen
Adolph von Schauenburg vermählte

151

Porträt der Gandersheimer Äbtissin Anna Erika von Waldeck

Norddeutschland (Braunschweig?),
Ende 18. Jahrhundert
Öl auf Pappe, 16,9 × 14,25 cm
Braunschweig, Braunschweigisches Landesmuseum, VMB 763

Als Anna Erika von Waldeck 1575 dem Gandersheimer Kapitel als Kanonisse präsentiert wurde, hatten sich die Auseinandersetzungen mit dem protestantischen Herzog Julius von Wolfenbüttel verschärft. Der Herzog versuchte, die Rechte des in seinem Territorium liegenden Reichsstifts zu beschränken und dessen Besitzungen an sich zu reißen. Das Frauenstift wehrte sich mit Klagen beim Kaiser und vor dem Reichstag. Trotz der Schutzmandate gegen den Herzog konnte nicht verhindert werden, dass Julius die Klöster Brunshausen und Clus in seinen Besitz nahm und das Marienkloster aufhob. Als Anna Erika 1577 zur Dekanin gewählt wurde, war sie bereits konvertiert. Der gemischtkonfessionelle Konvent verteidigte weiterhin seine angestammten Rechte. Der Herzog okkupierte zeitweilig die Abtei und setzte nacheinander seine Tochter Elisabeth, dann Margarete von Warburg gegen die Proteste des Kapitels als Äbtissinnen ein. Letztere wurde nach dem Auffinden der Leiche eines neugeborenen Kindes im Keller der Abtei ihres Amtes enthoben. Nachdem die letzte katholische Äbtissin 1589 starb, stand Anna Erika von Waldeck dem nun protestantischen Kapitel vor. Mit Herzog Heinrich Julius legte sie zunächst die Streitigkeiten bei. Als bei einem Stadtbrand die Abtei zerstört wurde, half der Herzog beim Aufbau. Als Gegenleistung wurde seine Schwester, Dorothea Auguste, als Nachfolgerin im Amt der Äbtissin installiert. Das Reichsstift Gandersheim blieb bis zu seiner Auflösung im Jahr 1810 unter dem Einfluss der welfischen Herzöge.

Das Porträt gehört zu einer Folge von zwölf Bildnissen der protestantischen Äbtissinnen des Reichsstifts Gandersheim. Die kleinformatigen Gemälde nehmen zum Teil die im Kaisersaal der Abtei befindlichen Äbtissinnenporträts zum Vorbild, die um 1730 entstanden sind.

Thorsten Henke

Lit.: Beckmann 2013, S. 221–247; Goetting 1973; Henke 2014, S. 207–225

Vom Dominikanermönch
zum evangelischen Pfarrer

152 a (ohne Abb.)

Abfindungsurkunde des Göttinger Dominikanerbruders Hartmann Henzemann

Göttingen, 12. Dezember 1532, Papier, 21 × 21,5 cm
Göttingen, Stadtarchiv, AA Klostersachen Dominikanerkloster Nr. 4.

152 b

Schreiben der Herzogin Elisabeth von Calenberg an den Rat der Stadt Göttingen betreffend Hartmann Henzemann

Göttingen, 1542, Papier, 33,8 × 22 cm
Göttingen, Ev.-luth. Kreiskirchenarchiv, Pfarrarchiv Nikolai, Pfarrbestellungen

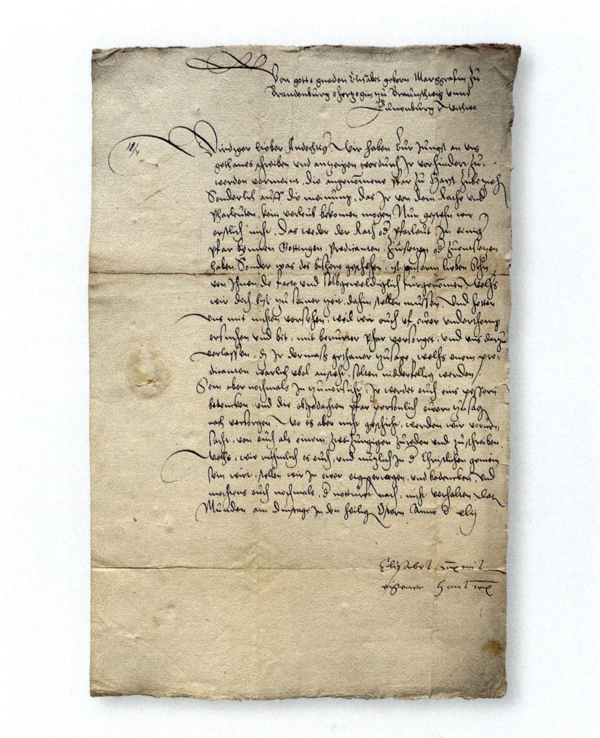

152 b

Seit 1529 wurde in Göttingen zwischen lutherisch Gesinnten und der noch altgläubig orientierten Ratsmehrheit um die Zulassung des protestantischen Gottesdienstes und Umstrukturierung der Stadt- und Ratsverfassung, besonders hinsichtlich einer politischen Partizipation der Gilden, gestritten – in beiderlei Hinsicht konnten aber die Lutheraner ihre Interessen durchsetzen: Im Rezess vom 18. November 1529 musste der Rat die religiösen und sozialen Errungenschaften der Luther-Anhänger akzeptieren. Mit der Göttinger Kirchenordnung des folgenden Jahres wurde die katholische Messe verboten, aber von den Bettelorden weiterhin heimlich praktiziert. Wegen der bald schwindenden Zahl katholischer Gläubiger ging schließlich das Almosenaufkommen und damit die materielle Versorgung der Mendikanten drastisch zurück, einzelne Mönche und Laienbrüder verließen ihr Kloster. Zusammen mit sieben weiteren blieb Hartmann Henzemann über 1529 hinaus in seinem Heimatkonvent. Im Umfeld der Auflösung des Paulinerklosters beurkundete er am 12. Dezember 1532 eigenhändig dem Rat, dass er über den von ihm eingebrachten Besitz hinaus keine Ansprüche an das Klostergut habe. Bald darauf schloss er sich der reformatorischen Bewegung an und wurde schließlich 1537 vom Göttinger Rat als lutherischer Prediger an der Nikolaikirche in Göttingen eingesetzt. Fünf Jahre später ersuchte die Herzogin Elisabeth von Calenberg den Rat, Hartmann Henzemann zur Versetzung an die Pfarrei von Harste freizugeben. Obwohl der Rat das hier von der Fürstin beanspruchte Patronat über die Göttinger Pfarrstellen widerstrebend anerkennen musste, vermochte er es dennoch, Henzemann in Göttingen und an St. Nikolai zu halten – offenkundig war es in der Anfangsphase der Reformation sehr schwer, geeignete lutherische Pfarrer zu bekommen.

Peter Aufgebauer

Lit.: Bielefeld 1987, S. 516; Schlotheuber 1994, S. 35–39, S. 72 f., Nr. 105, S. 74, Nr. 108

KONTROLLE

»Zur Erhaltung reiner christlicher Lehre«[1].
Von Glaubenswächtern und Glaubensverwaltern

Die offizielle Einführung des lutherischen Bekenntnisses bedeutete die bewusste Abkehr von den althergebrachten Glaubensgrundsätzen. Zugleich hieß dies für Landesfürsten und städtische Magistrate, fortan die Verantwortung für die Einhaltung der neuen Lehre zu übernehmen. Als christliche Obrigkeit hatten sie sich mit aller Kraft für den Erhalt der Guten Ordnung im Gemeinwesen einzusetzen, die man mit Einheitlichkeit und Frieden gleichsetzte, durch abweichendes Verhalten und daraus resultierende Zwietracht aber gefährdet sah.[2] Aus dem Zusammenspiel von notwendiger Abgrenzung zum alten Glauben und Idealbild einer homogenen Gesellschaft entstand binnen weniger Jahrzehnte eine obrigkeitliche Glaubensnormierung und Glaubenskontrolle. Diese Entwicklung setzte in den welfischen Landen zuerst in den großen Städten ein, die politisch schlagkräftig genug waren, um zügig die innerstädtischen Kirchen im lutherischen Sinne umzugestalten. Im Folgenden soll jedoch der Blick auf die welfischen Fürstentümer Lüneburg, Wolfenbüttel, Calenberg und Grubenhagen gerichtet werden, in denen die Schaffung einer effektiven Aufsicht über die Kirchenwesen deutlich mehr Zeit in Anspruch nahm.[3]

Die entscheidende Rolle bei der Vermittlung der neuen Lehre an die Gläubigen kam den Pfarrern zu, sodass deren Eignung und Rechtgläubigkeit als Erste in den Fokus obrigkeitlicher Glaubenswächter gerieten. Ab 1529 begann Herzog Ernst I. im Fürstentum Lüneburg in den Pfarreien, in denen er das Besetzungsrecht beanspruchte, lutherische Geistliche einzusetzen. Doch hier wie auch später in den übrigen welfischen Territorien zeigte sich das immer gleiche Problem: Gut ausgebildetes Personal war gar nicht ausreichend vorhanden. Als im Fürstentum Wolfenbüttel 1542 landesweit alle Pfarrer überprüft werden sollten, gab man der hierzu eingesetzten Kommission die Anweisung, »allen möglichen Fleiß« darauf zu verwenden, untaugliche durch geeignete Geistliche zu ersetzen und, wenn Letztere nicht in ausreichender Zahl vorhanden seien, den »Mangel« an die Regierung zu melden.[4] Als Herzog Julius 1568 erneut die Befähigung aller Wolfenbütteler Geistlichen kontrollieren ließ, wurden lediglich 27 Pfarrer als uneingeschränkt tauglich beurteilt, während 147 Pfarreien entweder vakant oder mit vollkommen untragbaren, hochbetagten oder unrechtmäßig an die Stelle gelangten Personen besetzt waren. Für all diese Ämter gelehrte lutherische Geistliche zu finden, bedeutete einen kaum zu meisternden Kraftakt. Es wundert daher nicht, dass man weitere 96 Pfarrer zunächst in ihren Ämtern beließ, obwohl sie teilweise als »kaum tragbar« (*vix tolerabiles*) galten, man aber doch noch ein gewisses Besserungspotenzial sah.[5] Die Fürsten des 16. Jahrhunderts mussten sich also mit einer Pfarrerschaft arrangieren, zu der viele schlecht Qualifizierte und manche sich nur oberflächlich zum Luthertum bekennende Altgläubige gehörten und die daher weiterhin Ziel obrigkeitlicher Kontrolle sein musste.

Unverzichtbar war eingangs, die Amtsführung der Pfarrer klar zu regeln. Nicht nur die für das jeweilige Territorium gültigen Grundlagen der lutherischen Lehre mussten festgeschrieben werden, sondern auch Form und Inhalt der Gottesdienste. Regelungsbedarf bestand jedoch in allen Bereichen des Kirchenwesens, zum Beispiel hinsichtlich der Versorgung der Pfarrer und ihrer neu hinzukommenden Familien, der Armenfürsorge, des Eherechts, der Schulen und der Klöster. Im Fürstentum Lüneburg wurden zunächst, beginnend mit dem »Artikelbuch« 1527 und der »Predigerinstruktion« 1529, anlassbezogen Einzelverordnungen erlassen, die die wichtigsten Punkte regelten. Erst 1564 ersetzte man sie durch eine Kirchenordnung, in der die verschiedenen Rechtsmaterien vereint waren. In den Fürstentümern Wolfenbüttel (1543 und erneut 1569) und Calenberg (1543) flankierten umfangreiche Kirchenordnungen die Einführung der Reformation. Durchweg zeichneten namhafte Theologen für die Entwürfe verantwortlich, schufen aber nicht immer Neues, sondern bedienten sich wiederholt bei

Bewährtem. So übernahm die Wolfenbütteler Ordnung von 1569 die Bestimmungen zu kirchlichen Zeremonien aus ihrem Lüneburger Pendant von 1564 und die kirchenrechtlichen Teile aus der Kirchenordnung des Herzogtums Württemberg von 1559. Die Regeln betrachtete man nicht als von Gott gegeben, sondern als menschliche Festsetzungen und daher veränderbar, sodass zum Beispiel im Fürstentum Grubenhagen das 1538 erlassene Regelwerk 1544 und erneut 1581 durch neue Kirchenordnungen ersetzt wurde.[6]

Selbstredend war das Erlassen von Kirchenordnungen nicht gleichbedeutend mit ihrer Befolgung durch Geistliche und Laien. Die Kirchenleitungen, die in den welfischen Fürstentümern zunächst lediglich aus einem obersten Superintendenten – darunter klingende Namen wie Urban Rhegius in Lüneburg und Anton Corvinus in Calenberg – bestanden, nutzten im Wesentlichen drei Wege, um die Einhaltung der Regeln möglichst umfassend sicherzustellen: Erstens nahm man vereinzelt aufwendige Generalvisitationen vor, in denen eine herzogliche Visitationskommission das jeweilige Fürstentum bereiste, um die Zustände in den Pfarreien zu erkunden und Mängel zu beseitigen. Zweitens wurden – in Lüneburg spätestens seit 1534, in Wolfenbüttel ab 1542 und in Grubenhagen wohl seit 1544 – besonders fähige Geistliche zu Superintendenten erhoben, die die Pfarrer in einem ihnen zugewiesenen Aufsichtsbezirk dauerhaft überwachen, auftretende Probleme lösen und Streitigkeiten entscheiden sollten. Drittens fanden ab 1544 in Grubenhagen in kleinerem Maßstab und in Calenberg landesweite Pfarrersynoden statt, um die Einhaltung der kirchlichen Lehren zu kontrollieren, widerspenstige Geistliche zu bestrafen, untaugliche Pfarrer zu entlassen und einzelne Missstände in den Gemeinden abzustellen.[7]

Doch ließ sich die Gute Ordnung in der jeweiligen Landeskirche so tatsächlich bereits herbeiführen und dauerhaft gewährleisten? Die vereinzelten Generalvisitationen und Synoden waren kaum in der Lage, die Vielzahl der Pflichtverletzungen und Fehlentwicklungen zu ermitteln und zu beseitigen, und zudem drohte sich die Arbeit der Superintendenten zu verselbstständigen. Die Kontrolle der Kirchenwesen musste stärker zentralisiert und in die Hände geeigneter Personen gelegt werden. Eine leistungsfähige Kirchenleitung musste insbesondere ein oberstes Kirchengericht umfassen, das die Rechtsfälle der Geistlichen, Vergehen der Untertanen gegen kirchliche Regeln und vor allem Ehesachen behandeln konnte. Im Fürstentum Lüneburg nahm nach 1564 ein kirchenleitendes, »Konsistorium« genanntes Gremium die Arbeit auf, das aus Geistlichen und herzoglichen Hofräten bestand und viermal im Jahr als kirchliches Gericht tagte. Auch in Grubenhagen wurde 1582 ein jährlich tagendes Kirchengericht einberufen, wobei man aber auch an den für ein kleines Territorium praktikablen Synoden festhielt.[8]

Am umfassendsten betrieben die Glaubenswächter im Fürstentum Wolfenbüttel ab 1568 die Zentralisierung der Überwachung: Aus Geistlichen und herzoglichen Räten wurde ein ständiges, wöchentlich tagendes Konsistorium gebildet, das die Aufsicht über sämtliche Bereiche des Kirchenwesens führen und in allen geistlichen Angelegenheiten und Ehesachen Recht sprechen sollte. Die Superintendenten führten – wenn auch nicht, wie vorgeschrieben, halbjährlich, so aber doch regelmäßig – in ihren Amtsbezirken Visitationen durch. Sie nahmen dabei sowohl die Pfarrer als auch alle übrigen Kirchen- und Schuldiener sowie die einfachen Gläubigen in den Blick. Bei Letzteren wurden nicht nur Kirchenbesuch und Lebenswandel akribisch notiert, sondern teilweise auch die Katechismuskenntnisse abgeprüft.[9] Die Superintendenten schickten ihre Visitationsberichte an das Konsistorium, das sich aller Angelegenheiten annahm, die auf lokaler Ebene nicht gütlich beizulegen waren. Zudem konnten die Untertanen Klagen und Bittschriften an die Kirchenleitung richten. Diese lud die Parteien vor, verhörte Zeugen, befahl wenn nötig weitere Untersuchungen, fällte die erforderlichen Entscheidungen und beauftragte Superintendenten und Amtmänner mit deren Umsetzung. Vor allem bei Ehesachen kamen die Untertanen so in direkten Kontakt mit dem Konsistorium, das im Laufe der Jahrzehnte immer professionellere Verfahrensabläufe entwickelte und so eine weitreichende Kontrolle des kirchlichen Lebens realisierte.[10]

Eine Stellungnahme des geistlichen Konsistorialrats Daniel Hoffmann aus dem Jahr 1588 weist die Richtung, in die sich das Wolfenbütteler Konsistorium entwickelte und die im 17. Jahrhundert auch für die Kirchenleitungen der übrigen welfischen Territorien maßgeblich wurde: Für die zukünftige Arbeit des Konsistoriums bedürfe das Konsistorium als »vornehmes Kleinod« der fürstlichen Herrschaft einer festen »Konsistorialstube« mit ordentlicher Aktenaufbewahrung (»Registratur«), eines erfahrenen Sekretärs, der Kenntnisse im Prozessrecht habe, und gegebenenfalls weiterer Unterschreiber und Kopisten.[11] Nicht die Lehre hatte Hoffmann im Blick, sondern die Bedürfnisse einer Behörde – im Geflecht aus Regeln, Kontrollen und Sanktionen wurden die Glaubenswächter im ausgehenden 16. Jahrhundert zu Glaubensverwaltern, die dem lutherischen Kirchenwesen der Frühen Neuzeit ihren Stempel aufdrückten.

Arne Butt

Anmerkungen

1 Sehling 1955, S. 537 (Kirchenordnung des Fürstentums Lüneburg von 1564).
2 Weiterführend Dingel/Kohnle 2014.
3 Einführend Krumwiede 1995, S. 105–190, speziell zu den Städten S. 118–129.
4 Sehling 1955, S. 15.
5 Reller 1959, S. 121 f.
6 Butt 2016, S. 39–69.
7 Ebd.; Generalvisitationen fanden im Fürstentum Lüneburg 1543, 1565, 1568, 1576, 1583 u. 1615/16, im Fürstentum Wolfenbüttel 1542, 1544 u. 1568, im Fürstentum Calenberg 1542/43 u. 1588 sowie im Fürstentum Grubenhagen 1544 u. 1579 statt.
8 Butt 2016, S. 57 f. u. 68.
9 Butt 2014 a, S. 374–381; edierte Visitationsberichte der Superintendenten bei Wolters 1938–1950.
10 Butt 2016, S. 60–64; vgl. Butt 2014 b, S. 67–74.
11 Landeskirchliches Archiv Wolfenbüttel, V214, S. 3–8 (1588 Dezember 6, Konzept u. Reinschrift).

Literatur

Butt 2016, Butt 2014 a, Butt 2014 b, Dingel/Kohnle 2014, Krumwiede 1995, Reller 1959, Sehling 1955, Wolters 1938–1950

153

Von weltlicher oberkeit wie weit mannyhr gehorsam schul=dig sey

Martin Luther, Straßburg, 1523
Papier, 18,5 × 14,2 × 0,9 cm
Braunschweig, Stadtbibliothek, I 3-749

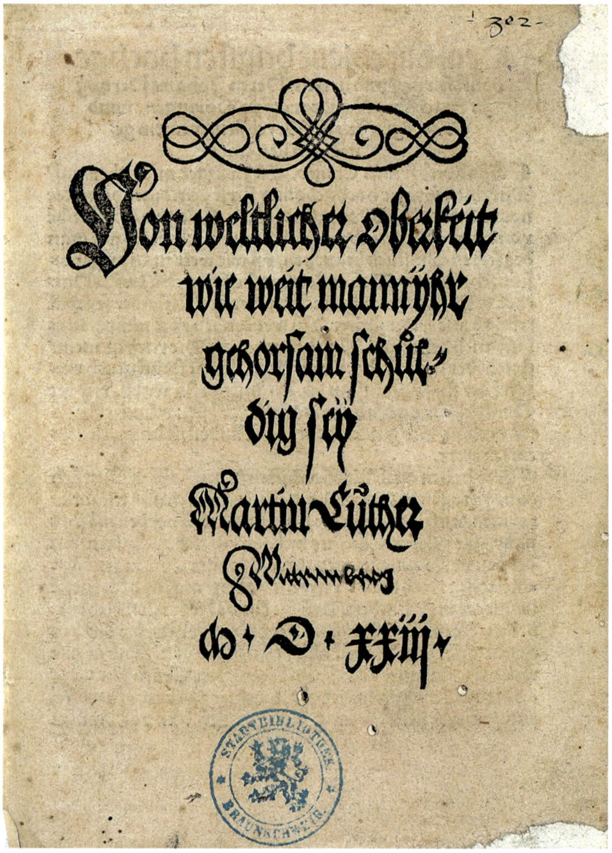

Im Dezember 1522 schrieb sich Martin Luther diese Arbeit über die Obrigkeit von der Seele. Er war über die Haltung des »christlichen Adels« zu seiner Reformation sehr enttäuscht. Die Bevölkerung in Meißen, auch in Bayern und der Mark Brandenburg war aufgefordert worden, die eingekauften Neuen Testamente bei Amtsstellen wieder abzugeben. Dazu Luther: »Nicht ein Blättlein, nicht einen Buchstaben sollen sie überantworten bei Verlust ihrer Seligkeit.« Luthers Pauschalurteil ist deftig: Kluge wie fromme Fürsten seien von Anbeginn der Welt »seltene Vögel«. Er zitiert Psalm 107, 40: »Er schüttete Verachtung aus auf die Fürsten« und fügt hinzu: »Man wird nicht, man kann nicht, man will nicht eure Tyrannei und Mutwillen auf die Dauer leiden. Liebe Fürsten und Herren, da wisset euch nach zu richten, Gott wills nicht länger haben.«

Ideal wäre für Luther eine Welt nur aus Christen und ohne jede Obrigkeit. »Es ist unter den Christen kein Oberster, nur Christus selbst und allein.« Weil es aber zu wenige Christen gebe und die Welt »Gottes Feind« sei, müsse es eine begrenzte weltliche Gewalt geben. Luther fasst das Profil eines Fürsten so zusammen: Er solle sich im Gebet an Gott wenden, seine Untertanen mit Liebe und christlichem Dienst regieren, mit seinen Beratern »mit freier Vernunft« umgehen und gegen die Übeltäter mit »bescheidenem Ernst und Strenge« vorgehen. Einem solchen Fürsten sei der Christ Gehorsam schuldig bis hin zum Kriegsdienst. Auf die Frage »wie, wenn ein Fürst unrecht hätte, ist ihm sein Volk dann auch schuldig zu folgen?« lautet die Antwort: »Nein [...] sondern man muss Gott mehr gehorchen als den Menschen.«

Luther wandte sich mit dieser Schrift an seine lesenden Mitbürger, die er mittels Fragen in jedem Abschnitt zu Wort kommen lässt.

Dietrich Kuessner

154

Warhafftiger vnd in bewerten Historien wolgegrundeter bericht Dieser Genealogien oder Stammbaums des Hochlöblichen Uhralten Fürstlichen Hauses Braunschweig vnd Lüneburg [...]

Franz Algermann, Georg Scharffenberg,
Wolfenbüttel, 1590
Druck: Conrad Horn
Papier auf Leinwand, 122,5 × 273 cm
Wolfenbüttel, Herzog August Bibliothek, Graph A4: 18

Mit diesem Prachtstammbaum veröffentlichten die Wolfenbütteler Welfen erstmals 1584 ein herausragendes Produkt genealogisch begründeter Herrschaftslegitimierung und herrschaftlichen Repräsentationsbedürfnisses, das in einer Tradition ähnlicher Stücke beispielsweise für Kaiser Maximilian I. steht.

Das inhaltliche Programm wurde maßgeblich vom fürstlichen Beamten Franz Algermann erarbeitet. Die künstlerische Ausführung lag in den Händen des Formschneiders Georg Scharffenberg; die Drucklegung erfolgte in der Druckerei des Conrad Horn.

Von diesem Werk lassen sich zurzeit sechs Exemplare nachweisen: zwei in der Herzog August Bibliothek (HAB) und je ein Exemplar im Niedersächsischen Landesarchiv Wolfenbüttel, im Kupferstichkabinett Berlin, im Städtischen Museum Göttingen sowie in der Sächsischen Landesbibliothek Dresden. Die weitgehend identischen Exemplare zeigen die genealogische Tafel, auf der die mittelalterlichen Linien der Welfen über Heinrich den Löwen auf Herzog Julius und seine Gemahlin Hedwig geführt werden. Gerahmt wird der Stammbaum durch eine gereimte »Erklerung« und einen umlaufenden Katalog der Bischöfe zu Halberstadt und Minden. Die Ausfertigungen der HAB besitzen unterschiedlich gestaltete Titel- und Kopffelder mit der Darstellung des Kaisers und der darüber thronenden Trinität, die die Treue des Welfenhauses zum Kaisertum und die Verwurzelung im christlichen Glauben zum Ausdruck bringen.

Das hier präsentierte Stück ist um die Bildnisse von Herzog Heinrich Julius und seiner Gemahlinnen Dorothea von Sachsen und Elisabeth von Dänemark ergänzt. Wahrscheinlich wurde es anlässlich der Hochzeit des Herzogs mit Elisabeth von Dänemark gefertigt und ist auf das Jahr 1590 zu datieren.

Die nicht nur für den Wolfenbütteler Hof bestimmten Exemplare sollten – so Algermann – dem Betrachter Herkunft und Rang des Welfenhauses vor Augen führen und zeigen, dass die welfischen Herzöge als »gutte fromme oberherrn« unter dem Schutz Gottes standen, und dazu aufrufen, »sich in den geburenden und von Godt erforderten gehorsam desto williger in underthenigkeit zu schicken«.

Christian Lippelt

Lit.: Lippelt 2006, S. 11–17; Lippelt 2007, S. 61–78;
Lippelt in http://diglib.hab.de/edoc/ed000222/start.htm
[23.1.2017]

Warhafftiger vnd in bewerten Historien wolgegrundeter bericht
Dieser Genealogien Oder Stambaums/
des Hochlöblichen Vhralten Fürstlichen Hauses Braunschweig vnd Lüneburg/ so anfenglich/ wegen der Schwerdseiten
Dem Hochwirdigen/ Durchleuchtigen/ Hochgebornen Fürsten vnd Herrn/ Herrn Heinrichen Julio/
RERVM VNVS PATER EST, VNVS QVI CVNCTA GVBERNAT, HIC DEDIT ET PHOEBO RADIOS, ET CORNVA LVNAE

Ausgleich statt Konfrontation: weit wirkender Kirchenmann

155

Bildnis des Urbanus Rhegius

in: Joseph Friedrich Rein, Das gesammte Augsburgische Evangelische Ministerium in Bildern und Schrifften [...], Augsburg, 1748, S. 169
15,5 × 10,5 cm
Braunschweig, Braunschweigisches Landesmuseum, aus ZG 3271

Der aus Langenargen am Bodensee stammende Urban Rieger (?) wurde 1519 zum Priester geweiht. Aus einer zunächst sehr kritischen Auseinandersetzung mit den Schriften Luthers ging er als überzeugter Anhänger der reformatorischen Idee hervor. Die Wirren der religionspolitischen Auseinandersetzungen dieser Jahre spiegeln sich in seiner frühen Augsburger Zeit wider: Zweimal musste er die Stadt verlassen, in der er zweimal als Prediger angestellt war und bei der Abfassung des Augsburger Bekenntnisses mitgewirkt hatte. Als er anlässlich des Reichstages 1530 Herzog Ernst begegnete, folgte er diesem als Prediger und Generalsuperintendent nach Celle.

Im Fürstentum Lüneburg hatte Herzog Ernst die Reformation bereits drei Jahre zuvor landespolitisch eingeführt. Ihre Durchsetzung auf breiter Ebene aber wurde nun das Werk von Rhegius. Mehrfach bereiste er die sich widersetzenden Klöster und verhandelte mit der Stadt Lüneburg, wo er durch Predigten und Disputationen zu überzeugen und mit Kirchen- und Schulordnungen das kirchliche Leben nach lutherischen Grundsätzen neu zu regeln und zu festigen versuchte. Unter seinem reichen Schriftwerk ragt die Pastoralinstruktion von 1535 heraus, die weite Verbreitung und Aufnahme in das »Corpus Doctrinae«, die Kirchenordnung von Ernsts Sohn, Herzog Wilhelm d. J., fand. Rhegius' Wirken schlug sich im Gebiet des gesamten Herzogtums Braunschweig-Lüneburg nieder. Das Bemühen um Vermittlung zieht sich wie ein roter Faden durch das Leben dieses Kirchenmannes, der mit Luther und Bucer freundschaftlich verbunden war. So wie Rhegius bereits in seiner Augsburger Zeit im Abendmahlsstreit zwischen Luther und Zwingli zu vermitteln versucht hatte, engagierte er sich bis zuletzt in der Formulierung von Einigungsvereinbarungen, beispielsweise auch der Wittenberger Konkordie 1536.

Juliane Schmieglitz-Otten

Lit.: Liebmann 1980; Zschoch 1995

Umsichtig und geschickt: der erste protestantische Welfenherzog

156

Bildnis des Ernst I. des Bekenners, Herzog zu Braunschweig und Lüneburg

Unbekannt, 1541
Öl auf Leinwand, 137 × 97 cm
Braunschweig, Städtisches Museum,
1200-1256-00

Herzog Ernst I., der seit 1520 von Celle aus das welfische Teilfürstentum Lüneburg regierte, gehört zu den bedeutendsten reformatorischen Fürsten Deutschlands. Seine enge Bindung an den Hof des sächsischen Kurfürsten Friedrich des Weisen, wo er erzogen worden war, und das anschließende gemeinsame Studium mit seinem älteren Bruder Otto in Wittenberg, im Zentrum des reformatorischen Diskurses, prägten ihn nachhaltig. Als Erzieher war ihnen Georg Spalatin, Humanist, Beichtvater und Vertrauter des Kurfürsten, zugewiesen. 1521 übernahmen Ernst und Otto gemeinsam die Regierung des Fürstentums Lüneburg und bekannten sich bald darauf zu Luthers Lehre. Bereits 1525 wurde die Reformation in der Stadt Celle eingeführt, landesweit 1527. Nach dem Ausscheiden seines Bruders Otto 1527 regierte Ernst allein, bis er 1536 seinen jüngeren Bruder Franz in die Landesregierung mit aufnahm. Die Celler Herzöge, allen voran Ernst, standen in der vordersten Reihe der Reformationsfürsten im Reich. Sie gehörten 1529 zu den wichtigsten Unterzeichnern der Protestation zu Speyer, waren Mitbegründer des Schmalkaldischen Bundes und Mitunterzeichner der »Confessio Augustana«, bei deren Verlesung vor Kaiser Karl V. sie zugegen waren. An Ernsts Wirken lässt sich beobachten, wie Reformation und Ausbau der landesherrlichen Zentralgewalt Hand in Hand gingen. So schuf er 1535 ein zentrales Hofgericht, und mit Urbanus Rhegius begründete er Celle als Sitz des Generalsuperintendenten. Ernsts Wirken war von tiefer persönlicher Überzeugung geprägt, die in seinem Beinamen »der Bekenner«, den er im 18. Jahrhundert erhielt, zum Ausdruck kommt. Sein Epitaph (1576) in der Celler Stadtkirche St. Marien zählt zu den bedeutendsten plastischen Werken der norddeutschen Renaissance. Juliane Schmieglitz-Otten

Lit.: von Gifhorn 2008; Nauhaus 2009, S. 605; Vogtherr 1998

Im Schatten des Bruders: Herzog Franz von Braunschweig-Lüneburg

157

Bildnis des Franz von Gifhorn, Herzog zu Braunschweig und Lüneburg

Unbekannt, 1541
Öl auf Leinwand, 136 × 96,1 cm
Braunschweig, Städtisches Museum,
Inv.-Nr. 1200-0356-00

Herzog Franz erhielt wie sein Bruder Ernst seine Ausbildung in Sachsen und trat anschließend in die Dienste dreier aufeinander folgender sächsischer Kurfürsten. Dabei nahm er eine wichtige Mittlerposition zwischen dem sächsischen und dem Celler Hof ein. Im Gefolge seiner Dienstherren war er bei zahlreichen politisch bedeutsamen Ereignissen zugegen, bei denen er mit Ernst zusammentraf (u. a. Gotha-Torgauer Bündnis, Reichstage von Speyer 1526 und 1529, Augsburger Reichstag 1530). 1536 erhielt er seine Entlassung und kehrte nach Jahrzehnten des Kriegsdienstes ins Fürstentum Lüneburg zurück. Er verlobte sich mit Klara von Sachsen-Lauenburg, einer Schwester der dänischen Königin. Um eine seinem fürstlichen Stand entsprechende Lebenshaltung zu führen, verlangte Franz von seinem Bruder Ernst eine ausreichende Versorgung oder die Teilung der Herrschaft.

Herzog Ernst nahm den jüngeren Bruder in die Landesregierung auf und schloss einen Herrschaftsvertrag mit ihm, der die Regierungsgeschäfte und Ausgaben regeln sollte. Doch eine gemeinsame Regierung scheiterte schon nach kurzer Zeit, offenbar an zu starken charakterlichen Differenzen der beiden Brüder. Nach einem Schiedsspruch Kurfürst Johann Friedrichs von Sachsen erhielt Franz die Ämter Gifhorn, Fallersleben und das Kloster Isenhagen. Den bereits unter Herzog Ernst begonnenen Schlossbau in Gifhorn ließ er fortsetzen und schuf sich eine Residenz, die von einem ausgeprägten Standesbewusstsein zeugte. Seine Leidenschaft für den Turnierkampf fand in einer reich ausgestatteten Harnischkammer und einer großen Sammlung von Ausrüstungsgegenständen Ausdruck. Mit seinem frühen Tod 1549 fiel die durch ihn begründete Gifhorner Linie nach zehn Jahren wieder an die Celler zurück.

Das Gemälde gehört der gleichen Serie an wie das seines Bruders Ernst und befand sich seit 1852 nachweislich im Altstadtrathaus. Juliane Schmieglitz-Otten

Lit.: von Gifhorn 2008, S. 7–34; Nauhaus 2009, S. 606; Vogtherr 1998

158

Bildnis der Elisabeth von Braunschweig-Calenberg

Norddeutschland, 16. Jahrhundert
Öl auf Leinwand, 11 × 8,5 cm
Braunschweig, Braunschweigisches Landesmuseum, LMB 27090

Diese Miniatur zeigt die am 24. August 1510 geborene Elisabeth von Braunschweig-Calenberg in höfischer Kleidung. Sie wurde als drittes Kind des Kurfürsten Joachim I. von Brandenburg-Hohenzollern und der dänischen Königstochter Elisabeth geboren. 1525 wurde sie mit dem 40 Jahre älteren, verwitweten Herzog Erich I. von Calenberg-Göttingen verheiratet. Bei einem Besuch ihrer Mutter traf sie auf Martin Luther, woraus ein reger Briefwechsel entstand. 1538 bekannte sie sich offiziell zum protestantischen Glauben, was von ihrem katholischen Mann Erich I. toleriert wurde. Nach seinem Tod 1540 übernahm Elisabeth die vormundschaftliche Regierung für ihren noch unmündigen Sohn Erich II. gemeinsam mit ihrem Bruder Joachim II. von Brandenburg-Hohenzollern und Philipp von Hessen. Ihr zur Seite wurde zusätzlich der katholische Heinrich d. J. (vgl. Kat.-Nr. 109) gestellt, der aber auch nicht verhindern konnte, dass unter Elisabeth 1542 die Reformation im Calenberger Gebiet mit der von Antonius Corvinus ausgearbeiteten »Ersten Calenberger Kirchenordnung« eingeführt wurde. Dies gelang ihr, da sie die Zustimmung der Landstände fand. Der Einführung der Kirchenordnung folgten landesweite Kirchenvisitationen sowie eine Klosterordnung, welche die Reformation der Klöster regelte. Besonders hervorzuheben ist die Einrichtung einer Mädchenschule in Münden, die jedoch bald aufgelöst werden sollte. Mit der Regentschaftsübernahme ihres Sohnes Erich II. wurde – zu ihrem Missfallen – die Gegenreformation eingeführt. Allerdings gewährte Erich II. die Religionsfreiheit in seinem Fürstentum. Auch wenn die Forschung Elisabeth ein Streben nach Macht unterstellt, hat sie sich nicht nur politisch mit dem protestantischen Glauben auseinandergesetzt, sondern selbst Gebete, Lieder und ein Witwenbuch verfasst und sich am theologischen Diskurs der Zeit beteiligt.

Katharina Knesia

159

Taler mit Brustbild des Herzogs Erich II. d.J. von Braunschweig-Calenberg

Hann.-Münden, 1560
Silber, Dm ca. 4 cm
Braunschweig, Münzforschungssammlung der Braunschweigischen Landessparkasse, 3731

Vorder- und Rückseite

Herzog Erich II. d.J. von Braunschweig-Calenberg war ein Sohn Erichs I. d.Ä. und dessen Gemahlin Elisabeth, einer Tochter des Kurfürsten Joachim von Brandenburg. Nach dem Tod des Vaters am 26. Juli 1540 übernahm die Witwe Elisabeth die Regierung des Landes Calenberg. Ihre Vormundschaft endete 1545, als der Sohn selbst die Herrschaft übernahm.

Erich II. kämpfte seit 1546 als kaiserlicher Oberst gegen die protestantischen Fürsten und Städte, obwohl seine Mutter Elisabeth die Reformation im Fürstentum Calenberg eingeführt hatte. Am Ende des Schmalkaldischen Krieges am 23. Mai 1547 erlitt Erich in der Schlacht bei Drakenburg eine vernichtende Niederlage gegen die schmalkaldische Armee unter Führung des Grafen Albrecht von Mansfeld. Der Bruch mit seiner Mutter 1548, die Wiedereinführung des Katholizismus und die leichtsinnige Verpfändung von Ländereien prägten die Regierung Erichs II. in der Folgezeit. Sein weiteres Leben war von zahlreichen kriegerischen Unternehmungen als Söldnerführer bestimmt, wobei er sich kaum um sein Fürstentum kümmerte.

Seit 1548 wurden in Münden Münzen im Namen Erichs II. hergestellt. Der 1560 geprägte Taler zeigt dessen Brustbild in kriegerischer Aufmachung. Der Herzog trägt einen Harnisch und über der Schulter die Feldbinde. In der Rechten hält er den Kommandostab. Auf der Rückseite der Münze ist sein Wahlspruch zu lesen: »spero invidiam« (ich erwarte Neid).

Wolfgang Leschhorn

160

Kelch und Patene der Herzogin Elisabeth von Braunschweig-Calenberg

Hans Büntinck (?)
Hannover, 1546/1555 (?)
Kelch: Silber, vergoldet, H 20 cm;
Patene: Silber, vergoldet, Dm 24 cm
Hannover, Ev.-luth. Marktkirchengemeinde

Das Abendmahlsgerät geht auf eine Stiftung Herzogin Elisabeths von Calenberg zurück. Sie war die Witwe des Herzogs Erich I. d. Ä. von Braunschweig und seit 1546 in zweiter Ehe mit dem Grafen Poppo XII. von Henneberg verheiratet. Eine ausführliche Stifterinschrift, die ihrem Gemahl gewidmet ist, sowie ein Wappen des Ehepaars sind auf der Patene eingraviert. Schwierig gestaltete sich das familiäre Verhältnis zu ihrem Sohn Erich II. d. J., der sich dem Katholizismus zugewandt hatte, wohl auch in der Hoffnung, seine Chancen am Kaiserhof zu verbessern. Mit dem Erreichen der Volljährigkeit ihres Sohnes endete die vormundschaftliche Regierung Elisabeths. Die Schenkung der Abendmahlsgeräte an die Marktkirche im Jahr 1555 war eine Art Abschiedsgeschenk, bevor sie sich auf Druck ihres Sohnes aus der Landespolitik nach Ilmenau in die Grafschaft Henneberg zurückzog. In der Inschrift kommen ihre Enttäuschung und Sorgen darüber zum Ausdruck: »ZV EWER ALLER SELICHKEIT GODT WENDE ALLE MEIN HERTZLEID AMEN«.

Elisabeth setzte sich verstärkt für die Belange der protestantischen Kirche ein und veröffentlichte als Laientheologin und Autorin mehrere Schriften zur christlichen Erbauung sowie Kirchenlieder. Sie stand seit den 1530er Jahren mit Luther in regelmäßigem Briefkontakt. Gemeinsam mit dem hessischen Reformator Anton Corvinus als theologischem Lehrer und Berater setzte sie die Reformation im heutigen Südniedersachsen durch. Deshalb wird Herzogin Elisabeth auch als Reformationsfürstin bezeichnet. Durch eine Reform der Klosterordnung gelang es ihr, die reformierten Klöster in Stifte umzuwandeln und deren Besitztümer zu erhalten.

Herbert Pötter

Lit.: DI 36, Inschriftenkatalog: Deutsche Inschriften, Stadt Hannover (Sabine Wehking); Meckseper 1985, Bd. 1, S. 648, Nr. 564

161

Bildnis des Herzogs Julius von Wolfenbüttel

Kopie nach Hans Vredemann de Vries
oder Kasper Gercke, um 1590 oder nach 1667
Mischtechnik, Leinwand, 16,7 × 14,3 cm
Braunschweig, Braunschweigisches Landesmuseum, Zg 3271/21

Dieses Privatporträt zeigt Herzog Julius von Wolfenbüttel und wurde postum für die Bibliothek der von ihm 1576 gegründeten Universität von Helmstedt angefertigt. Julius von Wolfenbüttel ist der dritte Sohn des Herzogs Heinrich d. J. (Kat.-Nr. 109) und war zunächst für eine geistliche Laufbahn vorgesehen. So wurde er zum Bischof-Elekt des Bistums

Minden ernannt. Nachdem seine älteren Brüder 1553 jedoch bei der Schlacht von Sievershausen gefallen waren, wurde Julius als Nachfolger seines Vaters gehandelt. Heinrich d.J. war der letzte katholische Herzog in Norddeutschland. Die Ablehnung des protestantischen Glaubens war aber weniger seiner eigenen Frömmigkeit als politischem Kalkül geschuldet. Zu einem Eklat zwischen Heinrich d.J. und seinem Sohn Julius kam es Ostern 1554, da Letzterer aus Gewissensgründen nicht an der Eucharistie teilnehmen wollte. Dieser Streit ging so weit, dass Julius 1558 an den Hof des protestantischen Markgrafen Johann von Brandenburg-Küstrin floh. Trotz zahlreicher Hinderungsversuche trat Julius 1568 die Nachfolge seines Vaters als regierender Fürst von Wolfenbüttel an und führte am 1. Januar mit dem Erlass einer Kirchenordnung die Reformation in seinem Fürstentum ein. Seine Kirchenordnung enthielt genaue Vorschriften für die Lehre, Liturgie und kirchliche Organisation. Aus reichsrechtlichen Gründen konnte er die Klostergüter nicht einziehen, allerdings machte er es zur Auflage, dass an den Klöstern Schulen eingerichtet wurden. Aus dem 1571 von ihm gegründeten Pädagogium am Franziskanerkloster in Gandersheim ging später die erste protestantische Universität Norddeutschlands – die nach ihm benannte Academia Julia – in Helmstedt hervor.

Katharina Knesia

Lit.: Wenzel 2013, S. 323 f.

162

Bildnis des Martin Chemnitz und Bildnis der Anna Chemnitz, geb. Jäger

Ludger tom Ring d.J., 1569
Öl auf Holz, 36,7 × 25,5 cm; 37,9 × 24,9 cm
Münster, LWL-Museum für Kunst und Kultur (Westfälisches Landesmuseum), Münster, 81 WKV/ Leihgabe des Westfälischen Kunstvereins; 1536 LM

Das Ehepaar ist jeweils hinter einer Brüstung stehend dargestellt, durch Körpersprache und Mimik sind die beiden sowohl aufeinander als auch auf den Betrachter bezogen. Die sorgfältige, aufwendige Garderobe lässt erkennen, dass sie zur bürgerlichen Elite zählen. Die Attribute – die Paternosterschnur und der Zettel bei ihm, das Gebetbüchlein bei ihr – charakterisieren sie als gottesfürchtige Personen. Dank der Wappen und der Brüstungsinschriften lassen sie sich als der 46-jährige Martin Chemnitz und seine erst 30 Jahre alte Ehefrau Anna identifizieren.

Der in Treuenbrietzen als Sohn eines Tuchmachers geborene Chemnitz studierte in Frankfurt/Oder und Wittenberg, wo er Vorlesungen Luthers hörte. Auf Einladung des Braunschweiger Superintendenten Joachim Mörlin kam er 1554 nach Braunschweig, wurde von Bugenhagen ordiniert und am 12. Dezember 1554 in das Amt des Koadjutors (Nachfolgers) Mörlin eingeführt. 1567, nach dem Weggang Mörlins, übernahm er dessen kirchliches Amt.

Im Gegensatz zur Stadt Braunschweig konnte die lutherische Lehre im Fürstentum erst nach dem Tod des katholischen Herzogs Heinrich d.J. 1568 eingeführt werden. Dessen Sohn und Nachfolger Julius bediente sich hierbei, wie auch bei anderen Reformen, der Kompetenz studierter bürgerlicher Fachleute. So organisierte Chemnitz in den folgenden Jahren auf Wunsch von Herzog Julius die Einführung der

Reformation im Fürstentum Braunschweig-Wolfenbüttel, verfasste eine Kirchenordnung und war an der Gründung der Helmstedter Universität beteiligt.

Mit seiner Ehefrau und den zehn gemeinsamen Kindern, von denen sechs das Erwachsenenalter erreichten, verkörperte Chemnitz das Ideal des protestantischen Pfarrers. Er war nicht nur Seelsorger, sondern bot als Haupt einer Familie der Gemeinde ein Vorbild christlichen Familienlebens.

Ludger tom Rings Bildnisse dienten als Vorlage für eine andere Version der Darstellung, bei der die Zusammengehörigkeit des Ehepaares durch die Ausführung im Doppelporträt noch stärker betont wurde. Die beiden Hälften dieses später wieder auseinandergeschnittenen Gemäldes befinden sich heute im Städtischen Museum Braunschweig.

Andreas Büttner

Lit.: Nauhaus 2009, S. 574 f., Nr. 1719, 1720
(mit älterer Lit.)

163
Leihgeber: Braunschweig,
Braunschweigisches Landesmuseum

163 a

Bildnis des Herzogs Heinrich Julius von Wolfenbüttel

Norddeutschland, 1609
Öl auf Leinwand, 119,5–121 × 94,5–96 cm
VMB 6749 (alt: ZG 1478)

163 b

Bildnis der Elisabeth von Wolfenbüttel

Norddeutschland, 1618
Öl auf Leinwand, 113 × 89–92 cm
VMB 6750

Die aus dem Schloss Ohrdruf bei Gotha stammenden Gemälde zeigen Herzog Heinrich Julius von Wolfenbüttel und seine zweite Ehefrau Elisabeth von Dänemark in zeitgenössischer Kleidung im Porträt. Heinrich Julius wurde am 15. Oktober 1564 als zweites Kind Julius' von Wolfenbüttel und Hedwigs von Brandenburg geboren. Bereits 1566 wurde er zum Bischof von Halberstadt gewählt und übte dieses Amt seit dem 14. Lebensjahr als postulierter und zudem protestantischer Bischof aus, obwohl das Domstift weiterhin katholisch blieb. Nachdem die Stadt Halberstadt sich bereits 1540 die Religionsfreiheit erkauft hatte, wurde die Reformation im Bistum Halberstadt von Heinrich Julius 1591 eingeführt. Von 1582 bis 1585 war er zudem Administrator des Bistums Minden und auch dort setzte er – sehr zum Missfallen des Mindener Domkapitels – 1583 durch, dass ausschließlich nach der »Confessio Augustana« gepredigt werden solle. Obwohl Heinrich Julius ein protestantischer Fürst war, fand er Zugang zum Hof des katholischen Kaisers Rudolf II. in Prag. Heinrich Julius reiste zunächst dorthin, um den Kaiser für seinen Kampf gegen die aufsässige Stadt Braunschweig zu gewinnen. Die Stadt Braunschweig wollte ihre Unabhängigkeit, die auf ihrer wirtschaftlichen Stärke basierte, bewahren. 1600 versuchte Heinrich Julius sogar, die Bürger der Stadt Braunschweig für vogelfrei zu erklären. Trotz all der Querelen in seinem Fürstentum stieg er bald zum kaiserlichen Berater und zuletzt sogar zum Vorsitzenden des Geheimen Rates auf. Durch die Hinwendung zum kaiserlichen Hof vernachlässigte er jedoch seine fürstlichen Aufgaben und hinterließ nach seinem Tod ein völlig verarmtes Fürstentum. Seine Witwe Elisabeth von Dänemark jedoch gilt als gute Verwalterin ihres Vermögens.

Katharina Knesia

163 b (Detail) ►

ELISABETH GEBORNE AVS
KOENIGLICHEM STAMME
ZV DENNEMARCK HERTZ
OGINNE Z.V BRAVNSWEIGK
VND LVNEBVRGK WITWE
ANNO 1618

164

Heinrich Julius von Wolfenbüttel als Bischof von Halberstadt und Administrator von Minden

Wolfenbüttel, 1578
Papier, 18,7 × 14,4 cm
Braunschweig, Braunschweigisches Landesmuseum, VMB 9247

Herzog Heinrich Julius von Wolfenbüttel wurde am 15. Oktober 1564 als ältester Sohn des Herzogs Julius geboren. Julius führte nicht nur in seinem Fürstentum Wolfenbüttel die Reformation ein, sondern war auch sehr daran interessiert, es zu vergrößern bzw. über verwandtschaftliche Netzwerke in Nachbarterritorien zu erweitern. Damit seine Söhne in Bistümern für die Domkapitel wählbar waren, wurden ihnen die niederen Weihen gegeben; so auch Heinrich Julius, der im Alter von zwei Jahren zum Bischof von Halberstadt postuliert und 1578 im Bistum als neuer Bischof eingeführt wurde. Er blieb dort auch Administrator, als er 1589 die Nachfolge seines Vaters in Wolfenbüttel antrat (und war zudem zwischen 1582 und 1585 Administrator in Minden). In eben diesem Jahr endete für die katholisch gebliebenen Kräfte im Bistum, allen voran die Klöster, die Schonzeit. Mithilfe des lutherischen Abtes des Klosters Berge bei Magdeburg, Petrus Ulner, verfolgte der das prächtige Leben eines Barockfürsten führende Heinrich Julius das Ziel einer lutherischen Landeskirche in Halberstadt, die reichsrechtlichen Bestimmungen des Passauer Vertrags von 1552 ignorierend. Allerdings sorgten die unsicherer werdende Lage im Reich und die hartnäckig Widerstand leistenden Klöster – so fungierte beispielsweise das Franziskanerkloster in Halberstadt zeitweise als Anlaufpunkt für vertriebene Franziskaner aus ganz Norddeutschland – für erhebliche Verzögerungen in der Durchsetzung des neuen Glaubens. Heinrich Julius war in seinem Handeln als lutherischer Fürst so wie sein Bruder Philipp Sigismund in Verden und Osnabrück mit einem bikonfessionellen Territorium konfrontiert, wobei die Anhänger des Katholizismus sich ähnlich wie in Osnabrück als überaus renitent erwiesen – und so blieb Halberstadt bis zur Umwandlung in ein Fürstentum 1648, als es zudem dem Kurfürstentum Brandenburg zugesprochen wurde und nicht etwa dem Fürstentum Braunschweig-Wolfenbüttel, ein gespaltenes Bistum.

Lukas Weichert

Lit.: Arnold/Bei der Wieden/Gleixner 2016; Lietzmann 1993

165

Philipp Sigismund
Herzog von Wolfenbüttel

Stecher: Heinrich Ulrich, 1595/1621
Papier, 18,7 × 14,4 cm
Braunschweig, Braunschweigisches
Landesmuseum, VMB 9247

Herzog Philipp Sigismund wurde am 1. Juli 1568 als zweiter Sohn des Herzogs Julius geboren. Dieser versorgte seine Söhne mit geistlichen Ämtern – Philipp Sigismund und zwei seiner Brüder bekamen die niederen Weihen und die Tonsur –, um damit auch sein eigenes Territorium möglichst zu vergrößern. Philipp Sigismund wurde 1586 Bischof von Verden und 1591 Bischof von Osnabrück. In beiden Territorien hatte er Probleme, sich gegen die mächtigen Domkapitel durchzusetzen, die anders als viele Klöster auch nach und während der Reformation als eigenständige Körperschaften weiter bestanden. In Verden fiel es Philipp Sigismund schwer, Stände und Domkapitel von der Einführung seiner Kirchenordnung zu überzeugen, die die bisherige, sehr knapp gehaltene Ordnung zwar nicht revidierte, aber doch sehr veränderte und erweiterte. Waren in Verden das Stift und das Domkapitel schon vor Philipps Wahl lutherisch geprägt, ergab sich in Osnabrück ein wesentlich differenzierteres Bild: Das weitgehend katholisch gebliebene Domkapitel hatte Philipp nur aufgrund seiner in Norddeutschland mächtigen Verwandtschaft den Vorzug gegeben und verhielt sich ihm gegenüber unnachgiebig: Er musste sich in der Wahlkapitulation, die beispielsweise sein Bruder, Herzog Heinrich Julius, scharf ablehnte, verpflichten, die päpstliche Konfirmation und die kaiserliche Regalienverleihung zu erlangen und die Konfessionen im Stift zu schützen. Philipp Sigismund agierte häufig ausgleichend und abwartend; so lehnte er zwar ein vom Papst gefordertes Bekenntnis zum katholischen Glauben ab, tastete aber gleichzeitig die Klöster im Stift nicht an. Ebenso sorgte er aber auch für den Schutz der vielen lutherischen Pastoren im Bistum und der evangelischen Ratsschule in der Stadt Osnabrück, die das Domkapitel gern geschlossen hätte. So zeigt sich an Philipp Sigismund die Mühsal eines lutherisch gesinnten Mannes in einem konfessionell geteilten Bistum.

Lukas Weichert

Lit.: Jarecki 2014; Thielemann 1970

166

Trommelförmige Truhe zum Transport von Urkunden

Norddeutschland, um 1580
Eisen, Bronze, Gelbguss, H 55 cm, Dm 37,5 cm
Braunschweig, Braunschweigisches Landesmuseum, VMB 5668/a – c

Wie viele Herrscher ihrer Zeit bemühten sich auch die Fürsten von Braunschweig-Wolfenbüttel im 16. Jahrhundert darum, den Aufbau zentralisierter Verwaltungsstrukturen auf Grundlage einer kodifizierten Rechtsverfassung voranzutreiben. Bereits unter Herzog Heinrich d. J. war es zu einer Verfestigung der administrativen Tätigkeit in der Hauptresidenz Wolfenbüttel gekommen. Sein Nachfolger Julius baute den Verwaltungsapparat weiter aus und trieb strukturelle Reformen voran. Als protestantischer Herzog hatte er sich dabei auch um die Belange des Kirchenregiments zu kümmern.

In einer Zeit, da hinreichende Sachkenntnis zunehmend als Handlungsvoraussetzung betrachtet wurde, kam dem Papier bzw. Pergament als Speichermedium eine immer wichtigere Rolle zu. Der Herrscher konnte auf Grundlage von Fakten entscheiden, die ihm von seinen – mitunter weit entfernten – Amtsträgern zur Verfügung gestellt wurden. Das geschriebene Wort besaß eine hohe Glaubwürdigkeit, zumal es, einmal festgehalten, stets nachprüfbar blieb. Entsprechend wichtig war der Schutz des fragilen Trägermaterials. Idealerweise bewahrte man es in entsprechend eingerichteten Räumlichkeiten auf, die auch die Wiederauffindbarkeit der Dokumente gewährleisteten. Wo dies nicht möglich war, sorgten Transportbehältnisse für die Sicherheit und Verfügbarkeit der Informationen. Während Akten und Bücher üblicherweise in hölzernen Fässern transportiert wurden, benötigten Urkunden als Schriftstücke mit juristischer Beweiskraft besonderen Schutz. Gefertigt aus massivem Eisen, das separat gesicherte Schlüsselloch unter einem Deckel verborgen und mit vierfacher Verriegelung versehen, erfüllte die Braunschweiger Dokumententrommel diese Bedingungen sicherlich in hinreichendem Maße.

Ulrike Wendt-Sellin

Lit.: Brendecke u. a. 2008, S. 11 – 44; Friedrich 2013; Ohnsorge 1954, S. 9 – 37

167

Visitationsexamen der Pfarrer, Originalkonzept

Verschiedene Orte,
hier: Amelungsborn, 5. November 1568
Papier, 32,5 × 21,5 cm
Wolfenbüttel, Landeskirchliches Archiv,
Konsistorium V 458

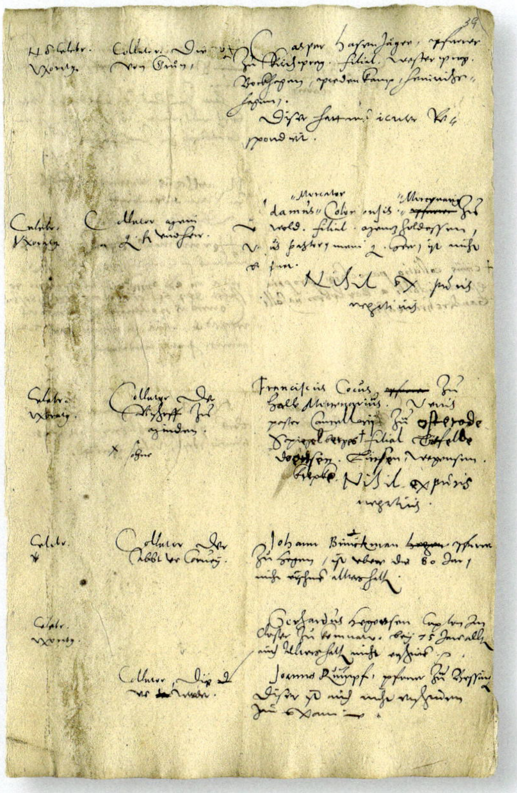

Das maßgebliche Instrument zur Bekanntmachung der Reformation im Fürstentum Braunschweig-Wolfenbüttel war 1568 eine erneute Generalkirchenvisitation. Sie diente zugleich der Ermittlung der wirtschaftlichen Verhältnisse sowie der Haltung und Eignung des vorhandenen Pfarrpersonals. Im Auftrag von Herzog Julius führten die Theologen Chemnitz, Andreae und Ulner mit weltlichen Visitatoren an mehreren Orten entsprechende Befragungen durch. Von den dabei erfassten 276 Pfarrstellen erwiesen sich 59 als gegenwärtig gar nicht oder unrechtmäßig besetzt. Das Examen von annähernd 220 Geistlichen konnte den Herzog kaum zufriedenstellen: Nur 26 waren mit den christlichen Grundlagen und der evangelischen Lehre ausreichend vertraut und von untadeligem Lebenswandel. 90 Personen schienen nur mittelmäßig auskunftsfähig oder hinsichtlich ihrer Lebensführung tolerierbar. Weitere 13 waren nach Einschätzung der Visitatoren zwar brauchbar, aber wegen »vorgefallener Sachen« zu versetzen. 77 Pfarrer sollten wegen völliger Unkenntnis, Festhaltens am katholischen Glauben oder nicht einwandfreien Lebenswandels entlassen werden. Bei elf Personen registrierte man ihr hohes Alter als Hindernis einer gesicherten geistlichen Versorgung der Gemeinde. Besonders bei dem am 5. November im Kloster Amelungsborn für die umliegenden Pfarren abgehaltenen Examen traten wenig ermutigende Verhältnisse zutage: Vier Kandidaten erschienen altersbedingt gar nicht, andere wussten überhaupt nicht zu antworten; niemand erreichte eine mehr als mittelmäßige Beurteilung. Angesichts dieser Situation galt die Sorge des Herzogs und seiner leitenden Geistlichkeit in den nächsten Jahren der Anwerbung geeigneter Kandidaten, der fortwährenden Beaufsichtigung der beibehaltenen Pfarrer und einer grundlegenden Verbesserung der theologischen Ausbildung im Land.

Birgit Hoffmann

Lit.: Schorn-Schütte 1996, bes. S. 167 f.; Spanuth 1937

168

Brief Martin Luthers an den Rat zu Braunschweig

Martin Luther, Wittenberg, 13. August 1531
Papier, 29 × 39 cm
Braunschweig, Stadtarchiv, B IV 11:246

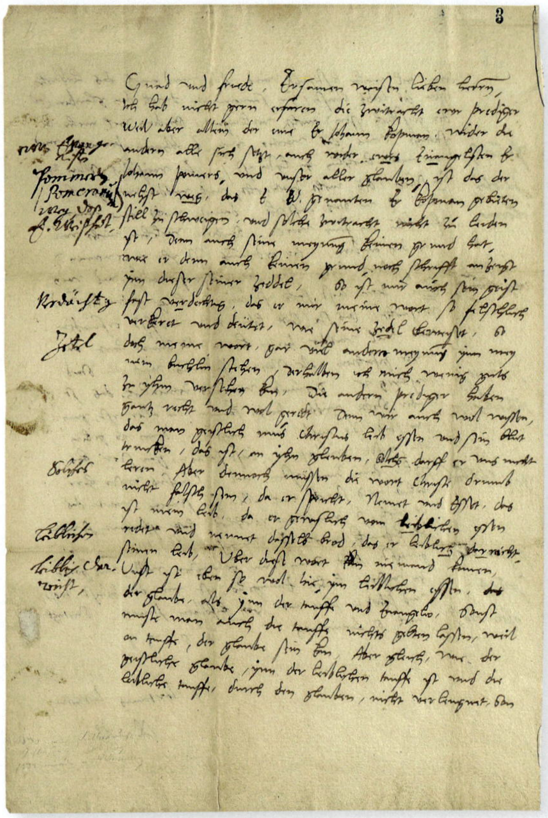

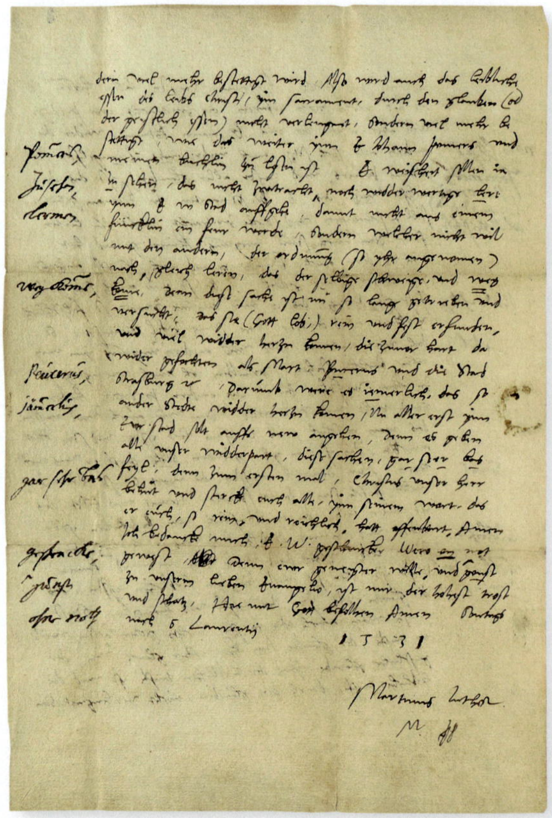

Auch nach der Einführung der evangelischen Kirchenordnung 1528 kam es in Braunschweig zu Auseinandersetzungen in Fragen der Glaubensauslegung zwischen einzelnen Geistlichen und dem Rat. Eine besondere Rolle spielte hierbei der Prädikant Johann Kopmann, der in der Kapelle des Marienhospitals wirkte. Wiederholt war er durch eine abweichende Haltung zur Kirchenordnung aufgefallen: Kopmann gehörte zu den Anhängern der Abendmahlslehre des Schweizer Reformators Huldrych Zwingli, der im Gegensatz zu Luther die Gegenwart Christi in Brot und Wein bestritt.

In der bereits längere Zeit währenden Auseinandersetzung mit Kopmann wandte sich der Rat am 9. August 1531 mit der Bitte um ein Gutachten an Martin Luther. In seiner unverzüglich erfolgten Stellungnahme vom 13. August bezog Luther eindeutig gegen Kopmann Stellung. Wer sich gegen die Kirchenordnung stelle, der solle schweigen und die Stadt verlassen. Der Rat beschloss daraufhin die Absetzung und Ausweisung des widerspenstigen Prädikanten. Durchgesetzt wurde diese Entscheidung aber nicht; Kopmann musste die Stadt erst 1540 verlassen.

Henning Steinführer

Lit.: Jürgens/Jünke 2003, S. 105–108

169

Abendmahlspatene

Göttingen, 1611
Messing, vergoldet, H 0,5 cm, Dm 14 cm
Göttingen, Städtisches Museum,
1909/152

»M. ISAAC WVCHERPHENNICH. ANNO. M. DC. XI.«: Der in Wittenberg ausgebildete Magister Isaak Wucherpfennig, der bereits seit Herzog Erichs II. Zeiten Pfarrer der Göttinger Hospitäler St. Bartholomaei und Heilig Kreuz war, stiftete 1611 eine Patene, in der den Gläubigen im evangelischen Abendmahl das Brot gereicht wurde.

20 Jahre zuvor war der Geistliche zum Spielball im Streit um die städtische Kirchenherrschaft geworden. Der Wolfenbütteler Herzog Heinrich Julius beanspruchte für das Bartholomäushospital das Recht, einen Pfarrer zu bestimmen und diesen durch seine Kirchenleitung, das Konsistorium, prüfen zu lassen. Der Göttinger Rat wiederum berief sich auf seine seit Jahrzehnten praktizierte Autonomie in Kirchenfragen. Wucherpfennig, der nie eine herzogliche, sondern nur eine städtische Berufung erhalten hatte, wurde 1591 vor das Konsistorium geladen, erschien pflichtschuldig und unterwarf sich dem Herzog. Der Göttinger Rat interpretierte dies als Verrat und entließ den Pfarrer, woraufhin das Konsistorium unter Strafandrohung seine Wiedereinsetzung verlangte.

Seiner Stelle endgültig sicher war Wucherpfennig erst 1594, als eine Einigung zwischen dem Fürsten und den Städten Göttingen, Hameln, Hannover und Northeim über die kirchenherrschaftlichen Rechte erzielt wurde: Der Herzog durfte in Stadtpfarreien, die unter seinem Patronat standen – und das waren in Göttingen alle bis auf St. Marien und Heilig Kreuz –, Pfarrer auswählen und durch das Konsistorium examinieren lassen. Der Rat behielt lediglich das Recht, Geistliche für städtische Pfarreien zu ordinieren und in minder schweren Fällen die Disziplinargewalt über sie auszuüben, doch im Laufe des 17. Jahrhunderts wurden auch diese Reste städtischer Kirchenherrschaft nahezu vollständig beseitigt.

Arne Butt

Lit.: DI 19, Arnold 1980, Nr. 151; Regula 1917, S. 123–152

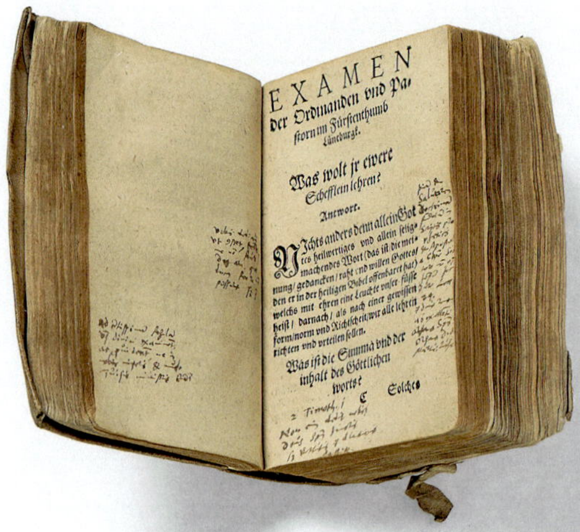

170

Einfeltige Form, wie [...] man im [...] Fürstenthumb Lüneburg [...] alle Pastores [...] in den fürnemsten Heubtstücken der Christlichen Lehre zu examinieren pfleget

Christoph Fischer, Uelzen, 1575
Druck: Kröner
Papier, 15,2 × 11 × 5,5 cm
Braunschweig, Theologisches Zentrum – Bibliothek,
S 28 kon 2

Was muss ein evangelischer Pfarrer des 16. Jahrhunderts über die Grundlagen des Glaubens wissen? »Der selbst ein Ding nicht weiß, kann es ander Leut nicht lehren.« Diese Erkenntnis leitete Christoph Fischer, der zwischen 1574 und 1577 als Generalsuperintendent neben Georg Bonsack im Fürstentum Lüneburg wirkte. Er veröffentlichte 1575 ein Werk, das den Pfarrern die »vornehmsten Hauptstücke der christlichen Lehre« auf einfache (»einfältige«) Weise erklären und ihnen als Handbuch zur Vorbereitung auf die jährliche Überprüfung ihrer Kenntnisse durch ihre Vorgesetzten dienen sollte.

Christoph Fischer stammte aus Böhmen, hatte in Wittenberg studiert, seit 1555 als Superintendent der fränkischen Grafschaft Henneberg gearbeitet und 1573 Predigten über den Katechismus publiziert. Ganz im Sinne Luthers – 1517 schärfte bereits die erste der 95 Thesen ein, Christus wolle, »dass das ganze Leben der Glaubenden Buße sei« – stellte Fischer in seinem Handbuch das christliche Bußverständnis in den Mittelpunkt und entwickelte hieraus die Lehrgrundlagen unter anderem zur Sünde, zum Evangelium, zu den Sakramenten, zur Wirkung guter Taten und zum Verständnis der zehn Gebote.

Als Basis für Pfarrerexamen konnte sich das Handbuch allerdings nicht durchsetzen: Die komplizierte Argumentationsführung hatte keinesfalls jene »einfältige Form«, die Fischer anpries. Auch zur Einführung jährlicher Visitationen kam es offensichtlich nicht. Schon 1577 verließ Fischer Celle Richtung Halberstadt und kehrte erst 1583 als Generalsuperintendent zurück. Als in jenem Jahr eine Generalvisitation des gesamten Fürstentums veranstaltet wurde, erwähnte Fischer in einem von ihm selbst verfassten Ablaufplan der Visitationsbefragung (»Visitationsartikel«) sein Handbuch mit keiner Silbe mehr.

Arne Butt

Lit.: Cohrs 1924/25, S. 83–135

171 ▶

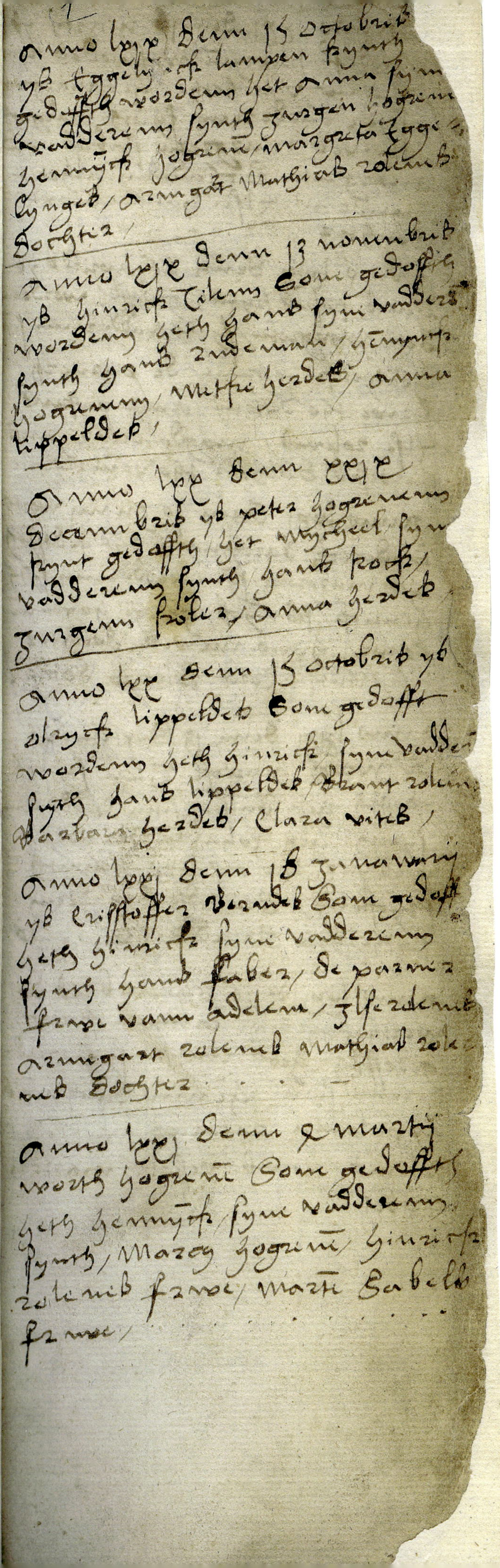

171

Kirchenbuch Dettum

Dettum, 1569–1720
Papier, 31,5 × 20,7 × 5 cm
Wolfenbüttel, Landeskirchliches Archiv, KB Dettum

Nach ersten Ansätzen von Taufaufzeichnungen im 14. Jahrhundert in Italien und Frankreich sowie um 1490 in Basel, 1536 in Hildesheim und 1548 in Augsburg wurde im Bereich der katholischen Kirche auf dem Tridentiner Konzil 1563 die verbindliche Führung von Trau- und Taufmatrikeln beschlossen. In den evangelisch werdenden Städten und Territorien setzte meist unmittelbar nach der Reformation eine geordnete Kirchenbuchführung ein. Ein besonderes Interesse bestand hier am Nachweis der Kindertaufe gegenüber anderen Taufpraktiken und hinsichtlich der Kirchenzucht im Kampf gegen das Konkubinat. Auch Herzog Julius von Wolfenbüttel verfügte in der Kirchenordnung von 1569 die Anschaffung von Büchern von »lautern Papyr« bei »einer jeden Pfarr«. In ihnen waren die Geburten und Taufen der Kinder, die Namen ihrer Eltern und Taufpaten sowie Eheschließungen nebst Aufgeboten zu verzeichnen, als Nachweis für die Obrigkeit und die Getauften, insbesondere im Moment ihres öffentlichen Glaubensbekenntnisses bei der Konfirmation. Schon 1569 kamen in den meisten Gemeinden Bestattungsbücher und Verzeichnisse der Abendmahlsteilnehmer hinzu. Die Konfirmationen wurden erst seit Mitte des 17. Jahrhunderts regelmäßig vermerkt. Von kurzen Matrikeln, die um 1600 oft nicht einmal die Mütter nannten, entwickelten sich die Kirchenbücher mancherorts zu ausführlichen, durch chronikalische Aufzeichnungen angereicherten Informationsquellen. Erst nach der französisch-westfälischen Herrschaft wurde auf eine formularmäßige Kirchenbuchführung gedrungen. Mit Einführung der Standesämter 1876 verloren die Kirchenbücher ihre Funktion als staatliche Personenstandsregister. Eine erneute Bedeutung gewannen sie im 20. Jahrhundert durch die im Nationalsozialismus geforderten Ariernachweise sowie das allgemein gestiegene genealogische Interesse. Birgit Hoffmann

Lit.: Baier 1989

Aus dem Alltag eines Pflichtbewussten

172 a (ohne Abb.)

Kelch

Niedersachsen, um 1580
Silber, H 15,6 cm, Dm 13,5 cm
Holzminden, Kirchenkreis Holzminden-Bodenwerder

172 b

1. und 2. Konzeptbuch des Superintendenten Jacob Jovius

Halle (Weser), 1569–1612
Papier, 32,5 × 20 cm
Holzminden, Kirchenkreis Holzminden-Bodenwerder, Handschriften (HS2, HS3)

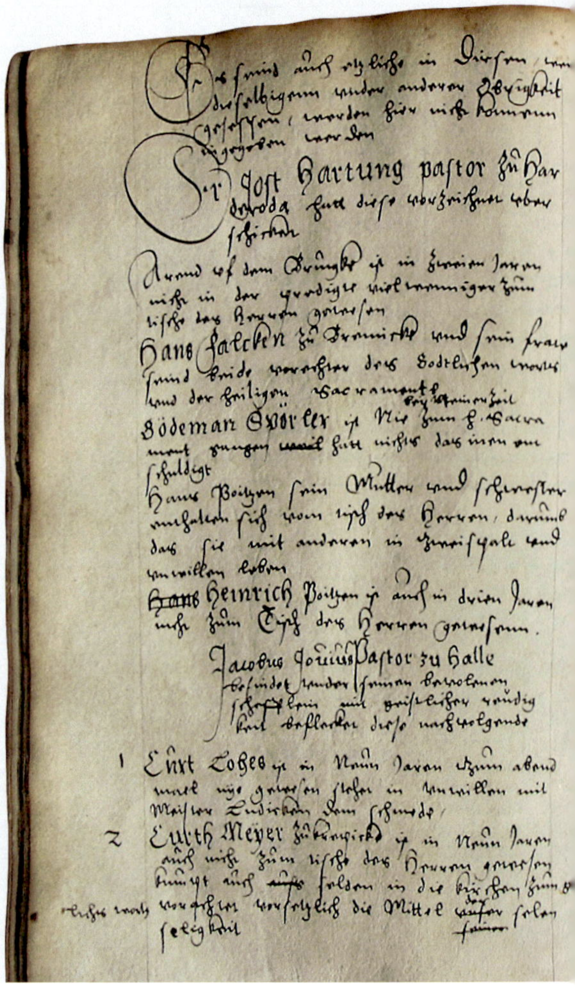

172 b

Jacob Jovius trat am 18. Mai 1569, ein Jahr nach der Einführung der Reformation im Fürstentum Braunschweig-Wolfenbüttel, das Amt des Superintendenten im niedersächsischen Halle im heutigen Landkreis Holzminden an. Bis zu seinem Tod am 26. Februar 1585 legte er während seiner Amtszeit zwei Konzeptbücher an, worin er 668 geschäftliche und private Briefentwürfe versammelte. Diese umfangreiche Korrespondenz ermöglicht einen einmaligen, detaillierten Einblick in familiäre, geistliche, politische sowie ökonomische Aufgaben und Strukturen des Superintendentenamts. Neben einer genaueren Vorstellung über den Amtsalltag eines Geistlichen auf dem Land treten darüber hinaus vor allem die Konflikte eines ländlichen Superintendenten bei der Umsetzung der Reformation zutage. Insbesondere werden in der Sammlung der Streit mit der Hallenser Gemeinde über die Bauarbeiten am Pfarrhaus oder die diversen Auseinandersetzungen mit den untergeordneten Pfarrern seiner Superintendentur greifbar. Ebenso belegen die Konzeptbücher einen regen brieflichen Austausch zwischen den verschiedenen Hierarchie-Ebenen einer sich im Aufbau befindlichen Landeskirche, so zum Beispiel zwischen Jovius und dem Amtmann oder dem kirchenleitenden Konsistorium.

Der Superintendent kontrollierte während seiner regelmäßig durchzuführenden Visitationen nicht nur die Lehre und den Lebenswandel der Pastoren oder die Rechnungen der Kirchen, sondern auch, ob für die Austeilung der Sakramente, zum Beispiel beim Abendmahl, dem Pastor die entsprechenden *Vasa Sacra* in seiner jeweiligen Kirche zur Verfügung standen. Außerdem sorgte er dafür, dass er in

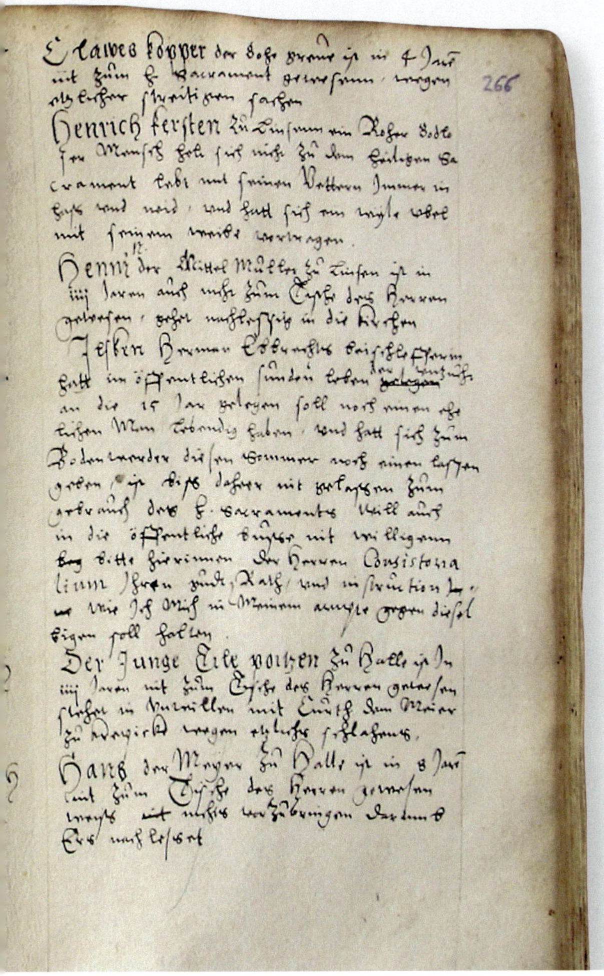

seiner eigenen Kirche in Halle über das entsprechende Abendmahlsgerät verfügte und gab daher um Ostern des Jahres 1580 einen neuen Kelch in Auftrag.

Julia Zech

Lit.: Zech [im Druck]

173

Gesuch des wegen des Vorwurfs, nicht an das Sakrament des wahren Leibes und Blutes Christi zu glauben, aus der Stadt Hannover verwiesenen Wilhelm von Damme, zurückkehren zu dürfen

Wilhelm von Damme, 1562
Papier, 33 × 22 cm
Hannover, Niedersächsisches Landesarchiv,
Hann. 72 Hannover Nr. 247

In der Stadt Hannover war bei der Durchsetzung der Reformation 1533/34 der altkirchliche Rat gestürzt worden. Die neue Stadtobrigkeit legitimierte ihre Herrschaft geradezu aus dem lutherischen Bekenntnis. Der katholische Herzog Erich II. d. J. hatte zwar 1553 den Landständen die lutherische Predigt im Fürstentum Calenberg freigestellt; durch das *Ius reformandi* des Augsburger Religionsfriedens von 1555 war dies jedoch zumindest theoretisch wieder infrage gestellt.

Eines Abends wohl zu Beginn des Jahres 1562 wurde in Hannover der Bürger Wilhelm von Damme, der sich einige Zeit in Bremen aufgehalten hatte, bei einer privaten Gesellschaft auf die Verhältnisse in der damals noch lutherisch geprägten Hansestadt angesprochen. Hier war bis zu seiner Ausweisung am 18. Februar 1561 der Domprediger Albert Rizäus Hardenberg wegen seiner zwinglianisch geprägten Abendmahlslehre, wonach selbiges lediglich als Erinnerungsmahl aufzufassen sei, aufgefallen. Was auch immer von Damme daraufhin erzählt haben mag; es reichte aus, um von einigen, die an dem Abend dabei gewesen waren, beim Rat angezeigt zu werden. Dieser hatte daraufhin die Ausweisung von Dammes aus der Stadt verfügt.

In einem Gesuch berief sich von Damme am 14. Februar 1562 darauf, an dem Abend auf Nachfrage nur wiedergegeben zu haben, was er »über des Doctoris zu Bremen Lehre« gehört hätte, dabei habe er vielleicht »unbedechtiger Dinge

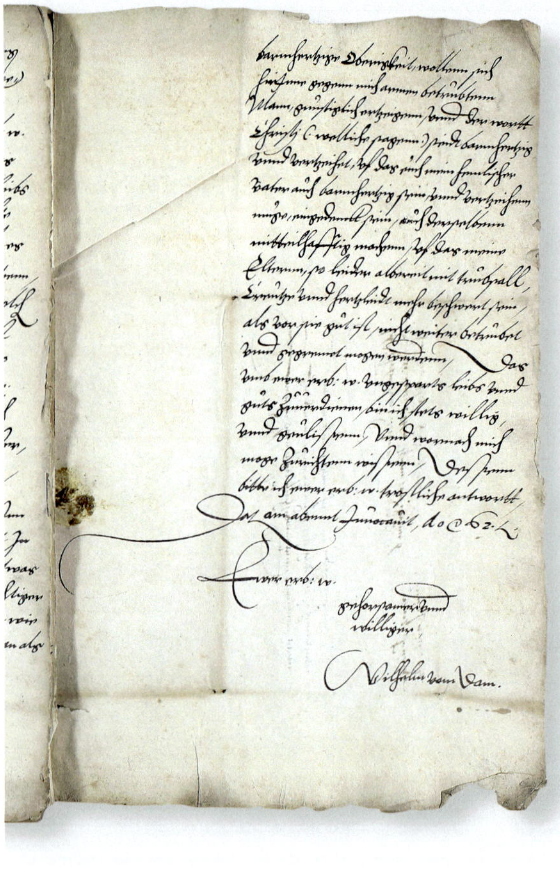

173

in Trunckenheit« gesagt, beteuerte aber seine gut lutherische Auffassung von der Realpräsenz Christi beim Abendmahl. Die Gesuche von Dammes wie auch die seines Schwagers, des herzoglichen Amtmanns Christoph Morhoff zu Blumenau, blieben allerdings unbeantwortet. In Dingen, die seine lutherisch bestimmte Autorität beeinträchtigt oder dem Herzog einen Anlass zum Einschreiten geboten hätten, kannte der Stadtrat keine Gnade.

Christian Hoffmann

Lit.: Mlynek/Röhrbein 1992; Müller 1983

174

Eine Pre=digt / das man kin=der zur Schu=len halten solle.

Martin Luther, Wittenberg, 1530
Druck: Nickel Schirlentz
Papier, 22 × 17,2 × 6,5 cm
Goslar, Marktkirchenbibliothek, 331

In seiner 1530 verfassten Predigt »Dass man Kinder zur Schule halten solle« nimmt sich Luther auf sehr eindringliche Weise nochmals eines Sujets an, das sich durchaus als eines seiner Lebensthemen bezeichnen lässt. Denn die kindliche Bildung lag ihm, nicht erst als Vater von sechs Kindern, besonders am Herzen. Bereits 1520 hatte er deshalb in seiner Schrift »An den christlichen Adel deutscher Nation von des christlichen Standes Besserung« den Grundstein gelegt für seine Überlegungen zu einer Reform des Schul- und Universitätswesens, welche er 1524 in einer weiteren Schrift »An die Rathsherren« konkretisiert und als gemeinsame Aufgabe der weltlichen, kirchlichen und politischen Kräfte bezeichnet hatte. Hier wendet sich Luther nun in einer Predigt insbesondere auch an die Eltern und Familien der Kinder. Luther nimmt wahr, dass die Familien sich dem erweiterten Angebot öffentlicher Bildung verschließen, »ihre Kinder ganz und gar von der Lahre ziehen und allein auf die Nahrunge und Bauchs Sorge sich geben«; die Kinder fehlten den Eltern als häusliche Arbeitskräfte, wenn sie die Schule besuchten. Luther verweist darauf, dass für jedwede berufliche Tätigkeit eine schulische Bildung vonnöten sei, und es nicht genüge, wenn Väter ihre Söhne in den beruflichen Fertigkeiten selbst unterrichteten. Denn in den öffentlichen Schulen wird nach den Vorstellungen Luthers von christlichen Lehrkräften (geistlichen Standes) mithilfe des Katechismus und der Bibel so gelehrt, dass die Gesellschaft als ganze von gebildeten jungen Menschen profitiert. Deshalb fordert Luther sogar, dass die Obrigkeit »die Untertanen zwinge, dass sie ihre Kinder zur Schule halten sollen«. Als innovativ kann bezeichnet werden, dass Luther auch Mädchen in öffentliche Schulen schicken und Stipendien für Kinder armer Familien aus dem »gemeinen Kasten« finanzieren will. Britta Lange-Geck

Lit.: Beutel 2015

Eine Predigt/ Mart. Luther/ das man kinder zur Schulen halten solle.

Wittemberg.

MDXXX.

175

Bildnis des Ludolf Lange

Unbekannt, nach 1626
Öl auf Leinwand, 109 × 79,5 cm
Hannover, Ev.-luth. Marktkirchengemeinde

Das Porträt zeigt den Prediger der Aegidienkirche Hannover, Magister Ludolf Lange, dargestellt mit Buch und Handschuhen in der Hand. Ursprünglich befand sich das Gemälde im Chor der Marktkirche Hannover. Nach seinem Studium an der Universität Wittenberg, an der sich Lange am 22. Mai 1566 immatrikuliert hatte, kehrte er in seine Heimatstadt Hannover zurück. Er bewarb sich erfolgreich um ein Stipendium der Stadt, verbunden mit der Auflage, anschließend für städtische Dienste zur Verfügung zu stehen. Nach einer Tätigkeit als Konrektor der Lateinschule in Hannover von 1572 bis 1574 übernahm er das Pastorenamt an der Aegidienkirche, in dessen Kirchspiel er auch geboren worden war.

Im »Hannoverschen Magazin« des Jahres 1770 geht der Küster der Aegidienkirche einer zentralen Fragestellung nach, die für die Verbreitung reformatorischen Gedankenguts in niedersächsischen Kirchen von grundsätzlicher Bedeutung war: »Wenn man zuerst in Niedersachsen angefangen habe, die hochdeutsche Sprache in einer Kirche zu gebrauchen?« In diesem Kontext berichtet er auch über das Wirken von Pastor Lange in der Aegidienkirche, der dort am 7. März 1574 ordiniert worden war. Dieser habe angefangen, lateinische Texte hochdeutsch zu erläutern, und bis 1611 seine Amtshandlungen in plattdeutscher Sprache verrichtet. Dies hätte nicht nur seine Predigten, sondern auch andere gottesdienstliche Handlungen wie Taufen, Trauungen und Beerdigungen betroffen.

Darüber hinaus war Lange ein aufmerksamer Beobachter der politischen und kulturellen Ereignisse in Hannover. Seine Aufzeichnungen im Zeitraum von 1560 bis 1622 liefern uns wertvolle Informationen für die hannoversche Chronik. Im Alter von 80 Jahren wurde Lange ein Opfer der Pest, die 1626 in Hannover wütete.

Herbert Pötter

Lit.: DI 36, Inschriftenkatalog: Deutsche Inschriften, Stadt Hannover (Sabine Wehking), Nr. 290; Hannoversches Mag. 1770, Bd. 7, Sp. 208; Müller 1987, S. 126

176
Leihgeber: Wolfenbüttel,
Niedersächsisches Landesarchiv

176 a

Stundenplan des Klosters Riddagshausen

ca. 1595
Papier, 20,6 × 33,4 cm
11 Alt Ridd, Nr. 14

176 b (ohne Abb.)

Verzeichnis des im Kloster Riddagshausen vorhandenen Personals, der Stipendiaten und Schüler

1578
Papier, 34 × 21 cm
11 Alt Ridd, Nr. 14

176 c (ohne Abb.)

Verzeichnis der Schüler in Riddagshausen und Amelungsborn

1591
Papier, 34 × 21 cm
11 Alt Ridd, Nr. 14

176 d (ohne Abb.)

Johannes Hübeners Verpflichtungserklärung gegenüber dem Land

1600
Papier, 34 × 20,7 cm
11 Alt Ridd, Nr. 14

Im Zuge der Reformation wurden im Wolfenbütteler Fürstentum zwischen 1569 und 1584 an sechs evangelischen Männerklöstern Schulen nur für Jungen eingerichtet. Die Klosterschulen glichen Internaten, denn die Jungen wurden nicht nur unterrichtet, sondern lebten auch dort. Da die Schüler als Stipendiaten vom Herzog gefördert wurden,

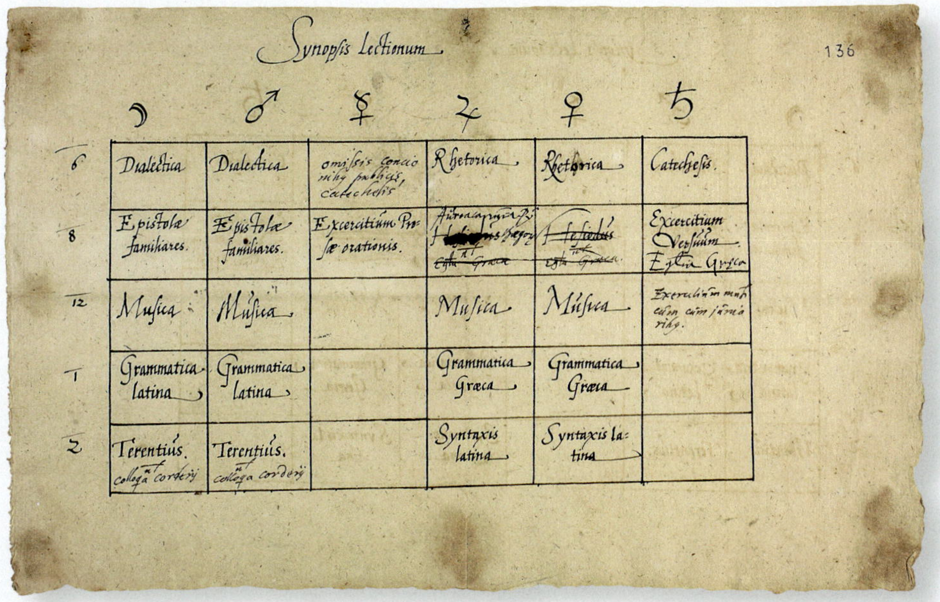

Synopsis Lectionum 136

	☽	♂	☿	♃	♀	♄
6	Dialectica	Dialectica	omissis concionibus publicis, Catechesis	Rhetorica	Rhetorica	Catechesis
8	Epistolae familiares	Epistolae familiares	Exercitium Prosae orationis	[illegible]	[illegible]	Exercitium Versuum Epist. Graeca
12	Musica	Musica		Musica	Musica	Exercitium musicum [illegible]
1	Grammatica latina	Grammatica latina		Grammatica Graeca	Grammatica Graeca	
2	Terentius. collega Corderij	Terentius. collega Corderij		Syntaxis latina	Syntaxis latina	

176 a

brauchten sie den Aufenthalt nicht bezahlen. Dafür mussten sie sich als Gegenleistung in der *Obligatio* schriftlich zum späteren Dienst im Fürstentum verpflichten. Die Intention war, dass die geförderten Jungen später Pfarrer werden und die lutherische Lehre im Territorium verbreiten sollten.

Die Klosterschulen wurden in verschiedene, aufeinander aufbauende Klassen eingeteilt, die durch das landesherrliche Konsistorium eine übergeordnete zentrale Aufsicht erhielten. Im Konsistorium wurden nicht nur die zukünftigen Stipendiaten ausgewählt und den einzelnen Schulen zugewiesen, sondern auch alle Klosterschüler geprüft, um deren Leistungsfortschritte festzustellen. Die Ergebnisse dieser Examina wurden in Listen festgehalten, die neben den Namen auch die Beurteilungen der Schüler enthielten. Ebenfalls fertigte man Verzeichnisse über das Gesinde in den einzelnen Klöstern an.

Zudem überwachte das Konsistorium die Einhaltung der Unterrichtsinhalte und Lehrbücher, welche 1569 in der Kirchenordnung angeordnet worden waren. Die religiöse Unterweisung wurde durch die Auswahl der Lehrbücher, zum Beispiel den Katechismus, gewährleistet. Dies bezeugt der Stundenplan der Klosterschule Riddagshausen. Er zeigt ebenfalls, dass an sechs Tagen in der Woche unterrichtet wurde, der Unterricht morgens um 6 Uhr begann und der Schwerpunkt auf der lateinischen Sprache lag.

Die vielen schriftlichen Dokumente belegen die zunehmende Kontrolle der Landesherrschaft über das Schulwesen.

Maike Gauger-Lange

Lit.: Gauger-Lange [im Druck]

177

Donatus minor optime correctus

Aelius Donatus, 4. Jahrhundert
Druck: Michael Furter
Basel, um 1490
Typendruck, Titelholzschnitt, 20 × 15 cm
Göttingen, Niedersächsische Staats- und Universitätsbibliothek Göttingen,
8 Auct Lat V 6216 Ink

Die intellektuelle Kaderschmiede des Herzogs

Die Grammatik des Aelius Donatus entstand bereits im 4. Jahrhundert für den Elementarunterricht, die Schüler dieser Klassenstufe nannte man nach der Grammatik »Donatisten«. In der verkürzten Form als »Ars minor« war der Donatus eines der am weitesten verbreiteten Lehrbücher für die lateinische Sprache im Mittelalter, denn die Erläuterungen wurden schon früh in die Muttersprachen übersetzt. Allein für die Zeit vor 1500 sind 355 Ausgaben der »Ars minor« gedruckt worden, dennoch haben sich wegen des Gebrauchscharakters nur verhältnismäßig wenige Exemplare erhalten.

Luther schätzte den Donatus nicht, vor allem weil die Lehrer damit auf stures Auswendiglernen pochten, aber kein Interesse an der Sprache bei den Kindern weckten; die schlechte Ausbildung der Lehrer tue ein Übriges. So berichtet Luther von 15 Hieben, die ihm sein Lehrer gegeben habe, weil er eine Deklination nicht auswendig konnte – die aber im Unterricht noch gar nicht durchgenommen worden war. Dennoch blieb der Donatus auch nach der Reformation eine wichtige Schulgrammatik.

Das Titelbild des ausgestellten Bandes zeigt eine Lehrsituation: Der Lehrer sitzt auf einem erhöhten Katheder mit einer Rute in der Hand, die Schüler sitzen vor ihm auf Bänken – anders als heute schrieben die Kinder nicht auf Tischen, sondern auf ihren Knien, zumeist auf Wachs- oder Schiefertafeln, denn Papier oder gar Pergament waren zu kostbar.

Gaby Kuper

Lit.: Bott 1983, S. 92 f., Nr. 90 (Franz Machilek); Meckseper 1985, Bd. 1, S. 533 f., Nr. 455 (Ursula Mende)

178

Modell der Academia Julia in Helmstedt

Braunschweig, um 1900
Holz, Grundplatte 138 × 66,5 cm, H 56 cm
Braunschweig, Braunschweigisches Landesmuseum, R 2534

Die Academia Julia ist ein Ergebnis der Reformation. Nach Einführung der lutherischen Glaubenslehre brauchte Herzog Julius zur Festigung der neuen Konfession gut ausgebildete Fachkräfte, vor allem Theologen und Juristen. Dafür gründete er in Helmstedt die erste protestantische Landesuniversität in Norddeutschland.

Helmstedt galt lange Zeit als das »Athen der Welfen«, gleichsam als Stätte der Bildung und des wissenschaftlichen Diskurses. Mehr als 250 Jahre gehörte die evangelische Reformuniversität zu den profiliertesten Hochschulen im Heiligen Römischen Reich. Nach humanistischem Vorbild wurden hier die klassischen Fakultäten Theologie, Jura und Medizin eingerichtet; die Lehre der »Septem Artes Liberales«, der Sieben Freien Künste, war grundlegend für das Studium. Wer die »Examina« als »Baccalaureus« oder »Magister« bestanden hatte, konnte zum »Doctor« promoviert werden und auf diese Weise die »licentia« zur Lehrtätigkeit erlangen.

Das Selbstverständnis dieser Einrichtung spiegelt die im Modell dargestellte Architektur wider. Das Gebäudeensemble lässt erkennen, dass die Academia Julia als städtebaulich-architektonischer Gesamtkomplex konzipiert war, dem ein umfassender Generalplan zugrunde lag und der mit dem Juleum Novum vollendet wurde. Die Grund- und Erdgeschossmauern der Ost- und Westflügel mit den achteckigen Treppentürmen flankieren einen langgestreckten Hof und stammen noch aus der Gründungszeit der Universität 1576. Das prächtige Zentralgebäude geht auf den Architekten Paul Francke zurück. Von 1592 bis 1597 wurde das Juleum Novum im Stil der Renaissance erbaut. Darin befinden sich auch die repräsentativen Vorlesungs- und Bibliotheksräume. Die Aula wird noch heute für Veranstaltungen genutzt.

Hans-Jürgen Derda

Lit.: Bruning/Gleixner 2010; Dzionara 2017; Thies 1997

179

Kaiserliches Privileg für die Universität Helmstedt

Kanzlei Kaiser Maximilians II., Prag, 9. Mai 1575
Pergament, 60 × 84 cm, Wachssiegel an goldgewebter Schnur in Holzkapsel
Wolfenbüttel, Niedersächsisches Landesarchiv, 4 Urk 2 Nr. 8

Eine Universität zu gründen, bedeutete im 16. Jahrhundert einen Prestigegewinn für den Fürsten, eine Ausweitung und Spezialisierung seiner Dienerschaft – und war ein sichtbares Zeichen dafür, dass er sein Amt als christlicher Herrscher wahrnahm. Herzog Julius hatte schon 1570 ein Pädagogium in Gandersheim gegründet, das er 1574 nach Helmstedt verlegte. Um als Universität zu gelten, besonders auch: allgemein anerkannte akademische Grade verleihen zu können, bedurfte die Einrichtung eines päpstlichen oder kaiserlichen Privilegs. Mit päpstlicher Unterstützung durfte Julius als protestantischer Fürst nicht rechnen, deshalb sandte er zwei Räte an den Kaiserhof, die im Hinblick auf den Nutzen einer Universität für das Land, dessen Kirchen- und Schulwesen die Privilegierung erwirken sollten.

MAXIMILIANVS SECVNDVS,
DIVINA FAVENTE CLEMENTIA ELECTVS ROMANORVM IMPERATOR SEMPER AVGVSTVS AC GERMANIÆ,
Hungariæ Bohemiæ Dalmatiæ Croatiæ Sclauoniæ &c. Rex, Archidux Austriæ Dux Burgundiæ Brabantiæ Stiriæ Carinthiæ Carniolæ &c. Marchio Morauiæ &c. Dux Luce...

Die im 16. Jahrhundert durchgehend kaisertreue Politik des Welfenhauses beförderte diese Mission. Die Gesandten kamen relativ rasch zum Ziel. Auf Schwierigkeiten stieß zunächst der Wunsch, auch an der theologischen Fakultät Doktoren promovieren zu dürfen. Die Blockaden ließen sich jedoch lösen, nicht zuletzt durch Geschenke an Vizekanzler, Hofräte und Sekretäre. Die Urkunde wurde schließlich – wie erbeten – in reichster Form (*amplissima forma*) ausgestellt. Der Kaiser bestätigte das »Gymnasium universale« und verlieh diesem alle Rechte, die Hohe Schulen seit alters her besaßen: die Lehrbefugnis, das Promotionsrecht in allen vier Fakultäten und die universitäre Selbstverwaltung. Dem jeweiligen Rektor gewährte er die Rechte eines Hofpfalzgrafen, namentlich jenes, Notare zu ernennen.

Innerhalb des Rahmens, den der Augsburger Religionsfriede bot, war es möglich, dass der Kaiser eine Ausbildungsstätte für lutherische Theologen privilegierte – wie vorher in Jena, nachher in Gießen, Rinteln und Straßburg. Kein Universitätsprivileg erhielten hingegen die calvinistischen Hohen Schulen in Herborn, Steinfurt oder Bremen.

Brage Bei der Wieden

Lit.: Baumgart 1974; Baumgart/Pitz 1963, S. 55, 68–74; Maaser 2010, S. 40–46

180

Rektorenornat der Academia Julia Helmstedt

Helmstedt, 1576
Textilien: Samt, Seidenfutter; Szepter: Silber, teilvergoldet
Braunschweig, Braunschweigisches Landesmuseum, Zg 2278 a, b, c, d

Die Academia Julia in Helmstedt gehörte zu den ersten protestantischen Universitäten in Norddeutschland und wurde nach Einführung der Reformation im Herzogtum Braunschweig-Wolfenbüttel von Herzog Julius 1576 gegründet. Hervorgegangen aus dem »Paedagogium illustre« in Gandersheim, entwickelte sich die Universität nach den Vorbildern in Wittenberg und Rostock zu einem Ort der evangelischen Elitebildung. Nicht mehr die Kirche sollte für die schulische und religiöse Bildung zuständig sein, sondern

Ein Bild von einem Humanisten

die staatliche Universitätsaufsicht oblag nun dem Landesherrn. Als ersten Rektor der Universität setzte Herzog Julius seinen zwölfjährigen Sohn Heinrich Julius ein – entgegen dem universitären Autonomieanspruch. Basierend auf dem Gründungsprivileg Kaiser Maximilians II. proklamierte ihn Altkanzler Joachim Mynsinger von Frundeck am 15. Oktober 1576 zum Rektor. Heinrich Julius – seit 1566 auch Bischof von Halberstadt – trug als Zeichen seiner Amtswürde Hut und Mantel aus rotem Samt. Zu seiner Ausstattung gehörte auch das silberne, teilvergoldete Szepter, hergestellt von dem Hofgoldschmied Schröder.

Bildung hatte für die Reformatoren einen hohen Stellenwert, das neue Bildungskonzept hatte vor allem Luthers Mitstreiter Philipp Melanchthon entworfen. Unabhängig von ihrer Herkunft sollten Mädchen und Jungen lesen und schreiben lernen. Sie sollten in der Lage sein, die Bibel selbstständig verstehen zu können. Martin Luthers Schrift »An die Ratsherren aller Städte deutschen Landes, dass sie christliche Schulen aufrichten und halten sollen« von 1524 gilt als »Gründungsmanifest des deutschen protestantischen Gelehrtenschulwesens« und ist eine Aufforderung an die Städte, eine solide Gymnasialbildung zu ermöglichen. 1530 erinnerte Luther mit der »Predigt das man kinder zur Schule halten soll« (Kat.-Nr. 174) an die »obrigkeitliche Schulfürsorgepflicht«. Die weltliche Obrigkeit habe nun die Aufgabe, die Stände der Prediger, Juristen, Pfarrer, Schreiber, Ärzte und Schulmeister zu erhalten, weil sie unentbehrlich seien.

Hans-Jürgen Derda

Lit.: Bei der Wieden 2010, S. 38–45; Bruning 2010, S. 26; Müller 1990, S. 53; Schmidt-Glintzer 2010, S. 11

181

Bildnis des Johannes Caselius

Unbekannt, 1573
Öl auf Leinwand, 92,4 × 73,5 cm
Braunschweig, Braunschweigisches Landesmuseum, ZG 3313

Johannes Caselius, eigentlich Johann Kessel, wurde 1533 als Sohn des Rektors und Superintendenten Matthias Bracht von Kessel in Göttingen geboren. Nach Schulbesuchen in Gandersheim, Göttingen und Nordhausen studierte er zunächst in Wittenberg, wo Philipp Melanchthon sein prägender Lehrer wurde, und anschließend in Leipzig. Herzog Johann Albrecht von Mecklenburg ermöglichte ihm ausgedehnte Bildungsreisen nach Italien. 1566 erwarb Caselius den juristischen Doktorgrad in Pisa und 1568 übernahm er eine Professur für Beredsamkeit an der Universität Rostock. Zwei Jahre später übertrug ihm der Herzog auf vier Jahre die Erziehung zweier Prinzen in Schwerin. In diesem Zeitraum ist laut Inschrift (»EX HAC IN AL. ANNO DOMINI 1573. // AETATIS SUAE 41.«) das Porträt entstanden, das den im 41. Lebensjahr Stehenden in schwarzem Gewand mit weißem Kragen und Spitzenbesatz an den Ärmeln zeigt. Das Kruzifix in der Wandnische, rechts neben ihm in Kopfhöhe, symbolisiert die Zuversicht auf Erlösung durch den Sühnopfertod Jesu Christi.

Dank seiner ausgewiesenen Kennerschaft antiker Autoren, philologischen Studien und zahlreichen Veröffentlichungen gilt Caselius als einer der letzten großen Humanisten. Ab 1589 wirkte er an der Universität Helmstedt, wo er Philosophie, Rhetorik und Ethik lehrte und einen herausragenden Beitrag zur Profilierung der Universität als späthumanistische Bildungsstätte leistete. Als Vertreter aristotelischer Philosophie geriet Caselius in Auseinandersetzungen mit Anhängern der orthodoxen lutherischen Theologie um Daniel Hofmann, die ein Wiedererstarken der Scholastik in der Theologie befürchteten. Die Heftigkeit des Streites rief schließlich die herzogliche Regierung auf den Plan, die jedoch, sich auf ein Gutachten der Universität Rostock stützend, die Position der Philosophie stärkte und somit »den besonderen Zuschnitt der Helmstedter Universität ermöglichte« (Bruning).

Angela Klein

Lit.: Ahrens 2004, S. 46–47; Bruning 2010, 27 f.

182

Gebetbuch und Porträt des Kanzlers Joachim Mynsinger von Frundeck

Joachim Mynsinger von Frundeck,
Nord- oder Mitteldeutschland, ca. 1590
Pergament, 15,8 × 12,4 × 8 cm
Wolfenbüttel, Niedersächsisches Landesarchiv, VII Hs 11 Nr. 178

Den Württemberger Dr. Joachim Mynsinger von Frundeck, einen Reichskammergerichtsassessor, der an der katholischen Universität Freiburg die Rechte gelehrt hatte, warb Herzog Heinrich d. J. 1556 ab, um Justiz und Verwaltung im Fürstentum Wolfenbüttel reformieren zu lassen. Mynsinger organisierte das Wolfenbütteler Hofgericht nach dem Vorbild des Reichskammergerichts und arbeitete grundlegende Gesetze aus. Nach dem Tod Heinrichs d. J. übernahm Herzog Julius den Kanzler und betraute ihn mit der Kirchenreformation; Mynsinger wurde rechtsgelehrtes Mitglied des Konsistoriums und organisierte die evangelische Landeskirche.

1566, noch zu Lebzeiten des altgläubigen Herzogs, ließ Mynsinger in Wolfenbüttel ein Gebetbuch erscheinen. Es handelte sich hierbei um eine Kompilation aus verschiedenen Quellen, nach Themen bzw. Anlässen geordnet. Individuelle Gebetbücher dieser Art bildeten eine spezifisch evangelische Gattung, freilich ohne konfessionell distinktive Merkmale. Sie dienten der Vorbereitung auf den Gottesdienst und boten einen Vorrat an Heil- und Stärkungsmitteln in Notfällen und Krisen. Mynsingers Gebetbuch erfuhr zwölf Auflagen (eine weitere in Wolfenbüttel, die übrigen 1582 bis 1625 in Magdeburg); es wurde ins Lateinische und Niederdeutsche übersetzt.

Das hier ausgestellte Exemplar ist die kalligrafische Abschrift eines der Magdeburger Drucke, mit Zierrahmen und golden illuminierten Initialen auf Pergament geschrieben – wie ein kostbares mittelalterliches Breviarium. Auftraggeber und Grund für diese Anfertigung sind nicht bekannt. Die darauf verwandten Kosten bringen jedoch eine hohe Wertschätzung für das Gebetbuch und seinen Autor zum Ausdruck. Davon zeugt auch der auf die Rückseite des Titels eingeklebte, sorgfältig kolorierte (nicht signierte oder datierte) Porträtholzschnitt, das beste überlieferte Bildnis Mynsingers.

Brage Bei der Wieden

Lit.: Althaus 1927; Schumann 1983

183

Gutachten zur Umwidmung und Verwendung des Klostervermögens

Joachim Mynsinger von Frundeck, 1569
Papier, 32,5 × 21 cm
Wolfenbüttel, Niedersächsisches Landesarchiv, 2 Alt, Nr. 2755

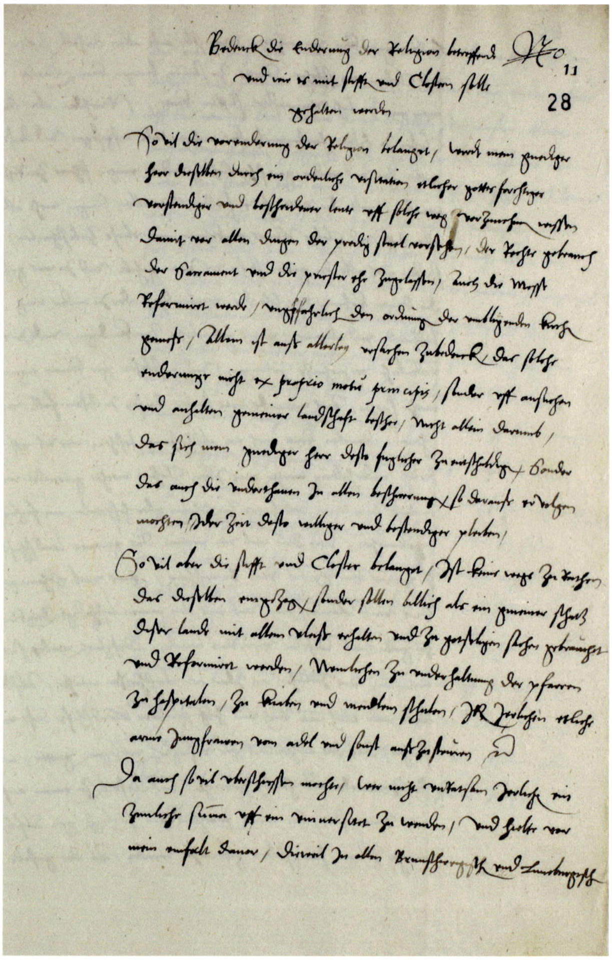

Da nach evangelischer Lehre der klösterliche Lebenswandel für die Gesellschaft keine religiöse Funktion mehr hatte, stellte sich in den protestantischen Territorien die Frage, wie mit den Klöstern umgegangen werden könne. Eine Antwort war die Schließung.

Eine weitere Lösung griff um 1568 der herzogliche Kanzler und Jurist Joachim Mynsinger von Frundeck für das Fürstentum Braunschweig-Wolfenbüttel auf. In seinem »Bedencken die Enderung der Religion betreffend« schlug Mynsinger vor, die Klöster zu erhalten, sie aber umfassend zu reformieren. Konkret sollten die Messe mit dem Abendmahl in beiderlei Gestalt sowie der Predigt in deutscher Sprache eingeführt und die monastischen Gelübde abgeschafft werden. Zudem befürwortete er die wirtschaftliche Sanierung der Klöster, damit sie Gewinne erwirtschaften könnten, aus welchen dann bedürftige Pfarrer, Schulen, vier Hospitäler sowie eine Universität finanziert werden sollten. Insbesondere die Errichtung der Universität war ein wichtiger Punkt, weil es bis dato keine in den vier welfischen Teilfürstentümern gab. Durch regelmäßige Kontrollen in den Klöstern, die Visitationen, sollte die Umsetzung der Änderungen überwacht werden.

Das »Bedencken« ist deswegen von besonderer Bedeutung, weil Herzog Julius bei der Ausgestaltung der Landesherrschaft in den folgenden Jahren die Vorschläge aufgriff. Auch langfristig war für den Herzog die Eingliederung der Klöster in seine Wirtschaftspolitik effektiver als die Schließung, denn auf diese Weise sicherte er Einkünfte für den Unterhalt der Geistlichen und Bildungseinrichtungen. Darüber hinaus führte der Erhalt der Klöster zur gesonderten Rechnungslegung der Klosterfinanzen und legte damit auf lange Sicht sogar den Grundstein für den Braunschweigischen Vereinigten Kloster- und Studienfonds.

Maike Gauger-Lange

Lit.: Schumann 1983

184 a

Im Auftrag des Braunschweiger Rates aufgestelltes Inventar des Braunschweiger Dominikanerklosters nach dessen Auflösung am 3. Januar 1529

Handschrift, niederdeutsch, Anfang 1529
Papier, 7 Bll., 34,5 × 21,5 cm
Braunschweig, Stadtarchiv, B IV 11:176

184 b

Abrechnung über Verkauf von Gütern des aufgelösten Franziskanerklosters in Göttingen

Handschrift, niederdeutsch, nach 1533
Papier, 21,5 × 8,5 cm
Göttingen, Stadtarchiv, AB MS 20

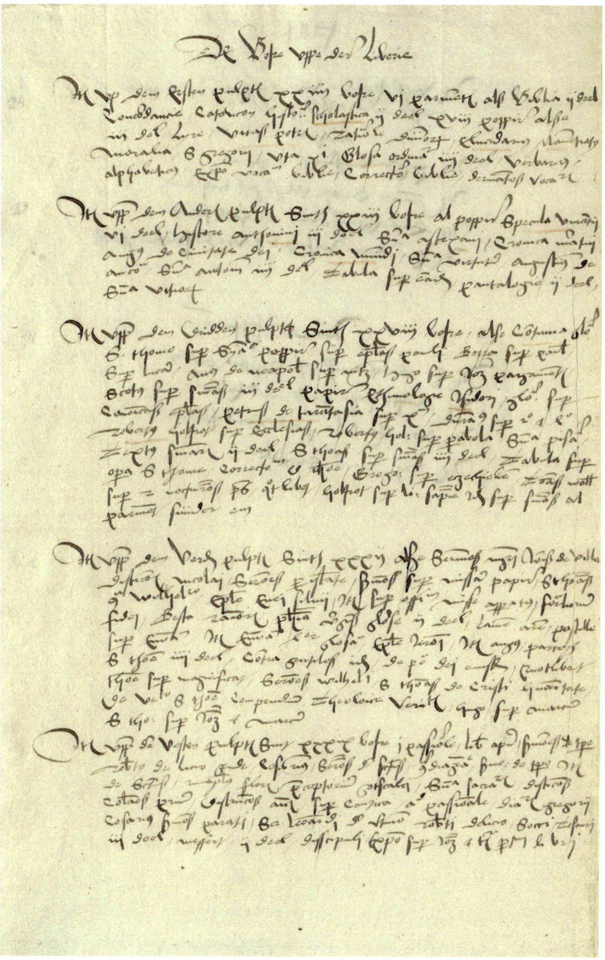

184 a

Mit der Einführung der Reformation in den Städten war auch die Säkularisation bestehender Stifte und Klöster verbunden. Bevor die Stiftsherren und Mönche bzw. Nonnen ihre Einrichtungen schließlich verließen, konnten nicht selten längere Zeiträume vergehen, mitunter wurden die Institutionen aber auch schon bald nach Einführung der Reformation aufgegeben. Dann schlug die Stunde von kommunalen Visitatoren, die das zurückgelassene Kloster- bzw. Stiftsinventar verzeichneten. Die auf diese Weise entstandenen Inventare sind heute wertvolle Quellen für das spätmittelalterliche Kirchenwesen.

Die Braunschweiger Dominikaner verließen bald nach Einführung der Reformation im September 1528 die Stadt, wobei sie große Teile der Einrichtung von Kirche und Kloster zurückließen. Das zu Beginn des Jahres 1529 im Auftrag des Braunschweiger Rates erstellte Inventar verzeichnet unter anderem zahlreiche liturgische Gewänder, eine silberne Marienfigur, Statuen des heiligen Dominikus und des heiligen Thomas von Aquin, Kelche und Monstranzen sowie die Urkunden des Klosterarchivs. Außerdem hatten die Dominikaner ihre 203 Bände umfassende Bibliothek zurücklassen müssen. Die zumeist theologischen Handschriften und Drucke, von denen nur ein geringer Teil in der Braunschweiger Stadtbibliothek und in der Herzog August Bibliothek erhalten geblieben ist, befanden sich auf insgesamt sieben Pulten.

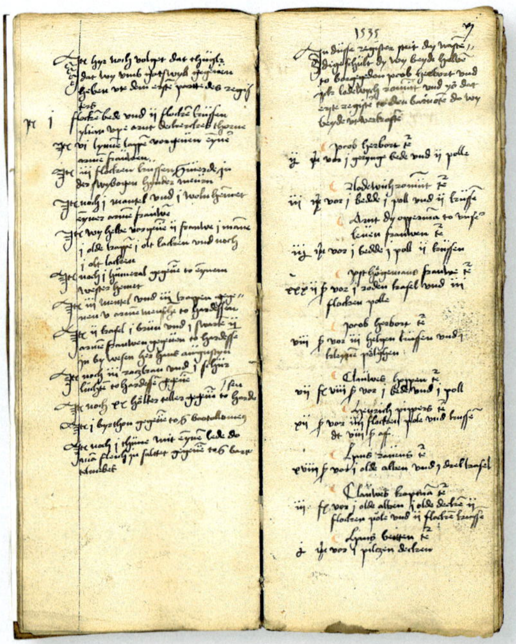

184 b

Die Franziskaner in Göttingen verließen erst nach mehrjährigen Auseinandersetzungen 1533 die Stadt. Wie in Braunschweig wurde auch in Göttingen ein Inventar über die zurückgelassene Habe angefertigt. Im Anschluss wurden die Güter von durch den Rat beauftragten Liquidatoren verkauft. Die Rechnung verzeichnet die Veräußerung von Bettzeug, Hausgerät und geistlichen Gewändern.

Henning Steinführer

Lit.: Camerer 1990; Ertl 2012; Römer 1980, S. 20 f., 30; Steinführer 2012

185 a (ohne Abb.)

Kirchenordnung: Wie es mit Christlicher Lere [...] Jm Hertzogthumb Luenenburg gehal=ten wird

Wittenberg, 1564
Druck: Rhau
Papier, ca. 20 × 30 cm (aufgeschlagen)
Hannover, Ev.-luth. Landeskirchenamt, Bibliothek, C II 3081 D (Depositum der Kirchengemeinde Bissendorf)

185 b

Kirchenordnung [...] Julij Hertzogen [...] Wie es mit Lehr vnd Ceremonien vnsers Fürstenthumbs Braunschweig, Wulffenbütlischen Theils, [...] gehalten werden sol

Wolfenbüttel, 1569
Druck: Conrad Horn
Papier, 20,6 × 32,2 cm (aufgeschlagen)
Wolfenbüttel, Landeskirchliches Archiv, V 376

185 c

Anton Corvinus, Christliche Kirchen Ordnung / Ceremonien vnd Gesenge / Für arme vngeschickte Pfarrherrn gestelt [...]

Anton Corvinus, Erfurt, 1542
Druck: Melchior Sachse
Papier, ca. 27 × 38 cm (aufgeschlagen)
Hannover, Gottfried Wilhelm Leibniz Bibliothek, C 5506

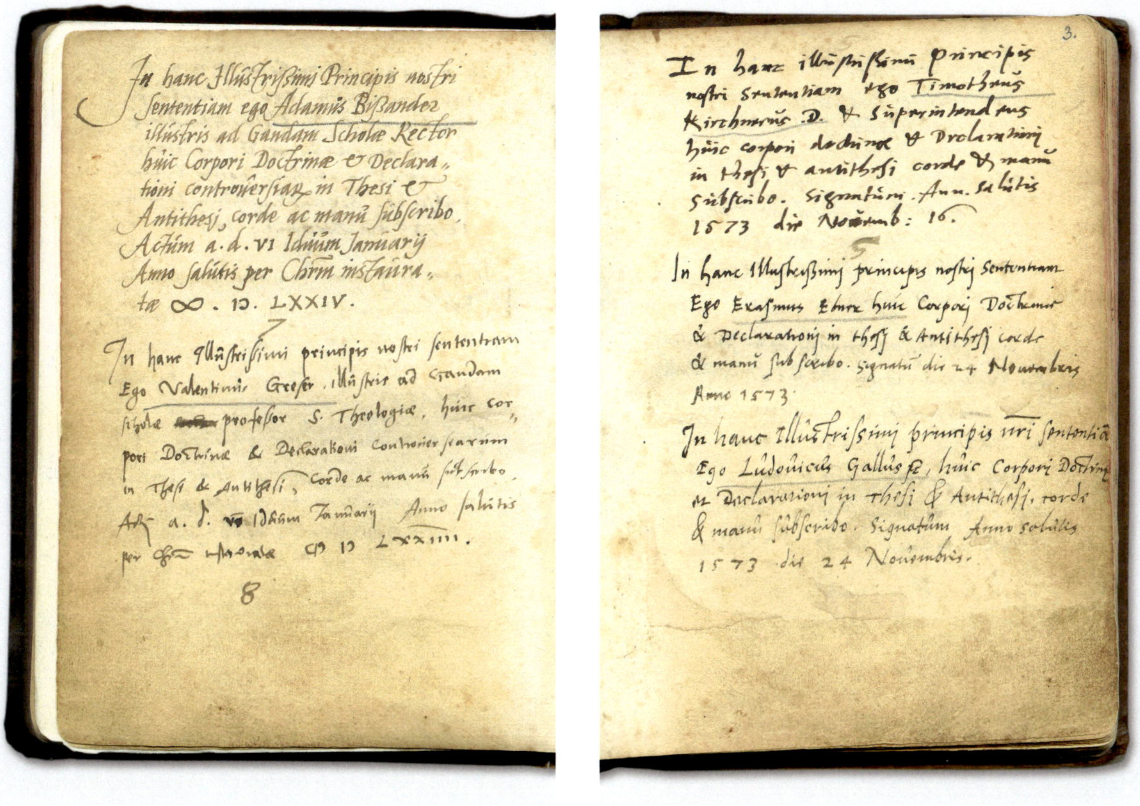

185 b

Mit der Einführung der Reformation in einem Territorium stellten sich zahllose Fragen zur Organisation des neuen Kirchenwesens: Wie definiert sich die neue Lehre? Wie werden Pfarrer berufen, welche Amtshandlungen haben sie wie zu verrichten, wem zu gehorchen? Wie sollen sich die Gläubigen in Kirche und Leben verhalten, wen und wie dürfen sie heiraten? Was wird aus Klöstern, kirchlichen Gütern und geistlichen Stiftungen? Die Fürsten mussten regelnd eingreifen und Ordnung in der Kirche schaffen – durch Kirchenordnungen.

Spätestens zu Beginn der 1540er Jahre setzte sich in den Fürstentümern die Erkenntnis durch, dass nach Vorbild der Städte die Festlegung verbindlicher kirchlicher Normen zeitgleich mit der offiziellen Einführung der neuen Lehre geschehen oder zumindest rasch auf sie folgen musste. Für das Fürstentum Calenberg hatte der nordhessische Pfarrer Antonius Corvinus bereits 1540 jene Kirchengesetze entworfen, die 1542 sofort erlassen wurden, als Herzogin Elisabeth die Chance zur Umsetzung ihrer reformatorischen Agenda gekommen sah. Für Herzog Julius war 1568 selbstverständlich, dass die Reformation im Fürstentum Wolfenbüttel einer umfangreichen Kirchenordnung bedurfte, die er von den namhaften Theologen Martin Chemnitz aus Braunschweig und Jakob Andreae aus Württemberg, der bereits in verschiedenen Territorien als »Reformationsexperte« gewirkt hatte, erarbeiten bzw. aus den Ordnungen

185 c

anderer Territorien zusammenstellen und 1569 drucken ließ. Auch vor dem Fürstentum Lüneburg, in dem seit 1527 eine Vielzahl einzelner Verordnungen entstanden war, machte die Tendenz zur immer stärkeren Normierung nicht halt: Seit 1562 wurde an einer umfassenden Kirchenordnung gearbeitet, die schließlich 1564 mit Zustimmung der Landstände erlassen wurde.

Arne Butt

Lit.: Butt 2016, S. 23–72; Ritter 1951, S. 79–102

186 a (ohne Abb.)

CORPVS DOCTRINAE. […] Nach welcher Form man […] in Kirchen vnd Schulen des loeblichen Fuerstenthums Lüneburg geleret vnd gepredigt

Uelzen, 1576
Druck: Kröner
Papier, 33,3 × 22 cm
Nienhagen, Ev.-luth. Kirchengemeinde St. Laurentius

186 b

Corpus Doctrinæ [des Fürstentums Wolfenbüttel] […]

Wolfenbüttel, 1576
Druck: Conrad Horn
Papier, 33,5 × 22,7 cm
Braunschweig, Theologisches Zentrum – Bibliothek, Z 5

Bald nach Luthers Tod 1546 entbrannten unter den Theologen heftige Streitigkeiten, wie dessen Lehre in zentralen Punkten zu verstehen sei. Den Verfechtern einer streng am Reformator orientierten Auslegung gelang es 1577, zahlreiche Territorien und Städte auf ein einheitliches Bekenntnis (»Konkordienformel«) zu verpflichten, dem sich auch die welfischen Fürstentümer Lüneburg und Wolfenbüttel anschlossen. Im Zuge dieser Entwicklung hatte 1576 Herzog Julius pünktlich zur feierlichen Einweihung der landeseigenen Universität in Helmstedt für sein Fürstentum Wolfenbüttel die gültigen Bekenntnisschriften nicht nur klar benennen, sondern auch vollständig abdrucken lassen. Zeitgleich erschien auch im Fürstentum Lüneburg unter Herzog Wilhelm d. J. ein entsprechendes Werk.

Die Lehrschriftensammlungen, »Corpus Doctrinae Julium« bzw. »Wilhelminum« genannt, wurden wiederholt nachgedruckt und dienten der Disziplinierung der Pfarrer, die sich bei Amtsantritt durch eigenhändige Unterschrift auf deren

186 b

Inhalt verpflichten mussten. Da jede Pfarrei ein Exemplar besitzen sollte, boten sie den Geistlichen zugleich auch die Möglichkeit, ihr theologisches Wissen an den herausragenden Zeugnissen des lutherischen Glaubens zu schulen.

Beide Werke entstanden unter Federführung des Braunschweiger Stadtsuperintendenten Martin Chemnitz und stimmen daher im Inhalt weitgehend überein. Sie beinhalten unter anderem die als drei »Hauptsymbole« bezeichneten antiken Glaubensbekenntnisse, Luthers Großen und Kleinen Katechismus von 1529, die »Augsburgische Konfession« von 1530, aber auch speziell Niedersächsisches: eine Lehrschrift des Lüneburger Generalsuperintendenten Urbanus Rhegius von 1535 und eine von Chemnitz selbst verfasste Abhandlung von 1575.

Arne Butt

Lit.: Mager 1993; Ritter 1952, S. 82 – 95

Sachlich richtig, aber leider päpstlich

187

Bericht vom new=en Bäpstischen Grego=riano Calendario, an den Landgraffen zu Hessen / etc.

Martin Chemnitz, 1584
Papier, ca. 27 × 38 cm (aufgeschlagen)
Hannover, Gottfried Wilhelm Leibniz Bibliothek, F – A 20

Bereits im Mittelalter hatten Gelehrte festgestellt, dass der Julianische Kalender langsamer war als der Sonnenlauf. Im 16. Jahrhundert hatte sich die Differenz von elf Minuten jährlich auf zehn Tage aufsummiert. Damit stimmte der für die christlichen Feste so wichtige Frühlingsvollmond nicht immer mit dem kalendarischen überein. Das Konzil von Nicäa hatte 325 festgelegt, dass das zentrale Fest der Auferstehung Christi – Ostern – am ersten Sonntag nach dem Frühlingsvollmond gefeiert wird. Wann war nun die Karwoche zu feiern, in der man im Gedenken an den Opfertod Christi fastete? Die lange angemahnte Kalenderreform verkündete Papst Gregor XIII. auf Empfehlung seiner Kommission am 24. Februar 1582: Im Oktober sollte auf den 4. der 15. folgen, wie bisher wurde alle vier Jahre ein Schalttag eingefügt, der nur in den vollen Jahrhunderten entfiel, die nicht durch 400 teilbar waren (1700, 1800, 1900).

Sollten sich die Protestanten dieser sachlich als durchaus richtig erkannten Kalenderreform anschließen und »dem Papst einige Gewalt in unsern Kirchen etwas zu ändern« zubilligen, wie sich der Theologe Martin Chemnitz in seinem Gutachten für den Hof des hessischen Landgrafen, dem Zentrum des Widerstandes gegen die Reform, fragte? Wäre die Reform vom Kaiser initiiert, auf dem Reichstag verhandelt und nicht so kurzfristig umgesetzt worden, hätten die Protestanten vielleicht mit sich reden lassen. So aber wurde die Kalenderreform zu einem theologischen Zankapfel und mit der Begründung, sie führe zu »einer großen Confusion« in der Bevölkerung, abgelehnt. Letztlich führten

D. MARTINI KEMNICII,
Bericht vom newen Bäpstischen GREGORIANO CALENDARIO,
an den Landgraffen zu Hessen / etc.
Gedrucket Anno 1584.

die deutschen Protestanten einen modifizierten Gregorianischen Kalender erst 1700/01 ein, sodass über 100 Jahre beide Kalender galten: Wenn die Protestanten Weihnachten feierten, hatten die Katholiken schon das neue Jahr begrüßt.

Gaby Kuper

Lit.: Grotefend 1991; Hamel 2000

188

Darstellung der Verhandlungen im Kloster Berge

Unbekannt, 1577
Papier, 32 × 19,3 cm
Braunschweig, Braunschweigisches Landesmuseum, LMB 22042

Der Kupferstich zeigt im oberen Drittel das seit 1565 evangelische Benediktinerkloster Berge[n] mit seinem Patron Johannes dem Täufer. Im unteren Drittel sitzen sechs Gelehrte um einen Tisch, auf dem zwei aufgeschlagene Bücher mit der Aufschrift »Formula Concordiae« liegen. Der Mittelteil nennt die Namen der Tischgemeinschaft und ihre Aufgabe. Es handelt sich um die Ende Mai 1577 abgehaltene zweite Redaktionssitzung für die letzte lutherische Bekenntnisschrift, welche die nach dem Leipziger Interim (1548) ausgebrochenen Lehrstreitigkeiten zwischen den Erben Luthers und Melanchthons beilegen sollte. Zu diesem Zweck war seit 1568 Jakob Andreae in württembergischem, wolfenbüttelschem und kursächsischem Auftrag als Eintrachtstifter unterwegs. Inzwischen lag in Gestalt des »Torgischen Buches« ein vierter Konsenstext zu zwölf strittigen dogmatischen Themen vor. In diese Fassung mussten nun im Kloster Berge[n] die von auswärts erneut eingegangenen Veränderungswünsche und Fragen eingearbeitet werden. Dazu waren Jakob Andreae, Martin Chemnitz, David Chytraeus, Christof Körner, Andreas Musculus und Nikolaus Selnecker von Abt Ulner eingeladen worden. Als Ergebnis ihrer nicht leichten Korrekturarbeit verabschiedeten sie am 28. Mai 1577 nach hitzigen Debatten – unter anderem über den Beitrag des menschlichen Willens zum Heil – das »Bergische Buch«, den Prototyp der Konkordienformel (FC), die drei Jahre später in einer Kurz- und einer Langfassung den Schlussteil des Konkordienbuchs bildete. Wegen ihrer einseitig lutherischen Zuspitzung fand die FC aber nur bei einem Teil der evangelischen Stände und Kirchen die gewünschte Zustimmung. Inge Mager

Lit.: Mager 1993, S. 273–281; Römer 1976, 380, S. 72 f.

Monasterium Imperiale Divi Johannis Baptistæ in Monte ad Albim propè Magdeburgum

Autoritate Sereniſſimorum et Potentiſſimorum Electorum Saxon. et Brandenburgenſ. Ducum Brunſwic. et Lüneburgenſ. Megapolitan et Würtenbergenſ. celebratus Conventus â 1 D. Nicolao Selneccero, Theolog. Saxon 2 D. Christophoro Cornero et 3 D. Andrea Muſculo, Theologis Branden, burgenſ 4 D. Martino Chemnitio, Theolog. Brunſwic 5 D. Davide Chÿtræo Theol Megapolit. et 6 D. Iacobo Andreæ, Theolog. Würtenbergenſ. propter concordiam Eccleſiam Confeſſ. Augustanæ in Monaſterio Bergenſi ad Albim prope Mag: deburgum, tempore Reverendiſſ. Abbatis Domini P. Ulneri. Menſ. Majo Anno 1577.

CONCORDIA
יהוה
Christliche/
Widerholete / einmütige
Bekentnüs nachbenanter Churfürsten/Für-
sten vnd Stende Augspurgischer Confes-
sion/vnd derselben Theologen Lere/
vnd Glaubens:
Mit angeheffter/in Gottes Wort/als der einigen Richt-
schnur/ wolgegründter erklerung etlicher Artickel/bey welchen
nach D. Martin Luthers seligen absterben Dispu-
tation vnd streit vorgefallen.
Aus einhelliger vergleichung vnd beuehl ob-
gedachter Churfürsten/Fürsten vnd Stenden/der-
selben Landen/Kirchen/Schulen vnd Nachkom-
men/zum vnterricht vnd warnung in
Druck vorfertiget.
Mit F. D. des Administratoris dieses Ertzstiffts
Magdeburgk befreyhung/Wie nach der Vor-
red zuersehen.
Gedruckt zu Magdeburgk/
M. D. LXXX.

189

Concordia. Christliche widerholete / einmütige Bekentnüs [...] (Konkordienbuch)

Dresden, 1580
Papier, 31 × 19,5 cm
Braunschweig, Stadtbibliothek,
Camman C 254

Das Konkordienbuch ist ein *Corpus Doctrinae* von zehn in der evangelisch-lutherischen Kirche bis heute maßgeblichen Bekenntnisschriften, auf die seit dem ausgehenden 16. Jahrhundert Pfarrer, Lehrer und zeitweise auch höhere Beamte in den unterschreibungsbereiten Territorien und Städten vereidigt wurden. Drei dieser Lehrschriften stammen federführend von Philipp Melanchthon (»Confessio Augustana« [CA], Apologie der CA, »Traktat von der Gewalt und Obrigkeit des Papstes«), drei hat Martin Luther verfasst (Kleiner und Großer Katechismus mit Trau- und Taufbüchlein, Schmalkaldische Artikel). Von den drei altkirchlichen Symbolen (Apostolikum, Nicaeno-Constantinopolitanum, Athanasianum) lässt sich nur das mittlere Synodalbekenntnis datieren (325/381). An zehnter und letzter Stelle steht in einer kürzeren und in einer längeren Fassung die Konkordienformel (FC) mit einem die Zweinaturen-Christologie stützenden »Catalogus Testimoniorum«. Die als Wiederholung der CA konzipierte FC ist zwischen 1568 und 1577 in einem bis dahin beispiellosen Prozess mehrmaliger Befragungen unter der theologischen Hauptverantwortung von Jakob Andreae und Martin Chemnitz mit fürstlicher Unterstützung (aus Württemberg, Braunschweig-Wolfenbüttel und Kursachsen) entstanden. In einigen Konkordienbüchern fehlen wegen der Exorzismen in der Taufliturgie das Trau- und Taufbüchlein Luthers. Eine dem Konkordienbuch vorangestellte Vorrede im Namen der Stände gibt Auskunft über seine Vorgeschichte. Sie ist unterschrieben von drei Kurfürsten, drei Bischöfen, vielen Fürsten, Grafen und Bürgermeistern. Dazu gehört auch der Konkordienförderer Julius von Braunschweig-Wolfenbüttel, in dessen Territorium letztlich aber das »Corpus Doctrinae Julium« (1576) größere Rechtsverbindlichkeit erlangte. Ganz am Ende des Buches stehen die Unterschriften der Pastoren der dem Konkordienbuch beigetretenen Städte und Territorien.

Inge Mager

Lit.: Dingel 2014

190

Urfehde der Braunschweiger Juden wegen Hostienfrevels

Braunschweig, 25. September 1510
Pergament, 34,5 × 53 cm
Braunschweig, Stadtarchiv, A I 1:1256

Die Geschichte der Juden in Braunschweig war über lange Zeit geprägt durch Ausgrenzung und Diskriminierung. Im Mittelalter war das Verhältnis von Juden und Christen in Braunschweig ambivalent: In Zeiten wirtschaftlicher Blüte profitierten beide Seiten voneinander. In gesellschaftlich schwierigen Zeiten hingegen wurden Juden Opfer von Verleumdungen und Hass: »Brunnenvergiftung«, »Ritualmord« und »Hostienschändung« waren die häufigsten Anklagen der christlichen Mehrheitsbevölkerung gegenüber den Juden in Braunschweig. Die ausschließlich mit Christen besetzten Gerichte und Stadträte waren im seltensten Falle unparteiisch. Das Exponat ist ein Beleg für Verfolgung und Vertreibung von Juden in der Zeit vor der Reformation.

Schon im Jahr 1350 nach einer verheerenden Pestepidemie suchte die christliche Mehrheitsbevölkerung einen Sündenbock für die angebliche »Brunnenvergiftung«. Die jüdische Minderheit in Braunschweig wurde zum Ziel und es entlud sich der Hass in Verfolgungen, Vertreibung und Mord: Etwa 100 jüdische Mitbürger kamen dabei ums Leben.

1437 wurden zwei Juden in Braunschweig wegen eines angeblichen »Ritualmordes« angeklagt. Sie sollten ein Kind ermordet und das Blut des Kindes für die Durchführung einer religiösen Zeremonie verwendet haben. Sie wurden für schuldig befunden und verbrannt.

In der zweiten Hälfte des 15. Jahrhunderts kam es zu einer Blüte des jüdischen Lebens in Braunschweig: Ishrael von Halle, ein reicher jüdischer Goldschmied, vertrat die Interessen der jüdischen Gemeinde gegenüber dem Stadtrat. Er übernahm es auch, die Steuern und Abgaben der Juden in Braunschweig zu sammeln und dieses Geld dann an den Stadtrat weiterzuleiten. Als er 1480 starb, hatte sich eine blühende jüdische Gemeinde in Braunschweig entwickelt.

Aber 1510 kam es zu einer erneuten Anklage: Juden sollten eine Hostie, Symbol des Leibes Christi beim Abendmahl der katholischen Messe, mit einer Nadel durchstochen haben. Diese angebliche »Schändung der Hostie« führte zu einer Verhaftung und zur Ausweisung aller Mitglieder der jüdischen Gemeinde aus Braunschweig. Doch schon ein Jahr später konnte sich der erste Jude nach Zahlung einer besonderen Steuer wieder in Braunschweig ansiedeln.

Christian Werner

Lit.: AK Braunschweig 2011, S. 110 f.; Gidal 1997, S. 82 f.; Prüsse Stiftung und Jacob-Kemenate 2012, S. 5 f.

191
Leihgeber: Braunschweig, Theologisches Zentrum – Bibliothek

191 a (ohne Abb.)

Das Jhesus Christus eyn geborner Jude sey

Martin Luther, Wittenberg, 1523
Papier, ca. 20 × 26 cm
303 kon 2

191 b

Von den Jü=den und iren Lügen

Martin Luther, Wittenberg, 1543
Druck: Hans Lufft
Papier, 19,5 × 15,5 × 4 cm
V 21

Die schriftlichen Äußerungen Martin Luthers zeugen von einem tief verwurzelten Antijudaismus in Form einer Ablehnung von Menschen, die den jüdischen Glauben ausübten. Während der junge Luther noch hoffte, dass sich die Juden zum Christentum bekehrten, kann man aus späteren Schriften Luthers ein anderes Verhältnis zum Judentum ablesen: Der Reformator sprach sich für eine Ausweisung von Juden aus. Er befürwortete die Zerstörung jüdischer Versammlungsorte und jüdischer Wohnungen. Luther sprach auch den Juden, die zum Christentum übertraten, die Fähigkeit ab, ernsthaft Christen werden zu können. Aus heutiger Perspektive sind diese Äußerungen klar antisemitisch. Luther richtete sich nicht nur gegen den jüdischen Glauben, sondern gegen die Menschen, die als Juden lebten oder Juden gewesen waren.

Auch wenn man Luther keine antisemitischen Taten nachweisen kann, so wurden seine Schriften als Legitimation für Ausweisungen und Verfolgungen in der Reformationszeit und danach benutzt. Das lässt sich anhand weiterer Exponate in dieser Ausstellung nachweisen. Seine Werke

191 b

waren eine Grundlage für zukünftige antijudaistische oder antisemitische Ausschreitungen in protestantischen Gebieten Deutschlands. Zum Lutherjubiläum in der Zeit des Nationalsozialismus beriefen sich sowohl protestantische Kirchenvertreter als auch NS-Parteigrößen auf die Worte des Reformators. Luthers Antisemitismus war damit auch ein Grund für das weitgehende Versagen der evangelisch-lutherischen Kirchen im Deutschen Reich gegenüber antisemitischen politischen Äußerungen, der nationalsozialistischen Verfolgungs- und Vernichtungspolitik. Bischöfin Margot Käßmann spricht deshalb zu Recht von der »dunklen Seite der Reformation«. Christian Werner

Lit.: Kabus 2005, S. 18 f.; Käßmann 2013; Kaufmann 2017

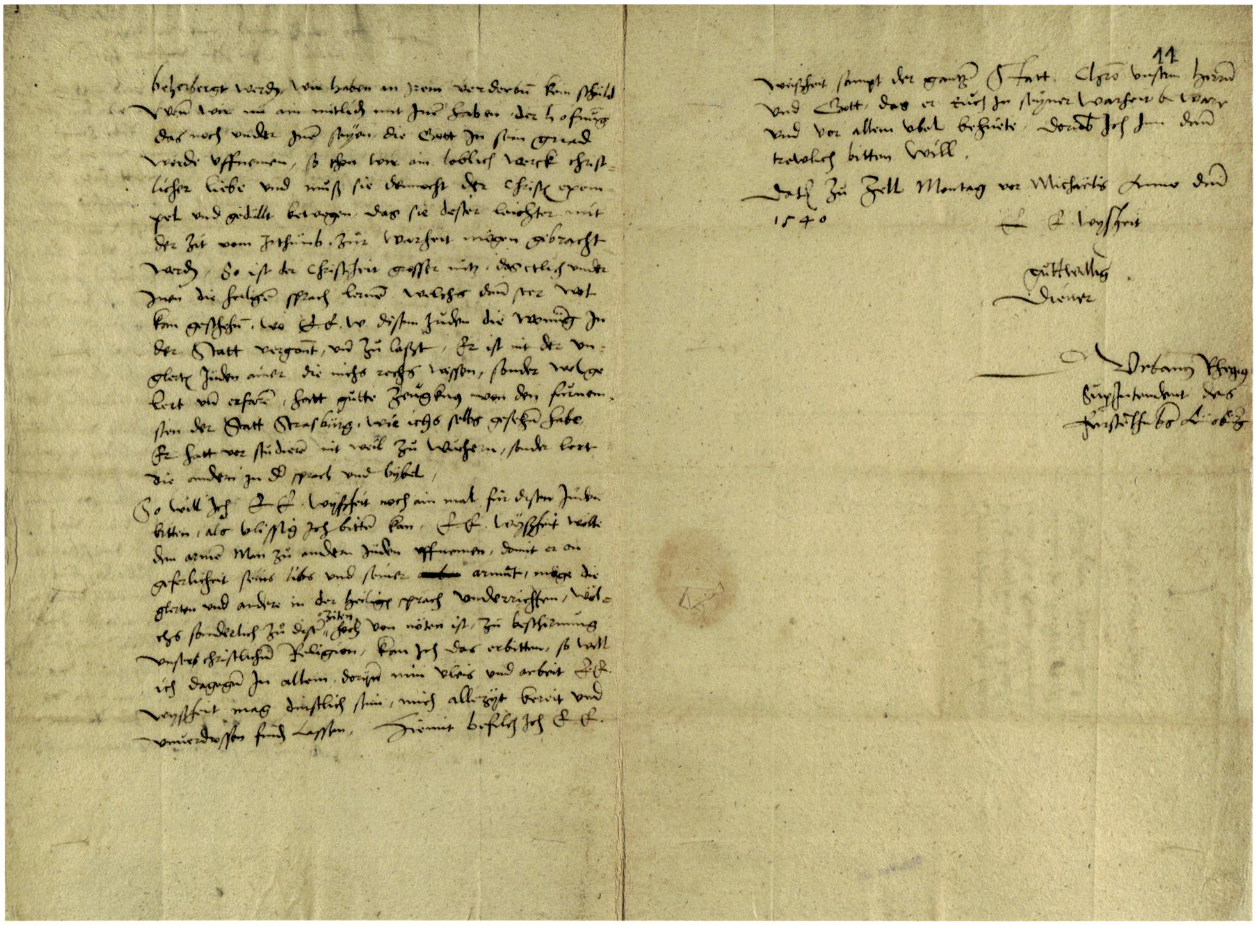

192

Bittschrift des Urbanus Rhegius an Bürgermeister Cord von Damme

Celle, 27. September 1540
Papier, 34 × 22,5 cm
Braunschweig, Stadtarchiv, B IV 10 a: 5

In der Reformationszeit bemühte sich der weithin anerkannte protestantische Geistliche, Hofprediger und Superintendent Urbanus Rhegius aus Celle darum, eine Aufenthaltsgenehmigung für den jüdischen Gelehrten, den Rabbiner Samuel, innerhalb der Stadtmauern Braunschweigs zu erhalten. Das Exponat aus dem Jahr 1540 ist ein Beleg für die fruchtbare Kooperation von jüdischen und christlichen Geistlichen. Rabbi Samuel wohnte bis 1540 auf dem Rennelberg außerhalb der Stadtmauern Braunschweigs. Hier lebten auch viele aus der Stadt verbannte Verbrecher. Der Rabbiner wollte näher bei der Synagoge wohnen, da ihm der

Weg dorthin besonders im Winter immer schwerer falle. Zu dieser Zeit lag hier die erwähnte Versammlungsstätte der Juden von Braunschweig in der Jöddenstraße am Neustadtrathaus. Urbanus Rhegius richtete diese Bitte direkt an den Bürgermeister von Braunschweig Cord von Damme, den er persönlich kannte.

Die Bitte um Aufnahme verknüpfte Rhegius mit dem Angebot, dass dieser jüdische Gelehrte keinen Handel in der Stadt treiben wolle, sondern vielmehr in der Lage sei, die christliche Geistlichkeit im Studium der hebräischen Schrift zu unterrichten. Damit kam Rhegius der von der Reformation so geförderten Rückbesinnung auf »das reine Wort Gottes« nach und versuchte, eine argumentative Brücke für die Aufenthaltserlaubnis des jüdischen Gelehrten Rabbi Samuel zu bauen. Die Bitte des Urbanus Rhegius wog umso schwerer, als er selbst die Reformation in Braunschweig gefördert und in der Brüdernkirche gepredigt hatte.

Die Bittschrift erwähnt auch die Streitigkeiten des Stadtrats mit dem Herzog von Braunschweig, unter denen besonders der Rabbiner Samuel zu leiden hatte. Das Umland der Stadt gehörte zum Einflussgebiet des Herzogs, die Stadt Braunschweig nicht. Der Weg von seiner bisherigen Wohnung auf dem Rennelberg hinein in die Stadt zu seiner jüdischen Gemeinde führte auch über die Einflussgrenze von Herzog und Stadt.

Christian Werner

Lit.: Meckseper 1985, S. 507, Nr. 422;
Vogel 1841, S. 42 f.

193 a

Braunschweiger Rat an Herzog Julius von Wolfenbüttel wegen Wiederaufnahme der Juden in der Stadt

Braunschweig, 15. November 1578
Papier, 33 × 21,6 cm
Wolfenbüttel, Niedersächsisches Landesarchiv,
1 Alt 9 Nr. 372

193 b (ohne Abb.)

Entwurf des theologischen Gutachtens der Braunschweiger Geistlichkeit zur Wiederansiedlung der Juden in Braunschweig

Martin Chemnitz, Braunschweig, 13. November 1578
Papier, 33 × 42,5 (aufgeschlagen)
Braunschweig, Stadtarchiv, B IV 11, Nr. 20, 16

Verfasser des ausgestellten Gutachtens war der Rat der Stadt Braunschweig, der sich gegen die Wiederaufnahme von Juden in das Herzogtum wandte. Das Gutachten betonte die wirtschaftlichen Nachteile, die durch eine Wiederansiedlung von Juden für die christlichen Bürger der Stadt entstehen könnten. Zudem folgten die Ratsherren der theologischen Argumentation Martin Luthers. Der Stadtrat bezog sich auf Luthers Schrift »Von den Juden und ihren Lügen« aus dem Jahr 1543. Sein Argument, die Juden würden die Christen ausrotten, wurde übernommen. Gleichzeitig wiesen die Autoren auf mögliche Auswirkungen einer Wiederaufnahme von Juden für die politische Einigkeit des Herzogtums und auf die Gefährdung des Friedens innerhalb der Kirchen im Umkreis von Braunschweig hin.

Als Herzog Julius 1578 die Wiederansiedlung von Juden in seinem Herrschaftsbereich erwog, legte der Reformator Martin Chemnitz Widerspruch ein. In seinem theologischen Gutachten berief er sich auf Luther und empfahl dessen Ratschläge im Umgang mit den Juden. Chemnitz betonte

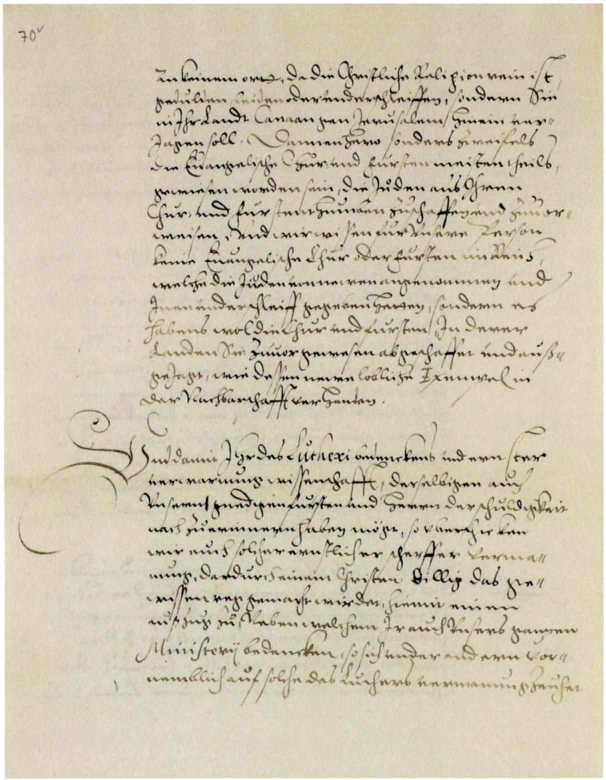

193 a

die Gefahr, die von den Juden für die evangelischen Christen in der Stadt ausgehen könnte, da sie Jesus als Messias nicht anerkennen und damit ein zentrales Element christlichen Glaubens ablehnen würden. Auch verwies er auf die politische Dimension: Sollte Julius die Wiederansiedlung von Juden in Braunschweig befürworten, könnte das hohe Ansehen des Herzogs gerade bei seiner neu gegründeten Universität in Helmstedt Schaden nehmen. Das Gutachten von Martin Chemnitz wurde befolgt, die Juden mussten die Stadt verlassen. Seine Stellungnahme wirkte zudem über die Grenzen Braunschweigs hinaus und wurde 1579 auch zur Entscheidungsgrundlage der Stadt Einbeck, die Juden auszuweisen. Christian Werner

Lit.: Ries 1984; Werner 2012, S. 10 f.

194

Landesverordnung des Herzogs Heinrich Julius zur Vertreibung der Juden

Wolfenbüttel, 9. Januar 1590
Papier, 32 × 37,5 – 37,8 cm
Wolfenbüttel, Niedersächsisches Landesarchiv, 40 Slg 876

Schon im Jahr 1557 wurden die Juden durch herzoglichen Beschluss auch aus dem Braunschweiger Land verbannt. Einige Jahre später, 1578, gestattete der braunschweigische Herzog Julius etwa 100 Juden, sich in Melverode, einem Vorort südlich von Braunschweig Richtung Wolfenbüttel, niederzulassen. Der Herzog baute für diese Juden zwölf Häuser. Kurz nach seinem Tod 1590 wurden die Juden wieder aus Melverode ausgewiesen.

Erst 1707, also mehr als 150 Jahre später, erhielten Juden wieder die Genehmigung, in Braunschweig zu wohnen.

Die hier ausgestellte Landesverordnung zur Vertreibung der Juden aus dem Jahr 1590 durch Herzog Heinrich Julius setzte einen Schlusspunkt unter das Zusammenleben von Christen und Juden im Braunschweiger Land.

Der Vorgänger Herzog Julius hatte sich noch für eine Ansiedlung von Juden in Melverode eingesetzt, Häuser und einen jüdischen Friedhof gebaut. Gegen den massiven Widerstand des Stadtrates von Braunschweig hatte Julius diese Ansiedlung aus vorwiegend wirtschaftlichen Gründen gefördert, um den Absatz von Bergbauprodukten zu heben und den Verkauf der im Braunschweiger Land hergestellten Waren zu verbessern. Nach seinem Tod 1589 wurde die Synagoge in Melverode geschlossen.

Sein Nachfolger Herzog Heinrich Julius kam dem Drängen des Stadtrates und seiner christlichen Berater im Konsistorium nach und erließ gleich zu Beginn seiner Herrschaft im Jahr 1590 eine Landesverordnung, die zur Vertreibung aller Juden aus der Stadt und Land Braunschweig führte.

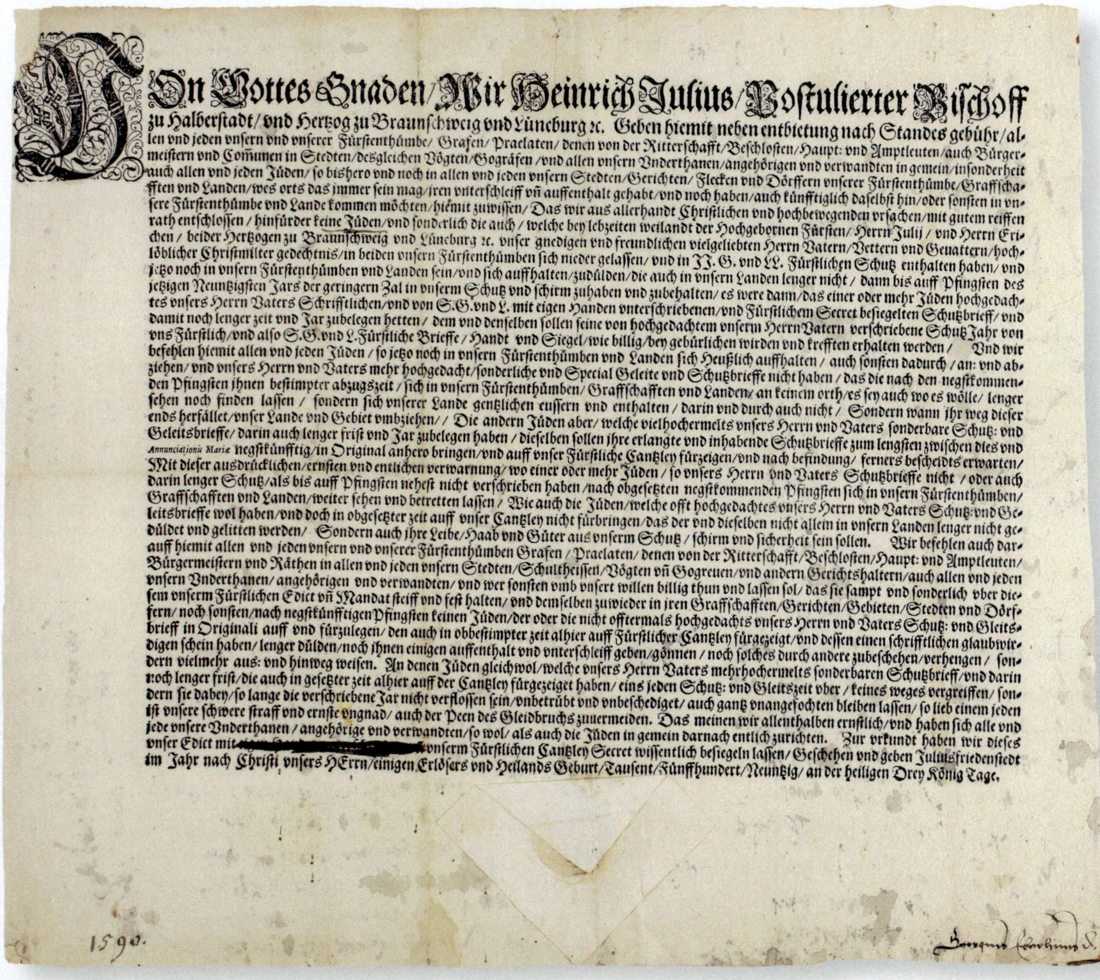

VOn Gottes Gnaden/ Wir Heinrich Julius/ Postulierter Bischoff
zu Halberstadt/ vnd Hertzog zu Braunschweig vnd Lüneburg ꝛc. Geben hiemit neben entbietung nach Standes gebühr/ al-
len vnd jeden vnsern vnd vnserer Fürstenthümbe/ Grafen/ Praelaten/ denen von der Ritterschafft/ Beschlosten/ Haupt: vnd Amptleuten/ auch Bürger-
meistern vnd Comunen in Stedten/ desgleichen Vögten/ Gogräfen/ vnd allen vnsern Vnderthanen/ angehörigen vnd verwandten in gemein/ insonderheit
auch allen vnd jeden Jüden/ so bishero vnd noch in allen vnd jeden vnsern Stedten/ Gerichten/ Flecken vnd Dörffern vnserer Fürstenthümbe/ Graffscha-
fften vnd Landen/ wes orts das jmmer sein mag/ jren vnterschleiff vñ auffenthalt gehabt/ vnd noch haben/ auch künfftiglich daselbst hin/ oder sonsten in vn-
sere Fürstenthümbe vnd Lande kommen möchten/ hiemit zuwissen/ Das wir aus allerhandt Christlichen vnd hochbewegenden vrsachen/ mit gutem reiffen
rath entschlossen/ hinfürder keine Jüden/ vnd sonderlich die auch/ welche bey lebzeiten weilandt der Hochgebornen Fürsten/ Herrn Julij/ vnd Herrn Eri-
chen/ beider Hertzogen zu Braunschweig vnd Lüneburg ꝛc. vnser gnedigen vnd freundlichen vielgeliebten Herrn Vatern/ Vettern vnd Geuattern/ hoch-
löblicher Christmilter gedechtnis/ in beiden vnsern Fürstenthümben sich nieder gelassen/ vnd in JJ. G. vnd LL. Fürstlichen Schutz enthalten haben/ vnd
jetzo noch in vnsern Fürstenthümben vnd Landen sein/ vnd sich auffhalten/ zudülden/ die auch in vnsern Landen lenger nicht/ dann bis auff Pfingsten des
jetzigen Neuntzigsten Jars der geringern Zal in vnserm Schutz vnd schirm zuhaben vnd zubehalten/ es were dann/ das einer oder mehr Jüden hochgedach-
tes vnsers Herrn Vaters Schrifftlichen/ vnd von S.G. vnd L. mit eigen Handen vnterschriebenen/ vnd Fürstlichem Secret besiegelten Schutzbrieff/ vnd
damit noch lenger zeit vnd Jar zubelegen hetten/ dem vnd denselben sollen seine von hochgedachtem vnserm Herrn Vatern verschriebene Schutz Jahr von
vns Fürstlich/ vnd also S.G. vnd L. Fürstliche Brieffe/ Handt vnd Siegel/ wie billig/ bey gebürlichen wirden vnd krefften erhalten werden/ Vnd wir
befehlen hiemit allen vnd jeden Jüden/ so jetzo noch in vnsern Fürstenthümben vnd Landen sich Heußlich auffhalten/ auch sonsten dadurch/ an: vnd ab-
ziehen/ vnd vnsers Herrn vnd Vaters mehr hochgedacht/ sonderliche vnd Special Geleite vnd Schutzbrieffe nicht haben/ das die nach den negstkommen-
den Pfingsten jhnen bestimpter abzugszeit/ sich in vnsern Fürstenthümben/ Graffschafften vnd Landen/ an keinem orth/ es sey auch wo es wölle/ lenger
sehen noch finden lassen/ sondern sich vnserer Lande gentzlichen eussern vnd enthalten/ darin vnd durch auch nicht/ Sondern wann jhr weg dieser
ends herfället/ vnser Lande vnd Gebiet vmbziehen// Die andern Jüden aber/ welche vielhochermelts vnsers Herrn vnd Vaters sonderbare Schutz: vnd
Geleitsbrieffe/ darin auch lenger frist vnd Jar zubelegen haben/ dieselben sollen jhre erlangte vnd inhabende Schutzbrieffe zum lengsten zwischen dies vnd
Annunciationis Mariæ negstkünfftig/ in Original anhero bringen/ vnd auff vnser Fürstliche Cantzley fürzeigen/ vnd nach befindung/ ferners bescheidts erwarten/
Mit dieser ausdrücklichen/ ernsten vnd entlichen verwarnung/ wo einer oder mehr Jüden/ so vnsers Herrn vnd Vaters Schutzbrieffe nicht/ oder auch
darin lenger Schutz/ als bis auff Pfingsten nehest nicht verschrieben haben/ nach obgesetzten negstkommenden Pfingsten sich in vnsern Fürstenthümben/
Graffschafften vnd Landen/ weiter sehen vnd betretten lassen/ Wie auch die Jüden/ welche offt hochgedachtes vnsers Herrn vnd Vaters Schutz: vnd Ge-
leitsbrieffe wol haben/ vnd doch in obgesetzter zeit auff vnser Cantzley nicht fürbringen/ das der vnd dieselben nicht allein in vnsern Landen lenger nicht ge-
düldet vnd gelitten werden/ Sondern auch jhre Leibe/ Haab vnd Güter aus vnserm Schutz/ schirm vnd sicherheit sein sollen. Wir befehlen auch dar-
auff hiemit allen vnd jeden vnsern vnd vnserer Fürstenthümben Grafen/ Praelaten/ denen von der Ritterschafft/ Beschlosten/ Haupt: vnd Amptleuten/
Bürgermeistern vnd Räthen in allen vnd jeden vnsern Stedten/ Schultheissen/ Vögten vñ Gogreuen/ vnd andern Gerichtshaltern/ auch allen vnd jeden
vnsern Vnderthanen/ angehörigen vnd verwandten/ vnd wer sonsten vmb vnsert willen billig thun vnd lassen sol/ das sie sampt vnd sonderlich vber die-
sem vnserm Fürstlichen Edict vñ Mandat steiff vnd fest halten/ vnd demselben zuwieder in jren Graffschafften/ Gerichten/ Gebieten/ Stedten vnd Dörf-
fern/ noch sonsten/ nach negstkünfftigen Pfingsten keinen Jüden/ der oder die nicht offtermals hochgedachts vnsers Herrn vnd Vaters Schutz: vnd Gleits-
brieff in Originali auff vnd fürzulegen/ den auch in obbestimpter zeit alhier auff Fürstlicher Cantzley fürgezeigt/ vnd dessen einen schrifftlichen glaubwir-
digen schein haben/ lenger dülden/ noch jhnen einigen auffenthalt vnd vnterschleiff geben/ gönnen/ noch solches durch andere zubeschehen/ verhengen/ son-
dern vielmehr aus: vnd hinweg weisen. An denen Jüden gleichwol/ welche vnsers Herrn Vaters mehrhochermelts sonderbaren Schutzbrieff/ vnd darin
noch lenger frist/ die auch in gesetzter zeit alhier auff der Cantzley fürgezeiget haben/ eins jeden Schutz: vnd Gleitszeit vber/ keines weges vergreiffen/ son-
dern sie dabey/ so lange die verschriebene Jar nicht verflossen sein/ vnbetrübt vnd vnbeschediget/ auch gantz vnangefochten bleiben lassen/ so lieb einem jeden
ist vnsere schwere straff vnd ernste vngnad/ auch der Peen des Gleidbruchs zuuermeiden. Das meinen wir allenthalben ernstlich/ vnd haben sich alle vnd
jede vnsere Vnderthanen/ angehörige vnd verwandten/ so wol/ als auch die Jüden in gemein darnach entlich zurichten. Zur vrkundt haben wir dieses
vnser Edict mit [redacted] vnserm Fürstlichen Cantzley Secret wissentlich besiegeln lassen/ Geschehen vnd geben Julius friedenstedt
im Jahr nach Christi vnsers HErrn/ einigen Erlösers vnd Heilands Geburt/ Tausent/ Fünffhundert/ Neuntzig/ an der heiligen Drey König Tage.

1590.

Diese Verordnung wurde am 6. Januar 1590 umgesetzt und alle Juden – ob mit oder ohne Schutzbrief – wurden des Landes verwiesen.

Christian Werner

Lit.: Meckseper 1985, S. 505, Nr. 419; Werner 2012, S. 10 f.

195

Hl. Alexius

Schnitzer des Holtruper Altars (zugeschrieben), Hildesheim, um 1515
Lindenholz, farbig gefasst, 65 × 28 × 21 cm
Hildesheim, Roemer- und Pelizaeus-Museum, L 67

Die 1929 in den Besitz des Roemer-Museums gelangte Skulptur stammte ursprünglich aus dem Anfang des 19. Jahrhunderts abgerissenen Brüderhaus der »Willigen Armen«, auch Lüllekenhaus genannt, das in Hildesheim am Langen Hagen/Ecke Schenkenstraße stand. 1359 hatte es der Hildesheimer Patrizier Evert Galle der Kongregation der Brüder vom Heiligen Alexius (Alexianer) übergeben, die sich fortan um Kranke und die Bestattung von Toten kümmerten. 1470 wurde die Stiftung des Alexius-Hospitals durch die Enkel bestätigt. Als 1538 mit dem Tod des Bürgermeisters Heinrich Galle die Patrizierfamilie ausstarb, übernahm der Magistrat der Stadt Hildesheim die Kontrolle und Förderung der Einrichtung und erlaubte selbst nach der Reformation der Bruderschaft ihr mildtätiges Wirken. Lediglich ihr Habit mussten die Brüder ablegen, was zugleich die Überleitung von der kirchlichen zur bürgerlich-staatlichen Armen- und Krankenpflege symbolisierte.

Der besonders im Mittelalter populäre Alexius-Kult geht auf die Lebensgeschichte des heiligen Alexius zurück, der um 400 in Rom bzw. in Edessa gelebt und nach seiner Heirat das Leben eines Einsiedlers gewählt hatte. Als Bettler hoch verehrt, war er nach Rom in sein Elternhaus zurückgekehrt, um dort weitere 17 Jahre unerkannt unter einer Treppe von Almosen zu leben. Erst auf seinem Totenlager hatten sich seine wahre Identität und seine Heiligkeit offenbart. Zu den frühesten Darstellungen dieser Legende zählen die im zweiten Viertel des 12. Jahrhunderts entstandenen Illustrationen des altfranzösischen Alexiusliedes im Albani-Psalter (St. Godehard, Hildesheim). Der in ein Bettlergewand gehüllte und mit einem breit hochgeschlagenen Hut bedeckte Heilige stützt sich hier mit seinem linken Arm auf einen Bettlerstab, sein rechter Fuß ruht nahezu kokett auf der untersten Stufe der seitlich zu ihm positionierten Treppe. In seiner rechten Hand hält er einen Rosenkranz, der auf der obersten Stufe aufliegt. Die Figur wird dem Schnitzer des Holtruper Altars zugeschrieben, der wohl in der Werkstatt des Hildesheimer Benedikt-Meisters arbeitete.

Stefan Bölke

Lit.: Beiträge zur Hildesheimer Geschichte 1829, Bd. 2, S. 333 f.; Meckseper 1985, S. 286, Nr. 223

196

Gotteskasten der Kirche Ss. Cosmae et Damiani in Stade

Stade, 1604
Holz, Eisenbeschläge, 28,7 × 45 × 34 cm
Stade, Ev.-luth. Kirchengemeinde St. Cosmae-Nicolai

Der mit zwei Schlössern gesicherte Kasten stammt aus der Kirche Ss. Cosmae et Damiani in Stade. Laut Aufschrift ist es der Gotteskasten der Gemeinde aus dem Jahr 1604. Der Begriff Gotteskasten hatte verschiedene Bedeutungen und konnte unter anderem einen Opferstock bezeichnen, in dem Almosen gesammelt wurden. In diesem Fall handelte es sich jedoch um eine nach der Reformation entstandene, unter kirchlicher Verwaltung stehende Armen- oder allgemeine Kirchenkasse. Der Kasten diente der Verwahrung der Gelder und zugehörigen Papiere; die beiden Schlüssel wurden von unterschiedlichen Personen verwahrt, sodass niemand allein Zugriff darauf hatte.

Stade war seit Ende der 1520er Jahre evangelisch. Das erste Stader Armenverzeichnis von 1539 nennt für die Kirchen St. Nicolai und St. Wilhaldi Gotteskästen, aus denen Bedürftige unterstützt wurden. 1613 erließ der Rat der Stadt eine Armenordnung, um die Armenversorgung zu zentralisieren und die missbräuchliche Inanspruchnahme von Armenmitteln und Bettelei zu verhindern. Alle Armenmittel sollten in einen zentralen »Corpus« fließen, aus dem sich später die Stadtarmenrechnung entwickelte. In der überlieferten Stadtarmenrechnung von 1651/52 erscheint auch ein Beitrag aus dem Gotteskasten von Ss. Cosmae et Damiani unter den Einnahmen.

Allgemein gab es in der ersten Hälfte des 16. Jahrhunderts vielerorts Bestrebungen, das Armenwesen zentral zu organisieren, die Almosenvergabe von kirchlichen Einrichtungen auf den städtischen Rat zu übertragen und die Bettelei einzuschränken oder zu verbieten. Dies galt für protestantische wie für katholische Territorien, die Reformation war dafür nicht zentral. Auf Luther geht das Prinzip des Gemeinen Kastens zurück, in den alle Einnahmen einer Kirchengemeinde fließen und aus dem nach ursprünglicher Intention die Kosten für Personal, Gebäude sowie die Armenversorgung bestritten werden sollten. Der Gotteskasten aus Stade ist offenbar auf dieser Basis entstanden.

Kirsten Bernhardt

Lit.: Clasen 1960, Textband, S. 114, Nr. 93

197

Allegorie des Almosengebens

Matthias Gerung, Lauingen, 1561
Papier, 34,6 × 55,5 cm
Braunschweig, Herzog Anton Ulrich-Museum,
MGerung AB 2.22

Die »Allegorie des Almosengebens« von Matthias Gerung aus dem Jahr 1561 zeigt im vorderen Bildteil reiche, aus der Kirche kommende Bürger, die Almosen in Form von Geld und Kleidung an Bedürftige – arme Mütter mit Kindern, Krüppel und Aussätzige – verteilen. Im Hintergrund ist eine Schlacht zu sehen, die als Ursache für das dargestellte Elend betrachtet werden kann. Getrennt wird das Bild durch eine Mauer mit einem Torbogen, der die Kreuzigung Jesu zeigt.

In diesem von zwei Druckstöcken geschaffenen Holzschnitt nimmt Matthias Gerung Bezug auf zwei vorhergehende Bilder von ihm zu Almosenspenden des örtlichen Herzogspaares von 1495. Ihre damaligen Stiftungen wurden während des Gottesdienstes bekannt gegeben mit der Aufforderung, für das Seelenheil der herzoglichen Familie zu beten. Trotz dieses katholischen Hintergrunds sind die Bilder reformatorische Auftragsarbeiten, die der gesunkenen Opferbereitschaft nach Luthers Kritik am Ablasswesen entgegenwirken sollten.

Gerung schuf für seinen Landesherrn Ottheinrich von Pfalz-Neuburg ab 1542 reformatorische Bilder. Als religiös motivierter Künstler ist er aber nicht zu sehen, da er in der folgenden Rekatholisierung (1546) und späteren Wiedereinführung der Reformation (1552) für beide Seiten Aufträge erfüllte. Als Hofmaler folgte er seinem jeweiligen Landesherrn.

In seiner Allegorie erinnert die reiche Dame mit den Armenkleidern in ihrer Darstellung an die Herzogin, während die Schlacht im Hintergrund aktuellere Ereignisse repräsentiert. Ohne Bibelzitate wie in seinen anderen Bildern zu Almosenspenden lässt er hier das Bild der Kreuzigung Jesu im Zentrum des Werkes für sich sprechen, das dessen Leiden und Nächstenliebe in direkten Bezug zum Almosengeben setzt. David Behrens

Lit.: Eichler 1993, S. 95–101, Abb. 41

198

Tracht einer Pfarrersfrau – Illustration aus einem Trachtenbuch mit geistlichen und weltlichen Würdenträgern

Unbekannt, Straßburg (?), 1586/1600
Papier, 9,6 × 6,6 cm
Nürnberg, Germanisches Nationalmuseum, HB 29833, Kapsel 1275

Nirgendwo sonst wurden die Ideen der Reformation deutlicher Realität als im Pfarrhaus. Charakteristisch für den katholischen Geistlichen war der Zölibat gewesen, um den Kleriker von der Gemeinschaft abzuheben. Luther verlangte jedoch, dass der Prediger wieder ein Teil der Gesellschaft werden solle, ganz nach dem Vorbild der ersten christlichen Gemeinden. Der Priester als Mittler zwischen dem Menschen und Gott wurde obsolet, wichtig wurde nun die Auslegung der Schrift. Das Pfarrhaus mit einer im Idealfall kinderreichen Ehe wurde zum christlichen Vorbild für alle Menschen in der Gemeinde.

Voraussetzung dafür war eine gute Bildung des Pfarrers und auch seiner Frau, die besonders den weiblichen Gemeindemitgliedern als Vorbild diente. Sie erzog ihre eigenen Kinder nach christlichen Maßstäben und arbeitete als Lehrerin der Mädchenschule oder als Hebamme. Dementsprechend war neben der Gelehrsamkeit und dem Pflichtbewusstsein auch Sorgfalt im äußeren Erscheinungsbild unabdingbar.

Die Illustration der Tracht einer Pfarrersfrau aus den letzten Jahren des 16. Jahrhunderts verdeutlicht diese Tugenden. Ihre Darstellung in einem langen schwarzen Kleid mit Kragen und einer Kopfbedeckung trägt folgende Anmerkung: »Eins Pfarrherrs frauw ihr kleidung ist / Mit Schaub, Coller, Kapp, wie man sie secht.« In der kurzen Zeit seit der Aufhebung des Zölibats wurden Erwartungen und Idealvorstellungen an die Pfarrersfrau geknüpft, die sie trotz ihrer festen Rolle in der Gemeinschaft hervorhoben. Dabei kamen die ersten Ehefrauen Geistlicher aus sehr verschiedenen sozialen Umfeldern. Die Ehefrau Luthers, die adlige Katharina von Bora, stellte eher die Ausnahme dar, viele ehemalige katholische Priester ehelichten ihre zuvor illegitimen Begleiterinnen, die oft aus bäuerlichen Verhältnissen stammten.

David Behrens

Lit.: Schorn-Schütte 2013

GEWOHNHEIT

Ge

Alltagskultur der Reformationszeit

Die Reformationszeit ist gekennzeichnet durch zahlreiche kulturelle Prozesse, Erfindungen und modische Strömungen, die tiefgreifende Veränderungen in der Lebenswirklichkeit der damaligen Menschen mit sich brachten. Die Kultur der Renaissance, eine zunehmende Globalisierung der Märkte und die Etablierung populärer Massenmedien in Form von druckgrafischen Erzeugnissen blieben nicht ohne Wirkung auf das Schaffen von Künstlern und Handwerkern und damit auf die Sachkultur. Neuerungen wurden vornehmlich von wirtschaftlich potenten Eliten in Residenzen und städtischen Zentren adaptiert, während sich die Verhältnisse im ländlichen Raum um ein Vielfaches langsamer wandelten oder sich sogar erst mit den Errungenschaften der industriellen Revolution änderten. Einen differenzierten Blick auf die materielle Kultur gestatten archäologische Funde und Befundstrukturen sowie zeitgenössische Bild- und Schriftquellen. Ausgewählte Aspekte der mitteleuropäischen Alltagskultur sollen hier exemplarisch dargestellt werden.

In der sich etablierenden evangelischen Kirche hielten zahlreiche Innovationen Einzug, die im Alltagsleben der Menschen deutlicher erfahrbar wurden als andere kulturelle Prozesse.[1] Der jetzt oft schlichte Kirchenraum diente zur Versammlung und nicht mehr als Wohnstätte Gottes. Häufig wurden Heiligenbilder und Nebenaltäre aus dem Kirchenraum verbannt. Das Bedürfnis nach bildlichen Darstellungen biblischer Ereignisse befriedigte man im nordwestdeutschen Raum durch szenisch bemalte Emporenbrüstungen, Fayencefliesen und Druckgrafik.

Der Kirchenraum wurde auf die Kanzel und damit auf die Verkündigung von Gottes Wort in deutscher Sprache ausgerichtet. Gottesdienstbesucher fanden auf Bänken im Kirchenraum und auf Emporen Platz. Die gesamte Gemeinde feierte den Gottesdienst mit gemeinschaftlichem Gesang, jedoch sangen anfangs nur Männer. Von den ursprünglich sieben Sakramenten blieben nur noch die Taufe und das Abendmahl bestehen. Die zahlreichen *Vasa Sacra* wurden erheblich reduziert:[2] In Gebrauch blieben der jetzt häufig größere Kelch, die Patene und die Hostiendose. Neu hinzu trat die Weinkanne, da alle Gemeindemitglieder am Abendmahl in beiderlei Gestalt teilnehmen konnten.

Mit dem Bevölkerungswachstum in den Städten ging ein erhöhter Platzbedarf für Wohn- und Wirtschaftsflächen einher, sodass zu Beginn des 16. Jahrhunderts brachliegende Parzellen bebaut wurden. Es entstand die für uns heute so typisch erscheinende geschlossene Straßenbebauung.[3] Die Wälder vermochten den Rohstoff Holz kaum noch in für die städtischen Gemeinwesen ausreichendem Maße zu liefern. Besonders in den südniedersächsischen Fachwerklandschaften blieb das nicht ohne Folgen für die Baukonstruktion: Ein Übergang von der Großstämme benötigenden Ständer- zur Stockwerkbauweise aus weniger mächtigen Bäumen vollzog sich. Fassadengliederungen und Architekturdekoration orientierten sich am Formenkanon der Renaissance. Die Innenräume wurden durch Fenster mit verschiedenartigen Verglasungen belichtet. Als typisches Heizmöbel dienten neben Kaminen Öfen aus grün oder polychrom glasierten Ofenkacheln oder aus gegossenen eisernen Platten. Die von der Druckgrafik abhängigen Darstellungen auf den Reliefkacheln und Eisenöfen gestatteten dem Hausherrn, seine Geistes- und Glaubenshaltung eingängig zu präsentieren. Den Tagesablauf der Menschen regelten nicht nur die Schläge der Glocken, sondern immer genauere öffentliche Uhren. Zudem kamen vermehrt mobile Uhren zur Zeitbestimmung auf Reisen zum Einsatz.

Friedhöfe verlegte man häufig an die Ränder der Städte, wo die Toten aus wohlhabenderen Schichten nicht mehr nur im Leichentuch, sondern in wesentlich aufwendigerer Kleidung mit Totenschmuck beigesetzt wurden. Insbesondere Kinder und Ledige erhielten Totenkronen und Kränze mit ins Grab. Auf der Brust des Toten lagen des

Öfteren hölzerne Sterbekreuze, teilweise mit metallenem Corpus Christi, und ein Gesangbuch. Die vornehmsten Grabstellen befanden sich auch in protestantischen Gebieten nach wie vor innerhalb der Kirche, wo seit der Mitte des 16. Jahrhunderts immer häufiger Plätze zur Anlage von Grüften veräußert wurden. In zunehmendem Maße setzte man Personendenkmäler (Grabsteine) außerhalb der Kirchen mit biografischen Lebensdaten, teilweise auch mit Darstellung des Verstorbenen, zur Erinnerung an den Toten.

Bedeutende Innovationen werden im Bereich der Haushaltskeramik erkennbar. Die im Mittelalter noch dominierende graue Irdenware wurde durch hellgrundige Ware mit Bleioxidglasur verdrängt. Als neue Gefäßform etablierte sich der häufig mit Malhorndekor verzierte Teller. Die Produktionszentren an Weser und Werra versorgten Norddeutschland, die Niederlande und Skandinavien mit einer reich verzierten Repräsentationskeramik. Dekoriert wurde diese für Norddeutschland so typische Keramik vornehmlich mit geometrischen Mustern, biblischen Motiven, Vögeln und Personen in Zeittracht. Zusätzlich wurde der Markt durch Steinzeuggefäße aus dem südniedersächsischen Pottland (Duingen), Nordhessen (Großalmerode), dem Rheinland (Köln, Siegburg, Raeren) und aus Sachsen (Waldenburg) bereichert. Die aufwendigeren Krüge aus Steinzeug waren häufig mit gemodelten Reliefapplikationen (vornehmlich heraldische, biblische, humanistische, geometrische und florale Motive) verziert. Hinsichtlich dieser Dekoration beeinflussten sich die Zentren untereinander.

Seit dem 16. Jahrhundert nahm außerdem die Anzahl der Leuchter zur Aufnahme von Kerzen oder zum Verbrennen von flüssigen Brennstoffen im Vergleich zum ausgehenden Mittelalter erheblich zu, was auf eine Verbesserung der Lebensqualität hinweist. Als Einzelstücke erreichten mediterrane Majoliken, teilweise als Auftragskeramik, die Höfe und Bürgerhaushalte nördlich der Alpen. Potente Kunden bestellten Gefäße oder Services mit ihrem persönlichen Wappen.

Die Produktion der Waldglashütten in der waldreichen Mittelgebirgszone wurde gesteigert und technische Innovationen hielten Einzug: Zu den kostbaren Luxusprodukten gehörten besonders seit dem ausgehenden 16. Jahrhundert Fadengläser oder durch Emailbemalung, Vergoldung bzw. Diamantriss veredelte Gefäße. Zunehmend setzte sich das wasserklare Glas (*cristallo*) gegenüber den grünstichigen Waldgläsern durch. Viele dieser Techniken wurden von venezianischen Glasmachern in das Gebiet nördlich der Alpen gebracht. Konkurrenz bekamen die norddeutschen Hütten durch Produkte niederländischer Werkstätten.

Reiche Ausbeutephasen der Erzgruben im Harz (Silber, Kupfer) und im Erzgebirge (Silber, Zinn), ergänzt durch neu erschlossene Lagerstätten in Tirol (Silber) und Ungarn (Kupfer) sowie einen Metallzustrom aus den überseeischen Kolonien (Potosí, Bolivien), schufen eine solide Grundlage für eine harte Silberwährung im globalisierten Fernhandel. Gleichzeitig stand ausreichend Metall für kunsthandwerkliches Schaffen zur Verfügung. Edelmetall- und Zinngeschirre bereicherten die gehobene Tischkultur. Herrschaftlicher und bürgerlicher Reichtum wurde eindrücklich durch eine vorher nicht gekannte Fülle von prächtigen Edelmetallschmuckstücken, insbesondere schwere Ketten und zahlreiche Fingerringe, zur Schau gestellt.

heit

Die Kleidung orientierte sich im Hinblick auf Schnitt und Farbe seit der zweiten Hälfte des 16. Jahrhunderts an der Mode des spanischen Hofes. Um 1600 schien der sogenannte Gamsbauch als typische Form der Männerkleidung üblich.

Bronze und Messing wurden von absatzorientierten Handwerkern in Nürnberg, aber auch in Braunschweig zu Becken, Leuchtern, Zapfhähnen, Zierbeschlägen und anderen Artikeln verarbeitet. Halbzeuge in Form von Blechen, Stäben und Drähten dienten lokal produzierenden Handwerkern als Grundlage für die Anfertigung von Pressblechapplikationen (Gewandschmuck). Insbesondere Augsburg und Nürnberg sind bekannt für ihre qualitätvollen Edelmetallschmiedearbeiten. Ihre Produkte finden sich als *Vasa Sacra* in den Kirchen Europas und stellen entscheidende Elemente einer repräsentativen Tafelkultur weltlicher und geistlicher Eliten dar.

Von den neu entdeckten Kontinenten im Westen gelangten Rohstoffe wie das dorthin eingeführte und auf Plantagen kultivierte Zuckerrohr und das neu kennengelernte Brasilholz zur roten Textilfärbung nach Mitteleuropa. Verbesserte Seeverbindungen nach Ostasien belebten den Handel mit Gewürzen (Muskat, Pfeffer) und Keramik (Porzellan, Seladon). Seit Ende des 16. Jahrhunderts lässt sich spürbar mehr Blauweißporzellan nachweisen, nachdem in früheren Zeiten nur Einzelstücke in fürstliche Sammlungen gelangten. Die Gewürze veränderten im Laufe der Zeit die Kochkunst Europas, wenn es auch noch lange dauerte, bis diese teuren Spezereien zur Grundausstattung jeder Küche gehörten. Das Elfenbein afrikanischer oder indischer Elefanten wurde vornehmlich für die Herstellung von Messerheften, Applikationen und besonderen Kunstwerken eingesetzt. Aufgrund ihrer Vergänglichkeit blieben nur wenige der orientalischen Teppiche und asiatischen Seidenstoffe der damaligen Zeit erhalten.

Die Innovationen im Bereich von Handwerk und Handel des 16. Jahrhunderts bestimmten in weiten Bereichen das tägliche Leben der Menschen bis zu einer grundlegenden Änderung der industrialisierten Produktionsverfahren im 19. Jahrhundert.

Bei einem Vergleich der materiellen Kultur aus protestantischen und katholischen Gebieten lassen sich nur wenige Unterschiede aufzeigen. In evangelisch geprägten Gebieten fehlen Wallfahrtsdevotionalien in Form von Pilgerzeichen und Plaketten sowie kleine Heiligenstatuetten aus weißbrennender Keramik weitgehend. Die Haltung in Glaubensfragen wird in Ansätzen bei der Betrachtung von Reliefkacheln und applikationsverzierter Keramik deutlich. Indizien stellen papstkritische Darstellungen. Typisch reformatorische Bildinhalte wie die Motive »Gesetz und Gnade«, Abschnitte des lutherischen Glaubensbekenntnisses bzw. Porträts von Trägern der Reformation (sächsische Kurfürsten, Reformatoren, Landgraf von Hessen) stehen Heiligendarstellungen und Porträts katholischer Herrscher gegenüber. Anhänger beider Konfessionen bedienten sich der Ofenkacheln mit Darstellungen aus dem renaissancezeitlichen Wertekanon (Wissenschaften, Tugenden, antike Sagenwelt etc.).

Stefan Krabath

Anmerkungen

1 Ellwardt 2008.

2 Fritz 2004.

3 Vgl. allgemein Jäggi/Staecker 2007 und zu Braunschweig Rötting 1997.

199

Kanzelreliefs aus der Gandersheimer Stiftskirche

Norddeutschland, 17. Jahrhundert
Holz, gefasst, H 62 cm
Bad Gandersheim, Ev.-luth. Stiftskirchengemeinde
Bad Gandersheim / Portal zur Geschichte – Sammlung Frauenstift Gandersheim, 24–31

Nur wenige Teile sind von der Kanzel der Gandersheimer Stiftskirche noch geblieben: Die fünf Tafeln zeigen die vier Evangelisten mit ihren Attributen sowie Christus mit der von dem Kreuz bekrönten Weltkugel in der Hand. Daneben haben sich Säulen und Ornamente des Kanzelkorbes im Stil der Renaissance erhalten. Den schriftlichen Quellen zufolge befand sich die Kanzel im 17. Jahrhundert in der Mitte des über der Krypta erhöhten Chorraums. Von hier aus wandte sich der Prediger nach Westen zur Gemeinde, die in den Kirchstühlen im Langhaus und den Seitenschiffen der romanischen Basilika saß. Die Äbtissin und die Kanonissen des Gandersheimer Reichsstifts wohnten dem Gottesdienst in eigens errichteten Emporen an der Nordseite der Kirche bei. Im Zuge der Umgestaltung des Chores, zu dem ab 1695 eine breite Freitreppe führte, wurde die Kanzel an die südlichen Mittelschiffsarkaden verlegt. Herzog Anton Ulrich stiftete 1707 eine neue Kanzel. Von ihr hat sich nichts erhalten.

Im Mittelalter trennte ein Lettner den Chorraum vom Langhaus ab. Eine Kanzel ist für die mittelalterliche Stiftskirche nicht überliefert. Die erste protestantische Predigt wurde 1542 durch die schmalkaldischen Visitatoren, zu denen auch Johannes Bugenhagen gehörte, für das Reichsstift angeordnet. Nach der Einführung der Landesreformation 1568 durch Herzog Julius von Wolfenbüttel verlangte dieser 1570, die »Muren vor dem Chore« abzureißen und sie durch ein Gitter zu ersetzen. Julius besaß bereits vor seiner Amtsübernahme einen Kirchstuhl auf dem hohen Chor und ließ den Hochaltar durch das mittelalterliche Marienretabel aus dem durch ihn aufgelösten Marienkloster vor Gandersheim ersetzen.

Thorsten Henke

Lit.: Goetting 1973; Heilmann 2009; Henke 2014, S. 207–225

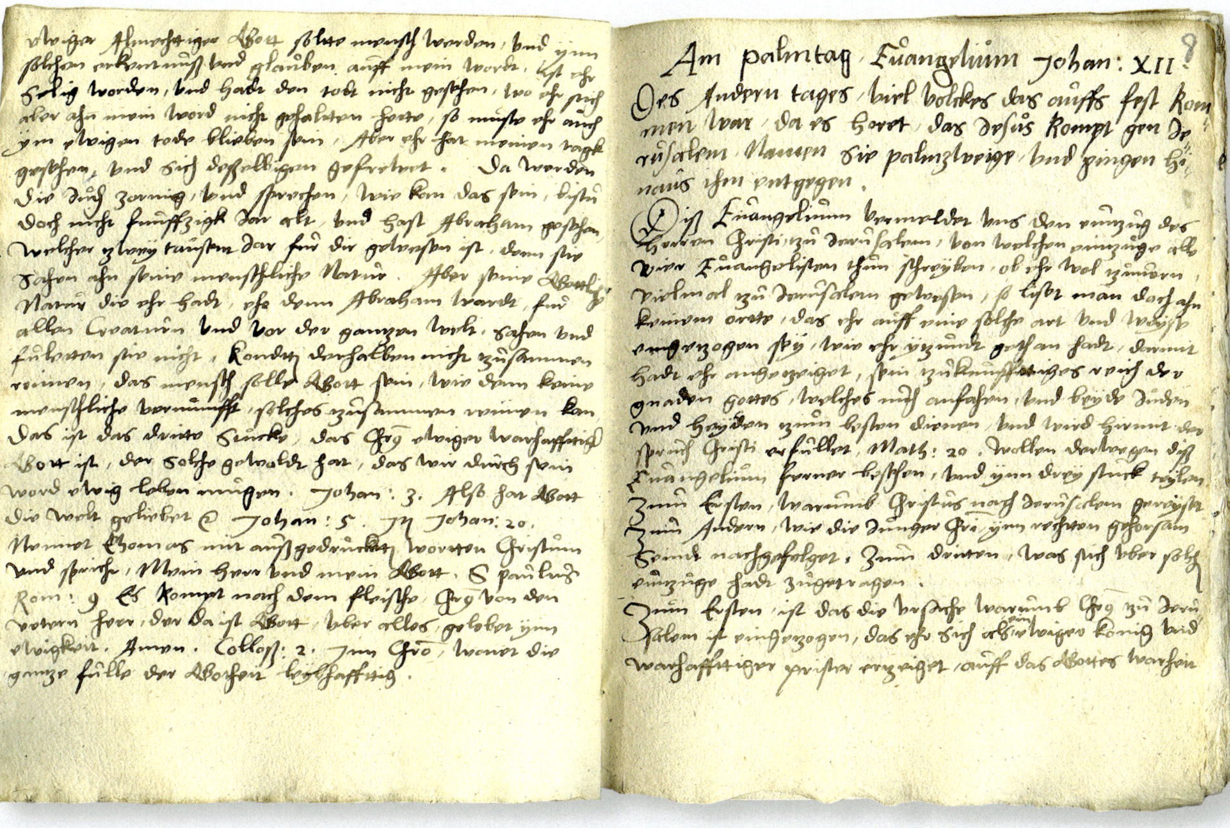

200

Predigtentwürfe von Pfarrern

Beispiel: Nicolaus Keyser, Hötzum, 1573
Papier, Pergamenteinband
22,5 × 33,5 cm
Wolfenbüttel, Landeskirchliches Archiv, V 470

Ein wichtiges reformatorisches Anliegen war die Hebung der Predigtkultur. Im Mittelalter überwiegend Betätigungsfeld der verschiedenen Orden und auf dem Land vielfach in Verfall geraten, wurde die Predigttätigkeit um 1500 vor allem in den Städten Aufgabe einer wachsenden Prädikantenschicht. Luther und Bugenhagen kritisierten die »Quackelpredigere«, welche sich oft mit der Preisung guter Werke und der Wiedergabe von Heiligengeschichten und Fabeln begnügt hätten. Die Verkündigung des Wortes Gottes in der Predigt und in auf Deutsch zu haltenden Lesungen aus den Evangelien und den Episteln gewann nun erheblich an Bedeutung. Allmählich verfestigte sich wieder eine Reihenfolge bestimmter Bibelabschnitte (Perikopen) für die Kirchensonntage. Postillen von Luther, Ulner, Corvinus und anderen sicherten die Lehre und dienten insbesondere den Landpfarrern nach 1568 als Vorlage. Vielfach fehlte diesen noch die Vorbildung für eigenständige Predigttätigkeit, wie schon die Pfarrerexamen der Generalkirchenvisitation von 1568 belegten. Der Vienenburger Pfarrer Nicolaus Keyser verstand demnach kein Latein und war nicht ausreichend in den Glaubensfundamenten instruiert. Er konnte aber immerhin das Evangelium predigen und genügte damit den Anforderungen der Kirchenordnung von Herzog Julius. 1573 begegnet er wieder als Pfarrer in Hötzum und Verfasser von 25 handschriftlichen Predigttexten, die er gleich anderen Amtsbrüdern offenbar dem Konsistorium zur Überprüfung eingereicht hatte. In Länge, Stil und theologischer Tiefe variierten die Entwürfe der Pfarrer erheblich. Keysers Palmsonntagspredigt über Johannes 12 und seine übrigen kurzen, klar strukturierten Texte befassten sich mit dem Wesen und Kreuzestod Christi, dem rechten Abendmahlsverständnis und anderen reformatorischen Kernaussagen. Ihre nicht übermäßig gelehrte Sprache machte sie sicher für seine Gemeinde verständlich.

Birgit Hoffmann

201

Deudsche Messe und ord=nung Gottis diensts.

Martin Luther, Wittenberg, 1526
Druck: Michael Lotter
Papier, 21,4 × 17 × 5,3 cm
Goslar, Marktkirchenbibliothek, 316

Erst neun Jahre nach Bekanntwerden der 95 Thesen (1517) veröffentlichte Luther den Vorschlag zu einer Gottesdienstreform an der Wittenberger Kirche, die »Deutsche Messe und Gottesdienstordnung«. Luthers Vision einer evangelischen Abendmahlsfeier war die größtmögliche Nähe zu dem biblischen Bericht des letzten Passahmahles Jesu mit seinen Jüngern. Luther fürchtete aber, dass die Gottesdienstbesucher den nüchternen Stil seiner Gottesdienstvorstellung eher ablehnen und noch zu sehr an den alten lebhaften Formen hängen würden. Die Änderungsvorschläge Luthers waren theologisch gravierend, aber optisch sehr rücksichtsvoll gegenüber denen, die er als »die Schwachen« bezeichnete.

Für die Gottesdienstbesucher waren die Länge der belehrenden Predigt, das laute Aussprechen der Einsetzungsworte sowie die Verwendung von Wein beim Abendmahl die auffälligste Änderung. Die traditionelle priesterliche Kleidung und gottesdienstliche Formen (Knien, Bekreuzigen etc.) blieben erhalten. Die theologische Wende, das Abendmahl nicht als Opfer des Priesters, sondern als Gnadengeschenk Gottes zu feiern, wurde nur durch den Wegfall einer Reihe von Abendmahlsgebeten deutlich – für den Gottesdienstbesucher eine Frage der Dauer.

Luther wandte sich scharf gegen eine schematische Übernahme seines Vorschlags und lehnte jedes autoritäre Ordnungsverständnis kategorisch ab. Jede Änderung sollte freiwillig durchgeführt werden, selbst die Verwendung der deutschen statt der lateinischen Sprache.

»... nicht mehr brüllen wie die Waldesel zu einem tauben Gott!«

202

Eyn Enchiridion oder Handbüchlein

Erfurt, 1524
Druck: zum Ferbefaß
Papier, 14,9 × 10,1 × 1,2 cm
Goslar, Marktkirchenbibliothek, 513,1

Das Singen evangelischer Lieder hat wesentlich zur reformatorischen Bewegung beigetragen. Nachdem bereits Nikolaus Decius und Thomas Müntzer damit begonnen hatten, war es vor allem Martin Luther, der das Medium der gesungenen Predigt gezielt nutzte. So könne man, wie er in einem Brief an Spalatin schrieb, dafür sorgen, dass Gottes Wort »unter den Leuten bleibt«, auch wenn ihnen das Lesen der Bibel verboten wird. Im Jahr 1523 verfasste Luther sein erstes Lied »Eyn newes lied wir heben an«. Es war sein Protest gegen die Verbrennung zweier Augustinereremitenmönche in Brüssel. Das Singen von Lutherliedern auf öffentlichen Plätzen oder gar als gezielte Störung von Gottesdiensten entwickelte sich trotz schärfster obrigkeitlicher Drohungen schnell zur Protestform gegen die etablierte Kirche. In den herkömmlichen Gottesdiensten war eine derartige Beteiligung der Gemeinde nicht vorgesehen. Es gab kaum mehr als einstrophige deutsche Gesänge für Laien, die jeweils mit »Kyrieleis« endeten und daher »Leisen« genannt wurden. Dennoch waren manche davon durch Prozessionen oder Wallfahrten so beliebt, dass sie ihren Weg in das vorliegende Enchiridion gefunden haben.

Seit 1524 erschienen – wohl ohne Wissen und Zustimmung der Autoren – Druckerzeugnisse, die sich angesichts von werbendem Titelblatt, Vorrede und Inhaltsverzeichnis als eine neue Gattung bezeichnen lassen: »Evangelisches Gesangbuch«. Drastisch wird im ersten Exemplar begründet, wogegen das neue Medium dienen soll: Bisher habe man »wie die Waltesel zu eynem tauben Gott« gebrüllt, »dyweil

Die hier publizierte Gottesdienstordnung bildet auch die Grundlage des heute praktizierten lutherischen Gottesdienstes, dessen Herkunft aus der römisch-katholischen Messe unverkennbar ist.

Dietrich Kuessner

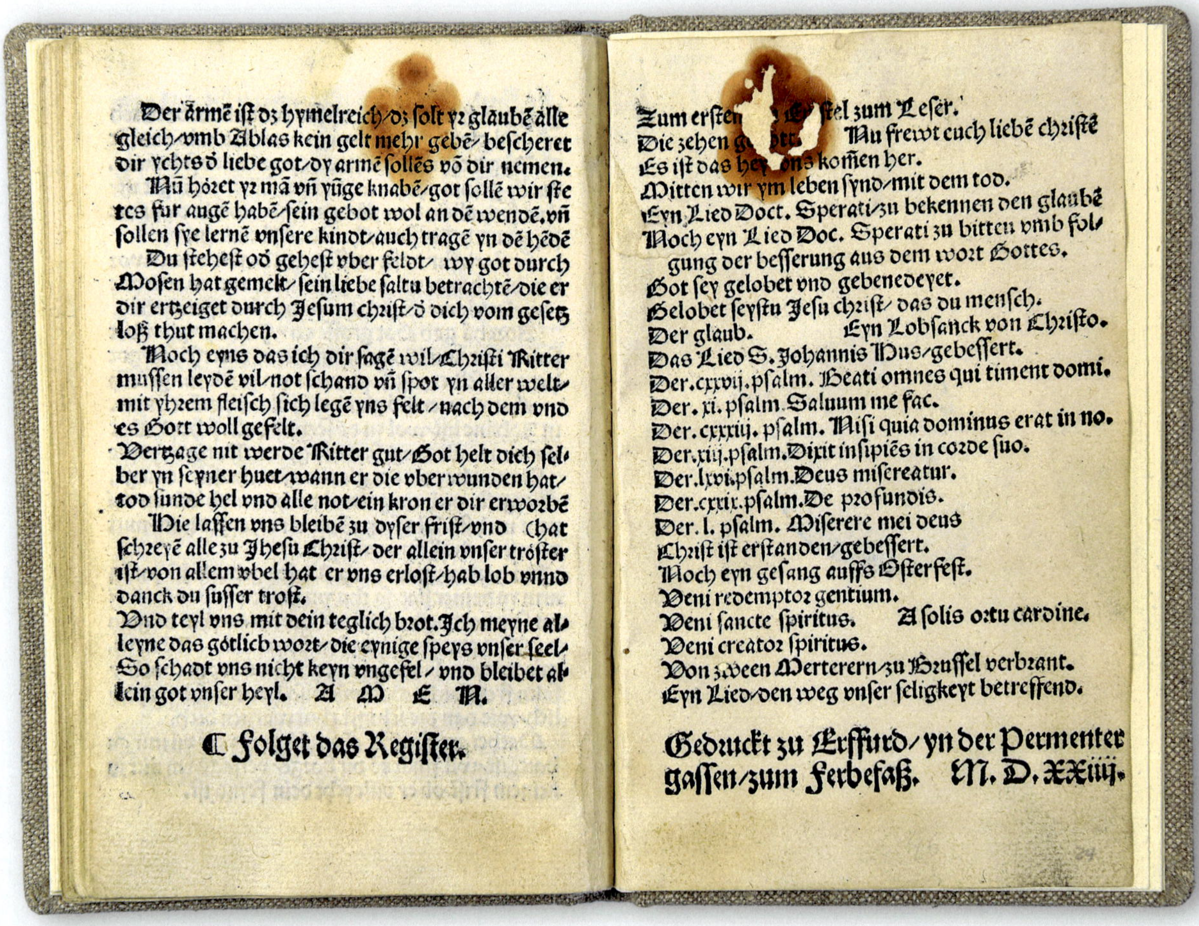

Der armē ist dz hymelreich/dz solt yr glaubē alle gleich/vmb Ablas kein gelt mehr gebē/ bescheret dir ychts d liebe got/dy armē sollēs vō dir nemen.
Nū hōret yr mā vñ yūge knabē/got sollē wir stetes fur augē habē/sein gebot wol an dē wendē.vñ sollen sye lernē vnsere kindt/auch tragē yn dē hēdē
Du stehest od gehest vber feldt/ wy got durch Mosen hat gemelt/sein liebe saltu betrachtē/die er dir ertzeiget durch Jesum christ/d dich vom gesetz loß thut machen.
Noch eyns das ich dir sagē wil/Christi Ritter mussen leydē vil/not schand vñ spot yn aller welt/mit yhrem fleisch sich legē yns felt/nach dem vnd es Gott woll gefelt.
Vertzage nit werde Ritter gut/Got helt dich selber yn seyner huet/wann er die vberwunden hat/tod sunde hel vnd alle not/ein kron er dir erworbē
Wie lassen vns bleibē zu dyser frist/vnd chat schreyē alle zu Jhesu Christ/der allein vnser tröster ist/von allem vbel hat er vns erlost/hab lob vnnd danck du susser trost.
Vnd teyl vns mit dein teglich brot.Jch meyne alleyne das götlich wort/die eynige speys vnser seel/So schadt vns nicht keyn vngefel/ vnd bleibet allein got vnser heyl. A M E N.

Folget das Register.

Zum ersten ... Epistel zum Leser.
Die zehen ge...ot. Nu frewt euch liebē christē
Es ist das hey... vns komen her.
Mitten wir ym leben synd/mit dem tod.
Eyn Lied Doct. Sperati/zu bekennen den glaubē
Noch eyn Lied Doc. Sperati zu bitten vmb folgung der besserung aus dem wort Gottes.
Got sey gelobet vnd gebenedeyet.
Gelobet seystu Jesu christ/ das du mensch.
Der glaub. Eyn Lobsanck von Christo.
Das Lied S. Johannis Hus/gebessert.
Der.cxxvij.psalm. Beati omnes qui timent domi.
Der.xi.psalm. Saluum me fac.
Der.cxxiij.psalm. Nisi quia dominus erat in no.
Der.xiij.psalm.Dixit insipiēs in corde suo.
Der.lxvi.psalm.Deus misereatur.
Der.cxxix.psalm.De profundis.
Der.l.psalm. Miserere mei deus
Christ ist erstanden/gebessert.
Noch eyn gesang auffs Osterfest.
Veni redemptor gentium.
Veni sancte spiritus. A solis ortu cardine.
Veni creator spiritus.
Von zween Merterern/zu Brussel verbrant.
Eyn Lied/den weg vnser seligkeyt betreffend.

Gedruckt zu Erffurd/yn der Permenter gassen/zum Ferbefaß. M.D.XXiiij.

sie auch selbert oft nit verstehen was sye syngen«. Das Erfurter »Ferbefaß-Enchiridion«, das in der Druckerei in der Permentergasse hergestellt wurde, ist das erste seiner Art. Allein das Exemplar des Andreas Gronewalt hat »überlebt«, was wohl der schnöden Tatsache geschuldet ist, dass er es nicht benutzt, sondern alsbald mit vier anderen Schriften im Oktavformat zu einem schmalen Band (heute MKB 427) seiner Bibliothek hatte binden lassen; um 1860 wurde es herausgelöst.

Helmut Liersch

Lit.: Lähnemann 2017; Liersch 2013b, S. 40–44;
Mager 1986, S. 25–38

203 a (ohne Abb.)

Motettenband aus der Brüdernkirche St. Ulrici in Braunschweig

Unbekannt, vor 1600
Papier, 25 × 17 cm
Braunschweig, Stadtarchiv, G II 7:60

203 b (ohne Abb.)

Hamburger Melodeyen Gesangbuch

Samuel Rüdinger, Hamburg, 1604
Papier, 20 × 13 cm
Braunschweig, Theologisches Zentrum – Bibliothek, P II 3

203 c

Musae Sioniae. Geistlicher Deutscher in der Christlichen Kirchen ublicher Lieder und Psalmen

Michael Praetorius, 1607
Papier, 20,5 × 17 × 5 cm
Braunschweig, Stadtbibliothek, Camman C 75 (4°)

203 c

Mit der Kantorei brachte die Reformation eine neue Art der Musikpflege hervor. Zu den Aufgaben der Kantoreien, die im Kern aus dem Chor der örtlichen Lateinschule bestanden, zählte die Ausgestaltung aller Sonn- und Festtagsgottesdienste des Kirchenjahrs mit Figuralmusik. Art und Umfang dieser Figuralmusik wechselten mit dem Anspruch der Gemeinde wie auch mit der Leistungsfähigkeit des Chores: Eher schlichte Sätze zu Gemeindeliedern gehörten ebenso zum Repertoire wie kunstvolle Kompositionen über Bibeltexte, die dem jeweils modernsten musikalischen Stil folgten.

Der Motettenband aus der Kirche St. Ulrici-Brüdern in Braunschweig gehört zu dieser zweiten Kategorie. Er ist wohl in den letzten Jahrzehnten des 16. Jahrhunderts angelegt worden und enthält Kompositionen unter anderem von Orlando di Lasso und Giovanni Pierluigi da Palestrina. Bei der Handschrift handelt es sich um eine Orgeltabulatur, eine Notationsart, bei der die Musik in einer Griffschrift für den Organisten, der den Chorgesang am Instrument begleitet, aufgezeichnet wird.

Ein Spezifikum der protestantischen Kirchenmusik ist die mehrstimmige figurale Bearbeitung von deutschsprachigen Kirchenliedern, wie sie beispielsweise in den insgesamt neun Teilen der »Musae Sioniae« des Wolfenbütteler Hofkapellmeisters Michael Praetorius vorliegt. Während die Motetten in den »Musae Sioniae« überwiegend zu den modernsten und am schwierigsten auszuführenden in ihrer Zeit zählen, enthält das von Samuel Rüdiger herausgegebene »Hamburger Melodeyen Gesangbuch« schlichte vierstimmige Sätze zu Gemeindeliedern. Die Komponisten dieser Sätze sind die Hamburger Organisten Hieronymus und Jacobus Praetorius (beide nicht mit dem Wolfenbütteler Namensvetter verwandt) sowie Joachim Decker und David Scheidemann.

Andreas Waczkat

204

Kanzeltür aus der Kirche in Jerxheim

Christoph Gertner (?), Wolfenbüttel, 1625
Tempera auf Nadelholz, Eichenholz (Ornamente), Mischtechnik/Öl auf Leinwand (Türfüllungen),
223 × 111 × 18 cm
Braunschweig, Braunschweigisches Landesmuseum, R 2637

Die prunkvolle Renaissancetür befand sich in der Jerxheimer Kirche, die 1890 neu aufgerichtet wurde. Wappen und Inschrift der Tür verweisen auf Elisabeth von Wolfenbüttel, eine dänische Prinzessin, die mit Herzog Heinrich Julius verheiratet war. Sie besaß als Witwengut die Ämter Schöningen und Jerxheim und stiftete als Patronin die Kanzel.

Während die schlichtere, illusionistische Architekturmalerei auf der Rückseite der Tür weitgehend original erhalten ist, wurde die Vorderseite mehrfach überarbeitet. 1654 wird von einer Übermalung berichtet. Wahrscheinlich im 19. Jahrhundert wurden Leinwände in die Türfüllungen eingepasst. Das qualitätvolle, aber stark beschnittene Heiligengemälde der unteren Türfüllung wird dem Wolfenbütteler Christoph Gertner (tätig 1604–1621) zugeschrieben. Auch das Attribut des Heiligen wurde dem Patron der Jerxheimer Kirche angepasst, es zeigte den heiligen Petrus mit dem Schlüssel in der Rechten. 1975 wurde bei einer Restaurierung ein ursprüngliches Attribut, vielleicht die Walkerstange des Apostels Jakobus Minor, wiederentdeckt und der Schlüssel aus dem Gemälde entfernt. Aus der Wolfenbütteler Kirche Beatae Mariae Virginis hat sich ein Apostelzyklus von Gertner erhalten, in dem Jakobus Minor fehlt (heute im Schloss Museum Wolfenbüttel). Vielleicht handelt es sich bei dem Gemälde auf der Tür um den fehlenden Apostel. Neuere Untersuchungen lassen jedoch an der Darstellung einer Walkerstange zweifeln; eine einwandfreie Identifizierung des Attributs ist wegen alter Schäden nicht möglich.

Die Überarbeitungen haben zu Fehlern im dänischen Wappen im oberen Teil der Tür geführt: So ist grundsätzlich Grau statt Blau verwendet worden, das Schleswiger Wappen enthält neun und nicht sieben Herzen und das Wappen des dänischen Königreichs zeigt drei und nicht zwei Löwen. Dagegen ist der den Rahmen prägende Zierrat im Stil des Cornelis Floris de Vriendt noch weitgehend unverändert.

Eleonore Lang, Gaby Kuper

Lit.: Meier 1896, S. 352; Römer 1976, S. 13 f., Nr. 17 (als »Priechentür« bezeichnet)

205

Gestühlswange

Unbekannt, 1581
Holz, 87 × 24 cm
Wremen, Ev.-luth. Kirchengemeinde St. Willehadi

Die Gestühlswange stammt aus der um 1200 gegründeten Wehrkirche St. Willehadi in Wremen, Landkreis Cuxhaven, an der Wesermündung. Sie bildete ursprünglich die seitliche Wange eines Kirchengestühls. Die leicht konisch zulaufende Gestühlswange ist mit farbig gefasstem Schnitzwerk versehen, das sich aus drei Bildzonen zusammensetzt. In der oberen Bildzone ist eine Kreuzigungsgruppe dargestellt, darunter befindet sich das Stifterwappen mit einer Lilie. Unten ist eine lateinische Inschrift mit Jahreszahl zu lesen: »VERBVM DOMI / NI · MANETE · IN / ETERNVM · ANNO / 1581«: »Das Wort des Herrn bleibt in Ewigkeit« (1. Petrus 1, 25). Dieser Bibelvers wurde durch Luther zum bekannten Wahlspruch der Reformation erhoben. In dem Vers kommt zum Ausdruck, dass allein das Wort Gottes in der Bibel im Zentrum der reformatorischen Bewegung stand und nicht die päpstliche Legitimation in Glaubensfragen. Entsprechend lässt sich aus der Verwendung als Inschrift auf der Gestühlswange auf das protestantische Bekenntnis der Stifter schließen.

Die Bibelworte wurden 1522 von dem Kurfürsten von Sachsen, Friedrich III. der Weise, zum persönlichen Wahlspruch erhoben und in abgekürzter Form (V.D.M.I.Æ.) auf vielen Gegenständen des Hofes angebracht. Er wurde zur Losung des Schmalkaldischen Bundes und für Fahnen, Schwerter und Uniformen als sichtbares Zeichen der lutherischen Bewegung unter den protestantischen Fürsten verwendet. Dadurch fand der Wahlspruch der Reformation schnell eine große öffentliche Verbreitung und die Gläubigen griffen ihn auch als private Bekenntnisformel auf. Deshalb begegnet uns der Bibelvers nicht nur im sakralen Raum einer Kirche, sondern ebenso als Hausinschrift und auf Alltagsgegenständen.

Herbert Pötter

206

Vier Bildtafeln: Taufe Christi, Daniel in der Löwengrube, Jephta, Hiob

Unbekannt, Göttingen, 1607–1608
Öl auf Holz,
114,5 × 96,5 × 4,3 cm (Taufe Christi),
114 × 97 × 4,5 cm (Jephta),
114,5 × 89,5 × 4,4 cm (Daniel),
115 × 94 × 4,9 cm (Hiob)
Göttingen, Städtisches Museum,
1901/754–757

Bei den vier Bildtafeln handelt es sich aufgrund der Form und Rahmung um Emporengemälde aus einer Kirche. Emporen waren in nachreformatorischer Zeit ein wichtiges Architekturelement des protestantischen Kirchenbaus. Für die wachsenden Gemeinden schufen sie Platz. Gleichzeitig entsprachen sie dem im 16. Jahrhundert aufkommenden Bedürfnis nach Repräsentation. Lutherische Kirchenemporen sind mit einem umfangreichen Bildprogramm aus Szenen des Alten und Neuen Testaments ausgestattet, in reformierten Kirchen findet sich keine Ausschmückung.

Die Tafeln zeigen neben der Taufe Christi aus dem Neuen Testament auch Daniel in der Löwengrube, Jephta und seine Tochter und Hiob, beklagt von seinen Freunden aus dem Alten Testament. Die ungleiche Anzahl von alt- und neutestamentlichen Szenen lässt auf die Existenz weiterer Tafeln schließen. Die ornamental gestalteten Rahmen verweisen auf die Bibelstellen sowie auf Göttinger Bürger, die namentlich und mit ihren Hausmarken erwähnt werden: Daniel Henckel, Arnoldt Schwert und Thomas Grothen gehörten Ratsfamilien an, Heinrich Henckel war aus Braunschweig zugezogen. Aufgrund ihrer Zugehörigkeit zum Nikolaiviertel waren die Werke vermutlich in der Nikolaikirche angebracht, die eine der ältesten Kirchen Göttingens ist. In den Kircheninventaren werden die Werke aber seit dem 17. Jahrhundert nicht erwähnt. Es finden sich Quellen, die Stiftungen der genannten Personen für die Orgel um 1641 belegen. Vermutlich wurden ihnen die Tafeln aus Dankbarkeit gewidmet. Auf zwei Tafeln sind zudem die Jahreszahlen 1607 und 1608 vermerkt. Sie könnten sukzessiv gefertigt worden sein, was die unterschiedliche künstlerische Qualität der Werke erklärt.

Bis zur Aufhebung der Nikolaipfarre 1803 wurde die Kirche geräumt. Die Tafeln gelangten 1901 aus Privatbesitz ins Museum.

Saskia Johann

Lit.: Arnold 1980, S. 138 f.; Oberdiek 2006

206 (Jephta) ►

JUDICUM AM · II ·
H · Thomas Grothen · B·H
1 6 0 8

207
Leihgeber: Braunschweig, Städtisches Museum

Bildnis des Johannes Hus

Deutsch, 17. Jahrhundert
Öl auf Leinwand auf Spanplatte marouflier, 99 × 56,5 cm
1200-1223-00

Bildnis des Johannes Bugenhagen

Deutsch, 17. Jahrhundert
Öl auf Leinwand auf Spanplatte marouflier, 99 × 58,2 cm
1200-1219-00

Bildnis desPhilipp Melanchthon

Deutsch, 17. Jahrhundert
Öl auf Leinwand auf Spanplatte marouflier, 99 × 56,6 cm
1200-1222-00

Bildnis des Joachim Mörlin

Deutsch, 17. Jahrhundert
Öl auf Leinwand auf Spanplatte marouflier, 98,5 × 58,5 cm
1200-1221-00

Bildnis des Martin Chemnitz

Deutsch, 17. Jahrhundert
Öl auf Leinwand auf Spanplatte
marouflierte, 99 × 57,4 cm
1200-1224-00

Bildnis des Polycarp Leyser

Deutsch, 17. Jahrhundert
Öl auf Leinwand auf Spanplatte
marouflierte, 99 × 58,4 cm
1200-1220-00

Die sechs ganzfigürlichen Bildnisse identischen Formats zeigen in gleicher Stilistik und formaler Gestaltung wichtige Vertreter der kirchlichen Reformbewegungen vom 15. bis zum frühen 17. Jahrhundert. Mit Hus wird ein bedeutender, auf dem Konstanzer Konzil hingerichteter Kirchenkritiker als Vorläufer Luthers in Erinnerung gerufen, während mit Bugenhagen und Melanchthon zwei seiner Mitstreiter vertreten sind und Mörlin, Chemnitz und Leyser für die weitere Verbreitung und Verfestigung der neuen Kirchenordnung stehen. Alle sind am unteren Bildrand mit der latinisierten Form ihres Namens bezeichnet. Hiervon abweichend wird Bugenhagen nach seiner Herkunft als »Pomeranus«, als aus Pommern stammend, benannt.

Höhepunkt protestantischen Kirchenbaus

Die Bildnisse entstanden postum gegen 1650 und gehen auf ältere Vorlagen zurück. Durch die formale Angleichung sind sie zu einer »Ahnengalerie« des Protestantismus zusammengefügt. Es handelt sich um Kopien der Reformatorenporträts vom Chorgestühl in der Braunschweiger Brüdernkirche, die um 1600 von Reinhard Roggen angefertigt wurden. Diese ebenfalls retrospektiven Vorbilder bilden dort zusammen mit den Darstellungen von Kirchenvätern und -lehrern einen umfangreichen Zyklus von – aus protestantischer Sicht – vorbildlichen Glaubensvertretern, denen es in der Glaubensstärke nachzufolgen galt.

Die ausgestellte Bildnisreihe wurde 1878 von der Braunschweiger Kirchengemeinde St. Magni dem Städtischen Museum übereignet, nachdem sie durch Ludwig Winter historistisch modernisiert worden war. Die Gemälde hatten in St. Magni mehr als 200 Jahre der innerkirchlichen Erinnerung und Traditionsbildung gedient. Sie waren dort an die Stelle der für protestantische Kirchenausstattungen zunehmend obsoleten Heiligenbilder getreten. Da die Verehrung der Heiligen durch Luther nicht abgeschafft wurde und der traditionelle Heiligenkalender in Gebrauch blieb, verwundert es nicht, dass die Reformatoren mit eigenen Gedenktagen gewürdigt wurden: Chemnitz am 8. April, Melanchthon am 19. April, Bugenhagen am 20. April und Hus am 6. Juli.

Andreas Büttner

Lit.: Nauhaus 2009, S. 599, Nr. 1792, S. 602, Nr. 1799, S. 612, Nr. 1829, S. 617, Nr. 1844, S. 618, Nr. 1847 und 1849 (mit älterer Lit.)

208 a

Ansicht der Hauptkirche Beatae Mariae Virginis (B. M. V.) in Wolfenbüttel

Johann Friedrich Kauffmann, 1751
Papier, 44,4 × 35,8 cm
Braunschweig, Braunschweigisches Landesmuseum, LMB 20177

208 b (ohne Abb.)

Die Halle der Hauptkirche Beatae Mariae Virginis nach Norden, ursprüngliche Planung

Elias Holwein nach Entwurf von Paul Francke, Wolfenbüttel und Stade, 1. Hälfte 17. Jahrhundert
Papier, 31,7 × 39,7 cm
Braunschweig, Herzog Anton Ulrich-Museum, Platten Nr. 17

Anstelle einer älteren Marienkapelle ab 1608 in der Wolfenbütteler Heinrichstadt errichtet, gilt die von Paul Francke entworfene Kirche Beatae Mariae Virginis mit herzoglicher Grablege als bedeutende Vertreterin des frühen protestantischen Kirchenbaus. Beeinflusst durch italienische, niederländische und Prager Vorbilder, weist sie architektonische Merkmale aus Spätgotik, Manierismus und Barock auf und gewinnt ihre besondere Wirkung durch bewusst uneinheitliche, unerwartet fantasievolle Elemente und die planmäßige Situierung im städtischen Raum. Der Tod von Herzog Heinrich Julius erforderte 1613 eine schnelle Fertigstellung von Krypta, Chor und Querhaus; bis 1620 waren das Langhaus, bis 1624 auch das Kircheninnere mit Hochaltar, Kanzel und Fritzsche-Orgel vollendet. Wegen bodenbedingter Statikprobleme wurde der Turmbau 1625 gestoppt und provisorisch gedeckt. Geldmangel und Kriegsauswirkungen verzögerten die Fertigstellung der Kirche bis 1666. Der Turm, welcher durch seine ursprünglich geplante Höhe von 82 Metern die herausgehobene Stellung der Hauptkirche der

208 a ►

Die Haupt Kirche B.M.V. der
Hoch Fürstl. Braunschw. Lunäbg
Residenz Wolfenbüttel ist 1608 von
Herzog Heinrich Iulius zu bau,
en angefangen: der erste Grundstein
darzu von Herzog Iulius August
Abt zu Michel-Stein geleget und
1616 von Herzog Fridrich Ulrich
der Bau volführet worden Herzog
Augustus hat solche 1657 in
volkommenen Stand gesezzet
Unter der Glorreichen Regirung
des Durchl. Herzogs Carl ist
diese Kirche seit 1740 ausgebessert
und 1751. mit der Thurm Spizze
geziret worden
Herzogl. B.L. Cabinet Mahler I.F. Kauffman del. et Sculp. Wolfenbüttel

Residenz zeigen sollte, erhielt 1751 eine barocke Haube mit Uhren und Laterne. Entgegen Franckes Plan für die Ausstattung der dreischiffigen Halle waren anstelle von Hermenpfeilern achtseitige Freipfeiler errichtet und die Emporen verändert ausgeführt worden. Erst 1666 rückte die Taufe mit dem neuen Becken von Cordt Mente aus dem Mittelschiff in den Chor. Im Bildprogramm überwogen zunächst Figuren und Szenen aus dem Neuen Testament. Evangelisten und Apostel sowie ein mit der Auferstehung endender protestantischer Passionszyklus schmückten Altar, Kanzel und Priechen. Die von Luther hoch geschätzten Propheten fanden zwischen 1645 und 1648 an der Tür zum Westportal sowie auf den 16 Bildern an der Herrenprieche ihre Darstellung.

Birgit Hoffmann

209

Oblatendose (Pyxis)

Unbekannt, 1546
Silber, H 2,5 cm, Dm 4,6 cm
Göttingen, Ev.-luth. Kirchengemeinde St. Jacobi

Auch nach der Reformation wurden weiterhin Stiftungen reicher Bürger an die Kirche angenommen. Dazu gehört diese Oblatendose aus Silber, die 1546 der Kirche St. Jacobi in Göttingen, wo 17 Jahre zuvor die Reformation Einzug gehalten hatte, geschenkt wurde.

Die silberne Dose, auch Hostienbüchse oder Pyxis genannt, ist rund und besitzt einen verschließbaren Deckel. Auf dem Deckel befindet sich die Inschrift »· 1 · 5 · 4 · 6 ·«, die Unterseite des Gefäßes trägt die Worte »DBT SIG · VM IOST HINDERDOR ·«. Weiterhin ist im gewölbten Boden ein Zeichen eingraviert, das möglicherweise auf den Hersteller der Pyxis verweist. Iost Hinderdor ist der Name des Stifters, der im angegebenen Jahr die Dose der Kirche schenkte. Die erhaltenen Kirchenakten bestätigen dies, da in einem Inventar der liturgischen Geräte für das Jahr 1558 Folgendes vermerkt ist: »ein sulueren nie gefeß to denn Ostien, von Jost hinderdor seligen gegeuen«. Da der gleiche Eintrag ohne den Zusatz »seligen gegeuen« für das Jahr davor existiert, wird der Stifter in der Zwischenzeit verstorben sein, Weiteres ist über ihn aber nicht bekannt.

Bis ins späte Mittelalter waren silberne Oblatendosen ein fester Bestandteil der kultischen Ausstattung. In der Neuzeit wurden diese jedoch immer häufiger aus weniger wertvollen Materialien produziert. Der Zweck der Hostienbüchse oder Pyxis blieb aber gleich: Während sie auch heute noch in der katholischen Eucharistiefeier der Aufbewahrung der geheiligten Hostien dient, behielt die Dose im evangelischen Abendmahl ihre Funktion trotz der unterschiedlichen Durchführung der Messe. David Behrens

Lit.: Arnold 1980, S. 117; Braun 1932, S. 454–461

210 (ohne Abb.)

Altardecken aus einer mittelalterlichen Kasel

Italien, um 1500, Braunschweig, 1612
Seidensamt, rot, Granatapfelmuster,
5 Stück (max. 110 × 46 cm)
Braunschweig, Herzog Anton Ulrich-Museum,
MA 48–50 (nicht ausgestellt)

1836 wurde in der Sakristei der Braunschweiger Kirche St. Martini eine verschlossene Wandnische entdeckt, in der sich mehrere mittelalterliche Kaseln fanden. Diese nach den Farben des Kirchenjahres hergestellten Überhänge aus edlen Stoffen trugen die Geistlichen über einer weißen Albe (Untergewand) und einer Stola (umgehängter Schal). Die Kasel sollte an das in der Bibel bezeugte kostbare Gewand Jesu Christi erinnern und damit daran, dass der Pfarrer in seiner Stellvertretung der Gemeinde voranstand. Bei der Auffindung wurde unter anderem die Vermutung laut, die letzten katholischen Pfarrer hätten 1528 diese Kaseln vor ihren evangelischen Amtsnachfolgern versteckt, um sie bei einer Gegenreformation wieder hervorholen zu können. Ihr kunstgeschichtlicher Wert (Italien, um 1500) wurde 1836 kaum erkannt. Nur so ist es zu erklären, dass einige von ihnen auswärtigen Gelehrten zu Studienzwecken entliehen wurden, ohne dabei rechtsverbindliche Abmachungen zu treffen. Erst nach 1860 holte der Stadtmagistrat sie mühevoll zurück. 1898 verkaufte die Gemeinde sie für 10 000 Mark an das Museum. Die Forschung ergibt, dass zumindest ein Teil der ehemals 22 (!) Kaseln noch 1645 bei lutherischen Abendmahlsfeiern in St. Martini getragen wurde. Für eine Hochzeit wurde der Kirche fünf Jahre später sogar noch eine gestiftet! Der schwarze Talar fand erst in der Kirchenordnung von 1709 Erwähnung. Die Vorgängerordnung von 1657 schrieb das Tragen der altkirchlichen Gewänder noch vor. So ist zu vermuten, dass diese erst um 1700 in der Martini-Sakristei verwahrt wurden. Aus anderen Gemeinden sind Verkäufe belegt. Da es mehr Kaseln gab als benötigt, trugen die Verantwortlichen in St. Martini keine Bedenken, eines der vielleicht nicht mehr ganz so ansehnlichen Stücke 1612 zu zerschneiden, um daraus eine Altardecke bzw. Umrandung für den Hochaltar zu machen. Die Kaseln aus St. Martini zeugen von der zunächst geübten Kontinuität der lutherischen Reformation, die das beim Alten ließ, was nicht der Heiligen Schrift zuwiderlief. Noch heute sind Kaseln in vielen Kirchen des lutherischen Weltbundes üblich, in Deutschland eher selten. Wolfgang A. Jünke

Lit.: Jünke 2003, S. 92, 102–104; von Frankenberg 1909; von Wilckens o.J., S. 110 f., Nr. 61

211

Kelch

Unbekannt, 1598
Silber, vergoldet, 23,6 × 17,5 cm
Hannover, Ev.-luth. Kirchengemeinde
im Stadtkirchenverband Hannover

Der Abendmahlskelch stammt aus dem Besitz einer der ältesten Kirchengemeinden in Hannover. Nach der Zerstörung im Zweiten Weltkrieg wurde deren Kirchenbau als sogenannte Notkirche nach den Plänen des Architekten Otto Bartning 1949 wieder aufgebaut. Der vergoldete, aus Silber gearbeitete Kelch zeigt noch die traditionelle Form der im 16. Jahrhundert verwendeten Abendmahlsgeräte. Er setzt sich aus einer gerundeten Kuppa auf schlankem Schaft und einem sechspassigen Fuß zusammen, auf dem ein gegossener Kruzifixus angebracht ist. Der flache Nodus ist mit sechs rhombischen Rotuli versehen, die mit blauem und grünem Email gefüllt sind. Eine Besonderheit des Kelches sind zahlreiche auf dem Fuß eingravierte Namen von Stiftern, die sich mit einem Stiftungsbeitrag an der Anschaffung des Kelches beteiligt haben: »IACOB WEDEKIND 3 Dhlr. / FOLCMER ERNEST THO WVLFEL 1 DAL. / HER IVSTUS MEIER CANONICUS S. CYRIACI VOR BRVNSCWIG 3 D.« usw.

Die Entwicklung des Abendmahls nach dem Verständnis der lutherischen Glaubenslehre ist eines der zentralen Unterscheidungsmerkmale zur Feier der katholischen Eucharistie. Entsprechend detailliert werden in den lutherischen Kirchenordnungen, basierend auf der Grundlage der »Confessio Augustana«, die liturgischen Anweisungen zum Abendmahl formuliert. Nach Luthers Auffassung war das Abendmahl nicht mehr als Messopfer im katholischen Sinne zu verstehen. Für ihn offenbarte sich für die Teilnehmer des Abendmahls in dem Brot der Leib Christi und in dem Wein das Blut Christi. Mit der Stiftung eines Kelches, der für das Sakrament des Abendmahls von zentraler Bedeutung war, zeigt sich damit auch das persönliche Bekenntnis der namentlich aufgeführten Stifter zur lutherischen Glaubenslehre.

Herbert Pötter

212

Leuchterhalterung

Hans Meißner, Braunschweig, 1552
Messing, 60 × 29,5 × 1,5 cm
Braunschweig, Ev.-luth. Kirchengemeinde
St. Martini

Die Kerze begleitet den Menschen durch sein gesamtes christliches Leben, sie ist anwesend bei der Taufe, der Firmung und der Eheschließung. Auch zu christlichen Festen unterstreicht die Kerze in der feierlich erleuchteten Kirche den kultischen Charakter des Geschehens und macht das Göttliche wahrnehmbar.

Die Leuchterhalterung aus St. Martini in Braunschweig ist aus Messing und im Jahr 1552 vom Braunschweiger Gießer Hans Meißner hergestellt worden. Der Auftraggeber war der Wandschneider und Ratsherr Hieronymus von Damme. Sowohl sein Wappen als auch das seiner Frau befinden sich im unteren Feld der rechteckigen Platte, gehalten werden diese von einem Engel. Den oberen bogenförmigen Teil nehmen ein Lautenspieler und zwei Hornbläser ein. Der mittlere Teil trägt zwei Bibelzitate und wird unterbrochen durch die eigentliche Kerzenhalterung, die in Form einer Kanzel gestaltet ist.

Die Messingplatte war ursprünglich an einem Pfeiler der Kirchenkanzel befestigt. Anbringungsort, Gestaltung und Funktion spiegeln sich in der Inschrift wider:

»ESAIE · 52 · ROMA · 10 · /WIE · LIEBLICH SIND · DIE · /FVSSTE · DERE · DIE · /DEN · FRIEDE · VERKVNDI · /GEN · DIE · DAS · GVTE · VERKVNDI · /GEN · PSALM · 119 · DEIN · WORT · IST · / MEINES · FVSSTES · LEVCHTE · VN/DE · EIN · LIECHT · AVFF · ME/INEM · WEGE A · 1 · 5 · 5 · 2
IERONEMVS · VAN · DAMME · HANS · MISSENNER«

Das Wort Gottes ist dem Gläubigen ein Licht auf seinem Weg und führt ihn durch die Dunkelheit. Die gespendete Kerze wird nun aber nicht mehr wie zuvor üblich vor einem Heiligenbild entzündet, sondern direkt vor Gottes Wort selbst. Der in der Reformation kritisierte Mittler zwischen Mensch und Gott wurde überwunden. Die Kanzel als Verkünder der Frohen Botschaft trägt inmitten des Textes die Kerze, die das Licht des Gotteswortes für alle sichtbar macht.

David Behrens

Lit.: DI 56, Inschriftenkatalog: Deutsche Inschriften Online; Seidel 1996, S. 57–76

213

Tauffbüchlein / Des Herrn D. Martini Lutheri, zusampt Einer kurtzen / Christlichen und einfel=tigen Erklerung desselben. Gestelt Durch die Prediger der Löblichen Stadt Braunschweig.

Martin Luther, Magdeburg, 1591
Druck: Johan Francken, Wilhelm Roß
Papier, 19,2 × 16,8 × 5 cm
Braunschweig, Stadtbibliothek, M 319/4 (4°)

Die Taufe spielt in Luthers Theologie und kirchlicher Praxis eine zentrale Rolle, weil sie »unser einiger Trost und Eingang zu allen göttlichen Gütern« ist. Insbesondere die Kindertaufe in den ersten Lebenstagen war für ihn unverzichtbar. Denn durch nichts kann der reine Geschenkcharakter der Taufgnade deutlicher ausgedrückt werden als durch unmündige Kinder, für die Eltern und Paten stellvertretend glauben. Die mündige Einlösung des Taufversprechens, zu glauben und gegen die Sünde zu kämpfen, ist dann für die Herangewachsenen eine lebenslange Aufgabe und Ermutigung. Deshalb übersetzte Luther noch vor der deutschen Messe 1523/1526 die lateinische Taufliturgie (Gebete, Segens- und Bibeltexte, Bekenntnisfragen) und verzichtete auf magieverdächtige Symbolhandlungen. Zum Zeichen des durch die Taufe bewirkten geistlichen Wechsels aus dem Reich des Teufels in das Reich Christi behielt er zwei Exorzismen und die Teufelsabsage bei. Mit einer Einleitung versehen, erschien diese Reformliturgie als »Taufbüchlein« zunächst separat, seit 1529 oft im Anhang zum Kleinen Katechismus. Dort werden das Wort/Wasser-Wesen der Taufe, ihr Nutzen, die im Glauben erfahrbare Kraft des Taufaktes und die Bedeutung des Unter- und Auftauchens näher erklärt. In den oberdeutschen Drucken des Konkordienbuches fehlt das »Taufbüchlein«. Einzelausgaben desselben bieten Beigaben wie hier die »Erklerung« der Braunschweiger Prediger, in der die städtischen Gemeindemitglieder und Pastoren über den Sinn der Taufexorzismen umfassend (78 Seiten) unterrichtet werden. Dahinter stand die um 1590 in der Nähe (Basilius Sattler) und in der Ferne (Anhalt) erneut geführte Exorzismusdebatte.

Inge Mager

Lit.: Koldewey 1893; zur Mühlen 2001, S. 701–704, 709 f. (Lit.)

Besiegter Teufel

214 (ohne Abb.)

Mittelalterliches Weihwasserbecken, als Taufbecken genutzt

Lorenzkloster bei Schöningen, 15. Jahrhundert
Messing, H 6,2 cm, Dm 25,2 cm
Braunschweig, Braunschweigisches Landesmuseum, VMB 1809

Seit dem frühen Mittelalter befanden sich die Taufsteine im westlichen Eingangsbereich der Kirche. Hier wurden auch die Taufen vollzogen. Erst wenn ein Kind mithilfe von allerlei Praktiken und Exorzismen von seiner angeborenen Teufelsbesessenheit befreit war, meinte man es als Glied der christlichen Gemeinde in die Kirche tragen zu dürfen. Luther ließ die Taufsteine in die Nähe des Altars im Osten versetzen. Denn er ging davon aus, dass der Teufel durch Christus ein für allemal besiegt sei. Deshalb tröstete er auch die Eltern von totgeborenen oder gleich nach der Geburt verstorbenen Kindern, die nicht getauft werden konnten, damit, dass Gott sich ihrer in einer ihm eigenen Weise annehmen werde. Der Taufe im Angesicht der Gemeinde wies er zudem eine Zeugenrolle zu. Wie den tiefen Taufbecken zu entnehmen ist, wurden die Täuflinge ursprünglich ganz untergetaucht (Submersionstaufe), um den geistlichen Tod und die geistliche Wiedergeburt zu veranschaulichen. Im 16. Jahrhundert übergoss man die nackten Säuglinge nur noch mit dem Taufwasser (Infusionstaufe). Dazu konnte/kann auch eine Schale auf dem Altar oder in der Hand eines Taufengels genügen.

Bei dem ausgestellten Taufbecken handelt es sich um ein mittelalterliches Weihwasserbecken aus dem Lorenzkloster bei Schöningen, das in der Reformationszeit zu einem Taufbecken umgewidmet wurde. Es zeigt im Fond einen laufenden Hirsch vor einem kaum zu lesenden Schriftband. Dieses ist von Streublumen in runden Medaillons umgeben, umlaufend findet sich Eichenlaub. Auf dem Rand sind kleine Blüten angebracht. Inge Mager

Lit.: LMA 1996, Taufbecken, Taufstein, Fünte, 493 f.; Mathies 1998; Wiswe 1980, Nr. 260, S. 108

Die »Erfindung« der Konfirmation

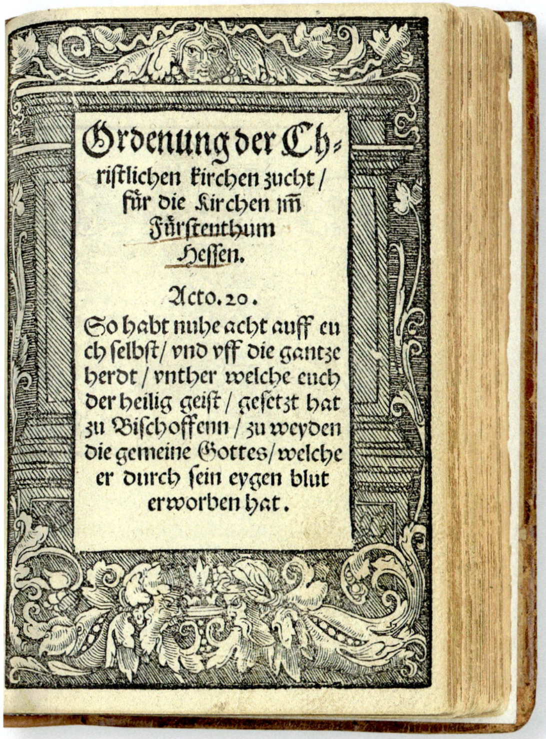

215

Ziegenhainer Kirchenzuchtordnung

Martin Bucer, Kassel, 1539
Papier, 22 × 15 cm
Kassel, Universitätsbibliothek Kassel, 34 8°Ms.Hass. 104

Die »Ziegenhainer Zuchtordnung« ist eine Kirchenordnung, die Martin Bucer im Auftrag des hessischen Landgrafen Philipp I. 1539 verfasst hat. Im dritten Kapitel wurde die Konfirmation als neues Fest eingeführt. Das »fürneme Fest« bestätigte die Taufe und sollte zu Ostern, Weihnachten oder Pfingsten begangen werden.

Hintergrund dieser Ordnungsbemühungen waren Auseinandersetzungen des Landgrafen Philipp mit den Wiedertäufern. In Zeiten der entstehenden evangelischen Landeskirchen wollten die Wiedertäufer die Erwachsenentaufe durchsetzen. Sie sollten eingebunden werden mit dem Angebot, Heranwachsende die Taufe selbst und aktiv bestätigen zu lassen.

Martin Luther hatte zehn Jahre zuvor, 1529, einen Katechismus geschrieben, den die Getauften auswendig lernen sollten. Dann seien sie reif, am Abendmahl teilzunehmen. Ein öffentliches Fest schien ihm entbehrlich. Als solches hat sich die Konfirmation jedoch durchgesetzt.

Konfirmationsandenken und -scheine kamen Mitte des 19. Jahrhunderts als Erinnerungsgeschenke hinzu. Erste Vorläufer waren schmucklos, später finden sich Farbdrucke mit jeweils zeittypischen Motiven.

In ländlichen Gegenden arbeiteten Konfirmanden häufig auf dem elterlichen Hof. Da das Konfirmationsalter zumeist auf 14 Jahre festgesetzt war, wurden nicht selten Anträge auf Dispensation gestellt. Diese Ausnahmebewilligung verkürzte den verpflichtenden Konfirmationsunterricht und es durfte früher konfirmiert werden. Bis zum Beginn des 20. Jahrhunderts endete mit der Konfirmation in der Regel auch der Schulbesuch.

Die »hessische Erfindung« Konfirmation ist ein Ereignis, das weltweit in Gruppen vorbereitet und gefeiert wird. Seit dem 20. Jahrhundert ist es als Familienfeier auch ein bürgerlich-weltliches Ereignis – der erste große Auftritt von Jugendlichen.

Bettina Wischhöfer

Lit.: Wischhöfer 2014; Zippert 1989, S. I–VIII

216 a

Catechis=mus Deudsch vnd Lateinisch / daraus die kinder leichtlich in dem lesen vnterwiesen mögen werden.

Martin Luther, Wittenberg, 1536
Vorwort: Georg Major, Magdeburg, 1534
Druck: Peter Seitz
Papier, Typendruck, 16,4 × 10,8 cm
Braunschweig, Theologisches Zentrum – Bibliothek, R III 35 kon 1

216 b (ohne Abb.)

Flugblatt: Catechesis seu intitutio [...] linguaru [...] studiosae iuventutis: Decem praecepta, Ego sum dominus [...] remissionem peccatorum. Finis

Wittenberg, 1546–1578
Druck: Johannes Krafft
Mehrplattendruck, Holzschnitte, 54,6 × 37,8 cm
Braunschweig, Herzog Anton Ulrich-Museum, LCranach-Werkstatt AB 2.32

Katechismen dienten der Vermittlung christlicher Glaubensinhalte. Sie bieten das Vaterunser, das Glaubensbekenntnis, die zehn Gebote sowie die Erklärung der Sakramente und folgen einem einfachen Aufbau: der Benennung des Themas, wie einer Passage aus dem Glaubensbekenntnis oder einem Gebot, dann der Frage, was darunter zu verstehen sei, und einer erläuternden Antwort. Aufgrund des Lehrcharakters wurde der Katechismus in die Volkssprachen übersetzt und später in vielen Ausgaben gedruckt. Er blieb keiner Konfession vorbehalten: Luthers Kleiner und Großer Katechismus von 1529, Canisius' Kleiner Katechismus von 1558 für

Catechismus D. M. L. Deudsch vnd Lateinisch / daraus die kinder leichtlich jn dem lesen vnterwisen mögen werden. 1556.

216a

die katholische Kirche und der Heidelberger Katechismus von 1563 für die Reformierten. Luthers Fassung mit dem Grundwissen seiner Lehre wurde seit 1580 zu den Bekenntnisschriften gerechnet.

Bis ins 20. Jahrhundert hinein benutzte man den Katechismus in Kirche, Schule und Elternhaus. Er wurde auswendig gelernt und vor der Konfirmation und der Eheschließung abgeprüft, wobei das Auswendiglernen nicht unbedingt etwas mit dem Verständnis der Lehre zu tun haben musste. Dennoch hat die weite Verbreitung des Katechismus normierend auf die Gesellschaft gewirkt: Die Regeln des Zusammenlebens werden ebenso gespiegelt wie die ständische Ordnung. Wie der Knecht getreulich seinen Dienst zu erfüllen hatte, musste der Herr sich um gute Behandlung und religiöse Unterweisung seiner Untertanen bemühen. Und all ihr Wirken unterliegt der Herrschaft Gottes.

Der ausgestellte Katechismus diente zu Schulzwecken im Lese- und Lateinunterricht, weshalb sich beigefügte Alphabete in Antiqua und Fraktur, Verzeichnisse von Abkürzungen, von lateinischen und arabischen Zahlen sowie von lateinisch-deutschen Vokabeln darin finden. Das Flugblatt diente der höheren Bildung und bietet ebenfalls die zehn Gebote, das Glaubensbekenntnis, das Vaterunser und die Erklärung der protestantischen Sakramente Taufe und Abendmahl – jedoch nur in hebräischer, griechischer und lateinischer Sprache.

Gaby Kuper

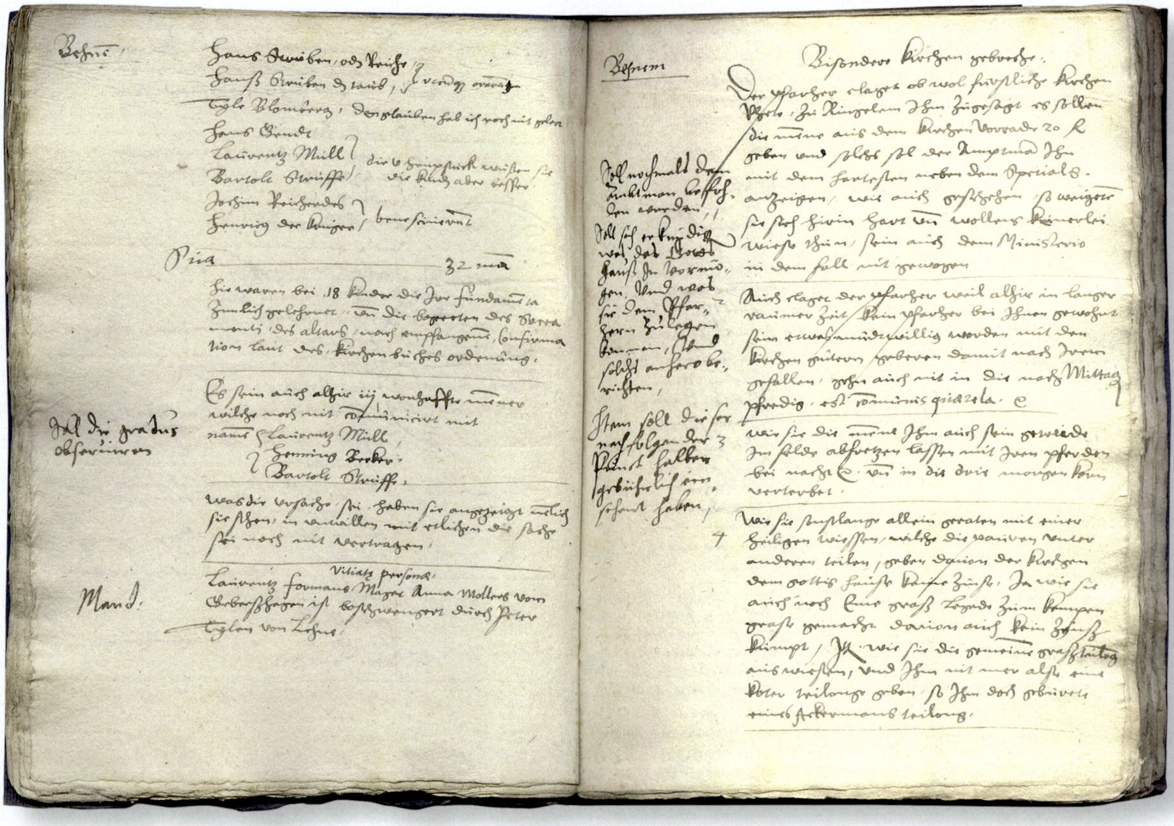

217

Konfirmation von 18 Kindern in Beinum

In: Protokoll der Visitation in den Ämtern Liebenburg und Lutter am Barenberg
Georg Tappe,
Superintendentur Salzliebenhall,
November 1571
Papier, 21,7 × 34,2 cm
Wolfenbüttel, Landeskirchliches Archiv,
V 1936

Im Fürstentum Wolfenbüttel wurde die Konfirmation, bezeichnet als »Firmung«, mit der Kirchenordnung des Herzogs Julius von 1569 eingeführt. Ihr Verfasser Martin Chemnitz betonte, sie sei ein »alt ding« und schon in der ersten Zeit der christlichen Kirche gebräuchlich gewesen, durch päpstliche Ordnung aber in einen Akt des Aberglaubens verkehrt worden. Nun sollte sie als eigenverantwortliche Bestätigung der Taufe, als erneuerte Teufelsabsage, Glaubensprüfung und Voraussetzung für die erste Teilnahme der halbwüchsigen Kinder am Abendmahl wieder praktiziert werden. In einer schlichten Zeremonie wurden die Kinder nach den Katechismusstücken befragt und Eltern, Paten und die gesamte Gemeinde an ihre christliche Erziehungspflicht erinnert. Den Abschluss bildete ein gemeinsames Abendmahl. Die Unterweisung der Kinder war Aufgabe des Ortspfarrers, Prüfung und Konfirmation wurden durch den Superintendenten zunächst anlässlich seiner jährlichen Visitationen gehalten. Die ausführlichen Visitationsprotokolle aus den Ämtern Liebenburg und Lutter am Barenberg bestätigen die unmittelbar nach Durchführung der Reformation einsetzende Konfirmationspraxis im Land. Erst in der Regierungszeit des Herzogs August d. J. wurden detailliertere Vorschriften für den Katechismusunterricht der 13- bis 14-Jährigen erlassen; der Zeitpunkt der Konfirmation am Weißen Sonntag nach Ostern kristallisierte sich heraus. Mit der Übernahme der Handlung durch den Ortsgeistlichen setzte nun ihre regelmäßige Eintragung in die Kirchenbücher ein. Im 18. Jahrhundert wurde die Rolle der Konfirmanden aktiver; ihre Verpflichtung zu einer Lebensführung im Sinne der christlichen Ethik rückte in den Mittelpunkt. Die festliche Begehung der Feier im Familienkreis entwickelte sich. Die gebräuchliche Verbindung von Konfirmation und Schulentlassung endete in der Weimarer Zeit.

Birgit Hoffmann

Lit.: Mager 2010 b, S. 627–670;
Wolters 1940, S. 162

218

Brauttruhe der Anna Semmelbecker

Lüneburg, 1545
Eiche, Eisen,
101 (ursprünglich ca. 110) × 210 × 94 cm
Hamburg, Museum für Kunst und Gewerbe,
1898.209

Anders als auf dem Land gab es in der Stadt kein Lehnsverhältnis. Die Bürger organisierten sich in Gilden und Zünften und schufen eine eigene Gemeinschaft. Dennoch herrschten auch hier gesellschaftliche Unterschiede, die nicht durchbrochen werden durften. So wie der Adel waren auch die Patrizier darauf bedacht, innerhalb ihres Standes zu heiraten.

Die Hochzeit zwischen Anna Semmelbecker und Georg Töbing aus Lüneburg am 5. Juli 1546 wurde entsprechend prunkvoll gefeiert. Ihre Brauttruhe beinhaltete ihre Aussteuer, die sie mit in den Haushalt ihres Mannes nahm. Als Tochter eines Ratsherrn aus einem Lüneburger Patriziergeschlecht kam ihrer Brauttruhe eine repräsentative Bedeutung zu. Aus dicken Eichenbohlen gefertigt, weist sie eine reiche Verzierung auf und trägt an den vorderen Füßen die Familienwappen der Eheleute. Das Schlüsselloch ist umgeben von einem eisernen, ursprünglich verzinnten Akanthusblatt und der Schließbügel trägt die Jahreszahl 1545.

Die Vorderwand der Truhe zeigt uns im Relief vier Szenen aus dem Buch Tobias: Der junge Mann verlässt sein Elternhaus in Ninive, um mithilfe des unerkannten Engels Raphael nach Medien zu gehen und eine überfällige Schuld einzutreiben. Auf der Reise umwirbt er Sara aus seinem Stamm, die er nach der Vertreibung eines bösen Geistes heiratet. Die Geschichte gehört zu den Apokryphen, die Luther in seiner Bibelübersetzung dem Alten Testament anfügte und so allen zugänglich machte. Durch die Kritik Luthers an der Verehrung Heiliger gewannen Motive des Alten Testaments an Beliebtheit. Zudem spiegeln sich die nahe Verwandtschaft der Patrizierfamilien und die Tradition, dass die Söhne auf Reisen gingen, im Buch Tobias wider.

218

Anna Semmelbeckers Truhe wurde noch lange nach ihrem Tod weiter genutzt, bis sie 1898 ins Museum gelangte.

David Behrens

Lit.: Langer 2005, S. 102 f.; Meckseper 1985, S. 351–353

219 a

Spiegel einer Christlichen und friedsamen Haußhaltung

Paulus Fürst, Nürnberg, 1651 (?)
Papier, 33,9 × 27,7 cm
Nürnberg, Germanisches Nationalmuseum, HB 14257 (Kapsel 1233)

219 b (ohne Abb.)

Wider den Eheteuffel

Andreas Musculus, Frankfurt/Oder, 1556
Papier, 18,5 × 14,6 × 6,3 cm
Braunschweig, Theologisches Zentrum – Bibliothek, F 119 b,2

Luthers grundlegende neue Sicht auf die Ehe, ihre Wertschätzung als dem Menschen angemessener Stand, legte er in mehreren Schriften dar. Verbreitung fanden die neuen Ideen in Flugblättern und Drucken zum Beispiel des Paulus Fürst, Verleger und Kunsthändler aus Nürnberg. Da Protestanten und Katholiken sich in punkto Familienbild einig waren, konnte für einen großen Absatzmarkt produziert werden.

Szenen von Familien am Tisch waren ein verbreitetes Motiv. Die gemeinsame Mahlzeit mit dem begleitenden Gebet weckt Assoziationen an das letzte Abendmahl.

Paulus Fürsts »Spiegel einer Christlichen und friedsamen Haußhaltung« ist eine Weiterentwicklung dieses Motivs. Nur noch ein Kind betet, die anderen sitzen in lockerer Form um den Tisch herum. Der Vater thront in der Rolle des Hausherrn auf einem repräsentativen Lehnstuhl, während die Hausmutter auf einem niedrigen Schemel ihm zu Füßen sitzt, mit dem jüngsten Kind auf dem Schoß. Die Haltung der Eheleute zueinander ist durch Respekt gekennzeichnet. In Anklang an den Titel stehen im Text spiegelbildlich die Ansichten der Ehegatten gegenüber. Durch Bibelstellen belegt, werden die Rollen der Eheleute als Regent und Untertanin festgezurrt. Innerhalb der Haushaltung sind beide jedoch in ihren Aufgaben und Pflichten gleichwertig, so wie sie vor Gott gleich sind.

Wo Liebe und Hingabe sind, da sind auch Laster; diese wiederum wurden in der sogenannten Teufelsliteratur aufgespießt. Die Teufelsbücher des Andreas Musculus – Lutherschüler und Pastor in Frankfurt/Oder – gehörten zum beliebtesten Lesestoff der Zeit. Durch Luthers Teufelsglauben inspiriert, bekam jedes Laster einen »Spezialteufel« zugewiesen. Auf alle Laster und Unarten hatten Pastoren einen »Teuffel« geschrieben. Und weil solche Literatur beim Publikum begehrt war, brachte der findige Buchhändler Sigismund Feyerabend diese als Sammelband (»Theatrum Diabolorum«) heraus. Als Seelsorger hatte Musculus viele Klagen von Eheleuten zu hören bekommen und erkannt, dass der Teufel allein die Schuld an deren Unglück trage. In »Wider den Eheteuffel« legt er die Angriffe des Eheteufels in fünf Abschnitten für Männer und in dreien für Frauen dar.

Heike Köhler

Lit.: Bake 2013; Grümmer 1912

Spiegel einer Christlichen vnd friedsamen Haußhaltung/

Syrach am 25. vnd 26. Capitel.

Drey schöne Stück seynd/ die beyde Gott vnd den Menschen wol gefallen: Wann Brüder eins sind: Nachbarn sich lieb vnd werth haben: Mann vnd Weib sich wol vertragen. Wol dem/der ein tugendsam Weib hat/deß lebt er noch eins so lang. Ein tugendsam Weib ist ein edle Gabe/vnd wird dem gegeben/der Gott förchtet. Ein wolgezogen Weib ist nicht zu bezahlen. Wie die Sonn/ wann sie auffgangen/ist dem hohen Himmel eine zierde/also ist ein tugendsam Weib ein zier im Hause Aber ein böß Weib machet ein betrübt Hertz/trawrig Angesicht vnd Hertzenleyd Ein Weib/da der Mann kein Frend an hat/macht jhn verdrossen zu allen dingen/laß dich nit betriegen/daß sie schön ist. Wann das Weib den Mann reich macht/so ist da eytel Hader/Verachtung vnd Schmach. Wie man dem Wasser nit raum lassen soll/also soll man dem Weib seinen willen auch nit lassen.

1. Der Mann zu seiner Haußfrawen spricht:

Merck an geliebte Haußfraw mein/
Wilt du in meiner Gnaden seyn/
Vor Augen hab diß mein Gebot:
Erstlich/ so solt du förchten Gott/
Nechst Gott bin ich die Sorge dein/
Biß an das letzte Ende mein.
Die Kinder/so vns gleicher hand/
Der gütig Gott hat zu gesandt/
Zeuch in Gottsforcht vnd Erbarkeit
Wol scharff/doch mit bescheidenheit/
Zu Marck gibs Gelt mit sinnen auß/
Sih auffs Gesind/ bleib gern im Hauß/
Versorg die Tafel mit gebür/
Daß man kein mangel darob spür/
Dein Angesicht lieblich erschein/
Holdselig die Geberden dein/
Doch lach auch nicht zu jederzeit/
Bedenck vor dein Gelegenheit/
Sey von Vnehr vnd Laster frey/
Dein Kleid von aussen ehrlich sey.
Trawr nicht wann ich hab guten Muth/
Wann ich trawr/dich vor lachen hüt.
Hab ich Gesellschafft gern vmb mich/
Dieselben du nicht sawr ansih.
Meine Heimligkeit schweig bey dir/
Mißfällt dir aber was an mir/
Darffst du nicht ferrne bringen auß/
Sag mirs allein daheym im Hauß/
Hab ich villeicht vnrecht gethan/
Gedult alsdann solt mit mir han/
So du auch sündigst gegen mir/
Zu gut ichs auch will halten dir/
So ferr du nur begerst Gedult/
Vnd sprichst daß du dich bessern wolt.
Dein Ehe solt du behalten rein/
Daß auch dein Hertz kein andern meyn/
Im Beth richt mir kein zancken an/
All sawr Gesicht setz weit hindan/
Schlaff nicht zu lang/thu dein Gebet/
Bey zeit in deine Küchen trett.
Hör wol/jedoch bald glaube nicht/
Was der von dem vnd jenem spricht.
Schwätz auch nicht viel/daß dir darauß
Ein vnglück kommen möcht zu Hauß/
Den Tag mit guten Wercken schleuß/
Viel disputirens hat kein weiß.
Auch murre nicht noch widerbefftz/
So bleib dir gantz deins Mundeslefftz/
Mit guten dein Gemeinschafft hab/
Die bösen seyen dir schabab/
Dein Red gewiß warhafftig sey/
Der Lügen dich entäusser frey.
Hie stell ich für ein Spiegel dir/
Den halt für Augen für vnd für.
Heltst du all diese mein Gebot/
Verheiß ich dir ohn allen spott/
Mein liebste Haußfraw solt du seyn/
Sanfft schlaffen in den Armen mein.

✠

3. Der Mann zu seinem Eheweib.

GOtt der HErr sprach: Es ist nicht gut/ daß der Mensch allein sey/ ich will jhm ein Gehülffen machen/ Genes. 2.

Ein fleissig Weib ist ein Cron jhres Mannes/aber ein vnfleissige ist ein Eyter in seinen Gebeinen/ Prov. 12.

Durch weise Weiber wird das Hauß erbawet/ ein Närrin aber zerbrichts mit jhrem thun/ Prov. 14.

Ein fromes Weib gehet mit Woll vnd Flachs vmb/ vnd arbeitet mit Rath jrer Hände/sie stehet deß Nachts auff/vnd gibt Speiß jhren Haußgenossen/ vnd essen jhren Mägden/ Prov. 3.

Der jung Tobias vermahnet seine Braut die Sara/ vnd sprach: Stehe auff vnd laß vns bitten/ Tob. 8.

Die Eltern der Sara vermahnten jhre Tochter/ sie soll GOtt förchten/ bitten/ den Schweher vnnd die Schwieger ehren/ den Mann lieben/ das Gesind regieren/vnd sich züchtiglich halten Tob. 10.

Der Mann leiste dem Weib die schuldige Freundschafft/ deßgleichen das Weib dem Mann/ das Weib ist jhres Leibs nicht mächtig/ sondern der Mann/ deßgleichen der Mann ist seines Leibs nit mächtig/sondern das Weib/ 1 Cor. 7.

Die Weiber seyen vnterthan jhren Männern/ als dem HErrn/vnd der Mann ist deß Weibes Haupt/gleich wie auch Christus das Haupt ist der Gemeine/vnd er ist seines Leibs Heyland Aber wie nun die Gemeine Christo ist vnterthan/ also auch die Weiber jhren Männern in allen dingen/ Eph 5.

Ihr Weiber seyt vnterthan ewern Männern im HErrn wie sichs gebürt/ Coloss. 3.

Einem Weib gestatte nicht/ daß sie deß Manns Herr sey/ sondern still/ denn Adam ist erst gemacht/ darnach Eva/ vnd Adam ward nicht verführt/ das Weib ward verführt/vnd hat die übertrettung eingefürt Sie wird aber selig werden durch Kinder zeugen/ so sie bleibt im Glauben/vnd in der Liebe/vnd in der Heiligung sampt der Zucht/ 1. Timot. 2.

Du aber rede wie sichs zimet/ nach heylsamer Lehr/ die jungen Weiber/ daß sie züchtig seyn/ jhre Männer vnd Kinder lieben/Tit. 2.

Es lehret der Apostel Paulus fein/ wie deß Weibs Geschmuck nicht außwendig seyn soll/ vnnd führet das Exempel Sara/andern from vnd gottseligen Weibern zum Fürbild/ vnd lobet an jhr daß sie jhrem Mann dem Abraham gehorsam vnd vnterthan gewest/ vnnd hat jhn einen Herren geheissen/ 1. Pet. 2.

4. Das Weib zu jhrem Mann.

Gott der HErr sprach: Es wird ein Mann sein Vatter vnd Mutter verlassen/ vnd an seinem Weibe hangen/vnd werden seyn die zwey ein Fleisch/ Gen. 2.

Dein Weib wird seyn wie ein fruchtbar Weinstock vmb dein Hauß herumb/deine Kinder wie die Oelzweig vmb deinen Tisch her. Sihe/ also wird der Mann gesegnet/der den HErren förchtet/ Psalm 128.

Frewe dich deß Weibs deiner Jugend/sie ist lieblich wie ein Hinde/ vnd holdselig wie ein Rehe/laß dich jhre Lieb allzeit sättigen/ vnd ergetze dich allweg in jhrer Liebe/ Prov. 5.

Wer ein Eheweib findet/ der findet was guts/vnd kan guter ding seyn im HErrn/ Prov. 8.

Hauß vnnd Güter erben die Eltern/ aber ein vernünfftig Weib kommet vom HErrn Prov. 19.

Deß Manns Hertz darff sich auff ein fleissiges Weib verlassen/vnd keines raubs wird er bedörffen/ sie thut jhm guts vnd kein böses sein lebenlang/ Prov. 11.

Sey nicht in deinem Hauß wie ein Löw/ vnd wüster Pluderer an deinem Haußgesind/Syrach 4.

Der HErr strafft die Juden/ daß jhrer etliche die Weiber verachtet vnd verlassen haben/ Malach. 2.

Scheide dich nicht von einem vernünfftigen vnd frommen Weib/dann sie ist edler dann kein Gold/ Syr. 7.

Hast du ein Weib/das dir lieb ist/so verschupff oder verschlag sie nicht/ Ibid.

Selig ist der Mann/der ein gut Weib hat/ die Zahl seiner Tag wird jhm gedoppelt. Ein redlich Weib erfrewet jhren Mann/vnd erfüllet seine Jahr im frieden/ ein fromb Weib ist ein gute Gab/ vnnd wird gegeben denen die Gott förchten/ Syr. 26.

Das Weib ist ein Ehr deß Manns/ 1. Cor 11.

Ihr Männer liebet ewre Weiber/gleich wie Christus geliebet hat die Gemeine/ also sollen die Männer jhre Weiber lieben/ als jhr eygen Leib/ wer sein Weib liebet/ der liebet sich selbst/ dann niemand hat jemals sein eygen Fleisch gehasset/sondern nehrt vnd pflegt es sein/ vmb deß willen wird ein Mensch Vatter vnnd Mutter verlassen/vnd seinem Weib anhangen/ Eph 3.

Ihr Männer liebet ewre Weiber/ vnd seyt nicht bitter gegen sie/ Coloss. 3.

Ihr Männer wohnet bey den Weibern mit Vernunfft/ vnd gebet dem weiblichen/ als dem schwächsten Geschirr seine Ehr/ als auch Miterben der Gnaden deß Lebens/ auff daß ewer Gebet nicht verhindert werde/ 1. Pet. 3.

5. Wer einen Sohn hat der gern spilt/
Ein Tochter/die jhm heimlich stilt/
Ein Knecht der schwatzet auß dem Hauß/
Ein Katz/so nimmer fängt ein Mauß/
Ein Henn die jhm kein Eyer legt/

6. Ein Schwein das nimmer junge trägt/
Ein Weib/so gantz geneigt zum Wein/
Vnd stätigs Herr im Hauß will seyn/
Ein Dienstmagd/so geht mit eim Kind/
Der Mann hat ein böß Haußgesind.

2. Antwort der Frawen zu jhrem Haußwirth.

Mein lieber Haußwirth wolt jhr wol/
Daß ich euch solchs verheissen sol/
So merckt/daß euch nach Gott allein
Nichts liebers/dann ich/ solle seyn.
Darnach lehrt vnser Kinder fein/
Daß sie mir vnterthänig seyn.
Ewr Arbeit thut mit solchem fleiß/
Daß wir all haben vnser Speiß/
Versorgt ewr Hauß auffs allerbest/
Last Knecht vnd Mägden wenig rast.
Ein jedes vnterrichtet fein/
Was eins jeden Arbeit soll seyn.
Doch müst jhr auch mit nemen acht/
Daß alles wol werde vollbracht/
Wolt jhr daß ich euch viel verschweig/
So halt freundlich gegen mir euch/
Mit mein Gebrechen habt Gedult/
Wie jhr wolt/daß ich euch thun solt.
Euch sey willkomb die Freundschafft mein/
Wie jhr mir wolt die ewr seyn.
Ewer Dienstboten/ Mägd vnd Knecht/
Solt jhr auch vnterrichten recht.
Mich aber solt jhr mit bescheid/
Vnterweisn mit der Gütigkeit/
Nembt mich an ein besonder Ort/
Daß nicht ein jeder hör die Wort/
Daselbst vermahnt mich in der still/
Was mir zu thun gebüren will.
Könd jhr dann besser weisen mich/
Gar gerne will auch folgen ich/
Doch so es käm zu einem Reib/
So schmäht doch nit ewr Ehlich Weib/
Wann ich auch Frewd im Hertzen hab/
Nembt mir nicht solchs für übel ab/
Sondern nembt euch auch frewden an/
Die vns die Sorg vertreiben kan.
Dann ob euch schon mein frewd nit gfällt/
Mir doch das nicht zu vnfriedn stellt.
Wo jhr auch nicht mit Frölichkeit
Erweiset ewre Gütigkeit.
Wolt jhr daß mich kein Eyfer schend/
Mir keinen Anlaß jhr zuwend.
Das täglich Werck verdrießlich ist/
Vnd macht mir offtmals lange frist/
Drumb jhr mir solt deß Tags verdruß/
Deß Nachts vertreiben mit genuß.
Sucht nicht vrsach zu ziehen auß/
Ists nit noth/so kompt bald zu Hauß/
Summa/betracht die wort allzeit/
Die jhr geredt/als jhr mich freyt/
Soll ich mich halten in der Ehe/
Wie die keusche Penelope/
So tragt auch gegen mich ohn schertz/
Deß tapfferen Vlyssis Hertz.
Der Spiegel/ so jhr mir wolt han/
Vor Augen/geht euch auch mit an/
Wenn jhr nun folgt der Lehre fein/
Will ich auch fleissig thun das mein.

ENDE.

Nürnberg/
Bey Paul Fürsten zu finden.

220

Auslegung der Episteln

Antonius Corvinus, Wittenberg, 1543
Druck: Georg Rhau
Papier, 13,8 × 10,5 × 3,4 cm
Braunschweig, Theologisches
Zentrum – Bibliothek, N 34

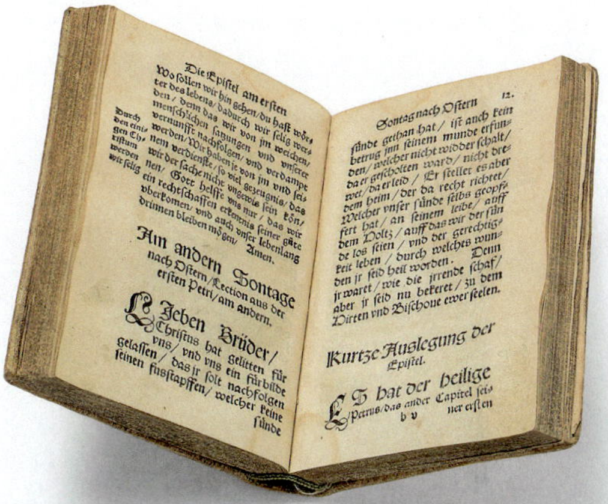

Ein »Bestseller« des 16. Jahrhunderts waren die lutherischen Predigten zu den altkirchlichen Evangelien und Episteln, als deren Verfasser Antonius Corvinus verantwortlich zeichnet. Erstmals 1538 erschienen, ist diese Ausgabe von 1543 eine der vielen späteren Auflagen. Diese Musterpredigten waren den Predigern und Familienvätern gewidmet. Es gehörte zum neuen »Stil« des lutherischen Familienlebens, dass abends Groß und Klein um den Kachelofen saß und der Vater aus den Predigten vorlas.

Wer war Corvinus? Antonius Corvinus hieß eigentlich Anton Rabe und wurde 1501 in Warburg im Hessischen geboren. Aus dem Zisterzienserkloster Riddagshausen wurde er 1523 als »lutherischer Bube« verwiesen. 1528 als Prediger in Goslar tätig, besuchte er Wittenberg und zeigte sich seitdem begeistert von den lutherischen Glaubenseinsichten. Als Pfarrer in Witzenhausen teilte er der lutherisch empfindenden Elisabeth von Münden 1529 das Abendmahl in beiderlei Gestalt aus. Als deren Mann Herzog Erich I. im Jahr 1540 starb, wurde Elisabeth für sechs Jahre Prinzregentin, da der Sohn noch unmündig war. Sie holte sich Corvinus als Generalsuperintendenten und reformierte mit ihm das Herzogtum Calenberg. Dies war von Erfolg gekrönt: Die Pfarrer wurden zu Synoden in Pattensen versammelt und nachhaltig lutherisch geprägt. Corvinus verfasste zudem hervorragende Kirchenordnungen (für Northeim, Hildesheim und Calenberg). Als der inzwischen mündige Erich II., ein Freund des Kaisers Karl V., das Land gewaltsam wieder rückreformieren wollte, misslang ihm dies gründlich. Corvinus' Wirken hatte die Herzen erreicht. Erich II. ließ ihn daraufhin von seinen schwarzen spanischen Reitern gefangen nehmen, die auch das Pfarrhaus plünderten und die Bibliothek verbrannten. Corvinus verschwand für drei Jahre auf der Calenburg im Gefängnis. Nach seiner Freilassung 1552 war er todkrank, aber unverdrossen lutherisch. Im Jahr 1553 starb er; begraben wurde er in der Marktkirche in Hannover vor dem Altar.

Horst Hirschler

◄ 219a

221

Kreuzigungsgruppe mit Herzog Heinrich Julius von Wolfenbüttel, seiner Frau Elisabeth und seiner Mutter Hedwig

Hans Vredeman de Vries (zugeschrieben),
Raum Braunschweig, um 1606
Öl auf Holz, 24 × 18 cm
Braunschweig, Braunschweigisches
Landesmuseum, LMB 23462

Herzog Heinrich Julius, bereits als Zweijähriger zum Bischof von Halberstadt gewählt, förderte die Reformation im Fürstentum Wolfenbüttel. Da seine Regierungszeit von Auseinandersetzungen mit der »Erb- und Landstadt Braunschweig« geprägt war, hielt er sich mehrfach am Kaiserhof in Prag auf, um seine politischen Interessen nachdrücklich zu vertreten. Ab 1606 lebte er überwiegend am Hof von Kaiser Rudolf II. Als Vermittler in den Auseinandersetzungen zwischen dem Kaiser und dessen Bruder König Matthias leistete er einen wesentlichen Beitrag zur Reichspolitik und war entscheidend am vorübergehenden Ausgleich zwischen den Konfessionen in Böhmen beteiligt. Obwohl er bekennender Lutheraner war, wurde Herzog Heinrich Julius zum Direktor des einflussreichen Kaiserlichen Geheimen Rates ernannt. Das Gemälde, möglicherweise als Geschenk für den Kaiser bestimmt, dokumentiert tiefe Frömmigkeit und Loyalität des Herzogs in Zeiten schwelender konfessioneller Problematik am Vorabend des Dreißigjährigen Krieges.

Die Personen, Maria sowie Johannes der Täufer und Maria Magdalena, erweisen sich bei näherer Betrachtung als Angehörige des Braunschweiger Welfenhauses: Herzog Heinrich Julius und Herzogin Elisabeth, geborene Prinzessin von Dänemark, die den Kreuzstamm umschlingt. Von den zehn Kindern des Paares, fünf Töchter und fünf Söhne, starben drei Söhne bereits im Kindesalter. Das Gemälde dürfte zeitnah zum Tod ihres Sohnes »Henrick Julius«, Heinrich Julius, entstanden sein, den ein Engel umfängt. Maria, in einen blauen Mantel gehüllt, gibt sich durch eine Inschrift am Mantelsaum als »HEDWIG · Marggreffin · zu Bran.[denburg] · Hertzog[in] · zu Brau[nschweig] vnd Lun[eburg]«, die Mutter des Herzogs, zu erkennen. Sie war wiederholt für Hans Vredeman de Vries, dem das Gemälde zugeschrieben wird, als Auftraggeberin tätig.

Angela Klein

Lit.: Klein 2012; Lietzmann 1993

222 a

Biblia / Das ist: Die gantze heyli=ge Schrifft, Teutsch

Frankfurt/Main, 1594
Druck: Peter Fischer, handschriftliche Eintragungen des Johann Camman
Papier, 16,6 × 13,5 × 8,7 cm
Braunschweig, Stadtbibliothek, C 628 8°

222 b (ohne Abb.)

Jahreskalender für die Bibellesung

Lucas Osiander d.Ä., Lüneburg, 1650
Druck: Stern
Papier, 46 × 32 × 16 cm
Braunschweig, Stadtbibliothek, III 0-589

222 c (ohne Abb.)

Bildnis des Johann Camman

Unbekannt, 1632
Papier, 17,2 × 11,5 cm
Braunschweig, Braunschweigisches Landesmuseum, LMB 36954

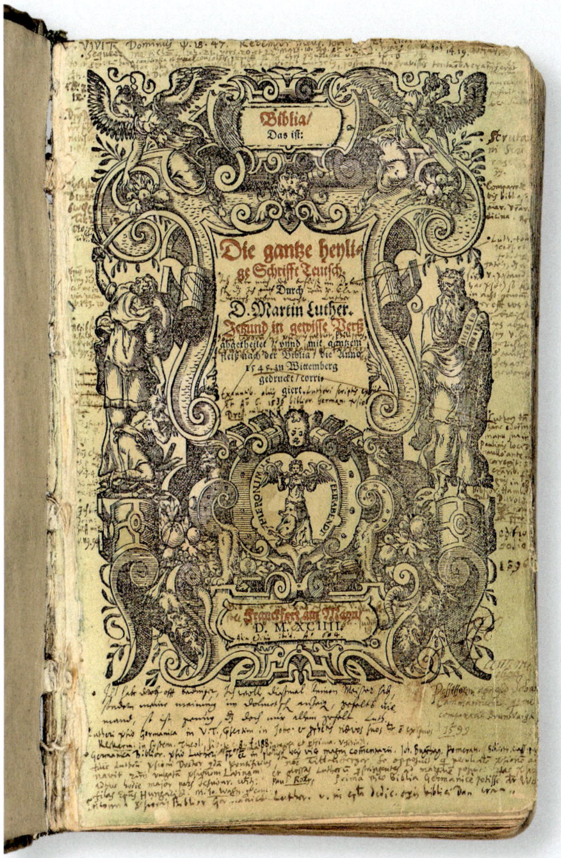

222 a

Die Bibel von Johann Camman enthält die ganze Heilige Schrift auf Deutsch in der Übersetzung Martin Luthers. Darin ist ein Bericht Cammans über seine Bibellektüre eingeschrieben. Demnach hat er seit 1604 die Bibel in 28 Jahren achtmal komplett durchgelesen. Zusätzlich zur deutschen Übersetzung hat er auch das Neue Testament auf Griechisch 33 Jahre lang einmal im Jahr gelesen.

Johann Camman war Besitzer einer umfangreichen Bibliothek, die später, zusammen mit anderen Bibliotheken, den Grundstock der Städtischen Bibliothek bildete. Das Porträt zeigt ihn als Obersyndikus der Stadt Braunschweig, wo er von 1621 bis 1649 in der Stadtverwaltung Verantwortung trug, seit 1625 als Obersyndikus. Die Notizen über seine Bibellese lassen annehmen, dass es für ihn selbstverständlich war, sein Amt nur mit der engen Bibellese als Grundlage ausführen zu können.

In der zweiten Bibel findet sich ein Jahreskalender zur Bibellesung. Darin ist die ganze Bibel auf die gesamten Tage eines Jahres aufgeteilt. Der Bibelleseplan von Osiander beginnt mit dem Ersten Buch Mose, für jeden Tag sind etwa vier Kapitel eingeplant. Bis Anfang September geht es durch das Alte Testament, die letzten vier Monate eines Jahres sind dem Neuen Testament gewidmet. Außerdem umfasst der Plan einige Apokryphen und enthält in der Überschrift den Hinweis »zur Ehre Gottes«.

Die Bibel war durch die Übersetzung Martin Luthers für alle lesbar geworden. Das Gesagte konnte nachrecherchiert und eigene Gedanken konnten sich gemacht werden. Der Bibelleseplan und Cammans Bericht zeigen, dass das Interesse, die Heilige Schrift selbst zu lesen und zu verstehen, im Alltag der Menschen angekommen war. Johann Cammann mag als noch besonders gebildeter und interessierter Mensch gelten, der die Texte mehrfach, regelmäßig und nach eigenem Plan las. Spätestens mit dem gedruckten Plan Osianders war dann für die Allgemeinheit ein Bibelleseplan zugänglich und in die Alltagsfrömmigkeit eingezogen.

Elisabeth Hirschler

Lit.: Braunschweigisches Biographisches Lexikon 2006; Braunschweiger Stadtlexikon 1992

223 a

Zehn Frauen aus Braunschweig

Melchior Lorck, 1571
Federzeichnung auf Papier, 24 × 35,9 cm
Braunschweig, Herzog Anton Ulrich-Museum, MLorck 2L 16/9464, Dauerleihgabe der Fritz-Behrens-Stiftung

223 b (ohne Abb.)

Der Stadt Braünschweig Ordnunge / auff die zierunge vnd kleidunge / vnd auff die vor=loebnusse vnd Hochzeite / vnd was denselbigen anhen=gig ist. Beradtschlagt vnd eindrechtiglich bewilligt vnd ange=nomen […] im Fuenfftzehenhundert Neun vnd Sie=bentzigsten Jare […]

Wolfgang Kirchner, Magdeburg, 1579
Papier, Pappe, 18 × 17 cm
Braunschweig, Stadtbibliothek, C 715 (2) 4°

Lorcks Entwurfszeichnung zu einem nie gedruckten Trachtenbuch zeigt eine Versammlung offenbar gutsituierter Braunschweiger Bürgerfrauen. Ihre kostbaren Kleider weisen sie als Angehörige der städtischen Oberschicht aus; Haartracht und Kopfbedeckung klassifizieren sie als Ehefrauen und unverheiratete Mädchen.

In der ständischen Gesellschaft bestimmte nicht der persönliche Geschmack darüber, wie man sich zu kleiden hatte, sondern in erster Linie Status und Vermögen. Kleidung war ein nonverbales Kommunikationsmittel, das soziale Differenzierungen sichtbar machte. Seit dem späten Mittelalter wurden diese Unterschiede in Kleiderordnungen festgeschrieben. Das war wichtig, weil der Stand eines Menschen direkten Einfluss auf seinen Grad an politischer und sozialer Teilhabe hatte: Ratsherren besaßen andere Rechte als Handwerker, Verheiratete andere als Ledige, Frauen andere als

223 a

Männer. Eine Bäckersfrau im Pelz verstieß unter diesen Umständen ebenso gegen das Anstandsempfinden wie ein Bürgermeister in Lumpen. Kleiderfragen waren in der Frühen Neuzeit immer auch Machtfragen und Übertretungen wurden entsprechend bestraft.

Darüber hinaus ging es der Obrigkeit aus sittlich-moralischen wie ökonomischen Gründen aber auch darum, die »hoffart« und den Aufwand insgesamt einzuschränken. In Braunschweig wie anderswo waren den geistlichen Sittenwächtern vor allem die »schendtlichen langen pluderhosen« ein Dorn im Auge. Die Verwalter der Armenkasse wiederum fürchteten – wohl nicht zu Unrecht –, dass exzessives Feiern die weniger begüterten Untertanen finanziell ruinieren könnte. So führten die einschlägigen Ordnungen neben Vorschriften über die angemessene und erlaubte Kleidung der verschiedenen Stände stets auch solche über Aussteuern und Mitgift, Verlobungen, das Tanzen, Hochzeiten und Patenschaften auf.

Ulrike Wendt-Sellin

Lit.: Simon-Muscheid 2010; Zander-Seidel 2015

224

Wams

Hoorn, 2. Hälfte 16. Jahrhundert
Leder
Hoorn, Westfries Museum,
V 1169

Das Wams entwickelte sich von einem Gewand unter dem Harnisch im Verlauf des 14. Jahrhunderts zum vornehmen Obergewand. Der Bodenfund aus Hoorn zählt neben niederländischen Feuchtbodenfunden aus Groningen und Amsterdam sowie einem Exemplar aus der Gruft der Riesaer Klosterkirche (Sachsen) zu den wenigen überlieferten Originalkleidungsstücken der zweiten Hälfte des 16. Jahrhunderts. Eine Datierung des Exponats in diesen Zeithorizont erfolgt über charakteristische Keramik, die zusammen mit dem Wams geborgen wurde.

Der Schnitt des Hoorner Wamses mit dem relativ großen V-förmigen Brustausschnitt und den senkrecht geschlitzten Passagen auf der Brust besitzt seine Wurzeln in der deutschen Mode der ersten Hälfte des 16. Jahrhunderts und steht damit im Gegensatz zu den hoch geschlossenen Kleidungsstücken der in weiten Teilen Mitteleuropas tonangebenden spanischen Mode. Aufwendigere Wämser wurden neben Leder auch aus passagenweise wattierten wertvollen Stoffen (zumeist Wolle) geschneidert, die durch Stickereien eine zusätzliche Aufwertung erfuhren. Neben Schnürungen wurden ebenso Knopfleisten zum Schluss des Ausschnittes genutzt, wobei die Knöpfe aus Kupferlegierungen oder sogar aus Silber bestehen konnten. Ein lederner Gürtel sorgte für eine Taillierung und passgenauen Sitz des Kleidungsstückes. Häufig wurden zugehörige Schuhe im Dekor passend zum Obergewand gefertigt. Über die Trageweise dieser Kleidungsstücke geben zeitgenössische bildliche Darstellungen in der Malerei und Druckgrafik Auskunft. Charakteristisch erscheinen zur Betonung der männlichen Figur die breit herausgestellten Schultern sowie eine geschnürte Taille. Im Zeitalter der Reformation dienten diese aufwendig geschneiderten Kleidungsstücke einer adligen und bürgerlichen Oberschicht zur repräsentativen Selbstdarstellung.

Stefan Krabath

Lit.: van de Walle-van de Woude 2007, S. 80–85

225

Siegburger Schnelle

Franz Trac, Siegburg,
1559–1568
Steinzeug, 23 × 12,5 × 10 cm
Braunschweig, Braunschweigisches
Landesmuseum, BLM-UFG 1984:6/23

Seit der Zeit um 1300 wurde in einer Zone vom Rheinischen Schiefergebirge über das südliche Niedersachsen bis nach Mitteldeutschland vollentwickeltes Steinzeug für den überregionalen Absatz produziert. Zu den begehrtesten Gefäßen gehörten aufgrund ihres hellen Scherbens die Erzeugnisse aus Siegburg (Rhein-Sieg-Kreis). Schnellen, Krüge und Kannen mit verschiedenartigen Reliefapplikationen stellen im Hinblick auf ihre künstlerische Gestaltung und die handwerkliche Perfektion einen Höhepunkt mitteleuropäischer Töpferkunst im Zeitalter der Renaissance dar. Sie erfreuten sich in einem Gebiet von Süddeutschland bis nach Skandinavien und den Ostseeraum großer Beliebtheit. Die Grundform der Schnelle orientiert sich an geböttcherten Holzgefäßen.

Die mit den Initialen von »F[ranz] T[rac]« signierte Schnelle zeigt in senkrechten, plastisch applizierten Darstellungen das Gleichnis vom barmherzigen Samariter (Lukas 10,25 ff.), die Verkündigung des Herrn (Lukas 1,26 ff.) und die Geburt Christi, jeweils verbunden durch ein Medaillon mit der Allegorie der Tugend des Glaubens (*fides*). Der bedeutende Formschneider Franz Trac, von dem wir Signaturen aus dem Zeitraum von 1559 bis 1568 kennen, ist wahrscheinlich mit einem Siegburger Einwohner gleichzusetzen, der in den dortigen Gerichtsakten »Frantz Wappensticker« oder »Frans der Maler« genannt wird und zu den bedeutendsten Künstlerpersönlichkeiten seiner Epoche gezählt werden darf. Franz Trac arbeitete für die Töpferfamilie Knütgen in der Aulgasse. Die Siegburger Produktion umfasst neben biblischen Darstellungen des Alten und Neuen Testaments Allegorien der Tugenden, Wappen- und Groteskendekor. Unter den religiös motivierten Bildprogrammen befinden sich auch solche mit protestantischem Charakter, zum Beispiel das Augsburger Interim und die Hure Babylon.

Stefan Krabath

Lit.: AK Görlitz und Bunzlau 2012, S. 263–350; Korte-Böger 1991; Roehmer 2014

226 a

226
Leihgeber: Braunschweig,
Braunschweigisches Landesmuseum

226 a

Ofenplatte mit Abbildung der Errichtung der Ehernen Schlange und der Kreuzigung

Nordwestdeutschland,
spätes 16. Jahrhundert
Gusseisen, 48 × 39 cm
VMB 5640

226 b

Ofenplatte mit Abbildung der Hochzeit von Kana

Nordwestdeutschland,
spätes 16./17. Jahrhundert
Gusseisen, 71 × 71 cm
Braunschweig, Braunschweigisches
Landesmuseum, VMB 7171

Weit über 1500 Jahre lang hatte man im norddeutschen Raum bereits den Werkstoff Eisen verarbeitet, als gegen Ende des Mittelalters durch eine verbesserte Schmelzofentechnik endlich Temperaturen erreicht werden konnten, die das Eisen verflüssigten. Hatte man das Metall bislang nur schmieden können, so war es jetzt möglich, es in Formen zu gießen. An der Wende zum 15. Jahrhundert erschlossen sich hiermit ganz neue Möglichkeiten der Verwertung – eines der Ergebnisse war, wiederum ein halbes Jahrhundert später, eine neue Ofentechnik.

Im offenen Herdguss wurde flüssiges Eisen in ein Bett aus Formsand geleitet, in welches zuvor geschnitzte hölzerne Modelle mit verschiedenen Bildmotiven und Zierelementen gepresst worden waren. Nach dem Aushärten hatte man eine massive Platte gewonnen, deren Vorderseite bildlich verziert war. Zusammen mit einer Boden- und einer Deckplatte ergaben drei bis vier solcher Gusseisenplatten kastenförmige Öfen, mit denen man Räume rauchfrei beheizen konnte.

Da für einen Ofen schnell mehrere Zentner Material erforderlich waren und das Eisen ob seines Gewichts mit jedem Transportkilometer teurer wurde, war er zunächst ein erlesener Einrichtungsgegenstand von hohem Prestigewert. Nach Fürstenhöfen und Klöstern erreichte dieser Luxus im Laufe des 16. Jahrhunderts schließlich auch wohlhabende Stadtbürger. Das Bildprogramm war häufig an zeitgenössischen Drucken zu biblischen Geschichten orientiert und spiegelte auch reformatorische Gesinnung wider – so in der Bildauswahl wie der Gegenüberstellung der Errichtung der Ehernen Schlange und der Kreuzigung Christi, die hier auf einer Platte des 16. Jahrhunderts gezeigt wird, oder in der

226 b

mit Bibelstellen versehenen, textlichen Erläuterung des Bildes wie auf der Platte des 16./17. Jahrhunderts, auf der unter der Szenerie der Hochzeit von Kana steht: »CHRISTVS MACHT WASSER ZV WIN · ER HILFT DEN DE FROM IM ESTANT SIN · IO(hannes) · 2«.

Vielleicht wurden Platten wie diese frisch vermählten Eheleuten als wertvolle Hochzeitsgeschenke überreicht – die sich ansehenden, im Profil wiedergegebenen Köpfe von Mann und Frau im abgeteilten Sockelfeld legen dies nahe – und mehrten das Prestige des christlichen Hausstandes.

Philipp Sulzer

Lit.: Rüggeberg 2013, S. 139, 346

227 a

227 a – f

Ofenkacheln und Ofenkachelfragmente aus Stadtgrabungen in Braunschweig

Region Braunschweig, 16. Jahrhundert
Irdenware, grüne bzw. polychrome Bleioxidglasur, fragmentiert, diverse Maße
Braunschweig, Braunschweigisches Landesmuseum, diverse Inv.-Nr.

Im 16. Jahrhundert diente der Kachelofen nicht nur als dekoratives Heizmöbel, sondern mit reicher Bebilderung auch als persönliches Statement des Ofenbesitzers. Die Motive orientierten sich an zeitgenössischer Druckgrafik und somit an aktuellen, nicht zuletzt auch religiös-politischen Strömungen. Mit ihnen identifizierte man sich nicht nur in geistlichem oder herrschaftlichem Umfeld, sondern immer häufiger in bürgerlichen Wohnstuben. So lässt sich auch die konfessionelle Umwälzung in Mitteldeutschland am Übergang vom Spätmittelalter zur Frühen Neuzeit anhand überkommener Ofenteile in Form von Reliefkacheln erfassen. Um 1500 zeigten typische Nischenkacheln noch vornehmlich katholische Heilige in spätgotischer Manier. Hingegen manifestierten sich im Laufe des 16. Jahrhunderts auf modernen Blattkacheln Renaissanceformen und der religiöse Bilderkreis war oft protestantisch geprägt. Dessen Ursprünge dürften im mitteldeutschen Raum liegen, aus dem sich die Kachelmotive in die reformierten Gebiete Mitteleuropas verbreiteten. Neben antikatholischer Bildpropaganda (Kat.-Nr. 227 f) und Porträts von Reformatoren (Kat.-Nr. 227 c) liefern auch solche von Herrschern (Kat.-Nr. 227 b), die dem neuen Glauben zugeneigt waren, Hinweise auf ein dementsprechendes Bildprogramm des Kachelofens. Gleiches gilt für katechetische Kacheln zum Dekalog, Glaubensbekenntnis und Vaterunser, die den evangelischen Gesetz-und-Gnade-Topos (Kat.-Nr. 227 e), aber auch antipäpstliche Motivdetails umfassen. Ferner stammen die überlieferten Vorlagen der Kachelreliefs von Künstlern, die Martin Luther bzw. seiner Lehre nahestanden, wie etwa von Lucas Cranach d. Ä. Luthers Fokus auf die Heilige Schrift und die von ihm befürwortete Bilddidaktik unterstützten außerdem Kacheln mit Sprüchen, zum Beispiel Seligpreisungen, und Personen sowie figürlichen Szenen aus dem Alten und Neuen Testament (Kat.-Nr. 227 d und 227 a). Wenngleich solche Kachelmotive nicht zwangsläufig in einem lutherisch geprägten Umfeld entstanden sein mögen, vermitteln sie dennoch allgemeingültige christliche Werte. Schließlich zeugt ihre gängige Kombination mit Allegorien aus dem humanistischen Motivkreis wie den Tugenden oder den Sieben Freien Künsten von einem modernen und selbstbewusst gewählten Bildprogramm für den heimischen Kachelofen.

Martina Wegner

Lit.: Busch 2012, S. 305 – 313; Hallenkamp-Lumpe 2007, S. 323 – 343; Starke 1983; Wegner [in Vorb.]

227 b

227 c

227 d

227 e

227 f (gedrehte Ansicht)

228

Ain Sermon von der Beraytung zum sterben. Doctor Martini Luthers Augustiner etc.

Martin Luther, 1519
Druck: Silvan Otmar, Augsburg,
Holzschnitt: Hans Schäuffelen
Papier, 19,4 × 15 cm bzw. 21,3 × 15,3 cm
Lutherstadt Wittenberg, Stiftung
Luthergedenkstätten in Sachsen-Anhalt,
Kn D 29 bzw. Ag 4° 186s

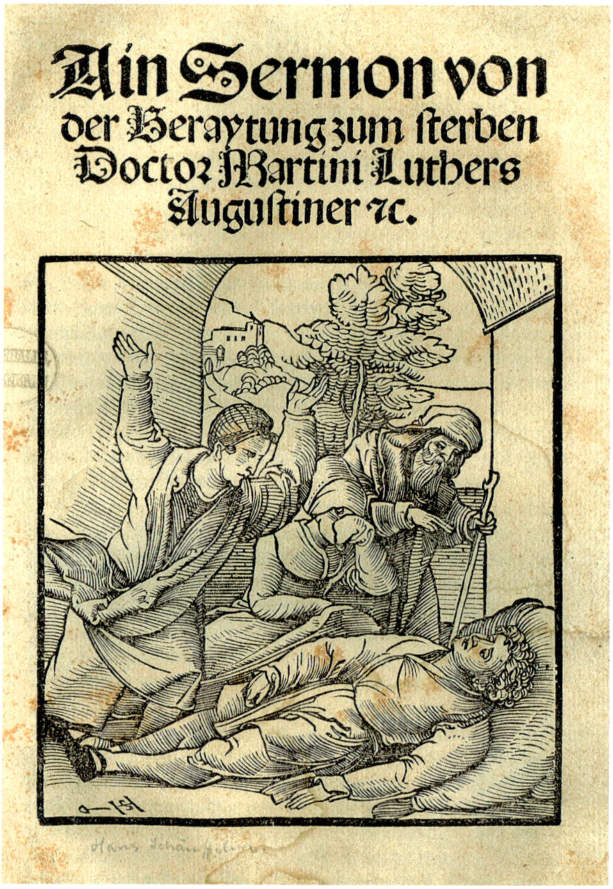

Martin Luthers »Ain Sermon von der Beraytung zum Sterben« erschien im November 1519. Seine Entdeckung des Glaubens bezieht Luther darin auf die Vorbereitung zum Sterben und entfaltet seine evangelische Theologie zum Sterben, Tod und ewigen Leben.

Sterben fordert, Abschied zu nehmen von weltlichen Gütern, »auf das die seel nit bleyb behafft mit yrgen eynem handell auff erden«. Sterben fordert aber auch, vorbereitet zu sein auf das, was kommt. Für Luther sind das die drei bedrohlichen Bilder von Sünde, Tod und ewiger Verdammnis.

Erbauungsschriften zur *Ars moriendi* gab es vielfach schon im Spätmittelalter. Luther knüpfte an diese Tradition an und ging zugleich über die katholische Vorstellung auch seines Lehrers Johannes von Staupitz hinaus: »Seiner letzten Stunde und dem göttlichen Gericht sieht der Glaubende ohne Erschrecken, mit ruhiger Zuversicht und frei von Vorsorge- und Perfektionsstrategien entgegen, weil es keine Fegefeuerstrafen gibt und Christus für ihn die Höllenstrafe getilgt, ihm den Himmel geöffnet und ihn zum Erben der Seligkeit eingesetzt hat.«

Es kommt nicht mehr auf genug Gefühle wie Gottesliebe und Liebestreue an. An ihre Stelle ist der Glaube getreten. Entscheidend ist es, im Augenblick des Todes darauf zu vertrauen, dass in und durch Christus das Heil schon gekommen und auch dem Sterbenden zugesagt ist.

Punkt für Punkt setzte sich Luther im Sermon mit dem auseinander, was den Bürgern Angst machte, und leitete zur Konzentration auf Gottes Gnade und Barmherzigkeit an. Die Sakramente sind dabei für ihn – 1519 noch nicht auf Taufe und Abendmahl reduziert – wichtige Heilsmittel: »das tzeichen, zusagen meyner selickeit wirt myr nit liegen noch triegen.« Sie helfen, den positiven Bildern Christi, seines Todes und seiner Auferstehung zu vertrauen und der Anfechtung standzuhalten.

Uta Hirschler

Lit.: Hamm 2010

229

Porträt des Johann Barter auf dem Totenbett

Helmstedt, um 1617
Öl auf Leinwand, 63 × 55,5 cm
Braunschweig, Braunschweigisches Landesmuseum, ZG 2189 b

Das Interesse am Porträt, an den individuellen Zügen einer Person, setzte im 15. Jahrhundert ein. Das Totenbildnis entwickelte aber nur in Deutschland, England und den Niederlanden in der zweiten Hälfte des 16. Jahrhunderts eine eigene Tradition. Dabei blieb die Verbreitung des Totenbildnisses nicht auf den protestantischen Kulturkreis beschränkt, auch wenn gerade prominente Beispiele wie die Bildnisse Luthers (1546, Lucas Cranach d. Ä., Landesmuseum Hannover) oder Melanchthons dies nahelegen könnten. Da es sich bei der Darstellung zumeist um öffentliche Personen handelte, erfüllten Totenbildnisse neben dem persönlichen Andenken an einen geliebten Menschen auch eine öffentliche Funktion. Dies findet sich im Bildnis des Helmstedter Rechtsprofessors Johann Barter: Einerseits nennt die Inschrift die tieftraurige (»moestissima«) Witwe des schmerzlich vermissten Gatten (»maritus desideratissimus«), andererseits wurde das Bildnis im Bestand der Helmstedter Universitätsbibliothek überliefert. Typisch für diesen Bildnistyp ist, dass der Verstorbene sehr friedlich wirkt, als schliefe er nur.

Johann Barter hatte in Rostock und – als herzoglicher Stipendiat – ab 1581 in Helmstedt studiert. 1593 wurde er zum außerordentlichen, 1604 zum ordentlichen Professor ernannt; 1597 erwarb er den juristischen Doktorgrad. Sein Totenbildnis zeigt ihn auf einem Kissen ruhend. Das helle Totenhemd, vorn am Hals von einer Schleife zusammengehalten, und die schwarze Haube mit hellem Rand wirken zu mächtig für den von schwerer Krankheit gezeichneten Körper. Die eigenwillig vor der Brust gefalteten Hände halten einen fächerartig aufgespreizten Trockenblumenstrauß. Die Starrheit der Darstellung wird durch die parallel verlaufenden Falten des Totenhemdes noch unterstützt. Das Gemälde ist auf wenige Farbtöne reduziert und wirkt wenig plastisch.

Eleonore Lang, Gaby Kuper

Lit.: DI 61, Inschriftenkatalog: Deutsche Inschriften Online; Holsing 2007, S. 34–52; Römer 1976, S. 51 f., Nr. 215, S. 46, Nr. 150, S. 51, Nr. 209

230 a

230 a

Besatzstücke vom Leichenlaken der Goldschmiede

Braunschweig, 1588
Seidensticker: Peter Buman
Seide, Wolle, Leinen,
Dm 24 bzw. 25 cm
Braunschweig, Städtisches Museum,
11/1/217–219

230 b

Sargschild

Braunschweig, 1609
Maler: Jürgen Reinicke
Seide, Wolle, Leinen, Dm 27,5 cm
Braunschweig, Städtisches Museum,
11/1/220

Tod und Begräbnis waren auch nach der Reformation ein öffentliches Ereignis; man zeigte damit die Mitgliedschaft in einer Gemeinschaft, die sich aus dem sozialen Stand und der Zugehörigkeit zu einer Gruppe definierte. Diese Bindungen wirkten auch über den Tod hinaus: Abschiednehmen am Sterbebett, Waschen des Leichnams, Ankleiden und Aufbahren der Leiche, Totenwache und Trauerzug mit einem abschließenden Leichenbegängnis gehörten dazu. Wichtiger Bestandteil der Trauerzeremonie wurde bei den Lutheranern die Predigt; sie kannten auch weiterhin die Armenspeisung, allerdings nicht mehr wie bei den Katholiken als gutes Werk oder als Aufforderung zur Fürbitte für den Toten, sondern sie galt als Zeugnis der Frömmigkeit und der Mildtätigkeit des Verstorbenen. Einzig die Reformierten in Genf brachen ganz mit den alten Riten und verzichteten auf die geistliche Begleitung und auf den Leichenschmaus.

Innungen und Zünfte in den Städten pflegten noch lange das gemeinschaftsstiftende Begräbnis, wofür die Besatzstücke der Leichenlaken beredtes Zeugnis sind. In neuer protestantischer Form wurden Christus und die Evangelisten zentraler Bestandteil des gemeinsamen Totengedenkens.

230 b

Als Relikt aus alten Zeiten blieb allerdings der heilige Eligius, der vorreformatorische Patron der Braunschweiger Goldschmiedeinnung, als Sinnbild der Innung erhalten. Mit der Nutzung eines nur den Mitgliedern der Innung vorbehaltenen Leichenlakens war der Verstorbene als Teil der Gemeinschaft nach außen erkennbar.

Ungewöhnlich ist der Sargschild, der deutlich ein katholisches Bildprogramm trägt: Der thronende Christus, ihm zur Seite Maria und Johannes als Fürbitter, darunter die Seligen und Verdammten; die Szene zeigt also das Jüngste Gericht.

Gaby Kuper

Lit.: DI 52, Inschriftenkatalog: Deutsche Inschriften; Deutsche Inschriften Online, DI 56, Stadt Braunschweig II, Nr. 617 und 730 (Sabine Wehking), in: www.inschriften.net, urn:nbn:de:0238-di056g009k0061700 und www.inschriften.net, urn:nbn:de:0238-di056g009k0073004 (letzter Zugriff am 1.3.2017)

231

Epitaph der Anna von Rautenberg

aus der Duttenstedter Kirche, Niedersachsen,
1566, Monogramm HM
Tempera auf Eichenholz, 167 × 99,5 cm
Braunschweig, Braunschweigisches
Landesmuseum, R 2160

Luthers Lehre, dass der sündige Mensch nur durch Gottes Gnade und nicht durch eigene Werke die Seligkeit erlangen könne, er also allein durch den Glauben gerechtfertigt sei, wurde schon früh durch Hans Holbein d. J. (1524) und Lucas Cranach d. Ä. (1529) in Bilder umgesetzt. Diese grundlegende Darstellung von Luthers Botschaft findet sich aber auch schnell auf anderen Alltagsgegenständen wie Kupferstichen, Ofenkacheln und -platten oder Tellern wieder. Auch in der Begräbniskultur wird das Thema von Gesetz und Gnade immer wieder als lutherisches Bekenntnisbild verwendet, wie auf dem Epitaph der Anna von Rautenberg.

Zentrales Element ist die vertikale Zweiteilung der Darstellung: links aus der Sicht des Betrachters die Seite des Gesetzes, rechts die Seite des Evangeliums. Ihnen zugeordnet sind biblische Szenen: Zum Gesetz gehören in unserem Gemälde der Sündenfall, die Aufrichtung der Ehernen Schlange, die Anbetung des Goldenen Kalbes und der Empfang der Gesetzestafeln auf dem Berg Sinai durch Moses; ihnen gegenüber stehen und sind typologisch aufeinander bezogen die Überwindung des Sündenfalls durch die Auferstehung Christi und der Empfang des Gottessegens durch Maria in Form einer Taube auf dem Berg Zion. Der Gekreuzigte ist auf dem Rautenberger Epitaph in die Mitte gerückt, hinter ihm die Zweige eines Baumes, die auf der Gesetzesseite verdorren und auf der Evangeliumsseite sprießen und grünen. Zu Füßen des Kreuzes wendet sich der nackte sündige Mensch dem rechts stehenden Johannes dem Täufer zu, der auf die Erlösung durch Christi Tod weist, während links Moses die Gesetzestafeln betont. Das dem Täufer zugewiesene Spruchband zitiert Joh 1,29: »Das ist das Lamm Gottes, das der Welt Sünde trägt.« Diese Szenerie nimmt etwa die obere Hälfte der rundbogigen Darstellung ein. Die

INRI
dat is dat lam gades dat der werldt sunde

untere Hälfte ist durch eine gemauerte Balustrade abgetrennt und nimmt Bezug auf die Verstorbene. Dieser Bereich ist horizontal geteilt: In der durch einen Rahmen abgetrennten Sockelzone die querrechteckige Rollwerktafel mit Namen und Todestag der Verstorbenen (Jungfer Anna von Rautenberg, Tochter des Siwert, verstorben am 18. Mai 1566). Darüber – und damit einbezogen ins, aber zugleich auch abgesetzt vom Geschehen – links das Abbild der betenden Verstorbenen in zeitgenössischer Kleidung des 16. Jahrhunderts mit kostbarem Goldschmuck und feiner Spitze. Dass Anna nicht verheiratet war, zeigen nicht nur die Inschrift, sondern auch das offene Haar und das mit Perlen besetzte Haarband, das auf dem Haupt leicht verrutscht ist. Rechts sind die Vollwappen ihrer Eltern, des Siwert/Siegfried von Rautenberg und der Ilse von Bülow zu sehen, dazwischen eine Tafel mit Hinweis auf die Wiederauferstehung nach Hiob 19,25–27 (»Ich weiß, dass mein Erlöser lebt […]«).

Die Familie von Rautenberg (auch Rutenberg) gehörte zu den Rittergeschlechtern des Hildesheimer Landes und stand in Diensten des Bischofs. Dennoch hatte die Familie den lutherischen Glauben angenommen. Nach dem Tod der Eltern war die unverheiratete Anna wahrscheinlich zu ihren zwei Schwestern auf den Stammsitz der von Oberg nach Duttenstedt gezogen; ihre Schwestern hatten beide in die Familie von Oberg eingeheiratet.

Das Epitaph, ein in aller Klarheit formuliertes, persönliches Bekenntnis zum evangelischen Glauben, befand sich noch 1900 in der Duttenstedter Kirche und gelangte dann in das Braunschweigische Landesmuseum.

Eleonore Lang, Gaby Kuper

Lit.: Kleinert 1984; Meier 1978, S. 266 f.

232

Epitaph des Hermann (IX.) von Vechelde

Braunschweig, nach 1560
Abguss: Hans Meißner
Messing auf Holz, 155 × 73,5 cm
Braunschweig, Ev.-luth. Kirchengemeinde St. Martini

Der (Ge-)Wandschneider Hermann IX. von Vechelde war mit Mette Velhauer und nach deren Tod mit Ilse Ludeke verheiratet. Mit Letzterer hatte er die vier auf dem Epitaph dargestellten Kinder. Er war zunächst Kleiner, dann Großer Gildemeister der angesehenen (Ge-)Wandschneider. 1542 bis 1558 amtierte er als Großer Bürgermeister Braunschweigs und verstarb am 19. Dezember 1560. Sein Grabmal in der Hauptkirche der Altstadt, St. Martini, muss eine bildhauerisch »vortreffliche« Vorlage gehabt haben, wohl aus Holz geschnitzt, von der der Geschütz- und Glockengießer Hans Meißner aus bisher unbekannten Gründen einen Guss aus Metall anfertigte. Die Holzplatte unter der Darstellung wurde um 1935 erneuert. Das Grabmal besteht aus einem von Pfeilern (männlicher und weiblicher Gestalt) getragenem Rundbogen mit Gesims. In den Bogenzwickeln ist Johannes der Täufer links und Moses rechts zu sehen. Im Innenfeld dominiert ein Kreuz mit dem Gekreuzigten, zu dessen Fuß die Stifterfamilie kniet. Im Hintergrund ist eine idealisierte Darstellung von Jerusalem zu sehen. Die Wappen der beteiligten Familien sind ebenso angebracht wie das Meisterzeichen »HM« des Gießers. Es erstaunt, dass sein Kennzeichen optisch gewichtiger erscheint als die anderen Inschriften. Das Grabmal zeigt die Berufung der Verstorbenen auf die durch das Kreuz Jesu Christi erlangte Vergebung der Sünde. Letztere wird durch das Gesetz Gottes (Mosefigur) aufgezeigt, kann aber die an Christus Glaubenden nicht mehr verdammen. Das deutet darauf hin, wie sehr sich die lutherisch-reformatorische Rechtfertigungslehre

232

inzwischen durchgesetzt hatte. Johannes der Täufer, noch Vertreter des alten Bundes, nimmt im Epitaph eine Art Mittlerstellung ein, indem er als entscheidender Hinweiser auf Christus angesehen wird. Wolfgang A. Jünke

Lit.: DI 56, Stadt Braunschweig II, Nr. 489 (Sabine Wehking), in: www.inschriften.net, urn:nbn:de:0238-di056g009k0048905 (letzter Zugriff am 1.3.2017); Meier 1936, S. 12, Abb. 20

233

Grablegung Christi als Memorialbild einer Familie

Unbekannt, um 1620
Öl auf Leinwand, ca. 200 × 300 cm
Cuxhaven, Ev.-luth.
Gemeinde St. Abundus, Cuxhaven-Groden

Das Memorialwesen umfasste im Mittelalter neben dem Totengedächtnis und der Fürbitte für das Seelenheil der Verstorbenen auch die Unterstützung von sozial-karitativen Einrichtungen durch Stiftungen und Schenkungen. Für die Kirchen und ihre Priesterschaft war dies einerseits mit einem vielfältigen liturgischen Aufgabenkatalog verbunden, andererseits waren die Altardienste und Fürbitten üblicherweise durch entsprechende Pfründe finanziell abgesichert. Zu den Dienstleistungen zählten regelmäßige Gebete mit Namensrezitationen der Verstorbenen oder auch Armenspeisungen. Die Vergegenwärtigung der Toten war durch entsprechende Epitaphien und Memorialbilder gewährleistet, auf denen man der Verstorbenen und ihrer Familienangehörigen gedachte, die eine Gemeinschaft von Toten und Lebenden bildeten. Die gemeinsame Verpflichtung zur Memoria wurde als integrativer Bestandteil des Lebens verstanden.

Mit der Reformation setzte ein Wandel im Memorialwesen ein, indem nicht mehr die formelhafte kirchliche Fürbitte im Vordergrund stand, sondern das persönliche Gedenken an einen frommen, vorbildhaften Christen. Die lutherische Glaubenslehre löste sich von dem mittelalterlichen Schreckensbild eines drohenden Fegefeuers, der heilsvermittelnden Kraft durch die Heiligen und der Fürbitte durch einen Priester für das Seelenheil der Toten.

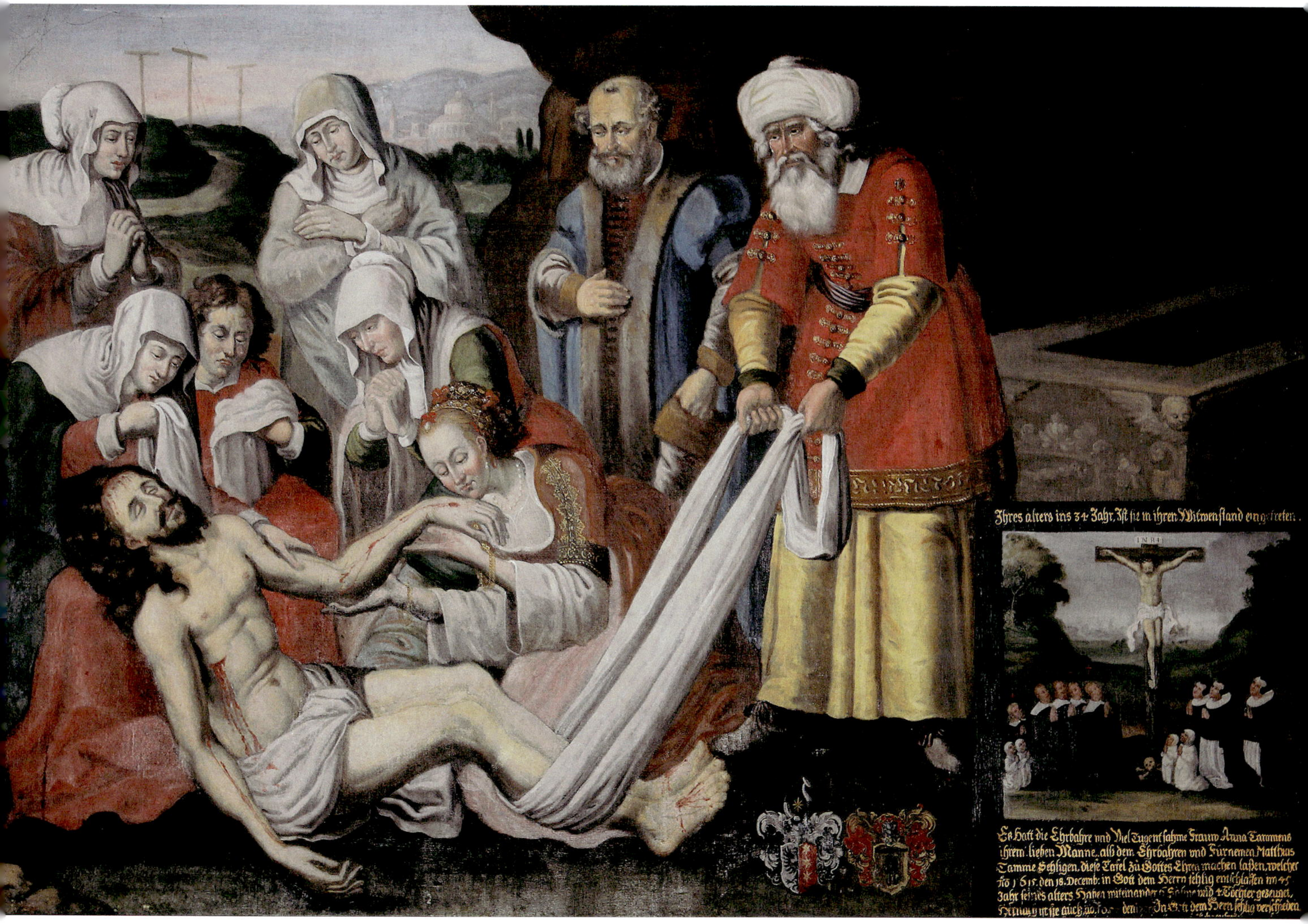

Das Memorialbild einer Familie mit der Grablegung Christi greift für diesen Zweck einen zentralen Bildtypus der christlichen Ikonografie auf. Die Familienmitglieder werden selbst Teil der Passions- und Heilsgeschichte und verbinden das Gedenken an ihre Familie mit der Hoffnung auf ein ewiges Leben im Sinne der christlichen Heilslehre.

Herbert Pötter

Lit.: Oexle 1984, S. 384–440

Was bleibt

500 Jahre ist es her, dass Martin Luther seine 95 Thesen veröffentlichte. Wie hat sich die Welt seitdem verändert: Wir fahren Autos, wir waren auf dem Mond, wir wählen unsere Regierungen selbst und surfen auf der Welle der digitalen Revolution. Ein halbes Jahrtausend zuvor war so vieles anders und doch in einem Punkt ganz ähnlich: Die Menschen damals empfanden den rasanten Wandel ihrer Zeit als etwas, das von außen in ihre geordnete Welt einbrach und alles durcheinanderbrachte. Alles, was sicher schien, war ins Wanken geraten: die religiöse, kulturelle und soziale Ordnung, tradierte Werte und festgefügte Überzeugungen.

Als 1617 die erste 100-Jahr-Feier der Reformation anstand – das erste Jubiläum im modernen Sinn –, gab es aus Sicht mancher Zeitgenossen wie Johann Arndt oder Georg Calixt keinen Grund zum Jubeln. Das lateinische Christentum war in unterschiedliche Konfessionen gespalten. Die neuen Kirchen hatten sich unerschütterlich auf der religiösen Landkarte etabliert. Man nahm ihre Existenz als unvermeidlich hin, ohne jedoch die jeweils andere Meinung zu tolerieren. Denn jede Glaubensrichtung war davon überzeugt, im Besitz der alleinigen und absoluten Wahrheit zu sein. Nicht Offenheit und Kooperation, sondern Misstrauen und Konkurrenz bestimmten das Verhältnis der Religionen. Dass dies kaum gut gehen konnte, erkannten umsichtige Zeitgenossen schon damals. Und tatsächlich stürzte Europa in ein Chaos von Glaubens- und Staatenkriegen, deren Zerstörungspotenzial bis heute nichts von seinem Schrecken verloren hat. Am Ende führte die Explosion der Gewalt jedoch zur Entwicklung von Strategien, die dazu dienen sollten, den destruktiven Anteil zu befrieden. Die Menschen erkannten, dass es unverzichtbar ist, das Unvereinbare zu tolerieren.

Vor 500 Jahren trafen Luthers Ideen auf eine Welt, die sich in einem Zustand beschleunigten Wandels befand und sich einer – im Vergleich zu vorigen Jahrhunderten – enorm gesteigerten Vielfalt kultureller und gesellschaftlicher Umwälzungen ausgesetzt sah. Noch war das Konzept der Innovation alles andere als positiv besetzt. Insbesondere auf den Gebieten der Politik und der Religion geriet alles Neue leicht in den Verdacht des Aufruhrs. Doch mit dem Aufbrechen der religiösen Geschlossenheit setzte ein Mentalitätswandel ein, in dessen Zuge sich Naturwissenschaften, Literatur und Kunst allmählich von der Religion emanzipieren, ja, seit der Aufklärung sogar ganz von ihr abwenden konnten. Auch wenn Luther es nicht beabsichtigt hatte, leistete die Reformation einer Entwicklung Vorschub, die Pluralität zunächst möglich, dann akzeptabel und schließlich unverzichtbar für die facettenreiche Zivilisation des modernen Europas machte. Vielfalt – vor allem religiöse Vielfalt – bleibt jedoch bis heute eine Herausforderung für Religionen und Gesellschaften.

Heike Pöppelmann | Ulrike Wendt-Sellin

234

Gedenkblatt auf die Reformation

Text: Johann Stoltz, Ulm, 1617
Druck: Johannes Meder
Papier, 37 × 28,5 cm
Nürnberg, Germanisches Nationalmuseum,
HB 66 (Kapsel 1247a)

Die erste Zentenarfeier der Reformation im Jahr 1617 brachte eine vielfältige Publizistik hervor, in deren Zentrum die Person und das Werk Martin Luthers standen. Als legendarisch überhöhtes Ereignis wurde der »Thesenanschlag« vom 31. Oktober 1517 im Zusammenhang dieses ersten historischen Jubiläums der Frühen Neuzeit gleichsam erinnerungskulturell implementiert. In diese mit antikatholisch-triumphalistischen Motiven verbundene, von den weltlichen Obrigkeiten lutherischer und reformierter Konfession initiierte Jubiläumskultur im Umkreis des 31. Oktober 1617 flossen in reichem Maße ältere Traditionen ein. Auch bei dem vorliegenden Blatt war dies der Fall. Die Verse stammen von dem Wittenberger Theologen Johann Stoltz und dürften ursprünglich im Zusammenhang mit Luthers Tod 1546 entstanden sein. Das Blatt erschien im Jahr vor dem ersten großen Jubiläum, 1616, zunächst in einer deutschen, dann in der lateinischen Version in der Ulmer Druckerei Johannes Meders. Die Bildmitte bildet eine der konventionellen Darstellungen des späten Luther in der Tradition der Cranach-Schule. Die massige Figur ist links und rechts von je zehn durchnummerierten Textfeldern umgeben; diese bestehen aus einer Inscriptio, in der ein Ereignis aus Luthers Biografie und die entsprechende Jahreszahl genannt werden, und einem Distichon, in dem das zu avisierende Ereignis vorgestellt wird. Die Distichen sind mit Chronogrammen versehen; der Zahlenwert der in Kapitälchen gesetzten Buchstaben ergibt die Jahreszahl des Ereignisses. Die behandelten biografischen Ereignisse entsprechen den auch in der Lutherbiografik, die nach dessen Tod einsetzte, erkennbaren Schwerpunkten (1483: Geburt; 1497: Schulbesuch in Magdeburg; 1498: Eisenach; 1502: Erfurter Studienbeginn; 1503: Magisterium; 1504: Klostereintritt; 1508: Ankunft in Wittenberg; 1512: Doktorpromotion und Romreise; 1517: Beginn der Erneuerung der Religion; 1518: Verhör vor Cajetan; 1519: Leipziger Disputatio; 1520: Verbrennung des kanonischen Rechts; 1521: Worms/Wartburg; 1522: Rückkehr nach Wittenberg; 1525: Heirat und Bauernkrieg; 1529: Marburger Religionsgespräch; 1530: Augsburger Reichstag; 1537: schwere Erkrankung; 1546: Tod).

Thomas Kaufmann

Lit.: Flügel 2005; Harms/Schilling/Wang 1997, Nr. 117, S. 204 f.; Kastner 1982; Kaufmann 2010

Reverendi Viri

D. MARTINI. LUTHERI. S. S. THEOLOGIÆ. DOCTORIS. ET PROFESSORIS. IN. ACADEMIA. WITENBERGENSI. CELEBERRIMI. VITA ATQVE RES. GESTÆ. VIGINTI etheostichis docte comprehensa

à IOHANNE STOLSIO.

I.

Annus Nativitatis. 1483.

NAtVs es IsLebII DIVIne Propheta LVthere
ReLLIgIofVLget, teDVCe, Papa IaCet.

II.

Annus, quo primum Magdeburgi literis operam dedit. 1497.

MoXpVerAusonIonVtrIrICæpIt In antro.
HICVbI,VIrgIneos CIrCVIt ALbIs agros.

III.

Annus quo Isenaci studuit. 1498.

ReCtIVs In stVDIIs IsenaCIpergIt honestIs.
EXCItVsIns IgnIDeXterItate sChoLæ.

IIII.

Annus, quo Erfurtum se contulit. 1502.

TransIt In ErfVrto VIVas HeLIConIs aDVnDas
VtnoVaLeV,Coreas VrgIt In VrbesChoLa.

V.

Annus Magisterij. 1503.

ErfVrtIIVVenIstItVLos CapIt Vrbe MagIstrI.
LVstrasVæ ætatIs qVattVor,aCta CoLens.

VI.

Annus Monachatus. 1504.

VanasVperstItIo CorpVs IVVenILe CVCVL·Lo.
Ornat, ID antetIbIfraVDI agepapa,fVIt.

VII.

Annus, quo Witebergam venit. 1508.

MIttItVr ALbIorIn, ChrIsto aVXILIante, LVtherVs:
QVantVserat Vates; gLorIa qVanta (sChoLæ.

VIII.

Añ, Doctorat, & peregrinatiõis Romã. 1512.

StaVpICII estIVsVtItVLos DoCtorIs aDeptVs,
VtrVCIs ItaLICIVenIt ab Vrbe LVpI.

IX.

Annus Instauratæ Religionis. 1517.

ReLLIgIonIs opVs Cæno eXtrahIs, aVspICe ChrIsto,
VeraXoDeXtro nIXeLVthere Deo.

X.

Añ9 cõfessionis corã Caietão Augustæ. 1518.

AVgVsta, ChrIstVM profItetVr In Vrbe LVtherVs.
Non CVrans VVLtVs, præsVLa Cerbe (tVos.

XI.

Annus & mensis disputationis Lipsicæ. 1519

ECCIVs estIVstIVICtVs VIrtVte LVtherI
DIspVtat VtIVLII LIpsIa In Vrbe, DIe.

XII.

Annus incendij juris canonici. 1520.

IgnIbVs InfestIs DeCreta papIstICatoLLens.
PontIfICIqVæsIt pœna parata DoCet.

XIII.

Annus confessionis in Comit. Wormat. 1521

CæsarIs ante peDes, proCeres stetItãte potentes.
ACCoLaqVaRhen IVangIoLIetVs, aDIt.

XIIII.

Annus pathmi. 1521.

ARheno, properans CapItVr, bene ConsCIa pathMI
TeCta, papæfVgIens, retIa, strVCta, petIt.

XV.

Annus reditus ex pathmo. 1522

CarLstaDII obfVrIas aD SaXona teCta re-CVrrIt (pIt.
FaVCIbVs eX sæVIs rVrsVs oVes qVera.

XVI

Añus matrimonij & seditionis rusticæ. 1525.

SeDItIo agrICoLæ ferro, est restInCta potentI,
FæDera ConIVgII Casta, LVtherVs InIt.

XVII.

Annus conventus Marpurgici. 1529

MarpVrgI Cænæ ChrIstIferIt aCrIter hostes:
StabatVt a sæVIs CInCta VIenna GetIs.

XVIII.

Annus confessionis Augustæ exhibitæ. 1530.
Carolo V. Imp.

AVgVstæ statIbVs fIDeI ConfessIo CVnCtIs
PropositIa est: ChrIstI gLorIa LætareDIt.

XIX.

Annus lethalis morbi Lutheri in Schmalkald. 1537.

VICInVs MortI, ChrIstoreparante, resVrgIt.
HICVbI,prInCIpIbVs, paCta stetere pIIs.

XX.

Annus, mensis, dies, hora & locus obitus. 1546

NonæbIs obsCVro LVX FebrVa ConstItItortV
In patrIo, VtMorerIs, CLare, LVthere, soLo.

IN PERENNEM MEMORIAM IVBILÆI
ANNO MDCXVII. CAL. IXbris. AB ORTHO.
DOXIS PIE CELEBRATI EFFIGIEM HANC.
B. M. LVTHERI, VNA CVM ETEOSTICHIS.
ADIVNCTIS ANTEHAC LIGNO INCISAM.
MartInVs LVtherVs VIXIt reVIXIt VIVet DIV.

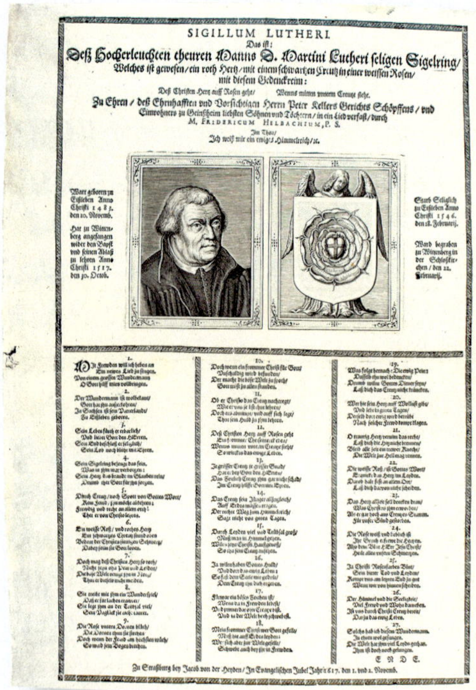
SIGILLUM LUTHERI.
Das ist:
Deß Hocherleuchten theuren Manns D. Martini Lutheri seligen Sigelring/
Welches ist gewesen/ ein roth Hertz/ mit einem schwartzen Creutz in einer weissen Rosen/
mit diesem Gedenckreim:
Deß Christen Hertz auff Rosen geht/ Wenns mitten vnterm Creutze steht.
Zu Ehren/ deß Ehrnhafften vnd Vorsichtigen Herrn Peter Kellers Gerichts Schöpffens/ vnd Einwohners zu Geinßheim liebsten Söhnen vnd Töchtern/ in ein Lied verfast/ durch
M. FRIDERICUM HELBACHIUM, P. S.
Im Thon/
Ich weiß mir ein ewiges Himmelreich/ etc.

235

Sigillum Lutheri. Das ist: Deß Hocherleuchten theuren Manns D. Martini Lutheri seligen Sigelring

Friedrich Helbach, Straßburg, 1617
Druck: Jacob von der Heyden
Papier, 35,1 × 23,3 cm
Wolfenbüttel, Herzog August Bibliothek,
Cod. guelf. 38.25 Aug. 2°, fol. 303

Das erste Reformationsjubiläum 1617 verdankte sich vor allem dem politischen Willen protestantischer Fürsten, die innerprotestantischen Verwerfungen beizulegen. Mit einer Fokussierung auf Person und Leben Luthers in Reden, Predigten und Gebeten, in Flugschriften und Flugblättern sowie im Rahmen von Festakten und in Theateraufführungen wurde versucht, theologische Streitthemen zu vermeiden und eine gemeinsame Identifikationsfigur zu schaffen.

Dieses vom vielseitig gelehrten Theologen Friedrich Helbach verfasste Flugblatt zeigt in der oberen Hälfte einen Kupferstich mit zwei Bildfeldern. Im linken ist ein auf Porträts der Cranach-Werkstatt zurückgehendes Brustbildnis des gealterten, weißhaarigen Luther zu sehen, im rechten Bild ein Engel, einen Wappenschild mit der sogenannten Lutherrose haltend.

Gegenstand des Liedes, das die untere Hälfte des Blattes einnimmt, ist Luthers Rosensymbolus, ein schwarzes Kreuz auf rotem Herz vor einer weißen, fünfblättrigen Rose auf einem blauen Feld, eingekreist von einem goldenen Ring. Diese Imprese wird als Siegel (*sigillum*) bzw. Siegelring bezeichnet, wohl weil bekannt war, dass der sächsische Kurprinz Johann Friedrich I. Luther 1530 einen Siegelring mit eingeschnittener Lutherrose geschenkt hatte. Helbach deutet die Elemente Herz, Kreuz und Rose unter Hinzuziehung verschiedener Bibelstellen vor allem als Erinnerung an die Rolle des Leidens für das persönliche Seelenheil. Mit seiner sehr freien Auslegung entfernt er sich erheblich von der Deutung des Symbolus, die Luther selbst 1530 in einem Brief an Lazarus Spengler gegeben hatte und die vielfach publiziert worden war. Das »merkzaichen« und »Compendium« seiner Theologie besagt demnach, dass ein Christ durch den Glauben an den Gekreuzigten sein Leben mit spiritueller Freude erfüllen solle, um auf diese Weise die Wonnen der ewigen Seligkeit vorzukosten.

Hole Rößler

Lit.: Conermann 2017, S. 257–282;
Harms/Schilling/Wang 1997, Nr. 121

236

Von wahrem Christen=thumb / heilsamer Busse / wah=rem Glauben / heyligem Leben und Wandel der rechten wah=ren Christen.

Johann Arndt, Frankfurt/Main, 1605
Druck: Jonas Rosa, Nikolaus Hoffmann d. Ä.
Papier, 12 × 7 cm
Wolfenbüttel, Herzog August Bibliothek, Th 82

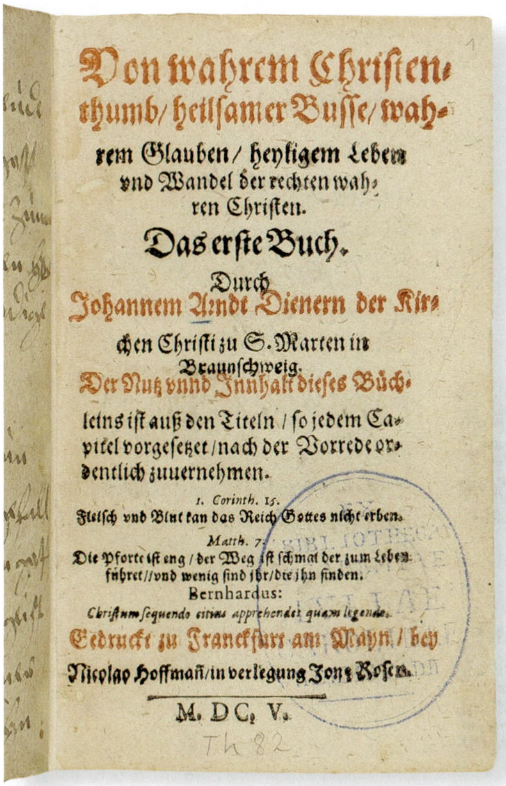
Von wahrem Christenthumb / heilsamer Busse / wahrem Glauben / heyligem Leben vnd Wandel der rechten wahren Christen.
Das erste Buch.
Durch Johannem Arndt Dienern der Kirchen Christi zu S. Marten in Braunschweig.
Der Nutz vnnd Innhalt dieses Büchleins ist auß den Titeln / so jedem Capitel vorgesetzet / nach der Vorrede ordentlich zuvernehmen.
1. Corinth. 15.
Fleisch vnd Blut kan das Reich Gottes nicht erben.
Matth. 7.
Die Pforte ist eng / der Weg ist schmal der zum Leben führet / / vnd wenig sind ihr / die jhn finden.
Bernhardus:
Christum sequendo citius apprehendes quam legendo.
Gedruckt zu Franckfurt am Mayn / bey Nicolao Hoffmann / in verlegung Jonæ Rosen.
M. DC. V.

Mit 44 Jahren wurde Johann Arndt als zweiter Pfarrer der sehr gut dotierten Pfarrstelle von St. Martini gewählt. In der Stadt Braunschweig tobte ein Aufstand um mehr politische Bürgerbeteiligung unter der Leitung des Juristen Henning Braband. Arndt stellte sich, darin dem Beispiel Luthers folgend, unmissverständlich auf die Seite des Rates als der für ihn rechtmäßigen Obrigkeit und verstand den Aufruhr als Vorbote des Weltgerichts. Der Aufstand wurde vom Rat blutig niedergeschlagen, sein Anführer unter schauderhaften Umständen auf dem Hagenmarkt bei lebendigem Leibe in vier Teile zerrissen und seine Körperteile wurden geschändet. Wenig vorher hatte Pfarrer Johann Wagner in der Katharinenkirche in Anwesenheit der gesamten Braunschweiger Pfarrerschaft eine stundenlange abstoßende Hasspredigt gehalten. Pfarrer Arndt hatte Henning Braband im Gefängnis besucht und auf dem Schafott bis zum Tod begleitet in der Absicht, dass die Seele des Aufrührers zum Himmel bewahrt und dem Satan entrissen würde. Der Beistand habe, so Arndt, bei den Amtskollegen einen »entsetzlichen Haß« auf ihn erzeugt.

Arndt wurde außerdem von seinem jüngeren eloquenten, jedoch habgierigen und hinterlistigen Mitpfarrer an Martini, Hermann Denecke, übel verleumdet. Auch die anderen Stadtpfarrer warfen ihm Abweichungen vom orthodoxen Glauben vor. Gegen diese schwierige, verhärtete Situation predigte Arndt unter großer Zustimmung in der Martinikirche und veröffentlichte seine Gegenposition unter dem Titel »Vier Bücher vom wahren Christentum«. Es sind kurze, anschauliche, leicht verständliche predigtartige Texte, die auf eine Besserung des alltäglichen Christenlebens zielen. Arndt begann wie Luther 1517 mit dem Appell zu einer täglichen Buße. Im Titel des Buches erklärt Arndt, was der Beginn eines »wahren Christentums« sei: »das ist von heilsamer Buße, herzlicher Reue und Leid über die Sünde und wahren Glauben, auch heiligem Leben und Wandel der rechten wahren Christen«.

So wie Luther bei der Wittenberger Bevölkerung mit der Umsetzung seiner Theologie in ein christliches Leben gescheitert war, so scheiterte auch Arndt in Braunschweig mit seinem Bußruf und verließ die Stadt nach neunjähriger Tätigkeit. In Celle hingegen wurde er 1611 Generalsuperintendent und verstarb im Dienst 1622. Arndts Bücher wurden bald in mehr als 14 Sprachen übersetzt. Dietrich Kuessner

Lit.: Mager 2007

Goldener Schlusspunkt unter das »lutherische Jahrhundert«

237

Dukat auf die 100-Jahr-Feier der Reformation

Kurfürst Johann Georg I., Dresden, 1617
Gold, Dm 25 mm, Gewicht 3,45 g
Privatbesitz

Der 31. Oktober 1517 wurde bereits von Martin Luther selbst als Beginn seines Kampfes angesehen. Zum »Reformationstag« avancierte das Datum aber erst, nachdem die Theologische Fakultät der Universität Wittenberg 1617 dazu angeregt und beim sächsischen Kurfürsten in Dresden Gehör gefunden hatte. Das hing nicht zuletzt damit zusammen, dass der Regent darin für sich eine Möglichkeit zur politischen Aufwertung erblickte. So entwickelte sich das »erste lutherische Jubiläum« innerhalb weniger Monate von einer lokalen Erinnerung in Wittenberg zu einem Staatsakt. Der Albertiner Johann Georg I. nutzte die Chance, sich als legitimer Nachfolger Friedrichs des Weisen zu präsentieren, obwohl dieser zur ernestinischen Linie gehört hatte. Dieses Selbstverständnis ließ er auf eine umfangreiche Serie von Münzen prägen, die Doppeldukaten, Dukaten, doppelte und einfache Taler sowie Halb-, Viertel- und Achteltaler umfasste. Alle Prägungen zeigen vorn das Hüftbild Friedrichs III. über seinem Kurwappen. Die Umschrift proklamiert das »lutherische Jahrhundert«: »SECVLUM LVTHERANVM«, das demnach 1517 begonnen hat. Auf der Rückseite zeigt sich Johann Georg I. als Kurfürst mit der reformatorischen Devise »VERBUM D[OMI]NI MANET IN ÆTERNUM 1617« – Das Wort des Herrn bleibt in Ewigkeit. Dieses Bibelwort (1. Petrusbrief 1,25) hatte bereits Friedrich der Weise auf Vorschlag seines Kaplans Spalatin 1522 in seine Münzen prägen und abgekürzt – VDMIA – auf seine Kleidung applizieren lassen. Durch die Aufnahme dieser Tradition betonte Johann Georg seinen Führungsanspruch.

Der Rückbezug auf Luther und seine Stilisierung zum Helden, der das Papsttum zu Fall brachte, dienten allerdings nicht nur zur Besinnung auf die großen Ereignisse, die

Vorder- und Rückseite

100 Jahre zurücklagen. Der antikatholische Grundzug der Erinnerung bewirkte eine verstärkte Konfessionalisierung der europäischen Territorien: Der Dreißigjährige Krieg begann wenige Monate nach dem glanzvollen Jubiläum und brachte Europa Elend und Tod.

Helmut Liersch

Lit.: Dethlefs 2014, S. 60; Flügel 2005;
Kaufmann 2016 b; S. 373–388

238

Porträt des Georg Calixt

17. Jahrhundert
Papier, 14 × 11 cm
Braunschweig, Braunschweigisches
Landesmuseum, LMB 22033

Der aus Schleswig-Holstein stammende Pastorensohn Georg Calixt war 1614 von Herzog Friedrich Ulrich zum Professor für Kontroverstheologie an die Academia Julia in Helmstedt berufen worden. Zum ersten Reformationsjubiläum 1617 hielt er eine scharfzüngige Rede gegen das Papsttum. Aber unter dem Eindruck des verheerenden Religionskrieges, der die Universitätsstadt Helmstedt und ihr Umland Mitte der 1620er Jahre besonders traf, vollzog er eine innere Wende und mahnte fortan die christlichen Konfessionen zu einem toleranten Miteinander. Statt sich zu bekriegen, sollten sie einander mit Geduld und überzeugenden Argumenten begegnen und voneinander lernen.

Im Laufe der folgenden Jahrzehnte vertiefte Calixt seine Vorstellungen zur Wiedererlangung des Kirchenfriedens und entwickelte sich zu einem entschiedenen Friedenstheologen und frühen protestantischen Ökumeniker. Große Aufmerksamkeit wie heftigen Widerspruch von konservativer Seite fand seine Idee, die ausstehende Verständigung auf der Basis eines Konsenses zu suchen, der seiner Ansicht nach die christlichen Kirchen in den ersten fünf Jahrhunderten noch geeint hatte. Als consensus antiquitatis sollten die ökumenischen Bekenntnisse der ersten fünf Jahrhunderte gewissermaßen die Plattform für künftige Gespräche und Verhandlungen zwischen Lutheranern, Reformierten und Katholiken darstellen.

Dieter Rammler

Lit.: Mager 2010 a

HANS-JÜRGEN DERDA

Gottschalk Kruse: Mönch und Reformator Das Kloster Sankt Aegidien – ein Ort des Aufbruchs

Die reformatorischen Anfänge in Braunschweig sind eng mit dem Theologen Gottschalk Kruse verknüpft. Er brachte zwar nicht die Reformation in die Stadt, doch er war ein wichtiger Verkünder der lutherischen Lehre und sorgte für deren Verbreitung.[1]

Auf den Reichstagen und in den Städten wurde Anfang des 16. Jahrhunderts die Forderung nach einer grundlegenden Reform der Kirche erhoben.[2] Besonders die Ablasspraxis stand in der Kritik. In Braunschweig traf Gottschalk Kruse auf das intellektuelle Potenzial des Bürgertums, das bereits im Umfeld des Theologen Thomas Müntzer nach einer vertieften Frömmigkeit suchte und bereitwillig den neuen Glaubenseinsichten folgte.[3] Dafür nahm Kruse sogar die Verfolgung durch den altgläubigen Herzog Heinrich d. J. in Kauf: Der Mönch musste am Ende fluchtartig das Kloster Hinter Aegidien und schließlich auch die Stadt verlassen. Nach Braunschweig sollte er nicht mehr zurückkehren.[4] Sein Weg führte ihn über Volkmarode und Celle nach Harburg. Auskunft über einen Teil seines Lebens gab Gottschalk Kruse im Wesentlichen selbst in seiner Rechtfertigungsschrift »Unterrichtung, warum er aus dem Kloster gewichen« sei.[5]

Gottschalk Kruses Familie gehörte dem Braunschweiger Bürgertum an. Er war neun Jahre alt, als sein Vater 1508 starb. Noch im gleichen Jahr übergab ihn seine Mutter den Mönchen des Benediktinerklosters Sankt Aegidien als *puer oblatus*. Vorsteher war zu diesem Zeitpunkt der »ehrwürdige Abt Arnold Papenmeyer«,[6] der ihn aufnahm und einkleiden ließ.

Die »Oblation«, die Übergabe eines Knaben an einen Benediktinerkonvent, war im Mittelalter nichts Ungewöhnliches und seit dem 6. Jahrhundert in Klöstern üblich, die nach der Regel des heiligen Benedikt von Nursia lebten. In deren Kapitel 59 wird dargelegt, nach welchem Verfahren Kinder aufgenommen werden sollten. Es waren vor allem vornehme und wohlhabende Familien, die ihre Söhne einem Kloster in einem urkundlich belegten Rechtsakt übergaben. Aber auch mittellose Familien nahmen diese Möglichkeit in Anspruch,[7] ihre Kinder in »eine Schule für den Dienst des Herrn« zu geben.[8] Während ihres mehrjährigen Noviziats wurden die Oblaten von Mönchen erzogen. Sie verpflichteten sich mit ihrem öffentlichen Versprechen zeit ihres Lebens zum Gehorsam (*oboedientia*), zur Beständigkeit (*stabilitas*) und zum klösterlichen Lebenswandel (*conversatio morum*), worunter die Orientierung an der Botschaft des Evangeliums, die freiwillige Armut, Keuschheit und Ehelosigkeit fielen. Dem Ideal nach sollten sie ein gottgeweihtes Leben in *vita communis*, das heißt in einer Gütergemeinschaft unter Verzicht auf individuelle Ansprüche und Statussymbole nach dem Rhythmus von *ora et labora* – »bete und arbeite« leben.

Als Gottschalk Kruse im Kloster aufgenommen wurde, lebten bereits seit etwa 400 Jahren Ordensleute in Sankt Aegidien nach der Regel des heiligen Benedikts. Die brunonische Markgräfin Gertrud – sie war die Schwiegermutter Kaiser Lothars III. und Urgroßmutter Heinrichs des Löwen – stiftete das Kloster zu Ehren der Gottesmutter Maria. Es wurde am 1. September 1115 am Tage des heiligen Aegidius geweiht. Umfangreiche Stiftungen, Rechte sowie Grund und Boden machten das Kloster zu einer erfolgreichen und wirtschaftlich stabilen Einrichtung. Die Reliquien des späteren braunschweigischen Schutzpatrons Sankt Auctor gelangten bereits 1113 von Trier nach Braunschweig und wurden 1115 dem Kloster zur religiösen Verehrung übertragen.

Einschnitte ergaben sich im Jahr 1200, als im Zuge der Belagerung Braunschweigs durch den staufischen König Philipp von Schwaben das Kloster geplündert wurde. Am 12. Mai 1278 zerstörte der große Stadtbrand die Werkstätten und Wirtschaftsgebäude des Klosters. Lediglich Teile des Konventgebäudes und der Ostflügel blieben erhalten. Der Wiederaufbau setzte unmittelbar ein und konnte kurz nach 1300 abgeschlossen werden.

Das Kloster war nicht dem Stadtrecht unterworfen. Es unterstand den welfischen Landesherren und verfügte über die »Aegidienfreiheit«. Doch verloren die Herzöge an Einfluss, weil sie aus finanzieller Not der Stadt wichtige Rechte übertragen mussten – so auch die Patronatsrechte an den meisten Braunschweiger Kirchen. Das ermöglichte eine eigenständige städtische Religionspolitik.[9]

Dies wirkte sich auch auf das Kloster Sankt Aegidien aus. Der Konvent setzte sich fast ausschließlich aus Braunschweiger Bürger- und Patriziersöhnen zusammen, sodass im Falle von Streitigkeiten zwischen kirchlicher Obrigkeit und dem Rat das Kloster meistens auf der Seite der Stadt stand. Das Aegidienkloster trat der Bursfelder Kongregation[10] nicht bei und verschloss sich den geforderten Reformbemühungen. Es fürchtete um seine Selbstständigkeit, die von der Braunschweiger Bürgerschaft gestützt wurde. Selbst der 1502 eigens nach Braunschweig entsandte Kardinal Raimund Peraudi konnte die Mönche nicht davon überzeugen, die gewünschte Klosterreform durchzuführen.

Bildung wurde im Kloster wertgeschätzt. Seit 1274 ist in Sankt Aegidien eine Klosterschule belegt. Mit Beginn des 15. Jahrhunderts entwickelte es sich zu einem viel beachteten Lernort und öffnete sich der humanistischen Gelehrsamkeit. Davon profitierte auch die neue stadtbürgerliche Bildungsschicht.

Es gehörte zur Tradition des Klosters, begabte Mönche zum Studium nach Erfurt, Leipzig oder Wittenberg zu schicken. Besonders die in Braunschweig gesprochene mittelniederdeutsche Sprache wurde gepflegt. Die bekannteren Braunschweiger Chronisten Johann Statwech und der Prior des Helmstedter Klosters Sankt Ludgeri, Henning Hagen, waren Schüler der Klosterschule Sankt Aegidien. Die Chronik des Abtes Berthold II. Meier – promovierter Jurist – gilt als literarisch wertvoll.[11] Das hohe Niveau der Braunschweiger Klosterschule wird auch in der Ausbildung Gottschalk Kruses deutlich.

1515 entschied sich Gottschalk Kruse nach sieben Jahren strenger Selbstprüfung, die ewige Profess abzulegen. Dennoch zweifelte er an seinem Glauben. Kruse fragte auch im Kreise seiner Mitbrüder nach der Sinnhaftigkeit der Werkfrömmigkeit, um Gnade bei Gott zu finden. Dabei traf er auf eine allgemein vorhandene Mentalität des Glaubenszweifels und der Glaubensverunsicherung in der Bevölkerung.

Mit Unterstützung von Bürgern aus dem Braunschweiger Humanistenkreis ermutigten Abt Dietrich Koch und Prior Hermann Boeckheister den zweifelnden Gottschalk Kruse 1516, zum Theologiestudium an die Universität Erfurt zu gehen, das er 1517 mit dem Bakkalaureat abschloss. An dieser Universität hatte Martin Luther einst selbst studiert, auch Abt Dietrich Koch hatte dort gelebt.

An der Wende vom 15. zum 16. Jahrhundert war Erfurt ein vielbeachteter Studienort. Man stritt über die rechte Form der Erkenntnis. Die traditionelle mittelalterliche scholastische Lehre traf hier auf die Einsichten des Nominalismus und die Auffassung der Erfurter Humanisten. Ihr christlicher Humanismus war mit der *devotio moderna*, einer religiösen Erneuerungsbewegung, verbunden. Sie prägte das Denken der Menschen und zeigte einen Weg, durch innerliche Frömmigkeit zu einer individuellen Gottesbeziehung und Gottes Nachfolge (*imitatio Christi*) gemäß der Heiligen Schrift zu kommen – und nicht durch Ablass und Werkfrömmigkeit.

Nach seiner Studienzeit in Erfurt kehrte Gottschalk Kruse in das Kloster Sankt Aegidien nach Braunschweig zurück. Er hatte letztlich keine Antworten auf seine Fragen gefunden, stattdessen verschärften sich seine Glaubenszweifel immer weiter. Der Braunschweiger Bürger Peter Hummel machte ihn auf Martin Luthers Schriften aufmerksam. Mit Skepsis und Unwillen las Kruse zunächst Luthers »Sermon von Ablass und Gnade«. Erst mit der Lektüre der Auslegung des 109. (110.) Psalms fand Kruse Antworten auf seine Fragen. Er verlangte nach weiteren Büchern Luthers und äußerte den Wunsch, in Wittenberg zu studieren. Zum Sommersemester 1519 setzte Gottschalk Kruse sein Studium in Wittenberg fort. Dort lernte er die Reformatoren Martin Luther, Philipp Melanchthon und Karlstadt kennen. Nach seiner Promotion zum Doktor der Theologie kehrte er im November 1521 abermals nach Braunschweig zurück. Kruse bekannte sich nun offen zur reformatorischen Lehre.[12] Mit Erlaubnis des Abtes hielt Kruse im Kloster Sankt Aegidien öffentlich Vorlesungen zum Matthäusevangelium. Seine Lektionen erregten Aufsehen, auf ihn fiel schließlich der Verdacht der Ketzerei. Ein Edikt des Herzogs veranlasste Abt Dietrich Koch daher bereits im Januar 1522, die Vorlesungen einzustellen und Kruse nach Volkmarode zu schicken. Damals lag dieser Ort auf dem Gebiet des Herzogtums Braunschweig-Lüneburg.

Kruse ging nochmals nach Wittenberg, wo er 1522 seine Schrift »Van Adams und unsem valle und weder uperstandynge« auf Niederdeutsch verfasste. Diese Schrift widmete er seinem Freund Heinrich Reinhusen. Sie enthält die Heilsgeschichte und behandelt die grundlegende Frage nach der Erlösung durch Christus, wurde bei Hans Dorn in Braunschweig gedruckt und gilt heute als die früheste Reformationsschrift in Niedersachsen.[13]

Ende des Jahres 1522 übernahm Kruse die Doktoratsstelle im Aegidienkloster. Seine Remter-Lektionen über den Römerbrief fanden starke Beachtung und führten wieder zu Verleumdungen. Altgläubige Gegner verbreiteten das Gerücht, er betreibe gemeinsam mit dem wegen seiner lutherischen Gesinnung geächteten Bürger Hans Horneborch eine Ketzerschule. Daraufhin begab sich Gottschalk Kruse wiederholt nach Volkmarode und entging dort im Frühjahr 1523 nur knapp der Gefangennahme durch die Truppen Herzog Heinrichs d. J.

Weil Gottschalk Kruse um sein Leben fürchtete, verließ er nun endgültig das Kloster in Braunschweig. Unmittelbar danach verfasste er seine Schrift »To allen Christ-gelöubigen frommen mynschen bes. d. statt Brunswygk, D. Godschalci Crußen/Wörumme hee gheweken wth synem Kloester eyn vnderrichtunghe«. Diese in Wittenberg 1523 gedruckte Schrift widmete Kruse den Braunschweiger Bürgern. Er gibt darin einen Einblick in sein Leben, berichtet über seine Glaubenszweifel, über seine Hinwendung zur reformatorischen Lehre und rechtfertigt sich gegenüber der braunschweigischen Öffentlichkeit. Diese Rechtfertigung war notwendig, weil er die Klostergemeinschaft verlassen und damit sein Gelübde verletzt hatte. Er war zeit seines Lebens an sein Gelöbnis gebunden, gemäß der evangelischen Räte (Mt 16,19) dauerhaft und beständig in der klösterlichen Gemeinschaft von St. Aegidien ein gottgeweihtes Leben in freiwilliger Armut, ehelos, keusch und gehorsam unter einem Abt zu führen. Ein Austritt aus der klösterlichen Gemeinschaft war kirchenrechtlich nur mit einem Austrittsindult, das heißt mit der Befreiung von den Ordensgelübden durch einen bischöflichen Gnadenerweis möglich. Da sich Kruse der lutherischen Bewegung angeschlossen hatte, war diese Befreiung durch den Bischof nicht mehr zu realisieren. Kruses Rechtfertigungsschrift, warum er das Kloster verlassen habe, ist auch zu verstehen als Bitte an die christliche Gemeinschaft in Braunschweig, einen Dispens für sein Handeln zu gewähren, um sich der Verfolgung durch Herzog Heinrich d. J. zu entziehen.

Auf Empfehlung Martin Luthers ging Gottschalk Kruse nach Celle zu Herzog Ernst von Lüneburg, dem Bekenner, wirkte dort zwischen 1524 und 1527 als Prediger und unterstützte Urbanus Rhegius bei der Durchführung der Reformation im Fürstentum Braunschweig-Lüneburg. Ab 1527 war Kruse bis zu seinem Tod 1540 Superintendent unter Otto von Lüneburg, der das Herzogtum Harburg übernommen hatte.[14]

Im Zuge der Einführung der Reformation in Braunschweig 1528 schloss sich auch der Abt von Sankt Aegidien der evangelischen Lehre an, der Konvent wurde aufgelöst. Mit einem Vertrag vom 16. Oktober 1542 übergab Dietrich Koch formal das Kloster Sankt Aegidien »mit allen Gütern, Gerechtsamen und Einkünften« an die Stadt.[15] Nach fast 450 Jahren endete damit die Geschichte der Benediktiner in Braunschweig.

Anmerkungen

1 Rüttgardt 2007, S. 213 f.
2 Kasper 2016, S. 14.
3 Rüttgardt 2007, S. 214.
4 Ebd., S. 215 ff.
5 Hänselmann 1887.
6 Gottschalk Kruse: Rechtfertigungsschrift, zitiert nach Zimmermann 1978, S. 21.
7 Steidle 1980, Kap. 59, S. 165.
8 Ebd., Prolog 45, S. 59.
9 Rüttgardt 2007, S. 217 f.
10 Das Benediktinerkloster Bursfeld in der Nähe von Göttingen war Ausgangspunkt einer klösterlichen Reformbewegung, in der sich ab 1433 zahlreiche Klöster zur Bursfelder Kongregation zusammenschlossen. Ihr Reformprogramm sah vor, sich wieder auf die Benediktregel zu besinnen, zur alten monastischen Disziplin zurückzukehren und einer jährlichen Visitation durch das Generalkapitel zuzustimmen.
11 Dylong 2012, S. 133.
12 Schäfer 1982.
13 Otte [o.J.], S. 10 f.
14 Jürgens 2006.
15 Dylong 2012, S. 134.

Das Ende des Dominikanerordens in Braunschweig

239

Teilstück eines ringförmigen Gewölbeabschlusssteines der Paulinerkirche

Braunschweig, um 1600
Stein, 15 × 60 × 19,5 cm
Braunschweig, Braunschweigisches Landesmuseum, VMB 5607

1902 wurde das Paulinerkloster am Bohlweg abgerissen. Den Chor der Paulinerkirche baute man hinter St. Aegidien mit den originalen Elementen wieder auf, während andere architektonische Einzelstücke museal verwahrt wurden. Hierzu gehört ein verschollener Schlussstein des Westgiebels der Paulinerkirche, der die Jahreszahl 1524 trägt, und das Teilstück eines ringförmigen Gewölbeabschlusssteines.

Im Jahr 1307 erlaubte Herzog Albrecht II. »der Feiste« dem ein Jahrhundert zuvor gegründeten Dominikanerorden, sich in Braunschweig niederzulassen. 1319 begann dieser mit dem Bau des Klosters für 60 Mönche und der Kirche, die 1343 eingeweiht wurde. 1408 war das Refektorium vollendet und 1438 startete der Bau der Kreuzgänge. Der erwähnte Giebelstein könnte das Ende der Baumaßnahmen an der Westseite der Paulinerkirche oder das Datum einer Erneuerung derselben bezeugen. In jedem Fall markiert der Stein die letzte bauliche Tätigkeit des Ordens im Dominikanerkloster, da die Mönche nur vier Jahre später die Stadt im Zuge der lutherischen Reformation verlassen mussten.

Dr. Johannes Bugenhagen wurde im selben Jahr nach Anfrage des Rats der Stadt nach Braunschweig entsandt, wo er die neue Kirchenordnung für Braunschweig veröffentlichte. Während der Abt des benediktinischen Aegidienklosters, der schon 1521 Gottschalk Kruse reformatorische Predigten halten ließ, noch im selben Jahr zum Protestantismus übertrat, verweigerten sich die Dominikaner Luthers Thesen und bauten bis zum Schluss weiter an ihrer Kirche.

Heute präsentieren sich das Aegidienkloster und die architektonischen Überreste der Paulinerkirche gemeinsam. Der Gewölbeabschlussstein und der Giebelstein mit der Aufschrift 1524 zeugen vom Festhalten der Dominikaner an der alten Ordnung, als um sie herum schon die neue Zeit anbrach und von anderen willkommen geheißen wurde.

David Behrens

Lit.: Römer 1984, S. 31, 33

240

Bibliothek des Dominikanerordens

Verschiedene Autoren, 15./16. Jahrhundert
Pergament, Leder, Holz
Braunschweig, Stadtbibliothek,
Inc 52,3, Ms 17, Ms 26, Ms 39, Ms 47

1307 bekam der Dominikanerorden die Erlaubnis, sich in Braunschweig niederzulassen, was die Mönche mit dem Baubeginn des Paulinerklosters 1319 verwirklichten. Bis zu ihrem Verlassen der Stadt 1528 im Zuge der Reformation bauten sie beständig an Kloster und Kirche. Wie in mittelalterlichen Klöstern üblich, gab es auch hier eine eigene Bibliothek, deren frühester Beleg eine Handschrift aus dem

Jahr 1354 ist. Die Mönche schrieben zum einen selbst Texte ab, zum anderen wurde der Bestand durch Schenkungen vergrößert.

Schon ein Jahr nach dem Weggang der dominikanischen Mönche ließ der Braunschweiger Stadtrat ein Inventar zur Bibliothek des Ordens erstellen, in dem 203 Bücher aufgelistet werden, die neben Bibeltexten historische und juristische Literatur, medizinische Werke und Hilfsmittel zur Predigt beinhalten. Auffällig ist die überwiegende Präsenz dominikanischer Autoren; ebenso wie andere Orden beherbergten sie in erster Linie die eigenen Werke.

Heute ist nur noch ein Bruchteil der Bücher in der Stadtbibliothek Braunschweig erhalten, die meisten gingen durch mangelnde Pflege im Laufe der Jahrhunderte verloren. Einige sind aufgrund eines Besitzvermerks der Dominikaner eindeutig dem Kloster zuzuordnen, andere geben durch ihre Beschaffenheit und die im Inventar von 1529 auftauchenden Titel Hinweise auf ihre Herkunft aus dem Paulinerkloster.

Abgesehen von aufwendiger geschmückten Schenkungen sind die Handschriften des Ordens einfach gehalten. Die beschrifteten Pergamentblätter wurden in Schafleder mit Holzdeckeln gebunden und mit Lederschließen geschlossen. Teilweise erhalten sind Titelschilder aus Pergament auf der Vorderseite und verzierende Metallbuckel. Das Aussehen der Bücher aus der Bibliothek der Dominikaner entspricht dem Armutsgelübde des Bettelordens.

David Behrens

Lit.: Camerer 1990, S. 115–136

241

Vier Dachziegel mit diversen Eingrabungen

Braunschweig, 1538–1611
Ton, max. 30 × 24,5 × 7 cm
Braunschweig, Braunschweigisches Landesmuseum, VMB 5769 c–f

Diese vier Dachziegel stammen vermutlich vom Dach des Chors der Paulinerkirche. Diese gehörte zum Dominikanerkloster am Bohlweg, das 1902 abgerissen wurde. Von 1319 bis 1528 bestand das Kloster für die Mönche des Ordens, bis diese die Stadt Braunschweig aufgrund der Reformation verlassen mussten. Nach dem Abriss des Klosters wurde der Paulinerchor auf dem Gelände des Aegidienklosters wieder aufgebaut.

Die Inschriften auf den Dachziegeln weisen darauf hin, dass in der Zwischenzeit das Gebäude nicht ungenutzt blieb. Die Jahreszahlen lauten 1538, 1542, 1610 und 1611, die Dachziegel stammen also alle aus der Zeit nach dem Weggang der Mönche. Die erste bekannte Zweitnutzung des Klosters ist mit dem Martino-Katharineum verbunden. Die 1415 gegründete Schule hatte schon bald mit schnell ansteigenden Schülerzahlen zu kämpfen. Eine Lösung bot sich durch das verlassene Dominikanerkloster an, dessen östlicher Teil ab 1537 für den Schulbetrieb genutzt werden konnte.

Die Kirche selbst wurde 1546 militärisch genutzt – zur Aufbewahrung des Wolfenbüttelschen Geschützes, nachdem die Festung Wolfenbüttel wenige Jahre zuvor eingenommen worden war. Die nachklösterliche Nutzung verschiedener Parteien setzte regelmäßige Reparaturen am Dach der Klostergebäude und der Kirche voraus. 1712 wandelte Herzog Anton Ulrich die Paulinerkirche in ein barockes Zeughaus um.

Der heilige Auctor – Verteidiger Braunschweigs

Die vier Dachziegel sind sogenannte Krempziegel, die an ihrer rechten Seite unter dem nächsten Ziegel liegen. Neben den eingeritzten Jahresdaten finden sich auf zweien Zählzeichen (1538/1542), die mit der Produktion zu tun haben, und die Initialen der Handwerker (1538/1610). Der Dachziegel von 1542 kann dank der zusätzlich eingeritzten Markierung dem Ziegelmeister Henning Beyermann zugeordnet werden.

David Behrens

Lit.: Fricke 1975, S. 120 & Tafel 26 c; Römer 1984, S. 31; Steinführer 2015, S. 28

242

Legenden und Geschichten aus St. Aegidien

Bertold Meier, Braunschweig, nach 1465
Pergament, 77 Bll., 24,3 × 16,3 cm
Hannover, Museum August Kestner, 3931

Vor einem goldenen Himmel schwebt der heilige Bischof Auctor mit Schwert und Krummstab in den Händen über der Stadt Braunschweig. Unterhalb des Heiligen kniet links der Benediktinerkonvent von St. Aegidien, angeführt von seinem Abt Bertold II. Meier. Der Abtsstab lehnt an dessen Schulter, vor ihm zeigt ein Wappenschild die Mitra mit Infulae, den Bändern der Kopfbedeckung. Das Privileg für das Tragen der Mitra wurde von den Päpsten seit dem 12. Jahrhundert auch Äbten verliehen. In St. Aegidien ist die Mitra zuerst Ende des 12. Jahrhunderts nachgewiesen. Auf der anderen Seite kniet der Rat der Stadt Braunschweig, vor ihm ist der Wappenschild mit Löwen dargestellt. Das gemeinsame Gebet von Konvent und Rat wird in dem Spruchband gezeigt, das den Auctor umfängt. Es enthält in lateinischer Sprache eine Anrufung in leoninischem Hexameter: »Vater Auctor, sei der Beschützer dieser Stadt Braunschweig« (übers. nach Derda/Hahn/Hucker 2009, Nr. 66, S. 378).

Die Handschrift ist vermutlich das Exemplar, das dem Braunschweiger Rat geschenkt wurde, nachdem er 1456 einen silbernen Reliquienschrein für die Gebeine des Heiligen in St. Aegidien gestiftet hatte. Abt Bertold II. Meier verfasste die Heiligenlegende in Mittelniederdeutsch. Auctor ist als Patron der Stadt erst seit dem 13. Jahrhundert verehrt worden. Als das Heer Philipps von Schwaben im Hochsommer 1200 überraschend die Belagerung der Stadt abgebrochen hatte, wurde dies dem Wirken des Auctor zugeschrieben, dessen Festtag am 20. August begangen wurde. Markgräfin Gertrud von Meißen hatte seine Reliquien für das 1115 gegründete Kloster erworben. Um 1300 wurde der erste

Huiꝰ sis fautor urbis leodiensis pater alme

Bericht über die Überführung des Heiligen nach Braunschweig verfasst. In diesem Heiligen fand die Stadt eine Identitätsfigur bis weit ins 16. Jahrhundert hinein.

Thorsten Henke

Lit.: Derda/Hahn/Hucker 2009, Nr. 66, S. 377 f.; Härtel 1999, S. 41 f.; Naß 1990, S. 153–207

243

Papst Alexander III. erlaubt dem Kloster St. Aegidien Gottesdienstfeiern in Zeiten des Interdikts

Tusculum, 8. Juli 1179
Pergament, Bleibulle an Seidenfäden, 62,5 × 44 cm
Wolfenbüttel, Niedersächsisches Landesarchiv, 9 Urk Nr. 5

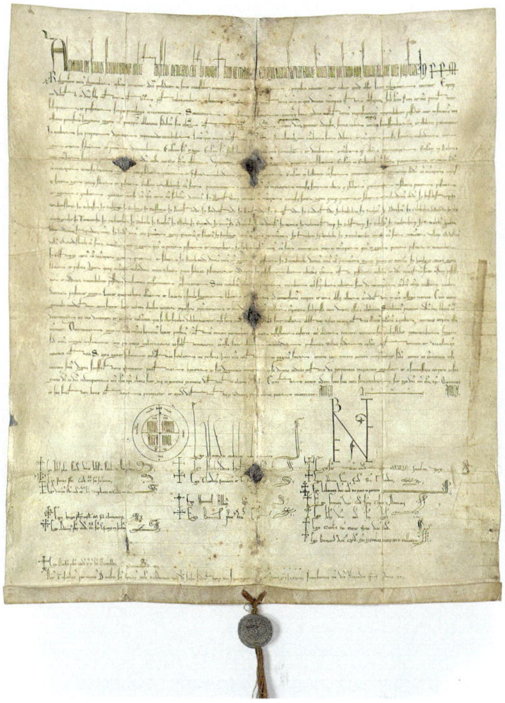

243

Die Rechtsunsicherheit, die im 12. Jahrhundert durch doppelte Papstwahlen entstanden war, führte nach der Aussöhnung zwischen Kaiser und Papst 1177 zu einem verstärkten Interesse an der schriftlichen Fixierung von Rechtsansprüchen. In diese Reihe gehört auch die päpstliche Urkunde für das Benediktinerkloster St. Aegidien in Braunschweig. Das vom Geschlecht der Brunonen 1115 gegründete Kloster ließ sich seine Besitzungen urkundlich bestätigen, was von außerordentlicher Bedeutung für die frühe Besitzgeschichte des Klosters ist.

Mit der Urkunde erhielt das Kloster erstmals auch das Recht, Gottesdienst zu feiern oder Begräbnisse durchzuführen, wenn das Interdikt über das Land verhängt wurde. Für Land und Stadt war es nicht unerheblich, sicher zu sein, dass man die kirchlichen Sakramente während eines Interdikts empfangen konnte. Äußerliches Zeichen dieses Rechtes könnte das Tragen einer Mitra gewesen sein: Funde in den Abtsgräbern belegen, dass der Klostervorsteher wie ein Bischof eine Mitra bei seinen Amtshandlungen tragen durfte, ohne dass sich eine entsprechende Rechtsverleihung in den Urkunden nachweisen ließe.

Die Papsturkunde steht somit am Beginn von Sonderrechten, die dem Kloster im Mittelalter eingeräumt wurden. So nahm der Abt von St. Aegidien auch Rechte eines Archidiakons für das Braunschweiger Stadtgebiet, das östlich der Oker lag, wahr: Dem Abt stand unter anderem seit 1269 bzw. 1271 das Recht zu, Geistliche an den beiden Hospitalkapellen von St. Leonhard und St. Marien einzusetzen. Braunschweig lag im Mittelalter in zwei Diözesen: Das Gebiet rechts der Oker gehörte zum Bistum Halberstadt, das links der Oker zu Hildesheim; im Hildesheimer Teil übernahm die archidiakonalen Aufgaben oftmals der Dekan von St. Blasius.

Gaby Kuper

Lit.: Buck 2012, S. 27.; Hänselmann 1900; Schneidmüller 1986

◄ 242

244 a

Mitra

Braunschweig, 4. Viertel 12. Jahrhundert
Seide, Gold, 24 × 26,5 cm, Fanones ca. 52,5 cm
Braunschweig, Braunschweigisches
Landesmuseum, BLM-UFG 1978:5/50

244 b

Mitra mit den hl. Aegidius und Auctor

Niedersächsisch, evtl. Lüneburger Frauenkloster,
1500, überarbeitet 1710
Seide, Gold, Silber, 32 × 30 cm
Höxter-Corvey, Pfarrgemeinde St. Stephanus
und Vitus Corvey, ohne Inv.-Nr.

Ein Abt kann nur mit Genehmigung des Papstes über die Würden eines Bischofs verfügen. Von Historikern wird kontrovers beurteilt, ob eine sogenannte Infulierung der Äbte aus St. Aegidien schon mit einer Urkunde des Papstes Alexander III. verbunden werden kann, der 1179 dem Kloster das Recht verlieh, während eines Lokalinterdikts die Messe zu lesen. Ab Mitte des 13. Jahrhunderts ließ sich Daniel als erster Abt im Siegel des Klosters mit Mitra darstellen. Das Grab des Abtes, das man 1978 im westlichen Teil des Langhauses von St. Aegidien entdeckte, wurde nach neuesten naturwissenschaftlichen Datierungen entgegen bisheriger Annahmen nicht um 1200, sondern im 14., möglicherweise sogar erst im frühen 15. Jahrhundert angelegt. Ausgestattet war der 50- bis 60-jährige Mann im Ornat eines Bischofs mit Krummstab, Mitra und Stola. Das älteste Objekt, der Stab, datiert um 1150/1170, das jüngste Stück, die Stola, aufgrund der verwendeten Kölner Borte um 1300 und in die erste Hälfte des 14. Jahrhunderts. Die Braunschweiger Mitra bestand nach erhaltenen Resten vermutlich aus ungemusterter Halbseide. Erhalten sind die Goldborten des Circulus, des Titulus und, aufgenäht als Besatz, der Fanones, deren gewebte Muster aus Rankenbäumchen, vierblättrigen Rosetten und Tieren

244 a

sowie einem Rautenband bestehen. Entsprechende breite Goldborten wurden im späten 12. Jahrhundert in den königlichen Hofwerkstätten Palermos gefertigt. Dass die Mitra bereits länger verwendet wurde, zeigt eine nachträgliche Ausbesserung mit groben Stichen am Seidengewebe.

Aus St. Aegidien ist eine zweite kostbare Mitra aus der Zeit um 1500 überliefert, die sich im Grab des ersten Corveyer Bischofs Johann Karl Theodor von Brabeck, verstorben 1794, fand. Die aufwendig mit Gold, Silber und farbigen Seidenfäden bestickte Mitra zeigte auf der Vorderseite den heiligen Aegidius mit dem Pfeil in der Hand und den Stadtheiligen Auctor. Ihre ikonografische Darstellung findet ihren besten Vergleich auf dem Braunschweiger Sippenaltar (vgl. Kat.-Nr. 10).

◄ 244 b

Durch ein Geschenk Herzog Anton Ulrichs gelangten zahlreiche Stücke des Kirchenschatzes aus St. Aegidien 1707 an seinen Freund, den Fürstabt von Corvey, Florenz van de Velde. Dieser ließ die Mitra 1710 im Kloster Heiningen »renovieren«, das Rankenwerk wurde neu gestickt.

Mit der Bischofskrümme und der Mitra aus dem Braunschweiger Abtgrab sowie der in Corvey vorgefundenen Mitra sind in St. Aegidien Insignien und Pontifikalornate von mittelalterlichen Bischöfen zwischen 1150 und 1500 überliefert. Es ist jedoch möglich, dass die Insignien aus dem 12. Jahrhundert später in das Benediktinerkloster gelangten, ähnlich wie die Mitra aus der Zeit um 1500 erst zwei Jahrhunderte später nach Corvey verschenkt wurde.

Heike Pöppelmann

Lit.: Becker 1997; Blöcher 2012, S. 210–211; Gai/Krüger/Thier 2012, Bd. 1: S. 497; Geschwinde 2014, S. 213–227; Pöppelmann [im Druck]

245

Eynn Sermon von dem Ablaß vnnd gnade [...]

Martin Luther, Wittenberg, 1518
Druck: Johann Rhau-Grunenberg
Papier, 23 × 18 × 7 cm
Braunschweig, Theologisches Zentrum – Bibliothek, S 1 kon 11

Als der Braunschweiger Benediktinermönch Gottschalk Kruse nach seinem Studium in Erfurt im Herbst 1517 in seine Heimatstadt zurückkehrte, litt er unter einer schweren Depression. Ängste und Gewissensbisse quälten ihn, enttäuscht von seinen theologischen Studien fand er auch im Aegidienkloster keinen Trost in der hier vorhandenen Literatur. In seiner zum Teil biografisch verfassten Flugschrift nach seiner Flucht aus Braunschweig vor den Truppen des Herzogs 1523 (siehe Kat.-Nr. 248) schildert er seinen ersten Kontakt mit einer Schrift Martin Luthers.

Der Braunschweiger Bürger Peter Hummel war es, der ins Kloster kam und den jungen Mönch fragte, ob er nicht »gehöret hedde van eynem hochgelerden Doctor Augustines ordens / by nhamen Martinus / unde ghesein der Sermoen von dem suluesten gemaket / wedder dat aflate?«.

Was Kruse im Nachhinein als »barmherzigen Wink Gottes« bezeichnete, tat er in jenem Moment abwehrend ab und wollte mit Hummel nicht über Luthers Ansichten zum Ablasswesen diskutieren.

Das von Hummel ins Kloster gebrachte Buch war Luthers »Eynn Sermon von dem Ablaß vnnd gnade«, das zuerst von Johann Rhau-Grunenberg in Wittenberg gedruckt worden ist, in den folgenden Jahren aber in vielen weiteren deutschen Städten nachgedruckt wurde. Seine Aufmachung als Flugschrift und die verwendete deutsche Sprache förderten die Verbreitung des Werkes unter den christlichen Laien. Luthers Kritik am Ablasswesen erreichte somit ohne Umwege die belesenen Bürger, die dem Klerus und dem Adel ohnehin schon kritisch gegenüberstanden.

Somit scheint es regelrecht charakteristisch für die Reformation zu sein, wie der gelehrte Kleriker Kruse vom Laien Hummel aufmerksam gemacht wird auf die reformatorischen Ideen Luthers, dessen glühender Anhänger er in den nächsten Jahren werden sollte.

David Behrens

Lit.: Moulin 2014; Rüttgardt 2007

Der CIX Psalm
Deus laudem.
Wider den Verrheter
Juda.
Vnd wider alle/die Judas art
an sich haben/als da sind/alle
Verfolger vnd Rotten/wi=
der Christus wort.
Ausgelegt durch
D. Mart. Luth.
Wittemberg. 1535.

ver sich

246

Der CIX Psalm Deus laudem. Wider den Verrheter Juda […]

Martin Luther, Wittenberg, 1535
Papier, 21,5 × 16 × 5,5 cm
Braunschweig, Theologisches Zentrum – Bibliothek, S 11 kon 3

Luthers »Ausslegung des hundert und neündten psalmen« beinhaltete »mher geystes vnde warheyt wan ynn andern boeken«. So formulierte es der Benediktinermönch Gottschalk Kruse, der seit seinem neunten Lebensjahr im Aegidienkloster Braunschweigs lebte und der dank dieser Schrift zu einem begeisterten Anhänger des Reformators wurde.

Luthers theologischer Diskurs über den in der Vulgata 109., im Hebräischen 110. Psalm war für den damals 18-jährigen Mönch Kruse mehr als nur eine interessante Lektüre, es rettete ihn aus einer tiefen Depression, an der er seit seiner Rückkehr aus Erfurt litt. Hier hatte er sein erstes Studium abgeschlossen, das ihn jedoch in eine Gewissenskrise stürzte.

Das Kloster unter der Leitung des Abtes Dietrich Koch war schon früh den Lehren Martin Luthers aufgeschlossen und so war sich der Prior Hermann Bockheister sicher, dass diese Schrift des Wittenberger Gelehrten Kruse aufmuntern würde. Doch da sich der junge Mönch schon zuvor geweigert hatte, ein Werk Luthers zu lesen (siehe Kat.-Nr. 245), musste ihn der Prior an sein Gehorsamkeitsgelübde im Kloster erinnern. Widerwillig widmete sich Kruse also der Lektüre und musste sich nach eigener Aussage schämen, dass er Deutsch liest! Ein Gelehrter hatte damals auf Latein zu schreiben, Kruse schien Luthers Sprachwahl unwissenschaftlich zu finden.

Und doch änderte das Buch, das Luther an seinen Freund Spalatin in Augsburg sandte, wo dieser es von Silvan Otmar veröffentlichen ließ, Gottschalk Kruses Leben. Aus seiner Seelenstarre gerissen, las er jede Lutherschrift, Deutsch und Latein, die er in Braunschweig finden konnte. 1519 schließlich ging er selbst nach Wittenberg, um zwei Jahre später als Doktor der Theologie in seine Heimatstadt zurückzukehren und hier reformatorische Vorlesungen zu halten.

David Behrens

Lit.: Knaake 1883, S. 687–710; Rüttgardt 2007

247

EXAMEN EORVUM QVI AVDIVNTVR ANTE RITVM PVBLICAE ORDINATIONIS […]

Philipp Melanchthon, Leipzig, 1559
Druck: Rhambaw
Papier, 16,6 × 12 × 6 cm
Braunschweig, Theologisches Zentrum – Bibliothek, S 52 kon 2

Das hier gezeigte Buch »Der Ordinanden Examen, wie es in der Kirchen zu Wittemberg gebraucht wird«, verfasst von Philipp Melanchthon, ist ein theologisches Lehrbuch und sollte gleichzeitig als Anleitung zum christlichen Leben dienen. Wie Melanchthon selbst schrieb, wurde die Druckschrift verfasst, »[…] damit die Ordinanden und andere wissen/wo von das Examen furnemlich gehalten wird. […]«.

Da die Reformatoren sowohl das Kirchenrecht der römischen Kirche als auch die Priesterweihe als Sakrament ablehnten, entstand neben einem neuen kirchlichen Regelwerk (Kirchenordnung) auch ein neuer Ritus für die Einführung eines Geistlichen in sein Amt – die Ordination. Dem eigentlichen Akt der Amtseinführung ging eine Prüfung voraus, in der die Ordinanden unter anderem über die Grundkenntnisse der reformatorischen Theologie geprüft wurden. So beinhaltet das Buch die christliche Kirchenordnung in fünf Teilen: »[...] darinnen die summa christlicher lere begriffen/ allen Gottesfürchtigen nutzlich und notwendig zu wissen.«

Der Verfasser Philipp Melanchthon – geboren als Philipp Schwartzerdt – war Reformator, Politiker und Pädagoge. 1497 geboren, erhielt er 1518 die Professur für griechische Sprache an der Universität Wittenberg. Hier machte er Bekanntschaft mit Martin Luther. Als Verhandlungsführer vertrat er die Anliegen der Reformation auf Reichstagen und bei Religionsgesprächen. Zu seinen Werken zählt die erste wissenschaftliche Abhandlung der reformatorischen Lehre, die »Grundbegriffe der Theologie« (»Loci communes«). Auch das erste große Bekenntnis der Reformation, die »Confessio Augustana«, entstammt seiner Feder. Bis zu seinem Tod 1560 war Philipp Melanchthon einer der bedeutendsten Reformatoren.

Nadine Hoffmann

Lit.: Krarup 2007

248

To allen Christ gelövigen fromen mynschen beßondern der statt Brunswygk [...]

Gottschalk Kruse, Wittenberg, 1523 (?)
Druck: Nickel Schirlentz
Papier, 21,4 × 18 × 6,5 cm
Goslar, Marktkirchenbibliothek, 343

Als 1523 der Benediktinermönch Gottschalk Kruse das Aegidienkloster und die Stadt Braunschweig verließ, hatte er das Bedürfnis, seine Beweggründe zu erklären. Dies tat er in einer Flugschrift mit dem Titel »To allen Christ gelövigen fromen mynschen beßondern der statt Brunswygk / Wörumme hee gheweken wth synem kloester eyn underrichtunghe«, die wahrscheinlich von Nickel Schirlentz in Wittenberg gedruckt worden ist. Er richtet sich hierin in niederdeutscher Sprache an die Bürger der Stadt, die verärgert waren über seinen Weggang.

Er beginnt seine Schrift mit einem theologischen Diskurs zur Rechtfertigung seines Handels und mit der Bitte, ihn nach christlichen Maßstäben zu beurteilen und nicht nach den Forderungen der Obrigkeit. Denn die Verfolgung durch den Herzog, so betont er, sei der einzige Grund für seine Flucht gewesen. Nach einem biografischen Teil mit seinem Werdegang hin zu einem Anhänger Martin Luthers führt er die letzten Geschehnisse detailliert auf.

Kruse hatte mit Unterstützung des Abtes nach seinem Wittenberger Studium und seiner Promotion reformatorische Vorlesungen im Aegidienkloster gehalten, zu denen auch immer mehr Bürger von außerhalb gekommen waren. Dem Landesherrn Herzog Heinrich d. J. war dies ein Dorn im Auge und so versuchte er, Kruses Predigten zu unterbinden. Nachdem Kruse die Stadt verlassen hatte, aber für weitere Predigten wiederkehrte, ließ der Herzog einen Anschlag auf das Leben des Mönchs durchführen. Als dieser scheiterte, entschloss sich Kruse, der Stadt endgültig den Rücken zu kehren.

Am Ende der Flugschrift appelliert er an die Bürger Braunschweigs, Luther als Aufdecker klerikaler Missstände zu würdigen und kritisiert selbst kirchliche Praktiken, die kei-

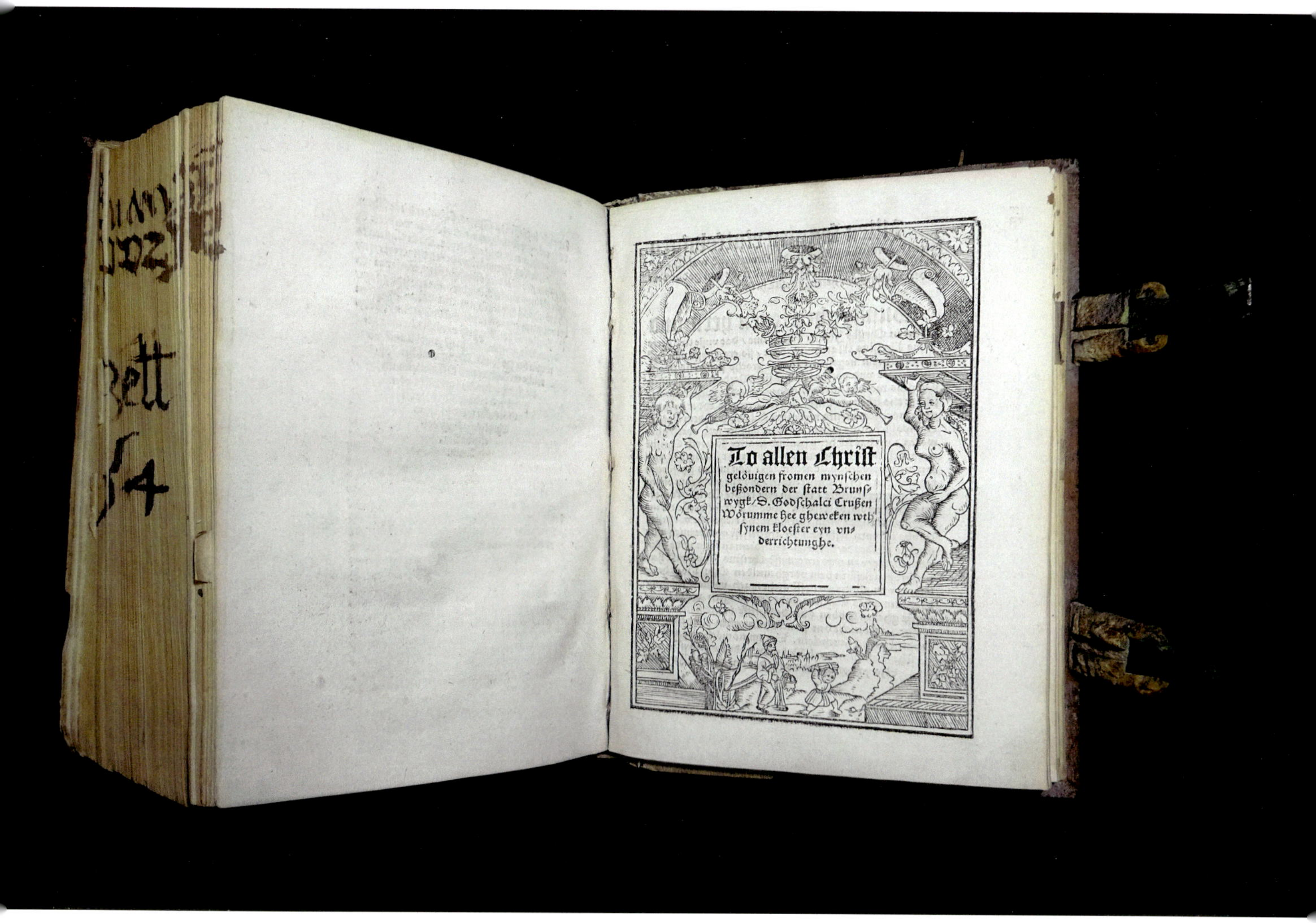

nen Ursprung in der Heiligen Schrift haben. Er schließt mit den Worten: »spes mea est in deo«. Aufhalten ließ sich die neue Glaubenslehre nun nicht mehr. Abt Dietrich Koch trat wie die ganze Stadt zum Protestantismus über, im Gegensatz zu den anderen Mönchsorden Braunschweigs, die die Stadt verlassen mussten. Doch erst 1542, am 16. Oktober, löste Koch, der in der Zwischenzeit geheiratet und bei Luther in Wittenberg studiert hatte, das Aegidienkloster endgültig auf. Jeglicher Besitz ging an den Rat und Treuhänder verwalteten die Ländereien des Klosters, die Felder wurden verpachtet. Dem vorausgegangen war die Eroberung der Stadt durch den Schmalkaldischen Bund, der den katholischen Herzog Heinrich d. J. gefangen setzte und somit das gesamte Territorium reformierte, während zuvor nur die Stadt selbst protestantisch gewesen war.

David Behrens

Lit.: Buck 2012, S. 70–73; Rüttgardt 2007

Die erste Reformationsschrift Niedersachsens

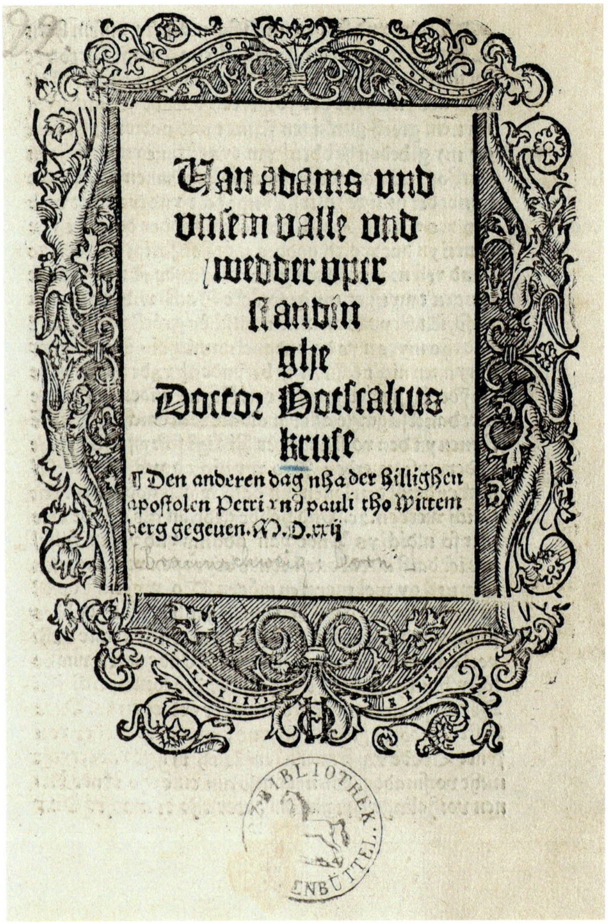
Van adams vnd
vnsem valle vnd
wedder vper
standin
ghe
Doctor Gotscalcus
kruse
¶ Den anderen dag nha der hilligen
apostolen Petri vnd pauli tho Wittem
berg gegeuen. M.D.xxij

249

Van adams und unsem valle [...]

Gottschalk Kruse, Braunschweig, 1522
Druck: Hans Dorn
Papier, ca. 17 × 13,5 cm
Wolfenbüttel, Herzog August Bibliothek, Te 694

Dr. Gottschalk Kruse, 1499 als Sohn einer braunschweigischen Bürgerfamilie geboren, kam mit neun Jahren ins Benediktinerkloster St. Aegidien. Verwandte finanzierten ihm 1516/17 ein Studium in Erfurt, doch nach seiner Rückkehr nach Braunschweig verfiel der junge Mönch in eine tiefe persönliche Krise, in der ihn Ängste und religiöse Gewissensqualen plagten.

1518 wies ihn der Bürger Peter Hummel auf eine Schrift Luthers hin (siehe Kat.-Nr. 245), deren Lektüre Kruse jedoch zunächst ablehnte. Erst als der Prior Hermann Bockheister ihm Luthers Auslegung des 109. bzw. 110. Psalms (siehe Kat.-Nr. 246) ans Herz legte, wurde er zum begeisterten Anhänger des Reformators und entkam seiner Depression.

Nach einem weiteren Studium in Wittenberg von 1519 bis 1521 hielt er mit Unterstützung des Abtes Vorlesungen reformatorischen Inhalts in St. Aegidien, woraufhin ihm im Januar 1522 von Beamten des Herzogs mit Landesverweis gedroht wurde. Den folgenden Sommer verbrachte Kruse in Wittenberg, wo er seine erste Schrift verfasste und in Braunschweig veröffentlichte: »Van adams und unsem valle und wedder uperstandinghe«. Dieses Werk gilt somit als die früheste bekannte Reformationsschrift Niedersachsens. Er widmete das Buch Hinrik Reinhusen, einem Braunschweiger Bürger, der als sein Gönner auftrat und möglicherweise seine Studienaufenthalte finanziert hatte. Seine reformatorische Abhandlung über zentrale Fragestellungen in Bezug auf die Erbsünde und die Glaubensgerechtigkeit war derart beliebt, dass sie 1525 eine weitere Auflage erfuhr. Dies geschah drei Jahre nach seiner endgültigen Flucht aus Braunschweig, wo er noch bis 1523 Vorlesungen gehalten hatte, die den Herzog letztlich zu einem Mordanschlag veranlassten. Darüber berichtet Kruse ausführlich in seiner zweiten Flugschrift (siehe Kat.-Nr. 248).

David Behrens

Lit.: Rüttgardt 2007, S. 211–255

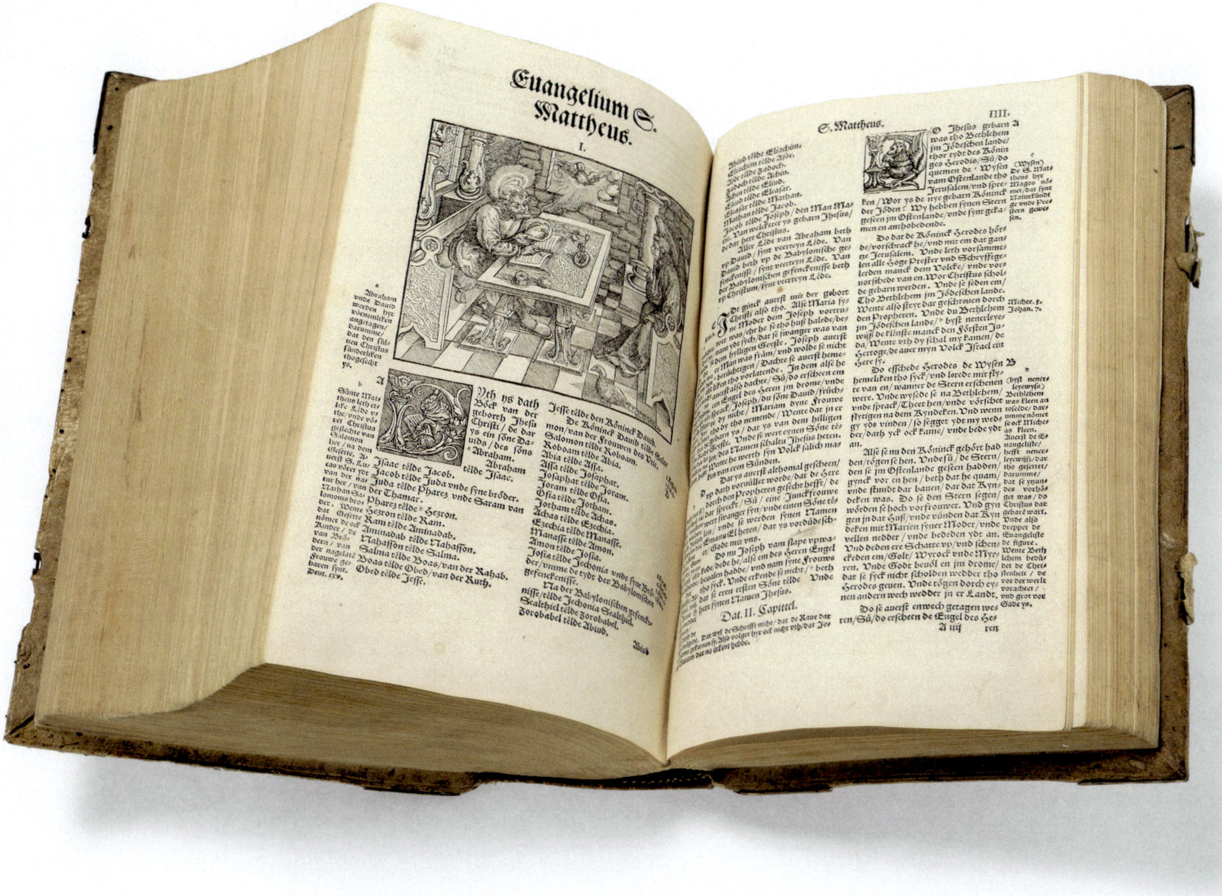

250

Biblia: dat ys: de gantze Hillige Schrifft Duedesch Upt nye thogerichet unde mit vlite corrigert.

Wittenberg, 1541
Druck: Hans Lufft
Papier, 33 × 24,5 × 13,5 cm
Braunschweig, Theologisches Zentrum – Bibliothek, B V 37 fol

Weil Gottschalk Kruse im Aegidienkloster ab 1521 Vorlesungen mit reformatorischem Inhalt hielt, bei denen neben den Mönchen auch interessierte Laien und Bürger anwesend waren, wurde der Vorwurf laut, das Kloster beherberge eine Ketzerschule. Ermöglicht hatte dem in Wittenberg promovierten jungen Mönch diese Predigten überhaupt erst der Abt des Klosters, Dietrich Koch.

Die immer zahlreicher werdende Hörerschaft zeigt, wie sehr die Ideen der Reformation Zuspruch fanden, vor allem unter den Bürgern der Stadt mit ihren neuen Freiheitsidealen.

Kruse wählte als Studienobjekt das Matthäusevangelium, mit dem er den Kern der christlichen Lehre und die Heilsgeschichte darstellen wollte. So konnte er seinen Zuhörern Jesu Lehre ohne Umwege nahebringen. Einen weiteren wichtigen Faktor der Zugänglichkeit stellt die Tatsache dar, dass er seine Predigt in dem ihm vertrauten Niederdeutsch hielt und nicht nur in der unter Gelehrten üblichen lateinischen Sprache.

Die hier gezeigte niederdeutsche Bibelübersetzung wurde 1541, ein Jahr nach Kruses Tod, in Wittenberg gedruckt. Das Buch mit dem Titel »Biblia: dat ys: de gantze hillighe Schrifft / Düdesch / upt nye thogerichtet / unde mit vlife corrigert.« ist ein Werk des Buchdruckers Hans Lufft, der für viele weitere Bibeldrucke der Reformation verantwortlich ist. Die niederdeutsche Fassung wurde von Johannes Bugenhagen ediert, der in Braunschweig 1528 mit seiner für die Stadt verfassten Kirchenordnung die Reformation eingeführt hatte.

Die Verwendung der Alltagssprache ist für die Reformation nicht zu unterschätzen. Indem Luther seine Schriften auf Deutsch verfasste, erreichte er diejenigen Menschen, die von seinen Reformen am meisten profitieren würden. Somit wurde eine Reformation »von unten«, aus der Bevölkerung heraus, ermöglicht.

David Behrens

Lit.: Rüttgardt 2007

ANHANG

Personenregister

Literatur

Ahrens 2004
Sabine Ahrens, Die Lehrkräfte der Universität Helmstedt (1576–1810), Helmstedt 2004 (= Veröffentlichungen der Kreismuseen Helmstedt, Bd. 7).

AK Bonn 2005
Krone und Schleier. Kunst aus mittelalterlichen Frauenklöstern, Ausstellungskatalog, Bonn 2005, S. 369, Nr. 255 (Gude Suckale-Redlefsen).

AK Braunschweig 1995
Die Ausstellung »Geschichte der Stadt Braunschweig« im Altstadtrathaus, Teil 3, I. Die Stadtwerdung 9. Jh. – 1227; II. Die Bürger- und Hansestadt 1227–1671, Ausstellungskatalog, Braunschweig 1995.

AK Braunschweig 2011
Tatort Geschichte: 120 Jahre Spurensuche im Braunschweigischen Landesmuseum, Petersberg 2011 (= Veröffentlichungen des Braunschweigischen Landesmuseums Bd. 113).

AK Bremen 2009
Lukas Cranach der Schnellste, Ausstellungskatalog Kunstsammlung Böttcherstraße 17. Mai – 23. August 2009, Rainer Stamm (Hg.), Bremen 2009.

AK Brügge 1962
La Toison d'or. Cinq siècles d'art et d'histoire, Ausstellungskatalog, Brügge 1962.

AK Brüssel 1987
Trésor de la Toison d'or, Ausstellungskatalog, Brüssel 1987.

AK Görlitz und Bunzlau 2012
Europäische Steinzeugproduktion der frühen Neuzeit im Überblick. In: Barbara Glinkowska u. a., Von den Anfängen der Bunzlauer Keramik. Funde des 15.–16. Jahrhunderts aus einem mitteleuropäischen Zentrum der Töpferei, Ausstellungskatalog Görlitz und Bunzlau, Bolesławiec 2012, S. 263–350.

AK Gotha 2015
Bild und Botschaft. Cranach im Dienst von Hof und Reformation, Ausstellungskatalog Stiftung Schloss Friedenstein Gotha, Heidelberg 2015.

AK Lukas Cranach 2015
Ausstellungskatalog Lukas Cranach. Gemälde, Zeichnungen, Druckgraphik, Bd. 1, Wittenberg 2015.

AK Paris 1998
La Toison d'or. Un mythe européen, Ausstellungskatalog in Schloß Malbrouck à Manderen, Paris 1998.

Albrecht 2009
Thorsten Albrecht, Vasa sacra – Entwicklungslinien des protestantischen Abendmahlsgeräts in Norddeutschland. In: Esther Orant (Hg.), Silber für den Altar 1900 bis heute. Die Modellsammlung der Evangelisch-lutherischen Landeskirche Hannovers, Hannover 2009 (= Museum Kestnerianum Bd. 12), S. 13–16.

Althaus 1927
Paul Althaus, Forschungen zur evangelischen Gebetsliteratur, Gütersloh 1927.

Arndt 2010
Betty Arndt, Ein Exot im kühlen Norden. In: Archäologie in Niedersachsen 13 (2010), S. 86–90.

Arnold 1980
Werner Arnold (Hg.), Die Inschriften der Stadt Göttingen, München 1980.

Arnold/Bei der Wieden/Gleixner 2016
Werner Arnold, Brage Bei der Wieden und Ulrike Gleixner (Hg.), Herzog Heinrich Julius zu Braunschweig und Lüneburg (1564–1613): Politiker und Gelehrter mit europäischem Profil, Braunschweig 2016.

Aukt.-Kat. Lepke 1901
Rudolph Lepke's Kunst-Auctions-Haus (Hg.), Gemälde alter Meister: Pastelle, Aquarelle, Zeichnungen aus den Galerien des Königlichen Kammerherrn A. Graf Einsiedel und des Herrn Baron de Jauru, Dresden welche letztere auf Veranlassung des Herrn Justizrathes Dr. Georg Schmidt in Dresden meistbietend versteigert werden; öffentliche Versteigerung: 5. und 6. November 1901 (Katalog Nr. 1281), Berlin 1901,
URL: http://digi.ub.uni-heidelberg.de/diglit/lepke1901_11_05/0013 (21. 12. 2016).

Baier 1989
Helmut Baier, Artikel »Kirchenbücher«. In: Theologische Realenzyklopädie, Bd. 18, Berlin und New York 1989, S. 528–530.

Bake 2013
Kristina Bake, Spiegel einer Christlichen und friedsamen Haußhaltung. Die Ehe in der populären Druckgraphik des 16. und 17. Jahrhunderts. In: Wolfenbütteler Arbeitskreis für Barockforschung und Herzog August Bibliothek (Hg.), Wiesbaden 2013 (= Wolfenbütteler Arbeiten zur Barockforschung Bd. 49).

Bärenfänger 1997
Rolf Bärenfänger, Aus der Geschichte der Wüstung »Kloster Barthe«, Landkreis Leer, Ostfriesland. Ergebnisse der archäologischen Untersuchungen in den Jahren 1988 bis 1992. Mit Beiträgen von A. Burkhardt, W. Löhnertz und P. Weßels. In: Probleme der Küstenforschung im südlichen Nordseegebiet 24 (1997), S. 9–252.

Bauer 1981
Hans Bauer, Die älteste Karte des nördlichen Harzes bei Goslar. In: Harz-Zeitschrift 33 (1981), S. 45–77.

Bauer 2011
Volker Bauer, Strukturwandel der höfischen Öffentlichkeit. Zur Medialisierung des Hoflebens vom 16. bis zum 18. Jahrhundert. In: Zeitschrift für historische Forschung 38 (2011), S. 585–620.

Baumann 2010
Reinhard Baumann, Landsknechte, publiziert am 23. 8. 2010. In: Historisches Lexikon Bayerns, URL: http://www.historisches-lexikon-bayerns.de/Lexikon/Landsknechte (24. 11. 2016).

Baumgart 1974
Peter Baumgart, Die kaiserlichen Privilegien von 1575 für die Universitäten Würzburg und Helmstedt. In: Würzburger Diözesan-Geschichtsblätter 35/36 (1974), S. 319–329.

Baumgart/Pitz 1963
Die Statuten der Universität Helmstedt, bearb. von Peter Baumgart und Ernst Pitz, Göttingen 1963 (= Veröffentlichungen der niedersächsischen Archivverwaltung 15).

Becker 1997
Dörte Becker, Eine mittelalterliche Mitra aus St. Aegidien zu Braunschweig. In: Jahrbuch des Braunschweigischen Geschichtsvereins 78 (1997), S. 173–188.

Beckmann 2013
Inke Beckmann, Stiftsdamen im Bildnis. Die Porträtgalerie im Kaisersaal zu Gandersheim. In: Hedwig Röckelein unter der Mitarbeit von Thorsten Henke und Maria Julia Hartgen (Hg.), Der Gandersheimer Schatz im Vergleich. Zur Rekonstruktion und Präsentation von Kirchenschätzen, Regensburg 2013 (= Studien zum Frauenstift Gandersheim und seinen Eigenklöstern Bd. 4), S. 221–247.

Bei der Wieden 1998
Brage Bei der Wieden, Zur Konfessionalisierung des landsässigen Adels zwischen Weser, Harz und Elbe. In: Archiv für Reformationsgeschichte 89 (1998), S. 310–319.

Bei der Wieden 2010
Brage Bei der Wieden, Was der Herzog erhoffte. Die Gründung Helmstedt. In: Jens Bruning und Ulrike Gleixner (Hg.), Das Athen der Welfen. Die Reformuniversität Helmstedt 1576 – 1810, Wolfenbüttel 2010 S. 38–45.

Beiträge zur Hildesheimer Geschichte 1829
Beiträge zur Hildesheimer Geschichte, Bd. 2, Hildesheim 1829.

Benzing/Claus ^{2}1989–1994
Josef Benzing und Helmut Claus, Lutherbibliographie. Verzeichnis der gedruckten Schriften Martin Luthers bis zu dessen Tod, 2 Bde., 2. Aufl. Baden-Baden 1989–1994.

Berger/Stieme 2014
Daniel Berger und Sophia Linda Stieme, Untersuchungen zum frühneuzeitlichen Buchdruck an Bleilettern aus Wittenberg. In: Harald Meller (Hg.), Mitteldeutschland im Zeitalter der Reformation. Interdisziplinäre Tagung vom 22. bis 24. Juni 2012 in Halle (Saale), Halle (Saale) 2014 (= Forschungsberichte des Landesmuseums für Vorgeschichte Halle Bd. 5), S. 236–243.

Berjeau 1874
Jean Philibert Berjeau (Übers. und Hg.), Calcoen. A Dutch Narrative oft the Second Voyage of Vasco da Gama to Calicut. Printed at Antwerp circa 1504, London 1874.

Bernatzky 2009
Monika Bernatzky, In den Fels gehauen. Kopfnischengräber in Königslutter. In: Archäologie in Niedersachsen, Bd. 12 (2009), S. 90–93.

Beutel 2015
Albrecht Beutel (Hg.), Martin Luther. Kirche und Schule, Schriften III, Berlin 2015.

Beyer 1994
Franz-Heinrich Beyer, Eigenart und Wirkung des reformatorisch-polemischen Flugblatts im Zusammenhang der Publizistik der Reformationszeit, Frankfurt/Main u. a. 1994 (= Mikrokosmos 39).

Biegel/Derda 2003
Gerd Biegel und Hans-Jürgen Derda (Hg.), Blutige Weichenstellung. Massenschlacht und Machtkalkül bei Sievershausen 1553, Braunschweig 2003.

Bielefeld 1987
Karl Heinz Bielefeld, Die Kirche nach der Reformation. In: Dietrich Deneke und Helga-Maria Kühn (Hg.), Göttingen. Geschichte einer Universitätsstadt, Bd. 1, Göttingen 1987, S. 516.

Blickle 1985
Peter Blickle, Gemeindereformation. Die Menschen des 16. Jahrhunderts auf dem Weg zum Heil, München 1985.

Blöcher 2012
Heidi Blöcher, Die Mitren des hohen Mittelalters, Riggisberg 2012.

Blume 1969
Gundmar Blume, Goslar und der Schmalkaldische Bund 1527/31–1547, Goslar 1969 (= Beiträge zur Geschichte der Stadt Goslar 26).

Blume 2009
Herbert Blume, Hermann Bote. Studien zu Leben und Werk, Bielefeld 2009 (= Braunschweiger Beiträge zur deutschen Sprache und Literatur 15).

Böhme 2000
Ernst Böhme, Reformation und Stadt. Die Städte im Fürstentum Grubenhagen und die Stadt Göttingen im Vergleich. In: Jahrbuch der Gesellschaft für niedersächsische Kirchengeschichte 98, Ronnenberg 2000, S. 165–178.

von Boetticher 1998
Manfred von Boetticher, Niedersachsen im 16. Jahrhundert (1500–1618). In: Manfred von Boetticher und Christine van den Heuvel (Hg.), Politik, Wirtschaft und Gesellschaft von der Reformation bis zum Beginn des 19. Jahrhunderts, Hannover 1998 (= Veröffentlichungen der Historischen Kommission für Niedersachsen und Bremen XXXVI, 3, 1), S. 21–116.

Bollinger 2003
Daniel Bollinger, Infiniti Contemplatio. Grundzüge der Scotus- und Scotismusrezeption im Werk Huldrych Zwinglis, Leiden 2003.

Borscheid 2004
Peter Borscheid, Das Tempo-Virus. Eine Kulturgeschichte der Beschleunigung, Frankfurt/Main 2004.

Bott 1983
Gerhard Bott (Hg.), Martin Luther und die Reformation in Deutschland. Ausstellung zum 500. Geburtstag Martin Luthers, Nürnberg und Frankfurt/Main 1983.

Bowen/Imhof 2010
Karen L. Bowen und Dirk Imhof, Christoph Plantin and engraved book illustrations in sixteenth-century Europe, Cambridge 2010.

Bräuer 1988
Siegfried Bräuer (Hg.), Thomas Müntzer, Deutsche Evangelische Messe 1524, Berlin 1988.

Bräuer 1994
Siegfried Bräuer, Der Beginn der Reformation in Braunschweig. Historiographische Tradition und Quellenbefund. In: Braunschweiger Jahrbuch 75 (1994), S. 85–116.

Bräuer 2000
Siegfried Bräuer, Spottgedichte, Träume und Polemik in den frühen Jahren der Reformation. In: Hans-Jürgen Goertz und Eike Wolgast (Hg.), Abhandlungen und Aufsätze, Leipzig 2000, S. 169–206.

Bräuer/Kobuch 2010
Siegfried Bräuer und Manfred Kobuch (Bearb.), Thomas Müntzer Briefwechsel, Leipzig 2010 (= Thomas-Müntzer-Ausgabe. Kritische Gesamtausgabe, Bd. 2).

Bräuer/Vogler 2016
Siegfried Bräuer und Günter Vogler, Thomas Müntzer. Neu Ordnung machen in der Welt. Eine Biographie, Gütersloh 2016.

Braun 1932
Joseph Braun, Das christliche Altargerät in seinem Sein und in seiner Entwicklung, München 1932.

Braun 1973
Joseph Braun, Das christliche Altargerät in seinem Sein und seiner Entwicklung, München 1932 (ND Hildesheim 1973).

Braunschweiger Stadtlexikon 1992
Luitgard Camerer u. a. (Hg.), Braunschweiger Stadtlexikon, Braunschweig 1992.

Braunschweigisches Biographisches Lexikon BBL 2006
Horst-Rüdiger Jarck u. a. (Hg.), Braunschweigisches Biographisches Lexikon, Braunschweig 2006.

Breitenbach 2015
Almut Breitenbach, Der ›Oberdeutsche vierzeilige Totentanz‹. Formen seiner Rezeption und Aneignung in Handschrift und Blockdruck, Tübingen 2015 (= Spätmittelalter, Humanismus, Reformation 88).

Brendecke u. a. 2008
Arndt Brendecke u. a., Information als Kategorie historischer Forschung. Heuristik, Etymologie und Abgrenzung vom Wissensbegriff. In: Dies. (Hg.), Information in der Frühen Neuzeit, Berlin 2008, S. 11–44.

Brinckmann 2007
Bodo Brinckmann (Hg.), Cranach d. Ä., Städel Museum, Ostfildern 2007.

Bruckschen 2004
Martina Bruckschen, Glasfunde des Mittelalters und der frühen Neuzeit aus Braunschweig. Bedeutung, Verwendung und Technologie von Hohlglas in Norddeutschland, Rahden/Westfalen 2004 (= Materialhefte zur Ur- und Frühgeschichte Niedersachsens 33).

Brübach 1994
Nils Brübach, Die Reichsmessen von Frankfurt/Main, Leipzig und Braunschweig (14.–18. Jahrhundert), Stuttgart 1994 (= Beiträge zur Wirtschafts- und Sozialgeschichte 55).

Brückner 2007
Wolfgang Brückner, Lutherische Bekenntnisbilder des 16. bis 18. Jahrhunderts. Die illustrierte Confessio Augustana, Regensburg 2007.

Brüdermann 2000
Stefan Brüdermann, Norddeutscher Hegemoniekampf (1491–1523). In: Horst-Rüdiger Jarck und Gerhard Schildt (Hg.), Die Braunschweigische Landesgeschichte. Jahrtausendrückblick einer Region, Braunschweig 2000, S. 444–447.

Bruning 2010
Jens Bruning, Die Reformuniversität Helmstedt 1576–1810. In: Bruning/Gleixner 2010, S. 24–37.

Bruning/Gleixner 2010
Jens Bruning und Ulrike Gleixner (Hg.), Das Athen der Welfen. Die Reformuniversität Helmstedt 1576–1810, Wolfenbüttel 2010 (= Ausstellungskataloge der Herzog August Bibliothek Nr. 92).

Bubenheimer 1984
Ulrich Bubenheimer, Thomas Müntzer Teil 1. In: Braunschweigisches Jahrbuch 65 (1984), S. 37–78.

Bubenheimer 1985
Ulrich Bubenheimer, Thomas Müntzer Teil 2. In: Braunschweigisches Jahrbuch 66 (1985), S. 79–114.

Bubenheimer 1989
Ulrich Bubenheimer, Thomas Müntzer. Herkunft und Bildung, Leiden u. a. 1989.

Bubenheimer 2014
Ulrich Bubenheimer, Thomas Müntzer und Wittenberg, Mühlhausen 2014.

Bubenheimer 2017
Ulrich Bubenheimer, Andreas Gronewalt. Priester, Notar und Humanist aus Halberstadt zwischen Erzbischof Albrecht von Brandenburg und den Wittenberger Reformatoren. In: Helmut Liersch (Hg.), Marktkirchen-Bibliothek Goslar. Beiträge zur Erforschung der reformationszeitlichen Sammlung, Regensburg 2017 [im Druck].

Bubenheimer/Liersch 2017
Ulrich Bubenheimer und Helmut Liersch, Das älteste Bücherverzeichnis (Inventarium) der Marktkirchen-Bibliothek Goslar aus dem Jahr 1559. Kommentierte Edition. In: Helmut Liersch (Hg.), Marktkirchen-Bibliothek Goslar. Beiträge zur Erforschung der reformationszeitlichen Sammlung, Regensburg 2017 [im Druck].

Buck 2012
Meike Buck, … und es ward Licht. Das Kloster St. Aegidien in Braunschweig, Braunschweig 2012 (= Kleine Reihe des Braunschweigischen Landesmuseums 2).

Bünz 2015
Enno Bünz, Alltägliche Frömmigkeit am Vorabend der Reformation. Einführende Bemerkungen. In: Enno Bünz und Hartmut Kühne (Hg.), Alltag und Frömmigkeit am Vorabend der Reformation in Mitteldeutschland: wissenschaftlicher Begleitband zur Ausstellung »Umsonst ist der Tod«, Leipzig 2015 (= Schriften zur sächsischen Geschichte und Volkskunde 50), S. 15–41.

Bünz/Kühne 2013
Enno Bünz und Hartmut Kühne, Frömmigkeit um 1500: einführende Überlegungen zur Ausstellung. In: Hartmut Kühne, Enno Bünz und Thomas T. Müller (Hg.), Alltag und Frömmigkeit am Vorabend der Reformation in Mitteldeutschland: Katalog zur Ausstellung »Umsonst ist der Tod«, Petersberg 2013, S. 15–27.

Burns 1990
Robert I. Burns, Stupor Mundi: Alfonso X of Castile, the Learned. In: Ders. (Hg.), Emperor of Culture: Alfonso X the Learned of Castile and his Thirteenth-Century Renaissance, Philadelphia 1990, S. 1–13.

Busch 2012
Ralf Busch, Die Wendekopf-Kachel Narr/Kardinal aus Braunschweig (Grabung Turnierstraße 1) und ihr zeitgeschichtlich-theologischer Hintergrund. In: Nachrichten aus Niedersachsens Urgeschichte 81 (2012), S. 305–313.

Butt 2014a
Arne Butt, Norm und Praxis im frühneuzeitlichen Kirchenwesen. Die Superintendenten im Fürstentum Braunschweig-Wolfenbüttel im letzten Drittel des 16. Jahrhunderts. In: Blätter für deutsche Landesgeschichte 150 (2014), S. 357–397.

Butt 2014b
Arne Butt, Von Angesicht zu Angesicht. Eherecht und Ehegerichtsbarkeit im Fürstentum Braunschweig-Wolfenbüttel vor dem 30-jährigen Krieg. In: Jahrbuch der Gesellschaft für niedersächsische Kirchengeschichte 112 (2014), S. 51–74.

Butt 2016
Arne Butt, Herrschaft über Kirche, Herrschaft durch Kirche. Zur Entstehung des landesherrlichen Kirchenregiments im Herzogtum Braunschweig-Lüneburg vor dem 30-jährigen Krieg. In: Niedersächsisches Jahrbuch für Landesgeschichte 88 (2016), S. 23–72.

Camerer 1981
Luitgard Camerer, Die Bibliothek des Stadtsyndikus und Gelehrten Dr. Johann Camman (1584–1649) in der Stadtbibliothek Braunschweig. In: Gerd Spies (Hg.), Brunswiek 1031 – Braunschweig 1981. Die Stadt Heinrichs des Löwen von den Anfängen bis zur Gegenwart, Braunschweig 1981, S. 391–428.

Camerer 1990
Luitgard Camerer, Die Bibliothek des Dominikanerklosters in Braunschweig. In: Wolfenbütteler Notizen zur Buchgeschichte, Jahrgang XV, Heft 1, Wiesbaden 1990, S. 115–136.

Canstein 2015
Gabriele Canstein, Die Sondersammlungen der Predigerseminarbibliothek Braunschweig. In: Jahrbuch Kirchliches Buch- und Bibliothekswesen N.F. 3 (2015), S. 11–18.

Chadour/Joppien 1985
Anne Beatriz Chadour und Rüdiger Joppien, Schmuck II: Fingerringe, Köln 1985 (= Kataloge des Kunstgewerbemuseums der Stadt Köln 10).

Christiani 1983
Franz-Josef Christiani, Tetzels Ablaßkiste, Braunschweig 1983 (= Städtisches Museum Braunschweig, Miszellen 37).

Clasen 1960
Carl-Wilhelm Clasen, Die Kunstdenkmale der Stadt Stade, München u. a. 1960 (= Kunstdenkmälerinventare Niedersachsens 46).

Claus 1991
Helmut Claus, Erstdrucker in Braunschweig. In: Basilea Ravracorum. Referate eines informellen ostwestlichen Kolloquiums, Basel 1991 (= Publikationen der Universitätsbibliothek Basel), S. 33–57.

Clemen 1933
Otto Clemen, Bemerkungen zu deutschen Einblattholzschnitten aus der ersten Hälfte des 16. Jahrhunderts. In: Gutenberg-Jahrbuch (1933), S. 111–116.

Cohrs 1924/25
Ferdinand Cohrs, Christoph Fischer d. Aelt., Einfältige Form, wie man im Fürstentum Lüneburg alle Ordinanden zu examinieren pflegt, 1575. In: Zeitschrift der Gesellschaft für niedersächsische Kirchengeschichte 29 (1924/25), S. 83–135.

Collins 2012
Roger Collins, Caliphs and Kings: Spain 796–1031, Chichester 2012.

Conermann 2017
Klaus Conermann, Die Lutherrose. Luthers Merkzeichen im Kontext der Reformationskunst und -theologie. Zur Entstehung des Lutherkults. In: Hole Rößler (Hg.), Luthermania – Ansichten einer Kultfigur, Wolfenbüttel 2017, S. 257–282.

Cordes 1954
Gerhard Cordes (Hg.), Die Goslarer Chronik des Hans Geismar, Goslar 1954 (= Beiträge zur Geschichte der Stadt Goslar, Heft 14).

Dammaschke/Vogler 2013
Marion Dammaschke und Günter Vogler, Thomas Müntzer Bibliographie (1519–2012), Baden-Baden u. a. 2013.

Dennert 1969
Herbert Dennert, Die erste erhalten gebliebene Darstellung vom Stande des Oberharzer Bergbaus im Jahre 1606. In: Harz-Zeitschrift 21 (1969), S. 165–170.

Denzel 2008
Markus A. Denzel, Die Braunschweiger Messen: Handel, Zahlungsverkehr und wirtschaftliche Bedeutung im ausgehenden 17. und 18. Jahrhundert. In: Claudia Märtl, Karl Heinrich Kaufhold und Jörg Leuschner (Hg.), Die Wirtschafts- und Sozialgeschichte des braunschweigischen Landes vom Mittelalter bis zur Gegenwart, 3 Bde., Hildesheim, Zürich und New York 2008, Bd. II: Frühe Neuzeit, S. 793–834.

Dethlefs 2014
Gerd Dethlefs, Von der Reformation zur Konfession – Münzen und Medaillen auf die Reformation 1517 bis 1617. In: Reformatio in Nummis. Luther und die Reformation auf Münzen und Medaillen, Regensburg 2014, S. 48–67.

Dettmer/Moritz 2004
Hans-Georg Dettmer und Brigitte Moritz (Red.), Der Riechenberger Vertrag, hg. vom Rammelsberger Bergbaumuseum, Goslar 2004.

DI 19, Inschriftenkatalog: Deutsche Inschriften Online
DI 19, Die Inschriften der Stadt Göttingen Nr. 151 (Werner Arnold).
In: www.inschriften.net,
urn:nbn:de:0238-di019g001k0015102.

DI 24, Inschriftenkatalog: Deutsche Inschriften Online
DI 24, Lüneburg: St. Michaeliskloster, Kloster Lüne, Nr. 7 (Eckhard Michael).
In: www.inschriften.net,
urn:nbn:de:0238-di024g002k0000705.

DI 35, Inschriftenkatalog: Deutsche Inschriften Online
DI 35, Stadt Braunschweig I, Nr. 261 (Andrea Boockmann).
In: www.inschriften.net,
urn:nbn:de:0238-di035g005k0026108.

DI 36, Inschriftenkatalog: Deutsche Inschriften Online
DI 36, Stadt Hannover, Nr. 96 (Sabine Wehking).
In: www.inschriften.net,
urn:nbn:de:0238-di036g006k0009605.

DI 45, Inschriftenkatalog: Deutsche Inschriften Online
DI 45, Die Inschriften der Stadt Goslar, Nr. 36 (Christine Magin).
In: www.inschriften.net,
urn:nbn:de:0238-di045g008k0003609.

DI 52, Inschriftenkatalog: Deutsche Inschriften
DI 52, Die Inschriften der Stadt Braunschweig von 1529 bis 1671 (Sabine Wehking), Wiesbaden 2011.

DI 56, Inschriftenkatalog: Deutsche Inschriften Online
DI 56, Stadt Braunschweig II (Sabine Wehking). In: www.inschriften.net,
urn:nbn:de:0238-di056g009k0048905.

DI 61, Inschriftenkatalog: Deutsche Inschriften Online
DI 61, Stadt Helmstedt, Nr. 133 (Ingrid Henze 2005). In: www.inschriften.net,
urn:nbn:de:0238-di061g011k0013300.

Dickens 1974
Arthur G. Dickens, The German Nation and Martin Luther, London 1974.

Dill/Schierl 2016
Ueli Dill und Petra Schierl (Hg.), Das bessere Bild Christi. Das Neue Testament in der Ausgabe des Erasmus von Rotterdam, Basel 2016.

Dingel 2014
Irene Dingel (Hg.), Die Bekenntnisschriften der Evangelisch-Lutherischen Kirche, Göttingen 2014.

Dingel/Kohnle 2014
Irene Dingel und Armin Kohnle (Hg.), Gute Ordnung. Ordnungsmodelle und Ordnungsvorstellungen in der Reformationszeit, Leipzig 2014 (= Leucorea-Studien zur Geschichte der Reformation und der Lutherischen Orthodoxie 25).

Dobras 2000
Wolfgang Dobras (Red.), Gutenberg – Aventur und Kunst. Vom Geheimunternehmen zur ersten Medienrevolution, Mainz 2000.

Dohrn-van Rossum/Westheider 1985
Gerhard Dohrn-van Rossum und Rolf Westheider, Die Einführung der öffentlichen Uhren und der Übergang zur modernen Stundenrechnung in den spätmittelalterlichen Städten Niedersachsens. In: Meckseper 1985, , Bd. 4: Aufsätze, S. 317–336.

Döll 1967
Ernst Döll, Die Kollegiatstifte St. Blasius und St. Cyriacus zu Braunschweig, Braunschweig 1967 (= Braunschweiger Werkstücke 36).

Dolz 1994
Wolfram Dolz, Erd- und Himmelsgloben. Staatlicher Mathematisch-Physikalischer Salon Dresden, Zwinger, Sammlungskatalog, Dresden 1994.

Dörner 2016
Gerald Dörner, Emil Sehling, Die evangelischen Kirchenordnungen des 16. Jahrhunderts, Bd. VII, Niedersachsen, II. Hälfte, 2. Halbband, Teil 2, hg. von der Heidelberger Akademie der Wissenschaften, Heidelberg 2016.

Doubleday 2015
Simon R. Doubleday, The wise king: A Christian prince, Muslim Spain, and the birth of the Renaissance, New York 2015.

Dreyer-Eimbcke 1998
Oswald Dreyer-Eimbcke, Vasco da Gamas Seefahrt nach Indien vor 500 Jahren: Historische Bedeutung und kartographische Aspekte. In: Cartographica Helvetica Heft 18 (1998), S. 41–49.

Dürr 2006
Renate Dürr, Politische Kultur in der Frühen Neuzeit. Kirchenräume in Hildesheimer Stadt- und Landgemeinden 1550–1750, Gütersloh 2006 (= Quellen und Forschungen zur Reformationsgeschichte 77).

Dyballa/Pencz 2014
Katrin Dyballa und Georg Pencz, Künstler zu Nürnberg, Berlin 2014.

Dylong 2012
Alexander Dylong, Art. Braunschweig – Benediktiner St. Aegidien (1115–1539/42). In: Josef Dolle, Niedersächsisches Klosterbuch. Verzeichnis der Klöster, Stifte, Kommenden und Beginenhäuser in Niedersachsen und Bremen von den Anfängen bis 1810 – Teil 1. Abbingwehr bis Gandersheim, Bielefeld 2012 (= Veröffentlichungen des Instituts für Historische Landesforschung der Universität Göttingen, Bd. 56,1), S. 131–138.

Dzionara 2017
Karin Dzionara, Reformation entdecken. Zwischen Heide, Harz und Leine. Ein Reise-Lese-Buch, Dresden 2017.

Edelmann 2003
Britta Edelmann, Die Schlacht bei Sievershausen am 9 Juli 1553. In: Gerd Biegel und Hans-Jürgen Derda (Hg.), Blutige Weichenstellung. Massenschlacht und Machtkalkül bei Sievershausen 1553, Braunschweig 2003 (= Veröffentlichungen des Braunschweigischen Landesmuseums Bd. 107), S. 57–62.

Eichler 1993
Anja-Franziska Eichler, Mathis Gerung (um 1500–1570) – Die Gemälde, Frankfurt/Main 1993 (= Europäische Hochschulschriften, Serie 28, Bd. 183).

Ellwardt 2008
Kathrin Ellwardt, Evangelischer Kirchenbau, Petersberg 2008.

Enchiridion 1524
Eyn Enchiridion oder Handbuchlein. Eynem yetzlichen Christen fast nutzlich bey sich zuhaben, zur stetter vbung vnnd trachtung geystlicher gesenge, vnd Psalmen, Rechtschaffen vnnd kunstlich vertheutscht, Erfurt 1524.

Encyclopaedia of Islam I
Hamilton A. R. Gibb u. a. (Hg.), The encyclopaedia of Islam, Bd. 1, A–B, Leiden 1960.

Enke/Schneider/Strehle 2015
Roland Enke, Katja Schneider und Jutta Strehle (Hg.), Lucas Cranach der Jüngere. Entdeckung eines Meisters, Ausstellungskatalog, Wittenberg 2015.

Ertl 2012
Thomas Ertl, Göttingen – Franziskaner. In: Josef Dolle (Hg.), Niedersächsisches Klosterbuch. Verzeichnis der Klöster, Stifte, Kommenden und Beginenhäuser in Niedersachsen und Bremen von den Anfängen bis 1810, Bd. 2, Bielefeld 2012 (= Veröffentlichungen des Instituts für Historische Landesforschung in Göttingen 56), S. 468–471.

Fabisch/Iserloh 1988
Peter Fabisch und Erwin Iserloh (Hg.), Dokumente zur Causa Lutheri (1517–1521). 1. Teil. Das Gutachten des Prierias und weitere Schriften gegen Luthers Ablaßthesen (1517–1518), Münster 1988 (= Corpus Catholicorum 41).

Filiz Çakir 2007
Phillip Filiz Çakir, Kat.-Nr. III.26. In: Michael Kraus und Hans Ottomeyer (Hg.), Phillip Novos Mundos – Neue Welten. Portugal und das Zeitalter der Entdeckungen, Dresden 2007, S. 342–352.

Fischer 2004
Klaus Fischer, Gesicht am Bauch. In: Engelbert Kirschbaum (Hg.), Allgemeine Ikonographie F-K, Lexikon der christlichen Ikonographie 2, Rom u. a. 2004, S. 140 f.

Fischer/Camerer 1985
Ulrike Fischer und Luitgard Camerer, Der Buchdruck in Braunschweig vor 1671, Braunschweig 1985 (= Stadtarchiv und Stadtbibliothek Braunschweig, Kleine Schriften 13).

Flügel 2005
Wolfgang Flügel, Konfession und Jubiläum. Zur Institutionalisierung der lutherischen Gedenkkultur in Sachsen 1617–1830, Leipzig 2005.

von Frankenberg 1909
Hermann von Frankenberg, Kirche und Kunst. In: (BS) Neueste Nachrichten Nr. 300, 23.12.1909.

Freytag 1993
Hartmut Freytag (Hg.), Der Totentanz der Marienkirche in Lübeck und der Nikolaikirche in Reval (Talinn). Edition, Kommentar, Interpretation, Rezeption, Köln, Weimar und Wien 1993 (= Niederdeutsche Studien 39).

Fricke 1975
Rudolf Fricke, Das Bürgerhaus in Braunschweig, Tübingen 1975 (= Das deutsche Bürgerhaus 20).

Friedrich 2013
Markus Friedrich, Die Geburt des Archivs. Eine Wissensgeschichte, München 2013.

Fritz 2004
Johann Michael Fritz, Das evangelische Abendmahlsgerät in Deutschland. Vom Mittelalter bis zum Ende des Alten Reiches, mit Beiträgen von Martin Brecht, Jan Harasimowitcz und Annette Reimers, Leipzig 2004.

Führer 2009
Werner Führer, Die Schmalkaldischen Artikel, Tübingen 2009 (= Kommentare zu Schriften Luthers 2).

Fürst/Kelsch 1990
Reinmar Fürst und Wolfgang Kelsch, Wolfenbüttel. Ein Fürstenhaus und seine Residenz, Wolfenbüttel 1990.

Fusenig 1997
Thomas Fusenig, Hendrik van Steenwijck d. Ä. »Marktplatz« im Herzog Anton Ulrich-Museum zu Braunschweig. In: Niederdeutsche Beiträge zur Kunstgeschichte 36 (1997), S. 55–72.

Gai/Krüger/Thier 2012
Svea Gai, Karl H. Krüger und Bernd Thier, Die Klosterkirche Corvey. Geschichte und Archäologie, Darmstadt 2012 (= Denkmalpflege und Forschung in Westfalen Bd. 43,1–2).

Gail 1980
Anton J. Gail (Übers. und Hg.), Erasmus von Rotterdam: »Das Lob der Torheit«, Stuttgart 1980.

Gamber/Beaufort/Pfaffenbichler 1990
Ortwin Gamber, Christian Beaufort und Matthias Pfaffenbichler, Katalog der Leibrüstkammer II. Teil. Der Zeitraum von 1530–1560, Busto Arsizio 1990.

Garbe/Kröger 2010
Irmfried Garbe und Heinrich Kröger (Hg.), Johannes Bugenhagen (1485–1558), Der Bischof der Reformation, Leipzig 2010.

Garzmann 1989
Manfred Garzmann, Weltchronik des Braunschweiger Zollschreibers Hermann Bote. In: Die Hanse. Lebenswirklichkeit und Mythos, Bd. 2, Hamburg 1989, S. 39–41.

Gatenbröcker/Vetter 2002
Silke Gatenbröcker und Andreas W. Vetter, Kein Tag wie jeder andere. Fest und Vergnügen in der niederländischen Kunst, ca. 1520–1630, Katalog der Ausstellung im Herzog Anton Ulrich-Museum, 12. September bis 8. Dezember, Braunschweig 2002.

Gauger-Lange [im Druck]
Maike Gauger-Lange, Die evangelischen Klosterschulen des Fürstentums Braunschweig-Wolfenbüttel 1568–1613. Stipendiaten – Lehrer – Lehrinhalte – Verwaltung. Diss., Göttingen [im Druck].

Gauger/Weichert 2014
Maike Gauger und Lukas Weichert, 100 Jahre lutherische Geistlichkeit in den welfischen Territorien. In: Jahrbuch der Gesellschaft für niedersächsische Kirchengeschichte 112 (2014), S. 27–36.

Gemmeke 1931
Anton Gemmeke, Geschichte des adeligen Damenstifts zu Neuenheerse, Paderborn 1931.

Georg III. 1546
Georg III. Underricht wie die Pfarherrn das volck in diesen geschwinden und gefehrlichen Zeiten zur buss und gebett vermanen sollen, Leipzig 1546.

Gerke 1974
Karl Gerke, Tobias Volkmer aus Braunschweig. Goldschmied und Mathematiker. In: Mitteilungen der Technischen Universität Carola-Wilhelmina zu Braunschweig 9 (1974), Heft 3/4, S. 32–38.

Geschwinde 2014
Michel Geschwinde, Stifte und Klöster im mittelalterlichen Braunschweig. Lübecker Kolloquium zur Stadtarchäologie im Hanseraum IX: Die Klöster, Lübeck 2014.

Gidal 1997
Nachum Tim Gidal, Die Juden in Deutschland von der Römerzeit zur Weimarer Republik, Köln 1997.

Gidion 1969
Hans Gidion, Geschichte des Ratsgymnasiums Goslar mit einer kurzen Rückschau auf das Schulwesen des Altertums und des Mittelalters sowie auf die schulischen Vorstufen in Goslar, Goslar 1969.

Glafey 1877
Paul Woldemar Glafey, Die Schlacht bei Sievershausen am 9. Juli 1558. In: Mittheilungen des Königlich Sächsischen Alterthumsvereins 26 (1877), S. 53–111.

Glage 1983
Wolfgang Glage, Das Kunsthandwerk der Büchsenmacher im Land Braunschweig, Braunschweig 1983 (= Veröffentlichungen des Braunschweigischen Landesmuseums Bd. 36).

Gmelin 1974
Hans Georg Gmelin, Spätgotische Tafelmalerei in Niedersachsen und Bremen, München 1974.

Goertz 2004
Hans-Jürgen Goertz, Deutschland 1500–1648 – Eine zertrennte Welt, Paderborn 2004.

Goetting 1973
Hans Goetting, Das Bistum Hildesheim, Bd. 1. Das Reichsunmittelbare Kanonissenstift Gandersheim, Berlin und New York 1973 (= Germania Sacra. Die Bistümer der Kirchenprovinz Mainz N.F. 7).

Grane 1994
Leif Grane, Martinus noster. Luther in the German Reform movement 1518–1521, Mainz 1994.

Grimm 1854
Jacob und Wilhelm Grimm, Deutsches Wörterbuch. Bd. 1: A–Biermolke, Leipzig 1854.

Grimm 1897
Jacob und Wilhelm Grimm, Deutsches Wörterbuch. Bd. 5: Gefoppe–Getreibs, bearb. von Rudolf Hildebrand und Hermann Wunderlich, Leipzig 1897.

Groll 1999
Karin Groll, Das »Passional Christi und Antichristi« und Lucas Cranach d. Ä., Stuttgart 1999.

Grotefend 1991
Hermann Grotefend, Taschenbuch der Zeitrechnung des deutschen Mittelalters und der Neuzeit, 13. Aufl. Hannover 1991.

Grümmer 1912
Richard Grümmer, Andreas Musculus – sein Leben und Werk, Eisenach 1912.

Grüter 1994
Maria Elisabeth Grüter, »Getrewer Her, Getrewer Knecht«. Zur Politik der Stadt Braunschweig im Spannungsfeld von Kaiser, Reich und Landesfürst in der Mitte des 16. Jahrhunderts. In: Bernhard Sicken (Hg.), Herrschaft und Verfassungsstrukturen im Nordwesten des Reiches. Beiträge zum Zeitalter Karls V. Wolfgang Petri zum Gedächtnis, Köln 1994 (= Städteforschung A/35), S. 241–252.

van Gülpen 2002
Ilonka van Gülpen, Der deutsche Humanismus und die frühe Reformations-Propaganda 1520–1526. Das Lutherporträt im Dienste der Bildpublizistik, Hildesheim u. a. 2002 (= Studien zur Kunstgeschichte 144).

Haedeke 1976
Hanns-Ulrich Haedeke (Bearb.), Zinn. Kataloge des Kunstgewerbemuseums Köln III, Köln 1976.

Hallenkamp-Lumpe 2007
Julia Hallenkamp-Lumpe, Das Bekenntnis am Kachelofen? Überlegungen zu den sogenannten »Reformationskacheln«. In: Carola Jäggi und Jörn Staecker (Hg.), Archäologie der Reformation. Studien zu den Auswirkungen des Konfessionswechsels auf die materielle Kultur. Arbeiten zur Kirchengeschichte 104, Berlin 2007, S. 323–343.

Hamel 2000
Jürgen Hamel, Die Kalenderreform Papst Gregors XIII. von 1582 und ihre Durchsetzung. In: Geburt der Zeit. Eine Geschichte der Bilder und Begriffe. Ausstellung Kassel 1999–2000, Wolfratshausen und Kassel 2000, S. 292–301.

Hamm 1996
Berndt Hamm, Bürgertum und Glaube. Konturen der städtischen Reformation, Göttingen 1996.

Hamm 2010
Berndt Hamm, Luthers Anleitung zum seligen Sterben. In: Ders., Der frühe Luther: Etappen reformatorischer Neuorientierung, Tübingen 2010, S. 115–163.

Hamm 2016
Berndt Hamm, Ablass und Reformation. Erstaunliche Kohärenzen, Tübingen 2016.

Hannoversches Mag. 1770
Hannoversches Magazin, Hannover 1770, Bd. 7, Sp. 208.

Hänselmann 1887
Ludwig Hänselmann (Hg.), D. Gottschalk Krusens, Klosterbruder zu St. Aegidien in Braunschweig, Unterrichtung, warum er aus dem Kloster gewichen, Wolfenbüttel 1887.

Hänselmann 1900
Ludwig Hänselmann (Hg.), Urkundenbuch der Stadt Braunschweig Bd. 2, Braunschweig 1900.

Harms/Schilling/Wang 1997
Wolfgang Harms, Michael Schilling und Andreas Wang (Hg.), Deutsche illustrierte Flugblätter des 16. und 17. Jahrhunderts II: Die Sammlung der Herzog-August-Bibliothek in Wolfenbüttel, Bd. 2: Historica, Tübingen 1997.

Härtel 1999
Helmar Härtel, Handschriften des Kestner-Museums zu Hannover, Wiesbaden 1999 (= Mittelalterliche Handschriften in Niedersachsen 11).

Hauser 1999
Wulf Gordian V. Hauser, Der Orden vom Goldenen Vlies. In: Deutsches Adelsblatt 37 (1999), S. 122–128.

Heepe 1913
Johannes Heepe, Die Organisation der Altarpfründen an den Pfarrkirchen der Stadt Braunschweig im Mittelalter. In: Jahrbuch des Geschichtsvereins für das Herzogtum Braunschweig 12 (1913), S. 1–68.

Heilmann 2009
Birgit Heilmann, Aus Heiltum wird Geschichte. Der Gandersheimer Kirchenschatz in nachreformatorischer Zeit, Regensburg 2009 (= Studien zum Frauenstift Gandersheim und seinen Eigenklöstern 1).

Henke 2011
Thorsten Henke, Die Reliquien der Goldenen Tafel. In: Hedwig Röckelein unter Mitwirkung von Thorsten Henke und Maria Julia Hartgen (Hg.), Der Gandersheimer Schatz im Vergleich. Zur Rekonstruktion und Präsentation von Kirchenschätzen, Regensburg 2011 (= Studien zum Frauenstift Gandersheim und seinen Eigenklöstern Bd. 4), S. 47–64.

Henke 2014
Thorsten Henke, Die Ausstattung der Gandersheimer Stiftskirche zwischen Reformation und Säkularisation. In: Klaus Gereon Beuckers und Birgitta Falk (Hg.), Neue Räume – neue Strukturen. Barockisierung mittelalterlicher Frauenstifte, Essen 2014 (= Essener Forschungen zum Frauenstift Bd. 12), S. 207–225.

Henke/Schepers 2009
Thorsten Henke und Wolfgang Schepers, Fromme Bilderwelten. Mittelalterliche Textilien und Handschriften im Kestner-Museum. Anlässlich der gleichnamigen Ausstellung vom 19. Mai bis 14. August 2005, Hannover 2009 (= Museum Kestnerianum 9).

Henkel 2015
Mathias Henkel, Christförmig werden durch vernünftige Gestaltung des Gottesdienstes. Thomas Müntzers Reform der Messe und des Stundengebets vor dem Hintergrund des späten Mittelalters. In: Volker Honemann und Mathias Henkel, Tradition und Erneuerung. Mittelalterlicher Hintergrund der Gottesdienstreform Thomas Müntzers in Allstedt, Mühlhausen 2015, S. 33–69.

Henkes 1994
Harold E. Henkes, Glas zonder Glans. Vijf eeuwen gebruiksglas uit de bodem van de Lage Landen 1300–1800, Rotterdam 1994 (= Rotterdam Papers 9).

Henze 1995
Barbara Henze, Aus Liebe zur Kirche Reform. Die Bemühungen Georg Witzels um die Kircheneinheit, Münster 1995 (= Reformationsgeschichtliche Studien und Texte 133).

Heppe 1985
Karl Bernd Heppe, Kat.-Nr. 1129 Kelch. In: Meckseper 1985, S. 1308.

Heppe 1989
Karl Bernd Heppe, Evangelisches Altargerät. In: Ulrich Großmann (Hg.), Renaissance im Weserraum. Ausstellung in Schloß Brake bei Lemgo, Bd. 1, Berlin 1989, S. 503–504.

Herbers 2009
Klaus Herbers, Spiritualität des Pilgerns. Geistliches Pilgern im späten Mittelalter. In: Zeitschrift für christliche Spiritualität und Lebensgestaltung 2 (2009), S. 13–18.

Herbers/Plötz 2004
Klaus Herbers und Robert Plötz, Die Straße zu St. Jakob. Der älteste deutsche Pilgerführer nach Compostela, Ostfildern 2004.

Hergemöller 1986
Bernd-Ulrich Hergemöller, Verfassungsrechtliche Beziehungen zwischen Klerus und Stadt im spätmittelalterlichen Braunschweig. In: Rat und Verfassung im mittelalterlichen Braunschweig. Festschrift zum 600jährigen Bestehen der Ratsverfassung 1386–1986, Braunschweig 1986 (= Braunschweiger Werkstücke 64 = Reihe A 21), S. 135–186.

Herms 2002
Eilert Herms, Medien. I. Begriff. In: Hans Dieter Betz u. a. (Hg.), Die Religion in Geschichte und Gegenwart, Bd. 5, 4. völlig neu bearb. Aufl., Tübingen 2002, Sp. 956 f.

Hoheisel 1998
Peter Hoheisel, Reform und Reformation in Göttingen zwischen 1500 und 1530. In: E. Schubert (Hg.), Festgabe für Dieter Neitzert zum 65. Geburtstag, Bielefeld 1998, S. 51–67.

Holländer 22007
Hans Holländer u. a., Zug um Zug. Schach – Gesellschaft – Politik. Begleitbuch zur Ausstellung im Haus der Geschichte der Bundesrepublik Deutschland, Bonn, 1. November 2006 – 11. Februar 2007, 2. Aufl. Bonn 2007.

Hölscher 1903
U. Hölscher, Handwerkerbriefe aus der Zeit der Reformation. In: Zeitschrift der Gesellschaft für Niedersächsische Kirchengeschichte 7 (1903), S. 251–274.

Holsing 2007
Henrike Holsing, Das Totenbildnis – Eine Sonderform des Porträts. In: Arbeitsgemeinschaft Friedhof und Denkmal e. V. (Hg.), Kultur des Todes. Interdisziplinäre Beiträge zur Sepulkralkultur aus dem Arbeitskreis selbständiger Kultur-Institute (AsKI), Kassel 2007 (= Kasseler Studien zur Sepulkralkultur 12), S. 34–52.

Hortleder 1645
Friedrich Hortleder, Der Römischen Kaiser vnd Königlichen Majesteten, auch deß Heiligen Römischen Reichs Geistlicher vnnd Weltlicer Stände, Churfürsten, Fürsten etc. Handlungen und Außschreiben Von den Vrsachen deß Teutschen Kriegs [...] Anno 1546 vnd 47 [...], Gotha 1645.

Hucker/Hahn/Derda 2009
Bernd Ulrich Hucker, Stefanie Hahn und Hans-Jürgen Derda (Hg.), Otto IV. Traum vom welfischen Kaisertum, Petersberg 2009.

Huizinga 1993
Johan Huizinga, Erasmus. Eine Biographie, Hamburg 1993.

Ilić 2014
Luka Ilić, Matthias Flacius Illyricus. In: Irene Dingel und Volker Leppin (Hg.), Das Reformatorenlexikon, Darmstadt 2014, S. 116–122.

Ißleib 1989
Simon Ißleib, Aufsätze und Beiträge zu Kurfürst Moritz von Sachsen (1877–1907), Bde. 1 und 2, Leipzig 1989.

Ivins 1922
William M. Ivins, Hans Weiditz: A Study in Personality. In: Bulletin of the Metropolitan Museum of Art 17, New York 1922, S. 156–161.

Jäggi/Staecker 2007
Carola Jäggi und Jörn Staecker (Hg.), Archäologie der Reformation, Berlin und New York 2007.

Jannasch 1958
Wilhelm Jannasch, Reformationsgeschichte Lübecks. Vom Petersablaß bis zum Augsburger Reichstag 1515–1530, Lübeck 1958 (= Veröffentlichungen zur Geschichte der Hansestadt Lübeck).

Jarecki 2014
Walter Jarecki, Philipp Sigismund. In: Susanne Tauss und Joachim Herrmann (Hg.), Herrschen – Leben – Repräsentieren. Residenzen im Fürstentum Osnabrück 1600 – 1800, Regensburg 2014, S. 129–142.

Jászai/Brandl 1993
Géza Jászai und Rainer Brandl, Imagination des Unsichtbaren – 1200 Jahre bildende Kunst im Bistum Münster, Münster 1993.

Jørgensen 1988
Ninna Jørgensen, Bauer, Narr und Pfaffe. Prototypische Figuren und ihre Funktion in der Reformationsliteratur, Leiden u. a. 1988.

Jung 2017
Martin H. Jung (Bearb. und Komm.), Luther lesen. Die zentralen Texte. In: Vereinigte Evangelisch-Lutherische Kirche Deutschlands (Hg.), 2. Aufl. Göttingen 2017.

Jünke 1978
Wolfgang A. Jünke, Bugenhagens Einwirken auf die Reformation (1528–1532). In: Stadtkirchenverband Braunschweig (Hg.), Die Reformation in der Stadt Braunschweig. Festschrift 1528–1978, Braunschweig 1978, S. 71–82.

Jünke 2003
Wolfgang A. Jünke, Bugenhagens Einwirken auf die Festigung der Reformation in Braunschweig (1528– 32). In: Die Geschichte der Reformation in der Stadt Braunschweig, hg. vom Landeskirchenamt Wolfenbüttel, Wolfenbüttel 2003 (= Quellen und Beiträge zur Geschichte der Evangelisch-lutherischen Landeskirche in Braunschweig, Heft 13), S. 83–109.

Jürgens 2003
Klaus Jürgens, Um Gottes Ehre und unser aller Seelen Seligkeit. Die Reformation in der Stadt Braunschweig von den Anfängen bis zur Annahme der Kirchenordnung 1528. In: Die Geschichte der Reformation in der Stadt Braunschweig, hg. vom Landeskirchenamt Wolfenbüttel, Wolfenbüttel 2003 (= Quellen und Beiträge zur Geschichte der Evangelisch-lutherischen Landeskirche in Braunschweig, Heft 13), S. 7–82.

Jürgens 2006
Klaus Jürgens, Kruse, Gottschalk, D. theol. In: Braunschweigisches Biographisches Lexikon BBL 2006, S. 420–421.

Jürgens 2010
Klaus Jürgens, Das Zeitalter der Reformation im Lande Braunschweig. In: Friedrich Weber, Birgit Hoffmann und Hans-Jürgen Engelking (Hg.), Von der Taufe der Sachsen zur Kirche in Niedersachsen. Geschichte der Evangelisch-Lutherischen Landeskirche in Braunschweig, Braunschweig 2010, S. 129–179.

Jürgens/Jünke 2003
Klaus Jürgens und Wolfgang A. Jünke (Hg.), Die Geschichte der Reformation in der Stadt Braunschweig, hg. vom Landeskirchenamt Wolfenbüttel, Wolfenbüttel 2003 (= Quellen und Beiträge zur Geschichte der Evangelisch-lutherischen Landeskirche in Braunschweig, Heft 13).

Kabus 2005
Ronny Kabus, Jews of the Luthertown Wittenberg in the Third Reich, Wittenberg 2005.

Kalff 1963
Johannes F. Kalff, Funktion und Bedeutung des Ordens vom Goldenen Vlies in Spanien vom 16. bis zum 20. Jahrhundert. Ein Beitrag zur allgemeinen Ordensgeschichte, Bonn 1963.

Kapp 1730
Johann Erhard Kapp, Kleine Nachlese einiger, größten Theils noch ungedruckten, Und sonderlich zur Erläuterung Der Reformations-Geschichte nützlichen Urkunden. Dritter Theil, Leipzig 1730.

Kappelhoff 1977
Bernd Kappelhoff, Die Reformation in Emden. In: Jahrbuch der Gesellschaft für Bildende Kunst und vaterländische Altertümer zu Emden 57 (1977), S. 64–143.

Kasper 2016
Kardinal Kasper, Martin Luther. Eine ökumenische Perspektive, Ostfildern 2016.

Käßmann 2013
Margot Käßmann, Die dunkle Seite der Refomation. In: Frankfurter Allgemeine Zeitung vom 29. März 2013.

Kastner 1982
Ruth Kastner, Geistlicher Rauffhandel. Form und Funktion der illustrierten Flugblätter zum Reformationsjubiläum 1617 in ihrem historischen und publizistischen Kontext, Frankfurt/Main und Bern 1982.

Kaufmann 2003
Thomas Kaufmann, Das Ende der Reformation, Tübingen 2003 (= Beiträge zur historischen Theologie Bd. 123).

Kaufmann 2009
Thomas Kaufmann, Geschichte der Reformation, Leipzig 2009.

Kaufmann 2010
Thomas Kaufmann, Reformationsgedenken in der Frühen Neuzeit. In: Zeitschrift für Theologie und Kirche 107 (2010), S. 285–324.

Kaufmann 2012
Thomas Kaufmann, Der Anfang der Reformation. Studien zur Kontextualität der Theologie, Publizistik und Inszenierung Luthers und der reformatorischen Bewegung, Tübingen 2012.

Kaufmann 2014/2016
Thomas Kaufmann, An den christlichen Adel deutscher Nation von des christlichen Standes Besserung, Tübingen 2014/2016 (= Kommentare zu Schriften Luthers 3).

Kaufmann 2016 a
Thomas Kaufmann, Geschichte der Reformation in Deutschland, Neue Ausgabe, Berlin 2016.

Kaufmann 2016 b
Thomas Kaufmann, Erlöste und Verdammte. Eine Geschichte der Reformation, München 2016.

Kaufmann ³2017
Thomas Kaufmann, Luthers Juden, 3. durchges. Aufl., Stuttgart 2017.

von Keller/Goetze 1870–1908
Adelbert von Keller und Edmund Goetze (Hg.), Hans Sachs, 26 Bde., Tübingen 1870–1908, Reprint Hildesheim 1964. Alphabetischer Registerband von Roger A. Crockett, Hildesheim und New York 1982.

Keller 2008
Andreas Keller, Frühe Neuzeit. Das rhetorische Zeitalter, Berlin 2008.

Kempe 2004
Michael Kempe, Gelehrte Korrespondenzen. Frühneuzeitliche Wissenschaftskultur im Medium postalischer Kommunikationen. In: Fabio Crivellari u. a. (Hg.), Die Medien der Geschichte, Konstanz 2004, S. 407–429.

Kieslich 1958
Günter Kieslich, Das »Historische Volkslied« als publizistische Erscheinung. Untersuchungen zur Wesensbestimmung und Typologie der gereimten Publizistik zur Zeit des Regensburger Reichstages und des Krieges der Schmalkaldener gegen Herzog Heinrich den Jüngeren von Braunschweig 1540–1542, Münster 1958 (= Studien zu Publizistik 1).

Kittsteiner 1991
Heinz D. Kittsteiner, Die Entstehung des modernen Gewissens, Frankfurt/Main 1991.

Klein 2010
Angela Klein, Herzog Heinrich der Jüngere von Braunschweig und Lüneburg (1489 – 1569). In: Michael Fessner, Christoph Bartels und Rainer Slotta (Hg.), Auf breiten Schultern. 750 Jahre Knappschaft. Katalog der Ausstellung des Deutschen Bergbau-Museums Bochum, Bochum 2010.

Klein 2012
Angela Klein, A sentimental journey no 1: Portraits. Lebensmomente von A bis Z, Braunschweig 2012 (Kleine Reihe des Braunschweigischen Landesmuseums Bd. 4), S. 24–27.

Kleinert 1984
Rudolf Kleinert, Das Holz-Epitaph der Anna von Rautenberg im ehemals hildesheimischen Duttenstedt 1566. Ein Rechtfertigungs-Epitaph im braunschweigischen Land. Darstellung – Bildmotiv – Personalia. In: Alt-Hildesheim. Jahrbuch für Stadt und Stift Hildesheim 55 (1984), S. 21–38.

Klingebiel 1992
Thomas Klingebiel, Die Hildesheimer Reformation des Jahres 1542 und die Stadtgeschichte. Eine Ortsbestimmung. In: Hildesheimer Jahrbuch für Stadt und Stift Hildesheim 63 (1992), S. 59–84.

Knaake 1883
Joachim K. F. Knaake (Hg.), D. Martin Luthers Werke, kritische Gesamtausgabe, Weimarer Ausgabe, Weimar 1883.

Kohler 1999
Alfred Kohler, Karl V., 1500–1585: Eine Biographie, München 1999.

Köhler 1987
Hans-Joachim Köhler, »Der Bauer wird witzig«. Der Bauer in den Flugschriften der Reformationszeit. In: Peter Blickle (Hg.), Zugänge zur bäuerlichen Reformation, Zürich 1987, S. 187–218.

Kohnle 2014
Armin Kohnle, Martin Luthers Adelsschrift und ihre Rezeption. In: Enno Bünz u. a. (Hg.), Buch und Reformation, Leipzig 2014, S. 69–85.

Koldewey 1883
Friedrich Koldewey, Heinz von Wolfenbüttel. Ein Zeitbild aus dem Jahrhundert der Reformation, Halle 1883 (= Schriften des Vereins für Reformationsgeschichte 2).

Koldewey 1893
Friedrich Koldewey, Der Exorzismus im Herzogtum Braunschweig seit den Tagen der Reformation, Diss., Jena 1893.

Korte-Böger 1991
Andrea Korte-Böger (Red.), Eine Siegburger Töpferwerkstadt der Familie Knütgen, Köln und Bonn 1991 (= Kunst und Altertum am Rhein 133).

Koselleck 2000
Reinhart Koselleck, Zeitverkürzung und Beschleunigung. Eine Studie zur Säkularisation. In: Ders., Zeitschichten. Studien zur Historik, Frankfurt/Main 2000, S. 177–202.

Köster 1997
Kurt Köster, Pilgerzeichen und Ampullen. Zu neuen Braunschweiger Bodenfunden. In: Hartmut Rötting, Stadtarchäologie in Braunschweig, 2. Aufl. Hameln 1997 (= Forschungen zur Denkmalpflege in Niedersachsen 3), S. 277–286.

Krabath/Poremba/Schauer 2012
Stefan Krabath, Tobias Poremba und Burkhard Schauer, Der Goldschatz von Fürstenberg an der Havel, Lkr. Oberhavel, und sein stadtarchäologischer Kontext. In: Veröffentlichungen zur brandenburgischen Landesarchäologie 45, 2011 (2012), S. 227–256.

Krarup 2007
Martin Krarup, Ordination in Wittenberg. Die Einsetzung in das kirchliche Amt in Kursachsen zur Zeit der Reformation, Tübingen 2007.

Kreter 1994
Karljosef Kreter, Stadtbücher und Register 1289–1533. Inventar der mittelalterlichen gebundenen Handschriften im Stadtarchiv Hannover. Bestand: Neue Abteilung B. In: Hannoversche Geschichtsblätter 48 (1994), S. 47–168.

van der Krogt 1993
Peter van der Krogt, Globi Neerlandici: the production of globes in the Low Countries, Utrecht 1993.

Krumwiede 1967
Hans-Walter Krumwiede, Zur Entstehung des landesherrlichen Kirchenregimentes in Kursachsen und Braunschweig-Wolfenbüttel, Göttingen 1967 (= Studien zur Kirchengeschichte Niedersachsens 16).

Krumwiede 1995
Hans-Walter Krumwiede, Kirchengeschichte Niedersachsens, Bd. 1: Von der Sachsenmission bis zum Ende des Reiches 1806, Göttingen 1995.

Kühne 2015
Hartmut Kühne, Ergebnisse und Perspektiven. In: Enno Bünz und Hartmut Kühne (Hg.), Alltag und Frömmigkeit am Vorabend der Reformation in Mitteldeutschland: wissenschaftlicher Begleitband zur Ausstellung »Umsonst ist der Tod«, Leipzig 2015 (= Schriften zur sächsischen Geschichte und Volkskunde 50), S. 793–815.

Kühne/Brumme 2010
Hartmut Kühne und Carina Brumme, Ablässe und Wallfahrten in Braunschweig und Königslutter. Zu einem Detail des Briefes Heinrich Hanners an Thomas Müntzer. In: Hartmut Kühne u. a. (Hg.), Thomas Müntzer – Zeitgenossen – Nachwelt. Siegfried Bräuer zum 80. Geburtstag, Mühlhausen 2010, S. 39–78.

Kühne/Lambacher/Vanja 2008
Hartmut Kühne, Lothar Lambacher und Konrad Vanja (Hg.), Das Zeichen am Hut im Mittelalter. Europäische Reisemarkierungen. Symposium in memoriam Kurt Köster (1912–1986) und Katalog der Pilgerzeichen im Kunstgewerbemuseum und im Museum für Byzantinische Kunst der Staatlichen Museen zu Berlin, Frankfurt/Main u. a. 2008 (= Europäische Wallfahrtsstudien 4, Schriftenreihe Museum Europäischer Kulturen 5).

Küntzel 2013
Thomas Küntzel, Verfallende Zeichen innerer Wehrhaftigkeit: Mittelalterliche Sperrketten in der (frühen) Neuzeit. In: Christoph Kampmann und Ulrich Niggemann (Hg.), Sicherheit in der Frühen Neuzeit. Norm – Praxis – Repräsentation (= Frühneuzeit-Impulse 2), Köln, Weimar und Wien 2013, S. 758–782.

Kunze 2012
Wolfgang Kunze, Welfenross und schwarze Reiter. Herzog Erich II. von Braunschweig-Lüneburg, Militärunternehmer in der Epoche Philipps II., Hannover 2012 (= Quellen und Darstellungen zur Geschichte Niedersachsens 133).

Kuper 1998
Gaby Kuper, Bündnis zwischen den katholisch gebliebenen Landesherren Mitteldeutschlands zur Aufrechterhaltung der katholischen Religion. In: Puhle 1998, Nr. 25, S. 126 f.

Lähnemann 2017 [im Druck]
Henrike Lähnemann, Das Erfurter »Enchiridion« in der Goslarer Marktkirchen-Bibliothek. In: Helmut Liersch (Hg.), Marktkirchen-Bibliothek Goslar. Beiträge zur Erforschung der reformationszeitlichen Bestände, Regensburg 2017 [im Druck].

Langer 2005
Brigitte Langner, Kasten/Truhe. In: Werner Paravicini (Hg.), Jan Hirschbiegel und Jörg Wettlaufer (Bearb.), Höfe und Residenzen im spätmittelalterlichen Reich. Bilder und Begriffe. Residenzenforschung 15 II, Teilbde. 1 und 2, Ostfildern 2005.

LCI 1968
LCI. Lexikon der christlichen Ikonographie, hg. von Engelbert Kirschbaum u. a., Bde. 1 bis 8, Freiburg im Breisgau 1968 (ND Darmstadt 2012).

LMA 1996
LMA. Lexikon des Mittelalters, hg. von Norbert Angerman u. a., Bd. 8, München 1996.

Leerhoff 1985
Heiko Leerhoff, Niedersachsen in alten Karten, Neumünster 1985.

Lent 2006
Dieter Lent, Tetzel, Johannes. In: Braunschweigisches Biographisches Lexikon BBL 2006, S. 694 f.

Leppin 1999
Volker Leppin, Luthers Antichristverständnis vor dem Hintergrund der mittelalterlichen Konzeptionen. In: Kerygma und Dogma. Zeitschrift für theologische Forschung und kirchliche Lehre 45 (1999), S. 48–63.

Leppin 2005
Volker Leppin, Kirchen- und Theologiegeschichtliche Quellen, Bd. III, Reformation, Neukirchen-Vluyn 2005.

Leppin 2016
Volker Leppin, Die fremde Reformation. Luthers mystische Wurzeln, München 2016.

Leppin/Schmidt/Wefers 2006
Volker Leppin, Georg Schmidt und Sabine Wefers (Hg.), Johann Friedrich I. – der lutherische Kurfürst, Heidelberg 2006 (= Schriften des Vereins für Reformationsgeschichte 204).

Leschhorn 2010
Wolfgang Leschhorn, Braunschweigische Münzen und Medaillen. 1000 Jahre Münzkunst und Geldgeschichte in Stadt und Land Braunschweig, Braunschweig 2010.

Liebmann 1980
Maximilian Liebmann, Urbanus Rhegius und die Anfänge der Reformation: Beiträge zu seinem Leben, seiner Lehre und seinem Wirken bis zum Augsburger Reichstag von 1530, Münster 1980.

Liersch 2005
Helmut Liersch, Martin Luthers Brief an St. Jakobi: eine Spurensuche. In: St.-Jakobi-Kirche Goslar 1073–1805–2005 (Festschrift), Hildesheim 2005 (= Hildesheimer Chronik Bd. 15), S. 59–71.

Liersch 2013 a
Helmut Liersch, Luthers Septembertestament von 1522 in der Marktkirchenbibliothek Goslar. In: Otmar Hesse (Hg.), Die Reformation in der Reichsstadt Goslar, Goslar 2013, S. 35–39.

Liersch 2013 b
Helmut Liersch, Ein Unikat in der Marktkirchenbibliothek Goslar: Das Erfurter Färbefaß-Enchiridion von 1524. In: Otmar Hesse (Hg.), Die Reformation in der Reichsstadt Goslar, Goslar 2013, S. 40–44.

Lietzmann 1993
Hilda Lietzmann, Herzog Heinrich Julius zu Braunschweig und Lüneburg (1564–1613). Persönlichkeit und Wirken für Kaiser und Reich, Wolfenbüttel 1993 (= Quellen und Forschungen zur Braunschweigischen Geschichte Bd. 30).

Lilienthal 2007
Andrea Lilienthal, Die Fürstin und die Macht. Welfische Herzoginnen im 16. Jahrhundert: Elisabeth, Sidonia, Sophia, Hannover 2007 (= Quellen und Darstellungen zur Geschichte Niedersachsens Bd. 127).

Lindahl 2003
Fritze Lindahl, Symboler i guld og sølv. Nationalmuseets fingerringe 1000–1700, Kopenhagen 2003 (= Nordiske Fortidsminder B 21).

Lindblom 1917
Andreas Lindblom, Leo X:s bulla om aflaten för Peterskyrkans byggande. Ett fynd från en svensk kyrka. In: Nordisk tidskrift för bok- och biblioteksväsen 4 (1917), S. 302–306.

Lippelt 2006
Christian Lippelt, »Gutte fromme Oberherrn von so vielen Jahren hero von Godt erhalten und propagirt« – Bemerkungen zum Prachtstammbaum des Hauses Braunschweig-Lüneburg von 1584. In: Heimatbuch 2006 Landkreis Wolfenbüttel, S. 11–17.

Lippelt 2007
Christian Lippelt, Im Schatten des Löwen? Bemerkungen zu Franz Algermanns Prachtstammbaum der Welfen von 1584. In: Wolfenbütteler Notizen zur Buchgeschichte 32 (2007), S. 61–78.

Lippelt o. J.
Christian Lippelt, Prachtstammbaum des braunschweig-lüneburgischen Welfenhauses von Franz Algermann – Quellen und Kommentar. In: http://diglib.hab.de/edoc/ed000222/start.htm (23. 1. 2017).

Lippelt/Sissakis 2001
Christian Lippelt und Manuela Sissakis, Herzog Heinrich der Jüngere und der braunschweigische Adel nach dem Schmalkaldischen Krieg: Die gewaltsame Lösung von Pfandschaften als Mittel der Politik. In: Braunschweigisches Jahrbuch für Landesgeschichte 82 (2001), S. 81–103.

Lohse 1995
Bernhard Lohse, Luthers Theologie in ihrer historischen Entwicklung und in ihrem systematischen Zusammenhang, Göttingen 1995.

Lorenz 1996
Angelika Lorenz (Hg.), Der Maler Tom Ring, Ausstellung Westfälisches Landesmuseum für Kunst und Kulturgeschichte Münster vom 1. September bis 10. November 1996, 2 Bde., Münster 1996.

Luther 1518
Martin Luther, Eyn Sermon von dem Ablas vnd gnade […], Wittenberg 1518.

Luther 1524
Martin Luther, Widder den newen Abgott vnd allten Teuffel der zu Meyssen sol erhaben werden, Wittenberg 1524.

Luther 1526
Martin Luther, Deudsche Messe und Ordnung Gottes diensts zu Wittemberg fürgenomen, Erfurt und Augsburg 1526.

Luther 1557
Martin Luther, Der Neundte Teil der Buecher des Ehrnwirdigen Herrn D. Martini Lutheri. Darinnen die Propositiones vom Ablas wider Johan Tetzel begriffen, welche der Ursprung dieses gantzen handels, vnd der herwiderbrachten reine Lere Christi gewesen […], Wittenberg 1557.

Luther 1854
Martin Luther, Vermischte deutsche Schriften. Nach den ältesten Ausgaben historisch und kritisch bearbeitet von Johann Konrad Irmischer, Tischreden, Bd. 3, Erlangen 1854.

Luther 1909
Dr. Martin Luthers Werke: Weimarer Ausgabe Bd. 51, 1909, S. 461–572.

Maaser 2010
Michael Maaser, Humanismus und Landesherrschaft. Herzog Julius (1528–1589) und die Universität Helmstedt, Stuttgart 2010 (= Frankfurter Historische Abhandlungen 46).

Mager 1986
Inge Mager, Lied und Reformation. Beobachtungen zur reformatorischen Singbewegung in norddeutschen Städten. In: Das protestantische Kirchenlied im 16. und 17. Jahrhundert, Wolfenbüttel 1986, S. 25–38.

Mager 1993
Inge Mager, Die Konkordienformel im Fürstentum Braunschweig-Wolfenbüttel. Entstehung – Rezeption – Geltung, Göttingen 1993 (= Studien zur Kirchengeschichte Niedersachsens 33).

Mager 2007
Inge Mager, Johann Arndts Vorreden zum Ersten Buch »Vom wahren Christentum« zwischen 1605 und 1610. In: Hans Otte und Hans Schneider, Frömmigkeit oder Theologie, Göttingen 2007, S. 201–230.

Mager 2010 a
Inge Mager, Konfessionelles Zeitalter. In: Friedrich Weber, Birgit Hoffmann und Hans-Jürgen Engelking (Hg.), Von der Taufe der Sachsen zur Kirche in Niedersachsen, Geschichte der Ev.-luth. Landeskirche in Braunschweig, Braunschweig 2010, S. 181–234.

Mager 2010 b
Inge Mager, Amtshandlungen. In: Friedrich Weber, Birgit Hoffmann und Hans-Jürgen Engelking (Hg.), Von der Taufe der Sachsen zur Kirche in Niedersachsen, Geschichte der Ev.-luth. Landeskirche in Braunschweig, Braunschweig 2010, S. 627–670.

Mänd 2008
Anu Mänd, Kirikute hõbevara. Altarriistad keskaegsel liivimaal. Eesti Kirikute Sisustus I, Tallin 2008.

Mathies 1998
Ulrike Mathies, Die protestantischen Taufbecken Niedersachsens, Regensburg 1998.

Meckseper 1985
Cord Meckseper (Hg.), Stadt im Wandel. Kunst und Kultur des Bürgertums in Norddeutschland 1150–1650, 4 Bde., Stuttgart-Bad Cannstadt 1985.

Meier 1896
Paul Jonas Meier (Bearb.), Die Bau- und Kunstdenkmäler des Kreises Helmstedt, Wolfenbüttel 1896 (= Die Bau- und Kunstdenkmäler des Herzogthums Braunschweig 1).

Meier 1928
Paul Jonas Meier, Der Streit Herzog Heinrichs des Jüngeren von Braunschweig-Wolfenbüttel mit der Reichsstadt Goslar um den Rammelsberg, Goslar 1928 (= Quellen und Forschungen zur Braunschweigischen Geschichte Bd. 9).

Meier 1936
Paul Jonas Meier, Kunsthandwerk des Bildhauers, Braunschweig 1936.

Meier 1976
Paul Jonas Meier (Bearb.), Kunstdenkmalinventare Niedersachsens. Neudruck des gesamten Werkes 1889 – 1976, hg. in Zusammenarbeit mit dem Niedersächsischen Landesverwaltungsamt – Institut für Denkmalpflege Hannover von H. Th. Wenner, Bd. 6, Hannover 1976.

Meier 1978
Paul Jonas Meier (Bearb.), Die Bau- und Kunstdenkmäler des Kreises Braunschweig, Wolfenbüttel 1900 (= Die Bau- und Kunstdenkmäler des Herzogthums Braunschweig 2; ND als Kunstdenkmälerinventare Niedersachsens 7, Osnabrück 1978).

Mennecke 1982
Uta Mennecke, Lucas Cranachs »Eroberung Wolfenbüttels«. Ein Holzschnitt im Dienst der Reformation. In: Blätter für deutsche Landesgeschichte 118 (1982), S. 137–159.

Merian/Zeiller 1654
Matthäus Merian und Martin Zeiller, Topographia und Eigentliche Beschreibung der vornembsten Stäte, Schlösser und auch anderer Plätze und Örter in denen Herzogthümern Braunschweig und Lüneburg […], Frankfurt/Main 1654.

Mersch 2006
Dieter Mersch, Medientheorie zur Einführung, Hamburg 2006.

Merzbacher 1969
Friedrich Merzbacher, Aus der Rechtsgeschichte des Ritterordens vom Goldenen Vlies. In: Nikolaus Grass und Werner Origs (Hg.), Festschrift Hans Lentze, Innsbruck und München 1969, S. 429–448.

Mielke 2000
Ursula Mielke, Hollstein's German Engravings, Etchings and Woodcuts 1400–1700, Bd. 47 und 48: Erhard Schön, hg. von Rainer Schoch, 2 Bde., Rotterdam 2000.

Mlynek/Röhrbein 1992
Klaus Mlynek und Waldemar R. Röhrbein (Hg.), Geschichte der Stadt Hannover, Bd. 1: Von den Anfängen bis zum Beginn des 19. Jahrhunderts, Hannover 1992.

Moderhack 1978
Richard Moderhack, Der ältesterhaltene Siegelstempel der Stadt Braunschweig (um 1330), Braunschweig 1978 (= Städtisches Museum Braunschweig, Miszellen 30).

Moeller 1962
Bernd Moeller, Reichsstadt und Reformation, Gütersloh 1962.

Moeller 1965
Bernd Moeller, Frömmigkeit in Deutschland um 1500. In: Archiv für Reformationsgeschichte 56 (1965), S. 5–31.

Moeller 1987
Bernd Moeller, Reformation. In: Dietrich Deneke und Helga-Maria Kühn (Hg.). Göttingen. Geschichte einer Universitätsstadt, Bd. 1, Göttingen 1987, S. 492–514.

Moeller 1988
Bernd Moeller, Deutschland im Zeitalter der Reformation, 3. Aufl. Göttingen 1988 (= Deutsche Geschichte 4).

Moeller 1991
Bernd Moeller, Die Reformation und das Mittelalter. In: Johannes Schilling (Hg.), Kirchenhistorische Aufsätze, Göttingen 1991, S. 73–85.

Moeller 2001
Bernd Moeller, Klerus und Antiklerikalismus in Luthers Schrift ›An den christlichen Adel deutscher Nation‹ von 1520. In: Ders., Luther-Rezeption, Göttingen 2001, S. 108–120.

Moeller 2011 a
Bernd Moeller, Luther-Rezeption, 10. Aufl. Göttingen 2011.

Moeller 2011 b
Bernd Moeller, Reichsstadt und Reformation, Neue Ausgabe [Erstausgabe 1962]. Mit einer Einleitung von Thomas Kaufmann (Hg.), Tübingen 2011.

Mörke 1983
Olaf Mörke, Rat und Bürger in der Reformation. Soziale Gruppen und kirchlicher Wandel in den welfischen Hansestädten Lüneburg, Braunschweig, Göttingen, Hildesheim 1983.

Moulin 2014
Claudine Moulin, Ein Sermon von Ablass und Gnade (1518) – Materialität: Dynamik und Transformation. In: Irene Dingel und Henning Jürgens (Hg.), Meilensteine der Reformation – Schlüsseldokumente der frühen Wirksamkeit Martin Luthers, Gütersloh 2014, S. 113–119.

Muller 2001
Frank Muller, Artistes dissidents dans l'Allemagne du seizième siècle. Lautensack – Vogtherr – Weiditz, Baden-Baden 2001 (= Bibliotheca Bibliographica Aureliana 184, Bibliotheca Dissidentium – Répertoire des non-conformistes religieux des seizième et dix-septième siècles 21), S. 197–227.

Müller 2004
Jan-Dirk Müller, Medialität. Frühe Neuzeit und Medienwandel. In: Kathrin Stegbauer, Herfried Vögel und Michael Waltenherger (Hg.), Kulturwissenschaftliche Frühneuzeitforschung. Beiträge zur Identität der Germanistik, Berlin 2004, S. 49–70.

Müller 1705
Johann Joachim Müller, Historie von der Evangelischen Ständte Protestation und Appellation Wieder und von dem Reichs-Abschied zu Speyer 1529 [...] wie auch ferner Dem zu Augspurg auf dem Reichstage 1530 übergebenen Glaubens-Bekenntniß [...], Jena 1705.

Müller 1990
Rainer A. Müller, Geschichte der Universität. Von der mittelalterlichen Universitas zur deutschen Hochschule, München 1990.

Müller 1983
Siegfried Müller, Die Sittenaufsicht des hannoverschen Rats über Laien in Spätmittelalter und früher Neuzeit. Ein Versuch. In: Hannoversche Geschichtsblätter NF 37 (1983), S. 1–43.

Müller 1987
Siegfried Müller, Stadt, Kirche und Reformation. Das Beispiel der Landstadt Hannover, Hannover 1987.

Müller/Jürgens 1993
Gerhard Müller und Klaus Jürgens, Das Reformationsjahr 1542 im Lande Braunschweig, Wolfenbüttel 1993 (= Quellen und Beiträge zur Geschichte der Evangelisch-lutherischen Landeskirche in Braunschweig 2).

Müller-Jürgens 1960
Georg Müller-Jürgens, Vasa Sacra. Altargerät in Ostfriesland, Aurich 1960.

Naß 1990
Klaus Naß, Der Auctorkult in Braunschweig und seine Vorläufer im früheren Mittelalter. In: Niedersächsisches Jahrbuch für Landesgeschichte 62 (1990), S. 153–207.

Naß 1991
Klaus Naß, Ablaßfälschungen im späten Mittelalter. Lothar III. und der Ablaß des Klosters Königslutter. In: Historisches Jahrbuch 111 (1991), S. 403–432.

Nauhaus 2009
Julia M. Nauhaus, Die Gemäldesammlung des Städtischen Museums Braunschweig. Vollständiges Bestandsverzeichnis und Verlustdokumentation, Hildesheim u. a. 2009.

Nentwig 1901
Heinrich Nentwig, Das ältere Buchwesen in Braunschweig. Beitrag zur Geschichte der Stadtbibliothek, Leipzig 1901.

Neugebauer 2009
Karl-Volker Neugebauer (Hg.), Grundkurs deutsche Militärgeschichte, Bd. 1, Die Zeit bis 1914. Vom Kriegshaufen zum Massenheer, München 2009.

Niehr 2014
Klaus Niehr (Hg.), Historische Stadtansichten aus Niedersachsen und Bremen 1450–1850, Göttingen 2014 (= Veröffentlichungen der Historischen Kommission für Niedersachsen und Bremen 268).

Niehr ^{2}2015
Klaus Niehr (Hg.), Historische Stadtansichten aus Niedersachsen und Bremen 1450–1850, 2. Aufl. Göttingen 2015 (= Veröffentlichungen der Historischen Kommission für Niedersachsen und Bremen 268).

Nissen 1958
Robert Nissen, Silberne Boten- und Spielmannsabzeichen und ihre Träger. In: Westfalen 36 (1958), S. 167–191.

Nissen 1969
Robert Nissen, Silberne Boten- und Spielmannsabzeichen und ihre Träger. II. Die Spielmannsabzeichen. In: Westfalen 47 (1969), S. 1–33.

Nistal 2008
Matthias Nistal, Die Zeit der Reformation und der Gegenreformation und die Zeit des Dreissigjährigen Krieges (1511–1632). In: Hans-Eckhard Dannenberg und Heinz-Joachim Schulze (Hg.), Geschichte des Landes zwischen Elbe und Weser Bd. III, Stade 2008, S. 10–40.

Nussbaum 1964
Otto Nussbaum, Das Brustkreuz des Bischofs – Zur Geschichte seiner Entstehung und Gestaltung, Mainz 1964.

Oberdiek 2006
Alfred Oberdiek, Die Universitätskirche Sankt Nicolai zu Göttingen, Göttingen 2006.

Oelke 2008
Harry Oelke, »Erhalt uns, Herr, bei deinem Wort und steur des Papsts und Türken Mord …«. Ein Kinderlied Luthers im Medienereignis Reformation. In: Lutherjahrbuch. Organ der internationalen Lutherforschung 75 (2008), S. 141–168.

Oexle 1984
Otto Gerhard Oexle, Memoria und Memorialbild. In: Karl Schmid und Joachim Wollasch (Hg.), Memoria. Der geschichtliche Zeugniswert des liturgischen Gedenkens im Mittelalter, München 1984 (= Münstersche Mittelalter-Schriften 48), S. 384–440.

Ohnsorge 1954
Werner Ohnsorge, Zur Geschichte der Kanzlei und des Hofgerichts zu Wolfenbüttel im 16. und 17. Jahrhundert. In: Werner Spiess und Bruno Heusinger (Hg.), Beiträge zur Geschichte des Gerichtswesens im Lande Braunschweig, Braunschweig 1954, S. 9–37.

O'Malley 1964
Charles Donald O'Malley, Andreas Vesalius of Brussels: 1514 – 1564, Berkeley 1964.

Otte o. J.
Hans Otte, Regionale Reformationsgeschichte oder: Zur Struktur der Reformation(en). In: Evangelisch-lutherische Landeskirche Hannovers (Hg.), Reformation buchstabieren. Regionale Reformationsgeschichten entdecken, Hannover o. J., S. 6–16.

Petersen 2015
Mariele Petersen, Erasmus von Rotterdam. Sein Fortleben im Bild, Petersberg 2015.

Petrasch u. a. 1991
Ernst Petrasch u. a. (Bearb.), Die Karlsruher Türkenbeute. Die Türckische Kammer des Markgrafen Ludwig Wilhelm von Baden-Baden. Die »Türckischen Curiositäten« der Markgrafen von Baden-Durlach, München 1991.

Pfeiffer 2013
Götz J. Pfeiffer, Tradition und Veränderung. Kunstwerke in Medingen als Zeugnisse der Klostergeschichte. In: Hans Otte (Hg.), Evangelisches Klosterleben. Studien zur Geschichte der evangelischen Klöster und Stifte in Niedersachsen, Göttingen 2013 (= Studien zur Kirchengeschichte Niedersachsens Bd. 46), S. 361–394.

Piekarek 1973
Roderich Piekarek, Die Braunschweiger Ablaßbriefe. Eine quellenkundliche Untersuchung über die Finanzierung der mittelalterlichen Kirchenbauten im Hinblick auf die damalige Bußpraxis. In: Braunschweigisches Jahrbuch 1973, S. 74–137.

Plath 1973
Helmuth Plath, Räderwerke alter Turmuhren, Hannover 1973.

Pohlig 2009
Matthias Pohlig, Wandel und seine Repräsentation. In: Jörg Baberowski (Hg.), Arbeit an der Geschichte. Wie viel Theorie braucht die Geschichtswissenschaft? Frankfurt/Main und New York 2009, S. 37–61.

Popp 2010
Christian Popp, Der Schatz der Kanonissen. Heilige und Reliquien im Frauenstift Gandersheim, Regensburg 2010 (= Studien zum Frauenstift Gandersheim und seinen Eigenklöstern 3).

Pöppelmann [im Druck]
Heike Pöppelmann, Hilf gern in der Not, erwarte aber keinen Dank. Das Abtgrab Nr. 5 aus St. Aegidien, [im Druck].

von Poser 1983
Hasso von Poser, Exkurs 3: Kirche und Kunst im Luthertum. In: Waldemar R. Röhrbein (Hg.), Reformation und Kirchentag. Kirche und Laienbewegung in Hannover. Handbuch zur Ausstellung im Historischen Museum am Hohen Ufer, Hannover 1983, S. 70–86.

Postel 1986
Rainer Postel, Die Reformation in Hamburg: 1517–1528, Gütersloh 1986.

Postel 1992
Rainer Postel, Geschwinde Zeiten. Zum Krisenproblem im 16. Jahrhundert. In: Monika Hagenmeier und Sabine Holtz (Hg.), Krisenbewußtsein und Krisenbewältigung in der Frühen Neuzeit, Festschrift für Hans-Christoph Rublack, Frankfurt/Main 1992, S. 13–21.

Preuß 1906
Hans Preuß, Die Vorstellungen vom Antichrist im späteren Mittelalter, bei Luther und in der konfessionellen Polemik. Ein Beitrag zur Theologie Luthers und zur Geschichte der christlichen Frömmigkeit, Leipzig 1906.

Prüsse Stiftung und Jacob-Kemenat 2012
Prüsse Stiftung und Jacob-Kemenate (Hg.), Die jüdische Gemeinde Braunschweig. Die Geschichte einer Minderheit vom Mittelalter bis Heute, Bramsche 2012.

Puhle 1996
Matthias Puhle (Hg.), Hanse – Städte – Bünde: die sächsischen Städte zwischen Elbe und Weser um 1500; Ausstellung Kulturhistorisches Museum Magdeburg 28. Mai bis 25. August 1996; Braunschweigisches Landesmuseum, Ausstellungszentrum Hinter Aegidien 17. September bis 1. Dezember 1996, Magdeburg 1996 (= Magdeburger Museumsschriften Nr. 4).

Puhle 1998
Matthias Puhle (Hg.), »… gantz verheeret«. Magdeburg und der Dreißigjährige Krieg. Beiträge zur Stadtgeschichte und Katalog zur Ausstellung Magdeburg 1998–1999, Halle (Saale) 1998 (= Magdeburger Museumsschriften 6).

Puhle 2002
Matthias Puhle (Hg.), Die Welt im leeren Raum. Otto von Guericke 1602–1686. Eine Ausstellung des Kulturhistorischen Museums in Verbindung mit der Otto-von-Guericke-Gesellschaft e. V. und dem Museum für Naturkunde anläßlich des 400. Geburtstags von Otto von Guericke, München und Berlin 2002.

Quaas 2006
Gerhard Quaas, Kat.-Nr. I.10. In: Hans Ottomeyer, Jutta Götzmann und Ansgar Reiß (Hg.), Heiliges Römisches Reich Deutscher Nation 962–1806. Altes Reich und Neue Staaten 1495 bis 1806, Dresden 2006, S. 33–34.

Rahn 1994
Kerstin Rahn, Religiöse Bruderschaften in der spätmittelalterlichen Stadt Braunschweig, Hannover und Braunschweig 1994 (= Braunschweiger Werkstücke, 91).

Rammler 2009
Dieter Rammler, Hinter jedem Hügel ein Kirchturm. Kleine Braunschweigische Kirchengeschichte, Hannover 2009.

Rebel 1996
Ernst Rebel, Albrecht Dürer. Maler und Humanist, München 1996.

Regula 1917
Jacob Regula, Die kirchlichen Selbständigkeitsbestrebungen der Städte Göttingen, Northeim, Hannover und Hameln in den Jahren 1584 bis 1601. In: Zeitschrift der Gesellschaft für niedersächsische Kirchengeschichte 22 (1917), S. 123–152.

Rehtmeyer [Neudruck] 1969
Philipp Julius Rehtmeyer, Antiquitates ecclesiasticae inclytae urbis Brunsvigae Pars III Oder: Der berühmten Stadt Braunschweig Kirchen-Historie Dritter Theil […], Braunschweig 1707, Neudruck 1969.

Reilly 1989
Bernard F. Reilly, The Kingdom of León-Castilla under King Alfonso VI, 1065–1109, Princeton 1989.

Reinhardt 2012
Uta Reinhardt, Lüneburg – Benediktiner, später ev. Männerkloster St. Michaelis. In: Josef Dolle (Hg.), Niedersächsisches Klosterbuch. Verzeichnis der Klöster, Stifte, Kommenden und Beginenhäuser in Niedersachsen und Bremen von den Anfängen bis 1810, Bd. 2, Bielefeld 2012, S. 947–960.

Reinitzer 1983
Heimo Reinitzer (Hg.), Biblia deutsch. Luthers Bibelübersetzung und ihre Tradition, Wolfenbüttel und Hamburg 1983 (= Ausstellungskatalog der Herzog August Bibliothek 40).

Reitemeier 2005 a
Arnd Reitemeier, Pfarrkirchen in der Stadt des späten Mittelalters: Politik, Wirtschaft und Verwaltung. Stuttgart 2005 (= Beihefte der Vierteljahrschrift für Sozial- und Wirtschaftsgeschichte 177).

Reitemeier 2005 b
Arnd Reitemeier, Kirchspiele und Viertel als »vertikale Einheiten« der Stadt des späten Mittelalters. In: Blätter für Deutsche Landesgeschichte 141/142 (2005), S. 603–640.

Reitemeier 2009
Arnd Reitemeier, Einfluss und Funktion der »Gemeinden« in Norddeutschland bei der Einführung der Reformation. In: Jahrbuch der Gesellschaft für niedersächsische Kirchengeschichte 107 (2009), S. 53–77.

Reitemeier 2013
Arnd Reitemeier, Die Pfarrgemeinde im späten Mittelalter. In: Enno Bünz und Gerhard Fouquet (Hg.), Die Pfarrei im späten Mittelalter, Ostfildern 2013 (= Vorträge und Forschungen 77), S. 341–375.

Reitemeier 2016
Arnd Reitemeier, »Reformationen« und Städte in Norddeutschland. In: Neues Archiv für Niedersachsen 2 (2016), S. 28–42.

Reitemeier 2017
Arnd Reitemeier, Reformation in Norddeutschland. Gottvertrauen zwischen Fürstenherrschaft und Teufelsfurcht, Göttingen 2017.

Reller 1959
Horst Reller, Vorreformatorische und reformatorische Kirchenverfassung im Fürstentum Braunschweig-Wolfenbüttel, Göttingen 1959 (= Studien zur Kirchengeschichte Niedersachsens 10).

Reske 2007
Christoph Reske, Die Buchdrucker des 16. und 17. Jahrhunderts im deutschen Sprachgebiet. Auf der Grundlage des gleichnamigen Werkes von Josef Benzing, Wiesbaden 2007 (= Beiträge zum Buch- und Bibliotheks-wesen 51).

Richter 2015
Rainer G. Richter, Sächsische Ofenkacheln der Reformationszeit. In: Keramos 2015, Heft 1, S. 49–76.

Riepertinger u. a. 2002
Rainhard Riepertinger u. a. (Hg.), Das Rätsel Grünewald, Ausstellungskatalog, Aschaffenburg 2002, S. 296–297, Nr. 180 (Christian Pietsch).

Ries 1984
Rotraud Ries, Zum Zusammenhang von Reformation und Judenvertreibung. In: Helmut Jäger, Franz Petri und Heinz Quirin (Hg.), Civitatum Communitas. Studien zum Europäischen Städtewesen, Festschrift für Heinz Stoob, Köln und Wien 1984, S. 645–647.

Ring 2003
Edgar Ring, Glaskultur in Niedersachsen. Tafelgeschirr und Haushaltsglas vom Mittelalter bis zur frühen Neuzeit, Husum 2003 (= Archäologie und Bauforschung in Lüneburg 5).

Ritter 1951
Annelies Ritter, Die sog. Calenberger Kirchenordnung und ihre Vorbilder. In: Jahrbuch der Gesellschaft für niedersächsische Kirchengeschichte 49 (1951), S. 79–102.

Ritter 1952
Annelies Ritter, Über die Lehrschriften in den Fürstentümern Wolfenbüttel und Lüneburg am Ende des 16. Jahrhunderts. In: Jahrbuch der Gesellschaft für niedersächsische Kirchengeschichte 50 (1952), S. 82–95.

Robinson-Hammerstein 1992
Helga Robinson-Hammerstein, Correspondence with Lucifer, 1521. In: Monika Hagenmeier und Sabine Holtz (Hg.), Krisenbewußtsein und Krisenbewältigung in der Frühen Neuzeit, Festschrift H.-Chr. Rublack, Frankfurt/Main u. a. 1992, S. 257–275.

Roehmer 2014
Marion Roehmer, Formenkosmos Siegburger Steinzeug. Die Sammlung des Hetjens-Museum, Mainz 2014.

Roettig 1990
Petra Roettig, Reformation als Apokalypse. Die Holzschnitte von Matthias Gerung, Bern u. a. 1990.

Römer 1976
Christof Römer (Bearb.), Späthumanismus und Landeserneuerung. Die Gründungsepoche der Universität Helmstedt 1976–1613, Sonderausstellung des Braunschweigischen Landesmuseums für Geschichte und Volkstum aus Anlaß des 400jährigen Gründungstages der Universität Helmstedt, Braunschweig 1976 (= Veröffentlichungen des Braunschweigischen Landesmuseums 9).

Römer 1980
Christof Römer, Die Dominikaner in Braunschweig, Braunschweig 1980 (= Veröffentlichungen des Braunschweigischen Landesmuseums 25).

Römer 1984
Christof Römer, Historisches Klosterensemble und musealer Klosterhof des Braunschweigischen Landesmuseums hinter St. Aegidien, Braunschweig 1984 (= Veröffentlichungen des Braunschweigischen Landesmuseums 44).

Römer 1982
Gerhard Römer, Die mittelalterlichen Paramente im Kloster St. Marienberg in Helmstedt, Helmstedt 1982.

Rosenbohm 1958
Rolf Rosenbohm, Die Straßensperren in den niederdeutschen Städten. Ein Beitrag zum Befestigungswesen der mittelalterlichen Stadt. In: Lüneburger Blätter 9 (1958), S. 21–37.

Rosseaux 2006
Ulrich Rosseaux, Städte in der frühen Neuzeit, Darmstadt 2006.

Rötting 1985
Hartmut Rötting, Stadtarchäologie in Braunschweig, Hameln 1985 (= Forschungen der Denkmalpflege in Niedersachsen 3).

Rötting 1997
Hartmut Rötting, Stadtarchäologie in Braunschweig, Hameln, 2. Aufl. 1997 (= Forschungen der Denkmalpflege in Niedersachsen 3).

Rudy 2011
Kathryn M. Rudy, Virtual Pilgrimages in the Convent. Imagining Jerusalem in the Late Middle Ages, Turnhout 2011 (= Disciplina Monastica. 8).

Rüggeberg 2013
Helmut Rüggeberg, Ofenplatten in Nordwestdeutschland. Eine Dokumentation. Bd. 1: Ofenplatten mit biblischen Darstellungen, Cloppenburg 2013 (= Quellen und Studien zur Regionalgeschichte Niedersachsens 12).

Rüttgardt 2007
Antje Rüttgardt, Klosteraustritte in der frühen Reformation. Studien zu Flugschriften der Jahre 1522 bis 1524, Gütersloh 2007 (= Quellen und Forschungen zur Reformationsgeschichte Bd. 79), S. 211–255.

Sachs 1523/24
Hans Sachs, Die Wittenbergisch Nachtigall Die man yetz höret überall, Nürnberg u. a. 1523, Wien 1524.

Sandl 2011
Marcus Sandl, Medialität und Ereignis. Eine Zeitgeschichte der Reformation, Zürich 2011 (= Medienwandel – Medienwechsel – Medienwissen 18).

Schäfer 1982
Walter Schäfer, Kruse, Gottschalk. In: Neue Deutsche Biographie 13 (1982), S. 149 f.

Schäufele 2012
Wolf-Friedrich Schäufele (Hg.), Die Marburger Artikel als Zeugnis der Einheit, Leipzig 2012.

Scheffler 1965
Wolfgang Scheffler, Goldschmiede Niedersachsens. Daten, Werke, Zeichen, Bd. 2, Berlin 1965.

Schilling 2000
Johannes Schilling, Flugblätter und Flugschriften der Reformationszeit. In: Hans Dieter Betz u. a. (Hg.), Die Religion in Geschichte und Gegenwart, 4. völlig neu bearb. Aufl., Bd. 3, Tübingen 2000, Sp. 169 f.

Schlotheuber 1994
Eva Schlotheuber, Die Auflösung der Bettelordensklöster in der Reformation. In: Elmar Mittler (Hg.), 700 Jahre Paulinerkirche – vom Kloster zur Bibliothek, Göttingen 1994, S. 35–39 und S. 72 f. (Nr. 105), S. 74 (Nr. 108).

Schlotheuber 2007
Eva Schlotheuber, Klostereintritt und Übergangsriten. Die Bedeutung der Jungfräulichkeit für das Selbstverständnis der Nonne der alten Orden. In: Jeffrey F. Hamburger u. a. in Kooperation mit dem Ruhrlandmuseum Essen (Hg.), Frauen – Kloster – Kunst. Neue Forschungen zur Kulturgeschichte des Mittelalters. Beiträge zum Internationalen Kolloquium vom 13. bis 16. Mai 2005 anlässlich der Ausstellung »Krone und Schleier«, Oostkamp 2007, S. 43–55.

Schlotheuber u. a. 2011
Eva Schlotheuber u. a. (Bearb.), Herzogin Elisabeth von Braunschweig-Lüneburg (1510–1558). Herrschaft – Konfession – Kultur. Beiträge des wissenschaftlichen Symposiums der Klosterkammer Hannover 24.–26. Februar 2010 im Historischen Museum Hannover, Hannover 2011 (= Quellen und Darstellungen zur Geschichte Niedersachsens Bd. 132).

Schmidt-Glintzer 2010
Helwig Schmidt-Glintzer, Städte und Orte der Elitebildung. In: Jens Bruning und Ulrike Gleixner (Hg.), Das Athen der Welfen. Die Reformuniversität Helmstedt 1576–1810, Wolfenbüttel 2010, S. 11–15.

Schmidtke 1980
Dietrich Schmidtke, ›Geistliche Weinrebe‹. In: Kurt Ruh u. a. (Hg.), Die deutsche Literatur des Mittelalters. Verfasserlexikon Bd. 2, Berlin und New York 1980, Sp. 1180 f.

Schnabel 1972
Hildegard Schnabel (Hg.), Lucas Cranach d. Ä.: Passional Christi und Antichristi, Berlin 1972.

Schneidmüller 1986
Bernd Schneidmüller, Beiträge zur Gründungs- und frühen Besitzgeschichte des Braunschweiger Benediktinerklosters St. Marien/St. Aegidien. In: Braunschweigisches Jahrbuch 67 (1986), S. 41–57.

Scholz 2000
Elisabeth Scholz, Die gegenreformatorische Ausstattung des Hildesheimer Doms: Lettner, Hochaltar und Wrisberg-Epitaph. In: Ulrich Knapp (Hg.), Ego sum Hildensemensis. Bischof, Domkapitel und Dom in Hildesheim 815 bis 1810, Hildesheim 2000 (= Kataloge des Dom-Museums Hildesheim 3), S. 197–212.

Schorn-Schütte 1996
Luise Schorn-Schütte, Evangelische Geistlichkeit der Frühneuzeit: deren Anteil an der Entfaltung frühmoderner Staatlichkeit und Gesellschaft, dargestellt am Beispiel des Fürstentums Braunschweig-Wolfenbüttel, der Landgrafschaft Hessen-Kassel und der Stadt Braunschweig, Gütersloh 1996 (= Quellen und Forschungen zur Reformationsgeschichte 62).

Schorn-Schütte ^{3}2006
Luise Schorn-Schütte, Karl V. Kaiser zwischen Mittelalter und Neuzeit, 3. Aufl. München 2006.

Schorn-Schütte 2013
Luise Schorn-Schütte, Das ganze Haus – Evangelische Pfarrhäuser im 16. und 17. Jahrhundert. In: Thomas Seidel und Christopher Spehr (Hg.), Das evangelische Pfarrhaus – Mythos und Wirklichkeit, Leipzig 2013, S. 37–53.

Schrader 2009
Karin Schrader, Fürstin und Äbtissinnen. Protestantische Frauenbildnisse der Frühen Neuzeit als Zeugnisse politischen und kulturellen Handelns. In: Susanne Rode-Breymann (Hg.), Musikort Kloster. Kulturelles Handeln von Frauen in der Frühen Neuzeit, Köln, Weimar und Wien 2009, S. 169–201.

Schuchardt 2015
Günter Schuchardt, Privileg und Monopol – Die Lutherportraits der Cranach-Werkstatt. In: Günter Schuchardt (Hg.), Cranach, Luther und die Bildnisse, Ausstellung Wartburg 2. April – 19. Juli 2015, Regensburg 2015, S. 24–51.

Schuhmann 2007
Dirk Schuhmann (Hg.), Sachkultur und religiöse Praxis. Studien zur Geschichte, Kunst und Kultur der Zisterzienser 8, Berlin 2007.

Schumann 1983/1985
Sabine Schumann, Joachim Mynsinger von Frundeck (1514–1588). Herzoglicher Kanzler in Wolfenbüttel, Rechtsgelehrter, Humanist. Zur Biographie eines Juristen im 16. Jahrhundert, Wiesbaden 1983 (= Wolfenbütteler Forschungen 23) sowie Braunschweigischer Vereinigter Kloster- und Studienfonds 1985.

Schütte 1985
Sven Schütte, Kat.-Nr. 120: Kette. Göttingen. In: Meckseper 1985, S. 184.

Sehling 1955
Emil Sehling (Hg.), Die evangelischen Kirchenordnungen des XVI. Jahrhunderts, Bd. 6: Niedersachsen: Die Welfischen Lande, Teilbd. 1: Die Fürstentümer Wolfenbüttel und Lüneburg mit den Städten Braunschweig und Lüneburg, Tübingen 1955.

Seidel 1996
Katrin Seidel, Die Kerze – Motivgeschichte und Ikonologie, Hildesheim u. a. 1996 (= Studien zur Kunstgeschichte 103).

Simon-Muscheid 2010
Katharina Simon-Muscheid, Standesgemäße Kleidung. Repräsentation und Abgrenzung durch Kleiderordnungen (12.–16. Jahrhundert). In: Zweite Haut. Zur Kulturgeschichte der Kleidung, Bern, Stuttgart und Wien 2010, S. 91–116.

Smid 1974
Menno Smid, Ostfriesische Kirchengeschichte, Pewsum 1974 (= Ostfriesland im Schutze des Deiches Bd. 6).

Spanuth 1937
Friedrich Spanuth, Quellen zur Durchführung der Reformation im Braunschweig-Wolfenbüttelschen Lande 1551 bis 1568. In: Zeitschrift der Gesellschaft für niedersächsische Kirchengeschichte, 42. Jg. (1937), S. 244–288.

Spies 1970
Gerd Spies, 5 Jahrhunderte Braunschweiger Schützen, Städtisches Museum Braunschweig 1970.

Spies 1981
Gerd Spies (Hg.), Brunswiek 1031 – Braunschweig 1981. Die Stadt Heinrichs des Löwen von den Anfängen bis zur Gegenwart, Braunschweig 1981.

Spies 1996
Gerd Spies, Braunschweiger Goldschmiede, 3 Bde., München 1996.

Spieß 1951
Werner Spieß, Von Vechelde. Die Geschichte einer Braunschweiger Patrizierfamilie 1332–1864, Braunschweig 1951, S. 95–98.

Spieß 1966
Werner Spieß, Geschichte der Stadt Braunschweig im Nachmittelalter. Vom Ausgang des Mittelalters bis zum Ende der Stadtfreiheit (1491–1671), 2 Halbbände, Braunschweig 1966.

Starke 1983
Elfriede Starke, Lukas Cranach d. Ä., Die Zehn-Gebote-Tafel, Leipzig 1983.

Stauffer 2013
Annemarie Stauffer, Das Salvatortüchlein aus dem Gandersheimer Reliquienschatz. In: Hedwig Röckelein (Hg.), Der Gandersheimer Schatz im Vergleich. Zur Rekonstruktion und Präsentation von Kirchenschätzen, Regensburg 2013 (= Studien zum Frauenstift Gandersheim und seinen Eigenklöstern 4), S. 125–134.

Steidle 1980
Baslius Steidle, Die Benediktus-Regel, Beuron 1980.

Steiff 1903
K. Steiff, Bomberg, Daniel. In: Allgemeine Deutsche Biographie (1903), S. 95–97; URL: http://www.deutsche-biographie.de/pnd116237317.html (3. 3. 2017).

Steinführer 2012
Henning Steinführer, Braunschweig Dominikaner. In: Josef Dolle (Hg.), Niedersächsisches Klosterbuch. Verzeichnis der Klöster, Stifte, Kommenden und Beginenhäuser in Niedersachsen und Bremen von den Anfängen bis 1810, Bd. 1, Bielefeld 2012 (= Veröffentlichungen des Instituts für Historische Landesforschung in Göttingen 56), S. 158–163.

Steinführer 2015
Henning Steinführer (Hg.), Stadt – Schule – Kirche, Martino-Katharineum 1415–2015. Eine Ausstellung zu den Gründungsurkunden im Altstadtrathaus und zur Schulgeschichte in der Martinikirche, Braunschweig 2015.

Steland 1992
Anne Charlotte Steland (Hg.), Menschen-Bilder. Das Bildnis zwischen Spiegelbild und Rollenspiel. Eine didaktische Ausstellung gemalter Porträts, entstanden zwischen 1500 und 1800 aus dem Besitz des Herzog Anton Ulrich-Museums in Braunschweig, Braunschweig 1992.

Stopp 1969
F. J. Stopp, Verbum Domini Manet in Aeternum. The Dissemination of a Reformation Slogan, 1522–1904. In: Siegbert S. Prawer u. a. (Hg.), Essays in German Language, Culture and Society, London 1969, S. 123–135.

Stopp 1970
F. J. Stopp, Henry the Younger of Brunswick-Wolfenbüttel. Wild Man and Werwolf in Religious Polemics 1538–1544. In: Journal of the Warburg and Courtauld Institutes 33 (1970), S. 200–234.

Strauß 1966
Konrad Strauß, Die Kachelkunst des 15. und 16. Jahrhunderts in Deutschland, Österreich und der Schweiz, Straßburg 1966.

Streich/Wex/Klein 2008
Brigitte Streich, Reinhold Wex und Kerstin Klein, Franz von Gifhorn. Auf den Spuren eines Reformationsfürsten, hg. vom Museums- und Heimatverein Gifhorn e. V., Gifhorn 2008.

Thalmann 2010
Söhnke Thalmann, Ablaßüberlieferung und Ablaßpraxis im spätmittelalterlichen Bistum Hildesheim, Hannover 2010 (= Veröffentlichungen der Historischen Kommission für Niedersachsen und Bremen 254).

Thielemann 1970
Marie Thielemann, Philipp Sigismund (1568–1623). In: Rotenburger Schriften, Heft 33 (1970), S. 23–40.

Thies 1997
Harmen Thies, Das Juleum Novum – Paul Francke, Helmstedt 1997 (= Beiträge zur Geschichte des Landkreises und der ehemaligen Universität Helmstedt, Heft 9).

TRE 1996
Gerhard Müller (Hg.), Theologische Realenzyklopädie, Bd. 26, Berlin und New York 1996.

Trusen 1957
Winfried Trusen, Um die Reform und Einheit der Kirche. Zum Leben und Werk Georg Witzels. Katholisches Leben und Kämpfen im Zeitalter der Glaubensspaltung, Münster 1957 (= Vereinsschriften zur Herausgabe des Corpus Catholicorum 14).

Tschackert 1897
Paul Tschackert, Magister Johann Sutel, Reformator von Göttingen, Schweinfurt und Northeim. In: Zeitschrift der Gesellschaft für niedersächsische Kirchengeschichte 2 (1897), S. 1–140.

Tschackert 1900
Paul Tschackert, Antonius Corvinus. Leben und Schriften, Hannover und Leipzig 1900.

VD 16
Verzeichnis der im deutschen Sprachbereich erschienenen Drucke des 16. Jahrhunderts.

Vespucci 1502
Amerigo Vespucci, Mundus Novus, Rom 1502 [Mindestens drei voneinander unabhängige Übersetzungen in deutscher Sprache sind bereits 1505 in Nürnberg, München und Straßburg erschienen].

Vogel 1841
Emil Ferd. Vogel, Alterthümer der Stadt und des Landes Braunschweig, Braunschweig 1841.

Vogtherr 1998
Hans-Jürgen Vogtherr (Hg.), Herzog Ernst der Bekenner und seine Zeit. Beiträge zur Geschichte des ersten protestantischen Herzogs von Braunschweig-Lüneburg anläßlich der 500jährigen Wiederkehr seines Geburtstages in Uelzen im Jahre 1497, Uelzen 1998 (= Uelzener Beiträge 14).

Wagner 1997
Gerhard G. Wagner, Sonnenuhren und wissenschaftliche Instrumente. Aus den Sammlungen des Mainfränkischen Museums Würzburg, Würzburg 1997 (= Katalog des Mainfränkischen Museums Würzburg 9).

van de Walle-van de Woude 2007
Tosca van de Walle-van de Woude, Kleren maken de man. In: Christiaan Schrickx et. al., Hoogtepunten uit Hoornse bodem, Hoorn 2007 (= Archaeologie in Noord-Holland 1), S. 80–85.

[Walter] 1524
[Johann Walter], Geystliche gesangk Buchleyn, Wittenberg 1524.

Warnke 1984
Martin Warnke, Cranachs Luther. Entwürfe für ein Image (Kunststück), Frankfurt/Main 1984.

Waschbüsch 2008
Andreas Waschbüsch, Alter Melanchthon. Muster theologischer Autoritätsstiftung bei Matthias Flacius Illyricus, Göttingen 2008 (= Forschungen zur Kirchen- und Dogmengeschichte 96).

Wegner [in Vorb.]
Martina Wegner, Sächsische Ofenkacheln der Renaissance. Kachelmotive und deren Ausbreitung am Beispiel der Töpfereiabwürfe vom Wilhelm-Leuschner-Platz in Leipzig, Diss. Universität Bamberg [in Vorbereitung].

Wenzel 2013
Michael Wenzel, Ein posthumes Privatporträt des Herzogs?. In: Britta-Juliane Kruse (Hg.), Rosenkränze und Seelengärten, Bildung und Frömmigkeit in niedersächsischen Frauenklöstern, Wiesbaden 2013, S. 323 f.

Werner 2012
Christian Werner, Jüdisches Leben in Braunschweig, Braunschweig 2012.

Wex 1996
Reinhold Wex, Luthers und anderer Konterfei, Ausstellungskatalog Herzog Anton Ulrich-Museum Braunschweig 1996, S. 48 f., Kat.-Nr. 39.

Whitrow 1991
Gerald J. Whitrow, Die Erfindung der Zeit, Hamburg 1991.

von Wilckens o. J.
Leonie von Wilckens, Die mittelalterlichen Textilien, Katalog der Sammlung, Herzog Anton Ulrich-Museum Braunschweig, Nr. 61, S. 110 f.

Williams 2000
George Huntston Williams, The Radical Reformation, 3. Aufl. Kirksville 2000.

Williams-Krapp 1986
Werner Williams-Krapp, Die deutschen und niederländischen Legendare des Mittelalters. Studien zu ihrer Überlieferungs-, Text- und Wirkungsgeschichte, Tübingen 1986 (= Texte und Textgeschichte 20).

Williams-Krapp 1992
Werner Williams-Krapp, Die Heiligen und der Bücherabsatz. Zu den Lübecker Drucken von ›Der Heiligen Leben‹. In: Lübeckische Blätter 157/3 (1992), S. 31–34.

Winn 2013
Ulrich Winn, Die Anfänge der Reformation in Goslar. In: Otmar Hesse (Hg.), Die Reformation in der Reichsstadt Goslar, Goslar 2013, S. 19–34.

Wischhöfer 2014
Bettina Wischhöfer, »auff ein fürnemes Fest« – Zur Geschichte der Konfirmation, Kassel 2014.

Wiswe 1980
Mechthild Wiswe, Hausrat aus Kupfer und Messing, Braunschweig 1980 (= Veröffentlichungen des Braunschweigischen Landesmuseums 24).

Wittram 1983
Heinrich Wittram, Anfänge und Auswirkungen der Reformation in Stade 1522–1551. In: Jahrbuch der Gesellschaft für niedersächsische Kirchengeschichte, hg. von Hans-Walter Krumwiede, Bd. 81, Blomberg/Lippe 1983, S. 51–73.

Wolf 2011
Jürgen Wolf, Von geschriebenen Drucken und gedruckten Handschriften. Irritierende Beobachtungen zur zeitgenössischen Wahrnehmung des Buchdrucks in der zweiten Hälfte des 15. und des beginnenden 16. Jahrhunderts. In: Andreas Gardt, Mireille Schneider und Jürgen Wolf (Hg.), Buchkultur und Wissensvermittlung in Mittelalter und Früher Neuzeit, Berlin 2011, S. 3–21.

Wolters 1938–1950
Ernst Georg Wolters, Die Kirchenvisitationen der Aufbauzeit (1570–1600) im vormaligen Herzogtum Braunschweig-Wolfenbüttel. In: Zeitschrift (ab 1939 Jahrbuch) der Gesellschaft für niedersächsische Kirchengeschichte 43 (1938), S. 204–237, 44 (1939), S. 64–85, 45 (1940), S. 153–202, 46 (1941), S. 99–153, 48 (1950), S. 62–85.

Zander-Seidel 2015
Jutta Zander-Seidel, Die Lesbarkeit frühneuzeitlicher Kleidung. In: In Mode. Kleider und Bilder aus Renaissance und Frühbarock. Ausstellung im Germanischen Nationalmuseum Nürnberg, Nürnberg 2015, S. 10–19.

Zech [im Druck]
Julia Zech, Herausforderung Reformation. Konflikte und Alltag des Superintendenten Jacob Jovius im Fürstentum Braunschweig-Wolfenbüttel 1569–1585, Diss., [im Druck].

Zedler 1740
Johann Heinrich Zedler, Universal-Lexicon, Bd. 25, Leipzig 1740.

Zehnder 1999
Frank Günter Zehnder (Hg.), Zeitwenden – Rückblick. Kunst- und Ausstellungshalle der Bundesrepublik Deutschland 1999/2000. Ausstellung der Stiftung für Kunst und Kultur e. V. und des Landesverbandes Rheinland/Rheinisches Landesmuseum Bonn, Köln 1999.

Zeller 1912/1979
Adolf Zeller (Bearb.), Die Kunstdenkmale der Stadt Hildesheim. Bürgerliche Bauten, Hannover 1912 (Nachdruck Osnabrück 1979).

Zimmermann 1978
Gottfried Zimmermann, Der Mönch Gottschalk Kruse, Initiator der reformatorischen Bewegung in Braunschweig. In: Stadtkirchenverband Braunschweig (Hg.), Die Reformation in der Stadt Braunschweig, Festschrift 1528–1978, Braunschweig 1978, S. 21.

Zinner 1967
Ernst Zinner, Deutsche und niederländische astronomische Instrumente des 11.–18. Jahrhunderts, München 1967.

Zippert 1989
Christian Zippert (Bearb.), 450 Jahre Ziegenhainer Zuchtordnung. In: Blick in die Kirche 2 (1989), S. I–VIII.

Zschoch 1995
Hellmut Zschoch, Reformatorische Existenz und konfessionelle Identität. Urbanus Rhegius als evangelischer Theologe in den Jahren 1520 bis 1530, Tübingen 1995 (= Beiträge zur historischen Theologie 88).

zur Mühlen 2001
Karl-Heinz zur Mühlen, Taufe V. In: Theologische Realenzyklopädie 32 (2001), S. 701–704, 709 f. (Lit.).

Abbildungen

akg-images
S. 52, 56

Bayerische Staatsbibliothek München
S. 53 (Res/P.lat. 2322 m, Titelblatt), 69 (Einbl. III, 52 g), 71 (Rar. 1521, Titelblatt und Titelblatt, verso)

Bildarchiv Akademie der Wissenschaften zu Göttingen, Inschriftenkommission, Katharina Kagerer
S. 45 (oben)

Bildarchiv Akademie der Wissenschaften zu Göttingen, Inschriftenkommission, Sabine Wehking
S. 39

bpk / Staatsbibliothek zu Berlin
S. 67

Braunschweigisches Landesmuseum, Anja Pröhle
S. 45 (unten), 46, 47, 50, 86, 90, 93, 97, 106, 117, 120, 134, 138, 141, 150, 158, 162, 166 (oben und unten), 168 (oben und unten), 169, 171, 180, 186, 188 (oben und unten), 190, 202, 210, 230, 231 (oben und unten), 238, 238, 241, 243, 246, 252, 253 (oben und unten), 256, 258, 264, 267, 269, 270, 272, 276, 289, 291, 292, 301, 304, 305 (oben und unten), 307, 312, 313, 314, 318, 331, 339, 341, 345, 364, 371, 375, 379, 385, 386, 391, 392, 393, 394, 395 (alle), 397, 400, 402, 411, 416, 419, 423, 425, 426, 427, 431

Braunschweigisches Landesmuseum, Gaby Kuper
S. 44, 221

Braunschweigisches Landesmuseum, Ilona Döring
S. 105, 132

Braunschweigisches Landesmuseum, Ingeborg Simon
S. 43, 228, 235, 310, 311, 330

Christina Kohnen / Ostfriesische Landschaft
S. 281

collection Archaeological institute of Westfriesland, Netherlands
S. 390

Deutsches Historisches Museum, Berlin
S. 145

Deutsches Historisches Museum, S. Ahlers
S. 55 (Berlin, Gr 53/1 /), 161 (MGr 54/9.48)

Die Kirstings, Kirsten Frankenfeld
Titelmotiv

Dommuseum Hildesheim, Foto: Ulrich Knapp
S. 277

Erzbistum Paderborn, Fachstelle Kunst, Foto: Ansgar Hoffmann, Schlangen
S. 422

Ev.-luth. Marktkirchengemeinde Hannover/Historisches Museum Hannover
S. 306

Ev.-luth. Marktkirchengemeinde Hannover, Foto: Thomas Deutschmann
S. 263, 324

Ev.-luth. Kirchengemeinde im Stadtkirchenverband Hannover, Foto: Anne-Kathrin Fricke-Hellberg
S. 374

Ev.-luth. Kirchengemeinde St. Abundus, Cuxhaven-Groden, Foto: Sabine Badorrek
S. 403

Ev.-luth. Kirchengemeinde St. Cosmas und Damian zum Markte, Goslar, Foto: Martin Schenk
S. 217

Ev.-luth. Kirchengemeinde St. Katharinen, Osnabrück
S. 229

Ev.-luth. Kirchenkreisarchiv Göttingen, Pfarrarchiv St. Nikolai Göttingen A 202 Besetzung der Pfarrstelle
S. 219, 293

Ev.-luth. Landeskirche Hannovers / Kunstreferat / Ulrich Ahrensmeier
S. 62

Ev.-luth. Liudgerigemeinde Holtgaste
S. 266

Ev.-luth. Stiftskirchengemeinde Bad Gandersheim / Portal zur Geschichte – Sammlung Frauenstift Gandersheim
S. 94 (alle), 95, 96, 259 (oben und unten), 358

Fam. Hockemeyer, Foto: Jens Berthold, Schaumburger Landschaft
S. 89

Foto: Horst Vierling, Wremen, Wurster Nordseeküste
S. 365

Germanisches Nationalmuseum
S. 100, 407

Germanisches Nationalmuseum, Foto: Georg Janßen
S. 384

Germanisches Nationalmuseum, Foto: Monika Runge
S. 247, 353

Göttingen, FD Bauordnung, Denkmalschutz und Archäologie, Foto: Betty Arndt
S. 153, 167 (oben), 167 (unten)

Gottfried Wilhelm Leibniz Bibliothek – Niedersächsische Landesbibliothek, Hannover
S. 338 (C 5506 Titelblatt), 340 (F-A 20, Stück 1, Titelblatt)

Hanns-Martin Fischer, 12/2016
S. 265

Herzog Anton Ulrich-Museum Braunschweig, Kunstmuseum des Landes Niedersachsen, Foto: Museumsfotograf
S. 2, 38, 40, 74, 119, 151, 159, 179, 205, 209, 212, 240, 254 (oben und unten), 261, 279, 288 (links und rechts), 352, 389

Herzog August Bibliothek Wolfenbüttel
S. 51 (Th 82), 409 (Th 82), 59 (Alv.: Ac 402 (1)), 60 (1164.60 Theol. (3)), 66 (YF 15.8° Helmst. (3)), 72 (31.8 Aug. 2°, fol. 32), 81 (3.3 PhyS. 2° (37)), 118 (Cod. Guelf. 1130 Helmst., fol. 36r), 123 (Graph. ReS. A: 117 (verso)), 213 (Cod. Guelf. 760.1 Novi., fol. 142r), 274 (169.1 Theol. (2)), 275 (169.1 Theol. (2)), 300 (Graph. A4: 18), 408 (38.25 Aug. 2°, fol. 303), 430 (Te 694)

Historisches Museum Hannover, Foto: Reinhard Gottschalk
S. 133

Karlsruhe, Badische Landesbibliothek, Cod. Rastatt 204
S. 148 (oben und unten)

Katrin Benary / Göttingen
S. 372

Schatzkammer Kloster St. Marienberg
S. 88 (Kelchtuch, Helmstedt 3. Viertel 14. Jh.; Eigentümerin Stiftung Braunschweigischer Kulturbesitz)

KHM-Museumsverband
S. 242

Kirchengemeinde St. Cosmae-Nicolai / Martin Böcker
S. 351

Kirchenkreis Holzminden-Bodenwerder, Foto: Julia Zech
S. 320/321

Klosterkammer Hannover, Corinna Lohse
S. 232, 286

Kulturhistorisches Museum Magdeburg, Foto: Hans-Wulf Kunze
S. 244

Kulturhistorisches Museum Prenzlau
S. 122 (oben und unten)

Kunstmuseum Basel / Foto: Martin P. Bühler
S. 57

Landesamt für Archäologie Sachsen, Stefan Krabath, Dresden
S. 198

Landesamt für Denkmalpflege und Archäologie Sachsen-Anhalt, Daniel Berger
S. 155 (oben)

Landesarchiv Sachsen-Anhalt, U 1 Erzstift Magdeburg, XV Nr. 35
S. 239

Landeskirchliches Archiv Wolfenbüttel,
S. 255 (V 447, fol. 1r), 282 (V 456, fol. 10v-11r), 315 (V 458, fol. 39r), 319 (KB Dettum), 337 (V 376, fol. 3v/r), 359 (V 470, fol. 7v-8r), 380 (V 1936)

Landeskirchliches Archiv Wolfenbüttel, Pfarrbibliothek Groß Twülpstedt,
S. 106, 241

Landesmuseum Hannover – ARTOTHEK
S. 233 (Lucas Cranach d. Ä., Leihgabe aus Privatbesitz)

LWL-Museum für Kunst- und Kultur (Westfälisches Landesmuseum), Münster / Hanna Neander
S. 309 (links)

LWL-Museum für Kunst- und Kultur (Westfälisches Landesmuseum), Münster / Sabine Ahlbrand-Dornseif
S. 309 (rechts)

Marktkirchen-Bibliothek Goslar
S. 49, 112 (338 vorderer und hinterer Spiegel, 341 vorderer Spiegel), 182 (332 Titelblatt), 183 (349 Titelblatt), 185 (209), 215 (MKB B1), 323, 361 (316 Titelblatt), 362 (513,1)

Marktkirchen-Bibliothek Goslar, 343, Foto: Liersch
S. 429

Melanchthonhaus Bretten
S. 58

Museum August Kestner Hannover, Fotograf: Christian Rose
S. 107, 154

Museum August Kestner Hannover, Fotograf: Christian Tepper
S. 135, 199, 284, 287, 412, 420

Museum Bautzen – Holger Hinz, Bautzen
S. 79

Museum für Kunst und Gewerbe Hamburg
S. 382

Niedersächsische Staats- und Universitätsbibliothek Göttingen
S. 191 (4° Bibl. II, 580 Rara), 192 (4° Bibl. II, 580 Rara), 207 (8° Hist. Eccl. 370/11), 208 (8 SAT I, 6710), 218 (4° H Hann V, 8860 Rara), 326 (8° Auct Lat V 6216 Ink)

Niedersächsisches Landesarchiv Wolfenbüttel
S. 115 (VII B Hs Nr. 325), 139 (K 195), 325 (11 Alt Ridd. Fb. 1 Nr. 14), 328 (4 Urk 2 Nr. 8), 329 (4 Urk 2 Nr. 8), 333 (VII Hs 11 Nr. 178), 334 (2 Alt Nr. 2755), 348 (1 Alt 9 Nr. 372), 349 (40 Slg Nr. 876), 421 (9 Urk Nr. 5)

Niedersächsisches Landesarchiv Hannover
S. 130/131 (Kartensammlung Nr. 26 e Goslar 1 pk), 322 (Hann. 72 Hannover Nr. 247)

Orden vom Goldenen Vlies, Foto: Heeresgeschichtliches Museum Wien
S. 236, 237

Peter Sierigk
S. 48, 327

privat
S. 410 (oben und unten)

Roemer- und Pelizaeus-Museum Hildesheim, Archivfoto
S. 99, 164/165, 200, 350

Russische Staatsbibliothek Moskau
S. 203 (Fonds 218, Nr. 390. fol. 78r), 204 (Fonds 218, Nr. 390. fol. 37v–38r)

Sächsisches Staatsarchiv, Hauptstaatsarchiv Dresden
S. 102 (10001 Ältere Urkunden, Nr. 10018b)

Stadt Goslar – Stadtarchiv
S. 173 (B 4149, Nr. 14), 214 (B 4546), 249 (Urk. Stadt Goslar 1167), 250 (Urk. Stadt Goslar 1172), 260 (Urk. Stadt Goslar 1223)

Stadt Soest, Burghofmuseum; Foto: Christian Theopold, Bad Sassendorf
S. 160

Stadtarchiv Braunschweig:
S. 103 (G II 18:2), 110 (A III 2:28), 136 (H VI 1:28), 163 (A I 1:1312), 195 (B I 14:1), 206 (H III 7:1), 223 (B III 1:6), 316 (oben und unten) (B IV 11:246), 335 (B IV 11:176), 343 (A I 1:1256), 346 (B IV 10 a:5)

Stadtarchiv Göttingen
S. 336 (AB_MS_20, fol. 5v/6r)

Stadtarchiv Hannover
S. 42/43 (1.AA.2.01 Nr. 574), 194 (B 8310), 220 (1.AA.2.01 Nr. 574)

Stadtbibliothek Braunschweig
S. 156, 157, 342

Stadtbibliothek Braunschweig, Foto: Anja Pröhle
S. 64, 98, 109, 137, 142, 147, 149, 152, 283, 298, 363, 376, 387, 417

Städtisches Museum Braunschweig, Foto: Dirk Scherer
S. 91, 114, 193, 197, 201, 302, 303, 368 (alle), 369 (alle), 398 (alle), 399

Städtisches Museum Göttingen, Foto: Sauer, Göttingen
S. 196, 317, 367

Stiftung Luthergedenkstätten in Sachsen-Anhalt
S. 396

Universität Bonn, Bonner Altamerika-Sammlung, Foto: Jennifer Lübke
S. 143

Universität Rostock, Universitätsbibliothek
S. 116 (Fb-3121.5)

Universitäts- und Landesbibliothek Sachsen Anhalt in Halle (Saale)
S. 128, 144

Universitätsbibliothek Kassel, Landesbibliothek und Murhardsche Bibliothek der Stadt Kassel
S. 377 (34 8° MS. HasS. 104, Titelblatt)

Uwe Brodmann
S. 16–37

Vortaunusmuseum, Claudia Hollmann
S. 155 (unten)